LAROUSS

FRANÇAIS
ANGLAIS

par Jean Mergault
Agrégé de l'Université
Maître-assistant
à l'Université de Paris VII

édition
entièrement nouvelle

Librairie Larousse

Avant-propos

● Dans la PARTIE ANGLAISE, les **noms** anglais sont indiqués *n*, les noms français *m* (nom masculin), *f* (nom féminin), *n* (nom de personne masculin ou féminin). Le genre n'est pas donné si le nom est accompagné d'un adjectif ayant une forme féminine évidente.

● Dans la PARTIE FRANÇAISE, les **noms** et **adjectifs** français en entrées figurent à la forme masculine avec indication abrégée du féminin. Le pluriel n'est donné qu'en cas de forme irrégulière.

● Les **niveaux de langue** des entrées sont indiqués par des rubriques, abrégées, en capitales ; ceux des traductions sont donnés entre parenthèses (liste des rubriques p. IV).

● Les **nuances de sens** sont précisées par des exemples en italiques ou par des indications entre crochets ou entre parenthèses.

● Le mot de l'entrée est remplacé par le **signe** ∼ dans les composés ou les exemples.

● Les verbes anglais sont donnés à l'infinitif sans *to*, par souci d'économie de place.

● La **prononciation** (représentée au moyen de l'Alphabet Phonétique International) n'est pas reprise à chaque nouvelle entrée si elle peut se déduire aisément de celle qui précède. Dans ce cas, il est convenu que l'**accent** principal tombe sur la première syllabe, sauf indication contraire au moyen des signes habituels, intégrés par convention dans la typographie de l'entrée.

‖ = changement de sens ou de niveau de langue.
● = changement de catégorie.
* après verbe anglais = verbe irrégulier (liste p. VI, VII).
(1) après verbe français = numéro de conjugaison (p. VIII et 262-6).

Labels/Rubriques

AGR.	agriculture	LIT.	littéraire/literary
ANAT.	anatomie/anatomy	MATH.	mathématiques/-tics
ARCH.	architecture	MED.	médecine/medicine
ARG.	argot/slang	MIL.	militaire/military
ARTS	arts/arts	MUS.	musique/music
ASTR.	astronautique/-tics astronomie/-my	NAUT.	nautique/-tical, navy
AUT.	automobile/car	OPT.	optique/-tics
AV.	aviation	PEJ.	péjoratif/pejorative
BOT.	botanique/botany	PHOT.	photographie/-phy
CH.	chimie/chemistry	PHYS.	physique/physics
CIN.	cinéma/cinema	POL.	politique/politics
COLL.	colloquial/familier	RAD.	radio
COMM.	commerce/trade	RAIL.	chemin de fer/railway
CULIN.	art culinaire/cooking	REL.	religion
ELECTR.	électricité/-city électronique/-nics	SL.	argot/slang
FAM.	familier/colloquial	SP.	sports (games)
FIG.	figuré/figuratively	TECHN.	technique/-ology
FIN.	finances/finance	TEL.	télécommunications
FR.	France	TH.	théâtre/theatre
GB	Gde-Bretagne/Britain	TV	télévision
GEOGR.	géographie/geography	US	usage américain/ chiefly American
GRAMM.	grammaire/grammar	VULG.	vulgaire/vulgar
JUR.	jurisprudence, etc.	ZOOL.	zoologie/zoology

Abbreviations/Abréviations

a, a.	adjectif	*inv*, inv.	invariable
abrév.	abréviation	*loc*	locution (phrase)
arch.	archaïque		
arg.	argot (slang)	*m*	(nom) masculin
art	article	*mod*	modal
art contr	article contracté	*n*, n.	nom *(m, f)*
		nég, nég.	négatif
aux	auxiliaire	obj.	complément d'objet (object)
av	adverbe		
coll.	colloquial (familier)	*onom*	onomatopée
		opp.	opposé
comp.	comparatif	*p*, p.	préposition
cond.	conditionnel	part.	participe
c	conjonction	péj.	péjoratif
contr.	contraire	pers.	personnel
déf	défini	*Pl*, pl.	pluriel
dém	démonstratif	*poss*	possessif
dim.	diminutif	p. p.	participe passé
dir.	direct	*pr*, pr.	pronom[inal]
excl	exclamation, exclamatif	*préf*	préfixe
		prés.	présent
f	(nom) féminin	qqch	quelque chose (something)
fam.	familier (colloquial)		
		qqn	quelqu'un (somebody)
fig.	figuré		
imp.	impératif	récipr.	réciproque
impers, impers.	impersonnel	réfl.	réfléchi
impr.	impropre	*rel*	relatif
ind	indéfini	*Sg*, *sg*, sing.	singulier
indir.	indirect	sl.	slang (argot)
inf.	infinitif	sup.	superlatif
interj	interjection	TV	télévision
interr.	interrogatif	*v*, v.	verbe

Common French endings

-a	[-a]	-ieuse	[-jøz]
-able	[-abl]	-ieux	[-jø]
-ade	[-ad]	-if	[-if]
-age	[-aʒ]	-in	[-ɛ̃]
-ain	[-ɛ̃]	-ion	[-jɔ̃]
-aire	[-ɛr]	-ique	[-ik]
-ais	[-ɛ]	-ir(e)	[-ir]
-aise	[-ɛz]	-isation	[-izasjɔ̃]
-al(le)	[-al]	-ise	[-iz]
-ance	[-ɑ̃s]	-iser	[-ize]
-ant(e)	[-ɑ̃(t)]	-isme	[-ism]
-ateur	[-atœr]	-issage	[-isaʒ]
-atif	[-atif]	-issant(e)	[-isɑ̃(t)]
-ation	[-asjɔ̃]	-issement	[-ismɑ̃]
-ative	[-ativ]	-isseur	[-isœr]
-atrice	[-atris]	-isseuse	[-isøz]
-aux	[-o]	-iste	[-ist]
-e	mute	-ite	[-it]
-é(e)	[-e]	-ité	[-ite]
-el(le)	[-ɛl]	-ition	[-isjɔ̃]
-ement	[-(ə)mɑ̃]	-itude	[-ityd]
-ence	[-ɑ̃s]	-ive	[-iv]
-ent(e)	[-ɑ̃(t)]	-ivement	[-ivmɑ̃]
-er	[-e]	-ment	[-mɑ̃]
-erie	[-(ə)ri]	-o	[-o]
-esse	[-ɛs]	-oir(e)	[-war]
-ette	[-ɛt]	-on	[-ɔ̃]
-eur, -euse	[-œr, -øz]	-onner	[-ɔne]
-eux	[-ø]	-onneur	[-ɔnœr]
-i(e)	[-i]	-té	[-te]
-ial(le)	[-jal]	-teur	[-tœr]
-iant(e)	[-jɑ̃(t)]	-tion	[-sjɔ̃]
-ible	[-ibl]	-trice	[-tris]
-ié(e)	[-je]	-tude	[-tyd]
-ien	[-jɛ̃]	-ture	[-tyr]
-ienne	[-jɛn]	-u(e)	[-y]
-ier, -ière	[-je, -jɛr]	-ure	[-yr]

Phonetic transcription

SYMBOLS	KEY WORDS		SYMBOLS	KEY WORDS	
a	lac	[lak]	ɛ̃	main	[mɛ̃]
α	âme	[αm]	α̃	lent	[lα̃]
e	dé	[de]	ɔ̃	mon	[mɔ̃]
ɛ	lait	[lɛ]	œ̃	brun	[brœ̃]
i	ni	[ni]	g	gare	[gar]
ɔ	note	[nɔt]	j	yeux	[jø]
o	rôle	[rol]	ɥi	nuit	[nɥi]
u	mou	[mu]	w	oui	[wi]
y	mur	[myr]	ʒ	je	[ʒe]
œ	bœuf	[bœf]	ʃ	chat	[ʃa]
ø	bleu	[blø]	ɲ	peigne	[pɛɲ]
ə	me	[mə]	*	héros	[*ero]

The other symbols [p], [b], [t], [d], [k], [f], [v], [s], [z], [l], [r], [m], [n] coincide with their graphic counterparts, the r-sound being sounded as a "uvular fricative".

* The "aspirate" **h** is not sounded in French. It merely renders any elision or "liaison" impossible : le héros [lə *ero] ; les héros [le *ero].

Symbols. The symbols used are those of the International Phonetic Alphabet.

Stress. The stress is not indicated in the French-English part as it normally falls on the last *sounded* syllable of the word.

INF.	1. aimer	2. finir	3. recevoir	4. rompre	
PART. PR. aimant		finissant	recevant	rompant	
P. aimé		fini	reçu	rompu	
présent je	aime	finis	reçois	romps	
tu	aimes	finis	reçois	romps	
il	aime	finit	reçoit	rompt	
nous	aimons	finissons	recevons	rompons	
vous	aimez	finissez	recevez	rompez	
ils	aiment	finissent	reçoivent	rompent	
imparfait je	aimais	finissais	recevais	rompais	
tu	aimais	finissais	recevais	rompais	
il	aimait	finissait	recevait	rompait	
n/v	aimi|ons,ez	finissi|ons,ez	recevi|ons,ez	rompi|ons,ez	
ils	aimaient	finissaient	recevaient	rompaient	
p. simple je	aimai	finis	reçus	rompis	
tu	aimas	finis	reçus	rompis	
il	aima	finit	reçut	rompit	
n/v	aim|âmes,âtes	fin|îmes,îtes	reç|ûmes,ûtes	romp|îmes,îtes	
ils	aimèrent	finirent	reçurent	rompirent	
futur je	aimerai	finirai	recevrai	romprai	
tu	aimeras	finiras	recevras	rompras	
il	aimera	finira	recevra	rompra	
n/v	aimer|ons,ez	finir|ons,ez	recevr|ons,ez	rompr|ons,ez	
ils	aimeront	finiront	recevront	rompront	
COND. je	aimerais	finirais	recevrais	romprais	
tu	aimerais	finirais	recevrais	romprais	
il	aimerait	finirait	recevrait	romprait	
n/v	aimeri|ons,ez	finiri|ons,ez	recevri|ons,ez	rompri|ons,ez	
ils	aimeraient	finiraient	recevraient	rompraient	
SUBJONCTIF présent je	aime	finisse	reçoive	rompe	
tu	aimes	finisses	reçoives	rompes	
il	aime	finisse	reçoive	rompe	
n/v	aimi|ons,ez	finissi|ons,ez	recevi|ons,ez	rompi|ons,ez	
ils	aiment	finissent	reçoivent	rompent	
imparfait je	aimasse	finisse	reçusse	rompisse	
tu	aimasses	finisses	reçusses	rompisses	
il	aimât	finît	reçût	rompît	
n/v	aimassi|ons,ez	finissi|ons,ez	reçussi|ons,ez	rompissi|ons,ez	
ils	aimassent	finissent	reçussent	rompissent	
IMP.	aime	finis	reçois	romps	
	aimons	finissons	recevons	rompons	
	aimez	finissez	recevez	rompez	

other French conjugations p. 262

a

a [α] *m* a ‖ → AVOIR.

à [a] (**au** [o] = *à le*; **aux** [o] = *à les*) *p* [lieu, sans mouvement] at, in; ∼ *Paris*, in Paris ‖ [lieu, avec mouvement] to; *aller* ∼ *la gare*, go to the station ‖ [distance] ∼ *2 miles d'ici*, 2 miles away ‖ [direction] on, to; ∼ *gauche*, on/to the left ‖ [temps] at, on; ∼ *midi*, at noon ‖ [distribution] *faire du cent* ∼ *l'heure*, do sixty miles an hour ‖ [appartenance] of; *un ami* ∼ *moi*, a friend of mine; ∼ *qui est ce livre ?*, whose book is this ?; *il est* ∼ *moi/mon frère*, it is mine/my brother's ‖ [manière, moyen] by, with, in; ∼ *la main*, by hand; *au crayon*, in pencil ‖ [caractéristique] with; *une jeune fille aux yeux bleus*, a girl with blue eyes, a blue-eyed girl ‖ [devoir] *c'est* ∼ *vous de*, it's up to you to (*faire*, do) ‖ RAD. ∼ *vous !*, over (to you)!

abaisser [abese] *v* (1) lower.

abandonné, e [abɑ̃dɔne] *a* forsaken; deserted (femme).

abandonner *v* (1) forsake, desert ‖ quit (emploi) ‖ SP. give up, drop out.

abasourdir [abazurdir] *v* (2) stun, bewilder.

abat-jour [abaʒur] *m inv* lamp-shade.

abattement [-tmɑ̃] *m* depression, dejection.

abattoir *m* slaughter-house.

abattre [-tr] *v* (20) cut down (arbre); pull down (bâtiment) ‖ kill (animal dangereux); slaughter (animal de boucherie).

abbaye [abɛi] *f* abbey.

abbé [-be] *m* priest; *l'*∼ *X*, Father X.

abc [abese] *m* rudiments.

abcès [absɛ] *m* abscess.

abeille [abɛj] *f* bee.

abîme [abim] *m* abyss, chasm.

abîmer *v* (1) ruin, spoil, damage ‖ *s'*∼, get spoiled.

aboiement [abwamɑ̃] *m* bark (ing).

abominable [abɔminabl] *a* abominable.

abondance [abɔ̃dɑ̃s] *f* abundance, plenty.

abondant, e *a* plentiful, abundant; *peu* ∼, scarce, scanty.

abonné, e [abɔne] *n* [journal] subscriber ‖ RAIL. season-ticket holder ● *a : être* ∼ *à*, take in, subscribe to (journal).

abonnement *m* subscription; *prendre un* ∼ *à*, subscribe to; *carte d'*∼, season-ticket.

abonner *v* (1) : *s'*∼ *à*, subscribe to (journal); RAIL. take a season-ticket.

abord [abɔr] *m* approach ‖ *Pl* surroundings ; [ville] outskirts ‖ *d'~*, at first ; *tout d'~*, first of all.

abordable [-dabl] *a* reasonable (price).

aborder *v* (1) approach, accost (qqn).

aboutir [abutir] *v* (2) : *~ à*, end, result at/in ‖ [chemin] lead to.

aboyer [abwaje] *v* (9*a*) bark.

abrégé [abreʒe] *m* summary.

abréger *v* (5, 7) abbreviate (mot).

abréviation [-vjasjɔ̃] *f* abbreviation.

abri [abri] *m* shelter, cover ; *à l'~*, under shelter ; *se mettre à l'~*, take shelter ; *sans ~*, homeless.

abricot [-ko] *m* apricot.

abriter [-te] *v* (1) shelter.

abrupt, e [abrypt] *a* abrupt, steep.

abrutir [-tir] *v* (2) stupefy ‖ daze.

absence [absɑ̃s] *f* absence.

absent, e [absɑ̃] *a* absent, away (de, from) ● *n* absent person, absentee.

absolu, e [absɔly] *a* absolute.

absolument *av* absolutely ‖ completely.

absorbant, e [absɔrbɑ̃, t] *a* absorbing.

absorber *v* (1) absorb ‖ drink (boisson) ‖ suck in/up.

abstinence [abstinɑ̃s] *f* abstinence.

abstinent, e *a* abstemious,

abstinent ● *n* total abstainer, teetotaller.

abstraction [abstraksjɔ̃] *f* abstraction.

abstrait, e [-ɛ, t] *a* abstract.

absurde [absyrd] *a* absurd, preposterous.

abus [aby] *m* abuse, misuse.

abuser [-ze] *v* (1) : *~ de*, misuse ; strain (ses forces) ‖ *~ du tabac*, smoke too much.

académie [akademi] *f* academy.

académique *a* academic.

acajou [akaʒu] *m* mahogany.

accablant, e [akablɑ̃, t] *a* oppressive (chaleur).

accabler *v* (1) overwhelm (de, with) ; overcome (de, by).

accalmie [akalmi] *f* lull.

accélérateur [akseleratœr] *m* accelerator.

accélération *f* acceleration.

accélérer *v* (5) accelerate ; speed up (circulation).

accent [aksɑ̃] *m* accent (français, etc.) ‖ GRAMM. stress (tonique) ; accent (graphique).

accepter [aksepte] *v* (1) accept.

accès [aksɛ] *m* access, admittance (à, to) ‖ MED. attack, bout (fièvre).

accessoire [aksɛswar] *m* accessory, attachment ‖ *Pl* appliances.

accident [aksidɑ̃] *m* accident ; *avoir un ~*, meet with an accident ‖ AUT., AV., RAIL. crash.

accidenté, e *n* MED. casualty, victim.

accidentel, le [-tɛl] *a* accidental.

accidentellement *av* accidentally.

acclamer [aklame] *v* (1) cheer.

acclimatation [aklimatasjɔ̃] *f* acclimatization.

acclimater *v* (1) acclimatize ‖ **s'~**, become/get acclimatized.

accommoder [akɔmɔde] *v* (1) CULIN. dress ‖ **s'~**, put up (*de*, with).

accompagner [akɔ̃paɲe] *v* (1) accompany, attend ; **~** *qqn jusque chez lui*, see sb home ; **~** *à la gare*, see/send off.

accomplir [akɔ̃plir] *v* (2) carry out (tâche) ; accomplish (mission) ; fulfil (promesse).

accord [akɔr] *m* agreement ; *être d'~*, agree (*avec*, with) ; *ne pas être d'~*, disagree (*sur*, about) ; **se mettre d'~**, comme to an agreement ; *d'~!*, all right!, OK! ‖ **en ~**, in keeping (*avec*, with) ‖ MUS. chord ‖ RAD. tuning ‖ GRAMM. agreement.

accordéon [-deɔ̃] *m* accordion.

accorder *v* (1) grant (permission) ‖ **~** *que*, admit that ‖ MUS. tune (instrument) ‖ [colours] match ‖ GRAMM. agree (*avec*, with) ‖ FIG. **s'~**, get on well (s'entendre).

accordeur *m* MUS. tuner.

accoster [akɔste] *v* (1) accost (person).

accotement [akɔtmɑ̃] *m* [route] shoulder, verge.

accouchement [akuʃmɑ̃] *m* MED. delivery, childbirth ; **~** *sans douleur*, painless childbirth.

accoucher *v* (1) give birth (*de*, to).

accoudoir [akudwar] *m* armrest.

accourir [akurir] *v* (32) run up.

accroc [akro] *m* tear.

accrocher [-ʃe] *v* (1) hang up (suspendre) [*à*, on, from] ‖ hook (avec crochet) ‖ **s'~**, hang on (*à*, to).

accroissement [akrwasmɑ̃] *m* growth ‖ increase.

accroître [-watr] *v* (34) increase ‖ **s'~**, grow, increase.

accroupir (s') [sakrupir] *v* (2) crouch, squat.

accru [akry] → ACCROÎTRE.

accueil [akœj] *m* reception ‖ welcome (bienvenue) ; *faire bon* **~** *à qqn*, welcome sb.

accueillir *v* (35) receive ; welcome, greet (avec plaisir).

accumulateur [akymylatœr] *m* AUT. (storage) battery.

accumuler *v* (1) : **s'~**, accumulate.

accusation [akyzasjɔ̃] *f* accusation, charge.

accusé *m* : **~** *de réception*, acknowledgment of receipt.

accuser *v* (1) accuse (*de*, of) ;

charge (*de*, with) ‖ ∼ *réception*, acknowledge receipt of.

achalandé, e [aʃalɑ̃de] *a* : *bien* ∼, well-stocked (approvisionné).

achat [aʃa] *m* buying (action) ; purchase (objet) ; *faire des* ∼s, go shopping.

acheter [aʃte] *v* (86) buy, purchase ; ∼ *qqch d'occasion*, buy sth second-hand.

acheteur, euse *n* buyer, purchaser.

achèvement [aʃɛvmɑ̃] *m* completion.

achever [-əve] *v* (5) end, finish ‖ complete ‖ finish off (tuer).

acide [asid] *a/m* acid.

acier [asje] *m* steel.

aciérie [-ri] *f* steelworks.

acompte [akɔ̃t] *m* COMM. deposit ; instalment.

à-côtés [akote] *mpl* extras (dépenses) ‖ perks (coll.) [avantages].

acoustique [akustik] *f* acoustics.

acquéreur [akerœr] *m* buyer, purchaser.

acquérir *v* (13) acquire.

acquisition [akizisjɔ̃] *f* acquisition (act) ; purchase (objet) ; *faire l'*∼ *de*, acquire.

acquit [aki] *m* receipt ; *pour* ∼, paid with thanks ‖ FIG. *par* ∼ *de conscience*, for conscience' sake.

acquitter [-te] *v* (1) COMM. pay off (dette) ‖ JUR. acquit.

âcre [ɑkr] *a* acrid (goût) ; pungent, sharp (odeur).

acrobate [akrɔbat] *n* acrobat.

acrobatie [-si] *f* acrobatics ‖ *Pl* : ∼s *aériennes*, aerobatics, stunt-flying.

acte [akt] *m* act, action ‖ TH. act ‖ JUR. deed ; ∼ *de naissance*, birth certificate.

acteur *m* actor, player.

actif, ive *a* active, busy (personne, vie).

action [aksjɔ̃] *f* action, act ‖ REL. ∼ *de grâces*, thanksgiving.

actionner [-sjɔne] *v* (1) TECHN. operate, work.

activité [-tivite] *f* activity.

actrice *f* actress.

actualité [-tɥalite] *f* current events ; *d'*∼, topical ‖ *Pl* TV news.

actuel, le *a* present.

actuellement *av* now.

adaptable [adaptabl] *a* adaptable.

adaptateur *m* ELECTR. adapter.

adapter *v* (1) adjust, fit (à, to) ‖ FIG. adapt ‖ *s'*∼, fit (à, on).

addition [adisjɔ̃] *f* addition ‖ [restaurant] bill, US check.

additionner [-ɔne] *v* (1) add up.

adepte [adɛpt] *n* follower.

adhérent, e [aderɑ̃, -t] *n* member.

adhérer *v* (5) : FIG. ∼ *à*, join (association).

adhésion [-zjɔ̃] *f* joining.

adieu [adjø] *m* farewell ; *faire ses ~x à*, say good-bye to ; *fête d'~*, send-off.

adjectif [adʒɛktif] *m* adjective.

adjoint, e [adʒwɛ̃, t] *n* assistant ; *~ au maire*, deputy-mayor.

admettre [admɛtr] *v* (64) allow (accorder) ; admit (reconnaître) ‖ let in, receive (recevoir).

administrer [administre] *v* (1) direct, manage.

admirer [admire] *v* (1) admire.

admissible [admisibl] *a* [examen] qualified for a « viva ».

admission [-sjɔ̃] *f* admission.

adolescence [adɔlɛsɑ̃s] *f* adolescence, youth, teens.

adolescent, e *a/n* adolescent, youth ‖ teenager.

adonner (s') [sadɔne] *v* (1) give o.s. up, devote o.s. (à, to) ‖ take up.

adopter [adɔpte] *v* (1) adopt (enfant).

adoptif, ive *a* adopted (enfant) ; adoptive (parents).

adorer [adɔre] *v* (1) worship.

adresse 1 [adres] *f* skill (habileté).

adresse 2 *f* address (domicile).

adresser *v* (1) direct (lettre) ‖ *s'~*, ask (à qqn, sb) ; apply (à, at) [endroit].

adroit, e [adrwa, t] *a* skilful.

adulte [adylt] *a/n* adult, grown-up.

adultère [adyltɛr] *a* adulterous ● *n* [personne] adulterer, -eress ‖ *m* [acte] adultery.

adverbe [advɛrb] *m* adverb.

adversaire [advɛrsɛr] *n* opponent, adversary.

aérer [aere] *v* (5) air (pièce).

aérien, ne *a* aerial.

aéro-club *m* flying club.

aérodrome [-drom] *m* aerodrome.

aérodynamique *a* AUT., AV. streamlined.

aérogare *f* air-terminal.

aéroglisseur *m* hovercraft.

aéronautique [-notik] *f* aeronautics.

aéroport *m* airport.

aérosol *m* MÉD. aerosol.

affaiblir [afeblir] *v* (2) weaken ‖ *s'~*, grow weak(er).

affaire [afɛr] *f* business, affair ; *avoir ~ à*, have to do with ; *faire l'~*, serve the purpose, suit ‖ COMM. deal (transaction) ; *une bonne ~*, a good bargain ; firm, concern (firme) ‖ *Pl* business ; *les ~s sont les ~s*, business is business ; *faire des ~s*, do business (*avec*, with) ; *homme d'~s*, businessman ‖ *Pl* business (affaires privées) ; *mêlez-vous de vos ~s*, mind your own business ‖ *Pl* things, belongings (objets).

affairé, e *a* busy.

affairer (s') *v* (1) bustle about.

affamé, e [afame] *a* hungry, starving.

affamer v (1) starve.

affecter [afɛkte] v (1) affect, move (émouvoir).

affection [-sjɔ̃] f affection, attachment.

affectueusement [-ɥøzmɑ̃] av affectionately, fondly.

affecteux, euse a loving, affectionate.

affiche [afiʃ] f bill, poster.

afficher v (1) post (up); *défense d'~*, stick no bill.

affilée (d') [dafile] *loc av* on end; *quatre heures d'~*, four solid hours.

affirmatif, ive [afirmatif, iv] a affirmative.

affirmer v (1) assert.

affligé, e [afliʒe] a desolate.

affluence [aflyɑ̃s] n crowds; *heures d'~*, rush hours.

affolé, e [afole] a panicky, distracted ‖ wild (regard).

affolement m distraction, panic.

affoler v (1) : *s'~*, panic, lose one's head.

affranchir [afrɑ̃ʃir] v (2) stamp (lettre).

affranchissement m [lettre] stamping, postage.

affréter [-ete] v (5) charter (avion, etc.).

affreux, euse a hideous (laid); shocking (révoltant).

affûter [afyte] v (1) whet, sharpen.

afin [afɛ̃] p : *~ de*, in order to, so as to ‖ *~ que*, in order that, so that.

africain, e [afrikɛ̃, ɛn] a/n African.

Afrique [-k] f Africa.

agaçant, e [agasɑ̃, t] a irritating.

agacer [-se] v (5) irritate, annoy.

âge [ɑʒ] m age; *quel ~ avez-vous ?*, how old are you ?; *prendre de l'~*, get on in years; *dans la fleur de l'~*, in one's prime; *d'un certain ~*, elderly ‖ age (époque).

âgé, e a aged; *~ de dix ans*, ten years old ‖ *plus ~*, older; elder (de deux personnes).

agence [aʒɑ̃s] f agency, bureau; *~ de voyage*, travel-bureau.

agenda [aʒɛ̃da] m engagement-book.

agenouiller (s') [saʒənuje] v (1) kneel down.

agent [aʒɑ̃] m agent; *~ immobilier*, estate agent ‖ *~ de police*, policeman; *Monsieur l'~ !*, Officer !

agglomération [aglɔmerasjɔ̃] f built-up area.

aggloméré m TECHN. chip-board.

aggraver [agrave] v (1) make worse ‖ *s'~*, get worse.

agir [aʒir] v (2) act (sur, on); behave, do; *bien ~*, do right; *mal ~*, do wrong ‖ MED. [remède] work ‖ *s'~ : de quoi s'agit-il ?*, what is it about ?, what is the matter ?; *il s'agit de...*, the question is to..., it's about...

agité, e [-te] *a* excited, fidgety (personne) ‖ rough, choppy (mer) ‖ restless (nuit); broken (sommeil).

agiter *v* (1) shake, agitate; wave (mouchoir); stir (liquide).

agneau [aɲo] *m* lamb.

agrafe [agraf] *f* [papier] staple.

agrafer *v* (1) staple.

agrafeuse *f* stapler.

agrandir [agrɑ̃dir] *v* (2) enlarge ‖ PHOT. enlarge, blow up.

agrandissement *m* PHOT. enlargement.

agréable [agreabl] *a* pleasant, nice.

agréer *v* (1) approve.

agresseur [agrɛsœr] *m* aggressor.

agressif, ive *a* aggressive.

agression *f* aggression; mugging; ~ à main armée, hold-up.

agriculteur [agrikyltœr] *m* farmer.

agriculture *f* farming.

aguerrir [agɛrir] *v* (2) inure, harden (à, to) ‖ s'~, become hardened.

ahuri, e [ayri] *a* bewildered, stupefied.

ahurissant, e *a* bewildering.

ai [ɛ] → AVOIR.

aide [ɛd] *f* aid, assistance, help (assistance) ‖ *n* assistant.

aider *v* (1) help, assist; ~ qqn à monter/descendre, help sb up/down.

aïe! [aj] *excl* ouch!

aigle [ɛgl] *m* eagle.

aiglefin [-əfɛ̃] *m* haddock.

aiglon *m* eaglet.

aigre [ɛgr] *a* sour.

aigu, ë [egy] *a* sharp (pointu); shrill (son); acute (douleur).

aiguille [ɛgɥij] *f* needle (à coudre) ‖ [horloge] hand; *dans le sens des* ~s *d'une montre*, clockwise; *dans le sens inverse des* ~s *d'une montre*, counter-clockwise.

aiguilleur *m* : AV., FAM. ~ *du ciel*, air traffic controller.

aiguillon *m* sting.

aiguiser [eg(ɥ)ize] *v* (1) sharpen, whet.

ail [aj] (*Pl* **aulx** [o]) *m* garlic.

aile [ɛl] *f* wing ‖ SP. *pratique de l'*~ *libre*, hang-gliding.

ailier *m* SP. winger.

ailleurs [ajœr] *av* elsewhere, somewhere else ‖ *d'*~, besides, moreover ‖ *par* ~, otherwise.

aimable [ɛmabl] *a* friendly, kind (amical); nice (agréable).

aimant [ɛmɑ̃] *m* magnet.

aimanté, e *a* magnetic.

aimer *v* (1) love (d'amour); ~ *(beaucoup)*, be fond of; ~ *(bien)*, like; enjoy (vacances, repas); care for (avoir envie de) ‖ ~ **mieux** : *j'aimerais mieux faire*, I had/would rather do.

aîné, e [ɛne] *a* elder (de deux); eldest (de plusieurs) ● *n* elder, eldest, senior.

ainsi [ɛ̃si] *av* thus, so; *et* ~ *de suite*, and so on; *pour* ~ *dire*, so to say, as it were; ~ *soit-il*, so be it ‖ **∼ que,** (just) as ; as well as.

air 1 [ɛr] *m* air ; *en plein ∼,* in the open (air) ‖ FIG. *changement d'∼,* change of scene.

air 2 *m* look, appearance (aspect) ; *avoir l'∼,* look ‖ MUS. tune, air.

aisance [ɛzɑ̃s] *f* ease ‖ FIN. easy circumstances.

aise [ɛz] *f* ease, comfort ; *à l'∼,* at ease, comfortable ; *mal à l'∼,* ill-at-ease ; *se sentir à l'∼,* feel at home ‖ FIG. *à l'∼,* in easy circumstances, well-off (riche).

aisé, e *a* easy (facile) ‖ well-to-do (riche).

ajiste [aʒist] *n* youth-hosteller.

ajourner *v* (1) postpone ‖ fail (candidat).

ajouter [aʒute] *v* (1) add (à, to).

ajuster [aʒyste] *v* (1) adjust ‖ fit (vêtement).

ajusteur *m* fitter.

alarme [alarm] *f* alarm.

alarmer *v* (1) alarm, frighten.

album [albɔm] *m* album.

alcool [alkɔl] *m* alcohol ‖ spirit ; *∼ à brûler,* methylated spirit ‖ spirits (whisky, etc.) ; *sans ∼,* soft (boisson) ‖ MED. *∼ à 90°,* surgical spirit.

alcoolique *a* alcoholic • *n* alcoholic.

alcootest *m* breath(alyzer) test.

alerte 1 [alɛrt] *f* alarm.

alerte 2 *a* brisk, alert.

alerter *v* (1) warn (prévenir).

algèbre [alʒɛbr] *f* algebra.

Alger [alʒe] *f* Algiers.

Algérie [-ri] *f* Algeria.

algérien, ne *a/n* Algerian.

algue [alg] *f* seaweed.

aliment [alimɑ̃] *m* food.

alimentation [-tasjɔ̃] *f* feeding, food.

alimenter *v* (1) feed ‖ **s'∼,** take food.

alité, e [alite] *a* confined to bed, laid up.

aliter (s') *v* (1) take to one's bed.

allaiter [alɛte] *v* (1) suckle, feed.

allant [alɑ̃] *m* energy ; *plein d'∼,* full of pep (coll.).

allée *f* [jardin] walk, path ; drive (carrossable) ‖ **∼s et venues,** comings and goings.

alléger [aleʒe] *v* (5, 7) lighten (charge) ‖ relieve (douleur).

Allemagne [almaɲ] *f* Germany.

allemand, e [-ɑ̃, d] *a* German • *m* [langue] German.

Allemand, e *n* German.

aller [ale] *v* (15) go ‖ **∼ à bicyclette,** cycle ; **∼ à cheval,** ride ; **∼ à pied,** walk, go on foot ‖ **∼ en Angleterre,** go over to England ; *êtes-vous ∼é à Londres ?,* have you been to London ? ‖ [aller + inf.] **chercher,** fetch ; **∼ et venir,** come and go ‖ [santé] *comment ∼ez-vous ?,* how are you ? ; **∼ bien/mal,** be well/unwell ; **∼ mieux,** be better, make progress ‖ [vêtement] suit, fit (à, to) ‖ [convenir] ça ira, that'll do ‖ [futur proche] be going to, be about to ‖ **s'en** ~, go/get away, be off ‖ FIG. [couleurs] ~ *(bien) ensemble*, match ‖ FIG. *il va de soi que*, it stands to reason that ; FAM. *ça ira*, that'll do ● *m* outward journey ; *à l'*~, on the way out ‖ RAIL. ~ *(simple)*, single ticket ; ~ *et retour*, return ticket.

allergie [alerʒi] *f* allergy.

alliage [aljaʒ] *m* alloy.

alliance [-jɑ̃s] *f* alliance, union ‖ wedding-ring (anneau).

allô [alo] *interj* hullo !

allocation [alɔkasjɔ̃] *f* allocation, allowance ; ~ *de chômage*, dole (coll.) ; ~*s familiales*, family allowance.

allonger [alɔ̃ʒe] *v* (7) lengthen ‖ stretch (out) [bras] ; ~ *les jambes*, stretch one's legs ‖ *s'*~, [personne] lie down.

allons [alɔ̃] → ALLER ● *interj* : ~*!*, come on !

allumage [alymaʒ] *m* AUT. ignition.

allume-gaz *m* gas-lighter.

allumer *v* (1) light (cigarette) ; ~ *du feu*, light a fire ; kindle (bois) ; turn on (lumière, radio) ; switch on (électricité).

allumette *f* match ; ~ *suédoise*, safety-match.

allure [alyr] *f* [vitesse] pace ; *à toute* ~, at full speed ‖ [démarche] gait, walk.

allusion [-zjɔ̃] *f* allusion, hint ; *faire* ~ *à*, allude to.

alors [alɔr] *av* then ‖ ~ *que*, when (quand) ; whereas, while (tandis que) ‖ FAM. ~ *?*, well ? ; *et* ~ *?*, so what ?

alouette [alwɛt] *f* (sky)lark.

alourdir [alurdir] *v* (2) make heavy.

aloyau [alwajo] *m* sirloin.

alphabet [alfabɛ] *m* alphabet ; ~ *Morse*, Morse code.

alphabétique [-etik] *a* alphabetic.

alpinisme [alpinism] *m* mountaineering, climbing.

alpiniste *n* mountaineer ; climber.

altéré, e [altere] *a* thirsty.

altérer *v* (5) adulterate (produit) ; spoil (nourriture) ‖ *s'*~, deteriorate.

alternatif, ive [altɛrnatif, iv] *a* alternative ‖ ELECTR. alternating.

alternativement *av* alternately.

altitude [altityd] *f* altitude, height.

alto [alto] *m* viola.

aluminium [alyminjɔm] *m* aluminium.

alunir [-nir] *v* (2) land on the moon.

amande [amɑ̃d] *f* almond (fruit) ‖ [noyau] kernel.

amant [amɑ̃] *m* lover.

amas [ama] *m* heap, pile.

amasser [-se] *v* (1) heap/pile up.

amateur [amatœr] *n* lover

(d'art) ‖ amateur (non-professionnel) ; ∼ *de cinéma*, filmfan ; ∼ *de théâtre*, playgoer ; ∼ *de sports*, sportsman ‖ *d'*∼, amateurish.

ambassade [ãbasad] *f* embassy.

ambassadeur, drice *n* ambassador, -dress.

ambiance [ãbjãs] *f* environment ; atmosphere.

ambigu, ë [ãbigy] *a* ambiguous, dubious (réponse).

ambitieux, euse [-sjø] *a* ambitious.

ambition *f* ambition.

ambre [ãbr] *m* amber.

ambulance [ãbylãs] *f* ambulance.

âme [ɑm] *f* soul, spirit ‖ *état d'*∼, mood.

améliorer [ameljɔre] *v* (1) improve, better ‖ *s'*∼, improve.

aménager [-naʒe] *v* (7) fit up/out ‖ arrange, appoint (maison).

amende [amãd] *f* fine ‖ [jeu] forfeit ; *mettre à l'*∼, fine.

amener [amne] *v* (5) bring (personne, qqch).

amer, ère [amɛr] *a* [goût] bitter.

amèrement *av* bitterly.

américain, e [amerikɛ̃, ɛn] *a/n* American.

américanisme [-kanism] *m* americanism.

Amérique [-k] *f* America ; ∼ *du Nord*, North America.

amerrir [amerir] *v* (2) Av. land on the sea.

ameublement [amøbləmã] *m* furniture.

ami, e [ami] *n* friend ‖ Fam. boy/girl friend.

amical, e, aux [-kal, o] *a* friendly.

amicalement *av* in a friendly way.

amidon [-dɔ̃] *m* starch.

amitié [-tje] *f* friendship ‖ *Pl* [formule] kind regards.

amont [amɔ̃] *m* : *en* ∼, upstream ; *en* ∼ *de*, above.

amortir [amɔrtir] *v* (2) muffle (bruit) ; absorb, deaden (choc).

amortisseur [-sœr] *m* shock-absorber.

amour [amur] *m* (*f* au pl.) love ‖ *pour l'*∼ *de*, for the sake of/for ...'s sake ‖ Fam. *faire l'*∼, make love with ; have sex with (coll.).

amoureux, euse *a* in love (*de*, with) ; *tomber* ∼, fall in love • *n* lover.

amour-propre *m* self-esteem.

ampère [ãpɛr] *m* ampere.

ampèremètre *m* ammeter.

amphithéâtre [ãfiteatr] *m* (amphi)theatre.

ample [ãpl] *a* loose (vêtements) ‖ full, wide (robe).

amplificateur [-ifikatœr] *m* TECHN. amplifier.

amplifier *v* (1) amplify.

ampoule [ãpul] *f* phial (flacon) ‖ ELECTR. bulb ‖ PHOT. ∼ *(de) flash*, flashbulb ‖ MED. blister.

amputer [ãpyte] *v* (1) amputate.

amusant, e [amyzɑ̃, t] *a* amusing, funny.

amusement *m* amusement, entertainment.

amuser *v* (1) amuse, entertain ‖ *s'~*, enjoy o.s., have a good time ; [enfant] play (*avec*, with).

an [ɑ̃] *m* year ; *par ~*, yearly ; *jour de l'~*, New Year's Day ; *il a six ~s*, he is six years old.

analyse [analiz] *f* analysis.

analyser *v* (1) analyse.

ananas [anana] *m* pineapple.

anarchie [anarʃi] *f* anarchy.

anarchiste *a/n* anarchist.

anche [ɑ̃ʃ] *f* MUS. reed.

anchois [ɑ̃ʃwa] *m* anchovy.

ancien, ne [ɑ̃sjɛ̃, ɛn] *a* ancient (monde) ; antique (meuble) ‖ old (adresse) ‖ former (ministre) ‖ *~ élève*, old boy.

ancre [ɑ̃kr] *f* anchor ; *jeter l'~*, cast anchor ; *lever l'~*, weigh anchor.

âne [ɑn] *m* ass, donkey ‖ FIG. fool.

ânesse *f* she-ass.

anesthésie [anɛstezi] *f* anaesthesia.

anesthésier *v* (1) anaesthetize.

anesthésique *a/m* anaesthetic.

anesthésiste *n* anaesthetist.

ange [ɑ̃ʒ] *m* angel.

angine [ɑ̃ʒin] *f* tonsilitis.

anglais, e [ɑ̃glɛ, z] *a* English ● *m* [langue] English.

Anglais, e *n* Englishman, -woman.

angle *m* angle ; *~ droit*, right angle ; *~ aigu*, sharp angle ‖ PHOT. *grand ~*, wide angle.

Angleterre [-ətɛr] *f* England.

anglican, e [-ikɑ̃, an] *a/n* Anglican.

anglicisme [-sism] *m* anglicism.

anglo-normand, e [-onɔrmɑ̃, d] *a* : *Îles A~es*, Channel Islands.

anglophone [-fɔn] *a* English-speaking.

angoisse [ɑ̃gwas] *f* anguish.

angoissé, e *a* anguished.

animal [animal] *m* animal ; *~ familier*, pet.

animateur, trice *n* RAD. compère, disc jockey.

animation *f* liveliness (vie) ; *plein d'~*, busy (rue).

animé, e *a* animated ; *dessin ~*, (animated) cartoon.

ankylosé, e *a* [ɑ̃kiloze] *a* stiff.

ankyloser (s') *v* get stiff.

anneau [ano] *m* ring (bague) ‖ [chaîne] link.

année *f* year ; *l'~ prochaine*, next year ; *toute l'~*, all the year round ‖ *~ scolaire*, school year ‖ *bonne ~!*, Happy New Year ! ‖ ASTR. *~-lumière*, light-year.

anniversaire [anivɛrsɛr] *a* anniversary ● *m* birthday.

annonce [anɔ̃s] *f* announcement (information) ‖ COMM. advertisement ; *petites ~s*, small ads (coll.) ‖ [cartes] call, bid (enchère).

annoncer *v* (6) announce ‖ publish, declare (publier).

annonceur *m* advertiser ‖ RAD., TV, sponsor.

annuaire [anyɛr] *m* year-book ‖ TEL. (telephone) directory.

annuel, le *a* yearly.

annuellement *av* yearly.

annulaire [-lɛr] *m* ring-finger.

annuler *v* (1) cancel (ordre) ‖ call off (rendez-vous) ; *la soirée est ~ée*, the party's off.

ânon [ɑnɔ̃] *m* ass's foal.

anonyme [anɔnim] *a* anonymous.

anorak [-rak] *m* anorak.

anormal, e, aux *a* abnormal.

anse [ɑ̃s] *f* [panier] handle.

antenne [ɑ̃tɛn] *f* RAD. aerial.

antérieur, e [ɑ̃terjœr] *a* [temps] previous ; prior (à, to).

antérieurement *av* previously ; *~ à*, prior to.

anti- [ɑ̃ti] *pref* anti-.

antiaérien, ne [ɑ̃tiaerjɛ̃, ɛn] *a* anti-aircraft.

antiatomique *a* anti-atomic.

antibiotique [-biɔtik] *m* antibiotic.

anticiper [ɑ̃tisipe] *v* (1) anticipate ; forestall.

anticonceptionnel, le [-kɔ̃sepsjɔnɛl] *a* contraceptive ; *mesures ~elles*, contraception.

antidote [-dɔt] *m* antidote.

antigel *m* anti-freeze.

Antillais, e [ɑ̃tijɛ] *a/n* West-Indian.

Antilles *fpl* West Indies.

antiparasite *m* RAD. suppressor.

antipathie [-pati] *f* dislike (*envers*, for).

antipathique *a* antipathetic.

antiquaire [-kɛr] *n* antique dealer.

antique *a* ancient.

antiquité *f* antiquity ‖ *Pl* antiques.

antisémitisme [-semitism] *m* anti-Semitism.

antiseptique *a/m* antiseptic.

antivol *a* anti-theft ● *m* anti-theft device.

anxiété [ɑ̃ksjete] *f* anxiety, concern.

anxieux, euse *a* uneasy, restless, nervous.

août [u] *m* August.

apaiser [apɛze] *v* (1) appease ‖ calm (down) ‖ quench (soif).

apatride [apatrid] *a* stateless ● *n* stateless person.

apercevoir [apɛrsəvwar] *v* (3) see, perceive, catch sight of ‖ *s'~*, notice, realize (*de qqch*, sth).

apesanteur [apəzɑ̃tœr] *f* weightlessness.

aplatir [aplatir] *v* (2) flatten.

apostrophe [apɔstrɔf] *f* apostrophe.

apôtre [apotr] *m* apostle.

apparaître [aparɛtr] *v* (74) appear, come into sight ‖ *faire ~*, conjure (up) [esprit].

appareil [-rɛj] *m* apparatus ; device ‖ *~ ménager*, domestic appliance ‖ *~ photographique*, camera ‖ TEL. receiver.

apparemment [-ramã] *av* apparently.

apparence *f* appearance (aspect) ; show, semblance (semblant) ; **en ~**, seemingly.

apparent, e *a* apparent, visible.

apparition [-isjɔ̃] *f* appearance.

appartement [-təmã] *m* flat, US apartment.

appartenir [-tənir] *v* (101) [propriété] belong (à, to).

appât [apa] *m* bait.

appel [apɛl] *m* call ‖ [vérification] *faire l'~*, call the roll, call over ‖ TEL. call ; *faire un ~ téléphonique*, place a phone call ; *~ en PCV*, transferred-charge call ; *~ en préavis*, person to person call ‖ FIG. plea (demande pressante).

appeler [aple] *v* (8) call ‖ hail (taxi) ‖ *~ le médecin*, call (in) the doctor ‖ TEL. ring up (qqn, sb) ‖ **s'~**, be called ; *comment vous ~ez-vous ?*, what is your name ? ; *je m'~le Smith*, my name is S.

appendicite [apɛ̃disit] *f* appendicitis.

appétissant, e [apetisã, t] *a* appetizing.

appétit [-ti] *m* appetite ; *avoir de l'~*, have a good appetite.

applaudir [aplodir] *v* (2) applaud, clap.

applaudissements *mpl* applause.

appliqué, e [aplike] *a*

diligent, painstaking (travailleur).

appliquer *v* (1) apply, put, lay (*sur*, on) ‖ **s'~**, apply o.s. (à, to) ; work hard ‖ [règle] apply.

appoint [apwɛ̃] *m* FIN. odd money ; *faire l'~*, give the exact change.

apporter [apɔrte] *v* (1) bring (qqch, sth).

apprécier [apresje] *v* (1) appreciate, appraise, enjoy.

apprendre [aprɑ̃dr] *v* (80) learn ; *~ à lire*, learn to read ; *~ par cœur*, memorize, learn by heart ‖ teach (enseigner) ‖ tell (annoncer).

apprenti, e [-ti] *n* apprentice.

apprentissage *m* apprenticeship ; *mettre en ~*, apprentice (*chez*, to).

apprêter [aprɛte] *v* (1) make ready, prepare ‖ *s'~ à faire qqch*, get ready to do sth.

apprivoisé, e [-ivwaze] *a* tame.

apprivoiser *v* (1) tame.

approche [-ɔʃ] *f* approach.

approcher *v* (1) bring near ‖ *s'~ (de)*, (come) near.

approfondir [-ɔfɔ̃dir] *v* (2) deepen, make deeper.

approprié, e [-ɔprje] *a* appropriate, suitable (à, to/for).

approuver [-uve] *v* (1) approve.

approvisionnement [-ɔvizjɔnmã] *m* stock, supply.

approvisionner *v* (1) supply

(*en*, with); cater for (*qqn*, sb) ‖ **s'~**, get one's supplies (*chez*, from).

approximatif, ive [-ɔksimatif, iv] *a* approximate.

approximativement *av* approximately.

appui [apɥi] *m* support, prop.

appuie-tête *m* AUT. headrest.

appuyer [-je] *v* (9 *a*) : **~ sur**, press (bouton); depress (levier) ‖ lean, rest, prop (*qqch contre*, sth against) ‖ **s'~**, lean, rest (*sur*, on; *contre*, against).

âpre [ɑpr] *a* harsh; rough (goût); biting (froid).

après [aprɛ] *p* after (plus tard que) ● *av* after, afterwards, later; *peu ~*, soon after, presently; *et puis ~?*, so what? ‖ **~ tout**, after all ‖ **~ que**, after ‖ *d'~*, after (selon); *d'~ lui*, according to him.

après-demain *av* the day after tomorrow.

après-midi *m/f* afternoon.

apte [apt] *a* fit, qualified (*à*, to).

aptitude *f* aptitude, ability ‖ *Pl* qualifications, gifts.

aquarelle [akwarɛl] *f* watercolour(s).

aquarium [-rjɔm] *m* aquarium, tank.

aqueduc [akdyk] *m* aqueduct.

arabe [arab] *a* Arabic, Arabian ● *m* [langue] Arabic.

Arabe *n* Arab (personne).

Arabie [-i] *f* Arabia.

arachide [-ʃid] *f* peanut.

araignée [arɛɲe] *f* spider.

arbitre [arbitr] *m* arbiter ‖ SP. [football] referee; [cricket] umpire.

arbitrer *v* (1) arbitrate ‖ SP. referee, umpire.

arbre [arbr] *m* tree; *~ fruitier*, fruit-tree; *~ de Noël*, Christmas-tree.

arbuste [-byst] *m* shrub.

arc [ark] *m* bow; *tir à l'~*, archery.

arc-en-ciel *m* rainbow.

archet [arʃɛ] *m* MUS. bow.

architecte [-itɛkt] *n* architect, designer.

architecture *f* architecture.

ardent, e [ardɑ̃] *a* hot (chaud); burning (brûlant) ‖ FIG. eager, keen.

ardoise [ardwaz] *f* slate.

arête [arɛt] *f* (fish)bone.

argent [arʒɑ̃] *m* silver (métal) ‖ money; *~ liquide*, cash; *~ comptant*, ready money; *~ de poche*, [enfant] pocket-money; [femme] pin-money ‖ *en avoir pour son ~*, get one's money's worth.

argenté, e *a* silvery ‖ silver-plated (objet).

argenterie [-tri] *f* silverware.

argile [arʒil] *f* clay.

argot [argo] *m* slang.

argument [argymɑ̃] *m* argument.

aride [arid] *a* arid, dry.

aristocrate [aristɔkrat] *n* aristocrat.

aristocratie [-si] *f* aristocracy.

aristocratique [-tik] *a* aristocratic.

arithmétique [aritmetik] *f* arithmetic.

arme [arm] *f* arm, weapon ; ~ *à feu,* fire-arm.

armée *f* army ; ~ *de terre,* land forces ; ~ *de l'air,* air force.

armer *v* (1) arm ‖ cock (fusil).

armoire *f* wardrobe ; cabinet (à pharmacie) ; cupboard (à linge).

armurier [-yrje] *m* gunsmith.

aromate [arɔmat] *m* spice.

aromatique *a* aromatic.

aromatiser *v* (1) flavour.

arôme [arom] *m* aroma ‖ CULIN. flavour.

arpenter [arpɑ̃te] *v* (1) survey (terrain).

arpenteur *m* surveyor.

arracher [araʃe] *v* (1) tear away/off (déchirer) ; pull out/up (extraire) ; snatch away (brusquement) ‖ MED. pull (dent).

arrangement [arɑ̃ʒmɑ̃] *m* arrangement, scheme ‖ agreement (accord) ; settlement (conciliation) ‖ MUS. arrangement.

arranger *v* (1) arrange, dispose ; put in order (mettre en ordre) ‖ settle (différend) ‖ *est-ce que ça vous* ~*e ?* does it suit you ? ‖ *s'*~, come to an agreement (*avec,* with).

arrêt [arɛ] *m* stop(ping) ; *sans* ~, continuously ‖ [voyage] break, stop-over ‖ [lieu] stop-ping-place ; ~ *d'autobus,* bus-stop ; ~ *facultatif,* request stop.

arrêter [-te] *v* (1) stop ‖ arrest (malfaiteur) ‖ FIG. decide upon (projet) ‖ *s'*~, stop ; [voiture] come to a halt, pull up ‖ call (*chez,* at) ; [voyageur] stop over (*à,* at).

arrhes [ar] *fpl* deposit.

arrière [arjɛr] *m* rear, back ● *a inv* rear (feu, roue) ; back (siège) ‖ *en* ~, back(wards) ; *rester en* ~, stay behind ‖ *en* ~ *de,* behind.

arrière-boutique *f* back-shop.

arrière-cuisine *f* scullery.

arrière-goût *m* after-taste.

arrière-plan *m* back-ground.

arrière-saison *f* late autumn.

arrivant, e [arivɑ̃] *n* : *nouvel* ~, new-comer.

arrivée *f* arrival.

arriver *v* (1) come, arrive (*à,* at) ; turn up (se présenter) ; get to (ville) ; come home (à la maison) ; check in (à l'hôtel) ‖ happen, occur (se produire) ; *quoi qu'il* ~*e,* whatever happens ; *que lui est-il* ~*é ?,* what has happened to him ? ‖ SP. come in ‖ RAIL. *le train doit* ~ *à six heures,* the train is due (to arrive) at six ‖ FAM. *y* ~, manage, contrive (financièrement).

arroser [arɔze] *v* (1) water ‖ wash down (repas).

arrosoir *m* watering-can.

art [ar] *m* art ‖ skill (habileté) ‖ *Pl* (fine) arts (beaux-arts).

artère [artɛr] *f* MED. artery ‖ FIG. thoroughfare (rue).

artichaut [artiʃo] *m* artichoke.

article [-kl] *m* [journalisme] article, story ; ∼ *de fond*, leader ‖ GRAMM. article.

articulation [-kylasjɔ̃] *f* [membre] joint ; [doigt] knuckle.

articuler *v* (1) articulate.

artifice [-fis] *m* artifice, trick (stratagème).

artificiel, le *a* artificial.

artillerie [-jri] *f* artillery.

artisan [-zɑ̃] *m* craftsman.

artiste [-st] *n* artist ‖ TH. actor, actress.

artistique *a* artistic.

as [ɑs] *m* [carte, champion] ace.

ascendant, e [asɑ̃dɑ̃, t] *a* upward.

ascenseur [asɑ̃sœr] *m* lift, US elevator.

ascension *f* SP. climb(ing).

aseptique [asɛptik] *a* aseptic.

asiatique [azjatik] *a* Asiatic, Asian ● *n* Asiatic.

Asie [azi] *f* Asia.

asile [-l] *m* asylum ; ∼ *d'aliénés*, mental hospital.

aspect [aspɛ] *m* aspect.

asperge [aspɛrʒ] *f* asparagus.

asperger *v* (7) sprinkle, spray.

asphyxier [asfiksje] *v* (1) asphyxiate.

aspirateur [aspiratœr] *m* vacuum-cleaner, hoover [R] ; *passer l'*∼ *dans*, hoover (coll.).

aspirer *v* (1) breathe in (air) ; suck in/up.

aspirine [-rin] *f* aspirin.

assaisonnement [asɛzɔnmɑ̃] *m* CULIN. seasoning ; [salade] dressing.

assaisonner *v* (1) season ; dress (salade).

assassin [asasɛ̃] *m* murderer.

assassinat [-ina] *m* murder.

assassiner *v* (1) murder.

assécher [aseʃe] *v* (5) dry (up) ; drain (marais).

assemblée [asɑ̃ble] *f* meeting (réunion) ; ∼ *générale*, general meeting ‖ POL. assembly.

assembler *v* (1) bring together (personnes) ; gather, collect (choses) ‖ *s'*∼, gather.

asseoir [aswar] *v* (18) sit down/up (qqn) ‖ *s'*∼, sit down.

assez [ase] *av* enough ; ∼ *d'argent*, enough money ; ∼ *chaud*, warm enough ‖ rather (plutôt).

assiette [asjɛt] *f* plate ; ∼ *plate/creuse*, dinner/soup plate.

assimiler [asimile] *v* (1) assimilate.

assis, e [asi, z] → ASSEOIR ● *a* seated, sitting.

assistance [-stɑ̃s] *f* [public] audience ; attendance.

assistant, e *n* assistant : ∼*e sociale*, social worker.

assister *v* (1) assist, help ‖ ∼ *à*, attend, be present at.

association [asɔsjasjɔ̃] *f* association ‖ society (club).

associé, e *n* COMM. partner.

associer *v* (1) associate ‖ *s'*∼,

associate ‖ [participer] join in ‖ Comm. enter into partnership.

assoiffé, e [aswafe] *a* thirsty.

assombrir [asɔbrir] *v* (2) darken ‖ *s'~*, grow dark ; [ciel] cloud over.

assommant, e [asɔmã, t] *a* Fig. tiresome, boring.

assommer *v* (1) fell, knock down.

assortiment *m* assortment ; collection (d'objets).

assortir *v* (2) match (couleurs) ; pair (off) [par deux].

assoupi, e [asupi] *a* dozing.

assoupir (s') *v* (2) doze off.

assoupissement *m* drowsiness (somnolence) ; doze (somme *m*).

assourdir [asurdir] *v* (2) deafen ‖ muffle (son).

assourdissant, e *a* deafening.

assumer [asyme] *v* (1) assume.

assurance [-rãs] *f* assurance, (self-)confidence ‖ Jur. insurance, assurance ; *~ automobile/incendie/maladie,* car/fire/sickness insurance ; *~ au tiers/tous risques/ -vie,* third-party/comprehensive/life insurance.

assurer *v* (1) assure (certifier) ‖ Jur. insure ‖ *s'~*, make sure of ; Jur. insure (*contre,* against) ; take out an insurance.

astérisque [asterisk] *m* asterisk, star.

asticot [-iko] *m* maggot.

astigmate [-igmat] *a/n* astigmatic.

astigmatisme *m* astigmatism.

astiquer [-ike] *v* (1) polish.

astre [astr] *m* star.

astrologie [-ɔlɔʒi] *f* astrology.

astrologue [-lɔg] *n* astrologer.

astronaute [-not] *n* cosmonaut.

astronautique [-notik] *f* astronautics.

astronome [-nɔm] *n* astronomer.

astronomie [-nɔmi] *f* astronomy.

astronomique [-nɔmik] *a* astronomic(al).

astuce [astys] *f* cunning ; trick (tour).

astucieux, euse *a* shrewd, clever ; tricky.

atelier [atəlje] *m* Techn. (work)shop ‖ Arts studio.

athée [ate] *a* atheistic ● *n* atheist.

athéisme *m* atheism.

athlète [atlɛt] *n* athlete.

athlétique [-etik] *a* athletic.

athlétisme [-etism] *m* athletics.

Atlantique [atlãtik] *a/m* Atlantic.

atmosphère [atmɔsfɛr] *f* atmosphere.

atome [atom] *m* atom.

atomique [-ɔmik] *a* atomic.

atomiseur [-izœr] *m* atomizer.

atout [atu] *m* [cartes] trump ; ∼ *trèfle*, clubs are trumps ; *sans* ∼, no trumps.

âtre [αtr] *m* hearth, fire-place.

atroce [atrɔs] *a* atrocious ; excruciating (douleur).

attabler (s') [satable] *v* (1) sit down to table.

attache [ataʃ] *f* (paper-)clip (trombone).

attacher *v* (1) fasten, bind, tie (up) [lier] ; tie up (chien) ‖ CULIN. catch ‖ *s'*∼, fasten (se boutonner) ; be tied (se lier).

attaque [-k] *f* assault ; ∼ *à main armée*, hold-up (véhicule) ; raid (banque) ‖ MED. stroke (apoplexie) ; bout (grippe).

attaquer *v* (1) attack, assault.

attarder (s') [satarde] *v* (1) linger (flâner) ; loiter (traîner) ‖ [visite] overstay.

atteindre [atɛ̃dr] *v* (59) reach ‖ hit (frapper) ; ∼ *le but*, hit the mark.

atteinte [-t] *f* reach ; *hors d'*∼, out of reach.

attendre [atɑ̃dr] *v* (4) wait for ; wait (*que*, till) ; *faire* ∼ *qqn*, keep sb waiting ‖ ∼*dez!*, wait a minute! ‖ ∼ *avec impatience*, be anxious to, look forward to ‖ ∼ *un bébé*, be expecting ‖ AV., RAIL. ∼*du à 2 h*, due at 2 o'clock ‖ *en* ∼*dant*, meanwhile ‖ *s'*∼ *à*, expect.

attendrissant, e *a* moving, touching.

attentat [-ta] *m* attempt on sb's life ; outrage ; ∼ *à la bombe*, bomb attack.

attente *f* wait(ing).

attentif, ive *a* attentive (*à*, to) [vigilant] ; careful (examen).

attention *f* attention ; *faire* ∼ *à*, pay attention to, mind, watch out for ‖ *attirer l'*∼ *de qqn*, catch sb's eye ‖ ∼*!*, look out!

attentivement *av* attentively, carefully.

atténuer [atenɥe] *v* (1) attenuate ‖ subdue (couleur, lumière) ; deaden (bruit) ; ease (douleur).

atterrir [atɛrir] *v* (2) AV. land, touch down.

atterrissage *m* landing ; ∼ *forcé*, forced landing.

attestation [atɛstasjɔ̃] *f* certificate.

attirant, e [atirɑ̃] *a* attractive, appealing.

attirer *v* (1) attract, draw (*vers*, towards) ‖ *s'*∼ *des ennuis*, get into trouble.

attiser [atize] *v* (1) poke, stir (feu).

attitré, e [-tre] *a* regular (marchand) ; steady (ami).

attitude [-tyd] *f* attitude.

attraper [atrape] *v* (1) catch, get ‖ MED. catch (maladie) ‖ FAM. tell off, dress down (réprimander).

attrayant, e [atrɛjɑ̃, t] *a* attractive, engaging.

attribuer [atribɥe] *v* (1) : ∼

à, attribute/ascribe to (acte, œuvre).

attribut [-by] *m* GRAMM. complement.

attrister [-iste] *v* (1) make sad.

attroupement [atrupmã] *m* crowd.

au [o] → À.

aube [ob] *f* dawn, daybreak.

auberge [obɛrʒ] *f* inn; ~ *de la jeunesse,* youth hostel.

aubergine [-in] *f* aubergine, egg-plant.

aubergiste [-ist] *m* innkeeper ‖ [auberge de la jeunesse] *père/mère* ~, warden.

aucun, e [okœ̃, -yn] *a* [proposition négative] no, not any ‖ [proposition affirmative ou interrogative] any ● *pr* none.

audace [odas] *f* daring, boldness; *avoir l'*~ *de,* dare to.

audacieux, euse *a* daring.

au-dedans/-dehors/-delà/ -dessous/-dessus → DEDANS, DEHORS, DELÀ, DESSOUS, DESSUS.

audio-visuel, le [odjovizɥɛl] *a* audio-visual.

auditeur, trice [oditœr] *n* listener.

auditoire *m* audience.

augmentation [ogmɑ̃tasjɔ̃] *f* increase (prix); rise (salaire).

augmenter *v* (1) increase; raise (salaire) ‖ [nombre] grow ‖ [prix] rise.

aujourd'hui [oʒurdɥi] *av* today; *il y a* ~ *huit jours,* a week ago today; *d'*~

en huit/en quinze, today week/fortnight.

aulx [o] → AIL.

aumône [omon] *f* alms; *faire l'*~, give alms.

aumônier *m* chaplain.

auparavant [oparavɑ̃] *av* before; first.

auprès [oprɛ] *p :* ~ *de,* close to/by (à côté de) ‖ compared with (en comparaison de).

auquel [okɛl] → LEQUEL.

auriculaire [orikylɛr] *m* little finger.

aurore [ɔrɔr] *f* dawn, daybreak.

aussi [osi] *av* also, too ‖ ~ ... *que,* as ... as ; *il est* ~ *grand que vous,* he is as tall as you ; *pas* ~ ... *que,* not as/so ... as.

aussitôt [osito] *av* immediately, at once ‖ ~ *que,* as soon as.

Australie [ostrali] *f* Australia.

australien, ne *a/n* Australian.

autant [otɑ̃] *av* as much/many (de, as); *pas* ~, not so many (de, as); ~ *que,* as much/many as; *pas* ~ *que,* not so much/many as; ~ *que je sache,* as far as I know; *d'*~ *plus/moins que,* all the more/less as.

autel *m* altar.

auteur *m* author.

authentique [-ɑ̃tik] *a* authentic(al), genuine.

auto [oto] *f* car ‖ [fête foraine] ~*s tamponneuses,* dodgems (coll.).

autobus [-bys] *m* bus ; ～ *à deux étages/ à impériale,* double-decker.

autocar *m* motor-coach.

autocollant, e *a* self-sticking ● *m* sticker.

autocuiseur [-kųizœr] *m* pressure-cooker.

auto-école *f* driving school.

autographe [-graf] *m* autograph.

automate [-mat] *m* automaton.

automation *f* automation.

automatique(ment) *a/(av)* automatic(ally).

automne [otɔn] *f* autumn, US fall.

automobile [otomɔbil] *f* motor-car, US automobile.

automobiliste *n* motorist.

autorail [-raj] *m* rail-car.

autorisation [-rizasjɔ̃] *f* authorization.

autoriser *v* (1) authorize, permit.

autorité *f* authority, power.

autoroute *f* motorway, US expressway.

auto-stop *m* hitch-hiking ; *faire de l'～,* hitch-hike ; thumb a lift (coll.).

auto-stoppeur, euse *n* hitch-hiker.

autour [otur] *av/p* : ～ *(de),* round, around.

autre [otr] *a/pr* other ; *un* ～, another (one) ; ～ *chose,* something else ‖ *nous ～s Français,* we French ; *l'un et l'～,* both ; *l'un l'～,* each other.

autrefois [-əfwa] *av* formerly ; in the past.

autrement *av* otherwise (différemment) ‖ or else (sinon).

Autriche [otriʃ] *f* Austria.

autrichien, ne *a/n* Austrian.

aux [o] → À.

auxiliaire [oksiljɛr] *a/n* auxiliary.

aval [aval] *m* : *en* ～, down stream ; *en* ～ *de,* below.

avalanche [-ɑ̃ʃ] *f* avalanche.

avaler *v* (1) swallow.

avance [avɑ̃s] *f* advance, lead ; *en* ～, early, in advance, before time ; *d'～,* beforehand ‖ SP. lead ‖ AUT. ～ *(à l'allumage),* sparking advance.

avancer *v* (5) advance, move forward, make way ‖ move/bring forward (qqch) ‖ advance (date) ‖ advance (argent) ‖ [montre] gain ; *ma montre ～e de cinq minutes,* my watch is five minutes fast ; put on (montre) ‖ AUT. → PAS.

avant [avɑ̃] *p* [distance, ordre, temps] before ; ～ *peu,* before long ; ～ *tout,* above all (surtout) ‖ earlier than ; ～ *la fin de la semaine,* by the end of the week ‖ ～ *de,* before ● *av* before (auparavant) ‖ late, far (tard) ‖ *en* ～, forward, onwards ; [temps] in front, ahead (de, of) ‖ ～ *que,* before ‖ *pas* ～ *que,* not until ● *m* forepart ‖ SP. forward ● *a inv* : AUT. *roue* ～, front wheel.

avantage [-taʒ] *m* advantage ‖ *à son* ～, at one's best ‖ SP.

superiority ; [tennis] vantage ; ∼ *service/dehors,* van in/out.

avantageux, euse *a* advantageous ‖ COMM. *être* ∼, be good value.

avant-bras *m* fore-arm.

avant-centre *m* [football] centre-forward.

avant-dernier, ère *a/n* last but one.

avant-hier [-tjɛr] *av* the day before yesterday ; ∼ *soir,* the evening before last.

avare [avar] *a* miserly ● *n* miser.

avarice [-is] *f* avarice.

avarié, e *a* gone bad/off.

avec [avɛk] *p* with.

avenir [avnir] *m* future ; *à l'*∼, in the future.

aventure [avɑ̃tyr] *f* adventure ‖ affair (amoureuse) ‖ *bonne* ∼, fortune ‖ *à l'*∼, aimlessly.

aventurer (s') *v* (1) venture.

aventureux, euse *a* adventurous.

averse [avɛrs] *f* shower.

aversion [-sjɔ̃] *f* dislike ; *prendre qqn en* ∼, take a dislike to sb.

averti, e [-ti] *a* experienced ‖ forewarned (prévenu).

avertir *v* (2) warn (mettre en garde) ‖ inform (*de,* of).

avertissement *m* warning, notice.

avertisseur *m* signal ; ∼ *d'incendie,* fire-alarm ‖ AUT. hooter.

aveuglant, e [avœglɑ̃, t] *a* blinding.

aveugle *n* : *un/une* ∼, a blind man/woman ; *les* ∼s, the blind.

aveugler *v* (1) blind.

aviateur, trice [avjatœr] *n* airman, airwoman.

aviation *f* aviation ‖ [métier] flying ‖ MIL. air force.

avide [avid] *a* greedy ; ∼ *de,* eager for (plaisir).

avion [avjɔ̃] *m* plane, aeroplane, US airplane ‖ aircraft ; ∼ *à réaction,* jet-plane ‖ *par* ∼, by air ‖ *aller en* ∼, go by plane, fly (*à,* to).

aviron [avirɔ̃] *m* oar ‖ SP. rowing.

avis [avi] *m* opinion ; *changer d'*∼, change one's mind ‖ notice ; *jusqu'à nouvel* ∼, until further notice ; ∼ *au public,* public notice.

avocat, e [avɔka, t] *n* lawyer, barrister ; [Écosse] advocate.

avoine [avwan] *f* oats.

avoir [-r] *v* (19) [possession] have ‖ [se procurer] get ‖ [éprouver] be ; ∼ *chaud/froid/faim,* be warm/cold/hungry ‖ [dimension] be ; ∼ *2 mètres de long,* be 2 meters long ‖ [âge] be ; ∼ *dix ans,* be ten years old ‖ *qu'avez-vous ?,* what's the matter with you ? ‖ *en* ∼ : *j'en ai assez,* I am sick of it ; *en* ∼ *pour son argent,* get one's money's worth ‖ *y* ∼ : *il y a,* there is/are ; *il y avait (autrefois),* there used to be ; *il y a deux ans,* two years ago ‖ FAM. *se faire* ∼, be had.

avortement [avɔrtəmɑ̃] *m* abortion.

avorter *v* (1) MED. abort, have an abortion.

avoué [avwe] *m* solicitor, attorney.

avouer *v* (1) confess, own (faute) ‖ admit, acknowledge (admettre).

avril [avril] *m* April.

axe [aks] *m* axle.

ayant, ons [ɛjɑ̃, ɔ̃] → AVOIR.

b

b [be] *m*.

bac 1 [bak] *m* [récipient] tub ; ～ *à glace*, ice-tray ‖ NAUT. ferry(-boat) ; *passer en* ～, ferry over.

bac 2 *m* FAM. = BACCA-LAURÉAT.

baccalauréat [bakalɔrea] *m* GB General Certificate of Education (A Level).

bachot [baʃo] *m* FAM. = BACCALAURÉAT.

bachoter [-te] *v* (1) ‘cram.

bagages [bagaʒ] *mpl* luggage, US baggage ; *faire/défaire ses* ～, pack (up)/unpack (one's luggage) ‖ bags (coll.).

bagarre [-r] *f* brawl, scuffle.

bagarrer (se) *v* (1) FAM. scuffle, fight (*avec*, with).

bagatelle [-tɛl] *f* trifle.

bagnole [baɲɔl] *f* FAM. car.

bague [bag] *f* ring ; ～ *de fiançailles*, engagement ring.

baguette *f* stick ‖ CULIN. chopsticks.

baie 1 [bɛ] *f* GEOGR. bay.

baie 2 *f* BOT. berry.

baignade [bɛɲad] *f* bathing ; bathing-place (lieu).

baigner *v* (1) bath (bébé) ; bathe (corps) ‖ *se* ～, bathe, have a swim ; *aller se* ～, go for a swim.

baigneur, euse *n* bather, swimmer.

baignoire *f* bath (tub) ‖ TH. box.

bâillement [bɑjmɑ̃] *m* yawn(ing).

bâiller *v* (1) yawn.

bain [bɛ̃] *m* [baignoire] bath ; *prendre un* ～, have a bath ‖ [mer, piscine] bathe, swim ‖ ～ *de soleil*, sunbath ; *prendre un* ～ *de soleil*, sunbathe ‖ ～ *de vapeur*, sweat-bath.

baiser [bɛze] *m* kiss ; *donner un* ～, kiss.

baisse [bɛs] *f* [prix, température] drop, fall.

baisser *v* (1) lower ‖ let down (vitre) ; pull down (store) ‖ ～ *les yeux*, look down ‖ [mer] go down ; [marée] go out ‖ [température, baromètre] fall ‖ [vent] drop ‖ FIN. [prix] decline, drop; cheapen (prix) || *se* ～, bend down, stoop.

bal [bal] *m* dance; ～ *costumé*, fancy-dress ball.

balade *f* FAM. outing; stroll (à pied).

balader (se) *v* (1) saunter, go for a stroll.

balafre [-afr] *f* scar.

balai [-ɛ] *m* broom; *un coup de* ～, a sweep; *passer le* ～ *dans*, sweep.

balance *f* scales.

balancer *v* (6) swing, rock || *se* ～, swing, sway, rock.

balançoire *f* seesaw, swing.

balayer [-ɛje] *v* (9 *b*) sweep || RAD. scan.

balayeur *m* sweeper.

balcon [-kɔ̃] *m* balcony.

baleine [-ɛn] *f* whale.

balle [bal] *f* ball || [tennis] *faire des* ～*s*, have a knock-up; ～ *nulle*, no ball || [fusil] bullet.

ballon *m* SP. ball || AV. balloon (captif).

ballot [-o] *m* bale, bundle.

balustrade [-ystrad] *f* railing, handrail.

ban [bã] *m* : *publier les* ～*s* (*de mariage*), put up the banns || round of applause.

banal, e [banal] (*Pl* banals) *a* banal; commonplace, trite; *peu* ～, unusual.

banane [-n] *f* banana.

banc [bã] *m* bench || [école] form || [église] pew.

bandage [bãdaʒ] *m* MED. bandage.

bande 1 *f* [ruban] band; [papier] strip; [journal] wrapper || [magnétophone] ～ **(magnétique)**, (magnetic) tape; [magnétoscope] videotape || ～ **dessinée**, strip cartoon, comic strip || MED. bandage; ～ *Velpeau*, crêpe bandage || RAD. band.

bande 2 *f* band, gang.

bandit [-i] *m* bandit.

banlieue [bãljø] *f* suburbs, outskirts; *de* ～, suburban.

banlieusard, e [-zar] *n* FAM. suburbanite || RAIL. commuter.

banque [bãk] *f* bank || MED. ～ *du sang*, blood-bank.

banquette *f* bench; seat.

banquier *m* banker.

baptême [batɛm] *m* baptism, christening || AV. ～ *de l'air*, first flight.

baptiser *v* (1) christen, baptize.

baquet [bakɛ] *m* tub.

bar [bar] *m* bar (comptoir, local).

baraque [-ak] *f* hut, shanty || [foire] booth.

baratin [-atɛ̃] *m* empty talk (boniments).

baratiner [-atine] *v* (1) chat up (femme).

barbare *a* barbarous, cruel.

barbe [barb] *f* beard; *se laisser pousser la* ～, grow a beard; *sans* ～, beardless, clean-shaven || FAM. *quelle* ～*!*, what a drag!

barbelé, e [-əle] *a* : *fil de fer* ～, barbed wire.

barboter [-ɔte] v (1) paddle, splash about (patauger).

barbouiller [-uje] v (1) smear (d'encre).

barbu, e a bearded.

barman [barman] m barman; bartender.

baromètre [-ɔmɛtr] m barometer, glass.

barque [-k] f small boat.

barrage [baraʒ] m [lac] dam.

barre [bar] f bar; rod (de fer); bar (de chocolat) ‖ SP. bar; ～ fixe, horizontal bar; ～s parallèles, parallel bars.

barreau [-o] m [échelle] rung.

barrer v (1) cross, score out, cancel (mot); cross («t») ‖ block (up) [rue] ‖ FIN. cross (chèque).

barreur m SP. coxswain.

barrière f fence (clôture); gate (ouvrante).

bas 1, se [bɑ, s] a low ‖ NAUT. low (marée) ‖ SP. below the belt (coup) • av low; parler ～, speak in a low voice ‖ en ～, (down) below, US way down; de haut en ～, downward(s); de ～ en haut, upward(s) • m foot, bottom; au ～ de, at the bottom of.

bas 2 m stocking; ～ de Nylon, nylons.

basané, e [bazane] a tanned, swarthy.

bascule [baskyl] f weighing machine.

base [bɑz] f base ‖ de ～, basic.

baser v (1) ground, base.

bas-fonds [bafɔ̃] mpl underworld.

basket [baskɛt] m/f [chaussure] track-/training-shoe ‖ Pl trainers (coll.).

basse 1 → BAS 1.

basse 2 f [chanteur, voix] bass.

basse-cour f farmyard, poultry-yard.

bassin [basɛ̃] m pond, pool (pièce d'eau) ‖ NAUT. dock.

bassine [-in] f basin.

basson [basɔ̃] m bassoon.

bataille [batɑj] f battle.

bâtard, e [batar, d] a/n bastard ‖ [chien] mongrel.

bateau [bato] m boat; ～-citerne, tanker; ～ de course, racer; ～ de pêche, fishing-boat; ～ à voiles, sailing-boat.

bâti, e [bati] a built; bien ～, well built.

bâtiment m building.

bâtir v (2) build.

bâton m stick (léger); cudgel (gros) ‖ ～ **de rouge**, lipstick.

batte [bat] f SP. bat.

batterie [-ri] f ELECTR. battery ‖ drums.

batteur m CULIN. beater ‖ MUS. drummer.

battre [-r] v (20) beat ‖ defeat (vaincre) ‖ shuffle (cartes) ‖ CULIN. beat (crème) ‖ SP. ～ **un record**, break a record ‖ MUS. ～ la mesure, beat time ‖ se ～, fight (contre, against; pour, for).

baume [bom] m MED., FIG. balm.

bavard, e [bavar, d] *a* talkative.

bavardage *m* chatter(ing),
gossip.

bavarder *v* (1) chat, gossip,
have a chat.

baver [bave] *v* (1) dribble.

bazar [bazar] *m* general shop.

beau, bel, belle [bo, bɛl] *a*
beautiful, lovely ‖ handsome,
good-looking (homme) ‖ fair,
nice (temps); *il fait beau*, the
weather is fine ‖ fair (paroles)
‖ great, favourable (occasion) ‖
FIG. *au beau milieu*, right in
the middle; *de plus belle*, more
and more ‖ *se faire belle*, do
o.s. up, get dressed up ● *m*
[temps] *être au beau fixe*, be set
fair ‖ [chien] *faire le beau*, sit
up ● *av* : **avoir beau**, in vain,
vainly; *il a beau essayer*, however hard he tries.

beaucoup *av* much, a great
deal; a lot, lots (coll.); ～
mieux, far better, lots better
(coll.) ‖ **de** ～, by far ‖ ～ **de**,
[affirmatif] a good deal of, a
lot of, lots of (coll.); [négatif]
not much/many ● *pr* [personn-
nes] many; a lot of people
(coll.).

beau-fils *m* son-in-law
(gendre); stepson (par remariage).

beau-frère *m* brother-in-law.

beau-père *m* father-in-law
(père du conjoint); stepfather
(par remariage) ‖ → BEL(LE).

beauté *f* beauty, loveliness;

(good) looks; *se refaire une* ～,
do over one's face.

beaux-parents *mpl* in-laws
(coll.).

bébé [bebe] *m* baby.

bec [bɛk] *m* [oiseau] beak, bill
‖ [plume] nib.

bécarre [bekar] *m* MUS.
natural.

bêche [bɛʃ] *f* spade.

bêcher *v* (1) dig (up).

bégayer [begeje] *v* (9 *b*) stammer, stutter.

bègue [bɛg] *n* stammerer,
stutterer.

béguin [begɛ̃] *m* : FAM. *avoir
le* ～ *pour*, have a crush on
(coll.).

beige [bɛʒ] *a* beige.

beignet [bɛɲɛ] *m* doughnut;
～ *aux pommes*, apple-fritter.

bel *a* → BEAU.

bêler [bɛle] *v* (1) bleat.

belge [bɛlʒ] *a/n* Belgian.

Belgique *f* Belgium.

bélier [belje] *m* ram.

belle [bɛl] *a* → BEAU ● *f* [jeu]
deciding game; SP. play-off;
[tennis] final set; *jouer la* ～,
play off.

belle-fille *f* daughter-in-law
(bru); stepdaughter (par remariage).

belle-mère *f* mother-in-law
(mère du conjoint); stepmother
(par remariage).

belle-sœur *f* sister-in-law.

bémol [bemɔl] *m* MUS. flat.

bénédiction [benediksjɔ̃] *f*
REL. blessing.

bénéfice [-fis] *m* COMM. profit; *faire du* ~ *sur*, make a profit on.

bénir [benir] *v* (2) bless.

benjamin, e [bɛ̃zamɛ̃, in] *n* junior; youngest child.

béquille [bekij] *f* crutch.

berceau [bɛrso] *m* cradle, cot.

bercer *v* (5) rock (dans un berceau); nurse (dans les bras).

berge [bɛrʒ] *f* (steep) bank.

berger, ère [-e, ɛr] *n* shepherd, -ess.

besogne [bəzɔɲ] *f* (piece of) work, job, task.

besoin [bəzwɛ̃] *m* need, want, requirement; *au* ~, if necessary; *avoir* ~ *de*, need, require; *vos cheveux ont* ~ *d'être coupés*, your hair wants/needs cutting.

bestiaux [bɛstjo] *mpl*, **bétail** [betaj] *m* cattle, livestock.

bête [bɛt] *f* animal, beast ● *a* silly, stupid.

bêtise *f* foolishness; *dire des* ~*s*, talk nonsense ‖ blunder (erreur).

béton [betɔ̃] *m* concrete.

betterave [bɛtrav] *f* beetroot.

beurre [bœr] *m* butter.

beurrer *v* (1) butter.

beurrier *m* butter-dish.

biais [bjɛ] *m* slant; *de/en* ~, slantwise.

biberon [-rɔ̃] *m* (feeding) bottle; *nourrir au* ~, feed on the bottle; *nourri au* ~, bottle-fed.

Bible [-l] *f* Bible.

bibliothécaire [-lijɔtekɛr] *n* librarian.

bibliothèque [-tɛk] *f* library; ~ *de prêt*, lending library ‖ [meuble] book-case.

biche [-ʃ] *f* hind.

bicyclette [-siklɛt] *f* bicycle; *à* ~, on a bicycle; *aller à* ~, cycle.

bidon 1 [-dɔ̃] *m* can.

bidon 2 *a* ARG. phoney.

bielle [bjɛl] *f* (connecting-)rod ‖ AUT. *couler une* ~, run a big end.

bien [bjɛ̃] *av* well; *aller* ~, be well ‖ [très] very; ~ *mieux*, much better; ~ *chaud*, good and hot (boisson), nice and warm (pièce) ‖ [beaucoup] ~ *du/de la*, much; ~ *des*, many; ~ *trop tard*, much too late ‖ ~ *entendu*, of course; *eh* ~*!*, well! ‖ ~ *que*, although ● *a* good-looking (personne); nice (chose) ‖ [à l'aise] comfortable ‖ [morale] nice, decent ‖ [en bons termes] on good terms ● *m* *le* ~, good ‖ [possession] possession, property ‖ *Pl :* ~*s de consommation*, consumer goods.

bien-aimé, e [-nɛme] *a/n* beloved, darling.

bien-être [-nɛtr] *m* well-being; comfort.

bientôt *av* soon ‖ *à* ~*!*, see you/be seeing you (soon)!

bienveillant, e [-vɛjɑ̃] *a* benevolent (*envers*, to).

bienvenu, e [-vny] *a* welcome ● *f* welcome; *souhaiter la* ~*e* *à qqn*, wish sb welcome.

bière [bjɛr] *f* beer, ale; ~ *légère*, lager; ~ *blonde*, pale

ale ; ∼ *brune*, brown ale ; stout (forte) ; ∼ *à la pression*, beer on draught.

biffer [bife] *v* (1) cross out.

bifteck [biftɛk] *m* (beef)steak ; ∼ *haché*, minced steak.

bifurcation [bifyrkasjɔ̃] *f* [road] fork.

bifurquer [-ke] *v* (1) fork ; branch off.

bigle [bigl] *a* cross-eyed, squint-eyed.

bigoudi [bigudi] *m* haircurler.

bijou [biʒu] (*Pl* **bijoux**) *m* jewel.

bijouterie [-tri] *f* jeweller's shop (boutique).

bijoutier, **ère** *n* jeweller.

bikini [bikini] *m* bikini.

bilingue [bilɛ̃g] *a/n* bilingual.

billard [bijar] *m* billiardstable ; *jouer au* ∼, play billiards.

bille [bij] *f* marble.

billet [-ɛ] *m* ticket ; ∼ *d'aller et retour*, return ticket ; ∼ *d'aller simple*, single ticket ‖ FIN. note ; ∼ *de banque*, bank note, US bill.

bis 1 [bi] *a* brown (pain).

bis 2 [bis] *interj* encore !

biscotte [biskɔt] *f* rusk.

biscuit [-ɥi] *m* biscuit, US cracker.

bise 1 [biz] *f* North wind.

bise 2 *f* FAM. kiss.

bissextile [bisɛkstil] *a* : *année* ∼, leap-year.

bistrot [bistro] *m* FAM. pub ; ∼ *du coin*, local.

bizarre [bizar] *a* queer, odd, peculiar, funny.

blague 1 [blag] *f* : ∼ *à tabac*, (tobacco) pouch.

blague 2 *f* FAM. trick, joke ; *sans* ∼!, no kidding !

blaireau [blɛro] *m* shavingbrush.

blâmer [blɑme] *v* (1) blame ; rebuke, reprove.

blanc, **che** [blɑ̃, ʃ] *a* white ‖ FIG. *nuit* ∼*che*, sleepless night ● *m* white ‖ [œuf, volaille] white.

blanchâtre [-ʃatr] *a* whitish.

blanche 1 → BLANC.

blanche 2 *f* MUS. minim.

blanchir *v* (2) whiten ‖ wash, launder (linge).

blanchissage *m* washing, laundering.

blanchisserie [-isri] *f* laundry.

blanchisseuse *f* laundress.

blasphémer [blasfeme] *v* (5) blaspheme.

blé [ble] *m* corn, wheat.

blesser [blese] *v* (1) wound ‖ [accident] injure ; hurt (légèrement) ‖ [chaussures] pinch.

blessure *f* wound ‖ [accident] injury ; hurt (légère) ; sore (par frottement).

bleu, **e** [blø] *a* blue ● *m* blue ; ∼ *marine*, navy blue ‖ *Pl* : ∼*s de travail*, boiler-suit, overalls, dungarees ‖ MED. bruise.

bloc [blɔk] *m* block.

bloc-notes *m inv.* writingpad.

blond, e [blɔ̃, d] *a* fair, blond
● *f* [femme] blonde.
bloquer [blɔke] *v* (1) block
(up) [route] ‖ ~*é par la neige*,
snow-bound ‖ Tᴇᴄʜɴ. jam on
(freins).
blottir (se) [səblɔtir] *v* (2)
huddle up, curl up.
blouse [bluz] *f* blouse (chemisier) ; overall (de travail).
blouson *m* jacket.
bluff [blœf] *m* bluff.
bluffer *v* (1) bluff.
bluffeur, euse *n* bluffer.
bobine [bɔbin] *f* [fil] bobbin,
reel ; [machine à écrire] spool
‖ Pʜᴏᴛ. spool ; ~ *réceptrice*,
take-up spool ‖ Cɪɴ. reel.
bocal [bɔkal] *m* jar.
bœuf [bœf] (*Pl* **bœufs** [bø]) *m*
ox (*Pl* oxen) ‖ Cᴜʟɪɴ. beef.
boire [bwar] *v* (21) drink ; ~
dans un verre, drink out of a
glass ; ~ *à (même) la bouteille*,
drink from the bottle ‖ ~ *à
la santé de qqn*, drink sb's
health ‖ Fᴀᴍ. ~ *un coup*,
down a drink.
bois [bwa] *m* [forêt, matériau]
wood ; *de/en* ~, wooden ‖ ~
blanc, deal ; ~ *de chauffage*,
firewood ; ~ *de construction*,
timber.
boisé, e [-ze] *a* wooded,
woody.
boisson [-sɔ̃] *f* drink.
boîte [-t] *f* box ; ~ *d'allumettes*, matchbox ; ~ *de conserve*, tin, US can ‖ ~ *de
couleurs*, box of paints ; ~ *aux
lettres*, letter-/pillar-box ; ~ *à*

maquillage, vanity-case ; ~ *à
ordures*, dustbin, US garbage-
can ; ~ *à thé*, tea-caddy ‖
Aᴜᴛ. ~ *de vitesses*, gear-box ‖
Tʜ. ~ *de nuit*, night-club ‖
Fᴀᴍ. joint (sl.) ‖ Fɪɢ., Fᴀᴍ.
mettre en ~, rag.
boiter *v* (1) limp.
boiteux, euse *a* lame ● *n*
cripple, lame man/woman.
bol [bɔl] *m* bowl.
bombarder [bɔ̃barde] *v* (1)
[avion] bomb.
bombe *f* bomb ; ~ *atomique*,
atom(ic) bomb ; ~ *incendiaire*,
fire-bomb ‖ [atomiseur] spray.
bon, ne [bɔ̃, ɔn] *a* good ‖ nice
(odeur) ‖ kind, good (chari-
table) ; *qui a* ~ *cœur*, kind-
hearted ‖ fit (apte) ‖ ~ *à manger*, fit to eat ‖ right (correct)
‖ valid (valable) ‖ wholesome
(sain) ‖ ~ *sens*, common
sense ‖ [souhait] *Bonne année!*,
Happy New Year! ‖ [quantité]
une ~*ne heure*, a full hour ;
un ~ *nombre*, a fairly large
number ‖ [temps] *de* ~*ne heure*,
early ‖ Cᴏᴍᴍ. ~ *marché*,
cheap ● *av* nice (agréablement)
‖ *sentir* ~, smell nice ‖ *il fait*
~ *ici*, it's nice (and warm/cool)
here ‖ *pour de* ~, for good ●
interj good!, all right!
bonbon *m* sweet, US candy.
bonbonne *f* demijohn.
bond [bɔ̃] *m* bound, leap,
spring ‖ Fɪɢ. *faire faux* ~,
break an appointment, let
down ; stand up (coll.).
bonde [-d] *f* [baignoire] plug.

bondé, e *a* crowded, cramfull.

bondir *v* (2) jump, leap, spring.

bonheur [bɔnœr] *m* happiness ; *porter* ∼, bring luck (*à*, to) ‖ *par* ∼, fortunately.

bonhomme [-ɔm] *m* chap ; ∼ *de neige*, snowman.

bonjour [bɔ̃ʒur] *m* hello! ; [matin] good morning! ; [aprèsmidi] good afternoon !

bonne 1 → BON.

bonne 2 *f* maid.

bonnet [bɔnɛ] *m* cap.

bonsoir [bɔ̃swar] *m* good evening!, good night !

bonté *f* goodness, kindness.

bord [bɔr] *m* edge ; [lac] margin ; [rivière] side, bank ‖ ∼ *de la mer*, seashore, seaside ‖ [verre] brim ‖ NAUT. board ; *monter à* ∼, go aboard/on board.

bordeaux [-do] *m* [= *vin de Bordeaux*] claret.

border [-de] *v* (1) [arbres] line (route) ‖ tuck in (personne).

bordure *f* border, edge ‖ [trottoir] kerb.

borgne [-ɲ] *a* one-eyed.

borne [-n] *f* boundary-stone ; milestone (routière).

borner *v* (1) limit, bound.

bosquet [bɔskɛ] *m* grove.

bosse [bɔs] *f* [bossu, chameau] hump ‖ [front] bump.

bossu, e *a* humpbacked ● *n* hunchback.

botanique [bɔtanik] *a* botanic(al) ● *f* botany.

botte 1 [bɔt] *f* boot ; ∼ *à l'écuyère*, riding-boots ; ∼ *de caoutchouc*, wellington ; waders (de pêcheur).

botte 2 *f* [légumes] bunch ‖ [foin] bundle.

bouc [buk] *m* [animal] he-goat ‖ [barbe] goatee.

bouche [buʃ] *f* mouth ‖ MED. *faire du* ∼ *à* ∼, give the kiss of life.

bouchée *f* mouthful, bite.

boucher *v* (1) cork (up) (bouteille) ; obstruct, block, choke (passage) ; stop, plug (trou) ; stop up (nez).

boucher, ère [-, ɛr] *n* butcher, butcher's wife.

boucherie [-ri] *f* butcher's shop.

bouchon *m* [liège] cork ‖ [verre] stopper ‖ [pêche] float ‖ AUT. [radiateur] cap ‖ FAM. [circulation] hold-up, (traffic) jam.

boucle [-kl] *f* [ceinture] buckle ‖ [cheveux] curl ‖ [nœud] loop ‖ ∼ *d'oreille*, ear-ring.

bouclé, e *a* curly.

boucler *v* (1) buckle (ceinture) ‖ curl (cheveux).

bouder [bude] *v* (1) sulk.

boudeur, euse *a* sulky.

boudin *m* black pudding.

boue [bu] *f* mud.

bouée [bwe] *f* buoy ; ∼ *de sauvetage*, life buoy.

boueux, euse [bwø, z] *a* muddy, slushy (neige fondue) ● *mpl* → ÉBOUEUR.

bouffée [bufe] *f* puff, whiff ‖ [cigarette] drag (sl.).

bougeoir [buʒwar] *m* candle-stick.

bouger *v* (7) move, stir ‖ [négativement] budge ; *ne ∼ez pas !*, keep still !

bougie [-i] *f* candle ‖ AUT. ∼ *d'allumage*, spark(ing)-plug.

bouillant, e [bujã, t] *a* boi-ling ‖ boiling hot (boisson).

bouillir *v* (22) boil ; *faire ∼*, boil.

bouilloire *f* kettle.

bouillon *m* [liquide] broth.

bouillonner *v* (1) bubble, seethe.

bouillotte [-ɔt] *f* hot-water-bottle.

boulanger, ère [bulãʒe, ɛr] *n* baker, baker's wife.

boulangerie *f* bakery, baker's shop.

boule [bul] *f* [billard] ball ; [boules] bowl ; *jouer aux ∼s*, play bowls ‖ ∼ *de neige*, snowball.

boulette *f* [papier] pellet ‖ CULIN. meat-ball.

bouleversant, e [-vɛrsã, t] *a* upsetting, staggering.

bouleverser *v* (1) turn upside down ; tumble ‖ FIG. upset, shake.

boulon *m* bolt.

boulot [-o] *m* FAM. job.

bouquet [bukɛ] *m* bunch.

bouquetière [buktjɛr] *f* flower-girl.

bouquin *m* FAM. book.

bouquiner [-ine] *v* (1) browse.

bouquiniste *n* second-hand bookseller.

bourde [burd] *f* blunder.

bourdonner *v* (1) [insectes] buzz, hum.

bourgeois, e [burʒwa, z] *a* middle-class (famille) ‖ plain (cuisine) ‖ private (maison) ● *n* middle-class person.

bourgeoisie [-zi] *f* middle-class.

bourgeon *m* bud.

bourgeonner *v* (1) bud.

Bourgogne [burgɔɲ] *f* GEOGR. Burgundy ● *m :* [vin] *b∼*, burgundy.

bourrasque [buṛask] *f* squall.

bourratif, ive [-atif, iv] *a* stodgy.

bourré, e *a* cram-full ‖ ARG. tight [sl.] (ivre).

bourrer *v* (1) cram, stuff (*de*, with) ; fill (pipe).

bourse [-s] *f* purse ‖ ∼ *(d'étu-des)*, scholarship, grant ‖ FIN. *la B∼*, the Stock Exchange.

boursier, ère *n* scholar.

bousculer [buskyle] *v* (1) jos-tle (pousser) ‖ hurry, rush (presser) ‖ *se ∼*, jostle, hurry.

boussole [busɔl] *f* compass.

bout [bu] *m* [extrémité] end ; *∼ à ∼*, end to end ; [cigarette, nez] tip ; *à ∼ de liège*, cork-tipped ‖ [morceau] bit, piece, scrap.

bouteille [-tɛj] *f* bottle ; *mettre en ∼*, bottle ; *∼ isolante*, vacuum-bottle ; *∼s vides*, empties (consignes).

bout-filtre *m* filter-tip.

boutique [-tik] *f* shop, US store.

boutiquier, ère *n* shopkeeper.

bouton [-ɔ̃] *m* button ; ~ *de col*, collar stud ; ~*s de manchettes*, cuff-links ; ~*-pression*, snap ‖ [*porte, radio*] knob ‖ BOT. bud ‖ MED. spot, pimple.

boutonner *v* (1) button (*veste*) ; do up (*robe*).

boutonnière [-ɔnjɛr] *f* buttonhole.

boxe [bɔks] *f* boxing ; *combat de* ~, boxing-match.

boxer *v* (1) box.

boxeur *m* boxer.

bracelet [braslɛ] *m* bracelet ‖ strap (*de montre*).

bracelet-montre *m* wristwatch.

braguette [-gɛt] *f* flies.

brailler [braje] *v* (1) bawl ; [*enfant*] squall.

braire [brɛr] *v* (23) bray.

braise [-z] *f* live coals, embers.

brancard [brɑ̃kar] *m* stretcher (*civière*).

branche [-ʃ] *f* bough, branch.

branchement *m* ELECTR. connection.

brancher *v* (1) ELECTR. connect, plug in.

brandir [-dir] *v* (2) flourish.

branlant, e [-lɑ̃, t] *a* shaky (*meuble*) ; rickety (*chaise*) ; unsteady (*table*).

braquer [brake] *v* (1) level, aim, point (*fusil*) [*sur, at*] ‖ AUT. turn ; ~*ez à droite !*, right

lock ! ; ~*ez à fond !*, lock hard over !

bras [bra] *m* arm ; ~ *dessus*, ~ *dessous*, arm in arm ; *donner le* ~ *à qqn*, give sb one's arm ; *être en* ~ *de chemise*, be in (one's) shirt-sleeves.

brassard [-sar] *m* armlet.

brasse *f* SP. breast-stroke ; ~ *papillon*, butterfly-stroke.

brasser *v* (1) brew (*bière*).

brasserie *f* brewery (*fabrique*).

brave [brav] *a* [après le nom] brave (*courageux*) ‖ [avant le nom] good, decent.

bravo *excl* hear! hear! ; well done! ● *npl* cheers.

bravoure [-ur] *f* bravery.

break [brɛk] *m* estate car, US station wagon.

brebis [brəbi] *f* ewe.

brèche [brɛʃ] *f* breach ; gap.

bref, ève [brɛf, ɛv] *a* short, brief ● *av* in short.

Bretagne [brətaɲ] *f* Britanny.

bretelle *f* [soutien-gorge] (shoulder) strap ‖ *Pl* braces, US suspenders ‖ [autoroute] sliproad.

breton, ne [-ɔ̃, ɔn] *a/n* Breton.

brevet [-vɛ] *m* certificate ‖ JUR. patent (*d'invention*).

bricolage [brikɔlaʒ] *m* odd jobs, do-it-yourself.

bricoler *v* (1) do odd jobs.

bricoleur *m* do-it-yourselfer ; handyman.

bridge 1 [-dʒ] *m* [*cartes*] bridge ; ~ *contrat*, contract bridge ; ∼ *aux enchères,* auction bridge ; *jouer au* ∼, play bridge.

bridge 2 *m* [dents] bridge.

brièvement [-εvmᾶ] *av* breefly.

brillant, e [-jᾶ] *a* bright, brilliant, shining ‖ Fig. brilliant.

brillantine [-in] *f* hair-oil.

briller *v* (1) shine ‖ glitter ‖ [lumière aveuglante] glare ; [diamant] glitter ; [lueur incertaine] glimmer ; [lueur faible] gleam ; [lueur incandescente] glow.

brimer [-me] *v* (1) rag, bully (camarade).

brin [brε̃] *m* blade (d'herbe) ; spray (de muguet).

brindille [-dij] *f* twig, sprig.

brioche [brijɔʃ] *f* bun.

brique [brik] *f* brick.

briquet [-ε] *m* lighter.

brise [briz] *f* breeze.

briser *v* (1) break, shatter ; ∼ *en morceaux,* smash ‖ *se* ∼, break ; shatter.

britannique [-tanik] *a* British.

broc [bro] *m* jug.

brocanteur [brɔkᾶtœr] *n* second-hand dealer ; junk dealer.

broche [brɔʃ] *f* brooch (bijou) ‖ Culin. spit.

broché, e *a* : *livre* ∼, paperback.

brochette *f* skewer (instrument) ; kebab (mets).

brochure *f* booklet, pamphlet.

broder [brɔde] *v* (1) embroider.

broderie *f* embroidery.

bronchite [brɔ̃ʃit] *f* bronchitis.

bronzage [brɔ̃zaʒ] *m* (sun)tan.

bronze *m* bronze.

bronzé, e *a* tanned, sunburnt.

bronzer *v* (1) tan.

brosse [brɔs] *f* brush ; *coup de* ∼, brush-up ; ∼ *à cheveux,* hair-brush ; ∼ *à dents,* tooth-brush ; ∼ *à habits,* clothes-brush ; ∼ *à ongles,* nail-brush ‖ *cheveux en* ∼, crew-cut.

brosser *v* (1) brush.

brouette [bruεt] *f* wheel-barrow.

brouillage [brujaʒ] *m* Rad. jamming.

brouillard [-r] *m* fog ‖ mist (brume) ‖ smog (mêlé de fumée).

brouillé, e *a* blurred (image) ‖ Culin. scrambled (œufs) ‖ Fig. *être* ∼ *avec qqn,* be on bad terms with sb.

brouiller *v* (1) blur (image, miroir) ‖ Rad. jam ‖ Fig. confuse (idées) ‖ *se* ∼, fall out (*avec,* with).

brouillon *m* rough copy.

broussaille [brusaj] *f* brush-wood.

brouter [brute] *v* (1) browse, graze.

broyer [brwaje] *v* (9 a) grind, crush ‖ Fig. ∼ *du noir,* have the blues.

bru [bry] *f* daughter-in-law.

bruine [bryin] *f* drizzle.

bruit [-i] *m* noise ; *faire du* ∼, make a noise ; *sans* ∼, noiselessly ‖ thud (sourd); clash (métallique); [ferraille] rattle.

bruitage [-taʒ] *m* sound-effects.

brûlage [brylaʒ] *m* [cheveux] singeing.

brûlant, e *a* burning (hot) ‖ scorching (soleil); piping hot (thé).

brûlé, e *a* burnt • *m* CULIN. burning (odeur).

brûler *v* (1) burn ‖ scorch (peau); scald (ébouillanter); singe (cheveux) ‖ AUT. ∼ *un feu rouge*, go through a red light ‖ CULIN. burn; [lait] catch ‖ FIG. [jeu] *tu* ∼*es !*, you're getting warm! ‖ FIG. ∼ *de*, be eager to.

brûlure *f* burn; [eau bouillante] scald ‖ MED. ∼ *d'estomac*, heartburn.

brume [brym] *f* mist ‖ haze (de chaleur).

brumeux, euse *a* misty, hazy, foggy.

brun, e [brœ̃, yn] *a* brown ‖ tanned (bronzé); dark (cheveux) • *m* [couleur] brown • *f* [femme] brunette.

brunir [brynir] *v* (2) [peau] tan; [personne] get a tan.

brusque [-sk] *a* sudden, abrupt ‖ sharp (tournant).

brusquement *av* suddenly, abruptly.

brut, e [-t] *a* unrefined, raw (matière) ‖ rough (diamant) ‖ crude (pétrole).

brutal, e, aux *a* brutal (instinct) ‖ rough (manières).

brutalement *av* roughly ‖ brutally ‖ bluntly (sans ménagement).

brutaliser *v* (1) bully.

Bruxelles [brysɛl] Brussels.

bruyamment [brɥijamɑ̃] *av* noisily.

bruyant, e *a* noisy.

bu [by] → BOIRE.

bûche [byʃ] *f* log; ∼ *de Noël*, Yule-log.

bûcher *v* (1) swot (up).

bûcheron [-rɔ̃] *m* woodcutter.

budget [bydʒɛ] *m* budget.

buée [bye] *f* steam; *couvrir de* ∼, cloud (up).

buffet [byfɛ] *m* side-board ‖ [réception] buffet ‖ RAIL. refreshment room.

buisson [bɥisɔ̃] *m* bush.

buissonnière [-ɔnjɛr] *a* : *faire l'école* ∼, play truant.

bulle [byl] *f* bubble ‖ [bande dessinée] balloon.

bulletin [-tɛ̃] *m* bulletin, report; ∼ *de bagages*, luggage-ticket; ∼ *météorologique*, weather report; ∼ *de naissance*, birth certificate; [école] ∼ *trimestriel*, terminal report ‖ receipt ‖ POL. ∼ *de vote*, ballot.

bungalow [bœ̃galo] *m* bungalow ‖ [club] chalet.

bureau [byro] *m* [meuble] desk ‖ [lieu] office; ∼ *de poste*, post-office ‖ study (privé) ‖ COMM. [hôtel] reception desk; ∼ *de tabac*, tobacconist's.

burette *f* oil-can.

buste [byst] *m* bust.

but [byt] *m* target, mark;
atteindre/manquer le ~,
hit/miss the mark ‖ SP. [football] goal ‖ FIG. aim, goal;
sans ~, aimless(ly).

butane [-an] *m* butane.

buter *v* (1) stumble.

buvable [byvabl] *a* drinkable.

buvard [-ar] *m* blotter; blotting-paper.

buvette *f* RAIL. refreshment.

buveur, euse *n* drinker; ~
d'eau, teetotaler.

C

c [se] *m.*

ça [sa] *pr dém* → CELA.

çà [sa] *av* : ~ *et là*, here and
there.

cabane [kaban] *f* hut, shanty,
cabin.

cabaret [-rɛ] *m* nightclub.

cabine [kabin] *f* [piscine]
cubicle ‖ NAUT. cabin ‖ TEL.
~ *téléphonique*, call-box.

cabinet [-ɛ] *m* MED. surgery,
consulting-room ‖ POL. cabinet
‖ *Pl* toilet ; loo (coll.).

câble [kabl] *m* cable ‖ TEL.
cable.

câbler *v* (1) cable.

cabriolet [kabriɔlɛ] *m* AUT.
cabriolet.

cacahouète [kakawɛt] *f*
peanut.

cacao *m* cocoa.

cache-cache [kaʃkaʃ] *m* :
jouer à ~, play hide-and-seek.

cache-col, cache-nez *m*
muffler, comforter.

cacher *v* (1) hide, conceal ‖ *se*
~, hide.

cachet [-ɛ] *m* : ~ *de la poste*,
postmark ‖ MED. cachet, tablet.

cacheter [-te] *v* (8 *a*) seal
(enveloppe).

cachette *f* hiding-place ‖ *en*
~, secretly.

cadavre [kadavr] *m* corpse.

caddie [kadi] *m* [supermarché] trolley.

cadeau [kado] *m* gift,
present; *faire* ~ *de qqch*, give
sth as a gift (*à qqn*, to sb).

cadenas [-na] *m* padlock.

cadet, te [ɛ, t] *a* younger
● *n* younger son/daughter
(fils/fille) ; younger brother/
sister (frère/sœur) ; youngest
(dernier-né, ère-née).

cadran [-rɑ̃] *m* dial; ~
solaire, sun-dial ‖ TEL. dial.

cadre *m* [cycle, tableau]
frame ‖ [administration] executive ‖ [décor] setting.

cadrer *v* (1) CIN. centre.

cadreur *m* cameraman.

cafard 1 [kafar] *m* : *avoir le*
~, be feeling blue.

cafard 2 *m* sneak (rapporteur).

cafarder [-de] *v* (1) FAM.
[école] sneak.

café *m* coffee ; ~ *crème*, white

coffee ; ～ *au lait*, coffee with milk ; ～ *noir*, black coffee ; ～ *soluble*, instant coffee.

cafétéria [-terja] *f* cafeteria.

cafetière [-tjɛr] *f* coffee-pot ; ～ *électrique*, percolator.

cage [kaʒ] *f* cage.

cagnotte [kaɲɔt] *f* pool, kitty.

cahier [kaje] *m* notebook, exercise book.

cahot [kao] *m* jolt, bump.

cahoter [-te] *v* [voiture] bump along.

cahoteux, euse *a* bumpy.

caillé [kaje] *m* curds, junket.

cailler *v* (1) : **(se)** ～, curdle.

caillou [-u] (*Pl* **cailloux**) *m* pebble.

caisse [kɛs] *f* chest, box, case ‖ [tiroir] till ; [lieu] cash-desk ; [libre-service] checkout ‖ FIN. ～ *d'épargne*, savings bank.

caissier, ère *n* cashier.

cake [kek] *m* fruit-cake.

calandre [kalãdr] *f* AUT. radiator-grille.

calciner [-sine] *v* (1) char, burn to a cinder.

calcul [-kyl] *m* reckoning, calculation ‖ MATH. arithmetic ; [école] sums.

calculatrice *f* calculator.

calculer *v* (1) calculate, reckon ; work out (prix).

cale *f* [meuble] wedge ; [roue] chock.

caleçon [-sɔ̃] *m* (under) pants ; ～ *de bain*, (bathing-) trunks.

calendrier [-ãdrije] *m* calendar ‖ [programme] schedule.

calepin [-pɛ̃] *m* notebook.

caler *v* (1) wedge (porte) ‖ AUT. stall.

califourchon (à) [akalifurʃɔ̃] *loc av* astride ; *être (assis)* ～ *sur*, straddle.

calmant, e [kalmã, t] *a* soothing ● *m* MED. painkiller.

calme *a* calm ; still (air) ‖ quiet, cool (personne) ● *m* calm, quiet, quietness (quiétude) ; stillness (silence) ; *garder son* ～, keep cool.

calmement *av* calmly, quietly.

calmer *v* (1) calm (down), quiet ‖ ease, relieve, soothe (douleur) ‖ *se* ～, [personne] calm/cool down.

calque [-k] *m* tracing ; *papier-* ～, tracing paper.

calquer *v* (1) trace.

camarade [kamarad] *n* comrade, companion ; ～ *de classe*, class-mate ; ～ *de jeu*, playmate.

cambouis [kãbwi] *m* sludge, dirty oil.

cambriolage [kãbrjɔlaʒ] *m* burglary, house-breaking ; heist (sl.).

cambrioler *v* (1) break into ; burgle.

cambrioleur, euse *n* burglar.

came [kam] *f* cam ‖ AUT. *arbre à* ～s, cam-shaft.

camelote [-lɔt] *f* FAM. trash, junk.

caméra [-era] *f* cine-/movie-camera.

cameraman [-man] *m* cameraman.

camion [-jɔ̃] *m* lorry, US truck ‖ van (fourgon).

camionnette [-jɔnɛt] *f* (delivery) van.

camionneur *m* lorry-, US truck-driver.

camp [kɑ̃] *m* MIL. camp ‖ FIG. side.

campagne [-paɲ] *f* country, country-side ; *à la* ∼, in the country ; *en pleine/rase* ∼, in the open country ‖ POL. drive.

camper *v* (1) camp (out).

campeur, euse *n* camper.

camping [-iŋ] *m* camping ; *faire du* ∼, go camping ‖ [lieu] campsite.

Canada [kanada] *m* Canada.

canadien, enne *a/n* Canadian.

canal, aux [kanal, o] *m* canal ‖ TV, channel.

canapé [-pe] *m* settee, couch, sofa.

canard [-r] *m* duck ; drake (mâle).

candidat, e [kɑ̃dida, t] *n* candidate ‖ [poste] applicant.

candidature *f* candidature ; *poser sa* ∼ *à*, apply for.

cane [kan] *f* duck.

caniche [-iʃ] *m* poodle.

canicule [-ikyl] *f* dog-days.

canif *m* pen-knife.

caniveau [-ivo] *m* gutter.

canne [kan] *f* cane, walking stick ‖ SP. ∼ *à pêche*, fishing rod ‖ BOT. sugar-cane.

canoë [-ɔe] *m* canoe.

canon *m* gun.

canot [-o] *m* dinghy ; ∼ *automobile*, motor-boat ; ∼ *pneumatique*, rubber boat ; ∼ *de sauvetage*, life-boat.

canotage [-ɔtaʒ] *m* SP. rowing ; *faire du* ∼, go boating.

cantine [kɑ̃tin] *f* [école] dining-hall.

canular [kanylar] *m* hoax.

caoutchouc [kautʃu] *m* rubber.

cap [kap] *m* cape.

capable *a* capable (*de*, of) ; able (*de*, to).

capacité [-asite] *f* capacity (contenance).

cape *f* cape ; cloak.

capitaine [kapitɛn] *n* captain.

capital, e, aux [-ital, o] *a/m* capital.

capitale *f* [lettre, ville] capital.

capitalisme *m* capitalism.

capitaliste *n* capitalist.

capitonner [-itɔne] *v* quilt.

capot [-o] *m* AUT. bonnet, US hood.

capote [-ɔt] *f* AUT. hood, US top.

capoter *v* (1) AUT. overturn.

caprice [-ris] *m* whim, fancy ‖ freak (de la nature).

capsule [-syl] *f* capsule ‖ [bouteille] cap ‖ MED. capsule.

capter [-te] *v* (1) RAD. receive ; pick up (message).

captiver [-tive] *v* (1) captivate, fascinate.

capturer [-tyre] *v* (1) capture, catch.

capuchon [-yʃɔ̃] *m* cowl, hood ‖ [stylo] cap.

car 1 [kar] *c* for, because.

car 2 *m* [= *autocar*] (motor-)coach, US bus.

caractère [-aktɛr] *m* character ‖ nature, temper (nature) ; *avoir bon/mauvais ~*, be good/bad-tempered ‖ personality, character, individuality ‖ [imprimerie] character, type ; *écrire en ~s d'imprimerie*, write in block letters.

carafe [-af] *f* water-bottle.

caramel [-amɛl] *m* butter-scotch, toffee.

caravane [-avan] *f* AUT. caravan.

carburant [-byrɑ̃] *m* AUT. (motor-)fuel.

carburateur *m* carburettor.

cardigan [-digɑ̃] *m* cardigan.

cardinal, aux [-dinal, o] *m* REL. cardinal.

carême [-ɛm] *m* REL. Lent.

caresse *f* caress ; stroke (à un animal).

caresser *v* (1) caress ; stroke (animal) ; fondle (enfant).

cargo [-go] *m* cargoboat, freighter.

cari [-i] *m* CULIN. curry.

carie [-i] *f* [dents] decay, caries.

carié, e *a* bad, decayed.

carier (se) *v* (1) decay.

carillon [-ijɔ̃] *m* chime.

carillonner [-ɔne] *v* (1) [cloches] chime.

carlingue [-lɛ̃g] *f* cabin.

carnaval [-naval] *m* carnival.

carnet [-nɛ] *m* note-book ‖ ~ *de timbres*, book of stamps ; ~ *de chèques*, cheque-book.

carotte [-ɔt] *f* carrot.

carré, e [kare] *a/m* square ‖ MATH. *élever au ~*, square.

carreau [-o] *m* (window-)pane ‖ [cartes] diamond.

carrefour [-fur] *m* crossroads.

carrière *f* career.

carrosserie [-ɔsri] *f* AUT. body.

cartable [kartabl] *m* (school) bag ; [à bretelles] satchel.

carte *f* card ; ~ *postale*, post-card ; ~ *de visite*, visiting-card ; ~ *de vœux*, greetings card ‖ ~ *à jouer*, playing-card ; *jouer aux ~s*, play cards ‖ ~ *des vins*, wine list ‖ COMM. ~ *de crédit*, credit card ‖ GEOGR. map ‖ AUT. ~ *routière*, road-map.

carton *m* cardboard ‖ ARTS ~ *à dessin*, portfolio.

cartouche [-tuʃ] *f* [fusil], PHOT. cartridge ‖ [stylo] refill.

cas [kɑ] *m* case ; ~ *de force majeure*, case of absolute necessity ‖ *en tout ~*, in any case, at any rate ; *en ~ de*, in case of ; *en ~ d'urgence*, in an emergency ; *au ~ où il pleuvrait*, in case it rains.

casanier, ère [kazanje, ɛr] *a* stay-at-home.

cascade [kaskad] *f* waterfall.

cascadeur *m* CIN. stunt man.

case [kaz] *f* [courrier] pigeon-hole ‖ [échiquier] square.

caserne [-ɛrn] *f* barracks ; ∼ *de pompiers*, fire station.

casier *m* compartment ‖ [courrier] pigeonhole ‖ JUR. ∼ *judiciaire*, (police) record.

casino [-ino] *m* casino.

casque [kask] *m* helmet ‖ [motocycliste] crash-helmet ‖ TEL. headphone.

casquette *f* cap.

casse [kɑs] *f* breaking ● *m* ARG. heist (sl.) [cambriolage].

casse-cou *m inv* daredevil.

casse-croûte *m inv* snack.

casse-noisettes, casse-noix *m inv* nutcrackers.

casser *v* (1) break ‖ se ∼ *le cou*, break one's neck.

casserole [kasrɔl] *f* saucepan.

casse-tête [kɑs-] *m inv* puzzle.

cassette *f* [magnétophone] cassette.

cassis [-is] *m* [fruit] blackcurrant.

cassonade [-ɔnad] *f* brown sugar, demerara.

castagnettes [kastaɲɛt] *fpl* castanets.

catalogue [katalɔg] *m* catalogue.

catastrophe [-strɔf] *f* catastrophe.

catastrophique *a* catastrophic.

catch [katʃ] *m* Sp. (all-in) wrestling.

catéchisme [kateʃism] *m* catechism ; Sunday school.

catégorie [kategɔri] *f* category.

catégorique *a* categorical ; positive (affirmation) ‖ flat (refus).

catégoriquement *av* categorically.

cathédrale [katedral] *f* cathedral.

catholicisme [katɔlisism] *m* Catholicism.

catholique *a/n* (Roman) Catholic.

cauchemar [koʃmar] *m* nightmare.

cause [koz] *f* cause, motive, reason ; *à ∼ de*, because of, on account of, owing to.

causer *v* (1) talk, chat ; ∼ *de*, talk of/about ; ∼ *avec*, talk with.

causerie [-zri] *f* talk.

cavalerie [kavalri] *f* cavalry.

cavalier, ère *n* SP. rider, horseman, -woman ‖ [danse] partner ‖ *m* [échecs] knight.

cave [kav] *f* cellar.

caverne [-ɛrn] *f* cave.

caviar [-jar] *m* caviar(e).

ce 1 [sə] (**c'** devant voyelles et « h » muet) *pr dém* [chose] this ‖ [personne déterminée] he, she, it ; [pl.] they ; *c'est mon ami*, he is my friend ‖ [personne indéterminée] it ; *qui est-∼ ?*, who is it ? ; *c'est-à-dire*, that is to say ; *qu'est-∼ que c'est ?*, what is it ? ‖ ∼ *qui*, ∼ *que*, [la chose qui/que] what ; [chose qui/que] which ; *je savais tout*, ∼ *qui l'a surpris*,

I knew everything, which surprised him ‖ *tout* ∼ *qui/que*, all that.

ce 2 (**cet** [sɛt] devant voyelle et « h » muet, **cette, ces** [sɛ]) *a dém :* ∼...-*ci*, this/these ‖ ∼ ... -*là*, that/those ‖ [temps] ∼ *matin*, this morning ; *cette nuit*, last night (passée) ; ∼ *soir*, tonight (à venir).

ceci [-si] *pr dém* this.

cécité [sesite] *f* blindness.

céder [sede] *v* (5) give up (place) ‖ give in, yield (se rendre).

ceinture [sɛ̃tyr] *f* belt ‖ ∼ *de sécurité*, AUT. seatbelt, AV. safetybelt ‖ [judo] belt ‖ [taille] waist.

cela [səla] (FAM. **ça** [sa]) *pr dém* that (opposé à *ceci*).

célèbre [selɛbr] *a* famous.

célébrer [-ebre] *v* (1) celebrate, keep (fêtes).

célibataire [-ibatɛr] *a* unmarried, single ● *n* bachelor, unmarried woman.

celle(s) → CELUI.

cellier [sɛlje] *m* cellar.

Cellophane [-ofan] *f* cellophane.

cellule [-yl] *f* cell ‖ ELECTR. ∼ *photo-électrique*, photo-electric cell ; [électrophone] cartridge.

celui [səlɥi] **celle** [sɛl], **ceux** [sø] *pr dém :* *celui/celle de*, that of, 's ‖ *celui-/celle-ci*, this one ; *ceux-/celles-ci*, these ‖ *celui-/celle-là*, that one ‖ ∼ -*ci...*, ∼-*là*, the former..., the latter ‖ *ceux-/celles-là*, those ‖ *celui/celle que*, the man/woman (that) ; [neutre] the one (that) ‖ *celui/celle qui*, the man/woman who ; [neutre] the one that ; *ceux/celles qui*, those who ; [neutre] those, the ones that.

cendre [sɑ̃dr] *f* ash ‖ *Pl* cinders.

cendrier *m* ash-tray.

censé, e [sɑ̃se] *a :* *être* ∼ *faire*, be supposed to do.

cent [sɑ̃] *a* hundred ‖ FIN. *pour* ∼, per cent.

centaine [-tɛn] *f* about a hundred.

centenaire [-tnɛr] *a/n* centenary ; centenarian (personne).

centième [-tjɛm] *a/n* hundredth.

centigrade [-tigrad] *a* centigrade.

centime [-tim] *m* centime.

centimètre *m* centimetre.

central, e, aux [sɑ̃tral, o] *a* central ● *m* TEL. (telephone) exchange ● *f* ELECTR., TECHN. power station.

centre *m* centre ‖ COMM. ∼ *commercial*, shopping centre ‖ SP. [football] *avant* ∼, centre-forward.

cependant [səpɑ̃dɑ̃] *c* however, though, yet, nevertheless.

cercle [sɛrkl] *m* circle ; ∼ *vicieux*, vicious circle.

cercueil [-kœj] *m* coffin.

céréale [sereal] *f* cereal.

cérémonie [-mɔni] *f* ceremony ; *sans* ~, informally, in a homely way.

cérémonieux, euse *a* formal.

cerf [sɛr] *m* stag, deer.

cerf-volant *m* kite ; *jouer au* ~, fly a kite.

cerise [səriz] *f* cherry.

cerisier *m* cherry-tree.

certain, e [sɛrtɛ̃, ɛn] *a* [après le nom] certain || [attribut] sure, certain ● *a ind* some, certain ; *jusqu'à un* ~ *point*, up to a point ; *dans un* ~ *sens*, in a way ● *pr ind* some (people) || *Pl :* ~s *d'entre eux*, some of them.

certainement *av* certainly, surely, most likely.

certes [sɛrt] *av* certainly.

certificat [-tifika] *m* testimonial (d'employeur) || diploma.

certifier *v* (1) certify.

certitude *f* certainty, certitude ; *avoir la* ~ *de*, be sure of.

cerveau [-vo] *m* brain.

cervelle *f* brain || CULIN. brains.

ces [sɛ] *a dém pl* these, those || → CE 2.

cesse [sɛs] *f* cease ; *sans* ~, continually, incessantly.

cesser *v* (1) stop ; leave off (*de faire*, doing) ; ~ *de fumer*, give up smoking || *ne pas* ~ *de faire*, keep doing.

c'est-à-dire [sɛtadir] *loc c* that is to say (abrév. : *i. e.*).

cet, cette → CE 2.

ceux → CELUI.

chacun, e [ʃakœ̃, yn] *pr ind* [individuellement] each (one) || [collectivement] everyone, everybody.

chagrin [ʃagrɛ̃] *m* sorrow, grief, distress ; *faire du* ~ *à*, grieve.

chahuter [ʃayte] *v* (1) rag (professeur).

chaîne [ʃɛn] *f* chain || GEOGR. (mountain) range || TECHN. ~ *de montage*, assembly line || TV channel, programme || RAD. ~ *stéréo(phonique)*, stereo (set).

chair [ʃɛr] *f* flesh ; *(avoir la)* ~ *de poule*, (have) gooseflesh.

chaise [ʃɛz] *f* chair ; ~ *longue*, deck-chair.

chaland [ʃalɑ̃] *m* NAUT. barge.

châle [ʃɑl] *m* shawl.

chalet [ʃalɛ] *m* chalet.

chaleur [ʃalœr] *f* warmth ; *(grande)* ~, heat.

chaleureux, euse *a* FIG. warm, hearty.

chalutier [-ytje] *m* trawler.

chambre [ʃɑ̃br] *f* (bed)room (à coucher) ; ~ *d'amis*, guest-room ; ~ *à un/deux lit(s)*, single/double room ; ~ *de débarras*, lumber-room || AUT. ~ *à air*, inner tube.

chambré, e *a* at room temperature (vin).

chameau [ʃamo] *m* camel.

champ [ʃɑ̃] *m* field ; *à travers* ~, across country || SP. ~ *de courses*, race-course || FIG. *sur le* ~, immediately.

champagne [-paɲ] *m* champagne.

champignon [-piɲɔ̃] *m* mushroom (comestible) ; toadstool (vénéneux).

champion, ne [-pjɔ̃, ɔn] *n* champion.

championnat [-ɔna] *m* championship.

chance [ʃɑ̃s] *f* luck, fortune ; *avoir de la* ∼, be lucky ; *bonne* ∼*!*, good luck! ; *pas de* ∼*!*, hard luck! ‖ [probabilités] chance ‖ *Pl* odds ; *les* ∼*s sont contre nous/pour nous*, the odds are against us/in our favour ; *il a des* ∼*s de réussir*, he is likely to succeed.

chancelant, e [-lɑ̃] *a* unsteady (chose) ; staggering (personne, pas).

chanceler *v* (8a) stagger.

chanceux, euse *a* lucky.

change [ʃɑ̃ʒ] *m* FIN. (foreign) exchange ; *taux du* ∼, rate of exchange.

changeant *a* changeable.

changement *m* change ‖ RAIL. change ‖ AUT. ∼ *de vitesse*, gear change.

changer *v* (7) change ; ∼ *de place*, change seats ‖ move (déplacer) ‖ RAIL. change (de train) ‖ AUT. ∼ *de vitesse*, change gear ‖ *se* ∼, turn (*en*, into) ; [personne] change (one's clothes).

changeur *m* FIN. money-changer ‖ ∼ *de disques automatique*, automatic record-changer.

chanson [ʃɑ̃sɔ̃] *f* song.

chant [ʃɑ̃] *m* song, singing ‖

REL. ∼ *de Noël*, Christmas carol.

chantage [-taʒ] *m* blackmail ; *faire du* ∼, blackmail.

chanter *v* (1) sing ‖ [coq] crow.

chanteur, euse *n* singer ; ∼ *de charme*, crooner.

chaparder [ʃaparde] *v* (1) pilfer, pinch.

chapeau [-o] *m* hat.

chapelle *f* chapel.

chapitre [-itr] *m* chapter.

chaque [ʃak] *a ind* [individuellement] each ‖ [collectivement] every.

charbon [ʃarbɔ̃] *m* coal ; ∼ *de bois*, charcoal.

charbonnier [-bɔnje] *m* coalman.

charcuterie [-kytri] *f* pork-butcher's shop (boutique) ; pork-butcher's meat (produits).

charcutier, ère *n* pork-butcher.

chardon [-dɔ̃] *m* thistle.

charge [-ʒ] *f* load, burden ‖ [fonction] responsibility ; office, duties ‖ ELECTR. charge ; *en* ∼, live (rail) ‖ FIN. costs, expenses.

chargé, e *a* loaded (caméra, fusil, véhicule) ‖ FIG. busy (journée) ; *être* ∼ *de*, be in charge of.

charger *v* (7) load ‖ ELECTR. charge ‖ FIG. ∼ *de*, charge with ; ∼ *qqn de*, put sb in charge of ‖ *se* ∼ *de*, take on, take charge of ; undertake (*de faire*, to do) ; take care of (*qqn*, sb) ; *je m'en* ∼, I'll see to it.

chargeur *m* PHOT. cartridge, cassette ‖ ELECTR. charger.

chariot [-jo] *m* AGR. waggon ‖ TECHN. truck ; trolley ; [machine à écrire] carriage.

charité *f* charity ; *demander la* ∼, beg ; *faire la* ∼, give alms (*à*, to).

charmant, e [-mã] *a* charming (personne) ‖ lovely, delightful (réception).

charme *m* charm ; glamour (ensorceleur) ‖ [magie] spell ‖ FIG. seduction.

charmer *v* (1) charm, enchant.

charnière [-njɛr] *f* hinge.

charpente [-pãt] *f* frame.

charpentier *m* carpenter.

charrette *f* cart.

charrier *v* (1) cart, carry ‖ [rivière] ∼ *des glaçons*, drift ice.

charrue *f* plough.

charter [-tɛr] *m* AV. charter (flight).

chas [ʃa] *m* [aiguille] eye.

chasse 1 [-s] *f* SP. hunt(ing) [à courre] ; shooting (au fusil) ; *aller à la* ∼, go hunting/shooting ‖ [période] shooting season ‖ ∼ *aux papillons*, butterfly chase ‖ ∼ *sous-marine*, spear fishing.

chasse 2 *f* : TECHN. ∼ *d'eau*, flush ; *tirer la* ∼ *d'eau*, flush the basin.

chasse-neige *m inv* snow-plough.

chasser *v* (1) SP. shoot (au fusil) ; ∼ *à courre*, hunt.

chasseur, euse *n* SP. hunter, huntsman (à courre) ; shooter, gun (au fusil) ‖ *m* [hôtel] page(-boy).

chat [ʃa] *m* cat ; tomcat (mâle) ; ∼ *de gouttière*, tabby ‖ [jeu] *jouer à* ∼ *perché*, play tag.

châtaigne [ʃatɛɲ] *f* chestnut.

châtaignier *m* chestnut-tree.

châtain [-ɛ̃] *a* chestnut, light brown.

château [-o] *m* country seat, mansion ; palace (royal) ; ∼ *fort*, castle.

chaton [ʃatɔ̃] *m* kitten.

chatouiller [-tuje] *v* (1) tickle.

chatouilleux, euse *a* ticklish.

chatte [ʃat] *f* she-cat.

chaud, e [ʃo, d] *a* warm ; *très* ∼, hot ; *avoir* ∼, be warm ; *il fait* ∼, it is warm ● *m* : *tenir au* ∼, keep in a warm place.

chaudement [-dəmã] *av* warmly.

chaudière *f* boiler.

chauffage [-faʒ] *m* heating ; ∼ *central*, central heating ; *appareil de* ∼, heater.

chauffe-bain *m*, **chauffe-eau** *m inv* water-heater ; geyser (à gaz).

chauffe-plats *m inv* dish-warmer, chafing-dish.

chauffer *v* (1) heat, warm (up) ‖ *faire (ré)*∼, warm up ‖ *se* ∼, warm o.s. (up) ; ∼ *au soleil*, bask in the sun.

chauffeur *m* AUT. chauffeur ;

~ de taxi, taxidriver ; **sans** ~, self-drive (location).
chaume [ʃom] m [toit] thatch.
chaumière f thatched cottage.
chaussée [ʃose] f causeway (surélevée) ‖ roadway (rue, route).
chausse-pied m shoe-horn.
chausser v (1) shoe ‖ ~ qqn, put sb's shoes on ‖ fit (bien/mal) ‖ ~ du 38, take 38 (GB = 5) in shoes ‖ **se** ~, put one's shoes on.
chaussette f sock.
chausson m slipper ‖ CULIN. ~ aux pommes, appleturn-over.
chaussure f shoe ‖ boot (montante) ; ~s de tennis, tennis-shoes.
chauve [ʃov] a bald.
chauve-souris f bat.
chef [ʃɛf] m head ‖ POL. lea-der ‖ RAIL. ~ de gare, station-master ‖ MUS. ~ d'orchestre, conductor.
chef-d'œuvre [ʃɛdœvr] (Pl **chefs-d'œuvre**) m master-piece.
chelem [ʃlɛm] m slam.
chemin [ʃəmɛ̃] m (foot)path ; lane (creux) ‖ [parcours, direc-tion] à mi-~, midway, half-way ; sur votre ~, on your way ; **demander son** ~, ask one's way ; **montrer le** ~, lead/show the way ; **perdre son** ~, lose one's way ‖ RAIL. ~ **de fer**, GB railway, US railroad.
cheminée [-ine] f chimney

(tuyau) ; fire-place (foyer) ; mantelpiece (manteau) ‖ NAUT. funnel.
chemise f shirt ; ~ de nuit, nightdress ‖ [dossier] folder.
chemisier m shirt, blouse.
chêne [ʃɛn] m oak.
chenil [-il] m kennel.
chenille [-ij] f caterpillar.
chèque [ʃɛk] m cheque ; car-net de ~s, cheque-book ; éta-blir un ~ de £5, write/make out a cheque for £5 ; ~ barré, crossed cheque ; ~ en blanc, blank cheque ; ~ certifié, cer-tified cheque ‖ ~ **de voyage**, traveller's cheque ‖ ~ essence, petrol-voucher.
cher, ère [ʃɛr] a dear (à, to) ; beloved (à, of) ‖ COMM. dear, expensive (coûteux) ; pas ~, cheap, inexpensive.
chercher [-ʃe] v (1) seek ‖ look for, search for ‖ look up (mot dans dictionnaire) ‖ **aller** ~, fetch, go and get, go for ; aller ~ qqn à la gare, go to meet sb at the station ‖ ~ à faire, try to do.
chéri, e [ʃeri] a beloved • n darling.
cheval, aux [ʃəval, o] m horse ; ~ de course, race-horse ; ~ de selle, saddle-horse ; à ~, on horseback ‖ SP. **aller à** ~, ride ‖ AUT. ~(-vapeur), horse-power.
chevelure [ʃəvlyr] f hair.
cheveu [-ø] m hair ‖ Pl hair.
cheville [-ij] f MED. ankle.
chèvre [ʃɛvr] f (she-)goat.

chevreau [ʃəvro] *m* kid.

chez [ʃe] *p* : ∼ *Pierre,* at Peter's (house) ; ∼ *soi,* at home ; ∼ *qqn,* at sb's home/place ; *rentrer* ∼ *soi,* go home ; *venez* ∼ *moi,* come to my place ‖ with (avec) ; *il habite* ∼ *nous,* he lives with us ‖ [adresse] care of, c/o ‖ *faire comme chez* ∼ make o.s. at home.

chez-soi *m* home.

chic [ʃik] *a inv* smart, stylish, chic (élégant) ‖ smart, posh (coll.) [distingué] ‖ nice, decent (gentil) ● *m* style ‖ FIG. *avoir le* ∼ *pour faire,* have the knack of doing.

chiche! [-ʃ] *interj* : ∼ *que,* I bet you that.

chicorée [-kɔre] *f* chicory.

chien [ʃjɛ̃] *m* dog ; ∼ *de chasse,* retriever ; ∼ *de garde,* watch-dog ; ∼*-loup,* wolf-dog.

chienne [-ɛn] *f* bitch.

chiffon [ʃifɔ̃] *m* rag ; duster.

chiffonner *v* (1) ruffle (étoffe) ; crumple (papier).

chiffre [-fr] *m* figure, number, digit.

chignon [-ɲɔ̃] *m* bun, chignon.

chimie [-mi] *f* chemistry ; ∼ *minérale,* inorganic chemistry.

chimique *a* chemical.

chimiste *n* chemist.

Chine [-n] *f* China.

Chinois, e [-wa, z] *n* Chinese.

chinois, e *a* Chinese ● *m* [langue] Chinese.

chips [-ps] *mpl* : *pommes* ∼, (potato) crisps.

chiqué [-ke] *m* FAM. pretence, bluff.

chirurgical, e, aux [ʃiryrʒikal, o] *a* surgical.

chirurgie *f* surgery ; ∼ *esthétique,* plastic surgery.

chirurgien, ne *n* surgeon.

chirurgien-dentiste *m* dental-surgeon.

choc [ʃɔk] *m* shock ‖ clash (violent) ‖ MED. shock, stress.

chocolat [-ɔla] *m* chocolate.

chœur [kœr] *m* chorus ; *en* ∼, in chorus ‖ REL. choir.

choisir [ʃwazir] *v* (2) choose, single out ; select (*parmi, from*).

choix [ʃwa] *m* choice, selection ; *faire son* ∼, make one's choice ‖ *de* ∼, choice.

chômage [ʃomaʒ] *m* unemployment ; *en* ∼, unemployed, out of work, redundant ; *s'inscrire au* ∼, go on the dole.

chômeur, euse *n* unemployed worker ‖ *Pl : les* ∼*s,* the unemployed.

chope [ʃɔp] *f* tankard, mug.

choquer [ʃɔke] *v* (1) FIG. shock (scandaliser) ‖ offend (blesser).

chorale [kɔral] *f* choral society.

chose [ʃoz] *f* thing.

chou [ʃu] (*Pl* **choux**) *m* cabbage ; ∼ *de Bruxelles,* Brussels sprouts ; ∼*-fleur,* cauliflower.

chouchou, te *n* pet.

choucroute [-krut] *f* sauer-kraut.

chouette 1 [ʃwɛt] *f* owl.

chouette 2 *a/interj* FAM. smashing (!) ; great.

chrétien, ne [kretjɛ̃, ɛn] *a/n* Christian.

Christ [krist] *m* Christ.

chronomètre [krɔnɔmɛtr] *m* SP. stop-watch.

chronométrer [-metre] *v* (1) SP. time.

chuchoter [ʃyʃɔte] *v* (1) whisper.

chut! [ʃyt] *interj* sh!

chute *f* fall ; *faire une* ∼, have a fall ; ∼ *de neige*, snowfall ‖ ∼ *d'eau*, waterfall.

ci [si] → CE ● *av* here ; ∼*-contre*, opposite ; ∼*-dessous*, below ; ∼*-dessus*, above ; ∼*-joint, e*, enclosed.

cible [-bl] *f* target, aim.

cicatrice [-katris] *f* scar (balafre).

cicatriser [-ize] *v* (1) : *(se)* ∼, heal (over).

cidre [-dr] *m* cider.

ciel [sjɛl] (*Pl* LIT. **cieux** [sjø]) *m* sky ‖ REL. heaven.

cierge [-rʒ] *m* candle.

cigale [sigal] *f* cicada.

cigare [-r] *m* cigar.

cigarette *f* cigarette.

cigogne [sigɔɲ] *f* stork.

cil [sil] *m* eyelash.

cime [sim] *f* [arbre] top ‖ [montagne] summit.

ciment [-ɑ̃] *m* cement.

cimetière [-tjɛr] *m* grave-yard, churchyard, cemetery.

ciné-club [sine-] *m* film society/club.

cinéma [-ma] *m* cinema ; pic-tures, US movies ; *aller au* ∼, go to the pictures.

cinémathèque [-tɛk] *f* film-library.

cinq [sɛ̃k] *a/m* five.

cinquante *a/m* fifty.

cinquième [-jɛm] *a/n* fifth.

cintre [sɛ̃tr] *m* [portemanteau] coat-hanger.

cirage [siraʒ] *m* (shoe) polish.

circonstance [-kɔ̃stɑ̃s] *f* cir-cumstance ; occasion.

circuit [-kɥi] *m* tour, round trip ‖ ELECTR. circuit ‖ RAD. ∼ *imprimé*, printed circuit ; ∼ *intégré*, integrated circuit.

circulation [-kylasjɔ̃] *f* circu-lation ‖ MED. circulation ‖ AUT. traffic.

circuler *v* (1) [choses] circu-late ; [personnes] go about ‖ ELECTR. flow.

cire *f* wax ‖ polish (encaus-tique).

cirer *v* (1) polish ‖ shine (chaussures).

cirque [-k] *m* circus.

cisailles [sizɑj] *fpl* wire-cutters.

ciseaux [sizo] *mpl* scissors.

citation [sitasjɔ̃] *f* quotation.

cité *f* city (grande ville).

citer *v* (1) quote, cite (texte).

citerne [-ɛrn] *f* (water-)tank.

citoyen, enne [-wajɛ̃, ɛn] *n* citizen.

citron [-rɔ̃] *m* lemon ; ∼ *pressé*, (fresh) lemon-squash.

citronnade [-ɔnad] *f* lemon-squash.

civet [sivɛ] *m* stew (de lièvre).

civil, e [sivil] *a* civil • *m* civilian.

civilisation [-izasjɔ̃] *f* civilization.

civiliser *v* (1) civilize.

civique [-k] *a : instruction* ∼, civics.

clair, e [klɛr] *a* light, bright ‖ FIG. clear (idée) • *av* clearly ‖ *il fait* ∼, it is daylight • *m :* ∼ *de lune,* moonlight.

clairement *av* clearly, plainly.

clairon *m* bugle.

clandestin, e [klɑ̃dɛstɛ̃, in] *a* underground.

claque [klak] *f* slap ; *donner une* ∼, slap.

claqué, e *a* FAM. dead beat.

claquement *m* [porte] slam.

claquer *v* (1) [porte] bang ‖ *(faire)* ∼, slam, bang (porte) ‖ *faire* ∼, snap (ses doigts) ‖ [dents] chatter ‖ *se* ∼ *un muscle,* strain a muscle.

clarinette [-rinɛt] *f* clarinet.

classe [klɑs] *f* class (catégorie) ; *de première* ∼, first rate ‖ *class* (sociale) ; ∼ *ouvrière,* working class ‖ [école] form, class, US grade ; *(salle de)* ∼, class-room ‖ RAIL. class.

classement *m* classification.

classer *v* (1) sort, classify ; ∼ *par ordre alphabétique,* file in alphabetical order.

classeur *m* folder, file ‖ [meuble] filing-cabinet.

clavecin [klavsɛ̃] *m* harpsichord.

clavier *m* keyboard.

clé, clef [kle] *f* key ; ∼ *de la porte d'entrée,* latch key ; *fermer à* ∼, lock ; *mettre sous* ∼, lock up ‖ AUT. ∼ *de contact,* ignition key ‖ TECHN. spanner ‖ MUS. ∼ *de sol,* G clef.

cliché [kliʃe] *m* PHOT. negative.

client, e [-jɑ̃, t] *n* COMM. customer ; patron (habituel) ; [hôtel] guest ; [taxi] fare.

cligner [-ɲe] *v* (1) : ∼ *des yeux,* blink.

clignotant [-ɲɔtɑ̃] *m* trafficator.

climat [-ma] *m* climate.

climatisé, e [-tize] *a* air-conditioned.

clin [klɛ̃] *m :* ∼ *d'œil,* wink ; *faire un* ∼ *d'œil à,* wink at.

clinique [klinik] *f* clinic ; nursing home ; ∼ *d'accouchement,* maternity home.

cliqueter [-kte] *v* AUT. [moteur] pink.

clochard, e [klɔʃar, d] *n* tramp.

cloche *f* bell.

cloche-pied *av : sauter à* ∼, hop along.

clocher *m* steeple, church-tower.

cloison [klwazɔ̃] *f* partition.

cloque [klɔk] *f* blister.

clore [-r] *v* (27) close ‖ seal down (enveloppe).

clôture [klotyr] *f* fence.

clou [klu] *m* nail ‖ MED. boil.

clouer *v* (1) nail.

clown [klun] *m* clown.

club [klœb] *m* club.

cocaïne [kɔkain] *f* cocaine.

cocaïnomane [-ɔman] *n* cocaine-addict.

cocher [kɔʃe] *v* (1) tick off.

cochon *m* pig ; ~ *de lait*, sucking-pig.

cochonnet [-ɔnɛ] *m* [boules] jack.

cocktail [kɔktɛl] *m* cocktail (boisson) ; cocktail party (réunion) ‖ ~ *Molotoff*, petrol bomb.

cocotier [-ɔtje] *m* coconut (-palm).

code [kɔd] *m* code ‖ ~ *postal*, post code, US zip code ‖ AUT. *C*~ *de la Route*, Highway Code ; *se mettre en* ~, dip one's lights.

coéquipier, ère [koekipje] *n* team-mate.

cœur [kœr] *m* heart (organe) ‖ *avoir mal au* ~, feel sick ; *donner mal au* ~, sicken ‖ [cartes] heart ‖ [mémoire] *par* ~, by heart ‖ FIG. heart ; *de bon* ~, willingly, heartily ; *avoir bon* ~, be kind-hearted ; *sans* ~, heartless.

coffre [kɔfr] *m* chest ‖ AUT. boot.

coffre-fort *m* safe.

coffret [-ɛ] *m* casket.

cogner [kɔɲe] *v* (1) knock ‖ AUT. knock ‖ *se* ~, knock (*contre*, against) ; *se* ~ *la tête*, hit one's head (*contre*, against).

cohue [kɔy] *f* crush.

coiffé, e [kwafe] *a* covered (tête).

coiffer *v* (1) put on (chapeau) ‖ do sb's hair (cheveux) ‖ *se* ~, do one's hair.

coiffeur, euse *n* [dames] hairdresser ; [hommes] barber.

coiffure *f* [chapeau] head-gear ; [cheveux] hair-do.

coin [kwɛ̃] *m* corner ‖ ~ *du feu*, fireside ‖ TECHN. wedge ‖ RAIL. *place de* ~, corner-seat ‖ FIG. spot, place, area ‖ FAM. *aller au petit* ~, spend a penny.

coincer [-se] *v* (6) jam ‖ corner (qqn) ‖ *se* ~, jam.

coïncidence [kɔɛ̃sidɑ̃s] *f* coincidence.

coïncider *v* (1) coincide.

coing [kwɛ̃] *m* quince.

coke [kɔk] *m* coke.

col [kɔl] *m* [vêtement] collar ; ~ *roulé*, polo neck ‖ GEOGR. pass, col.

colère [-ɛr] *f* anger ; *accès de* ~, fit of anger ; *être en* ~, be in a temper, be angry (*contre qqn*, with sb) ; *se mettre en* ~, get into a temper, lose one's temper, become angry.

coléreux, euse [-erø] *a* quick-tempered.

colin-maillard [-ɛmajar] *m* blindman's buff.

colis [-i] *m* parcel.

collaborer [kɔlabɔre] *v* (1) collaborate (*à*, to ; *avec*, with) ; contribute (*à*, to).

collant, e [-ɑ̃] *a* sticky (poisseux) ‖ tight-fitting (vêtements) ● *mpl* tights, leotard.

collation [-asjɔ̃] *f* light meal ; elevenses (à 11 heures).

colle *f* glue ; paste (à papier) ‖ Fᴀᴍ. poser ; [école] detention (retenue).

collectif, ive [-ɛktif, iv] *a* collective.

collection *f* collection ; *faire* ~ *de*, collect ; ~ *de timbres*, stamp-collection ‖ [mode] collection ; *présentation de* ~, fashion-show.

collectionner *v* (1) collect.

collectionneur, euse *n* collector.

collège [-ɛʒ] *m* secondary school ; ~ *d'enseignement général*, comprehensive school.

collégien, ne [-eʒjɛ̃] *n* schoolboy, -girl.

collègue [-ɛg] *n* colleague.

coller *v* (1) glue, paste ‖ stick (timbre, etc.) ‖ Fᴀᴍ. [école] plough (sl.) [ajourner] ; keep in (consigner).

collier *m* necklace (ornement) ‖ [chien] collar.

colline [-in] *f* hill.

collision [-izjɔ̃] *f* crash, collision ; *entrer en* ~, collide (*avec*, with).

collyre [-ir] *m* eye-drops.

colombe [kɔlɔ̃b] *f* dove.

colombier *m* dove-cot(e).

colombophile [-ɔfil] *n* pigeon-fancier.

colonel [kɔlɔnɛl] *m* colonel.

colonie [-ɔni] *f* colony ‖ ~ *de vacances*, holiday camp.

colonne [-ɔn] *f* column.

colorer [-ɔre], **colorier** *v* (1) colour.

coma [kɔma] *m* : *dans le* ~, in a coma.

combat [kɔ̃ba] *m* fight, struggle ; ~*(s) de coqs*, cock-fight(ing).

combattant, e [-tɑ̃] *a/n* combatant ; *ancien* ~, war veteran.

combattre [-tr] *v* (20) fight.

combien *av* : [quantité, degré] ~ *(de)*, how much/many ‖ [distance] how far ‖ [prix] ~ *est-ce ?*, how much is it ? ‖ [temps] ~ *de temps*, how long ? ● *m* Fᴀᴍ. *le* ~ *sommes-nous ?*, what's the date (today) ? ; *tous les* ~ *?*, how often ?

combinaison [-binɛzɔ̃] *f* combination ‖ [vêtement] overalls (de mécanicien) ; slip (de femme).

combine [-bin] *f* Fᴀᴍ. scheme, trick.

combiner *v* (1) combine, plan, devise.

comble [-bl] *a* crowded, packed, (cram-)full (salle).

combler *v* (1) fill up.

combustible [-bystibl] *m* fuel.

comédie [kɔmedi] *f* comedy.

comédien, ne *n* actor ; comedian (comique).

comestible [-ɛstibl] *a* edible ● *mpl* edibles, foodstuffs.

comique *a* comic(al).

commandant [kɔmɑ̃dɑ̃] *m* Mɪʟ. major.

commande [-ãd] *f* COMM. order ‖ TECHN. control ; ~ *à distance*, remote control.

commander *v* (1) command, order ; ~ *qqch à qqn*, order sth from sb ‖ order (repas).

comme [kɔm] *c* [comparaison] like, as ‖ FAM. *haut* ~ *ça*, that high ‖ [cause] as ; ~ *il n'était pas prêt, nous partîmes sans lui*, as he was not ready, we went without him ‖ [temps] ~ *il descendait du train*, as he was getting off the train ● *av* [manière] as, like ; *faites* ~ *moi*, do as I do ‖ [exclamation] ~ *c'est gentil de votre part!* how nice of you! ‖ ~ *si*, as if/though ‖ FAM. ~ *ci*, ~ *ça*, so, so.

commençant, e [-ãsã] *n* beginner.

commencement [-smã] *m* beginning ; *au/dès le* ~, in/from the beginning.

commencer *v* (6) begin ‖ start ‖ ~ *à*, begin to ; ~ *par*, begin with.

comment *av* how? ; ~ *va-t-il?*, how is he? ‖ ~ *est-elle?*, what is she like?

commérage [-eraʒ] *m* gossip.

commerçant, e [-ɛrsã] *n* tradesman, shopkeeper.

commerce [-ɛrs] *m* trade ‖ commerce (international) ; *faire le* ~, trade (*de*, in).

commercial, e, aux *a* commercial.

commettre [kɔmɛtr] *v* (64) commit (erreur).

commis [kɔmi] *m* : ~ *voyageur*, commercial traveller.

commissaire [-isɛr] *m* : ~ *de police*, superintendent ‖ NAUT. ~ *de bord*, purser.

commissaire-priseur [-prizœr] *m* auctioneer.

commissariat [-isarja] *m* police-station.

commission *f* errand (course) ; message ; *faire une* ~, do an errand, deliver a message ; *faire des* ~*s*, run errands.

commissionnaire [-ɔnɛr] *n* messenger.

commode [-ɔd] *a* convenient ‖ handy (outil) ● *f* chest of drawers.

commun, e [-œ̃, yn] *a* common ‖ mutual (ami) ‖ usual ; *peu* ~, uncommon ‖ *mettre en* ~, pool.

communauté [-ynote] *f* community ‖ [hippie] commune.

commune [-yn] *f* district, parish ‖ [France] commune.

communiant, e [kɔmynjã] *n* REL. communicant.

communication [-ynikasjɔ̃] *f* TEL. connection ; *avoir la* ~, be through ; *mettre en* ~ *avec*, connect with, put through to ; ~ *interurbaine*, trunk-call.

communier *v* (1) REL. receive communion.

communion *f* REL., FIG. communion.

communiqué *m* communiqué.

communiquer *v* (1) communicate.

communisant, e [-ynizɑ̃] *n* POL. fellow-traveller.

communisme *m* communism.

communiste *n* communist.

compagne [kɔ̃paɲ] *f* → COMPAGNON.

compagnie *f* company; *tenir* ∼ *à qqn,* keep sb company; *fausser* ∼ *à qqn,* give sb the slip ‖ COMM. company.

compagnon, agne *n* companion; ∼ *de chambre,* roommate; ∼ *de jeu,* playmate.

comparable [kɔ̃parabl] *a* comparable (à, to, with); *être* ∼, compare (à, with).

comparaison [-εzɔ̃] *f* comparison; *en* ∼ *de,* in comparison with; *sans* ∼, beyond compare.

comparatif, ive *a/m* comparative.

comparativement *av* comparatively.

comparer *v* (1) compare (à, to; *avec,* with).

compartiment [-timɑ̃] *m* compartment.

compas [kɔ̃pa] *m* (pair of) compasses ‖ NAUT. compass.

compassé, e [-se] *a* formal.

compatissant, e [-tisɑ̃] *a* sympathetic.

compatriote [-triɔt] *n* compatriot; fellow-countryman/-countrywoman.

compensation [kɔ̃pɑ̃sasjɔ̃] *f* compensation.

compenser *v* (1) compensate for; make up for (perte).

compétent, e [-etɑ̃] *a* competent, efficient, capable.

compétition *f* SP. competition, contest.

complaisant, e [-plεzɑ̃] *a* obliging; kind (aimable).

complément [-plemɑ̃] *m* GRAMM. object.

complet, ète [-plε, t] *a* complete (entier); full (plein) ‖ thorough (total, absolu) ‖ [autobus] full up; [hôtel] booked up, « no vacancies » ● *m* suit.

complètement *av* completely; utterly; quite.

compléter [-ete] *v* (5) complete; make up (somme).

complication [kɔ̃plikasjɔ̃] *f* complexity ‖ complication.

complice [-s] *n* accomplice.

compliment [-mɑ̃] *m* compliment ‖ *Pl* regards.

complimenter [-te] *v* (1) compliment.

compliqué, e *a* complicated, intricate.

compliquer *v* (1) complicate.

comportement [-pɔrtəmɑ̃] *m* behaviour.

composer *v* (1) compose ‖ TEL. dial (numéro) ‖ *se* ∼ *de,* be composed of, be made up of, consist of.

compositeur, trice [-itœr] *n* MUS. composer.

composition *f* [école] test-paper.

compote [-t] *f* compote ; ∼ *de pommes,* apple-sauce ; ∼ *de fruits,* stewed fruit.

comprehensible [kɔ̃preɑ̃-sibl] *a* understandable.

compréhensif, ive *a* understanding, sympathetic.

comprehension *f* understanding.

comprendre [-ɑ̃dr] *v* (80) include, be composed of (inclure) ‖ understand (problème) ‖ realize (se rendre compte) ‖ *mal* ∼, misunderstand ‖ *se faire* ∼, make o.s. understood ‖ *se* ∼, understand each other.

compresse *f* MED. compress.

comprimé [-ime] *m* MED. tablet.

comprimer *v* (1) compress.

compris, e [-i] *a* included ; *y* ∼, including ; *tout* ∼, all in ; *prix tout* ∼, inclusive terms.

compromettre [-ɔmɛtr] *v* (64) compromise ‖ *se* ∼, compromise o.s. ; commit o.s.

compromis [-i] *m* compromise.

comptabilité [kɔ̃tabilite] *f* book-keeping ; *tenir la* ∼, keep the books.

comptable *n* accountant ‖ *m* : *expert* ∼, chartered accountant.

comptant *a/m* : *paiement* ∼, down payment ● *av* : *payer* ∼, pay cash down.

compte *m* reckoning, count, calculation (calcul) ‖ *Pl* accounts (comptabilité) ; *faire*

ses ∼*s,* make up one's accounts ‖ FIN ∼ *chèques postaux,* GB Giro ; ∼ *courant,* current account ; ∼ *de dépôt,* deposit account ‖ ASTR. ∼ *à rebours,* countdown ‖ FIG. *se rendre* ∼ *de,* realize (comprendre) ; be aware of (prendre conscience) ; *tenir* ∼ *de,* take into account, take sth into consideration, allow for ; *ne pas tenir* ∼ *de,* disregard, ignore.

compte-gouttes *m* *inv* dropper.

compter *v* (1) reckon, count (calculer) ‖ FIG. consider (estimer) ; ∼ *pour trois,* count as three ; *cela ne* ∼*e pas,* that doesn't count ‖ count, rely (*sur,* on) [se fier à].

compte rendu [-rɑ̃dy] *m* report.

compte-tours *m inv.* revolution counter.

compteur *m* meter ‖ AUT. ∼ *de vitesse,* speedometer.

comptoir *m* counter, bar.

concave [kɔ̃kav] *a* concave.

concéder [-sede] *v* (5) concede ; admit, grant.

concentration [-sɑ̃trɑsjɔ̃] *f* concentration.

concentré *m* CULIN. extract.

concentrer *v* (1) concentrate, condense.

concerner [-sɛrne] *v* (1) concern, regard ; *en ce qui* ∼*e,* as regards ; *en ce qui me* ∼*e,* as far as I am concerned.

concert [-sɛr] *m* concert.

concession [-sɛsjɔ̃] *f* concession ; *faire des* ∼*s*, make concessions.

concevoir [-səvwar] *v* (3) conceive ; design (plan).

concierge [kɔ̃sjɛrʒ] *n* caretaker.

conclure [-klyr] *v* (29) conclude (accord, discours).

conclusion [-yzjɔ̃] *f* conclusion.

concombre [-kɔ̃br] *m* cucumber.

concours [-kur] *m* [études] competitive examination ‖ [beauty] contest.

concret, ète [kɔ̃krɛ, ɛt] *a* concrete.

conçu, e [kɔ̃sy] → CONCEVOIR.

concurrence [-kyrɑ̃s] *f* competition (*avec*, with) ; *faire* ∼, compete (*à*, with).

concurrent, e *n* [concours] candidate ‖ SP. competitor, entrant.

condamnation [-danasjɔ̃] *f* condemnation.

condamner *v* (1) JUR. sentence ; condemn (*à*, to).

condensé, e *a* condensed (lait).

condenser [-dɑ̃se] *v* (1) condense.

condition [kɔ̃disjɔ̃] *f* condition ‖ *à* ∼ *que*, provided/providing that ‖ [rang social] condition, station ‖ *Pl.* COMM. terms ; ∼*s de paiement*, easy terms.

conditionné, e [-ɔne] *a* conditioned.

conditionnel, le *a* conditional.

condoléances [kɔ̃dɔleɑ̃s] *fpl* condolence ; *présenter ses* ∼, offer one's sympathy.

conducteur, trice [-dyktœr] *n* AUT. driver.

conduire [-dɥir] *v* (85) lead (mener) ; show in (faire entrer) ; ∼ *qqn quelquepart*, take sb somewhere ‖ [chemin] lead ‖ AUT. drive (voiture, qqn) ‖ *se* ∼, behave.

conduite *f* guidance, conduct ; *sous la* ∼ *de*, escorted by ‖ AUT. driving ; ∼ *à gauche*, left hand drive ; ∼ *intérieure*, saloon car, US sedan ‖ TECHN. ∼ *de gaz*, gas main ‖ FIG. behaviour.

cône [kon] *m* cone.

confection [kɔ̃fɛkjɔ̃] *f* making ‖ *de* ∼, ready-made (habit).

conférence [-ferɑ̃s] *f* conference (entretien, réunion) ; ∼ *de presse*, press-conference ‖ lecture (*sur*, on) [exposé oral].

confesser [-fɛse] *v* (1) REL. confess (péchés, pénitent) ‖ *se* ∼, confess (*à*, to).

confiance [-fjɑ̃s] *f* confidence, trust (*en*, on) ; *(digne) de* ∼, trustworthy, reliable ; *avoir* ∼ *en qqn*, trust sb ; ∼ *en soi*, self-confidence.

confidence [-fidɑ̃s] *f* secret, confidence ; *faire une* ∼, tell a secret.

confidentiel, le [-sjɛl] *a* confidential ; off the record.

confier [-fje] *v* (1) entrust

(*qqch à qqn*, sb with sth);
confide (secret) [*à*, to]; leave
(clefs) [*à*, with] ‖ *se* ~, confide (*à*, in).

confiné, e [-fine] *a* stale,
stuffy (air).

confirmation [-firmasjɔ̃] *f*
confirmation.

confirmer *v* (1) confirm.

confiserie [-fizri] *f* sweet-
shop ‖ confectionery (produit).

confiseur, euse *n* confectioner.

confisquer [-fiske] *v* (1) confiscate.

confiture [-fityr] *f* jam; ~
d'oranges, marmalade ‖ *Pl*
preserves.

confondre [-fɔ̃dr] *v* (4) confuse, mix up (*avec*, with); *je
le* ~*ds toujours avec son frère*,
I never know him from his
brother.

conformer *v* (1) model ‖ *se*
~, conform (*à*, to); comply (*à*,
with).

confort [-fɔr] *m* comfort;
ease, amenities; ~ *moderne*,
modern convenience; mod con
(coll).

confortable [-tabl] *a* comfortable; cosy (pièce); *peu* ~,
uncomfortable.

confus, e [-fy, z] *a* confused
(souvenir); indistinct (bruit);
embarrassed, ashamed (honteux).

confusion *f* confusion
(erreur); muddle (désordre);
embarrassment (honte).

congé [-ʒe] *m* leave; *jour de*

~, holiday, day off; *en* ~, on
holiday; ~ *de maladie*, sick-
leave ‖ discharge, dismissal (renvoi); *donner* ~, give
notice ‖ [adieu] *prendre* ~ *de*,
take leave of.

congédier [-dje] *v* (1) dismiss, discharge.

congélateur [-latœr] *m*
deep-freeze (meuble); freezer
(compartiment).

congelé, e [-ʒle] *a* deep-
frozen (foods).

congeler *v* (8 *b*): *(se)* ~,
freeze.

congère [-ʒɛr] *f* snow-drift.

congestion [-ʒɛstjɔ̃] *f* congestion; ~ *cérébrale*, stroke.

conjonction [-ʒɔ̃ksjɔ̃] *f*
GRAMM. conjunction.

conjugaison [-ʒygɛzɔ̃] *f* conjugation.

conjuguer *v* (1) conjugate.

connaissance [kɔnɛsɑ̃s] *f*
knowledge, learning ‖ understanding (compréhension) ‖
acquaintance (relation); *faire
la* ~ *de qqn*, make sb's
acquaintance ‖ MED. cons-
ciousness; *perdre/reprendre*
~, lose/regain consciousness;
faire reprendre ~ *à qqn*, bring
sb round; *sans* ~, unconscious.

connaître [-ɛtr] *v* (74) know ‖
be acquainted with (*qqn*, sb) ‖
faire ~ *qqch à qqn*, let sb
know ‖ *se* ~, meet, become
acquainted; *s'y* ~ *en*, know
all about.

connecter [-ɛkte] *v* (1)
ELECTR. connect.

connu, e a (well-)known (de, to/by) ; être ~ sous le nom de, go under the name of ‖ → CONNAÎTRE.

conquérir [kɔ̃kerir] v (13) conquer.

conquête [-ɛt] f conquest.

conquis, e [-i] → CONQUÉRIR.

consacrer [-sakre] v (1) : **(se)** ~, devote (o.s.) [à, to].

conscience [-sjɑ̃s] f consciousness (connaissance) ; **avoir** ~ **de**, be aware of ‖ conscience (sens moral) ; **par acquit de** ~, for conscience' sake ‖ MED. perdre/reprendre ~, lose/regain consciousness.

consciencieusement [-jøzmɑ̃] av conscienciously.

consciencieux, euse a conscientious ‖ careful (soigneux).

conscient, e a conscious, aware, sensible (de, of) ; awake, alive (de, to).

conseil [-sɛj] m : **un** ~, a piece of advice ; **demander** ~ **à qqn**, ask sb's advice ‖ Pl advice ; hints (suggestions) ‖ council (assemblée).

conseiller v (1) advise, counsel ‖ recommend.

consentant, e [-sɑ̃tɑ̃] a willing, agreeable (à, to).

consentir v (93) consent, agree (à, to).

conséquence [-sekɑ̃s] f consequence, result ; en ~, accordingly.

conséquent, e a consistent

(avec, with) ‖ **par** ~, therefore, consequently.

conservateur, trice [-sɛrvatœr] a conservative ● n POL. conservative.

conservation f preservation ‖ COMM. preserving.

conservatoire m MUS. academy.

conserve f : mettre en ~, preserve, can ‖ Pl preserves, tinned food, US canned food.

conserver v (1) preserve (aliments) ‖ tin, can (en boîte) ‖ **se** ~, keep.

considérable [kɔ̃siderabl] a considerable (différence) ‖ wide (culture).

considération [-sjɔ̃] f considération ; prendre en ~, take into consideration ‖ regard, respect (estime).

considérer v (5) consider (envisager) ; tout bien ~é, all things considered ‖ regard, look on (comme, as).

consigne [-siɲ] f orders (ordres) ‖ RAIL. left-luggage office, US check-room ; mettre ses bagages à la ~, leave one's luggage in the left-luggage office ‖ ~ automatique, left-luggage locker(s) ‖ COMM. deposit.

consigné, e a returnable (bouteille).

consigner v (1) [école] keep in.

consister v (1) consist, be composed (en, of) [se composer de] ; consist (*à*, in) [se réduire à].

consolation [-sɔlasjɔ̃] *f* consolation, comfort.

consoler *v* (1) : *(se)* ~, console (o.s.).

consommateur, trice [-sɔmatœr] *n* consumer.

consommation *f* consumption ; *biens de* ~, consumer goods.

consommer *v* (1) consume ‖ use (gaz, électricité).

consonne [-sɔn] *f* consonant.

conspuer [-spɥe] *v* (1) boo, shout down.

constamment [-stamɑ̃] *av* constantly.

constant, e *a* constant (continuel).

constatation [-statasjɔ̃] *f* establishment (fait).

constater *v* (1) record (fait) ‖ note, notice, find (*que*, that).

consterner [-stɛrne] *v* (1) dismay (abattre).

constipation [-stipasjɔ̃] *f* constipation.

constituer [-stitɥe] *v* (1) constitute, compose, make up (ensemble) ‖ form (ministère).

constitution *f* JUR., MED. constitution.

constructeur, trice [-stryktœr] *n* maker ; builder.

construction *f* construction ; building.

construire [-ɥir] *v* (85) build.

consul [kɔ̃syl] *m* consul.

consulat [-a] *m* consulate.

consultatif, ive [-tatif, iv] *a* advisory.

consultation [-tasjɔ̃] *f* consultation.

consulter *v* (1) consult (ouvrage, qqn) ‖ MED. ~ *un médecin,* take medical advice.

consumer [-syme] *v* (1) consume, burn away/up ‖ *se* ~, burn away/out.

contact [-takt] *m* contact ‖ ELECTR., AUT. *mettre/couper le* ~, switch on/off.

contagieux, euse [-taʒjø] *a* contagious, catching.

contagion *f* contagion.

conte [kɔ̃t] *m* tale ; ~ *de fées,* fairy tale.

contempler [kɔ̃tɑ̃ple] *v* (1) contemplate, behold, gaze on.

contemporain, e [-ɑ̃pɔrɛ̃, ɛn] *a* contemporary (*de,* with) ● *n* contemporary.

contenance [-nɑ̃s] *f* capacity, content.

conteneur *m* container.

contenir *v* (101) contain, hold ‖ FIG. control (colère) ; hold back (larmes).

content, e *a* pleased (*de,* with) ; glad (*de,* of/about).

contenter [-te] *v* (1) please, gratify, satisfy ‖ *se* ~ *de (faire),* content o.s. with (doing).

contenu [-ny] *m* contents.

conter *v* (1) tell, relate.

contester [-ɛste] *v* (1) contest ; dispute, challenge.

continent [-inɑ̃] *m* continent.

continental, e, aux [-tal] *a* continental.

continu, e *a* continuous, unbroken ‖ ELECTR. *courant* ∼, direct current.

continuel, le [-inɥɛl] *a* continual, continuous.

continuellement *av* continually, continuously.

continuer [-ɥe] *v* (1) go on, continue ; carry on, keep on with.

continuité *f* continuity.

contour [-ur] *m* outline (silhouette).

contourner [-ne] *v* (1) go round, bypass.

contraceptif, ive [-trasɛptif, iv] *a/m* contraceptive.

contraception *f* contraception.

contracter [-trakte] *v* (1) contract (mariage) ‖ take out (police d'assurance) ‖ MÉD. contract (maladie).

contractuel, le [-ɥɛl] *n* AUT. traffic warden.

contradiction [-tradiksjɔ̃] *f* contradiction (opposition) ; *en* ∼, inconsistent (*avec*, with).

contraindre [-trɛ̃dr] *v* (59) compel, force (*à*, to).

contrainte [-t] *f* constraint.

contraire [-ɛr] *a* contrary (*à*, to) ; opposite ; *en sens* ∼, in the opposite direction ‖ [aliment, climat] *être* ∼ *à*, disagree with ● *m* contrary ; *au* ∼, on the contrary.

contrariant, e [-arjɑ̃] *a* annoying (fâcheux).

contrarier *v* (1) annoy, vex ; displease (mécontenter).

contrariété [-ete] *f* annoyance, vexation.

contraste [-ast] *m* contrast.

contraster *v* (1) contrast.

contrat [-a] *m* contract.

contravention [-avɑ̃sjɔ̃] *f* AUT. fine ; [stationnement] *attraper une* ∼, get a ticket (coll.).

contre *p* [contraste, opposition, choc] against ● *av* : *par* ∼, on the other hand.

contrebande [-əbɑ̃d] *f* smuggling.

contrebandier *n* smuggler.

contrebasse *f* double-bass.

contrecœur (à) *loc av* reluctantly.

contredire *v* (63) contradict.

contrefaçon *f* counterfeit(ing), forgery.

contremaître *m* foreman.

contre-plaqué *m* plywood.

contrepoison *m* antidote.

contrer *v* (1) [cartes] double.

contresens *m* mistranslation.

contresigner *v* (1) countersign.

contretemps *m* disappointment (déception) ; contretemps, hitch.

contribuable [-ibɥabl] *n* taxpayer.

contribuer *v* (1) contribute (*à*, to).

contribution *f* contribution (participation) ‖ *Pl* rates (impôts).

contrôle [-ol] *m* check(ing) ; check point (lieu) ‖ ∼ *des naissances*, birth-con-

trol, family planning ‖ FIN. ~
des changes, exchange-control.

contrôler v (1) check, inspect
(billets) ‖ control (comptes).

contrôleur m [bus] conductor
‖ RAIL. ticket-collector/inspec-
tor ‖ Av. ~ aérien, air traffic
controller.

contusion [-tyzjɔ̃] f bruise.

contusionner [-ɔne] v (1)
bruise.

convaincant, e [-vɛ̃kɑ̃] a
convincing (argument).

convaincre [-ɛ̃kr] v (102)
convince, persuade (persuader).

convalescence [-valɛsɑ̃s] f
convalescence; être en ~, be
convalescing.

convalescent, e a/n convalescent.

convenable [-vnabl] a suitable, convenient ‖ proper
(manières).

convenablement av suita-
bly ‖ correctly.

convenance [-vnɑ̃s] f convenience ‖ Pl proprieties.

convenir v (101) be conve-
nient/suitable; meet the case
(faire l'affaire) ‖ ~ de qqch,
agree on/about sth (se mettre d'accord); own, admit (que,
that) [reconnaître] ‖ ~ à, suit;
ne pas ~, [climat, nourriture]
disagree (à, with).

convention [-vɑ̃sjɔ̃] f agreement (accord) ‖ convention
(contrat).

conventionnel, le [-ɔnɛl] a
conventional.

conversation [-vɛrsasjɔ̃] f

conversation; engager la ~
avec qqn, enter into conversation with sb.

convexe [-vɛks] a convex.

conviction [-viksjɔ̃] f conviction; avoir la ~ que, be convinced that.

convoquer [-vɔke] v (1)
summon.

coopératif, ive [kɔɔperatif,
iv] a co-operative ● f co-operative.

copain, ine [kɔpɛ̃, in] n FAM.
pal; chum.

copie f copy; ~ au net, fair
copy; ~ carbone, carbon
copy ‖ [école] paper.

copier v (1) copy (out) ‖ [école]
~ sur qqn, crib off sb (coll.).

copieur m photocopier.

copieux, euse [kɔpjø] a
copious ‖ substantial (repas).

coq [kɔk] m cock, rooster.

coquelicot [-liko] m poppy.

coquetier [-tje] m egg-cup.

coquillage [-ijaʒ] m shell
(coquille); shellfish (mol-
lusque).

coquille [-ij] f [huître, noix,
œuf] shell.

cor 1 [kɔr] m MUS. horn; ~
de chasse, hunting horn.

cor 2 m MED. corn.

corbeau [-bo] m crow, raven.

corbeille [-bɛj] f basket; ~ à
papier, waste(-paper)-basket.

corde [-d] f rope; ~ à
(étendre le) linge, clothes-line;
~ à sauter, skipping-rope ‖
MUS. string; les (instruments
à) ~s, the strings.

cordée *f* SP. rope.

cordial, e, aux [-djal, o] *a* hearty, cordial.

cordialement *av* heartily; ~ *vôtre*, yours sincerely.

cordonnier [-dɔnje] *m* shoemaker, cobbler.

corne [-n] *f* horn; ~ *à chaussure*, shoehorn.

corneille [-nɛj] *f* crow.

cornemuse [-nəmyz] *f* bagpipes; *joueur de* ~, bagpiper.

corner [-ne] *v* (1) AUT. hoot, honk.

cornet [-nɛ] *m* : CULIN. ~ *de glace*, ice-cream cone ‖ MUS. ~ *à pistons*, cornet.

corniche [-ni ʃ] *f* [route] cliffroad.

cornichon *m* CULIN. gherkins.

Cornouailles [kɔrnwaj] *f* Cornwall.

corporel, le [-pɔrɛl] *a* corporal, bodily.

corps [kɔr] *m* body (vivant); corpse (mort).

corpulent, e [-pylɑ̃, t] *a* stout.

correct, e [-ɛkt] *a* right (exact); proper (emploi).

correctement *av* correctly.

correction *f* correcting, correction ‖ [punition] punishment; hiding (coll.).

correspondance [kɔrɛspɔ̃dɑ̃s] *f* correspondence (conformité) ‖ correspondence, letters ‖ RAIL. connection; *assurer la* ~, connect (avec, with).

correspondant, e *a* corresponding (*à*, to, with) ● *n* [journalisme] correspondent ‖ [école] pen-friend.

correspondre [-dr] *v* (4) [personnes] correspond (*avec*, with); write (*avec*, to) ‖ FIG. ~ *à*, correspond to, square with.

corrigé [-iʒe] *m* key.

corriger *v* (7) correct (faute); mark (copies) ‖ *se* ~, mend one's ways.

corrompre [-ɔ̃pr] *v* (90) corrupt ‖ bribe (avec de l'argent).

corrompu, e *a* corrupt.

corruption [-ypsjɔ̃] *f* corruption.

Corse [-s] *f* [pays] Corsica ● *a/n/m* Corsican.

corvée [-ve] *f* drudgery, chore.

cosmétique [kɔsmetik] *a/m* cosmetic.

cosmonaute [-ɔnot] *n* cosmonaut.

cosse [kɔs] *f* pod, hull.

cossu, e *a* well-to-do, well-off.

costaud, e [-to, d] *a* FAM. hefty.

costume [-tym] *m* costume, dress; ~ *de bain*, bathing costume.

côte 1 [kot] *f* ANAT. rib ‖ ~ *à* ~, side by side ‖ CULIN. [bœuf] rib; [porc] chop; [veau] cutlet.

côte 2 *f* [route] hill.

côte 3 *f* GEOGR. coast, shore; *la* C~ *d'Azur*, the Riviera.

côté *m* [partie] side; *de ce* ~-*ci*, on this side; *de l'autre* ~, on the other side, across ‖ [circulation] ~ *gauche*, GB near side, FR. off side ‖ [proximité] *à ~ (de)*, near ; *la maison d'à ~*, the house next door ‖ [direction] way ; *de quel ~ allez-vous ?*, which way are you going ? ; *de ce ~*, this way ‖ FIG. *mettre de ~*, put by (argent).

coteau [kɔto] *m* hill.

côtelette [kɔtlɛt] *f* [mouton] chop ; [veau] cutlet.

cotisation [kɔtizasjɔ̃] *f* subscription, fees.

cotiser *v* subscribe ‖ *se ~*, club together ; go kitty (coll.).

coton [-ɔ̃] *m* cotton ; *~ hydrophile*, cotton-wool.

cou [ku] *m* neck.

couchant [-ʃɑ̃] *a* : *soleil ~*, setting sun ● *m* sunset (soleil) ‖ west (occident).

couche 1 *f* [peinture] coat ‖ [neige, etc.] layer.

couche 2 *f* [bébé] napkin.

couché, e *a* lying ‖ in bed (au lit) ● *interj* : [à un chien] *~!*, down !

coucher *v* (1) lay down (poser) ‖ put to bed (enfant) ‖ [héberger] put up (qqn) ‖ [sexe] sleep, go to bed (*avec*, with) ‖ *se ~*, lie down (s'étendre) ; *aller se ~*, go to bed ; turn in (coll.) ‖ ASTR. set, go down.

couches *fpl* MED. confinement ; *être en ~*, be confined.

couchette *f* RAIL. berth, couchette.

coude [-d] *m* elbow ; *~ à ~*, side by side ; *jouer des ~s*, jostle.

coudre [-dr] *v* (31) sew ‖ sew on (bouton).

couler 1 [-le] *v* (1) [liquide] run, flow ; *~ goutte à goutte*, trickle ; leak (fuir) ‖ [nez] run ‖ *faire ~ un bain*, run a bath ‖ AUT. *~ une bielle*, run a big end.

couler 2 *v* (1) [bateau] sink ‖ [nageur] go under.

couleur *f* colour ; *gens de ~*, coloured people ‖ paint (produit) ; *~s à l'huile*, oil-colours ‖ [cartes] suit ; *jouer dans la ~*, follow suit ‖ CIN. *film en ~s*, colour film.

couleuvre [-lœvr] *f* grass-snake.

coulisser [-lise] *v* (1) slide.

couloir *m* corridor, passage ‖ TH., [bus] gangway.

coup [ku] *m* [choc] knock ‖ [agression] *porter un ~*, deal a blow ; [pied] kick ; [poing] punch ‖ [arme à feu] shot ‖ [bruit] knock ; *~ de sonnette*, ring ; *~ de tonnerre*, thunderclap ‖ [éléments] *~ de vent*, gust of wind ; *~ de soleil*, sunburn ‖ [instrument] *~ de brosse*, brush-up ; *donner un ~ de fer à*, press, iron ‖ [dés] cast ‖ [échecs] move ‖ SP. stroke ; [tennis] *~ droit*, drive ; [football] *~ franc*, free kick ; *~ d'envoi*, kick-off ‖ TEL. *~ de téléphone*, call ; *donner un ~ de téléphone (à qqn)*, make a phone call (to sb), give (sb) a ring ‖ FIG. ~ **d'œil**, glance ; *jeter un ~ d'œil sur*, glance at, ~ *de foudre*, love at first sight ; *donner un ~ de main à qqn*, give sb a hand ‖ FAM. *boire un* ~, have a drink ● *loc : tout à ~*, all of a sudden ; *d'un seul* ~, at one go.

coupable [-pabl] *a* guilty.

coupe 1 *f* bowl (à fruits) ‖ SP. cup.

coupe 2 *f* cutting (action) ; ~ *de cheveux*, haircut ‖ [cartes] cut(ting).

coupé *m* AUT. coupé.

coupe-circuit *m inv* circuit-breaker.

coupe-papier *m inv* paper-knife.

couper *v* (1) cut ‖ cut down (arbre) ; chop (bois) ; cut up (en morceaux) ; slice (en tranches) ‖ cut (cheveux) ; *se faire ~ les cheveux*, have a haircut ‖ [cartes] cut (jeu de cartes) ; trump (avec atout) ‖ TECHN. turn off (eau, gaz) ‖ ELECTR. switch off (courant) ‖ TEL. cut off ‖ SP. cut (balle) ‖ FIG. ~ *d'eau*, water down, dilute (vin) ; ~ *les cheveux en quatre*, split hairs ‖ *se* ~, cut o.s. ; *se ~ le doigt*, cut one's finger ; *se ~ les ongles*, cut/pare one's nails.

couple [-pl] *m* [animaux] pair ‖ [personnes] couple, pair.

couplet [-plɛ] *m* verse.

coupon [-pɔ̃] *m* coupon ; ~-*réponse international*, international reply coupon.

coupure *f* cut ‖ ~ *de journaux/presse*, press-cutting/-clipping ‖ ELECTR. ~ *de courant*, power cut.

cour [kur] *f* yard, courtyard ; ~ *de récréation*, playground.

courage *m* courage, bravery ‖ [ardeur au travail] will.

courageux, euse *a* courageous, brave ‖ hard-working (au travail).

couramment [-amɑ̃] *av* [parler] fluently.

courant 1, e *a* running (eau) ‖ usual (expression) ‖ everyday (vie) ‖ standard (modèle).

courant 2 *m* [eau] current ‖ ~ *d'air*, draught ‖ ELECTR. current ‖ FIG. *être au* ~, be well-informed of, know about ; *mettre qqn au* ~ *de*, tell sb about ‖ *se mettre au* ~ *de*, acquaint o.s. with ; *se tenir au* ~ *de*, keep abreast of.

courbatu, e [-baty] *a* : *tout* ~, aching all over.

courbature *f* ache.

courbe *a* curved ● *f* curve.

courber *v* (1) bend, curve (qqch) ‖ ~ *la tête*, bow one's head.

coureur, euse [-œr] *n* SP. runner, racer ; ~ *de fond*, long-distance runner.

courgette [-ʒɛt] *f* BOT. courgette.

courir *v* (32) run ‖ ~ *après*, run/go after ‖ SP. run, race ; *faire* ~, race (cheval) ‖ FIG. [bruit] circulate ; *le bruit court que*, there is a rumour that ;

∼ *les bistrots,* go pub-crawling ‖ Fɪɢ. run (risque).

couronne [kurɔn] *f* crown.

couronner *v* (1) crown.

courrier *m* mail, post; *par retour du* ∼, by return of post; *le* ∼ *est-il arrivé ?,* has the post come ?

courroie [-wa] *f* strap.

cours 1 [kur] *m* [fleuve] course.

cours 2 *m* Fɪɴ. current price; ∼ *du change,* rate of exchange ‖ [étude] class; period, lesson; *suivre un* ∼, attend a class; *un* ∼ *d'histoire,* a history period; ∼ *de vacances,* summer-school ‖ Fɪɢ. course; *au* ∼ *de,* in the course of, during.

course [-s] *f* run, race; *au pas de* ∼, at the double ‖ [taxi] journey ‖ errand (commission); *faire une* ∼, run an errand; shopping; *faire des* ∼*s,* go shopping; *faire les* ∼*s,* do the shopping ‖ Sᴘ. race; ∼ *d'autos, de chevaux,* motor-race, horse-race ‖ *Pl* races, race-meeting.

court 1, e [kur, t] *a* short • *av* short; *être à* ∼ *de,* be short of.

court 2 *m* [tennis] court.

court-circuit *m* short circuit.

courtois, e [-twa, z] *a* courteous.

courtoisie [-zi] *f* courtesy.

couru → COURIR.

cousin, e [kuzɛ̃, in] *n* cousin; ∼ *germain,* first cousin.

coussin [-sɛ̃] *m* cushion.

cousu, e [-zy] → COUDRE • *a*

sewn, sewed ; ∼ ***main,*** hand-sewn.

coût [ku] *m* cost ; ∼ *de la vie,* cost of living.

couteau [kuto] *m* knife ; ∼ *à découper,* carving-knife.

coûter [-te] *v* (1) cost ; *combien ça* ∼*e ?,* how much is it ?; *cela* ∼*e cher,* it is expensive ‖ ∼***e que*** ∼***e,*** at any cost.

coûteux, euse *a* costly, expensive; *peu* ∼, inexpensive.

coutume [-tym] *f* custom ; *avoir* ∼ *de,* be in the habit of ; *comme de* ∼, as usual.

couture *f* [action] sewing ‖ [résultat] seam ; *sans* ∼, seamless.

couturier *m* fashion designer.

couturière *f* seamstress ; dressmaker.

couvercle [-vɛrkl] *m* lid, cover, top.

couvert 1 [-ɛʀ] *m* [table] cover ; *mettre le* ∼, lay the table ; *mettre deux* ∼*s,* lay/set the table for two ; [restaurant] cover charge.

couvert 2, e [-, t] → COU-VRIR • *a* covered (*de,* with) ‖ with one's hat on (tête) ‖ cloudy, overcast (ciel).

couverture *f* blanket (de laine) ; ∼ *chauffante,* electric blanket ; ∼ *de voyage,* rug ‖ [livre] wrapper ‖ [journalisme] coverage.

couvre-lit *m* bedspread.

couvre-livre *m* dust-jacket.

couvre-pied(s) *m* quilt.

couvrir [-vrir] *v* (72) cover (*de*, with) ‖ smother (feu) ‖ cover (distance) ‖ [journalisme, assurance] cover ‖ *se ∼*, put one's hat on ; [ciel] cloud over.

crabe [krab] *m* crab.

crachat [-ʃa] *m* spit.

cracher *v* (1) spit.

craie [krɛ] *f* chalk.

craindre [krɛ̃dr] *v* (59) fear, be afraid of ‖ *je ne crains pas le froid*, I don't mind the cold ‖ *∼ de*, be afraid of ; *∼ que*, be afraid (that) ; fear (that).

crainte [-t] *f* fear ‖ *de ∼ que*, for fear that.

craintif, ive *a* timid, timorous.

crampe [krɑ̃p] *f* cramp.

cramponner (se) *v* (1) cling, hang on (à, to).

crâne [krɑn] *m* skull.

crâner *v* (1) swank.

crâneur, euse *n* show off (coll.).

crapaud [krapo] *m* toad.

craquement [-kmɑ̃] *m* crack.

craquer *v* (1) crack ‖ *∼ une allumette*, strike a match.

crasse [-s] *f* dirt, filth, grime.

crasseux, euse *a* filthy, grimy.

cravate [-vat] *f* tie.

crawl [krol] *m* : *nager le ∼*, do the crawl.

crayon [krɛjɔ̃] *m* pencil ; *au ∼*, in pencil ; *∼ de couleur*, crayon.

création [kreasjɔ̃] *f* creation.

créature [-tyr] *f* creature.

crécelle [kresɛl] *f* rattle.

crèche [krɛʃ] *f* crèche, day-nursery ‖ REL. crib.

crédit [kredi] *m* credit (*auprès de*, with) ‖ COMM. credit ; *à ∼*, on credit ; *faire ∼ à qqn*, give sb credit.

crédule [-dyl] *a* credulous.

créer [-e] *v* (1) create.

crémaillère [-majɛr] *f* : *pendre la ∼*, have a house-warming.

crème [krɛm] *f* cream ; *∼ anglaise*, custard ; *∼ fouettée*, whipped cream ‖ *∼ hydratante*, moisturizing cream ; *∼ à raser*, shaving-cream.

crémerie [kremri] *f* dairy.

crémeux, euse *a* creamy.

crémier, ère *n* dairyman, -woman/maid.

créole [kreɔl] *a/n* Creole.

crêpe 1 [krɛp] *m* [chaussures] crêpe (rubber).

crêpe 2 *f* CULIN. pan-cake.

crépiter [krepite] *v* (1) crackle.

crépu, e *a* frizzy, woolly.

crépuscule [-pyskyl] *m* twilight, dusk.

cresson [krɛsɔ̃] *m* (water-)cress.

crête [krɛt] *f* [montagne, vague] crest ‖ [coq] comb.

creuser [krøze] *v* (1) hollow out ; dig out, dig a hole.

creux, euse [krø] *a* hollow ‖ sunken (yeux) ; empty (ventre).

crevaison [krəvɛzɔ̃] *f* AUT. puncture.

crevasse [-vas] *f* crevasse (de

glacier) ‖ crack (fissure) ‖ MED. chap.

crevé, e *a* flat (pneu).

crever *v* (5) [animal] die ‖ [pneu] puncture; *j'ai* ∼*é*, I have had a puncture.

crevette *f* shrimp.

cri [kri] *m* shout, cry; scream, shriek (aigu); yell (de douleur); *pousser un* ∼, give a cry ‖ FIG. *dernier* ∼, trendy; *le dernier* ∼, the latest thing.

cric [-k] *m* AUT. jack.

crier *v* (1) shout, cry out ‖ call (pour appeler); yell (de douleur).

crime [-m] *m* crime.

criminel, le [-minɛl] *a* criminal.

crin [krɛ̃] *m* (horse)hair.

crise [kriz] *f* crisis ‖ [affaires] slump; ∼ *du logement*, housing shortage ‖ MED. attack, fit; ∼ *cardiaque*, heart attack; ∼ *de nerfs*, (fit of) hysterics.

cristal [-stal] *m* crystal.

critique [-tik] *a* critical; *situation* ∼, emergency.

critiquer *v* (1) criticize, blame, find fault with.

croc [kro] *m* [dent] fang.

croc-en-jambe [krɔkɑ̃ʒɑ̃b] *m* : *faire un* ∼ *à qqn*, trip sb up.

croche [krɔʃ] *f* MUS. quaver.

crochet [-ɛ] *m* hook ‖ crochet-hook (à tricoter); *faire du* ∼, crochet ‖ *Pl* (square-)brackets; *mettre entre* ∼*s*, bracket ‖ SP. [boxe] hook.

croire [krwar] *v* (33) believe

(à, in); *faire* ∼, make believe ‖ think (penser); *je crois bien que*, I dare say that.

croisé, e [-ze] *a* double-breasted (veste).

croisement [-zmɑ̃] *m* crossing ‖ cross-roads; ∼ *en trèfle*, clover-leaf.

croiser *v* (1) cross ‖ fold (les bras) ‖ meet, pass (qqn) ‖ AUT. pass ‖ *se* ∼, cross; *ma lettre s'est* ∼*ée avec la vôtre*, our letters have crossed ‖ pass one another (en chemin).

croisière *f* cruise; *faire une* ∼, go on a cruise.

croissance [-sɑ̃s] *f* growth.

croissant *m* ASTR. crescent.

croître [krwatr] *v* (34) grow ‖ [jours] get longer ‖ [plantes] grow.

croix [krwa] *f* cross ‖ *C*∼-*Rouge*, Red Cross.

croquer [krɔke] *v* (1) crunch.

croquis [-i] *m* sketch.

cross-country [krɔskuntri] *m* SP. cross-country race.

crosse [krɔs] *f* SP. [golf] club; [hockey] stick; [cricket] bat.

crotte [krɔt] *f* : [confiserie] *une* ∼ *de chocolat*, a chocolate.

crotté, e *a* dirty, muddy.

croulant, e [krulɑ̃] *a* crumbling.

crouler *v* (1) collapse ‖ tumble down.

croustillant, e [-stijɑ̃, t] *a* crisp, crusty.

croûte [-t] *f* [pain] crust; [fromage] rind ‖ FAM. *casser la* ∼, have a snack.

croyable [krwajabl] *a* belie-vable, credible.

croyance *f* belief.

croyant, e *n* believer (chré-tien).

cru 1, e [kry] → CROIRE.

cru 2, e *a* CULIN. raw.

cru *m* vintage (vin).

crû → CROÎTRE.

cruauté [-ote] *f* cruelty.

crucifix [-sifi] *m* crucifix.

crudités [-dite] *fpl* CULIN. raw fruit/vegetables.

crue 1 *f* swelling; *en ~*, in spate.

crue 2 → CRU 1 et 2.

cruel, le *a* cruel (*envers*, to).

crustacé [-stase] *m* shellfish.

cube [kyb] *a* cubic ● *m* cube ‖ MATH. *élever au ~*, cube.

cubique *a* cubic; *racine ~*, cube root.

cueillir [kœjir] *v* (35) gather, pick.

cuiller, cuillère [kɥijɛr] *f* spoon; *~ à soupe*, table-spoon; *~ à café*, tea-spoon.

cuillerée [-jre] *f* spoonful.

cuir [kɥir] *m* leather.

cuirassé [-ase] *m* battle-ship.

cuire *v* (85) : *(faire) ~*, cook; *faire ~ à l'eau/au four*, boil/ bake.

cuisant, e [-zɑ̃] *a* FIG. smart, burning (douleur).

cuisine [-zin] *f* kitchen (pièce) ‖ [art] cookery; *livre de ~*, cookery-book ‖ cooking (prépa-ration); *faire la ~*, do the cooking, cook.

cuisiner *v* (1) cook.

cuisinier, ère *n* cook (per-sonne).

cuisinière *f* kitchen range; *~ à gaz*, (gas-)cooker.

cuisse [-s] *f* thigh ‖ [poulet] leg.

cuisson [-sɔ̃] *f* cooking.

cuit, e [kɥi, t] *a* cooked; *~ à point, bien ~*, well done, done to a turn; *peu ~*, underdone; *trop ~*, overdone.

cuivre [-vr] *m* brass (jaune); copper (rouge).

culbuter *v* (1) tumble down ‖ upset (renverser).

culot [-o] *m* FAM. nerve, cheek; *quel ~!*, what a nerve!

culotte [-ɔt] *f* breeches, shorts.

culotter *v* (1) season (pipe).

culpabilité [-pabilite] *f* guilt.

culte [-t] *m* REL. worship.

cultivateur, trice [-tivatœr] *n* farmer.

cultivé, e *a* FIG. cultured.

cultiver *v* (1) cultivate, till; grow (faire pousser).

culture *f* AGR. farming; growing.

culturiste *n* body-builder.

cure [kyr] *f* MED. cure, treatment; *~ thermale*, water-cure; *faire une ~ à Vichy*, take the waters at Vichy.

curé *m* parish priest.

cure-dent *m* tooth-pick.

cure-pipe *m* pipe-cleaner.

curer *v* (1) clean out ‖ *se ~ les dents*, pick one's teeth.

curieux, euse [-jø] *a* inquisi-tive, curious (indiscret) ‖ inqui-ring (intéressé) ‖ funny, odd (étrange) ● *n* bystander (spec-tateur).

curiosité [-iozite] *f* curiosity, inquisitiveness (indiscrétion) ‖ [tourisme] place of interest; *Pl* sights.

cuvée *f* vintage (vin).

cuver *v* (1) : FAM. ～ *son vin*, sleep off one's wine.

cuvette *f* (wash-)basin; [cabi-nets] bowl.

cyclisme *m* cycling.

cycliste *n* cyclist.

cyclone [-on] *m* cyclone, hurricane.

cygne [siɲ] *m* swan.

cylindre [silɛ̃dr] *m* cylinder.

cylindrée *f* AUT. capacity.

d

d [de] *m*.

dactylo [daktilo] *f* typist.

dactylographie [-grafi] *f* typewriting.

dactylographier *v* (1) typewrite.

daigner [dɛɲe] *v* (1) deign.

dalle [dal] *f* flag(stone).

daltonien, ne [daltɔnjɛ̃] *a* colour-blind.

dame [dam] *f* lady; woman ‖ [cartes, échecs] queen; [dames] king ‖ *Pl* [jeu] draughts, US checkers.

damier *m* draught-board.

dancing [dãsiŋ] *m* dance-hall.

Danemark [danmark] *m* Denmark.

danger [dãʒe] *m* danger ‖ *en cas de* ～, in case of emer-gency; *hors de* ～, safe; *sans* ～, safely.

dangereusement [-røzmã] *av* dangerously.

dangereux, euse *a* dan-gerous.

danois, e [-wa, z] *a/m* Danish ‖ *n* Dane.

dans [dã] *p* [lieu, sans mou-vement] in; within (dans les limites de) ‖ [lieu, avec mou-vement] into (pénétration); out of, from (extraction) ‖ [temps] in, during; within (dans les limites de).

danse [-s] *f* dancing (action); dance (air).

danser *v* (1) dance.

danseur, euse *n* dancer.

dard [dar] *m* sting.

date [dat] *f* date; *quelle* ～ *sommes-nous?*, what date is it?; *fixer une* ～, fix a date; ～ *limite*, deadline.

dater *v* (1) date (*de*, from); *à* ～ *d'aujourd'hui*, from now on.

datte [dat] *f* date.

dattier *m* date-palm.

dauphin [dofɛ̃] *m* dolphin.

davantage [davãtaʒ] *av* : ～ (*de*), more (en quantité).

de 1 [də], **d'** [devant voyelle/n muet] (**du** = *de le*; **des** [dɛ]

= *de les*) *p* [lieu] of, at, in ‖ [lieu, origine] from ; *il vient ~ Londres,* he comes from London ‖ *dites-lui ~ ma part que,* tell him from me that ‖ [mesure] in, of ; *10 pieds ~ haut,* 10 feet in height ‖ [prix] *chèque ~ 10 livres,* cheque for ten pounds ‖ [appartenance, dépendance] of ; *'s ; la maison ~ mon père,* my father's house ‖ [contenu] of ; *une tasse ~ thé,* a cup of tea ‖ [matière] in ; *table ~ bois,* wooden table ‖ [apposition] *la ville ~ Paris,* the town of Paris ; *l'aéroport ~ Londres,* London Airport.

de 2 (du = *de le* ; **de la ; de l'** [devant voyelle/h muet] ; **des** [dɛ] = *de les*) *art partitif* [quantité] some, any ; *avez-vous du pain ?,* have you any bread ? ; *donnez-moi du pain,* give me some bread ; *je n'ai pas de pain,* I have no bread ; *boire de la bière,* drink beer.

dé 1 [de] *m* thimble (à coudre).

dé 2 die (*Pl* **dice**) ; *jouer aux ~s,* play dice.

débarbouiller [-barbuje] *v* (1) wash the face ‖ *se ~,* wash one's face.

débarcadère [-barkadɛr] *m* NAUT. landing-stage.

débardeur [-bardœr] *m* docker, stevedore.

débarquer [-barke] *v* (1) land, unload (marchandises) ; disembark (personnes).

débarrasser [-se] *v* (1) clear (pièce, table) [de, of] ; disem-

barrass ; rid (*de,* of) ‖ *se ~ de,* get rid of, dispose of ; shake off (habitude).

débat [-ba] *m* discussion, debate.

débile [-bil] *a* weak(ly), feeble.

débloquer [-blɔke] *v* (1) TECHN. unlock (écrou).

déboiter [-bwate] *v* (1) MED. dislocate ‖ AUT. pull/cut out.

déborder *v* (1) [fleuve] overflow ‖ [lait] boil over.

déboucher *v* (1) uncork, open (bouteille) ; clear, unstop, clean out (tuyau, etc.).

debout [dəbu] *av* [personne] standing ; upright (dressé) ; *se tenir ~,* stand ; *se mettre ~,* stand up ‖ up (levé) ‖ FAM. *je ne tiens plus ~,* I'm ready to drop.

déboutonner [debutɔne] *v* (1) unbutton.

débraillé, e [-brɑje] *a* slovenly, untidy.

débrancher *v* (1) ELECTR. disconnect.

débrayage [-brɛjaʒ] *m* AUT. clutch(-pedal).

débrayé, e *a* out of gear.

débrayer *v* (9 *b*) disengage the clutch, declutch ‖ FAM. [grève] walk out.

débrouillard, e [-brujar, d] *a* resourceful.

débrouiller *v* (1) : *se ~,* manage (pour, to) ; fend for o.s., cope.

début [-by] *m* beginning, start.

débutant, e [-tɑ̃] *n* beginner, learner.

débuter *v* (1) begin, start.

deçà [dəsa] *loc p* : **en ∼ de**, on this side of.

décacheter [dekaʃte] *v* (1) unseal, break open (lettre).

décade [-d] *f* period of ten days ‖ decade (dix ans).

décaféiné [-feine] *a* decaffeinated.

décalage [-laʒ] *m* : **∼ horaire**, (time) lag ; Av. [voyageur] *souffrir du ∼ horaire*, suffer from jet lag.

décalquer [-lke] *v* (1) trace.

décapotable [-pɔtabl] *a* : *voiture ∼*, convertible.

déceler [desle] *v* (8 b) detect, disclose (découvrir).

décembre [-sɑ̃br] *m* December.

décent, e [-sɑ̃] *a* decent, modest.

décennie [-seni] *f* decade.

déception [-sɛpsjɔ̃] *f* disappointment ; let-down (coll.).

décerner [-sɛrne] *v* (1) award.

décevant, e [-svɑ̃] *a* disappointing.

décevoir *v* (3) disappoint, let down.

décharge *f* : **∼ (publique)**, dumping-ground ‖ ELECTR. discharge ; shock.

décharger *v* (7) unload (voiture) ‖ ELECTR. discharge ‖ FIG. **∼ qqn de**, relieve sb of ‖ **se ∼**, [accus] run down.

déchausser (se) [sədeʃose] *v* (1) take off one's shoes.

déchets [deʃɛ] *mpl* waste, scraps.

déchirer [-ʃire] *v* (1) tear (off) [arracher] ; pull to pieces, tear up (en morceaux) ‖ **se ∼**, [tissu] tear, rip.

déchirure *f* tear, rent, rip.

décibel [-sibɛl] *m* decibel.

décidé, e [-side] *a* resolute, decided ; resolved, determined (à, to).

décider *v* (1) decide (qqch) ‖ **∼ qqn à**, persuade sb to ; **∼ de**, settle ‖ **se ∼**, make up one's mind (prendre parti) ; *se ∼ à*, decide on (*faire*, doing).

décimal, e, aux [-simal, o] *a/f* decimal.

décision [-sizjɔ̃] *f* decision ; *prendre une ∼*, come to a decision.

déclaration [-klarasjɔ̃] *f* statement, declaration ‖ FIN. **∼ de revenus**, return of income.

déclarer *v* (1) declare, state ‖ declare (à la douane).

déclencher [-klɑ̃ʃe] *v* (1) release (mécanisme).

déclencheur *m* PHOT. (shutter) release ; **∼ souple**, cable release.

décoiffer *v* (1) undo/ruffle sb's hair (dépeigner).

décollage [-kɔlaʒ] *m* Av. take-off.

décoller *v* (1) unstick ‖ Av. take off ‖ **se ∼**, come unstuck.

décolleté, e [-kɔlte] *a* low-necked (robe).

décoloration [-kɔlɔrasjɔ̃] *f* [cheveux] bleaching ; *se faire*

faire une ∼, have one's hair bleached.

décolorer *v* (1) discolour ‖ bleach (cheveux) ‖ *se* ∼, lose colours ; [étoffe] fade ; *se* ∼ *au lavage*, wash out.

décombres [-kɔ̃br] *mpl* wreckage.

décommander *v* (1) cancel (rendez-vous).

déconcerter *v* (1) disconcert, take aback, confuse.

décongeler *v* (8 *b*) defrost.

déconseiller *v* (1) advise against.

décontenancer [-kɔ̃tnãse] *v* (6) put out of countenance.

décor [-kɔr] *m* decoration ‖ TH. scenery, setting.

décoratif, ive *a* decorative, ornemental.

décoration *f* decoration.

décorer *v* (1) decorate ‖ deck (out), trim.

découdre *v* (31) unpick ; unstitch (vêtement).

découpage *m* [viande] carving.

découper *v* (1) cut up (gâteau) ; cut out (images) ; carve, cut up (volaille).

découragement *m* discouragement.

décourager *v* (7) discourage, dishearten ‖ *se* ∼, lose heart.

découvert, e *a* uncovered ‖ bareheaded (tête nue) ‖ open (terrain) ‖ FIN. *tirer à* ∼, overdraw • *m* FIN. overdraft.

découverte *f* discovery, finding.

découvrir *v* (72) uncover ‖ discover, find out (trouver) ‖ *se* ∼, take off one's hat ; [ciel] clear.

décrire [-krir] *v* (44) describe.

décrocher [-krɔʃe] *v* (1) TEL. lift the receiver.

décroître *v* (34) decrease ; diminish.

déçu, e [-sy] *a* disappointed (*par*, at) ‖ → DÉCEVOIR.

dédaigner *v* (1) disdain, disregard ; scorn (mépriser).

dédaigneux, euse *a* contemptuous, scornful (*de*, of).

dédain [-dɛ̃] *m* disdain, contempt.

dedans [dədã] *av* inside ; *au* ∼ *(de)*, inside.

dédier [dedje] *v* (1) dedicate (livre).

dédommagement [-dɔmaʒmã] *m* compensation (indemnisation).

dédommager *v* (7) compensate.

dédouaner *v* (1) COMM. clear (through customs).

déduction [-dyksjɔ̃] *f* COMM. deduction.

déduire [-dɥir] *v* (85) COMM. deduct, knock off.

défaire *v* (50) undo ‖ untie (nœud) ‖ unpack (valise) ‖ strip (lit) ‖ *se* ∼, come undone ; come apart (se séparer) ; *se* ∼ *de*, cast off.

défaite *f* defeat.

défausser (se) [sədefose] *v* (1) : [cartes] ∼ *de*, discard.

défaut [defo] *m* lack

(manque) ; **à ~ de**, for want
of ; **faire ~**, fail, be lacking ‖
shortcoming(s) [points faibles]
‖ [machine] defect.
défavorable a unfavourable.
défectif, ive [defɛktif] a
GRAMM. defective.
défectueux, euse [-ɥø] a
défective, faulty.
défendre v (4) defend (contre, against) ‖ forbid (interdire)
‖ **se ~**, defend o.s. (contre,
against).
défense [defɑ̃s] f defence ;
prendre la ~ de qqn, stand up
for sb ‖ ~ d'entrer, no admittance ; ~ d'entrer sous peine
d'amende, trespassers will be
prosecuted ; ~ de marcher
sur la pelouse, keep off the
lawn/grass ; ~ de stationner,
no parking ‖ ZOOL. tusk (d'éléphant).
défi [defi] m challenge.
déficit [-sit] m deficit ‖ FIN.
en ~, in the red.
défier v (1) challenge (adversaire) ‖ defy, dare (de, to) ‖ **se
~ de**, distrust.
défilé [-le] m parade ; ~ de
mode, fashion-show ‖ MIL.
march past.
défiler v (1) MIL. march past.
défini, e [-ni] a definite.
définir v (2) define.
définitif, ive [-nitif] a defini-
tive, final (réponse).
définition f definition ‖ [mots
croisés] clue.
définitive f : en ~, finally.

définitivement av finally ;
permanently.
défoncé, e [defɔ̃se] a bumpy
(route).
défoncer v (6) smash in
(porte) ‖ ARG. [drogué] se ~,
freak out.
déformer v (1) deform (corps) ;
put out of shape (vêtement) ‖
TV distort (image) ‖ **se ~**, lose
its shape.
défunt, e [-fœ̃, t] a late.
dégagé, e [-gaʒe] a clear
(ciel, route) ; open (espace).
dégager v (7) clear (lieu, voie)
‖ **se ~**, free o.s. (de, from) ;
[ciel] clear.
dégât(s) [-gɑ] m(pl) damage ;
faire des ~s, do damage.
dégel m thaw.
dégeler v (8 b) thaw.
dégivrage [-ʒivraʒ] m
defrosting.
dégivrer v (1) defrost (pare-
brise, réfrigérateur).
dégonfler v (1) deflate (ballon, pneu) ‖ **se ~**, FAM.
climb/back down.
dégoût m disgust, distaste.
dégoûtant, e [-gutɑ̃, t] a disgusting, sickening.
dégoûter v (1) sicken (écœurer) ; disgust (de, with).
dégradable [-gradabl] a
degradable.
dégrafer [-grafe] v (1) unfas-
ten, undo.
degré [dəgre] m degree.
dégringoler [degrɛ̃gɔle] v (1)
tumble down.

dégriser [-grize] *v* (1) sober up.

déguisement *m* disguise (état) ; fancy dress (habit).

déguiser *v* (1) : *(se) ~*, disguise (o. s.).

dégustation [-gystasjɔ̃] *f* sampling.

déguster *v* (1) taste, sample.

dehors [dəɔr] *av* outside ; *au-~*, outside, outdoors ; *en ~*, outside ; *en ~ de*, outside, apart from.

déjà [deʒa] *av* [affirmation] already (dès ce moment) ; before (auparavant) ‖ [interr., nég.] yet ; *faut-il ~ que vous partiez ?*, need you go yet ?

déjeuner [-ʒœne] *m* lunch, dinner ; *petit ~*, breakfast ; *prendre le petit ~*, have breakfast • *v* (1) (have) lunch.

delà [dəla] *av* : *au-~*, farther, further ; *au-~ de*, beyond.

délabré, e [delabre] *a* dilapidated.

délabrer (se) *v* (1) fall into disrepair, decay ‖ [santé] deteriorate.

délai [-lɛ] *m* delay (retard) ; *sans ~*, without delay.

délassement *m* relaxation (détente).

délasser *v* (1) relax, refresh (détendre) ‖ *se ~*, relax (se détendre).

Delco [delko] *m* AUT. distributor.

délecter (se) [sədelɛkte] *v* (1) take delight (à/de, in).

déléguer [delege] *v* (5) delegate (pouvoirs) [à, to].

délibérer *v* (5) deliberate (avec, with ; sur, upon).

délicat, e [delika, t] *a* delicate ‖ CULIN. dainty (mets).

délicatement *av* delicately.

délice [-s] *m* (f au pl.) delight ‖ *Pl* delights, pleasures ; *faire ses ~s de*, take delight in.

délicieux, euse *a* delicious, lovely.

délier [delje] *v* (1) untie (ruban).

délinquance [delɛ̃kɑ̃s] *f* delinquency.

délinquant, e *a* delinquent ; *enfance ~e*, juvenile delinquency • *n* offender.

délirer *v* (1) be delirious, rave.

délit [-li] *m* offence.

délivrer *v* (1) release ; set free (prisonnier) ‖ issue (passeport).

déloyal, e, aux *a* unfair (procédé) ; disloyal.

demain [dəmɛ̃] *av* tomorrow ; *~ matin*, tomorrow morning ; *à ~!*, good bye till to morrow !, see you tomorrow ! ; *de ~ en huit*, tomorrow week.

demande [dəmɑ̃d] *f* request (requête) ; application (d'emploi) ; *sur ~*, on request ; *faire une ~*, make an application, apply (de, for) ‖ plea (pressante) ‖ form (formulaire) ‖ [mariage] proposal ‖ COMM. *l'offre et la ~*, supply and demand.

demander *v* (1) ask for ; *~ qqch à qqn*, ask sb (for) sth, ask sth of sb ‖ *~ à qqn de*

faire qqch, ask sb to do sth ‖ **~ son chemin à qqn,** ask sb the way ; **~ (à voir) qqn,** inquire for sb, ask for sb ; *on vous ~e au téléphone,* you are wanted on the phone ‖ require (exiger) ; **~ du temps,** take/require time ‖ **ne ~ qu'à,** be quite ready to ‖ **~ qqn en mariage,** propose to sb ‖ COMM. **~ un prix,** charge ‖ **se ~,** wonder (*pourquoi,* why ; *si,* whether).

demandeur, euse *n* TEL. caller.

démangeaison [demɑ̃ʒɛzɔ̃] *f* itch(ing).

démanger *v* (7) itch.

démaquiller (se) [sədemakije] *v* (1) take off one's make-up.

démarche [-marʃ] *f* gait, walk (allure) ‖ FIG. step.

démarcheur, euse *n* hawker.

démarrer *v* (1) AUT. start off ; *faire ~,* start up.

démarreur *m* AUT. starter.

démêler [-mɛle] *v* (1) comb out (cheveux) ; disentangle (ficelle).

déménagement [-menaʒmɑ̃] *m* removal.

déménager *v* (7) move out, remove, move house.

déménageur *m* furniture-remover.

démesuré, e *a* excessive, beyond measure.

démettre *v* (64) dislocate, put

out ‖ **se ~ de,** resign (ses fonctions).

demeure [dəmœr] *f* residence.

demeurer *v* (1) [habiter] live ‖ [rester] stay.

demi 1, e [dəmi] *a* half ; *deux et ~,* two and a half ; *une ~-douzaine,* half a dozen ; *une ~-bouteille,* half a bottle ; *deux heures et ~e,* half past two ‖ *à ~,* half.

demi 2 *m* [bière] half-pint ‖ SP. [football] half-back ; [rugby] **~ de mêlée,** scrum-half.

demi- *préf.*

demi-finale *f* semi-final.

demi-heure *f* : *une ~,* half an hour, a half-hour.

demi-pension *f* half-board.

demi-pensionnaire *n* day-boarder.

demi-place *f* RAIL. half-fare.

demi-pointure *f* half-size.

demi-soupir *m* MUS. quaver rest.

démission [demisjɔ̃] *f* resignation ; *remettre/donner sa ~,* hand in one's resignation.

démissionner *v* (1) resign.

demi-tarif *m* half-fare.

demi-tour *m* half-turn ; *faire ~,* turn back ; AUT. **~ sur place,** U-turn.

démocrate [demɔkrat] *a/n* democrat.

démocratie [-si] *f* democracy.

démocratique [-tik] *a* democratic.

démodé, e [-mɔde] *a* out of date, old-fashioned.

démoder (se) *v* (1) go out of fashion.

demoiselle [dəmwazɛl] *f* young lady ; ~ *d'honneur*, bridesmaid.

démolir [demɔlir] *v* (2) demolish ‖ pull down, tear down (maison).

démonstratif, ive [-mɔ̃stratif] *a* demonstrative.

démonstration *f* demonstration.

démontable [-mɔ̃tabl] *a* collapsible (bateau).

démonter *v* (1) TECHN. take to pieces, dismantle, take apart, take down ‖ FIG. put off (déconcerter) ; *se* ~, get upset, go to pieces.

démontrer *v* (1) demonstrate ‖ prove.

dénigrer [-nigre] *v* (1) disparage, denigrate.

dénombrer [-nɔ̃bre] *v* (1) count.

dénominateur [-nɔminatœr] *m* denominator.

dénoncer [-nɔ̃se] *v* (1) denounce ; give away (qqn).

dénonciation [-jasjɔ̃] *f* denunciation.

dénoter *v* (1) indicate.

dénouer *v* (1) untie, undo ‖ let down (cheveux) ‖ *se* ~, come undone.

dénoyauter [-nwajote] *v* (1) stone.

dense [dɑ̃s] *a* thick ; dense (brouillard).

densité *f* thickness ; PHYS. density.

dent [dɑ̃] *f* tooth ; ~ *de lait*, milk-tooth ; ~ *de sagesse*, wisdom tooth ; *fausses* ~s, false teeth ; *faire ses* ~s, be teething ; *avoir mal aux* ~s, have toothache ; *se faire arracher une* ~, have a tooth out.

dentelle [-tɛl] *f* lace.

dentellière [-təljɛr] *f* lacemaker.

dentier *m* denture.

dentifrice [-tifris] *a/m* : (*pâte*) ~, tooth-paste.

dentiste *n* dentist.

dépannage [-panaʒ] *m* emergency repairing.

dépanner *v* (1) repair (on the spot).

dépareillé, e [-parɛje] *a* odd (gant, etc.).

départ [-par] *m* departure, start(ing) ; *être sur son* ~, be on the point of leaving ‖ NAUT. sailing.

dépassé, e [-pase] *a* outdated.

dépassement [-pasmɑ̃] *m* AUT. overtaking.

dépasser *v* (1) go beyond/past ; get ahead (qqn) ; outrun, outstrip (à la course) ‖ [véhicule] overtake ; ~ *la vitesse permise*, be speeding ‖ [chose] stick out, protrude (faire saillie) ‖ [vêtement] show.

dépaysé, e [-pɛize] *a* : *se sentir* ~, feel strange/like a fish out of water.

dépayser *v* (1) remove sb from his usual surroundings.

dépêcher (se) [sədepɛʃe] *v* (1) hurry (up), make haste; ~*ez-vous !*, hurry up !

dépeigner *v* (1) ruffle, dishevel.

dépeindre *v* (59) depict.

dépendre *v* (4) depend, hang (*de*, on) ‖ *cela* ~*d*, it all depends.

dépense [-pãs] *f* expense, expenditure.

dépenser *v* (1) spend.

dépensier, ère *a* extravagant.

dépilatoire [-pilatwar] *a/m* depilatory.

dépit [-pi] *m* : *en* ~ *de*, in spite of.

déplacé, e *a* displaced (personne) ‖ FIG. out of place, improper (remarque).

déplacement *m* displacement ‖ SP. *jouer en* ~, play away.

déplacer *v* (6) displace, shift, move (changer de place) ‖ *se* ~, [personne, chose] move.

déplaire *v* (75) displease (*à*, to).

déplaisant, e *a* unpleasant.

déplier *v* (1) unfold (journal).

déployer [-plwaje] *v* (9 *a*) unfold, spread, stretch (ailes).

déplu [-ply] → DÉPLAIRE.

dépoli, e *a* frosted (verre).

déposé, e *a* : COMM. *marque* ~*e*, registered trade-mark.

déposer *v* (1) deposit, lay down, set down ‖ AUT. put down, drop (passager) ‖ RAIL.

~ *une valise à la consigne*, leave a case at the left-luggage office.

dépôt [-po] *m* : ~ *(de garantie)*, deposit.

dépourvu, e [-purvy] *a* : ~ *de*, without ● *m* : *prendre qqn au* ~, take sb by surprise, catch.

déprécier [-presje] *v* (1) : *(se)* ~, depreciate.

dépression *f* depression (creux) ‖ depression, slump (économique) ‖ MED. ~ *nerveuse*, break-down.

déprimant, e [-primã] *a* depressing.

déprimé, e *a* depressed ; *se sentir* ~, feel low.

déprimer *v* (1) depress.

depuis [dəpɥi] *p* since (à partir d'une date) ; ~ *longtemps*, long since ; ~ *peu*, not long ago ‖ for (au cours de) ; *je suis ici* ~ *deux semaines*, I have been here for two weeks ; ~ *quand ?*, how long ? ‖ from (à partir de) ; ~ *le matin jusqu'au soir*, from morning till night ● *av* since (then) ‖ later on (ultérieurement) ‖ ~ *que*, since.

député [depyte] *m* member of Parliament.

déraillement [-rajmã] *m* derailment.

dérailler *v* (1) jump the rails, be derailed.

dérailleur *m* [bicyclette] derailleur (gears).

dérangé, e *a* upset (estomac) ; unsound (esprit).

dérangement *m* trouble ‖ TEL. *en* ∼, out of order.

déranger *v* (7) disturb ‖ TECHN. put out of order (appareil) ‖ MED. upset (estomac) ; derange (esprit) ‖ FIG. intrude (être importun) ; *si cela ne vous* ∼*e pas*, if it's no trouble to you ‖ *se* ∼, go out of one's way.

déraper [-rape] *v* (1) skid, slip.

déréglé, e [-regle] *a* out of order, upset.

dérive *f* NAUT., AV. drift ; *aller à la* ∼, drift.

dériver *v* (1) NAUT. drift ‖ FIG. ∼ *de*, derive from.

dermatologiste [dɛrma-tɔlɔʒist] *n* dermatologist.

dernier, ère [-nje] *a* last ‖ lowest, bottom (le plus bas) ‖ late, later, latest (le plus récent) ; ∼*ières nouvelles*, latest news ‖ ∼*ière limite*, deadline ‖ [journal] ∼ *numéro*, current issue • *n* : *le* ∼, the last (l'ultime) ; *ce* ∼, the latter (de deux).

dernièrement *av* recently, lately.

dernier-né, ère-née *a/n* last born (child).

dérober [derɔbe] *v* (1) steal (qqch) ; rob (*qqch à qqn*, sb of sth).

dérouiller [-ruje] *v* (1) remove the rust off.

dérouler *v* (1) unroll, unwind.

déroutant, e [-rutɑ̃] *a* confusing, misleading.

dérouter *v* (1) AV., NAUT. divert ‖ FIG. put out.

derrière [derjɛr] *p* behind, US back of • *av* behind ‖ *de* ∼ : *les pattes de* ∼, the hind legs ; *la porte de* ∼, the back door ‖ *par-*∼, (from) behind ; behind sb's back • *m* [chose] back, rear ‖ [homme] bottom ; behind (coll.).

des [de] *art* → DE, UN.

dès [dɛ] *p* [temps] as early as, as far back (date éloignée) ; as soon as (aussitôt) ; ∼ *que possible*, as soon as possible ; from ; ∼ *aujourd'hui*, from this day on ; ∼ *à présent*, from now on ‖ ∼ *que*, as soon as, FAM. directly ; ∼ *que je l'aperçus*, the moment I saw him.

désaccord [dez-] *m* disagreement ‖ *être en* ∼ *sur*, be at odds/variance (*avec*, with ; *sur*, on).

désaccordé, e [dez-] *a* MUS. out of tune.

désagréable *a* unpleasant, disagreeable ; nasty (personne).

désagrément [-agremɑ̃] *m* nuisance, annoyance.

désaltérer *v* (1) quench (sb's) thirst ‖ *se* ∼, quench one's thirst.

désamorcer [-amɔrse] *v* (6) defuse (bombe) ‖ *se* ∼, [pompe] fail.

désarmer *v* (1) unload (revolver).

désastre [-astr] *m* disaster.

désastreux, euse *a* disastrous, ruinous.

désavantage *m* disadvantage.

désavantagé, e *a* : *être* ~,
be at a disadvantage.

descendant, e [desãdã] *a*
downward ; *train* ~, down-
train (de Londres).

descendre [-dr] *v* (4)
go/come down ‖ get down ‖ ~
l'escalier, go/come downstairs
‖ take/bring down (qqch) ‖ ~
de, climb down from (arbre) ;
get off (autobus, bicyclette) ;
get out of, alight from (train,
voiture) ‖ [s'arrêter] stop over
(à, at) ; ~ *à l'hôtel*, put up at
a hotel ‖ [baromètre] fall ‖
[marée] go out ‖ [bicyclette] ~
en roue libre, coast.

descente [-t] *f* going/coming
down, descent (action, pente) ‖
way down (direction).

description [dɛskripsjɔ̃] *f*
description.

désembuer [dezãbye] *v* (1)
demist.

désembueur *m* AUT.
demister.

désemparé, e [-ãpare] *a*
helpless (personne).

déséquilibrer *v* (1) unba-
lance.

désert, e [-ɛr, t] *a* desert,
uninhabited (non habité) ● *m*
desert.

désespéré, e *a* desperate.

désespérer *v* (5) despair (de,
of) ‖ drive to despair.

désespoir *m* despair, hope-
lessness.

déshabiller *v* (1) undress,
strip ‖ *se* ~, undress, get
undressed.

déshabituer *v* (1) break sb of
the habit (de, of) ‖ *se* ~,
break o. s. of the habit (de, of).

déshydrater [-idrate] *v* (1)
dehydrate.

désigner [-iɲe] *v* (1) desi-
gnate ; point out (du doigt) ‖
appoint (nommer).

désinfecter *v* (1) disinfect.

désintéressé, e *a* disinterested.

désintéresser *v* (1) : *se* ~,
take no further interest (de,
in).

désinvolte [-ɛ̃vɔlt] *a* casual.

désir [dezir] *m* wish (de, to) ;
desire (de, for) ; *c'est prendre
ses* ~*s pour des réalités*, that's
a piece of wishful thinking ‖ *vif*
~, longing, yearning ‖ [sexe]
desire.

désirable *a* desirable.

désirer *v* (1) wish, desire ; ~
qqch, wish for sth ; ~
ardemment, yearn for.

désobéir *v* (2) : ~ *à qqn*,
disobey sb.

désobéissant, e *a* disobedient.

désodorisant [-ɔdɔrizã] *m*
deodorant.

désodoriser *v* (1) deodorize.

désolé, e [-ɔle] *a* (very) sorry
(contrarié) ‖ desolate (désert).

désordonné, e *a* untidy,
disorderly (pièce, personne).

désordre *m* disorder, confusion (défaut) ; *en* ~, untidy,

disorderly (pièce) ; out of order ; messy.

désorienté, e *a* FIG. bewildered, at a loss, mixed up.

désorienter *v* (1) bewilder (déconcerter).

désormais [-ɔrmɛ] *av* from now on.

désosser [-ɔse] *v* (1) bone.

desquels [dekɛl] → LEQUEL.

dessécher *v* (5) dry up.

dessein [dɛsɛ̃] *m* design, purpose.

desserrer [deserɛ] *v* (1) loosen (nœud, ceinture) ‖ *se ~,* come/work loose.

dessert [dɛsɛr] *m* dessert, sweet.

desservir 1 [-vir] *v* (95) clear (table).

desservir 2 *v* (95) RAIL. serve.

dessin [dɛsɛ̃] *m* drawing (art) ; drawing, sketch (réalisation) ; pattern (motif) ‖ [presse] *~ humoristique,* cartoon ‖ CIN. *~ animé,* (animated) cartoon.

dessinateur, trice [-inatœr] *n* drawer ‖ TECHN. draughtsman.

dessiner *v* (1) draw ‖ TECHN. design (plan, modèle).

dessous [dəsu] *av* under (-neath), below ; *au-~ de,* below ‖ *ci-~,* below ● *m* underside.

dessous-de-plat *m inv* table mat.

dessus [-y] *av* (up)on, over ; *au-~ (de),* above, on top of ‖ *ci-~,* above ‖ *par ~,* over ●

m [objet] top ; [main] back ‖ MED. *prendre le ~,* recover (one's health).

dessus-de-lit *m inv* bedspread.

destin [dɛstɛ̃] *m* destiny, fate.

destinataire [-inatɛr] *n* addressee.

destination *f* destination ; *arriver à ~,* reach one's journey's end ; *à ~ de,* for, going to (voyageurs) ; NAUT. bound for.

destinée *f* destiny, fate.

destiner *v* (1) intend, mean (à, for) ; destine (à, to/for).

destruction [-ryksjɔ̃] *f* destruction, wreck.

détachant [detaʃɑ̃] *m* stainremover.

détacher 1 *v* (1) remove stains from.

détacher 2 *v* (1) untie ‖ loose, unleash (chien) ‖ *se ~,* come undone/untied ; [animal] break/get loose ; [chose] come off ; work loose.

détail [-j] *m* detail ‖ COMM. retail ; *vendre au ~,* sell retail ‖ *Pl* particulars.

détecter [detɛkte] *v* (1) detect.

détective *m* detective.

déteindre *v* (59) [couleur] run ; [étoffe] lose colour.

détendre *v* (4) slacken, loosen (corde) ‖ FIG. relax (esprit) ‖ *se ~,* [corde] slacken ; FIG. [personne] relax.

détendu, e *a* FIG. relaxed (personne).

détenir [detnir] v (101) possess ‖ SP. hold (record).

détenu, e n prisoner.

détergent, e [detɛrʒɑ̃] a/m detergent.

détériorer [deterjɔre] v (1) deteriorate, damage ‖ **se ~,** deteriorate.

déterminé, e a determined (résolu).

déterminer v (1) determine.

détersif, ive [detɛrsif, iv] a/m detergent.

détester [-tɛste] v (1) detest, dislike, hate.

détonation [-tɔnɑsjɔ̃] f detonation, report.

détour m : faire un ~, go/come round, make a detour.

détourné, e a roundabout.

détournement [-turnəmɑ̃] m diversion ‖ [avion] hijacking.

détourner v (1) divert (avion, circulation) ‖ [pirate] hijack (avion) ‖ ~ les yeux, look away. ‖ **se ~,** turn away (de, from).

détraqué, e [-trake] a TECHN. out of order, broken down.

détraquer v (1) put out of order (machine) ‖ MED. upset (estomac) ‖ **se ~,** get out of order.

détriment [-trimɑ̃] m : au ~ **de,** to the detriment of.

détritus [-tritys] mpl refuse, rubbish, litter.

détroit [-trwa] m strait(s).

détruire [-trɥir] v (85) destroy, demolish.

dette [dɛt] f debt ; avoir des ~s, be in debt.

deuil [dœj] m mourning (état, vêtement, période) ; **en ~,** in mourning (de, for).

deux [dø(z)] a inv [cardinal] two ; **un jour sur ~,** every other day ‖ [ordinal] second ; le ~ mai, the second of May ● m two ; à ~, together ; ~ par ~, two by two ; couper en ~, cut in halves ‖ **les ~,** both ; les ~ hommes, both men ; nous ~, both of us ; tous les ~, both of them ‖ [cartes, dés] deuce.

deuxième [-zjɛm] a/n second.

deuxièmement av secondly.

deux-pièces m inv. twin-set (vêtement).

deux-points m inv colon.

dévaliser [devalize] v (1) rob (personne).

dévaluer [-ɥe] v (1) devaluate.

devancer [dəvɑ̃se] v (6) get ahead of.

devant [dəvɑ̃] p in front of, ahead of ● av in front ; **au-~ (de),** in front (of) ; aller ~ de qqn, go to meet sb ‖ **par-~,** in front ● m front.

devanture [-tyr] f (shop-) window.

déveine f FAM. tough luck.

développement [-vlɔpmɑ̃] m development ‖ pays en voie de ~, developing countries ‖ PHOT. development.

développer v (1) PHOT. develop ‖ SP. develop ‖ COMM. expand.

devenir [dəvnir] v (101)

become, grow, get, turn ; ~ *fou*, go mad ‖ become of (advenir) ; *qu'est-il* ~*u* ?, what has become of him ?

déverser [devɛrse] *v* (1) pour, shed.

dévêtir [-vɛtir] *v* (104) : *(se)* ~, undress.

déviation [-vjasjɔ̃] *f* AUT. diversion (de la circulation) ; by-pass (route) ; detour (temporaire).

dévider *v* (1) unwind.

deviner [dəvine] *v* (1) guess.

devinette *f* riddle, conundrum.

devis [-i] *m* estimate.

dévisager [devizaʒe] *v* (7) stare at.

devise [dəviz] *f* FIN. currency ; ~*s étrangères*, foreign bills.

dévisser *v* (1) unscrew.

dévoiler *v* (1) unveil ‖ FIG. disclose (secret).

devoir 1 [dəvwar] *v* (39) owe (argent).

devoir 2 *v aux* [nécessité] must ; have to ; *je dois partir de bonne heure*, I have to leave early ‖ [convention] be (supposed) to ; *nous devons nous marier le mois prochain*, we are to be married next month ‖ [probabilité] *il doit être malade*, he must be ill ; *il devrait gagner*, he ought to win ‖ [conseil] ought, should ; *vous devriez partir maintenant*, you should start now ● *m* [moral] duty.

devoir 3 *m* [école] exercise ‖ *Pl* [maison] homework.

dévorer [devɔre] *v* (1) devour (proie) ; eat up (repas).

dévotion *f* devotion.

dévoué, e [-vwe] *a* devoted.

dévouement *m* devotion.

dévouer (se) *v* (1) devote o. s.

diabète [djabɛt] *m* MED. diabetes.

diabétique [-etik] *a/n* diabetic.

diable [djɑbl] *m* devil.

diagramme [djagram] *m* chart.

dialecte [-lɛkt] *m* dialect.

dialogue [-lɔg] *m* dialogue.

diamant [-mɑ̃] *m* diamond.

diamètre *m* diameter.

diapason [-pazɔ̃] *m* MUS. tuning-fork.

diaphragme [-fragm] *m* diaphragm ‖ [contraceptif] (Dutch) cap ‖ PHOT. diaphragm, stop.

diaphragmer *v* (1) PHOT. stop down.

diapositive *f* PHOT. transparency ; ~ *(en couleurs)*, (colour) slide.

Dictaphone [diktafɔn] *m* dictaphone [R].

dictateur [-tatœr] *m* dictator.

dictée *f* dictation.

dicter *v* (1) dictate.

diction *f* delivery.

dictionnaire [-ksjɔnɛr] *m* dictionary.

dicton [-tɔ̃] *m* saying.

dièse [djɛz] *m* sharp.

diesel [djezɛl] *m* diesel engine.

diète [djɛt] *f* MED. low diet ; *mettre à la* ∼, put sb on a diet.

diététicien, ne [-etetisjɛ̃] *n* dietician.

diététique [-etetik] *a* dietetic ; *produits* ∼s, health food ● *f* dietetics.

dieu [djø] *m* god ‖ *pour l'amour de D*∼, for goodness' sake ; *D*∼ *vous bénisse !*, God bless you !

différé [difere] *m* : RAD. *(émission) en* ∼, recorded (program).

différemment [-amɑ̃] *av* differently.

différence *f* difference (divergence) ; *à la* ∼ *de*, unlike ‖ *faire la* ∼, distinguish (*entre*, between).

différent, e *a* different, distinct (*de*, from) ‖ diverse, various (divers).

différer 1 *v* (5) [être différent] differ.

différer 2 *v* (5) [remettre] postpone, put off.

difficile [-isil] *a* difficult, hard (problème, tâche) ‖ particular, fastidious (personne).

difficilement *av* with difficulty.

difficulté [-kylte] *f* difficulty ; *avoir de la* ∼ *à faire qqch*, have difficulty in doing sth.

difforme *a* deformed.

diffuser [-yze] *v* (1) RAD. broadcast.

diffusion [-jɔ̃] *f* diffusion ‖

RAD. broadcast(ing) ; *seconde* ∼, repeat.

digérer [diʒere] *v* (5) digest.

digestion [-ɛstjɔ̃] *f* digestion.

digne [diɲ] *a* : ∼ *de*, worthy of.

digue [-g] *f* dike, dyke.

dilater [-late] *v* (1) : *(se)* ∼, expand.

diluer [-lɥe] *v* (1) dilute ; water down.

dimanche *m* Sunday.

dimension [dimɑ̃sjɔ̃] *f* dimension, size.

diminuer [diminɥe] *v* (1) diminish, decrease (dimension) ; shorten (longueur) ; take in (vêtement) ‖ reduce (loyer, vitesse) ‖ [jours] grow shorter ‖ [pluie] let up ‖ [prix] fall ; [réserves] run low ‖ MED. [forces] decline.

diminutif [-ytif] *m* GRAMM. diminutive ; ∼ *affectueux*, pet name.

diminution [-ysjɔ̃] *f* diminishing ‖ [quantité] decrease ‖ [prix] reduction.

dinde [dɛ̃d] *f*, **dindon** *m* turkey.

dîner [dine] *v* (1) dine (*de*, off/on) ; have dinner ● *m* dinner ; dinner-party.

dingue [dɛ̃g] *a* FAM. crazy, nuts.

diplomate [diplɔmat] *m* diplomat.

diplomatique *a* diplomatic.

diplôme [-om] *m* diploma, certificate.

diplômé, e *a* graduated ● *n*

graduate, post-graduate (étudiant).

dire [dir] *v* (40) say, tell ; ∼
qqch à qqn, tell sb sth, say sth
to sb ‖ *sans mot* ∼, without
a word ‖ speak (parler) ; ∼
du mal/du bien de, speak
badly/well of ‖ REL. say
(prière) ‖ FIG. [= cela ressem-
ble à] *on dirait*, it looks/tas-
tes/sounds/feels like ‖ FAM.
dites-donc !, look here !, I say !
‖ *c'est-à-*∼, that is to say ;
pour ainsi ∼, so to say/speak,
as it were ; *entendre* ∼, hear
(*que*, that) ‖ *vouloir* ∼, mean.

direct, e [-ɛkt] *a* direct,
straight ‖ RAIL. through (billet,
train) ; non-stop (train) ‖ RAD.
émission en ∼, live broadcast.

directement *av* straight [en
ligne droite] ; directly, right
(sans intermédiaire).

directeur, trice *n* manager,
-ess, director ; ∼ *adjoint*, assistant manager, -ess ‖ [école]
headmaster, -mistress ‖ [admi-
nistration] head.

direction *f* [sens] direction ‖
COMM. management ‖ AUT.
steering.

directive *f* directive, instruction, line.

directrice → DIRECTEUR.

diriger [-iʒe] *v* (7) direct, control, manage ‖ MUS. conduct
(orchestre) ‖ *se* ∼, proceed
(*vers*, to) ; head/make (*vers*, for).

discerner [disɛrne] *v* (1) discern, distinguish (*entre*,
between) ; make out (percevoir).

discipline [-iplin] *f* discipline, order.

discipliné, e *a* orderly.

discipliner *v* (1) discipline.

disco [disko] *m* MUS., FAM.
disco.

discobole [-bɔl] *m* discus
thrower.

discordant, e [-rdã] *a* discordant.

discorde *f* discord.

discothèque [-kɔtɛk] *f*
record library ‖ [club]
disco(theque).

discours [-kur] *m* speech ;
prononcer un ∼, deliver a
speech.

discret, ète [-krɛ, t] *a* discreet.

discrètement *av* discreetly.

discrétion [-kresjɔ̃] *f* discretion (discernement) ‖ *à* ∼, at
will.

discussion [-kysjɔ̃] *f* discussion, debate, argument (débat) ;
groupe de ∼, panel.

discutable [-tabl] *a* debatable ‖ questionable (douteux).

discuter *v* (1) discuss, debate
(*avec*, with) ‖ have a discussion
‖ argue (protester).

diseur, euse [dizœr] *n* : ∼
euse de bonne aventure, fortune-teller.

disjoncteur [disʒɔ̃ktœr] *m*
circuit-breaker.

disloquer [-lɔke] *v* (1) dislocate ‖ disjoint (membre).

disparaître *v* (74) disappear,
vanish ; fade out (graduellement) ‖ [tache] go ‖ *faire* ∼,

wash out (en lavant) ; conjure
away (escamoter).

dispenser *v* (1) exempt,
excuse (*de*, from) ; spare (*qqn
de qqch*, sb sth).

disponible [-pɔnibl] *a* available.

disposé, e [-poze] *a* FIG. disposed, prepared, ready (*à*, to) ;
être ~ à faire, be willing to
do ; *peu ~*, unwilling, reluctant (*à*, to).

disposer *v* (1) arrange, dispose (arranger) ‖ *~ de*, have at
one's disposal.

dispositif [-pozitif] *m* TECHN.
device.

disposition *f* arrangement ‖ *à
sa ~*, at one's disposal ‖ *Pl*
aptitude, gift, turn ; *prendre
des ~s*, make arrangements
(*pour*, for/to).

dispute [-pyt] *f* quarrel,
dispute.

disputer *v* (1) SP. play
(match) ‖ *se ~ avec*, quarrel
with ; fight (coll.) ; *se ~ qqch*,
scramble for sth.

disquaire [-kɛr] *n* record-
dealer.

disqualifier *v* (1) SP. disqualify.

disque [disk] *m* SP. discus
‖ MUS. record, disc ; *~ longue durée*, long-playing record,
LP. ‖ AUT. *~ de stationnement*, parking disc.

dissimuler [disimyle] *v* (1)
hide, conceal (*qqch à qqn*, sth
from sb).

dissipé, e [-ipe] *a* unruly.

dissiper 1 (se) *v* (1) misbehave.

dissiper 2 *v* (1) : *se ~*,
[brouillard] lift.

dissolu, e [-ɔly] *a* dissolute.

dissolution *f* AUT. rubber
solution.

dissolvant [-vɑ̃] *m* solvent ;
~ (pour vernis à ongles), nail-
varnish remover.

dissoudre [-udr] *v* (10) : *(se)
~*, dissolve.

dissuader [-ɥade] *v* (1) dissuade, deter (*de*, from).

dissuasif, ive [-ɥazif] *a*
deterrent.

dissuasion *f* : *force de ~
nucléaire*, nuclear deterrent.

distance [-tɑ̃s] *f* distance ; *à
2 miles de ~*, 2 miles away ;
à quelle ~ ?, how far (away) ?

distancer *v* (6) outdistance,
outrun ; leave behind ; *se laisser ~*, fall/drop behind.

distant, e *a* distant, remote ‖
FIG. standoffish ; aloof.

distiller [-tile] *v* (1) distil.

distinct, e [distɛ̃, kt] *a* distinct, separate (*de*, from).

distinctement [-ktəmɑ̃] *av*
distinctly.

distinction [-ksjɔ̃] *f* distinction.

distingué, e [-ge] *a* refined,
distinguished.

distinguer *v* (1) distinguish,
discern, make out (discerner)
[*de*, from] ; *je n'arrive pas à les
~*, I can't tell which is which.

distraction [distraksjɔ̃] *f*

absent-mindedness (défaut d'attention) ‖ distraction, amusement, entertainment, pastime, hobby (divertissement).

distraire v (11) divert (l'attention) [de, from] ; ‖ entertain, amuse (qqn) ‖ se ~, amuse o. s.

distrait, e [-trɛ, t] a absent-minded, inattentive.

distribuer [-tribɥe] v (1) distribute ; hand out, give out ‖ deal (cartes) ; deliver (lettres).

distributeur [-tribytœr] m dispenser (contenant) ; ~ **automatique,** slot machine ; ~ *automatique de timbres-poste,* stamp-machine ‖ AUT. distributor ‖ CIN. renter.

distribution f distribution, handing out ‖ delivery (lettres) ; deal (cartes) ; ~ *des prix,* prize-giving ‖ CIN., TH. cast(ing) ‖ AUT. timing.

dit, e [di, t] → DIRE ● a : à l'heure ~e, at the appointed time ; autrement ~, in other words.

divan [divɑ̃] m divan, couch, settee, sofa ; ~-lit, divan-bed.

divers, e [divɛr, s] a various, sundry, miscellaneous, divers.

divertissement [-tismɑ̃] m entertainment ‖ pastime (jeu).

divin, e [divɛ̃, in] a divine.

diviser v (1) divide (par, by).

division f division.

divorce [-ɔrs] m divorce ‖ JUR. demander le ~, sue for a divorce.

divorcé, e a divorced ● n divorcee.

divorcer v (6) get a divorce ; ~ d'avec qqn, divorce sb ; ils ont ~é, they have been divorced.

dix [di devant consonne ou « h » aspiré ; diz devant voyelle ou h muet ; dis suivi d'une pause] a/m ten.

dix-huit a/m eighteen.

dixième [-zjɛm] a/n tenth.

dix-neuf a/m nineteen.

dix-sept a/m seventeen.

dizaine [-zɛn] f about ten.

do [do] m MUS. C.

docile [dɔsil] a docile.

dock [dɔk] m NAUT. warehouse (magasin) ; dock (bassin).

docker [-ɛr] m docker, stevedore.

docteur, oresse [-tœr, ɔrɛs] n doctor, woman doctor.

document [dɔkymɑ̃] m document.

documentaire [-tɛr] a/m documentary.

dodu, e [dɔdy] a plump ; buxom (femme).

doigt [dwa] m finger ; ~ de pied, toe ; le petit ~, the little finger ; bout du ~, finger-tip ‖ se mettre les ~s dans le nez, pick one's nose.

dollar [dɔlar] m dollar.

domaine [dɔmɛn] m estate, domain.

domestique [-ɛstik] a domestic (animal) ; home (usage) ● n servant.

domicile [-isil] m residence, domicile, home ‖ RAIL. prendre à ~, collect (bagages).

dominer [-ine] v (1) dominate ‖ tower above (par la taille).

domino [-ino] m domino; *jouer aux* ~s, play dominoes.

dommage [dɔmaʒ] m damage (dégât) ‖ harm, prejudice ‖ *quel* ~!, what a shame/pity !

dommages-intérêts mpl : *réclamer des* ~, claim for damages.

dompter [dɔte] v (1) tame (lion); break in (cheval).

dompteur, euse n tamer.

don [dɔ̃] m gift ‖ FIG. gift, talent; *avoir le* ~ *de*, have a flair for.

donc [-k] c therefore (par conséquent) ‖ [intensif] then, so.

donjon [-ʒɔ̃] m keep.

donne [dɔn] f [cartes] deal.

données [-e] fpl data.

donner v (1) give; ~ *qqch à qqn*, give sb sth, give sth to sb ‖ deal (distribuer) ‖ give, present (offrir) ‖ give, deal (coup) ‖ ~ *un rendez-vous à*, fix/make an appointment with ‖ give (ordres) ‖ TEL. ~ *à qqn la communication avec*, put sb through to ‖ [cartes] deal; *à vous de* ~, your deal ‖ ~ *sur*, [fenêtre] overlook, look out on; [maison] face, front ‖ *se* ~ *du mal/de la peine*, take pains/trouble ‖ *s'en* ~, have a lot of fun.

donneur, euse n [cartes] dealer.

dont [dɔ̃] pr rel of whom/which; whose (duquel) ‖ about whom/which (au sujet duquel)

‖ [omis] *l'homme* ~ *je parle*, the man I am speaking of.

dopage [dɔpaʒ] m doping.

doper v (1) dope.

doré, e [dɔre] a gilded, gilt ‖ [couleur] golden.

dorénavant [-navɑ̃] av henceforth, from now on.

dorer v (1) gild ‖ CULIN. *(faire)* ~, brown.

dorloter [dɔrlɔte] v (1) pamper, coddle ‖ *se* ~, pamper.

dormeur, euse [-mœr] n sleeper.

dormir v (41) sleep, be asleep ‖ *avoir envie de* ~, feel sleepy; ~ *à poings fermés*, be fast asleep; *empêcher de* ~, keep awake; ~ *au-delà de l'heure voulue*, oversleep (o. s.).

dortoir [-twar] m dormitory.

dos [do] m back ‖ [chat] *faire le gros* ~, arch its back ‖ [livre, main] back.

dose [-z] f dose.

doser v (1) MED. dose.

dossier [dɔsje] m [chaise] back ‖ [documents] file.

dot [dɔt] f dowry.

douane [dwan] f customs (administration); *passer la* ~, go through (the) customs; custom-house (bureau).

douanier m custom-officer.

doublage [dublaʒ] m CIN. dubbing.

double a double, twofold; *en* ~ *(exemplaire)*, in duplicate ‖ AUT. *parquer en* ~ *file*, double-park ● m double; *coûter le* ~, cost twice as much ‖

duplicate, copy, carbon (copy)
‖ SP. [tennis] double.

double-croche *f* semi-
quaver.

doubler *v* (1) double ‖ line
(vêtement) ; fold in two (en
pliant) ‖ AUT. overtake, pass ‖
TH. understudy ‖ CIN. dub
(film) ; stand in for (vedette).

doublure *f* [vêtement] lining ‖
TH. understudy ‖ CIN. stand-
in ; stunt-man (cascadeur).

douce [dus] *a* → DOUX.

doucement *av* softly ‖
smoothly, gently (sans heurt) ;
slowly (lentement).

douceur *f* [toucher] softness ;
[goût] sweetness ; [climat]
mildness ; [caractère] gentleness ‖ *en* ~, gently.

douche [duʃ] *f* shower
(-bath) ; *prendre une* ~, have a
shower.

doucher *v* (1) give a shower to.

doué, e [dwe] *a* gifted, talent-
ed ; *être* ~ *pour*, have a gift
for.

douille [duj] *f* ELECTR.
socket.

douillet, te [-ε] *a* cosy, snug
(pièce) ‖ PEJ. soft.

douleur [dulœr] *f* pain,
ache (physique) ; grief, distress
(morale) ‖ MED. *sans* ~, painless.

douloureux, euse [-urø] *a*
[physiquement] aching, painful ; sore (endroit) ‖ [morale-
ment] sorrowful, grievous, dis-
tressing.

doute [dut] *m* doubt (*au sujet*

de, as to ; *sur*, about) ; **sans
aucun** ~, no doubt, without
(a) doubt) ; ‖ **sans** ~, probably, I suppose so.

douter *v* (1) : ~ *de*, doubt
(qqch/qqn) ; question (qqch) ;
j'en ~*e*, I doubt it ‖ *se* ~
de, suspect ; *je m'en* ~*ais*, I
thought as much.

douteux, euse *a* doubtful,
questionable.

doux, ce [du, s] *a* mild (climat) ; gentle (caractère) ; quiet
(animal) ‖ [toucher] soft ‖ [goût,
odorat] sweet ‖ [eau] soft (non
calcaire) ; → EAU ‖ FAM. *en*
~*ce*, on the quiet.

douzaine [duzɛn] *f* dozen ; *à
la* ~, by the dozen ; *deux* ~*s
d'œufs*, two dozen eggs ; *une
demi-*~, half a dozen.

douze *a/m* twelve.

douzième [-jɛm] *a/n* twelfth.

draguer [drage] *v* (1) TECHN.
dredge ‖ FAM. (try and) pick
up (girls) [coll.].

dramatique [-matik] *a* dramatic.

drame *m* drama (pièce).

drap [dra] *m* sheet.

drapeau [-po] *m* flag.

dressage [drɛsaʒ] *m* training.

dresser 1 *v* (1) train (animal) ;
break in (cheval).

dresser 2 *v* (1) erect, raise
(mettre debout) ; pitch, put up
(tente) ‖ [chien] ~ *les oreilles*,
cock/prick up its ears ‖ *se* ~,
[personne] draw o.s. up.

dribbler [drible] *v* (1) SP.
dribble.

drogue [drɔg] *f* MED. drug ‖ dope (stupéfiant).

drogué, e *n* drug addict.

droguer *v* (1) drug (avec un stupéfiant) ‖ **se ~**, take drugs.

droit 1, e [drwa, t] *a* [non courbe] straight ; *se tenir ~*, stand upright ‖ single-breasted (veston) ‖ MATH. right (angle) ‖ SP. [tennis] *coup ~*, forehand drive ‖ FIG. upright (personne) ● *av* straight ; *tout ~*, straight on/ahead, directly.

droit 2, e *a* right (côté, main) ; *à ~e*, on/to the right.

droit *m* right ; *~ de passage*, right of way ; *avoir le ~ de (faire)*, have the right to (do) ; [nég.] *vous n'avez pas le ~ de*, you're not supposed to ‖ JUR. law ; *faire son ~*, study law.

droite → DROIT 1 et 2 ● *f* the right (-hand side) ‖ POL. *la ~*, the Right (wing).

droitier, ère *n* right-handed.

droits *mpl* fee, dues ; *~s de douane*, customs, customs duties ; *soumis aux ~s de douane*, dutiable ; *exempt de ~s*, duty-free.

drôle [drol] *a* funny, amusing.

drôlement *av* jolly.

du [dy] → DE 1 et 2.

dû, e *a* due, owing (à, to) ‖ *port ~*, carriage forward ● *m* due ; *payer son ~*, pay one's share.

duel [dɥɛl] *m* duel.

dune [dyn] *f* dune.

duo [dɥo] *m* duet.

duplicata [dyplikata] *m* duplicate.

duquel [dykɛl] *pr* → LEQUEL.

dur, e [dyr] *a* hard ‖ stiff (col) ‖ CULIN. hard (eau) ; *œufs ~s*, hard-boiled eggs ; tough (viande) ‖ MED. *~ d'oreille*, hard of hearing ‖ FIG. hard (difficile) ● *av* hard ; *travailler ~*, work hard.

durant *p* during.

durcir [-sir] *v* (2) harden.

durée *f* duration, length.

durement *av* severely (éprouvé) ; *traiter ~*, treat harshly.

durer *v* (1) last.

duvet [dyvɛ] *m* down (plume) ‖ sleeping-bag (sac de couchage).

dynamique [dinamik] *a* dynamic ‖ FAM. dashing, energetic (personne).

dynamisme *m* dynamism.

dynamo *f* dynamo.

e [ə], **é** [e], **è, ê** [ɛ] *m*.

eau [o] *f* water ; *~ douce*, fresh water (potable) ; *~ miné-* *rale*, mineral water ; *~ pota-* *ble*, drinking water ; *~ salée*, salt water ; *~ de source*, spring water ‖ [parfumerie] ∼ **de Cologne**, eau-de-Cologne ; ∼ *de rose*, rose-water ; ∼ *de toilette*, toilet water ‖ FIG. *cela me fait venir l'*∼ *à la bouche*, that makes my mouth water ‖ *Pl* waters ‖ REL. ∼ *bénite*, holy water.

eau-de-vie *f* brandy.

ébahi, e [ebai] *a* flabbergasted.

ébaucher [-oʃe] *v* (1) sketch out, outline (projet).

ébène [-ɛn] *f* ebony.

ébéniste [-enist] *m* cabinet-maker.

éblouir [-bluir] *v* (2) dazzle.

éblouissant, e *a* dazzling.

éboueur [-uœr] *m* dustman.

ébouillanter [-ujãte] *v* (1) scald.

ébouriffer [-urife] *v* (1) tousle, ruffle.

ébrécher [-reʃe] *v* (5) chip.

ébriété [-riete] *f* intoxication.

ébullition [-ylisjɔ̃] *f* boil(ing) ; *porter à l'*∼, bring to the boil.

écaille [ekaj] *f* [poisson] scale ; [huître] shell.

écarlate [ekarlat] *a* scarlet.

écart [ekar] *m* distance, gap ; *à l'*∼, out of the way, remote ; *à l'*∼ *de*, away from ‖ [chiffre] difference ‖ [mouvement] *faire un* ∼, step aside ‖ [dance] *faire le grand* ∼, do the splits.

écarté, e *a* out of the way, outlying, secluded (lieu).

écartement [-təmã] *m* spacing, spreading (action) ‖ space, gap (distance) ‖ RAIL. gauge.

écarter *v* (1) spread, open (bras, jambes) ‖ keep/move away (éloigner) ‖ dismiss, rule out (objection) ‖ [cartes] discard.

ecchymose [ɛkimoz] *f* bruise.

ecclésiastique [eklezjastik] *a* ecclesiastical ● *m* ecclesiastic, churchman, clergyman.

échafaudage [eʃafodaʒ] *m* scaffolding.

échalote [-lɔt] *f* shallot.

échange [eʃãʒ] *m* exchange ; *en* ∼ *de*, in exchange for.

échanger *v* (7) exchange (*contre*, for).

échangeur *m* AUT. interchange.

échantillon [-tijɔ̃] *m* sample.

échappatoire [eʃapatwar] *f* evasion.

échappement *m* AUT. exhaust ; *tuyau d'*∼, exhaust-pipe.

échapper *v* (1) : ∼ *à*, escape (qqn/qqch) ; dodge (obligation) ‖ *laisser* ∼, let go (laisser fuir) ; let slip (manquer) ; drop (mot) ; let fly (révéler) ‖ FIG. *l'*∼ *belle*, have a narrow escape ‖ *s'*∼, escape, break away/loose (*de*, from).

écharde [eʃard] *f* splinter.

écharpe [-p] *f* [femme] scarf ‖ MED. sling.

échasse [eʃas] *f* stilt.

échauffer (s') [seʃofe] *v* (1) get warm/hot ‖ SP. warm up.

échec [eʃɛk] *m* [examen] failure ; [plan] miscarriage ; *subir* *un* ∼, suffer a set-back; *tenir en* ∼, hold in check.

échecs *mpl* [jeu] chess; *une partie d'*∼, a game of chess; *jouer aux* ∼, play chess ‖ *Sing* check; *faire* ∼ *à/mettre en* ∼, check; *(faire)* ∼ *et mat*, (check)mate.

échelle *f* ladder; ∼ *de corde*, rope-ladder; *faire la courte* ∼ *à qqn*, give sb a leg up ‖ [carte] scale ‖ [salaires] ∼ *mobile*, sliding scale ‖ FIG. *sur une petite/grande* ∼, on a small/large scale.

échelon [eʃlɔ̃] *m* [échelle] rung ‖ FIG. [grade] step.

échelonner *v* (1) space out ‖ FIN. spread out (paiements) ‖ FIG. stagger (congés, heures de sortie).

échevelé, e [-əvle] *a* tousled, dishevelled.

échiquier [-ikje] *m* chess-board.

écho [eko] *m* echo.

échouer [eʃwe] *v* (1) fail; ∼ *à un examen*, fail in an examination.

éclabousser [eklabuse] *v* (1) splash, spatter.

éclaboussure *f* splash.

éclair [eklɛr] *m* flash of lightning.

éclairage *m* lighting.

éclaircie [-si] *f* bright interval.

éclaircir *v* (2) thin (cheveux) ‖ *s'*∼, [ciel, temps] clear.

éclairer *v* (1) light, lighten ‖

light up (pièce); ∼ *qqn*, light the way for sb.

éclaireur, euse *n* (Boy) Scout, Girl Guide.

éclat [ekla] *m* [morceau] fragment; [bois] splinter ‖ *voler en* ∼s, fly to pieces ‖ *rire aux* ∼s, roar with laughter ‖ [lumière] brightness ‖ FIG. splendour, glamour, brightness.

éclatant, e [-tɑ̃] *a* loud (bruit); bright (lumière); vivid (couleurs).

éclatement *m* burst, explosion ‖ [pneu] burst(ing).

éclater *v* (1) burst, explode, blow up; [pneu] burst ‖ FIG. [maladie, feu, guerre] break out.

éclipse [eklips] *f* eclipse.

éclore [-ɔr] *v* (43) [œuf, oiseau] hatch; *faire* ∼, hatch ‖ [bourgeon] burst.

écluse [-yz] *f* lock.

écœurant, e [ekœrɑ̃] *a* sickening, nauseating; sickly (odeur) ‖ FIG. disgusting.

écœurer *v* (1) sicken, make sick.

école [ekɔl] *f* school; ∼ *maternelle*, nursery school; ∼ *primaire*, primary school; *aller à l'*∼, go to school.

écolier, ère *n* schoolboy/girl.

écologie [-ɔʒi] *f* ecology.

écologique *a* ecological.

économe [ekɔnɔm] *a* economical, thrifty, sparing.

économie *f* economy, thrift ‖ *Pl* savings; *faire des* ∼s, save

money ; *faire des* ∼s *de,* save
on (essence, etc.).

économique *a* economic(al) ;
cheap (objet).

économiser *v* (1) economize
on, save on ‖ save (temps) ‖ save
(up) [argent].

écorce [ekɔrs] *f* [arbre] bark ;
[orange] peel.

écorcher [-ʃe] *v* (1) [éraflure]
graze ; [frottement] chafe.

écorchure *f* scratch ; graze.

écossais, e [ekɔsɛ, z] *a*
Scots, Scottish, Scotch.

Écossais, e *n* Scotsman,
-woman ; Scot.

Écosse *f* Scotland.

écosser *v* (1) shell.

écot [eko] *m* share ; *payer son*
∼, go Dutch.

écoulement [ekulmã] *m*
flow.

écouler (s') *v* (1) [liquide]
flow out, run off ‖ [fuite] leak
out ‖ FIG. [temps] pass, go by.

écourter [-rte] *v* (1) shorten,
cut short.

écoute [-t] *f* listening ‖ RAD.
prendre l'∼, tune in.

écouter *v* (1) listen to (qqn) ‖
[magnétophone] play back.

écouteur *m* earphone ‖ RAD.
headphone, earphone.

écran [ekrã] *m* CIN. screen ;
porter à l'∼, screen.

écraser [-aze] *v* (1) crush,
stamp on ‖ stub out (cigarette)
‖ [meule] grind ‖ AUT. run over
(qqn) ‖ *s'*∼, AV. crash.

écrémer [-eme] *v* (5) cream,
skim.

écrevisse [-əvis] *f* crayfish.

écrier (s') [sekrije] *v* (1)
exclaim, cry out.

écrin [ekrɛ̃] *m* jewel case.

écrire [-ir] *v* (44) write ‖ ∼ *à
la machine,* type ‖ [lettre] ∼
un mot, drop a line ‖ spell
(orthographier) ‖ *s'*∼, [mot] be
spelt.

écrit, e [-i,t] *a* written • *m*
writing ; *par* ∼, in writing ‖
[examen] written examination.

écriteau [-ito] *m* notice.

écriture *f* writing ‖ REL. É∼
sainte, Scriptures, Holy Writ.

écrivain [-ivɛ̃] *m* writer.

écrou [ekru] *m* nut.

écrouler (s') [sekrule] *v* (1)
[bâtiment] collapse.

écume [ekym] *f* [mer] foam ;
[bière] froth.

écumer *v* (1) skim (off).

écumoire *f* skimmer.

écureuil [-rœj] *m* squirrel.

écurie [-ri] *f* stable.

écuyère [ekɥijɛr] *f* horsewoman.

édifice [edifis] *m* building.

édifier *v* (1) build, erect.

éditer [edite] *v* (1) publish.

éditeur, trice *n* publisher.

édition *f* publishing (action) ;
maison d'∼, publishing house
‖ [tirage] edition ; [journal]
issue ; ∼ *spéciale,* extra.

éditorial [-tɔrjal] *m* leader.

éducation [edykasjɔ̃] *f* education ‖ ∼ *physique,* physical training ‖ [enfants] upbrin-
ging ; *sans* ∼, ill-bred.

èduquer [-ke] *v* (1) educate, bring up.

effacer [efase] *v* (6) efface ‖ [gomme] rub out; [grattoir] erase; [éponge] clean, wipe off ‖ erase (bande magnétique).

effaroucher [-ruʃe] *v* (1) frighten/scare away.

effectivement [efɛktivmɑ̃] *av* effectively, actually.

effet [efɛ] *m* effect, result; *faire de l'*∼, be effective, work ‖ impression; *faire l'*∼ *de,* seem/look/feel like ‖ *Pl* things, clothes, belongings ‖ *en* ∼, indeed ‖ SP. twist, spin (sur une balle).

efficace [efikas] *a* effective (mesure); efficient (personne).

effleurer [eflœre] *v* (1) brush, touch lightly.

effondrer (s') [sefɔ̃dre] *v* (1) [bâtiment] collapse; [toit] fall in ‖ MED. [personne] break down, collapse; go to pieces (coll.).

efforcer (s') [seforse] *v* (6) strive, endeavour, do one's best (*de,* to).

effort [-or] *m* effort, exertion, strain; *faire un* ∼, make an effort; *sans* ∼, easily ‖ FIG. bid.

effraction [ɛfraksjɔ̃] *f : entrer par* ∼, break in(to).

effrayant, e [-ɛjɑ̃] *a* a dreadful, frightening.

effrayer *v* (9*b*) frighten; scare.

effriter [-ite] *v* (1) : *(s')*∼, crumble (away).

effronté, e [-ɔ̃te] *a* shameless, cheeky.

effroyable [-wajabl] *a* terrifying, appalling.

égal, e, aux [egal, o] *a* equal ‖ even (régulier) ‖ FIG. even (caractère) ‖ FAM. *cela m'est* ∼, I don't mind/care ● *m* equal ‖ *sans* ∼, matchless.

également *av* equally ‖ likewise (de la même manière) ‖ as well, also, too (aussi).

égaler *v* (1) equal, be equal to.

égalisation *f* equalization.

égaliser *v* (1) equalize ‖ level (niveler) ‖ SP. tie.

égalité *f* equality ‖ SP. tie (points); [tennis] deuce.

égard [egar] *m* consideration, respect; *à cet* ∼, in this respect, for that matter; *à tous (les)* ∼*s,* in every respect ‖ *Pl* attention, regard.

égaré, e [-e] *a* stray (animal); mislaid (objet); lost (personne).

égarer *v* (1) mislay (objet); lead astray (qqn) ‖ *s'*∼, lose one's way.

égayer [egɛje] *v* (9*b*) enliven (conversation); brighten (lieu); cheer up (qqn).

église [egliz] *f* church.

égout [egu] *m* sewer.

égoutter [-te] *v* (1) drain (off); *faire* ∼, drip ‖ *s'*∼, drip (goutte à goutte); drain (off, away).

égouttoir *m* draining-board.

égratigner [egratiɲe] *v* (1) scratch.

égratignure *f* scratch.

eh! [e] *excl* hey!, hi! ‖ ~ *bien ?*, well ?

élaguer [elage] *v* (1) prune.

élan [elɑ̃] *m* spring ; *avec/sans* ~, running/standing (saut) ; *prendre son* ~, take a run-up.

élancer [-se] *v* (1) MED. [douleur] shoot ‖ **s'~**, rush (*sur*, at).

élargir [elarʒir] *v* (2) widen ‖ let out (robe).

élastique [-stik] *a* elastic, springy, resilient ● *m* elastic, rubber band (bracelet).

élection [elɛksjɔ̃] *f* election ; polling ; ~ *partielle*, by-election ; ~*s générales*, general elections.

électricien, ne [elɛktrisjɛ̃] *n* electrician.

électricité [-isite] *f* electricity, power ; *à l'*~, electrically.

électrique *a* electric(al).

électrocuter [-kyte] *v* (1) electrocute.

électroménager *a* : *appareil* ~, domestic appliance.

électronique [-ɔnik] *a* electronic ● *f* electronics.

électrophone [-trɔfɔn] *m* record-player.

élégance [elegɑ̃s] *f* elegance.

élégant, e *a* elegant ‖ stylish, smart (vêtements).

élément [-mɑ̃] *m* element ; constituent ‖ TECHN. unit.

éléphant, e [-fɑ̃] *n* elephant.

élevage [elvaʒ] *m* breeding, rearing ; *faire l'*~ *de*, breed.

élève [elɛv] *n* pupil ; schoolboy/girl ; *ancien* ~, old boy.

élevé, e [elve] *a* high ‖ COMM. stiff (prix).

élever 1 *v* (5) [porter plus haut] raise ‖ **s'~**, rise ‖ [édifice] stand (*sur*, on) ‖ [facture] come to.

élever 2 *v* (5) [éduquer] bring up (enfants) ; breed, raise, rear (animaux) ‖ **bien/mal élevé(e)**, well-/ill-bred.

élimé, e [elime] *a* threadbare.

éliminatoire [-inatwar] *a* eliminatory (examen) ; disqualifying (note) ● *f* SP. cup-tie.

éliminer *v* (1) eliminate ‖ exclude (candidat).

élire [elir] *v* (60) elect ‖ POL. elect, return (député).

elle [ɛl] *pr* [sujet féminin] she ‖ [sujet neutre] it ‖ *Pl* they ‖ [obj. dir./indir.] her, it ; them ; *c'est* ~, it's her (fam.) ; *à* ~, of hers, of her own ; *Pl* : *à* ~*s*, of theirs ‖ ~*-même*, herself (*f*) ; itself (neutre).

élocution [elɔkysjɔ̃] *f* delivery.

éloge [-ʒ] *m* praise ; *faire l'*~ *de*, praise ; *digne d'*~, praiseworthy.

éloigné, e [elwaɲe] *a* remote, distant, far-away.

éloigner *v* (1) take away ; move away (qqch) ‖ **s'~**, move off.

éloquent, e [elɔkɑ̃] *a* eloquent.

émail [emaj] (*Pl* **émaux** [-o]) *m* enamel.

emballage [ɑ̃balaʒ] *m*

packing (action) ‖ [carton] package.

emballer v (1) pack, wrap (up).

embarcadère [-rkadɛr] m wharf, pier.

embarcation f boat, craft.

embardée [-rde] f : AUT. *faire une* ∼, swerve.

embarquement [-rkəmã] m NAUT. embarkation, embarking ‖ AV. emplaning.

embarquer v (1) take on board ; embark (passagers) ‖ *s'*∼, embark, board, go aboard.

embarras [-ra] m encumbrance ‖ trouble (dérangement) ‖ difficulty, predicament ; *être dans l'*∼, be at a loss/in a fix ‖ confusion, embarrassment ‖ *Pl* : *faire des* ∼, (make a) fuss.

embarrassant, e [-rasã] a cumbersome (encombrant) ‖ awkward (question).

embarrasser v (1) encumber (encombrer) ; hinder (gêner) ‖ FIG. embarrass, nonplus, disconcert ‖ *s'*∼, burden o.s. (*de*, with) ; FIG. bother o.s.

embauche [ãboʃ] f vacancies (emplois disponibles).

embaucher v (1) engage, take on ‖ *(s')* ∼, sign on.

embellir [ãbɛlir] v (2) beautify, embellish ‖ improve in looks.

embêter [ãbɛte] v (1) bore, bother (importuner) ‖ worry (tourmenter).

embobiner [ãbɔbine] v (1) reel in, wind.

embouchure [ãbuʃyr] f MUS. mouthpiece ‖ GEOGR. mouth.

embouteillage [-tɛjaʒ] m AUT. traffic jam.

emboutir [-tir] v (2) TECHN. stamp, press ‖ AUT., FAM. crash into.

embrasser [ãbrase] v (1) kiss (donner des baisers) ; hug, embrace (enlacer) ‖ *s'*∼, kiss (each other).

embrayage [-ɛjaʒ] m AUT. clutch.

embrayer v (9b) throw into gear ‖ AUT. let in the clutch.

embrouiller [-uje] v (1) ravel, (en)tangle ‖ FIG. muddle ; confuse (question) ‖ FIG. *s'*∼, become confused, get mixed up.

embrun [-œ̃] m spray.

embuer [ãbɥe] v (1) : *(s')*∼, fog, mist over, cloud up.

émeraude [emrod] f emerald.

émeri [-i] m emery ; *toile* ∼, emery-cloth.

émerveiller [emɛrvɛje] v (1) fill with wonder ‖ *s'*∼, marvel (*de*, at).

émetteur [emɛtœr] m RAD. transmitter.

émettre [-ɛtr] v (64) give forth (son) ; emit (chaleur, lumière) ‖ RAD. transmit.

émietter [emjɛte] v (1) crumble.

émigrant, e [emigrã] n emigrant.

émigration f emigration.

émigré, e n emigrant.

émigrer v (1) emigrate.

émission [-sjɔ̃] *f* RAD. transmission, broadcast (programme) ; ~ *différée/en direct,* recorded/live programme ; ~ *télévisée,* telecast.

emmagasiner [ɑ̃magazine] *v* (1) store.

emmêler [ɑ̃mɛle] *v* (1) [en]tangle ‖ *s'~,* get entangle.

emménager [-enaʒe] *v* (7) move in.

emmener [-ne] *v* (5) take (qqn) [à, to].

emmitoufler [-itufle] *v* (13) muffle (up).

émotif, ive [emotif] *a* emotional (personne) ; emotive (trouble).

émotion *f* emotion, excitement (émoi) ; shock (choc).

émoussé, e [emuse] *a* blunt (lame).

émousser *v* (1) blunt ‖ FIG. take the edge off (appétit).

émouvant, e [-vɑ̃] *a* moving, stirring.

émouvoir *v* (67) move, affect (toucher) ‖ upset, disturb (bouleverser).

empaqueter [ɑ̃pakte] *v* (8a) pack up, do up.

emparer (s') [sɑ̃pare] *v* (1) : *s'~ de,* lay hands on, seize.

empêcher [ɑ̃pɛʃe] *v* (1) prevent, stop (de, from) ; ~ *qqn de faire qqch,* keep sb from doing sth ‖ *s'~ de,* stop o. s. from ; *je ne puis m'~ de me demander,* I can't help wondering.

empereur [ɑ̃prœr] *m* emperor.

empeser [ɑ̃pəze] *v* (1) starch.

empiler [ɑ̃pile] *v* (1) stack, pile (up) ‖ ARG. *se faire ~,* be had.

empire [-r] *m* empire (État).

empirer *v* (1) worsen, get worse, deteriorate.

emplacement [ɑ̃plasmɑ̃] *m* site, location.

emplir *v* (2) fill (up).

emploi [-wa] *m* use ; *mode d'~,* directions for use ‖ ~ *du temps,* time-table (tableau) ‖ employment, job ; *demande/offre d'~,* situation wanted/vacant ; *se présenter à un ~,* apply for a job ; *sans ~,* jobless.

employé, e [-waje] *n* employee ; ~ *de bureau,* clerk.

employer *v* (9a) use, make use of, utilize.

employeur, euse *n* employer.

empocher [ɑ̃pɔʃe] *v* (1) pocket.

empoisonnement [ɑ̃pwazɔnmɑ̃] *m* poisoning.

empoisonner *v* (1) : *(s') ~,* poison (o.s.).

emporter *v* (1) take (away) ; *plats cuisinés à ~,* take-away meals ‖ *l'~ sur,* prevail over ‖ *s'~,* lose one's temper.

empreinte [ɑ̃prɛ̃t] *f* imprint ‖ track (trace) ; ~*s digitales,* fingerprints.

empressé, e [-ɛse] *a* attentive.

empresser (s') v (1) hasten (*de*, to).

emprunt [-õe] *m* borrowing ‖ FIN. loan.

emprunter [-õete] v (1) borrow (*à*, from).

emprunteur, euse *n* borrower.

ému, e [emy] *a* moved (*par*, by).

en [ã] *p* [lieu, sans mouvement] in, at; ~ *mer*, at sea; ~ *train*, on the train; [lieu, avec mouvement] (in)to; *aller* ~ *Angleterre*, go to England ‖ [temps] in; ~ *juin*, in June ‖ [manière d'être] in; ~ *habit*, in evening-dress; ~ *désordre*, in disorder ‖ [état, matière] of; *mur* ~ *pierre*, wall of stone, stone wall; ~ *or*, gold(en) ‖ [transformation] (in)to; *traduire* ~ *français*, translate into French ‖ [moyen] by; ~ *bateau*, by boat; *aller* ~ *avion/voiture*, fly/drive ‖ ~ + *part. prés.* : [manière] *sortir* ~ *courant*, run out ‖ [moyen] by; ~ *travaillant*, by working ‖ [temps] when, while, on (+ -ing); ~ *entrant*, on entering; as; ~ *venant ici*, as I was coming here ● *pr* [= *de cela*] about/of/with, it/him/her; *j'* ~ *ai besoin*, I need it ‖ [sens partitif] some, any; none; *prenez-* ~, take some; *il n'* ~ *a pas*, he hasn't got any ● *av* : [lieu] *elle* ~ *vient*, she has just come from there.

encadrer v (1) frame.

encaisser [ãkɛse] v (1) FIN. cash (chèque); collect (argent).

encastrer [ãkastre] v (1) embed ‖ *s'* ~, fit (*dans*, into).

encaustique [ãkostik] *f* polish.

encaustiquer v (1) polish, wax.

enceinte 1 [ãsɛ̃t] *af* MED. pregnant; in the family way (coll.); *être* ~, be expecting; ~ *de trois mois*, three months gone (coll.).

enceinte 2 *f* RAD. loud speaker.

enchanté, e *a* delighted (*de*, with).

enchère *f* bid(ding); *faire une* ~, bid; *vente aux* ~s, (sale by) auction; *mettre qqch aux* ~s, put sth up for auction.

encolure [ãkɔlyr] *f* collar size.

encombrant, e [ãkɔ̃brã] *a* cumbersome.

encombre (sans) [sãzãkɔ̃br] *loc av* without mishap.

encombrement [-əmã] *m* congestion; ~ *de voitures*, traffic block.

encombrer v (1) clutter, encumber (pièce); ~ *de papiers*, litter with papers; obstruct, congest (rue); block (up) [passage] ‖ TEL. block (ligne).

encorder [ãkɔrde] v (1) rope (up).

encore [ãkɔr] *av* [toujours] still; *il est* ~ *là*, he is still there ‖ [jusqu'à présent] *pas* ∼, not yet; *jamais* ∼, never before ‖ [de nouveau] again; ∼ *une fois,* (once) again, once more, over again ‖ [davantage] more; some more; another; ∼ *une semaine,* one week more ‖ [en outre] furthermore; *non seulement..., mais* ∼, not only..., but also; *quoi* ∼ ?, what else? ‖ [+ comp.] more, still, yet; ∼ *plus riche,* yet richer; ∼ *mieux,* even better.

encouragement [ãkuraʒmã] *m* encouragement, inducement.

encourager *v* (7) encourage.

encre [ãkr] *f* ink; ∼ *de Chine,* Indian ink; *écrire à l'*∼, write in ink.

endommager [ãdɔmaʒe] *v* (7) damage.

endormi, e [ãdɔrmi] *a* asleep, sleeping, sleepy.

endormir *v* (41) put to sleep; lull to sleep (en berçant) ‖ MED. anaesthetize ‖ *s'*∼, go to sleep, fall asleep.

endosser [ãdose] *v* (1) put on (habit) ‖ FIN. endorse (chèque).

endroit 1 *m* place, spot (lieu) ‖ FAM. *aller au petit* ∼, spend a penny.

endroit 2 *m* right side; *à l'*∼, right side out.

endurer *v* (1) endure, bear.

énergie [enɛrʒi] *f* energy; power; ∼ *nucléaire,* nuclear energy.

énergique *a* energetic (caractère); emphatic (refus).

énervant, e [enɛrvã] *a* irritating.

énervé, e *a* irritated (agacé); excited, nervy (nerveux).

énerver *v* (1) irritate; *cela m'*∼*e,* it gets on my nerves ‖ *s'*∼, get excited.

enfance [ãfãs] *f* childhood; boyhood, girlhood; *première* ∼, infancy.

enfant *n* child; boy, little girl; *sans* ∼*s,* childless ‖ REL. ∼ *de chœur,* altar boy.

enfantillage [-tijaʒ] *m* childishness.

enfantin, e [-tɛ̃, in] *a* childish (puéril).

enfer [ãfɛr] *m* hell.

enfermer [-me] *v* (1) shut in/up; lock in/up (à clef).

enfiler [ãfile] *v* (1) thread (aiguille); string (perles) ‖ put on (vêtement); slip on (robe).

enfin [ãfɛ̃] *av* at last, finally ‖ lastly (en dernier).

enflammer [ãflame] *v* (1) set on fire.

enflé, e [ãfle] *a* swollen.

enfler *v* (1) swell (up).

enflure *f* swell(ing).

enfoncer [ãfɔ̃se] *v* (6) push in; drive in (clou), sink (pieu); knock in (en cognant); break open (porte) ‖ *s'*∼, penetrate (*dans,* into); *s'*∼ *dans,* sink into (eau, water).

enfouir [ãfwir] *v* (2) bury.

enfuir (s') [sãfɥir] *v* (56) flee, run away, fly away, escape (*de,* from).

engageant, e [ãgaʒã] a inviting (temps).

engager v (7) hire (domestique) ‖ ∼ *la conversation avec
qqn*, engage sb in conversation
‖ MIL. enlist (hommes) ‖ **s'**∼,
bind/commit o.s., promise (à,
to) ‖ MIL. join the army, enlist.

engelure [ãʒlyr] f chilblain.

englober [ãglɔbe] v (1)
include.

engourdi, e [ãgurdi] a
benumbed, numb (par le froid,
with cold).

engourdir v (2) (be)numb (par,
with).

engraisser [ãgrɛse] v (1)
[personne] grow fat, put on
flesh.

énigme [enigm] f riddle,
enigma ; puzzle.

enivrant, e [ãnivrã] a intoxi-
cating.

enivrer v (1) intoxicate ‖ **s'**∼,
get drunk.

enjambée [ãʒãbe] f stride.

enjamber v (1) stride over.

enjeu m stake.

enlaidir [ãlɛdir] v (2) make
ugly ‖ become ugly.

enlèvement [ãlɛvmã] m
[personne] kidnapping.

enlever [ãlve] v (5) remove ‖
take/pull off (vêtement) ‖ kidnap (personne).

enneigé, e [ãnɛʒe] a snow-
covered, snowed up.

ennemi, e [ɛnmi] n enemy ●
a hostile.

ennui [ãnɥi] m boredom ‖ Pl
trouble(s), worries ; *avoir des*
∼*s*, come to grief ; *s'attirer des*
∼*s*, get into trouble ‖ FIG. *l'*∼
c'est que, the trouble is that.

ennuyer [-je] v (9a) bore ;
bother, worry ‖ [interr. nég.]
cela vous ∼*uie-t-il si je...* ?, do
you mind if I... ? ‖ **s'**∼, be
bored ‖ *s'*∼ *de qqn*, miss sb.

ennuyeux, euse a boring,
annoying ; dull, stuffy (livre,
etc.).

énoncer [enɔ̃se] v (6) state
(condition) ; word, express
(idée).

énorme [enɔrm] a huge, enormous ‖ FIG. tremendous.

énormément av enormously,
tremendously, vastly.

enquête [ãkɛt] f inquiry,
investigation, survey ; *faire une*
∼ *sur*, investigate, inquire
into.

enquêter v (1) inquire, investigate.

enquêteur, euse n investi-
gator.

enregistrement [ãrəʒis-
trəmã] m recording ‖ [bagages]
registration, US checking ‖
[bande, disque] recording.

enregistrer v (1) record ‖
register, US check (bagages) ‖
record (bande, disque) ; ∼ *au
magnétophone*, take on tape.

enrhumé, e [-yme] a : *être* ∼,
have a cold.

enrhumer (s') v (1) catch a
cold.

enrichir [-iʃir] v (2) enrich,
make rich ‖ **s'**∼, grow rich.

enrouler v (1) : **(s')**∼, roll up.

reel in; twist ‖ CIN. wind (*sur*, on to).

enseignant, e [ɑ̃sɛɲɑ̃] *a* teaching ● *n* teacher.

enseigne *f* sign; ~ *lumineuse/au néon*, electric/neon sign.

enseignement *m* teaching ‖ education.

enseigner *v* (1) teach; ~ *qqch à qqn*, teach sb sth; instruct.

ensemble [ɑ̃sɑ̃bl] *av* together; *tous* ~, all together ‖ *être bien* ~, be on good terms; *aller bien* ~, get on well together ‖ at the same time, at once (en même temps) ● *m* whole (totalité); *dans l'*~, on the whole ‖ MATH. set.

ensoleillé, e [ɑ̃sɔlɛje] *a* sunny.

ensuite *av* next ‖ then (puis).

entame [ɑ̃tam] *f* first slice.

entamer *v* (1) start, cut the first slice of (rôti).

entasser *v* (1) heap/pile up (amonceler) ‖ pack, cram, crowd (tasser) ‖ **s'**~, [personnes] crowd.

entendre *v* (4) hear ‖ ~ *dire que*, hear that; ~ *parler de*, hear about/of; ~ *par hasard*, overhear ‖ ~ *mal*, be hard of hearing ‖ **s'**~, [bruit] be heard ‖ FIG. understand each other, get on (*avec*, with) [s'accorder]; agree (se mettre d'accord) [*about*, sur].

entendu, e *a* agreed; granted; *c'est* ~*!*, all right! ‖ *bien* ~, of course.

entente *f* understanding, agreement (accord).

enterrement [ɑ̃tɛrmɑ̃] *m* burial.

enterrer *v* (1) bury.

entêté, e [ɑ̃tɛte] *a* stubborn, pig-headed, mulish.

entêter (s') *v* (1) persist (*à faire qqch*, in doing sth).

enthousiasme [ɑ̃tuzjasm] *m* enthusiasm, gusto.

enthousiaste [-t] *a* enthusiastic, keen.

entier, ère [ɑ̃tje] *a* entire, whole; *tout* ~, totally; *pendant deux journées* ~*es*, for two clear days ● *m* whole; *en* ~, entirely, wholly.

entièrement *a* entirely, wholly.

entonner [ɑ̃tɔne] *v* (1) : ~ *une chanson*, break into song.

entonnoir *m* funnel.

entorse [ɑ̃tɔrs] *f* sprain; *se faire une* ~, sprain/twist one's ankle.

entourage [ɑ̃turaʒ] *m* environment, surroundings (milieu).

entourer *v* (1) surround (*de*, with).

entracte [ɑ̃trakt] *m* interval.

s'entraider (s') [sɑ̃trɛde] *v* (1) aid/help one another.

entrain *m* liveliness, spirit, go; *plein d'*~, lively, buoyant, full of go/pep.

entraînement [ɑ̃trɛnmɑ̃] *m* SP. training.

entraîner v (1) carry along ‖ SP. train, coach ‖ FIG. *se laisser ~ dans*, get involved in ‖ SP. *s'~*, train (o. s.).

entraîneur m SP. coach, trainer.

entre [ɑ̃tr] p between (au milieu) ‖ *l'un d'~ eux*, one of them ; *~ autres*, among other things ‖ FIG. *~ nous*, between ourselves.

entrebâillé, e [-əbɑje] a ajar, off the latch (porte).

entrebâiller v (1) half-open.

entrebâilleur m catch.

entrecôte [-əkot] f rib-steak.

entrée f entrance, entry ‖ [autorisation] admission ; *~ interdite*, no admittance ; *~ gratuite*, free-admission ‖ [lieu] entrance-hall ; *~ de service*, tradesmen's entrance ‖ [écriteau] "way in".

entremets [-əmɛ] m sweet.

entreposer [-əpoze] v (1) store.

entreprenant, e [-əprənɑ̃] a enterprising ; pushing, forwaɪ 1 (osé).

entreprendre v (80) undertake ‖ set about, start (commencer).

entrepreneur m contractor.

entreprise f undertaking ‖ COMM. concern, firm.

entrer v (1) enter ; go/get in, come in ; *~ en passant*, drop in, look in (chez, at/on) ‖ *~ sans autorisation*, trespass ‖ *faire ~*, show in (qqn, sb).

entretenir [-ətnir] v (101) keep (up) [maison] ‖ keep, support, maintain (famille) ‖ keep in repair, maintain (chose) ; look after (jardin) ‖ AUT. service ‖ FIG. *~ la conversation*, carry on a conversation ‖ *s'~*, converse, have a talk (avec, with).

entretien [-tjɛ̃] m [jardin, maison] upkeep ‖ [maison, etc.] famille] maintenance ‖ AUT. servicing ‖ FIG. conversation, talk ; interview.

entrevoir v (106) catch a glimpse of.

entrevue f interview ; meeting.

entrouvert, e a half-open, ajar (porte).

énumérer [enymere] v (5) enumerate.

envahir [ɑ̃vair] v (2) invade (pays).

enveloppe [-lɔp] f envelope.

envelopper v (1) wrap (up).

envenimer [ɑ̃vnime] v (1) : *s'~*, fester, become inflamed.

envers 1 [-ɛr] p FIG. toward(s), to.

envers 2 m [tissu, vêtement] wrong side ; *à l'~*, inside out (du mauvais côté) ; wrong side up (retourné) ; upside down (sens dessus dessous) ; back to front (devant derrière).

envie [-i] f envy (jalousie) ; *faire ~ à qqn*, make sb envious ‖ wish (désir) ; *avoir ~ de*, feel like (boire/se baigner, drinking/a swim) ; *avoir bien ~ de*, have a good mind to.

envier v (1) envy ‖ covet (convoiter).

envieux, euse a envious.

environ [-irɔ̃] av about, around.

environs mpl surroundings, neighbourhood; aux ~ de, round about.

envisager [-izaʒe] v (7) contemplate, intend.

envoi [-wa] m sending (off) ‖ SP. coup d'~, kick-off.

envol m flight ‖ Av. take-off.

envoler (s') v (1) fly ‖ Av. take off.

envoûter [-ute] v (1) bewitch.

envoyer [-waje] v (46) send; ~ chercher qqn, send for sb.

épais, se [epɛ, s] a thick ‖ bushy (barbe); dense (brouillard, forêt) ● av thick(ly).

épaisseur f thickness; deux pouces d'~, two inches thick.

épaissir v (2) thicken.

épanoui, e [epanwi] a in full bloom ‖ FIG. beaming (visage).

épanouir v (2) : s'~, bloom, open out.

épargne [eparɲ] f thrift, savings; caisse d'~, savings-bank.

épargner v (1) save (up), spare.

éparpiller [-pije] v (1) scatter, throw about.

épatant, e [epatɑ̃] a FAM. splendid.

épate f : FAM. faire de l'~, show off.

épater v (1) swank, impress.

épaule [epol] f shoulder.

épave [epav] f NAUT., FIG. wreck.

épée [epe] f sword.

épeler [eple] v (8 a) spell (out).

épice [epis] f spice.

épicé, e a hot.

épicer v (6) spice.

épicerie [-ri] f grocer's shop.

épicier, ère n grocer.

épidémie [-demi] f epidemic.

épier [epje] v (1) spy upon.

épilatoire [epilatwar] a depilatory.

épiler v (1) remove the hairs from; pluck (sourcils).

épinard(s) [epinar] m(pl) spinach.

épine [-n] f thorn.

épingle [epɛ̃gl] f pin; ~ à cheveux, hairpin; ~ de nourrice, safety-pin ‖ AUT. virage en ~ à cheveux, hairpin bend.

épingler v (1) pin up.

épithète [epitɛt] f epithet, attributive adjective.

éplucher [eplyʃe] v (1) peel (fruit, légumes); clean (salade).

épluchures fpl peelings.

éponge [epɔ̃ʒ] f sponge.

éponger v (7) mop up.

époque [epɔk] f period, time.

épouse [epuz] f wife.

épouser v (1) marry.

épousseter [-ste] v (8 a) dust.

épouvantable [-vɑ̃tabl] a dreadful.

épouvantail [-vɑ̃taj] m scarecrow.

épouvante f dread, terror.

épouvanter *v* (1) scare, appal, terrify.

époux [epu] *m* husband ‖ *les (deux)* ∽, the (married) couple.

épreuve [eprœv] *f* test, proof, trial ; *mettre à l'*∽, put to the test, try out ‖ PHOT. print ‖ SP. trial, contest, event.

éprouver [epruve] *v* (1) test (qqch) ‖ feel, experience (ressentir).

éprouvette *f* test tube.

épuisant, e [epɥizɑ̃, t] *a* exhausting.

épuisé, e *a* exhausted, worn out ‖ COMM. sold out, out of print (livre) ; out of stock (article).

épuiser *v* (1) exhaust, wear/ tire out (personne) ‖ *s'*∽, tire/ wear o. s. out ; [réserves] run out.

épuisette *f* landing-net.

équateur [ekwatœr] *m* equator.

équerre [ekɛr] *f* square.

équilibre [ekilibr] *m* balance ; *garder/perdre son* ∽, keep/ lose one's balance.

équilibrer *v* (1) balance.

équilibriste *n* tightrope dancer.

équipage [-paʒ] *m* crew.

équipe *f* gang, team (d'ouvriers) ; ∽ *de secours*, rescue party ‖ SP. team ; [aviron] crew.

équipement *m* equipment, outfit.

équiper *v* (1) equip, fit out (de, with).

équipier, ère *n* team member, crewmember.

équitation [-tasjɔ̃] *f* riding.

équivalent, e [-valɑ̃] *a* equivalent, equal (à, to) ● *m* equivalent.

érable [erabl] *m* maple(-tree).

érafler [-fle] *v* (1) graze, scratch.

éraflure *f* graze, scratch.

éreinté, e [erɛ̃te] *a* worn-out, dead-tired.

érotique [erɔtik] *a* erotic, sexy.

errer [ɛre] *v* (1) wander.

erreur *f* error (de, of/in) ; mistake ; ∽ *d'adresse*, misdirection ; ∽ *de calcul*, miscalculation ; *faire/commettre une* ∽, make a mistake ; *par* ∽, by mistake ‖ TÉL. ∽ *de numéro!*, wrong number !

érudit, e [erudi] *n* scholar.

escabeau [ɛskabo] *m* step-ladder.

escalade [-lad] *f* climbing.

escalader *v* (1) climb.

escale *f* NAUT. (port of) call ‖ AV. stop-over ‖ NAUT. *faire* ∽ *à*, call at, put in at ; AV. stop over at ‖ AV. *vol sans* ∽, non-stop flight.

escalier *m* stairs (marches) ; staircase (cage) ; ∽ *de secours*, fire-escape.

escalope [-lɔp] *f* escalope.

escamoter [-mɔte] *v* (1) conjure away.

escargot [-rgo] *m* snail.

escarpé, e [-rpe] *a* steep.

esclavage [ɛsklavaʒ] *m* slavery, bondage.

esclave *n* slave.

escorter [ɛskɔrte] *v* (1) escort.

escrime [ɛskrim] *f* fencing; *faire de l'~*, fence.

escroc [ɛskro] *m* swindler, twister.

escroquer [-ɔke] *v* (1) swindle, cheat.

escroquerie [-ɔkri] *f* swindling, swindle.

espace [ɛspɑs] *m* space ‖ elbow room (place suffisante).

espacement *m* spacing; [machine à écrire] *barre d'~*, space-bar.

espacer *v* (6) [lieu] space (out) ‖ [temps] make less frequent.

espadrille [-adrij] *f* plimsoll, US sneaker.

Espagne [-aɲ] *f* Spain.

Espagnol, e [-ɔl] *n* Spaniard.

espagnol, e *a* Spanish ● *m* [langue] Spanish.

espèce [-ɛs] *f* kind, sort (sorte); *une ~ de*, a sort of ‖ Zool. species.

espèces *fpl* Fin. cash; *en ~s*, in cash.

espérance [-erɑs] *f* hope (espoir) ‖ expectation (attente); *~ de vie*, expectation of life.

espérer *v* (5) hope for (qqch); *~ faire*, hope to do; *je l'~e*, I hope so; *j'~e que non*, I hope not.

espiègle [-jɛgl] *a* mischievous (enfant).

espion, ne [-jɔ̃, ɔn] *n* spy.

espionner *v* (1) spy.

espoir *m* hope; *plein d'~*, hopeful; *sans ~*, hopeless.

esprit [-ri] *m* mind (intellect) ‖ *présence d'~*, presence of mind ‖ *il m'est venu à l'~ que*, it occurred to me that ‖ *~ d'équipe*, team spirit ‖ wit (vivacité d'esprit); *trait d'~*, flash of wit; *avoir de l'~*, be witty ‖ spirit (fantôme).

esquisse [ɛskis] *f* sketch.

esquisser *v* (1) sketch, outline.

esquiver [-ve] *v* (1) dodge ‖ *s'~*, sneak away.

essai [ɛsɛ] *m* trial, test (épreuve); *à l'~*, on trial; *faire l'~ de qqch*, try sth out ‖ try (tentative); *coup d'~*, first try ‖ Sp. [rugby] try.

essaim [ɛsɛ̃] *m* swarm.

essayage [ɛsɛjaʒ] *m* [couture] fitting.

essayer *v* (9 b) try, test (objet) ‖ try on (vêtement).

essence [ɛsɑ̃s] *f* petrol, US gasoline; gas (coll.); *(~) ordinaire*, two-star (petrol); *poste d'~*, filling/petrol station ‖ Ch. oil.

essentiel, le [-sjɛl] *a* essential ● *m*: *l'~*, the main point.

essentiellement *av* essentially.

essieu [ɛsjø] *m* axle(-tree).

essorer [ɛsɔre] *v* (1) wring out; spin-dry.

essoreuse *f* wringer; *~ centrifuge*, spin-drier.

essoufflé, e [ɛsufle] *a* breathless, out of breath.

essouffler v (1) wind, make breathless.

essuie-glace [ɛsɥi-] m wind-screen wiper.

essuie-mains m inv hand-towel.

essuyer [-je] v (9a) dust (objet poussiéreux); wipe dry (objet humide).

est 1 [ɛst] m east; à l'~, in the east; à l'~ de, east of; de l'~, eastern; vent d'~, easterly wind; vers l'~, eastward.

est 2 [ɛ], **est-ce que** [ɛskə] → ÊTRE.

estampe [ɛstãp] f ARTS print.

estamper v (1) cheat, swindle; se faire ~, be had (coll.).

esthéticienne [-etisjɛn] f beautician.

esthétique a aesthetic • f aesthetics.

estime [-im] f esteem, respect, regard ‖ tenir qqn en ~, think highly of sb.

estimer v (1) value, appraise (évaluer) ‖ appreciate, prize (apprécier) ‖ esteem, value highly (faire cas de).

estival, e, aux [-ival, o] a summer.

estivant, e n holiday-maker.

estomac [-ɔma] m stomach; avoir l'~ creux, feel empty; avoir mal à l'~, have stomach-ache.

estomper [-ɔ̃pe] v (1) FIG. blur (contours).

estrade [-rad] f platform.

estropier [-rɔpje] v (1) cripple, disable.

estuaire [-ɥɛr] m estuary.

et [e] c and.

étable [etabl] f cow-shed.

établi [-i] m TECHN. bench.

établir v (2) establish, set up ‖ make up (liste); make out (document) ‖ FIN. ~ un chèque de £15, make out a cheque for £15 ‖ s'~, settle (dans un lieu); settle down (se fixer) ‖ COMM. set up in business.

établissement m setting up (acte) ‖ firm (commercial).

étage [etaʒ] m storey, floor; un immeuble à six ~s, a six-storied building; au deuxième ~, on the second/US first floor; à l'~ (supérieur), up-stairs.

étagère [-ɛr] f shelf, shelves.

étai [etɛ] m prop.

étain [etɛ̃] m [métal] tin ‖ [vaisselle] pewter.

étais, était [etɛ] → ÊTRE.

étal [etal] m stall.

étalage m COMM. display, show; shop-window (vitrine); faire l'~, dress the window; art de l'~, window-dressing.

étalagiste n window-dresser.

étale a slack (mer).

étalement m staggering (des congés).

étaler v (1) spread (étendre); display, lay out (déployer) ‖ stagger (congés) ‖ s'~, spread; [personne] lounge, sprawl ‖ [période] spread (sur, over).

étanche [etãʃ] a watertight.

étang [etã] m pond.

étant [etã] → ÊTRE.

étape [etap] *f* stage (trajet) ‖ stopping-place (lieu).

état 1 [eta] *m* state, condition ; **en bon/mauvais** ∼, in good/bad condition ; *à l'*∼ *de neuf,* as good as new ‖ *dans un triste* ∼, in a sad plight ‖ *Pl :* FAM. *être dans tous ses* ∼s, be all worked up ‖ TECHN. *en* ∼ *de marche,* in working order.

État 2 *m* state (gouvernement, nation).

état-major [-maʒɔr] *m* staff.

États-Unis [-zyni] *mpl* United States.

étau [eto] *m* vice.

étayer [etεje] *v* (9*b*) prop up.

été 1 [ete] → ÊTRE.

été 2 *m* summer ; *en* ∼, in summer ‖ ∼ *de la Saint-Martin,* Indian summer.

éteindre [etε̃dr] *v* (59) extinguish, put out (feu, lumière) ; blow out (bougie) ; switch off (électricité) ; turn out/off (gaz) ‖ *s'*∼, [feu] go out.

étendre *v* (4) spread (out) ; lay (nappe) ; hang out (linge) ‖ dilute ; ∼ *d'eau,* water down ‖ *s'*∼, [personne] lie down (sur un lit) ; stretch out (par terre).

étendu, e *a* extensive (vaste) ; wide (plaine).

étendue *f* [terrain] expanse, stretch.

éternel, le [etεrnεl] *a* eternal, everlasting, endless.

éternellement *av* eternally, endlessly.

éternité *f* eternity.

éternuer [-nɥe] *v* (1) sneeze.

êtes [εt] → ÊTRE.

étincelant, e [etε̃slɑ̃] *a* sparkling, glittering.

étinceler *v* (5) sparkle, glitter.

étincelle *f* spark.

étiqueter [etikte] *v* (8*b*) label.

étiquette *f* label, tag ; [prix] ticket.

étirer *v* (1) stretch ‖ *s'*∼, stretch (out).

étoffe [etɔf] *f* material, fabric.

étoile *f* star ; ∼ *filante,* shooting star ; ∼ *polaire,* pole star ‖ *coucher à la belle* ∼, sleep out in the open ‖ CIN. star ‖ FIG. *bonne* ∼, lucky star.

étoilé, e *a* starry, starlit ‖ star-spangled (bannière).

étonnant, e [etɔnɑ̃] *a* surprising, amazing ; *(il n'est) pas* ∼ *que,* no wonder that.

étonnement *m* wonder, amazement ; *à mon grand* ∼, much to my surprise.

étonner *v* (1) surprise, amaze, astonish ‖ *s'*∼, wonder (*que,* that) ; marvel (*de qqch,* at sth).

étouffant, e [etufɑ̃] *a* sultry, stifling, sweltering (chaleur).

étouffer *v* (1) choke ‖ muffle (bruit).

étourderie [eturdəri] *f* absent-mindedness, carelessness (inattention) ; oversight (acte).

étourdi, e *a* scatter-brained (distrait) ‖ giddy, dizzy (pris de vertige) ● *n* scatter-brain.

étourdir *v* (2) make giddy ‖ [choc] daze, stun.

étourdissant, e *a* stunning (coup) ; deafening (bruit).

étourdissement *m* (fit of) giddiness.

étrange [etrɑ̃ʒ] *a* strange, odd, queer.

étrangement *av* strangely.

étranger, ère [-ʒe, ɛr] *a* strange (lieu, usage) ; foreign (nation, personne) ● *n* [personne] foreigner (d'une autre nationalité) ; stranger (à un lieu, un groupe) ‖ *m* [pays] foreign country ; *à l'~*, abroad ; *aller à l'~*, go abroad.

étrangler [-gle] *v* (1) strangle, throttle ‖ *s'~*, choke.

être [ɛtr] *v* (48) [exister] be ; ‖ [position] stand (debout) ; lie (couché) ‖ [date] *nous sommes le 10*, today is the 10th ‖ [+ attribut] *~ malade*, be ill ; *il est docteur*, he is a doctor ‖ FAM. [= aller] *où avez-vous été?*, where have you been? ; *j'y ai été*, I have been there ‖ *~ à*, [= appartenir] belong to ; *c'est à moi/vous*, it's mine/yours ; *à qui est ce livre?*, whose book is this? ; [+ (pro)nom + verbe] *c'est à vous de jouer*, [cartes] it's your lead, [échecs] it's your move ‖ [+ adj numéral] *c'est à 10 miles d'ici*, it is 10 miles from here ‖ *c'est*, it is ; *c'est moi/lui*, that's me/him ‖ [impersonnel] *il est*, there is/are ‖ *en ~* : *où en êtes-vous?*, how far have you got? ; *quoi qu'il en soit*, however that may be ‖ *y ~* : *y ~*

pour qqch, have sth to do with it ‖ *qu'est-ce que c'est?*, what is it? ● *m* creature (être vivant) ; *~ humain*, human being.

étrenne [etrɛn] *f* : *avoir l'~ de*, be the first to (use, etc.) ‖ *Pl* New Year's gift.

étrenner *v* (1) use/wear for the first time.

étroit, e [-wa, t] *a* narrow ‖ tight (vêtement).

étude [etyd] *f* study ‖ *Pl* : *faire ses ~s à*, study/be educated at ; *faire ses ~s de médecine*, be studying to be a doctor.

étudiant, e *n* student ; *~ en médecine*, medical student.

étudier *v* (1) study ‖ MUS. practise.

étui [etɥi] *m* case ; *~ à cigarettes*, cigarette-case.

eu [y] → AVOIR.

euphémisme [øfemism] *m* understatement.

Europe [ørɔp] *f* Europe.

Européen, ne [-ɔpeɛ̃, ɛn] *n* European.

européen, ne *a* European.

eux [ø] *pr* them ; *ce sont ~*, it is they/them ; *~-mêmes*, themselves ‖ → LUI.

évacuer [evakɥe] *v* (1) : *faire ~*, clear (salle).

évadé, e [evade] *n* fugitive.

évader (s') *v* (1) escape.

évaluer [-lɥe] *v* (1) value, appraise ‖ assess (dommages).

évangile [evɑ̃ʒil] *m* Gospel.

évanoui, e [evanwi] *a* unconscious.

évanouir (s') v (2) faint, pass out.

évanouissement m MED. fainting-fit.

évaporer [-pɔre] v (1) : *faire/ s'~*, evaporate.

évasion [-zjɔ̃] f escape; get-away (coll.).

éveil [evɛj] m awakening.

éveillé, e a awake(n); *bien ~*, wide awake ‖ FIG. alert (vigilant).

événement [evenmɑ̃] m event (à sensation); occurrence (fait).

éventail [evɑ̃taj] m fan.

éventaire m stall.

éventé, e a stale (nourriture); flat (boisson).

éventer (s') v (1) [boisson] go flat; [nourriture] go stale.

éventuellement [-tɥɛlmɑ̃] av possibly; if necessary.

évêque [evɛk] m bishop.

évidemment [evidamɑ̃] av evidently, obviously, of course.

évident, e a obvious, evident.

évier [evje] m sink.

éviter [evite] v (1) avoid ‖ shirk (corvée, responsabilité); dodge (coup); keep clear of (qqn, qqch) ‖ AUT. by-pass (ville).

évoquer [evɔke] v (1) evoke, call up, call to mind.

exact, e [ɛgza(kt)] a accurate, exact, correct, true (juste); *l'heure ~*, the right time.

exactement av exactly.

exagération [-ʒerasjɔ̃] f exaggeration.

exagéré, e a exaggerated.

exagérer v (1) exaggerate ‖ overdo.

examen [-mɛ̃] m examination; exam (coll.); *~ d'entrée*, entrance examination; *se présenter à un ~*, sit for an examination; *passer un ~*, take an exam ‖ MED. test ‖ REL. *~ de conscience*, self-examination.

examinateur, trice [-minatœr] n examiner.

examiner v (1) examine ‖ MED. examine (malade); *se faire ~*, have o. s. examined.

exaspérant, e [-sperɑ̃] a exasperating.

exaspérer v (5) exasperate.

excédent [ɛksedɑ̃] m excess, surplus; *en ~*, (left) over; *~ de poids*, overweight ‖ AV. *~ de bagages*, excess luggage.

excellent, e [-ɛlɑ̃] a excellent.

excentrique [-ɑ̃trik] a remote, outlying (quartier) ‖ FIG. eccentric ● n PEJ. crank.

excepté [-ɛpte] p except.

excepter v (1) except (de, from).

exception f exception; *sans ~*, barring none; *à l'~ de*, except for.

exceptionnel, le [-sjɔnɛl] a exceptional, out-standing.

exceptionnellement av exceptionally.

excessif, ive [-ɛsif] a excessive.

excessivement av excessively.

exciter [-ite] v (1) excite ‖
[sexe] arouse ; turn on (sl.).

exclamation [-klamasjɔ̃] f
exclamation ‖ GRAMM. *point
d'~*, exclamation mark.

exclamer (s') v (1) exclaim.

exclure [-klyr] v (29) expel,
turn out (qqn) ‖ FIG. exclude,
rule out.

exclusif, ive [-ysif] a COMM.
sole (droit) ; exclusive (vente).

exclusivement av exclusively.

excursion [-kyrsjɔ̃] f excursion, trip ; [à pied] hike ; *faire
une ~*, go on an excursion.

excursionner v (1) go hiking
(à pied).

excuse [-kyz] f excuse, apology (*de*, for) ; *faire des ~s à
qqn*, apologize to sb ‖ plea
(prétexte).

excuser v (1) excuse ; *~ez-
moi*, excuse me, I beg your pardon ‖ *s'~*, apologize (*auprès de
qqn*, to sb ; *de qqch*, for sth) ;
decline an invitation.

exécutant, e [ɛgzekytɑ̃] n
MUS. performer.

exécuter v (1) execute ‖ carry
out (ordre) ; fulfil (promesse) ‖
MUS. perform ‖ MED. make up,
dispense (ordonnance) ‖ JUR.
execute (criminel).

exécution f execution ‖
[ordre] carrying out ‖ [tra-
vail] performance, achievement
‖ JUR. execution.

exemplaire [-ɑ̃plɛr] m copy ;
en deux/trois ~s, in dupli-
cate/triplicate.

exemple m example, instance ; *par ~*, for exam-
ple/instance ‖ *donner l'~*, set
an example.

exempter v (1) exempt, free,
excuse (*de*, from).

exercer [-ɛrse] v (6) exercise,
train (corps) ‖ carry on (profession) ‖ *s'~*, practise, train.

exercice [-is] m training,
pratice (entraînement) ‖ exercise (scolaire) ‖ SP. exercise ;
faire de l'~, take some exercise ‖ MIL. drill ‖ MUS. *faire
des ~s*, practise.

exigeant, e [-iʒɑ̃] a exacting,
demanding, fastidious, hard to
please.

exigence f demand ‖ Pl
requirements.

exiger v (7) demand (*de*, of) ;
claim, require ; *~ qqch de qqn*,
require sth of sb.

exil [-il] m exile.

exilé, e n exile.

exiler v (1) exile (*de*, from) ‖
s'~, go into exile.

existence [-istɑ̃s] f existence,
life.

exister v (1) exist, live ‖ *il
~e*, there is/are.

exotique [-ɔtik] a exotic.

exotisme m exoticism.

expatrier (s') [sɛkspatrije] v
(1) expatriate o. s.

expédier [ɛkspedje] v (1)
send, dispatch (lettre) ; *~ par
avion/le train*, send by air
mail/rail.

expéditeur, trice n sender ‖
[au dos de l'enveloppe] from.

expédition *f* sending ‖ [lettre] dispatch ; [paquet] consignment.

expérience [ɛksperjɑ̃s] *f* experience (connaissance) ‖ PHYS., CH. experiment.

expérimenté, e [-imãte] *a* experienced.

expérimenter *v* (1) test, experiment.

expert, e [-pɛr, t] *a* expert, skilled (*en*, in) ● *m* expert ‖ ~**-comptable**, chartered accountant.

expirer [-pire] *v* (1) expire, breathe out.

explication [-plikasjɔ̃] *f* explanation.

expliquer [-ke] *v* (1) explain account for.

exploit [ɛksplwa] *m* feat.

explorateur, trice [-plɔratœr] *n* explorer.

explorer *v* (1) explore.

exploser [-ploze] *v* (1) explode, go off, blow up ; *faire* ~, explode.

explosif, ive *a/m* explosive.

explosion *f* explosion, blowing up ; *faire* ~, explode, go off, blow up.

exportateur, trice [-pɔrtatœr] *n* exporter.

exportation *f* export.

exporter *v* (1) export.

exposer 1 *v* (1) display, show (objets) ; exhibit (collections) ‖ expose (aux intempéries) ‖ PHOT. expose ‖ **s'**~, risk one's life.

exposer 2 *v* (1) set out (expliquer).

exposition *f* show, exhibition ‖ PHOT. exposure.

exprès 1 [-prɛ] *av* deliberately, on purpose ; *je ne l'ai pas fait* ~, I didn't mean it/to.

exprès 2 [-s] *a inv* : *lettre* ~, express letter.

express [-prɛs] *m* RAIL. fast train.

expression *f* expression ‖ GRAMM. phrase (locution).

exprimer [-prime] *v* (1) express ‖ phrase (pensée) ; express (sentiment) ‖ **s'**~, express o. s.

exquis, e [-ki] *a* exquisite.

exténué, e [-tenɥe] *a* exhausted.

exténuer *v* (1) exhaust, tire out.

extérieur, e [-terjœr] *a* exterior (à, to) ‖ outer (côté, mur) ● *m* exterior, outside ; *à l'*~, outside, outward ‖ *Pl* CIN. location shots.

externat [-tɛrna] *m* dayschool.

externe *a* external, outer (superficiel) ‖ MED. *usage* ~, for external use ● *n* day-boy/-girl (élève).

extincteur [-tɛ̃ktœr] *m* (fire) extinguisher.

extinction *f* extinction, extinguishing ‖ ~ *de voix*, loss of voice.

extra 1 [ɛkstra] *a* first-rate.

extra 2 *m* extra (supplément).

extra- *préf* extra-.

extra-fin, e *a* superfine; sheer (*bas*).

extraire *v* (11) extract, pull out (*de*, from).

extrait [-ɛ] *m* extract, excerpt (*passage*) ‖ JUR. ~ *de naissance*, birth certificate ‖ CULIN. extract.

extraordinaire *a* extraordinary, out of the way.

extra-scolaire *a* extra-curricular.

extrême [-ɛm] *a* extreme, utmost ‖ GEOGR. *E*~*-Orient*, Far East ● *m* extreme.

extrêmement *av* extremely, exceedingly.

extrémité *f* end.

f

f [ɛf] *m*.

fa [fa] *m* MUS. F.

fable [-bl] *f* fable.

fabricant, e [fabrikɑ̃] *n* manufacturer, maker.

fabrication [-kasjɔ̃] *f* manufacture; ~ *en série*, mass production.

fabrique [-k] *f* factory.

fabriquer *v* (1) manufacture, produce, make.

façade [-sad] *f* ARCH. front, façade.

face [-s] *f* face (*humaine*) ‖ FIG. *faire* ~ *à*, face ‖ *en de*, in front of, opposite (to) ‖ *en* ~, across the street; ~ *à*, facing; *hôtel* ~ *à la mer*, hotel facing the sea ‖ ~ *à* ~, face to face (*avec*, with) ‖ → PILE.

fâché, e [fɑʃe] *a* angry, cross (*contre*, with); miffed.

fâcher *v* (1) anger, irritate, vex ‖ *se* ~, [colère] get angry (*contre*, with); [brouille] fall out (*avec*, with).

fâcheux *a* unfavourable.

facile [fasil] *a* easy.

facilement *av* easily.

facilité *f* easiness ‖ COMM. ~*s de paiement*, easy terms.

faciliter *v* (1) facilitate, make easier.

façon [fasɔ̃] *f* way; *de cette* ~, that way ‖ *de toute* ~, anyway; *de* ~ *à*, in such a way as to; *de* ~ *que*, so that ‖ *Pl* manners, ways (comportement) ‖ *sans* ~(*s*), without ceremony/fuss.

facteur, trice [faktœr] *n* postman, -woman.

factice [-tis] *a* artificial; *objet* ~, dummy.

facture [-tyr] *f* invoice.

facultatif, ive [-yltatif] *a* optional ‖ [autobus] *arrêt* ~, request stop.

fade [fad] *a* CULIN. tasteless.

faible [fɛbl] *a* weak, feeble (*corps*); faint (*voix*, *son*); slight (*odeur*); weak (*thé*) ● *m* : *avoir un* ~ *pour*, be partial to.

faiblement *av* weakly, feebly, faintly, slightly.

faiblesse *f* weakness, feebleness ‖ [voix] faintness ‖ FIG. weakness, softness.

faiblir *v* (2) weaken, grow weaker ‖ [personne] lose strength ‖ [vue] fail.

faïence [fajɑ̃s] *f* earthenware ‖ [objets] crockery.

faille [faj] → FALLOIR.

faillir *v* (49) fail (à, in) ‖ *avoir ~i* : *il a ~i tomber*, he nearly/almost fell; *il ~it se noyer*, he narrowly escaped drowning.

faillite *f* bankruptcy; *faire ~*, go bankrupt.

faim [fɛ̃] *f* hunger; *avoir ~*, be hungry; *mourir de ~*, die of hunger; FIG. starve.

fainéant, e [fɛneɑ̃] *n* loafer.

faire [fɛr] *v* (50) [fabriquer] make; *~ du café*, make coffee; *~ un chèque*, write a cheque; *~ le lit*, make the bed ‖ [agir] do; *bien/mal ~*, do well/wrong; *comment ~?*, how shall I/we do?; *pour quoi ~?*, what for?; *~ la chambre*, do the bedroom; *~ ses chaussures*, clean one's shoes; *~ comme chez soi*, make o.s. at home; *~ la cuisine*, do the cooking; *~ son devoir*, do one's duty; *~ une promenade*, go for a walk; *~ du sport*, go in for sport ‖ [voyager] *~ un voyage*, go on/make a journey ‖ [étudier] *~ du Latin*, take Latin ‖ [distance] *~ 6 km*, do

6 kilometres ‖ [vitesse] *~ du 100 à l'heure*, do 60 miles an hour ‖ [prix] *combien cela fait-il?* how much does that come to? ‖ [âge] *il ne fait pas 50 ans*, he doesn't look fifty ‖ [contrefaire] *~ l'idiot*, play the fool; *~ le malade*, sham ill ‖ [conseil] *vous feriez mieux de partir*, you'd better go ‖ [effet] *~ du bien/du mal à*, do good/harm to; *si ça ne vous fait rien*, if you don't mind; *ça ne fait rien*, it doesn't matter, I don't mind ‖ [impers.] *il fait froid*, it is cold; *il fait jour/nuit*, it is daylight/dark; *il fait bon*, it is nice; *quel temps fait-il?*, what's the weather like? (+ infin. actif) make, have, get, let; *~ attendre qqn*, keep sb waiting; *faites-le entrer*, show him in; *~ ~ qqch à qqn*, get sb to do sth ‖ (+ infin. passif) *~ construire une maison*, have a house built ‖ [substitut] do ‖ *se ~* : [devenir] *il se fait tard*, it is getting late ‖ [se produire] *comment se fait-il que... ?*, how does it happen that..., how come... (coll.) ‖ (+ obj.] *se ~ des amis*, make friends; *se ~ (du) mal*, hurt o.s.; *se ~ les ongles*, do one's nails; *se ~ du souci*, *s'en ~*, worry; *ne vous en faites pas*, don't worry; take it easy (coll.) ‖ (+ infin.] *se ~ comprendre*, make o.s. understood; *se ~ couper les cheveux*, get one's hair cut; *se ~ ~ un*

costume, have a suit made ; *se ∼ photographier,* have one's photo taken.

fait 1, e [fɛ, t] → FAIRE ● *a* done (accompli) ; *bien ∼,* well done ‖ made (fabriqué) ; *∼ à la maison,* home-made ‖ *bien ∼,* shapely (bien bâti).

fait 2 *m* fact ; *le ∼ est que,* the fact is that ‖ occurrence (événement) ; *∼s divers,* news item ; *prendre qqn sur le ∼,* surprise sb in the very act ‖ *venir au ∼,* come to the point ‖ *au ∼,* by the way ‖ *du ∼ de,* because of, owing to.

faitout, fait-tout *m inv* stew pan.

falaise [falɛz] *f* cliff.

falloir [falwar] *v impers* (51) [nécessité] must, have (got) to ; *il faut que je le voie,* I must see him ; *il nous fallut le faire,* we had to do it ‖ [obligation] be obliged to ; *il faut dire la vérité,* you must tell the truth ‖ [interdiction] *il ne faut pas faire cela,* you mustn't do that ‖ [besoin] want, need, require ; *s'il le faut,* if required ; [certitude] *il faut qu'elle ait perdu la tête,* she must have lost her head ● *loc a : comme il faut,* respectable, decent ● *vpr impers : s'en ∼ : il s'en est fallu de peu,* it was a near thing.

falsifier [-sifje] *v* (1) forge.

fameux, euse [famø] *a* first-rate ; *pas ∼,* not too good.

familial, e, aux [-iljal, o] *a* family (maison, vie) ; home-(like) [ambiance].

familiariser (se) [-iljarize] *v* (1) become familiar (*avec,* with).

familier, ère *a* familiar ‖ colloquial (style).

famille [-ij] *f* family.

famine [-in] *f* famine.

fana [fana] *a* FAM. crazy (*de,* about) ● *n* fanatic.

faner (se) *v* (1) fade, wilt.

fantaisie [fɑ̃tɛzi] *f* whim.

fantaisiste *a* fanciful.

fantasme [fɑ̃tasm] *m* fantasy.

fantassin [-asɛ̃] *m* infantryman.

fantastique [-astik] *a* fantastic.

fantôme [-om] *m* ghost.

farce [fars] *f* (practical) joke, trick (tour) ; *faire une ∼ à qqn,* play a joke on sb.

farcir *v* (2) stuff.

fard [far] *m* make-up.

fardeau [-do] *m* load, burden.

farder *v* (1) : TH. *(se) ∼,* make (o. s.) up.

farfelu, e [-fəly] *a* cranky.

farine [-in] *f* flour, meal.

farineux, euse *a* floury ‖ starchy (aliment).

farouche [-uʃ] *a* shy (timide).

fasciner [fasine] *v* (1) fascinate.

fascisme [faʃism] *m* Fascism.

fasciste *a/n* Fascist.

fasse [fas] → FAIRE.

fatal, e, als [fatal] *a* fatal, inevitable ‖ fateful (funeste).

fatalité *f* fatality.
fatigant, e [-igã] *a* tiring (besogne); tiresome (personne).
fatigue [-ig] *f* fatigue, weariness; *être mort de* ∼, be dead-tired.
fatigué, e *a* tired, weary.
fatiguer *v* (1) tire, weary ‖ *se* ∼, get tired.
faubourg [fobur] *m* suburb.
fauché, e [foʃe] *a* FAM. hard up (coll.); broke (sl.).
faucher *v* (1) mow ‖ FAM. pinch (voler).
faucille [fosij] *f* sickle.
faussaire [fosɛr] *m* forger.
fausse → FAUX 2.
fausser *v* (1) warp, bend, twist ‖ FAM. ∼ *compagnie à qqn*, give sb the slip.
faut [fo] → FALLOIR.
faute 1 [fot] *f* mistake, fault; *faire une* ∼, make a mistake; ∼ *d'impression*, misprint; ∼ *d'orthographe*, spelling mistake; *faire des* ∼*s d'orthographe*, spell badly ‖ fault (responsabilité); *c'est de votre* ∼, it's your fault.
faute 2 *f* lack, want (manque); ∼ *de*, for lack of ‖ *sans* ∼, without fail.
fauteuil [-œj] *m* arm-chair, easy chair; ∼ *roulant*, wheelchair ‖ TH. seat; ∼*s d'orchestre*, stalls.
faux 1 [fo] *f* AGR. scythe.
faux 2, fausse [fo, s] *a* false, untrue; ∼*sse nouvelle*, false report ‖ wrong (erroné); ∼ *numéro*, wrong number; ∼

sens, misinterpretation ‖ forged (billet); bad (pièce) ‖ MUS. wrong (note); out of tune (instrument); *chanter* ∼, sing flat ‖ FIN. ∼ *frais*, incidental expenses • *m* JUR. forgery (document).
faux-bond *m* : *faire* ∼ *à qqn*, let (sb) down, stand sb up.
faux-filet *m* CULIN. sirloin.
faux-monnayeur [-mɔnɛjœr] *m* counterfeiter.
faveur [favœr] *f* favour ‖ *en* ∼ *de*, in favour of.
favorable [-ɔrabl] *a* favourable.
favori, te [-i, t] *a/n* favourite (chose, personne) • *npl* (side-) whiskers.
favoriser [-ze] *v* (1) favour ‖ further (faciliter).
fécule [fekyl] *f* CULIN. starch.
féculent *m* starchy food.
fédéral, e, aux [federal, o] *a* federal.
fédération *f* federation.
fée [fe] *f* fairy.
feindre [fɛ̃dr] *v* (59) feign, pretend.
fêler (se) [səfɛle] *v* (1) crack.
félicitation [felisitasjɔ̃] *f* congratulation.
félicité *f* bliss.
féliciter *v* (1) : *(se)* ∼, congratulate (o. s.).
fêlure [felyr] *f* crack.
femelle [fəmɛl] *a* female.
féminin, e [feminɛ̃, in] *a* feminine; female (sexe) • *m* GRAMM. feminine; *au* ∼, in the feminine.

femme [fam] *f* woman ‖ ~ *de chambre*, chambermaid ; ~ *de ménage*, cleaning woman, daily (help) ‖ wife (épouse).

fendre [fᾶdr] *v* (4) split (bûche) ‖ slit (inciser) ‖ *se* ~, split, crack.

fenêtre [fənɛtr] *f* window ; sash window (à guillotine).

fente [fᾶt] *f* [mur] crack ; [bois] split ; [jupe] slit ; [distributeur] slot.

fer [fɛr] *m* [métal] iron ; ~ *blanc*, tin-plate ; ~ *forgé*, wrought iron ‖ ~ *à cheval*, horseshoe ‖ [ustensile] ~ *à repasser*, (electric) iron ; *donner un coup de* ~ *à*, press (vêtement) ‖ TECHN. ~ *à souder*, soldering-iron.

férié, e [ferje] *a* : *jour* ~, bank-holiday.

ferme 1 [fɛrm] *a* solid, firm.

ferme 2 *f* farm-house (habitation) ; farm (terres).

fermé, e *a* shut, closed ; locked (voiture).

fermer *v* (1) shut, close ; ~ *à clef/au verrou*, lock/bolt ‖ turn off/out (gaz) ; switch off (électricité) ‖ VULG. *la* ~*e !*, shut up !

fermeture *f* shutting, closing (action) ; closing time (heure) ‖ ~ *Éclair*, zip (fastener) ‖ CIN. ~ *en fondu*, fade out.

fermier, ère *n* farmer, farmer's wife.

féroce [ferɔs] *a* fierce, ferocious.

ferraille [fɛraj] *f* scrap iron ; *mettre à la* ~, scrap.

ferrer *v* (1) shoe (cheval).

ferry [-i] *m* (car) ferry.

fervent, e [fɛrvᾶ] *a* fervent ● *n* devotee, enthusiast.

ferveur *f* fervour.

fesse [fɛs] *f* buttock.

fessée *f* spanking.

fesser *v* (1) spank.

festin [fɛstɛ̃] *m* feast.

festival [-ival] *m* festival.

fête [fɛt] *f* feast ; ~ *légale*, bank/public holiday ; *jour de* ~, holiday ; ~ *du travail*, Labour Day ; ~ *nationale*, FR. Bastille Day, US Independance Day ‖ name-day (de qqn) ‖ ~ *foraine*, fun fair ‖ welcome (accueil) ; *faire* ~ [personne] welcome warmly (à qqn, sb), [chien] fawn (à son maître, on its master) ‖ [réception] party.

fêter *v* (1) keep (anniversaire, Noël) ; celebrate (événement).

feu [fø] (*Pl* **feux**) *m* fire ; *faire du* ~, make a fire ; *avez-vous du* ~ *?*, have you got a light ? ‖ [incendie] fire ; *prendre* ~, catch fire ; *mettre le* ~ *à qqch*, set sth on fire ; *au* ~ *!*, fire ! ‖ ~ *de joie*, bonfire ‖ [tireur] *faire* ~, shoot, fire ‖ [signal] light ; ~ *orange/rouge*, amber/red light ; ~*x tricolores*, traffic lights ; FAM. *donner le* ~ *vert à qqn*, give sb the green light ‖ AUT. ~ *arrière*, rear light.

feuillage [fœjaʒ] *m* foliage.

feuille 1 *f* BOT. leaf.

feuille 2 *f* [papier] sheet.
feuillet [-ε] *m* leaf; ~*s de rechange*, refill ‖ *à* ~*s mobiles*, loose-leaf (cahier).
feuilleter [-te] *v* (8*a*) glance/leaf through.
feuilleton *m* serial.
feuillu, e *a* leafy.
feutre [føtr] *m* felt ‖ *(crayon)* ~, felt-tip (pen).
février [fevrije] *m* February.
fiable [fjabl] *a* reliable.
fiacre [-kr] *m* cab.
fiançailles [fijɑ̃saj] *fpl* engagement.
fiancé, e *a* : *être* ~, be engaged (*à*, to) ● *n* fiancé, e.
fiancer (se) *v* (1) get engaged (*à*, to).
fibre [fibr] *f* fibre.
ficeler [fisle] *v* (8*a*) tie up (paquet).
ficelle [-εl] *f* string, twine.
fiche [fiʃ] *f* (index) card; ~ *perforée*, punch(ed) card ‖ ELECTR. plug.
ficher *v* (1) stick, drive (*dans*, in) ‖ FAM. ~ *la paix à qqn*, leave sb alone ‖ *se* ~ : FAM. *je m'en* ~*e*, I couldn't care less; *il se* ~*e de vous*, he's pulling your leg.
fichier *m* card index.
fichu, e → FICHER ● *a* FAM. lost (perdu) ‖ *il est* ~, he's done for ‖ *être mal* ~, be out of sorts (malade) ‖ [avant le nom] rotten, lousy (caractère, temps).
fiction [fiksjɔ̃] *f* fiction.
fidèle [fidεl] *a* faithful ‖

retentive (mémoire) ● *n* : REL. *les* ~*s*, the faithful ; [assemblée] the congregation.
fidèlement *av* faithfully.
fidélité [-elite] *f* faithfulness ‖ fidelity (conjugale).
fier (se) [səfje] *v* (1) : ~ *à*, rely/depend on, trust.
fier, ère [fjεr] *a* proud ; *être* ~ *de*, take a pride in ; *être* ~ *de posséder*, boast.
fièrement *av* proudly.
fierté *f* pride.
fièvre [fjεvr] *f* fever ; *avoir un accès de* ~, have a bout of fever.
fiévreux, euse [fjevrø] *a* feverish, hectic.
figer (se) [səfiʒe] *v* (7) [huile] congeal ‖ [sang] curdle.
fignoler [fiɲɔle] *v* (1) polish up.
figue [fig] *f* fig.
figurant, e [figyrɑ̃] *n* TH. walk-on ‖ CIN. extra.
figuration *f* : CIN. *faire de la* ~, play extras ‖ TH. walking-on part.
figure [-r] *f* face ‖ [cartes] court-card ‖ GRAMM. figure.
figuré, e *a* figurative ; *au* ~, figuratively.
figurer *v* (1) represent ‖ *se* ~, imagine.
fil 1 [fil] *m* [coton] thread ; ~ *à coudre*, sewing thread ; [laine] yarn ; [métal] wire ‖ ELECTR. cord, flex ‖ TEL. *coup de* ~, telephone call ; *au bout du* ~, on the phone ; *passer un coup de* ~, give a buzz (sl.).

fil 2 *m* : FIG. ~ *conducteur*, clue ; [conversation] thread.

file *f* file, line ; ~ *d'attente*, queue ; **à la** ~, in file ; *en* ~ *indienne*, in Indian file.

filer 1 *v* (1) spin (laine) ‖ run, ladder (bas).

filer 2 *v* (1) tear along ‖ *il faut que je* ~*e*, I must fly ‖ [bas] ladder, run ‖ FAM. ~ *à l'anglaise*, take French leave.

filet 1 [-ε] *m* net ; ~ *à papillons*, butterfly net ; ~ *à provisions*, shopping net ‖ ~ *de pêche*, fishing-net ‖ SP. [tennis] net ‖ RAIL. rack ‖ CULIN. *un* ~ *de vinaigre*, a dash of vinegar.

filet 2 [poisson, viande] fillet.

fille [fij] *f* [opp. de *fils*] daughter ‖ [opp. de *garçon*] girl ; *petite* ~, little girl ; *jeune* ~, young girl ; *vieille* ~, spinster, old maid ; ~ *mère*, unmarried mother ‖ PEJ. prostitute.

fillette *f* young girl.

filleul, e [-œl] *n* godson, -daughter.

film [film] *m* film, motion picture, US movie ; *grand* ~, feature ; ~-*annonce*, trailer ; *nouveau* ~, release.

filmer *v* (1) film, shoot.

fils [fis] *m* son.

filtre [filtr] *m* filter.

filtrer *v* (1) filter (through).

fin 1 [fɛ̃] *f* end ; close (de l'année, de la journée) ; *vers la* ~ *de l'après-midi*, in the late afternoon ; ~ *de semaine*, week-end ; *à la* ~, at last ; **sans** ~, endless(ly), without end ; **prendre** ~, come to an end ‖ death, end ‖ FIG. [but] aim, goal, end.

fin 2, e [-, in] *a* fine (aiguille, cheveux, poussière, sable, tissu) ; sharp (pointe) ‖ thin (papier) ‖ sheer (bas).

fin 3 *av* fine ; *écrire* ~, write small ; ~ *prêt*, quite ready.

final, e, aux [final, o] *a* final, terminal.

finale *f* SP. *f*inal(s) ; *quart de* ~, quarter final ; *demi-*~, semi-final.

finalement *av* at last, finally, eventually.

finaliste *n* finalist.

finance [-ɑ̃s] *f* finance.

finesse *f* fineness ‖ [taille] slenderness.

finir *v* (2) finish, end (qqch) ‖ ~ *de faire qqch*, finish doing sth ; *c'est* ~*i*, it's over ; *avezvous* ~*i de manger ?*, have you done eating ? ‖ end, come to an end (cesser) ; *mal* ~, ~ *mal*, come to a bad end ‖ ~ **par** *(faire qqch)*, end by/in (doing sth) ‖ *en* ~, put a end (avec, to).

finition *f* finish.

firme [firm] *f* firm.

fissure *f* crack.

fixateur [fiksatœr] *m* PHOT. fixing salt.

fixation *f* fixing, settling ‖ [ski] binding.

fixe [fiks] *a* fixed ; perma-

nent (emploi) ; regular (heures)
‖ *beau* ∼, set fair.

fixer 1 *v* (1) [immobiliser] fix ;
fasten ‖ PHOT. fix ‖ *se* ∼,
settle (down) [dans un pays].

fixer 2 *v* (1) [déterminer] fix,
determine ; appoint (date).

flacon [flakɔ̃] *m* flask, bottle.

flair [flɛr] *m* [chien] smell,
scent.

flairer *v* (1) [dog] smell, sniff,
scent.

flamand, e [flamɑ̃, d] *a/n/m*
Flemish.

flambant [flɑ̃bɑ̃] *av* : ∼ *neuf*,
brand new.

flamber *v* (1) flame, blaze,
burn up ‖ CULIN. singe.

flamboyer [-waje] *v* (9a)
blaze/flame up.

flamme [flam] *f* flame ; *en*
∼*s*, ablaze.

flan [flɑ̃] *m* custard-tart.

flanc [flɑ̃] *m* flank, side.

Flandre [-dr] *f* Flanders.

flanelle [flanɛl] *f* flannel.

flâner [flɑne] *v* (1) [se prome-
ner] stroll, saunter, loiter ‖
[paresser] lounge.

flâneur, euse *n* idler,
stroller.

flaque [flak] *f* puddle (d'eau).

flash [-ʃ] *m* [journalisme]
(news-)flash ‖ PHOT. flash
(light) ; ∼ *électronique*, electronic flash.

flatter [-te] *v* (1) flatter ; play
up to ; fawn on (bassement).

flatterie [-tri] *f* flattery.

flèche [flɛʃ] *f* arrow ‖ *comme*

une ∼, like a shot ; *partir
comme une* ∼, dart off.

fléchette [fleʃɛt] *f* dart.

flegmatique [flɛgmatik] *a*
phlegmatic.

flegme *m* coolness, composure,
phlegm.

flemmard, e [flɛmar, d] *a*
FAM. lazy ; bone idle (coll.).

flétrir [fletrir] *v* (2) wither (up)
[plante] ‖ *se* ∼, [fleur] wither,
wilt.

fleur [flœr] *f* flower ; ∼ *des
champs*, wild flower ‖ blossom
(d'arbre) ‖ *en* ∼*(s)*, in flower ;
in blossom (arbre).

fleuret [-ɛ] *m* SP. foil.

fleurir *v* (53) flower, bloom ‖
[arbre] blossom ‖ decorate with
flowers ; lay flowers on (tombe).

fleuriste *n* florist ; *boutique de*
∼, flower shop.

fleuve [flœv] *m* river.

flexible [flɛksibl] *a* flexible.

flic [flik] *m* FAM. cop (coll.).

flipper [flipœr] *m* pin ball
machine.

flirt [flœrt] *m* flirting, flirta-
tion (action) ‖ boy/girl friend.

flirter *v* (1) flirt.

flocon [flɔkɔ̃] *m* [neige] flake
‖ CULIN. ∼*s de maïs*, corn
flakes.

floraison [-rɛzɔ̃] *f* blooming, blossoming, flowering ;
en pleine ∼, in full bloom ‖
[époque] flower-time.

florissant, e *a* flourishing,
blooming.

flot [flo] *m* : [marée] *le* ∼

montant, flood(-tide) ‖ *Pl* waves ‖ FIG. flow, flood.

flotte [flɔt] *f* NAUT. fleet, navy ‖ FAM. water, rain.

flotter *v* (1) *(faire)* ∼, float ‖ [drapeau, cheveux] stream.

flotteur *m* float.

flou, e [flu] *a* blurred (contour) ; out of focus (image).

flûte [flyt] *f* flute ; ∼ *à bec,* recorder ; ∼ *de Pan,* Pan-pipe.

flûtiste *n* flautist.

flux [fly] *m* flood tide ; *le* ∼ *et le reflux,* the ebb and flow.

focal, e, aux [fɔkal, o] *a* focal.

foi [fwa] *f* faith (sincérité) ; *digne de* ∼, credible, reliable ‖ trust (confiance) ; *avoir* ∼ *en,* trust ‖ REL. faith, belief.

foie *m* liver.

foin [fwɛ̃] *m* hay ; *faire les* ∼s, make hay.

foire [fwar] *f* fair.

fois [fwa] *f* time ; *combien de* ∼ *?,* how often ?, how many times ? ; *une* ∼, once ; *deux* ∼, twice ; *trois* ∼, three times ; *une* ∼ *de plus,* once more, once again ‖ *deux* ∼ *moins,* half as much/many ; *deux* ∼ *plus,* twice as much/many ‖ *une autre* ∼, on another occasion ‖ *il était une* ∼, once upon a time there was ‖ *toutes les* ∼ *que,* whenever ‖ *à la* ∼, both, at once (ensemble), at the same time (en même temps).

fol [fɔl] *a* → FOU.

folie [-i] *f* madness, insanity.

folklore [-klɔr] *m* folklore.

folle *a* → FOU ● *f* madwoman.

follement *av* madly, wildly.

foncé, e [fɔ̃se] *a* dark, deep (couleur).

foncer 1 *v* (6) darken, deepen (couleur).

foncer 2 *v* (6) dash, dart (*sur,* at) ‖ tear (along).

fonction [fɔ̃ksjɔ̃] *f* function ‖ duty, office ; *faire* ∼ *de,* serve/act as ‖ JUR. ∼ *publique,* civil service ‖ FIG. *être* ∼ *de,* depend on ; *en* ∼ *de,* according to, in terms of.

fonctionnaire [-ɔnɛr] *n* civil servant, official.

fonctionnel, le *a* functional.

fonctionnement *m* TECHN. working.

fonctionner *v* (1) TECHN. [machine] work ; *faire* ∼, operate.

fond [fɔ̃] *m* [boîte, mer, trou] bottom ‖ [pièce] back ‖ [beauté] ∼ *de teint,* foundation ‖ SP. *de* ∼, long-distance ‖ ARTS background ‖ FIG. bottom ‖ *au* ∼ *de,* in/to the bottom of ‖ *au* ∼, *dans le* ∼, finally, actually (en réalité) ‖ *à* ∼, thoroughly ; *enfoncer à* ∼, drive home ‖ *de* ∼ *en comble,* from top to bottom.

fondamental, e, aux [-damɑ̃tal, o] *a* fundamental, basic.

fondation *f* foundation, founding (action) ; foundation (établissement).

fonder *v* (1) found, set up (créer) ‖ start (famille).

fondre [-dr] *v* (4) melt ; *faire*
~, melt (beurre) ; dissolve
(sucre) ‖ [neige] melt (away) ‖
[glace] thaw ‖ ELECTR. [fusi-
ble] fuse, blow (out) ‖ FIG. ~ *en
larmes*, burst into tears ‖ *se* ~,
[couleurs] blend, shade (*dans*,
into).

fondu, e [-dy] *a* molten
(métal) ● *m* : CIN. ~ *enchaîné*,
dissolve.

font [fɔ̃] → FAIRE.

fontaine [-tɛn] *f* (drinking-)
fountain ‖ spring (source).

fonte 1 *f* cast-iron.

fonte 2 *f* melting (action) ; ~
des neiges, thaw.

football [futbol] *m* football,
soccer ; *jouer au* ~, play
football.

force [fɔrs] *f* strength, force ‖
ELECTR., PHYS., TECHN.
power ‖ MIL. ~ *de dissuasion
nucléaire*, nuclear deterrent ;
~ *de frappe*, strike force ; *Pl*
forces ‖ *de/par* ~, by force,
forcibly ; *à* ~ *de*, by dint of.

forcé, e *a* forced.

forcément *av* of necessity,
inevitably.

forcer *v* (6) force, compel (*à*,
to) ; ~ *qqn à faire qqch*, force
sb into doing sth ; *être* ~*é de*,
be compelled to ‖ break open
(coffre, porte) ‖ *se* ~, force
o. s.

forer [fɔre] *v* (1) drill (trou) ;
sink (puits).

forestier, ère [fɔrɛstje] *a*
forest.

foret [-ɛ] *m* TECHN. drill.

forêt [-ɛ] *f* forest.

forfaitaire [-fɛtɛr] *a* COMM.
contract(ual) ; *paiement* ~,
lump sum.

forge [-ʒ] *f* forge.

forger *v* (7) TECHN. forge.

formalité [-malite] *f* formality ; *remplir une* ~, comply
with a formality.

format [-ma] *m* format.

formation *f* formation ‖
[apprentissage] training.

forme *f* shape, form ; *sous* ~
de, in the shape of ; *prendre*
~, take shape ‖ SP. form ;
(bonne) ~, fitness ; *en* ~, fit,
in form ; *ne pas être en* ~,
be out of form/training ‖ FIG.
form (formalité) ; *pour la* ~, for
form's sake ; *en bonne et due*
~, in due form. ‖ GRAMM. ~
passive, passive (form).

formel, le *a* formal, express
(défense).

formellement *av* absolutely,
strictly, emphatically.

former *v* (1) form, shape ‖
[éducation] train ‖ FIG. make
up (composer).

formidable [-midabl] *a* stu-
pendous, tremendous ‖ ~*!*,
fantastic !

formulaire [-mylɛr] *m* form.

formule *f* : [correspondance]
~ *de politesse*, complimentary
close ‖ MATH., CH., PHYS.
formula.

formuler *v* (1) express (souhait) ; word, state (opinion).

fort [fɔr] *m* MIL. fort.

fort, e [-, t] *a* strong (résistant) ; stout (chaussures) ; high (vent, fièvre) ; loud (voix) ; broad (accent) ● *av* hard, heavily (violemment) ; exceedingly, very (très) ; *parlez plus* ∼, speak up.

fortement [-təmɑ̃] *av* strongly.

fortifiant, e [-tifjɑ̃] *a* invigorating, fortifying ; bracing (air) ● *m* tonic.

fortifier *v* (1) MED. strengthen, invigorate, brace up.

fortune [-tyn] *f* wealth, fortune ; *faire* ∼, make a fortune ‖ luck, fortune ; *manger à la* ∼ *du pot*, take pot luck ‖ *de* ∼, makeshift (moyens).

fortuné, e *a* wealthy (riche).

fosse [fos] *f* pit (trou) ‖ TECHN. ∼ *d'aisances*, cesspool ; ∼ *septique*, septic tank.

fossé [fɔse] *m* ditch.

fou, fol, folle [fu, fɔl] *a* mad ; *devenir* ∼, go mad ; *rendre* ∼, drive mad ‖ crazy (cinglé) ‖ FAM. ∼ *de*, crazy about ● *n* madman, -woman ; lunatic ‖ *m* [échecs] bishop.

foudre [-dr] *f* lightning ‖ FIG. *coup de* ∼, love at first sight.

fouet [fwɛ] *m* whip ‖ CULIN. whisk.

fouetter [-te] *v* (1) whip ; flog (enfant) ‖ CULIN. whip (crème) ; whisk (œufs).

fougère [fuʒɛr] *f* fern.

fouille [fuj] *f* [personne] searching.

fouiller *v* (1) search (qqn) ; go through (poches).

fouillis [-i] *m* jumble, muddle, mess.

foulard [fular] *m* scarf.

foule *f* crowd.

foulée *f* stride.

fouler (se) [səfule] *v* (1) : ∼ *la cheville*, sprain one's ankle.

foulure *f* MED. sprain.

four [fur] *m* oven ; *(faire) cuire au* ∼, bake.

fourbu, e [-by] *a* dog-tired.

fourchette [-ʃɛt] *f* fork.

fourgon [-gɔ̃] *m* RAIL. luggage-van.

fourmi [-mi] *f* ant.

fourmilière [-miljɛr] *f* anthill.

fourmillement [-mijmɑ̃] *m* swarming.

fourmiller *v* (1) swarm (de, with).

fournée [-ne] *f* ovenful ; batch (de pain).

fournir *v* (2) : ∼ *qqch à qqn*, provide/supply sb with sth ‖ cater (repas) ‖ afford (occasion) ‖ [cartes] follow suit, ∼ *à pique*, follow in spades ‖ COMM. *se* ∼ *chez* : get one's supplies from.

fournisseur *m* tradesman ‖ supplier.

fourniture *f* supplying ‖ *Pl* supplies.

fourré, e [fure] *a* furlined (vêtement) ‖ CULIN. stuffed.

fourré *m* thicket.

fourrer 1 *v* (1) line with fur ‖ CULIN. stuff.

fourrer 2 *v* (1) FAM. stick, shove (dans, into).

fourre-tout *m inv* hold-all.
fourrière *f* AUT. *mettre à la* ~, tow away.
fourreur *m* furrier.
fourrure *f* fur.
foutre (s'en) [sãfutr] *v* (4) : VULG. *je m'en fous*, I don't give a damn (coll.).
foutu [futy] *a* = FICHU.
foyer 1 [fwaje] *m* fire-place, hearth (âtre) ‖ PHYS. focus (de lentille); *verres à double* ~, bifocals.
foyer 2 *m* home; ~ *d'étudiants*, hostel.
fracas [fraka] *m* crash.
fracasser [-se] *v* (1) shatter, smash to pieces ‖ *se* ~, crash, smash.
fraction *f* fraction.
fracturer *v* (1) break open (coffre-fort).
fragile [-ʒil] *a* fragile; brittle, breakable ‖ COMM. « *F* ~ », "with care" ‖ FIG. delicate (santé).
fragment [-gmã] *m* fragment, pièce.
fraîche [frɛʃ] *af* → FRAIS.
fraîcheur *f* coolness ‖ FIG. freshness.
fraîchir *v* (2) [température] get cooler.
frais 1, fraîche [frɛ, ʃ] *a* cool (pièce, temps); fresh (air) ‖ CULIN. fresh (beurre, poisson); new-laid (œufs) ● *m* cool, fresh air; *prendre le* ~, enjoy the cool air; *au* ~, in a cool place.
frais 2 *mpl* expenses, charges;

à peu de ~, cheaply; *sans* ~, free of charge ‖ ~ *professionnels*, expense account; *faux* ~, incidental expenses.
fraise [frɛz] *f* BOT. strawberry; ~*s des bois*, wild strawberries.
framboise [frãbwaz] *f* raspberry.
franc [frã] *m* franc (monnaie).
franc, che [frã, ʃ] *a* frank (sincère); straight (réponse); straightforward (direct) ‖ SP. ~ *jeu*, fair play; *jouer* ~ *jeu*, play fair.
français, e [-sɛ] *a* French ● *m* [langue] French.
Français, e *n* Frenchman, -woman; *les* ~, the French.
France [-s] *f* France.
franchement [-ʃmã] *av* frankly.
franchir *v* (2) jump over (fossé); clear (obstacle).
franchise *f* frankness; *en toute* ~, quite frankly ‖ *en* ~, duty-free.
franco [-ko] *av* : ~ *(de port)*, post-free, carriage paid.
frappant, e [frapã] *a* striking.
frappe *f* typing.
frappé, e *a* CULIN. iced (champagne).
frapper *v* (1) strike (coup); hit (qqn) ‖ ~ *à la porte*, knock at the door; *entrer sans* ~, walk straight in ‖ FIG. strike.
fraternel, le [-tɛrnɛl] *a* brotherly.

fraude [frod] *f* fraud ; ~ *fiscale*, tax-evasion ‖ *passer en* ~, smuggle in.

frauder *v* (1) cheat.

frayer [frɛje] *v* (9 b) open up (chemin) ‖ *se* ~ *un chemin (à coups de coudes)*, elbow one's way (*à travers*, through).

frayeur *f* fright.

frein [frɛ̃] *m* brake ‖ AUT. ~ *à main*, hand-brake ; ~ *à disque*, disc-brake ; ~ *à tambour*, drum-brake ; *mettre le* ~, put the brake on.

freiner [frɛne] *v* (1) brake.

frêle [frɛl] *a* frail.

frelon [frəlɔ̃] *m* hornet.

frémir [fremir] *v* (2) quiver, shudder (d'horreur) ‖ [eau prête à bouillir] simmer.

frémissement *m* quiver-(ing) ; [peur] shudder.

fréquemment [-kamã] *av* frequently.

fréquence [-kãs] *f* frequency.

fréquent, e *a* frequent ; *peu* ~, infrequent.

fréquenté, e *a* frequented ; *mal* ~, ill-frequented.

fréquenter *v* (1) frequent, resort to (lieu) ‖ go about with (personne).

frère [frɛr] *m* brother ; ~ *aîné*, elder brother ; ~ *cadet*, younger brother ; ~ *de lait*, foster-brother.

fréter [frete] *v* (1) charter.

friand, e [frijã, d] *a* fond (*de*, of).

friandise *f* dainty, delicacy.

fric [frik] *m* FAM. dough (sl.).

friction *f* rub(bing) ‖ [coiffeur] scalp-massage ‖ SP. rub-down.

frictionner [-sjɔne] *v* (1) rub ; give a rub-down to (qqn).

Frigidaire [friʒidɛr] *m* refrigerator.

frigo [-go] *m* FAM. fridge (coll.).

frileux, euse [-lø] *a* : *être* ~, feel the cold.

frimer [-me] *v* (1) ARG. swank (coll.).

fringues [frɛ̃g] *fpl* ARG. togs (sl.).

friper [fripe] *v* (1) : *(se)* ~, crumple.

frire *v* (55) : *(faire)* ~, fry.

frisé, e [-e] *a* curly.

friser *v* (1) curl (cheveux).

frisquet [-skɛ] *a* chilly.

frisson [-sɔ̃] *m* [froid] shiver ; [horreur] shudder.

frissonner *v* (1) [froid] shiver ; [horreur] shudder ; [peur, plaisir] thrill.

frites [-t] *fpl* chips, US French fries.

friture *f* frying oil/grease ; dripping (graisse) ; fried fish (poissons).

froid, e [frwa, d] *a* cold ; *il fait* ~, it is cold • *m* cold, chill ; *avoir* ~, be cold ; *j'ai* ~ *aux pieds*, my feet are cold ; *prendre* ~, catch cold.

froisser [-se] *v* (1) crumple, crease ‖ FIG. hurt, offend ‖ *se* ~, [tissu] crease, crumple ‖ FIG. take offence (*de*, at).

frôler [frole] *v* (1) brush, graze.

fromage [frɔmaʒ] *m* cheese ; ~ *blanc*, cottage cheese ; ~ *de* *chèvre*, goat's milk cheese ; ∼ *à la crème*, cream cheese.

froment *m* wheat.

froncer [frɔ̃se] *v* (1) : ∼ *les sourcils*, frown, knit one's brows.

fronde [-d] *f* catapult (jouet).

front 1 [frɔ̃] *m* forehead, brow.

front 2 *m* : NAUT. ∼ *de mer*, sea-front ‖ FIG. *faire* ∼ *à*, face ‖ *de* ∼, abreast (sur la même ligne) ; head on (collision).

frontière [-tjɛr] *f* border, frontier.

frotter [frɔte] *v* (1) rub ‖ chafe (frictionner) ‖ polish (parquet).

frousse *f* fright ; *avoir la* ∼, be scared.

frugal, e, aux [frygal, o] *a* frugal, spare (repas).

fruit(s) [frɥi] *m(pl)* fruit ; *un* ∼, a piece of fruit ; ∼*s confits*, candied fruit ; ∼*s de mer*, sea-food.

fruitier, ère [-tje] *n* green-grocer.

fugitif, ive [fygitif] *a* fugitive, fleeting ● *n* runaway, fugitive.

fugue [fyg] *f* MUS. fugue.

fuir 1 [fɥir] *v* (56) flee, fly, run away from.

fuir 2 *v* (56) [robinet] leak ; *qui fuit*, leaky ‖ [liquide] leak/run out ‖ [gaz] escape.

fuite 1 *f* flight ; *prendre la* ∼, take to flight.

fuite 2 *f* [liquide] leak(age).

fume-cigarette [fym-] *m* cigarette-holder.

fumée *f* smoke ; *rempli de* ∼, smoky.

fumer *v* (1) smoke ; *défense de* ∼, no smoking ‖ CULIN. smoke.

fûmes [fym] → ÊTRE.

fumeur, euse *n* smoker ‖ RAIL. *compartiment de* ∼*s*, smoking compartment, smoker ; *non-*∼, non-smoker.

fumier *m* dung.

funeste [fynest] *a* disastrous ‖ fatal (mortel).

funiculaire [fynikylɛr] *a/m* funicular, cable-railway.

fur [fyr] *m* : *au* ∼ *et à mesure (que)*, [loc av] (in proportion) as ; as fast/soon as.

furieux, euse [-jø, z] *a* furious, angry (*contre*, with).

furtif, ive [-tif] *a* furtive, stealthy.

furtivement *av* stealthily.

fuseau [fyzo] *m* : ∼ *horaire*, time zone.

fusée *f* rocket ; ∼ *à trois étages*, three-stage rocket.

fusible *m* ELECTR. fuse.

fusil [-zi] *m* MIL. rifle ‖ SP. (shot-)gun (de chasse) ; ∼ *sous-marin*, speargun.

fût [fy] → ÊTRE.

futur, e [fytyr] *a* future ● *m* GRAMM. future.

g

g [ʒe] *m.*

gabarit [gabari] *m* gauge.

gâcher [gɑʃe] *v* (1) FIG. waste (gaspiller) ; spoil (plaisir).

gâchis [-i] *m* waste ‖ FAM. mess ; *quel ∼!*, what a mess !

gaffe [gaf] *f* blunder.

gaffer *v* (1) blunder.

gaffeur, euse *n* blunderer.

gag [gag] *m* TH., CIN. gag.

gage [-ʒ] *m* pledge ; *en ∼*, in pawn ; *mettre en ∼*, pawn (sth) ‖ [jeux] forfeit (amende).

gagnant, e [-ɲɑ̃] *a* winning ● *n* winner.

gagner *v* (1) earn (salaire) ; *∼ sa vie*, make one's living ‖ win (pari, prix) ‖ gain, save (temps).

gai, e [ge] *a* merry, cheerful, gay.

gaieté *f* cheerfulness.

gain [gɛ̃] *m* gain, profit ‖ *Pl* [jeu] winnings ; [travail] earnings.

gaine [gɛn] *f* sheath ‖ [vêtement] girdle, foundation-garment.

gala [gala] *m* gala.

galant, e *a* gallant, attentive to women.

galaxie [-aksi] *f* galaxy.

galbe [-b] *m* curves.

galbé, e *a* curved.

galerie [-ri] *f* ARTS picture-gallery ‖ AUT. (luggage-) rack.

galet [-ɛ] *m* pebble ‖ *Pl* shingle ; *plage dc ∼s*, shingly beach.

Galles [gal] *f : le pays de ∼*, Wales.

gallicisme [-isism] *m* gallicism.

gallois, e [-wa, z] *a* Welsh ● *m* [langue] Welsh.

Gallois, e *n* Welshman, -woman.

gallon *m* gallon.

galop [galo] *m* gallop ; *au ∼*, at a gallop ; *grand ∼*, full gallop ; *petit ∼*, canter.

galoper [-ɔpe] *v* (1) gallop ; *faire ∼*, gallop.

gambit [gɑ̃bi] *m* gambit.

gamin [gamɛ̃] *m* kid, youngster.

gamine [-in] *f* girl.

gamme [gam] *f* MUS. scale.

gangster [gɑ̃gstɛr] *m* gangster.

gant [gɑ̃] *m* glove ; *∼s de boxe*, boxing-gloves ; *∼s de caoutchouc*, rubber gloves ; *∼ de crin*, friction glove ; *∼ de toilette*, face flannel.

garage [garaʒ] *m* garage.

garagiste *m* garage-man.

garant, e *n : se porter ∼ de*, vouch for.

garantie [-ɑ̃ti] *f* guarantee.

garantir *v* (2) guarantee.

garce [-s] *f* FAM. bitch (coll.).

garçon [-sɔ̃] *m* boy, lad ‖ *(vieux) ∼*, (old) bachelor ‖ *∼ de cabine*, steward ; *∼ de café*, waiter ; ∼!, waiter! ‖ ∼ *d'honneur*, best man.

garçonnière [-sɔnjɛr] *f* bachelor's room.

garde 1 [gard] *f* care; *prendre* ∼, take care (*de*, to ; *de ne pas*, not to) ; *prenez* ∼!, careful! ‖ ∼ *d'enfant*, baby-sitting (fonction) ‖ *de* ∼, on duty (pharmacien) ‖ MIL. guard ; *monter la* ∼, mount guard.

garde 2 *n* [personne] guardian, watchman, keeper (gardien) ; nurse (garde-malade) ; sitter-in. baby-sitter (d'enfants) ‖ *m* : ∼ *du corps* (body-)guard.

garde-boue [-əbu] *m inv* mudguard.

garde-fou *m* parapet.

garde-plage *m* life-guard.

garder 1 *v* (1) [conserver] keep, preserve ‖ ∼ *qqn à dîner*, keep sb to dinner ‖ ∼ *la chambre/le lit*, keep (to) one's room/bed ‖ AUT. ∼ *sa droite*, keep (to the) right.

garder 2 *v* (1) [surveiller] keep, watch over, guard ; tend (moutons) ; mind, look after (enfants).

gardien, ne *n* keeper, guardian ‖ watchman (veilleur de nuit) ‖ caretaker (concierge) ‖ ∼ *de la paix*, constable, policeman ‖ SP. ∼ *de but*, goalkeeper.

gare [gar] *f* station, US depot ; ∼ *de marchandises*, goods sta-

tion ; ∼ *maritime*, harbour station.

garer *v* (1) : AUT. *(se)* ∼, park.

gargariser (se) [səgargarize] *v* (1) gargle.

gargarisme *m* gargle.

garnir [garnir] *v* (2) : ∼ *de*, fit (out) with (équiper) ‖ trim with (orner).

garniture *f* ornament ; fittings (accessoires).

gars [gɑ] FAM. lad, fellow, US guy (coll.).

gas-oil [gazɔjl] *m* diesel oil.

gaspillage [gaspijaʒ] *m* waste, wasting, squandering.

gaspiller *v* (1) waste, squander.

gâteau [gɑto] *m* cake ; ∼ *sec*, cracker.

gâter *v* (1) spoil, pamper (enfant) ‖ *se* ∼, [aliments] spoil, go bad/off ; [fruit] decay.

gauche [goʃ] *a* left (côté) ‖ AUT., GB nearside, FR. offside ‖ FIG. awkward, clumsy ● *f* left side ; *à* ∼, on/to the left ‖ POL. *la* ∼, the Left Wing ; *homme de* ∼, leftist.

gaucher, ère [-ʃe, ɛr] *a/n* left-handed (person).

gaufre [gofr] *f* waffle (gâteau).

gaufrette *f* CULIN. wafer.

gaver [gave] *v* (1) : *(se)* ∼, stuff (o. s.).

gaz [gaz] *m inv* gas ; ∼ *lacrymogène*, tear-gas.

gazon *m* lawn (pelouse).

géant, e [ʒeɑ̃] *a/n* giant.

geindre [ʒɛ̃dr] *v* (59) whine.

gel [ʒɛl] *m* frost.

gelé, e [ʒəle] *a* frost-bitten ●
f frost ; ~ *blanche,* hoarfrost ‖
CULIN. jelly.

geler *v* (8 *b*) freeze (congeler) ;
frost (couvrir de gelée) ‖ *se* ~,
freeze.

gémir [ʒemir] *v* (2) groan,
moan ; wail.

gémissement *m* moan(ing),
groan(ing).

gênant, e [ʒɛnɑ̃] *a* awkward,
embarrassing.

gencive [ʒɑ̃siv] *f* gum.

gendre [ʒɑ̃dr] *m* son-in-law.

gêne [ʒɛn] *f* discomfort (physique) ‖ uneasiness (morale) ‖
inconvenience (désagrément) ‖
sans ~, inconsiderate.

gêné, e *a* short (of money).

gêner *v* (1) embarrass ; be
in the/sb's way (encombrer) ;
hinder (contrarier) ; trouble,
annoy, bother (importuner) ; *la
fumée vous* ~*e-t-elle ?,* do you
mind if I smoke ? ‖ *se* ~, put
o. s. out.

général, e, aux [ʒeneral, o]
a general ; *en* ~, generally,
usually ; *en règle* ~*e,* as a rule
● *m* MIL. general.

généralement *av* generally,
usually.

génération *f* generation.

génératrice *f* ELECTR. generator.

généreux, euse *a* generous,
bountiful ‖ rich (vin).

générique *m* CIN. credit-
titles.

générosité [-ozite] *f* generosity.

génial, e, aux [ʒenjal, o] *a* of
genius ‖ FAM. ~*!,* fantastic !,
super !

génie *m* genius.

genou [ʒənu] (*Pl* **genoux**) *m*
knee ; *à* ~*x,* kneeling, on one's
knees ; *jusqu'aux* ~*x,* knee-
deep ; *se mettre à* ~*x,* kneel
down.

genre [ʒɑ̃r] *m* kind, sort ‖
GRAMM. gender.

gens [ʒɑ̃] *mpl* people, folk ; *de
braves* ~, good people ; *jeunes*
~, young men ; ~ *du monde,*
society people.

gentil, le [ʒɑ̃ti, j] *a* kind
(aimable) ; nice (sympathique) ;
sweet (charmant) ; good (sage).

gentillesse *f* kindness.

géographie [ʒeɔgrafi] *f* geography.

géographique *a* geogra-
phical.

géologie [-lɔʒi] *f* geology.

géométrie [-metri] *f* geometry.

géométrique *a* geometrical.

gérant, e [ʒerɑ̃] *n* manager.

gerbe [ʒɛrb] *f* [blé] sheaf ;
[fleurs] spray.

gercer [ʒɛrse] *v* (6) : *(se)* ~,
crack.

gerçure *f* chap, crack.

gérer [ʒere] *v* (5) manage, run.

germain, e [ʒɛrmɛ̃, ɛn] *a* →
COUSIN.

germe *m* germ.

germer *v* (1) sprout, come up.

geste [ʒɛst] *m* gesture ; wave

(de la main) ; *faire un* ∼, make a gesture, give a wave.

gestion *f* management.

gibier [ʒibje] *m* game.

giboulée [-bule] *f* sudden shower ; ∼*s de mars*, April showers.

gicler [-kle] *v* (1) squirt, spurt out ; *faire* ∼, squirt.

gicleur *m* AUT. jet ; ∼ *de ralenti*, slow running jet.

gifle [-fl] *f* slap (on the face).

gifler *v* (1) : ∼ *qqn*, slap sb's face.

gigantesque [-gãtɛsk] *a* gigantic.

gigot [-go] *m* leg of mutton.

gigoter [-gɔte] *v* (1) fidget.

gilet [-lɛ] *m* waistcoat.

gingembre [ʒɛ̃ʒɑ̃br] *m* ginger.

girl [gœrl] *f* TH. chorus-/show-girl.

girouette [ʒirwɛt] *f* weather-cock, vane.

gitan, e [-tã, an] *a/n* gipsy.

givre [-vr] *m* hoarfrost.

glabre [glabr] *a* beardless ; clean-shaven.

glace 1 [-s] *f* mirror, looking-glass ‖ AUT. window (vitre).

glace 2 *f* ice ‖ CULIN. ice-cream ‖ FIG. *rompre la* ∼, break the ice.

glacé, e *a* frozen (eau) ‖ icy (vent) ; ice-cold (boisson, mains) ‖ PHOT. glossy.

glacial, e, als *a* icy (température).

glacier *m* glacier, ice-field.

glacière *f* ice-box.

glaçon *m* [toit] icicle ‖ CULIN. ice cube.

glaise [glɛz] *f* clay.

glissade [glisad] *f* slide, slip.

glissant, e *a* slippery.

glisser *v* (1) slide (sur la glace) ; slip (par accident) ; glide (sur l'eau) ‖ *se* ∼, creep, steal, sneak.

glissière *f* slide, groove.

glissoire *f* slide.

globe [glɔb] *m* globe.

gloire [glwar] *f* glory.

glorieux, euse [glɔrjø] *a* glorious.

glycérine [gliserin] *f* gly-cerine.

gober [-be] *v* (1) suck (œuf).

godasse [-das] *f* FAM. shoe.

goémon [-emɔ̃] *m* seaweed.

gogo (à) [agogo] *loc av* galore ● *m* FAM. mug, sucker (coll.).

goinfre [gwɛ̃fr] *a* piggish ● *m* pig.

golf [gɔlf] *m* golf ; *terrain de* ∼, golf-course/-links ; *joueur de* ∼, golfer.

golfe *m* gulf.

gomme [gɔm] *f* gum ‖ eraser, (India) rubber (à effacer).

gommer *v* (1) erase, rub out.

gond [gɔ̃] *m* hinge.

gonfler [-fle] *v* (1) inflate, pump up (ballon, pneu).

gonfleur *m* (foot) pump.

gorge [gɔrʒ] *f* throat ; *avoir mal à la* ∼, have a sore throat.

gorgée *f* mouthful, gulp ; *petite* ∼, sip.

gosier [gozje] *m* throat, gullet.

gosse [gɔs] *m* FAM. kid(dy).

goudron [gudrɔ̃] *m* tar.

goudronner *v* (1) tar.

gouffre [-fr] *m* gulf, abyss.

goulot [-lo] *m* neck.

goupille [-pij] *f* pin.

gourdin [-rdɛ̃] *m* club.

gourmand, e [-rmɑ̃, d] *a* greedy ; ~ *de*, fond of.

gourmandise *f* greediness ‖ *Pl* delicacies.

gousse [-s] *f* pod, shell ; ~ *d'ail*, clove of garlic.

goût [gu] *m* taste (sens) ‖ taste, flavour (saveur) ; *avoir un ~ de*, taste of ; *cela a bon ~*, it tastes good ‖ FIG. taste.

goûter 1 [-te] *v* (1) taste (mets) ‖ relish (déguster) ‖ ~ *à*, taste, sample ; [nég.] touch.

goûter 2 *v* (1) have (afternoon) tea • *m* tea ; ~-*dîner*, high tea.

goutte [gut] *f* drop, drip ; ~ *à* ~, drop by drop.

gouttière *f* [toit] gutter ; [descente] drain-pipe.

gouvernement *m* government.

gouverner *v* (1) govern, rule (pays).

grâce [grɑs] *f* [beauté] grace (fulness) ; *avec* ~, gracefully ‖ *de bonne/mauvaise* ~, willingly/unwillingly ‖ [faveur] favour ‖ [miséricorde] pardon, mercy ‖ REL. thanks (remerciement) ; *actions de* ~*s*, thanksgiving.

grâce à *loc p* thanks to.

gracier [grasje] *v* (1) pardon.

gracieusement *av* gracefully ‖ free of charge.

gracieux, euse *a* graceful.

grade [grad] *m* [université] degree ‖ MIL. rank.

graduation [-ɥasjɔ̃] *f* graduation ‖ [thermomètre] scale.

graduellement [-ɥɛlmɑ̃] *av* gradually.

graduer [-ɥe] *v* (1) graduate.

grain [grɛ̃] *m* [céréale] grain ; [café] bean, berry ; [raisin] grape.

graine [grɛn] *f* seed.

graissage [grɛsaʒ] *m* greasing ‖ AUT. lubrication.

graisse *f* grease ‖ CULIN. fat ; [rôti] dripping.

graisser *v* (1) grease, lubricate.

graisseux, euse *a* greasy, oily.

grammaire [gramɛr] *f* grammar.

grammatical, e, aux [-atikal, o] *a* grammatical.

gramme *m* gramme.

grand, e [grɑ̃, d] *a* great, large, big ‖ tall, high (haut) ; *un homme* ~, a tall man ; ~ *et maigre*, lanky ‖ loud (bruit, cri) ‖ FIG. great ; *un* ~ *homme*, a great man ; *il est* ~ *temps*, it is high time ‖ *au* ~ *air*, in the open air ; *au* ~ *jour*, in broad daylight ‖ *en* ~, on a large scale.

grand-chose *n inv* : *pas* ~, not much.

Grande-Bretagne [-brətaɲ] *f* (Great) Britain.

grandement *av* greatly, largely, highly.

grandeur *f* size (dimension).

grandir *v* (2) [personne] grow up.

grand-maman *f* grandma, granny.

grand-mère *f* grandmother.

grand-papa *m* grandpa.

grand-parents *mpl* grand-parents.

grand-père *m* grandfather.

grange [grɑ̃ʒ] *f* barn.

graphologie [grafɔlɔʒi] *f* graphology.

grappe [grap] *f* [fleurs, fruits] cluster ; [raisin] bunch.

gras, se [grɑ, s] *a* fat ‖ greasy, oily (graisseux) ‖ CULIN. fat, fatty (viandes) ‖ BOT. *plante* ∼*se*, thick leaf plant ‖ FAM. *faire la* ∼*se matinée*, lie in, have a lie in ● *av* REL. *faire* ∼, eat meat ● *m* CULIN. fat.

grassouillet, te [-sujɛ, t] *a* plump.

gratis [gratis] *av* free.

gratitude *f* gratitude.

gratte-ciel [grat-] *m inv* skyscraper.

gratter *v* (1) scrape (avec un outil) ; scratch (avec les ongles) ‖ erase (effacer) ‖ *se* ∼, scratch.

gratuit, e [gratɥi, t] *a* free.

gratuitement *av* gratis, free of charge.

grave 1 [grav] *a* deep, low (voix, son).

grave 2 *a* solemn (air) ‖ severe (maladie, accident).

gravement *av* solemnly, gravely ‖ severely.

graver *v* (1) engrave, carve.

gravir *v* (2) climb (échelle) ; ascend, climb (montagne).

grec, que [grɛk] *a* Greek ‖ Grecian (arts) ● *m* [langue] Greek.

Grec, que *n* [personne] Greek.

Grèce [grɛs] *f* Greece.

greffe [grɛf] *f* BOT. graft ‖ MED. ∼ *du cœur*, heart transplant.

greffer *v* (1) graft ‖ MED. transplant.

grêle [grɛl] *f* hail.

grêlon *m* hailstone.

grelot [grəlo] *m* bell.

grelotter [-te] *v* (1) shiver.

grenier [grənje] *m* attic, garret.

grenouille [-uj] *f* frog.

grève [grɛv] *f* [arrêt du travail] strike ; ∼ *de la faim*, hunger-strike ; ∼ *perlée*, go-slow ; ∼ *sur le tas*, sit-down strike ; ∼ *du zèle*, work-to-rule ; *faire* ∼, strike ; *être en* ∼, be on strike ; *se mettre en* ∼, go on strike.

gréviste [grevist] *n* striker.

grièvement [grijɛvmɑ̃] *av :* ∼ *blessé*, grievously/seriously wounded.

griffe [grif] *f* claw.

griffer *v* (1) scratch ; claw.

griffonner *v* (1) scrawl, scribble, scratch.

grignoter [griɲɔte] *v* (1) nibble.

gril [gri(l)] *m* grid(iron), grill.

grillade [-jad] *f* CULIN. grill.

grillage [-jaȝ] *m* wire netting ; screen (à une fenêtre).

grille *f* [clôture] railing ‖ [porte] gate ‖ [foyer] grate.

grille-pain *m inv* toaster.

griller *v* (1) CULIN. broil, grill (viande) ; roast (café, marrons, pain) ‖ [automobiliste] go through (feu rouge) ‖ [ampoule] blow (out).

grillon *m* cricket.

grimace [-mas] *f* grimace ; *faire des* ∼*s*, make faces (à, at).

grimer *v* (1) make up (acteur) [*en*, as].

grimper [grɛ̃pe] *v* (1) climb (up), clamber (up).

grincer [grɛ̃se] *v* (6) grate, creak, squeak ‖ ∼ *des dents*, grind one's teeth.

grippe [grip] *f* MED. influenza, flu (coll.).

grippé, e *a* : *être* ∼, have (the) flu.

gris, e [gri] *a/n* grey ‖ FAM. tipsy.

grisâtre [-zɑtr] *a* greyish.

grisonnant, e [-zɔnɑ̃] *a* greying.

grisonner *v* (1) turn grey.

grog [grɔg] *m* grog.

grognement [-ɲmɑ̃] *m* grunt ; grumble.

grogner *v* (1) [cochon] grunt ; [chien] growl, snarl ‖ [personne] grumble.

grommeler [-mle] *v* (8*a*) grumble, mutter.

gronder [grɔ̃de] *v* (1) [tonnerre] rumble ‖ [chien] growl ‖ scold (enfant).

groom [grum] *m* bellboy.

gros, se [gro, s] *a* big, large ‖ fat (gras) ‖ large, considerable (important) ; *jouer* ∼ *jeu*, play high ‖ heavy (houleux) ‖ bad (rhume) ‖ ∼ *mot*, bad word ‖ *en* ∼, broadly speaking ● *m* : COMM. *prix de* ∼, wholesale price.

groseille [-zɛj] *f* currant ; ∼ *à maquereau*, gooseberry.

grossesse [-sɛs] *f* pregnancy.

grosseur *f* size (dimension).

grossier, ère [grosje] *a* coarse (matière) ‖ roughly done (sommaire) ‖ rude (indélicat, insolent) ‖ glaring (erreur).

grossièrement *av* coarsely ; roughly ; rudely.

grossièreté *f* coarseness ; rudeness (vulgarité).

grossir *v* (2) grow bigger ‖ [personne] put on weight ‖ make bigger (chose) ‖ [loupe] magnify ‖ [vêtement] make (one) look bigger.

grossissant, e *a* PHYS. magnifying (verre).

grossiste *n* COMM. wholesale dealer.

grosso modo [-somodo] *loc av* roughly.

grotte [grɔt] *f* cave.

grouillant, e [grujɑ̃] *a* teeming, swarming (de, with).

grouiller *v* (1) : ∼ *de*, be swarming/crawling with ‖ FAM. *se* ∼, get a move on.

groupe [-p] *m* group, party ;

en ∼, in a group ‖ ∼ *de discussion*, panel ‖ MED. ∼ *sanguin*, blood-group ‖ ELECTR. ∼ *électrogène*, generating set.

grouper *v* (1) group, arrange in group ‖ **se** ∼, gather, cluster.

grue [gry] *f* ZOOL., TECHN. crane.

gruyère [-jɛr] *m* gruyère.

gué [ge] *m* ford ; *passer à* ∼, ford.

guenon [gənɔ̃] *f* she-monkey.

guêpe [gɛp] *f* wasp.

guêpier *m* wasps' nest.

guère [gɛr] *av* : [rarement] *ne* ... ∼, hardly, scarcely ; [peu] not much/many.

guérir [gerir] *v* (2) heal (plaie) ; cure (qqn) [*de*, of] ; [plaie] heal ; [personne] recover, get well again.

guérison [-izɔ̃] *f* [malade] recovery.

guérisseur, euse *n* healer.

guerre [gɛr] *f* war ; *en* ∼, at war ; *déclarer la* ∼, declare war (*à*, on) ; ∼ *froide*, cold war.

guet [gɛ] *m* : *faire le* ∼, be on the look-out.

guetter [-te] *v* (1) watch (surveiller).

gueule [gœl] *f* [animal] mouth ‖ [figure] VULG. mug (sl.) ; *ta* ∼*!*, shut your trap! (sl.) ‖ FAM. ∼ *de bois*, hangover.

gui [gi] *m* mistletoe.

guichet [-ʃɛ] *m* window ; [bureau de poste] position ‖ [autoroute] ∼ *de péage*, toll booth ‖ RAIL. ∼ *des billets*, booking-office.

guide [-d] *m* [personne] guide ; [tourisme] courier ; [livre] guidebook ● *f* [scoutisme] Girl Guide.

guider *v* (1) guide, lead.

guidon *m* handle-bar.

guignol [-ɲɔl] *m* puppet-show, Punch and Judy show (spectacle) ; Punch (personnage).

guillemet [-jmɛ] *m* inverted comma ; *mettre entre* ∼*s*, enclose in quotation marks.

guise [-z] *f* : *à sa* ∼, as one pleases ; *en* ∼ *de*, by way of.

guitare [-tar] *f* guitar.

Guyane [gɥijan] *f* Guiana.

gymnase [ʒimnaz] *m* gymnasium.

gymnastique [-astik] *f* gymnastics.

gynécologique [ʒinekɔlɔʒik] *a* gynaecological.

gynécologue [-g] *n* gynaecologist.

h

(L'« h » aspiré est indiqué par un astérisque.)

h [aʃ] *m* : *bombe H*, H-bomb ; *heure H*, zero hour.

habile [abil] *a* clever, skilful, handy.

habilement *av* cleverly, skilfully.

habileté *f* cleverness, skill.

habiller [-je] *v* (1) dress ‖ **s'∼**, dress (o. s.), get dressed ‖ [soirée] dress up.

habitacle [-takl] *m* Av. cockpit.

habitant, e [-tã] *n* inhabitant.

habiter *v* (1) live (*dans*, in); inhabit, live in (pays, ville) ‖ occupy (maison).

habits [abi] *mpl* clothes.

habitude *f* habit; **avoir l'∼ de**, be used to; *prendre/perdre l'∼ de*, get into/out of the habit of ‖ **d'∼**, usually.

habitué, e [-ɥe] *n* COMM. regular customer.

habituel, le *a* usual, regular, habitual, customary.

habituellement *av* usually.

habituer *v* (1) accustom ‖ **s'∼**, get accustomed/used (*à*, to).

*__haba __***hache** [aʃ] *f* axe.

*__ __***hacher** *v* (1) chop (up) ‖ CULIN. mince.

*__ __***hachis** [-i] *m* CULIN. hash, minced meat; *∼ Parmentier*, shepherd's pie.

*__ __***haie** [ɛ] *f* hedge ‖ SP. *course de ∼s*, hurdle-race.

*__ __***haillons** [ajɔ̃] *mpl* rags.

*__ __***haine** [ɛn] *f* hate, hatred.

*__ __***haïr** [air] *v* (58) hate.

Haïti [aiti] *f* Haiti.

haïtien, ne [aisjɛ̃, ɛn] *a/n* Haitian.

*__ __***hâle** [αl] *m* (sun)tan, sunburn.

*__ __***hâlé, e** *a* (sun)tanned.

haleine [alɛn] *f* breath; **hors d'∼**, out of breath, breathless.

*__ __***hâler** [αle] *v* (1) tan, sunburn (brunir).

*__ __***haleter** [aləte] *v* (8*b*) pant, gasp.

*__ __***halte** [alt] *f* stop-over ‖ stopping-place (lieu) ● *interj* : **∼!**, stop!

haltère [-ɛr] *m* dumb-bell.

haltérophile [-erɔfil] *n* weightlifter.

*__ __***hamac** [amak] *m* hammock.

hameçon [amsɔ̃] *m* (fish-) hook.

*__ __***hanche** [ãʃ] *f* hip.

*__ __***handicap** [ãdikap] *m* handicap.

*__ __***handicapé, e** *a* handicapped ● *n* handicapped person; *∼ moteur*, spastic.

*__ __***handicaper** *v* (1) handicap.

*__ __***hangar** [ãgar] *m* shed.

*__ __***hanté, e** [ãte] *a* haunted.

*__ __***hanter** *v* (1) haunt.

*__ __***harasser** [arase] *v* (1) exhaust.

*__ __***hardi, e** [ardi] *a* bold, daring.

*__ __***hardiment** *av* boldly.

*__ __***hareng** [arã] *m* herring; *∼ saur*, red herring, kipper, bloater.

*__ __***haricot** [ariko] *m* bean; *∼s verts*, French beans.

harmonica [armɔnika] *m* mouth-organ.

harmonie *f* MUS. harmony.

harmonieux, euse *a* harmonious.

***harpe** [arp] *f* harp.

***harpon** *m* SP. spear; *pêche au* ~, spear-fishing.

***hasard** [azar] *m* chance, luck; *jeu de* ~, game of chance; *au* ~, at random; aimlessly (*sans but*); *par* ~, by chance.

***hasarder** [-de] *v* (1) risk.

***hâte** [ât] *f* haste, hurry; *avoir* ~ *de faire qqch*, be eager to do sth; *à la* ~, hastily; *en* ~, hurriedly, in haste.

***hâter** *v* (1) : *se* ~, hasten, make haste, hurry.

***hausse** [os] *f* [prix, salaire] rise, increase.

***hausser** *v* (1) raise ‖ ~ *les épaules*, shrug (one's shoulders).

***haut, e** [o, t] *a* [montagne, mur] high; ~ *de 6 pieds*, 6 feet high ‖ [arbre, personne] tall ‖ [marée] high ‖ [voix] loud; *à voix* ~*e*, aloud ● *av* high ‖ loud; *tout* ~, loudly (parler) ● *m* height; *6 pieds de* ~, 6 feet in height; *vers le* ~, upward(s) ‖ [caisse] "this side up" ‖ *en* ~, at the top, upstairs; *de* ~ *en bas*, from top to bottom.

***hautbois** *m* oboe.

***hauteur** *f* height; *quelle est la* ~ *de ?*, how high is...? ; *à mi-*~, half-way up.

***haut-parleur** *m* loudspeaker.

hayon [ajɔ̃] *m* AUT. hatchback.

hebdomadaire [ɛbdɔmadɛr] *a/m* weekly.

hébété, e [ebete] *a* dazed.

hébreu [ebrø] *a* Hebrew ● *m* [langue] Hebrew.

***héler** [ele] *v* (5) hail (taxi).

hélice [elis] *f* NAUT., AV. screw, propeller.

hélicoptère [-kɔptɛr] *m* helicopter.

héliport *m* heliport.

helvétique [ɛlvetik] *a* : *Confédération* ~, Helvetic Confederacy.

***hennir** [ɛnir] *v* (2) neigh.

herbe [ɛrb] *f* grass; *mauvaise* ~, weed ‖ MED. ~ *médicinale*, herb ‖ CULIN. *fines* ~*s*, sweet herbs.

herbicide [-isid] *m* weedkiller.

***hérisson** [erisɔ̃] *m* hedgehog.

héritage [-taʒ] *m* inheritance; *faire un* ~, inherit.

hériter *v* (1) inherit; ~ (*de*) *qqch*, inherit sth; ~ *d'une fortune*, come into a fortune; ~ *de qqn*, inherit sb's property.

héritier, ère *n* heir, -ess.

***hernie** [hɛrni] *f* rupture.

hésitant, e [ezitɑ̃] *a* hesitant, undecided.

hésitation *f* hesitation; *sans* ~, unhesitatingly.

hésiter *v* (1) hesitate; *sans* ~, without hesitating.

heure [œr] *f* [durée] hour; *louer à l'*~, hire by the hour; [classe] period; [travail] ~*s supplémentaires*, overtime ‖ [moment] time; *quelle* ~ *est-*

il ?, what time is it ? ; *deux* ∼*s dix*, ten past two ; *il est dix* ∼*s moins cinq*, it is five to ten ; *à 2* ∼*s*, at 2 o'clock ‖ ∼ *d'été*, daylight-saving time ; ∼ *normale*, standard time ‖ *à l'*∼, on time ; *à l'*∼ *juste*, on the hour ; *c'est l'*∼*!*, time is up ! ; *toutes les* ∼*s*, hourly ; ∼*s creuses*, off-peak hours ‖ *tout à l'*∼, [passé] a short while ago ; [futur] in a little while, presently ; *à tout à l'*∼, see you later ; *à l'*∼ *actuelle*, at the present time ‖ *de bonne* ∼, early.

heureusement [-øzmɑ̃] *av* luckily, fortunately.

heureux, euse *a* happy ‖ pleased, glad (satisfait) ‖ lucky (chanceux).

*****heurter** [-te] *v* (1) hit, strike, knock ‖ *se* ∼, collide (à, with).

*****hibou** [-ibu] (*Pl* **hiboux**) *m* owl.

*****hic** [ik] *m* : *le* ∼ *c'est que*, the snag is that.

hier [jɛr] *av* yesterday ; ∼ *matin*, yesterday morning ; ∼ *soir*, last night.

hirondelle [irɔ̃dɛl] *f* swallow.

hirsute [irsyt] *a* unkempt.

*****hisser** [ise] *v* (1) hoist ‖ *se* ∼, climb.

histoire [istwar] *f* [science] history ‖ [récit] story ; ∼ *drôle*, joke ‖ *Pl* [ennui] trouble ; [manières] *faire des* ∼*s*, make a fuss.

historique [-ɔrik] *a* historic(al).

hiver [ivɛr] *m* winter ; *d'*∼, winter (journée, vêtements) ; wintry (temps).

*****hocher** [ɔʃe] *v* (1) : ∼ *la tête*, shake one's head.

*****hockey** [ɔkɛ] *m* hockey ; ∼ *sur glace*, ice-hockey.

*****hold-up** [ɔldœp] *m inv* [banque] raid ; [train] hold-up.

*****hollandais, e** [ɔlɑ̃dɛ] *a* Dutch.

*****Hollandais, e** *n* Dutchman, -woman.

*****Hollande** *f* Holland ● *m* [fromage] Dutch cheese.

*****homard** [ɔmar] *m* lobster.

homme [ɔm] *m* man ; *jeune* ∼, young man ; ∼ *d'affaires*, businessman.

homme-grenouille *m* frogman.

homo *n* FAM. gay (coll.).

homonyme [-ɔnim] *a* homonymous ● *m* homonym.

homosexuel, le *a/n* homosexual.

honnête [ɔnɛt] *a* honest (personne) ; decent (attitude, procédé).

honnêtement *av* honestly, decently.

honnêteté *f* honesty.

honneur *m* honour ‖ *faire* ∼ *à*, honour (engagements) ; do justice to (repas) ‖ *en l'*∼ *de*, in honour of.

honorable [ɔnɔrabl] *a* honourable, respectable (per-

sonne) ; creditable (action) ; *peu
~*, disreputable.

honorer *v* (1) honour.

*****honte** [ɔt] *f* shame, disgrace ;
avoir ~ de, be ashamed of ;
quelle ~!, for shame!

honteux, euse *a* ashamed
(*de*, of) ‖ disgraceful, shameful (action) ; *c'est ~x!*, it's a
shame/disgrace!

hôpital [ɔpital] *m* hospital.

*****hoquet** [ɔkɛ] *m* hiccup ;
avoir le ~, have the hiccups.

*****hoqueter** [-te] *v* (1) hiccup.

horaire [ɔrɛr] *a* hourly • *m*
RAIL. time-stable, US schedule.

horizon [ɔrizɔ̃] *m* horizon ; *à
l'~*, on the horizon.

horizontal, e, aux [-tal, o] *a*
horizontal.

horizontalement *av* hori-
zontally.

horloge [-lɔ̃ʒ] *f* clock ; ~
parlante, speaking clock.

horloger, ère *n* watch-
maker.

horlogerie [-ri] *f* : *mouvement
d'~*, clockwork.

horreur [ɔrœr] *f* horror ; *avoir
~ de*, hate.

horrible *a* horrible (affreux) ;
horrid (épouvantable).

*****hors** [ɔrs] *p* outside ; ~ *jeu*,
out of play ; ~ *de*, out of ;
~ *d'atteinte/de portée*, out of
reach ; ~ *de propos*, beside the
point ; ~ *de soi*, beside o. s.

*****hors-bord** *a* outboard
(moteur) • *m inv* speed-boat
(bateau).

*****hors-d'œuvre** [-dœvr] *m inv*
hors-d'œuvre.

*****hors-taxes** *a* duty free.

horticulteur, trice [-tikyl-
tœr] *n* fruit-grower.

hospitaliser [ɔspitalize] *v* (1)
hospitalize, send to hospital.

hospitalité *f* hospitality.

hostie [ɔsti] *f* host.

hostile [-l] *a* hostile.

hôte, esse [ot, ɛs] *n* host (qui
reçoit] ; guest (invité).

hôtel *m* hotel ; *à l'~*, in/at
a(n) hotel ; **descendre à l'~**,
put up at a hotel ‖ ~ *de ville*,
town hall.

hôtesse *f* hostess ‖ [tourisme]
escort ‖ AV. ~ *de l'air*, air-
hostess ‖ → HÔTE.

*****houblon** [ublɔ̃] *m* hop(s).

*****houille** [uj] *f* coal ; ~
blanche, water-power.

*****houle** [ul] *f* swell.

*****houppe** [up] *f* : ~ *à poudre*,
powder-puff.

*****houx** [u] *m* holly.

huer [ɥe] *v* (1) hiss, boo.

huile [ɥil] *f* oil ; ~ *de foie de
morue*, cod-liver oil ; ~ *d'olive*,
olive oil ; ~ *solaire*, suntan
oil ; ~ *de table*, salad oil ‖
TECHN. ~ *de graissage*, lubri-
cating oil.

huiler *v* (1) oil.

huileux, euse *a* oily.

huilier *m* (oil-)cruet.

*****huit** [ɥit ; ɥi devant consonne]
a eight ; *dans ~ jours*, in
a week ; *d'aujourd'hui en ~*,
today week, a week today.

huitaine [-ɛn] f : dans une ∼, in a week or so.

huitième [-jɛm] a/n eighth.

huître [ɥitr] f oyster.

humain, e [ymɛ̃, ɛn] a human ‖ humane, kind (compatissant).

humanité [-anite] f mankind (genre humain).

humble [œ̃bl] a humble.

humblement [-əmɑ̃] av humbly.

humecter [ymɛkte] v (1) damp(en), moisten.

humeur f mood (disposition); d'∼ changeante, moody; être de bonne/mauvaise ∼, be in a good/bad humour/mood.

humide [-id] a wet (mouillé); humid (chaud); damp, raw (froid).

humidité f humidity; damp(ness).

humilier [-ilje] v (1) humiliate ‖ s'∼, humble o.s.

humoriste [-ɔrist] n humorist.

humoristique a humorous (histoire).

humour [-ur] m humour.

*hurlement [yrləmɑ̃] m howl(ing) ‖ [douleur] yell, scream.

*hurler v (1) howl; yell.

*hutte [yt] f hut.

hydratant, e [idratɑ̃] a moisturizing.

hydraulique [idrolik] a hydraulic.

hydravion m seaplane.

hygiène [iʒjɛn] f hygiene.

hygiénique [-enik] a hygienic.

hymne [imn] m hymn; ∼ national, national anthem.

hypermétrope [ipɛrmetrɔp] a long-sighted.

hypnotique [ipnɔtik] a hypnotic.

hypnotiser v (1) hypnotise, mesmerize.

hypnotisme m hypnotism, mesmerism.

hypocrisie [ipɔkrizi] f hypocrisy.

hypocrite a hypocritical ● n hypocrite.

hypodermique [-dɛrmik] a hypodermic.

hypothèse [-tɛz] f hypothesis.

i

i [i] m.

iceberg [isbɛrg] m iceberg.

ici [isi] av [lieu] (over) here; d'∼, from here; par ∼, this way (direction); around here (proximité) ‖ [temps] now; jusqu'∼, up to now.

idéal, e, als [ideal] a ideal ● m (Pl idéals, aux [-al, -o]) ideal.

idéaliste n idealist.

idée ƒ idea, notion ; *je n'en ai pas la moindre* ∼, I haven't the slightest idea ‖ ∼ *fixe*, obsession.

identité [idɑ̃tite] ƒ identity ; *carte d'*∼, identity card.

idiomatique [idjomatik] *a* idiomatic.

idiot, e [idjo, ɔt] *a* idiotic ‖ FAM. silly ● *n* idiot, *faire l'*∼, play the fool.

idiotisme [idjɔtism] *m* idiom.

idole [idɔl] ƒ idol.

if [if] *m* yew(-tree).

ignorance [iɲɔrɑ̃s] ƒ ignorance.

ignorant, e *a* ignorant ‖ ∼ *de*, unacquainted with.

ignorer *v* (1) be ignorant of ; know nothing about, not to know.

il [il] *pr* [masculin] he ‖ [neutre] it ‖ [impers.] it ‖ *Pl* they.

île [il] ƒ island, isle.

illégal, e, aux *a* illegal, unlawful.

illisible *a* illegible.

illuminer [ilymine] *v* (1) illuminate, light up.

illusion [-yzjɔ̃] ƒ illusion.

illusionniste [-jɔnist] *n* conjurer.

illustration [-ystrasjɔ̃] ƒ illustration.

illustré, e *a* illustrated.

illustrer *v* (1) illustrate.

îlot [ilo] *m* islet.

im- [ɛ̃ devant b et p ; i devant mm + voyelle] *préf.*

image [imaʒ] ƒ picture.

imagination [-inasjɔ̃] ƒ imagination ‖ fancy (fantaisie).

imaginer *v* (1) imagine, fancy ‖ design (inventer) ‖ *s'*∼, fancy, imagine ; *s'*∼ *que*, think that.

imbécile [ɛ̃besil] *n* idiot.

imberbe [ɛ̃bɛrb] *a* beardless.

imitation [imitasjɔ̃] ƒ imitation ‖ copy (reproduction).

imiter *v* (1) imitate, copy.

immangeable [ɛ̃mɑ̃ʒabl] *a* uneatable.

immédiat, e [imedja, t] *a* immediate ‖ instant (soulagement).

immédiatement *av* immediately, at once ; instantly.

immense [imɑ̃s] *a* immense, vast.

immérité, e *a* undeserved.

immeuble [imœbl] *m* building ; block of flats (de rapport).

immigrant, e [imigrɑ̃] *a/n* immigrant.

immigration ƒ immigration.

immigré, e *a/n* immigrant.

immigrer *v* (1) immigrate (*en*, into).

immobile *a* motionless, immobile.

impair, e *a* odd, uneven.

impasse ƒ cul-de-sac, dead end ‖ [cartes] finesse.

impatience ƒ impatience.

impatient, e *a* impatient, eager ; *être* ∼ *de*, look forward to.

impatienter (s') *v* (1) grow impatient.

impayé, e *a* unpaid.
impératif, ive [ɛ̃peratif] *a/m* imperative.
impériale *f* AUT. upper deck; *autobus à* ∼, double decker (bus).
imperméable [ɛ̃pɛrmeabl] *a* waterproof ● *m* waterproof, mackintosh, raincoat.
impoli, e *a* impolite.
importance [ɛ̃pɔrtɑ̃s] *f* importance, significance; *avoir de l'*∼, be important; *ça n'a pas d'*∼, it doesn't matter, that makes no difference.
important, e *a* important, significant ‖ outstanding (événement) ‖ considerable (somme) ‖ *peu* ∼, unimportant ‖ FIG. prominent (position, rôle) ● *m* : *l'*∼ *est de*, the main thing is to.
importateur, trice *n* importer.
importation *f* import.
importer 1 *v* (1) COMM. import.
importer 2 *v* (1) [être important] matter; *peu* ∼*e !*, never mind !; *n'*∼*e comment*, anyhow; *n'*∼*e où*, anywhere; *n'*∼*e quand*, any time; *n'*∼*e quel*, any; *n'*∼*e qui*, anybody; *n'*∼*e lequel*, anyone; *n'*∼*e quoi*, anything.
importuner [-yne] *v* (1) bother.
imposant, e [ɛ̃pozɑ̃] *a* imposing, stately (majestueux).
imposer *v* (1) lay down (règle); prescribe, set (tâche); *en* ∼

à, impress ‖ *s'*∼, intrude (à, on); assert o.s.; [action] be necessary/essential.
impossible *a* impossible (de, to) ● *m* : *faire l'*∼, do all one can, do one's utmost (pour, to).
impôt [ɛ̃po] *m* tax; ∼ *sur le revenu*, income-tax.
impresario [ɛ̃presarjo] *m* agent.
impression [ɛ̃presjɔ̃] *f* impression; *faire* ∼, make an impression; *avoir l'*∼ *que*, have a feeling that ‖ TECHN. print(ing).
impressionnant, e [-ɔnɑ̃] *a* impressive.
impressionner *v* (1) impress; upset.
imprévisible *a* unforeseeable.
imprévu, e *a* unforeseen, unexpected.
imprimé [ɛ̃prime] *m* print ‖ *Pl* [poste] printed matter.
imprimer *v* (1) print.
imprimerie [-ri] *f* printing office.
imprimeur *m* printer.
improbable *a* improbable, unlikely.
improvisé, e [ɛ̃provize] *a* improvised; extemporized (discours); scratch (dîner).
improviser *v* (1) improvise; extemporize (discours).
improviste (à l') *loc av* unexpectedly, without warning.
imprudemment *av* imprudently, unwisely; recklessly.
imprudence *f* carelessness, imprudence.

imprudent, e *a* careless, imprudent; unwise.

impur, e *a* impure.

in- [in devant voyelle ou h; i devant n ou r; $\tilde{\varepsilon}$ devant autre consonne] *préf.*

inachevé, e *a* unfinished, uncompleted.

inactif, ive *a* inactive, idle.

inadvertance [-advɛrtãs] *f* oversight; *par* $\sim$, inadvertently.

inamical, e, aux *a* unfriendly.

inanimé, e *a* inanimate (corps) ‖ unconscious, senseless (évanoui).

inattendu, e [-atãdy] *a* unexpected.

inattentif, ive *a* inattentive.

inattention *f* absent-mindedness, distraction; *faute d'*$\sim$, careless mistake.

inaudible *a* inaudible.

incalculable *a* incalculable, countless.

incandescent, e [ɛ̃kãdesã] *a* glowing.

incapable *a* incapable (*de*, of); unable (*de faire*, to do).

incarné, e [ɛ̃karne] *a* ingrown, ingrowing (ongle).

incassable *a* unbreakable.

incendie [ɛ̃sãdi] *m* fire; $\sim$ *criminel*, arson.

incendier *v* (1) set on fire, burn down.

incertain, e *a* uncertain (*de*, about); doubtful (renseignement, résultat); unsettled (temps).

incessant, e *a* unceasing.

incident [ɛ̃sidã] *m* incident.

inciter *v* (1) incite, prompt, encourage (*à*, to).

incliner [ɛ̃kline] *v* (1) slope, tilt (objet) ‖ bow (tête) ‖ *s'*$\sim$, bow, bend (*sur*, over; *devant*, before).

inclure [ɛ̃klyr] *v* (4) enclose, include.

inclus, e [-y, z] *a* included, inclusive.

incolore [-kɔlɔr] *a* colourless.

incommode *a* inconvenient ‖ uncomfortable (siège).

incommoder *v* (1) inconvenience, bother.

incomparable *a* incomparable, matchless.

incompétent, e *a* incompetent.

incomplet, ète *a* incomplete.

incompréhensible *a* incomprehensible.

inconfort *m* discomfort.

inconnu, e *a* unknown (*de*, to) ● *n* stranger (personne).

inconsciemment [ɛ̃kɔ̃sjamã] *av* unconsciously.

inconscient, e *a/m* unconscious.

inconvénient [ɛ̃kɔ̃venjã] *m* inconvenience, drawback; *si vous n'y voyez aucun* $\sim$, if you don't mind.

incorrect, e *a* incorrect, wrong (renseignement) ‖ improper (tenue) ‖ impolite (langage).

incrédule *a* incredulous.

incroyable *a* unbelievable, incredible.

incruster [ɛ̃kryste] v (1) inlay.

incurable [ɛ̃kyrabl] a/n incurable.

Inde [ɛ̃d] f India.

indécence f indecency.

indécent, e a indecent.

indécis, e [ɛ̃desi] a indecisive ‖ undecided (momentanément).

indéfini, e a indefinite.

indéfiniment av indefinitely.

indélébile [ɛ̃delebil] a indelible.

indélicat, e a indelicate (sans tact).

indémaillable [ɛ̃demɑjabl] a ladderproof.

indemne [ɛ̃dɛmn] a unhurt.

indemnisation f compensation.

indemniser v (1) indemnify, compensate.

indemnité f indemnity ‖ [allocation] allowance ; ~ de chômage, dole.

indépendance f independence.

indépendant, e a independent.

index [ɛ̃dɛks] m forefinger (doigt).

indicateur [ɛ̃dikatœr] m RAIL. time-table, US schedule.

indicatif m GRAMM. indicative ‖ TEL. dialling code ‖ RAD. signature tune.

indication f indication ; direction, piece of information.

indien, ne [ɛ̃djɛ̃] a Indian • f [nage] sidestroke.

indifférence f indifference (pour, to) ; coolness.

indifférent, e a indifferent (à, to) ; unconcerned (à, about).

indigène [ɛ̃diʒɛn] n native.

indigeste [ɛ̃diʒɛst] a indigestible, stodgy.

indigestion f indigestion ; avoir une ~, have an attack of indigestion.

indigne a unworthy (de, of).

indigné, e a indignant (de, at).

indigner v (1) make indignant ‖ s'~, become indignant (de/contre, at/with).

indiquer [ɛ̃dike] v (1) point out, show ; point (at/to) [du doigt] ; ~ (à qqn) le chemin de, show (sb) the way to, direct (sb) to ‖ recommend, tell of ‖ [instrument] register.

indirect, e a indirect.

indiscret, ète a indiscreet, inquisitive (personne).

indiscrétion f indiscretion (conduite, remarque).

indispensable a indispensable, essential.

indisponible a unavailable.

indisposé, e a MED. unwell ; [femme] être ~e, have one's period, be indisposed.

indisposition f MED. indisposition ; [femme] period.

indistinct, e a indistinct ; dim (contour, lumière) ; confused (son).

indistinctement av indistinctly (vaguement).

individu [ɛ̃dividy] m individual ‖ FAM. fellow, character ‖ PEJ. customer.

individuel, le [-ɥɛl] *a* individual.

individuellement *av* individually.

indolore [-ɔr] *a* painless.

indulgent, e [ɛ̃dylʒɑ̃] *a* indulgent.

indûment [-mɑ̃] *av* unduly.

industrie [-stri] *f* industry.

industriel, le *a* industrial ● *m* industrialist, manufacturer.

inédit, e [inedi, t] *a* unpublished ‖ FIG. new.

inefficace *a* ineffective, ineffectual.

inégal, e, aux *a* unequal ‖ uneven (irrégulier).

inélégant, e *a* inelegant.

inerte [inɛrt] *a* inert, lifeless.

inespéré, e *a* unhoped-for, unexpected.

inévitable *a* inevitable, unavoidable.

inévitablement *av* inevitably.

inexact, e *a* inaccurate, inexact.

inexpérimenté, e *a* inexperienced, unskilled.

inexplicable *a* inexplicable.

infanterie [ɛ̃fɑ̃tri] *f* infantry; *l'∼ de marine*, the marines.

infatigable *a* indefatigable, tireless.

infect, e [ɛ̃fɛkt] *a* foul.

infecter *v* (1) infect, contaminate ‖ *s'∼*, [plaie] become septic/infected.

inférieur, e [ɛ̃ferjœr] *a* lower (lèvre); bottom (rayon) ‖ FIG.

inferior; poor (qualité); *∼ à*, inferior to, below.

infidèle *a* unfaithful (époux).

infidélité *f* infidelity, unfaithfulness (conjugale).

infini, e *a* infinite.

infiniment *av* infinitely.

infinité *f* infinity; *une ∼ de*, no end of.

infinitif *m* GRAMM. infinitive.

infirme *a* crippled ● *n* cripple.

infirmerie [ɛ̃firməri] *f* infirmary.

infirmier, ère *n* male nurse, nurse.

infirmité *f* infirmity, disability.

inflammable [ɛ̃flamabl] *a* inflammable.

inflation [ɛ̃flasjɔ̃] *f* inflation.

influence [ɛ̃flyɑ̃s] *f* influence.

influencer *v* (6) influence.

informaticien, ne [ɛ̃formatisjɛ̃] *n* computer scientist.

information *f* information; *une ∼*, a piece of information ‖ *Pl* news.

informatique [-atik] *f* data processing; [science] computer science.

informe *a* shapeless.

informer *v* (1) inform, tell (sur, about); *∼ qqn*, let sb know ‖ *s'∼*, inquire, ask (de, about).

infraction *f* offence (à, against); breach (à, of).

infrarouge [ɛ̃fra-] *a* infrared.

infuser [ɛ̃fyze] *v* : CULIN. *(faire) ∼*, infuse, brew (thé).

infusion *f* herb tea (tisane).

ingénieur [ε̃ʒɛnjœr] *m* engineer.

ingénieux, euse *a* ingenious.

ingénu, e *a* ingenuous.

ingrat, e [ε̃gra, t] *a* ungrateful (personne); awkward (âge); thankless (tâche).

ingratitude *f* ingratitude.

inhabitué, e *a* unused to.

inhabituel, le *a* unusual.

inhalateur [inalatœr] *m* inhaler.

inhumain, e *a* inhuman.

inimitable *a* inimitable.

ininterrompu, e *a* unbroken (file, sommeil).

initiation [inisjasjɔ̃] *f* initiation.

initiative *f* initiative; *esprit d'~*, spirit of enterprise.

initier *v* (1) initiate (*à*, into) ‖ *s'~*, learn, acquaint o.s. (*à*, with).

injecter [ε̃ʒɛkte] *v* (1) inject.

injecteur *m* TECHN. injector.

injection *f* TECHN. injection ‖ AUT. *moteur à ~*, fuel-injection engine ‖ MED. injection (piqûre); *~ de rappel*, booster injection; douche (gynécologique).

injure [ε̃ʒyr] *f* insult; *faire ~ à*, offend ‖ *Pl* abuse.

injurier *v* (1) insult, abuse.

injuste *a* unjust ‖ unfair (partial) [*envers*, to].

injustice *f* injustice; unfairness.

inné, e *a* innate, inborn.

innocent, e [inɔsɑ̃] *a* innocent, guiltless (non coupable).

innombrable *a* innumerable.

inoffensif, ive *a* innocuous, harmless.

inondation [inɔ̃dasjɔ̃] *f* flood, inundation.

inonder *v* (1) flood.

inopportun, e *a* untimely.

inoubliable *a* unforgettable.

inouï, e [inwi] *a* unheard-of.

inoxydable *a* rust-proof; stainless (acier).

inquiet, ète [ε̃kjɛ, t] *a* worried, uneasy (*au sujet de*, about); anxious (*de*, for/about).

inquiéter [-ete] *v* (1) worry, disturb ‖ *s'~*, worry, trouble (o.s.) [*de*, about].

inquiétude *f* worry, care (souci) ‖ concern (crainte).

inscrire *v* (44) write (down) ‖ enroll (qqn); *se faire ~*, put one's name down, enter one's name (*à*, for) ‖ *s'~*, register, enrol ‖ *s'~ à l'hôtel*, check in.

insecte [ε̃sɛkt] *m* insect; *~ nuisible*, pest.

insecticide [-isid] *a* : *bombe ~*, insect spray; *poudre ~*, insect-powder, insecticide.

insensible *a* insensitive (*à*, to) ‖ imperceptible (mouvement).

insigne [ε̃siɲ] *m* badge.

insignifiant, e [-ɲifjɑ̃] *a* trifling, slight (chose); insignificant (personne).

insinuation [-nyasjɔ̃] *f* innuendo.

insipide [-pid] *a* insipid, tasteless.

insister [-ste] *v* (1) insist/stress, lay stress (*sur*, on).

insolation [ɛ̃sɔlasjɔ̃] *f* sunstroke.

insolence *f* insolence.

insolent, e *a* insolent.

insomnie [-mni] *f* sleeplessness, insomnia.

insonore *a* sound-proof.

insonoriser *v* (1) sound-proof.

insouciance [ɛ̃susjɑ̃s] *f* carelessness.

insouciant, e *a* happy-go-lucky, care-free, casual.

inspecter [ɛ̃spɛkte] *v* (1) inspect, examine.

inspecteur, trice *n* inspector.

inspiration [ɛ̃spirasjɔ̃] *f* inspiration.

inspirer *v* (1) inspire.

instable *a* unstable ‖ unsettled (temps).

installation [ɛ̃stalasjɔ̃] *f* TECHN. installation, plant (appareil) ; ~ *sanitaire*, plumbing ‖ *Pl* [maison] fittings.

installer *v* (1) install (appareil) ; lay on (eau, gaz) ; put in (électricité) ‖ settle (qqn) ‖ *s'*~, settle (down) ‖ set up house, settle in (emménager).

instant [ɛ̃stɑ̃] *m* moment, instant ; *à chaque* ~, at every moment ; *un* ~*!*, just a minute ! ; *à l'*~, just now.

instantané, e [-tane] *a* instantaneous ● *m* PHOT. snap (-shot).

instinct [ɛ̃stɛ̃] *m* instinct.

instinctif, ive [-ktif] *a* instinctive.

instinctivement *av* instinctively.

institut [ɛ̃stity] *m* institute ‖ ~ *de beauté*, beauty-parlour.

instituteur *m* school-teacher.

institution *f* institution ‖ [école] private school.

institutrice *f* schoolmistress.

instruction [ɛ̃stryksjɔ̃] *f* education, schooling (enseignement) ; *avoir reçu une bonne* ~, be well educated ; *sans* ~, uneducated ‖ *Pl* instructions, directions (mode d'emploi).

instruire [-ɥir] *v* (2) teach, educate (enseigner) ‖ *s'*~, learn ; improve one's mind (se cultiver).

instrument [ɛ̃strymɑ̃] *m* instrument.

instrumentiste [-tist] *n* instrumentalist.

insu de (à l') *loc p* unknown to ; *à mon* ~, without my knowledge.

insuffisamment *av* insufficiently.

insuffisant, e *a* insufficient ; scant (portion).

insulaire [ɛ̃sylɛr] *n* islander.

insuline [-in] *f* insulin.

insulte [-t] *f* insult ‖ *Pl* abuse.

insulter *v* (1) insult.

insupportable *a* unbearable.

intact, e [ɛ̃takt] *a* intact.

intégral, e, aux [ɛ̃tegral, o] *a* complete.

intégralement *av* completely.

intègre [ɛ̃tɛgr] *a* upright, honest.

intellectuel, le [ɛ̃tɛlektɥɛl] *a* intellectual ● *n* intellectual ‖ PEJ. highbrow.

intelligence [-iʒɑ̃s] *f* intelligence ‖ understanding (compréhension).

intelligent, e *a* intelligent, clever.

intendant, e [ɛ̃tɑ̃dɑ̃] *n* [école] bursar.

intense [-s] *a* intense, severe (froid) ; strenuous (effort).

intention *f* intention, purpose ; *avoir l'∼ de*, intend/mean to ‖ *à l'∼ de*, (meant) for ‖ *Pl* views.

inter [ɛ̃tɛr] *m* abrév. = INTER-URBAIN ● *préf.*

interchangeable *a* interchangeable.

interdiction *f* prohibition ; ban (*de*, on).

interdire *v* (63) forbid ; prohibit, ban ; *∼ qqch à qqn*, forbid sb sth ; *il est ∼it de fumer*, no smoking.

intéressant, e [ɛ̃tɛrɛsɑ̃] *a* interesting.

intéressé, e *a* interested ‖ PEJ. self-seeking.

intéresser *v* (1) interest ‖ concern (concerner) ‖ *s'∼ à*, be interested in.

intérêt [-ɛ] *m* interest ; *sans ∼*, uninteresting ‖ interest, profit (avantage).

intérieur, e [-jœr] *a* inner,

inside, interior ‖ inland (commerce) ‖ home (politique) ● *m* inside ; interior ‖ *à l'∼ de*, inside ; *d'∼*, indoor (jeu, vêtement).

intérieurement *av* inwardly.

intérim [-im] *m* : *travailler par ∼*, temp.

intérimaire *a* interim, acting, temporary.

interjection [ɛ̃tɛrʒɛksjɔ̃] *f* interjection.

interloqué, e [-lɔke] *a* nonplussed, taken aback.

intermédiaire [-medjɛr] *a* intermediate.

interminable *a* endless.

internat [-na] *m* boarding-school.

international, e, aux *a* international.

interne *a* internal, inner ● *n* [école] boarder.

Interphone [-fɔn] *m* intercom.

interposer *v* (1) interpose (*entre*, between) ‖ *s'∼*, intervene, interpose (*entre*, between).

interprétation [-pretasjɔ̃] *f* interpretation, rendering.

interprète [-ɛt] *n* interpreter (traducteur) ‖ MUS. interpreter.

interpréter [-ete] *v* (5) MUS., TH. perform, render, interpret.

interrogatif, ive *a* GRAMM. interrogative.

interrogation *f* interrogation ‖ [école] *∼ écrite*, written test.

interroger [-ʒe] *v* (7) interrogate, question ‖ [école] examine.

interrompre v (90) interrupt, break (activité) ; break in on (conversation) ‖ ELECTR. cut off (courant) ‖ **s'~,** break off, stop speaking.

interrupteur [-yptœr] m ELECTR. switch.

interruption [-ypsjɔ̃] f interruption, break ‖ MED. ~ de grossesse, termination of pregnancy.

interurbain, e a : TEL. communication ~e, trunk/US long-distance call.

intervalle [-val] m [espace] interval, gap ‖ space of time ; dans l'~, (in the) meantime.

intervenir v (2) intervene ‖ FAM. come in.

interview [-vju] f interview.

interviewer [-vjuve] v (1) interview.

intestin [ɛ̃tɛstɛ̃] m intestine.

intime [ɛ̃tim] a intimate ‖ ami ~, close friend ‖ private (réunion) ‖ homelike (atmosphère).

intimement av intimately.

intimidé, e [-mide] a self-conscious.

intimider v (1) intimidate.

intimité f intimacy ‖ privacy (vie privée).

intituler [-tyle] v (1) entitle, head.

intonation [ɛ̃tɔnasjɔ̃] f intonation.

intoxication [-ksikasjɔ̃] f MED. intoxication ; ~ alimentaire, food-poisoning.

intoxiqué, e [-ke] n addict.

intoxiquer v (1) poison.

intramusculaire [ɛ̃tramyskylɛr] a intramuscular.

intransitif, ive a intransitive.

introduction [ɛ̃trɔdyksjɔ̃] f introduction.

introduire [-ɥir] v (85) introduce ; insert (clef) ‖ show/usher in (qqn).

intrus, e [ɛ̃try, z] a intruding • n intruder ‖ JUR. trespasser.

intuition [ɛ̃tɥisjɔ̃] f intuition.

inusable a hardwearing.

inusité, e a not in use.

inutile a useless.

inutilement av uselessly, needlessly.

inutilité f uselessness.

inventaire [ɛ̃vɑ̃tɛr] m COMM. stock-taking ; faire l'~, take stock.

inventer v (1) invent, contrive ‖ FIG. devise ; coin (mot).

inventeur, trice n inventor, discoverer.

invention f invention.

inverse [ɛ̃vɛrs] a/m inverse ; en sens ~, in the opposite direction.

inverser v (1) invert, reverse.

invisible a invisible.

invitation [ɛ̃vitasjɔ̃] f invitation.

invité, e n guest.

inviter v (1) invite ; ~ qqn (chez soi), ask sb round ; ~ qqn à dîner, ask sb for/to dinner.

involontaire a involuntary, unintentional.

involontairement *av* involuntarily.

invraisemblable *a* improbable, unlikely.

iode [jɔd] *m* iodine; *teinture d'∼*, tincture of iodine.

ir- [ir] *préf.*

irlandais, e [irlɑ̃dɛ] *a* Irish • *m* [langue] Irish.

Irlandais, e *n* Irishman, -woman; *les ∼*, the Irish.

Irlande *f* Ireland.

ironie [irɔni] *f* irony.

ironique *a* ironical.

ironiquement *av* ironically.

irons, ont [irɔ̃] → ALLER.

irréfléchi, e *a* thoughtless, unconsidered (action, parole).

irrégulier, ère *a* irregular ‖ erratic (mouvement).

irremplaçable *a* irreplaceable.

irréparable *a* irreparable, unmendable.

irresponsable *a* irresponsible.

irriter [irite] *v* (1) irritate ‖ chafe (par frottement).

islam [islam] *m* REL. Islam.

islamique *a* Islamic.

isolant, e [izɔlɑ̃] *a* insulating.

isolé, e *a* isolated ‖ lonely (maison) ‖ remote (lieu) ‖ detached (mot).

isoler *v* (1) isolate ‖ ELECTR. insulate.

Israël [israɛl] *m* Israel.

Israélien, ne [-eljɛ̃] *n* Israeli.

Israélite *n* Israelite.

issue [isy] *f* outlet, exit.

Italie [itali] *f* Italy.

Italien, ne *n* Italian.

italien, ne *a* Italian • *m* [langue] Italian.

italique *a/m* italic.

itinéraire [itinerɛr] *m* itinerary, route.

ivoire [ivwar] *m* ivory.

ivre [ivr] *a* drunk(en); *∼ mort,* dead drunk.

ivresse *f* drunkenness, intoxication.

ivrogne, esse [-ɔɲ] *n* drunkard.

j

j [ʒi] *m* : *jour J,* D-Day.

jaillir [ʒajir] *v* (2) [liquide] spring (up), gush (out), spurt (out) [*de,* from] ‖ [flamme] shoot up.

jalousie [ʒaluzi] *f* jealousy.

jaloux, ouse [-u, z] *a* jealous, envious (*de,* of).

jamais [ʒamɛ] *av* [négatif] never; [positif] ever; *∼ plus,* never more; *à ∼,* for ever; *presque ∼,* hardly ever.

jambe [ʒɑ̃b] *f* leg.

jambon *m* ham.

jante [ʒɑ̃t] *f* rim.

janvier [ʒɑ̃vje] *m* January.

jardin [ʒardɛ̃] *m* garden ; ~ *potager*, kitchen garden ‖ ~ *d'enfants*, kindergarten.

jardinier, ère *n* gardener ‖ ~*ière d'enfants*, kindergarten mistress.

jargon [ʒargɔ̃] *m* gibberish ‖ PEJ. jargon.

jarretelle [ʒartɛl] *f* suspender, US garter.

jarretière *f* garter.

jauge [ʒoʒ] *f* AUT. [essence] petrol gauge ; [huile] dip-stick.

jaunâtre [ʒonɑtr] *a* yellowish.

jaune *a* yellow • *m* yellow ‖ ~ *d'œuf*, yolk ‖ PEJ. blackleg (briseur de grève).

jaunir *v* (2) turn yellow.

jaunisse [-is] *f* jaundice.

Javel (eau de) [odʒavɛl] *f* bleaching water.

je [ʒə], **j'** [ʒ] (devant voyelle ou « h » muet) *pr* I.

Jésus(-Christ) [ʒezy(kri)] *m* Jesus (Christ) ; *après/avant J.-C.*, A.D/B.C.

jet [ʒɛ] *m* jet ‖ fountain.

jetée [ʒəte] *f* pier, jetty.

jeter *v* (8a) throw, cast ‖ fling, hurl (violemment) ; throw away, cast off, chuck (away) [se débarrasser] ‖ NAUT. ~ *l'ancre*, cast anchor ‖ *se* ~, throw o. s. (*sur*, on) ; *se* ~ *sur*, go/rush at ; [fleuve] flow (*dans*, into).

jeton *m* [jeu] counter ; [poker] chip ‖ TEL. token.

jeu [ʒø] *m* game ‖ [cartes] ~ *de cartes*, pack of cards ; hand (main) ‖ ~ *d'argent*, gambling ; ~ *de hasard*, game of chance ;

~ *de mots*, play on words, pun ; *Jeux Olympiques*, Olympic games ; ~ *de société*, parlour game ‖ TV ~ *concours*, quiz ‖ SP. play ; *hors* ~, out of play ; *franc* ~, fair play ‖ MUS. [orgue] stop ‖ TECHN. play ‖ FIG. *vieux* ~, old-fashioned ; square (coll.) [personne].

jeudi [-di] *m* Thursday.

jeun (à) [aʒœ̃] *loc av* on an empty stomach (de nourriture) ; sober (de boisson).

jeune [ʒœn] *a* young ; ~ *fille*, girl ; ~*s gens*, young people ; ~ *homme*, young man.

jeûne [ʒøn] *m* fast.

jeûner *v* (1) fast.

jeunesse [ʒœnɛs] *f* youth ; boyhood, girlhood.

jockey [ʒɔkɛ] *m* jockey.

jogging [dʒɔgiŋ] *n* : *faire du* ~, jog, go jogging.

joie [ʒwa] *f* joy.

joindre [ʒwɛ̃dr] *v* (59) link ; connect (*à*, to) ‖ enclose (insérer) ; annex (document) ‖ ~ *les mains*, join hands ‖ *se* ~ *à*, join.

joint [ʒwɛ̃] *m* TECHN. joint ‖ ARG. [drogue] joint (sl.).

joker [ʒɔkɛr] *m* joker.

joli, e [ʒɔli] *a* pretty, nice, good-looking.

joncher [ʒɔ̃ʃe] *v* (1) strew, litter.

jongler [ʒɔ̃gle] *v* (1) juggle.

jongleur, euse *n* juggler.

jonquille [ʒɔ̃kij] *f* daffodil.

joue [ʒu] *f* cheek.

jouer [ʒwe] *v* (1) play;
bien/mal ∼, play a good/bad
game; *c'est à vous de* ∼,
[cartes] it's your turn (to
play), [échecs] it's your move
‖ [échecs] move (pièce); [jeux
d'argent] gamble; stake (une
somme); back (cheval) ‖ SP.
play; ∼ *en déplacement*, play
away ‖ CIN., TH. play, act;
put on (pièce), show (film) ‖
TECHN. work, be loose (avoir
du jeu).

jouet [-ε] *m* toy; ∼ *mécanique*, clockwork toy.

joueur, euse *n* player;
bon/mauvais ∼, good/bad
loser ‖ [jeux d'argent] gambler.

jouir *v* (2) : ∼ *de*, enjoy ‖
[sexe] come (sl.).

jouissance [-isɑ̃s] *f* enjoyment ‖ pleasure.

jour [ʒur] *m* [24 heures] day;
par ∼, per day, a day; *donner
ses huit* ∼*s* (*à*), give a week's
warning (to) ‖ [date] day; *quel*
∼ *sommes-nous?*, what day is
it today?; ∼ *de l'An*, New
Year's Day; ∼ *de congé*, day
off; ∼ *férié*, Bank Holiday;
∼ *de fête*, holiday; ∼ *de
naissance*, birthday; ∼ *de
semaine*, week day ‖ *tous les*
∼*s*, every day, daily; *tous
les deux* ∼*s*, every other day;
tous les huit ∼*s*, once a week;
dans huit ∼*s*, a week from
today, today week; *il y a
aujourd'hui huit* ∼*s*, this day
last week; *il y a eu hier huit*
∼*s*, a week ago yesterday,

yesterday week ‖ *mettre à*
∼, bring up-to-date ‖ [époque]
day, time; *de nos* ∼*s*, nowadays; *de tous les* ∼*s*, for every
day use ‖ [lumière] daylight;
de ∼, by day(light); *il fait* ∼,
it is daylight.

journal, aux [-nal, o] *m*
(news)paper ‖ diary (intime) ‖
RAD. ∼ *parlé*, news(cast).

journaliste *n* journalist.

journée *f* day(time).

joyeux, euse [ʒwajø] *a* joyful, cheerful.

judo [ʒydo] *m* judo.

juge [ʒyʒ] *m* JUR. judge; ∼ *de
paix*, Justice of the Peace.

jugement *m* [opinion] judgment ‖ JUR. sentence.

juger *v* (7) JUR. judge, try ‖
FIG. judge, consider, think.

juif, ive [ʒɥif] *a* Jewish.

Juif *m* Jew.

juillet [ʒɥijε] *m* July.

juin [ʒɥɛ̃] *m* June.

Juive *f* Jewess.

jumeau, elle [ʒymo] *a* twin
(frère, sœur) ‖ semi-detached
(maison) • *n* twin.

jumelé, e [-le] *a* : *villes* ∼*es*,
twin cities.

jumelle(s) *f(pl)* binoculars;
∼*s de théâtre*, opera glasses.

jument *f* mare.

jupe [ʒyp] *f* skirt; ∼ *fendue*,
split skirt.

jupon *m* petticoat.

jurer [-re] *v* (1) swear, vow
(promettre) ‖ swear, curse (blasphémer) [*contre*, at] ‖ FIG. [cou-
leurs] jar, clash (*avec*, with).

juron *m* oath, swear-word, curse.

jury [-ri] *m* [examen] board of examiners.

jus [ʒy] *m* juice ; ∼ *de fruits*, fruit juice ‖ CULIN. gravy.

jusque [ʒysk] (**jusqu'** devant voyelle) *p* : [espace] ∼ *à (au, aux)*, as far as, down/up to ; ∼ *au bout*, right to the end ; ∼ *ici*, this far ; ∼ *où ?*, how far ? ‖ [temps] till, until, up to ; ∼ *alors*, till then ; ∼ *à présent*, until now, so far ‖ [quantité] as much/many as ‖ [série] to ; ∼

au dernier, to the last one ‖ ∼ *à ce que*, till, until.

juste [ʒyst] *a* right, exact, correct (exact) ; *le mot* ∼, the right word ‖ tight (vêtement) ‖ MUS. in tune ● *av* exactly, just (exactement) ‖ right ; ∼ *au coin*, right at the corner ‖ MUS. *chanter* ∼, sing in tune.

justement *av* justly, rightly ‖ precisely.

justice [-is] *f* justice, fairness.

justifier *v* (1) justify ; bear out ‖ explain away (excuser).

k

k [ka] *m*.

kayak [kajak] *m* kayak.

kermesse [kɛrmɛs] *f* bazaar.

kidnapper [kidnape] *v* (1) kidnap.

kilo(gramme) [kilo(gram)] *m* kilo(gram).

kilométrage *m* AUT. mileage.

kilomètre *m* kilometre.

kilowatt *m* kilowatt.

kinésithérapeute [kinezite-rapøt] *n* physiotherapist.

kiosque [kjɔsk] *m* [journaux] kiosk, stall.

kit [kit] *m* kit.

klaxonner [klaksɔne] *v* (1) AUT. hoot, sound the horn.

knock-out [nɔkaut] (abrév. **K.O.** [kao] *m inv* SP. knock-out ; *mettre* ∼, knock out ; *déclarer K.O.*, count out.

l

l [ɛl] *m*.

la 1 [la] (**l'** devant voyelle ou « h » aspiré) → LE.

la 2 *m* MUS. A.

là *av* [lieu] there ‖ [temps] then ; *jusque* ∼, till then ‖ *par* ∼, that way ; ∼*-bas*, down/over there ; ∼*-dedans*, in there ; ∼*-dessous*, under there ; ∼-

dessus, on that ; **~-haut**, up there.

laboratoire [labɔratwar] *m* laboratory.

labourer [-ure] *v* (1) plough.

labyrinthe [-irɛ̃t] *m* maze.

lac [lak] *m* lake.

lacer [lase] *v* (6) lace (up).

lacet [-ɛ] *m* shoe-lace ‖ [route] twist ; *en* ~, winding.

lâche 1 [lɑʃ] *a* cowardly • *n* coward.

lâche 2 *a* slack (corde) ; loose (nœud).

lâcher *v* (1) : ~ *(prise)*, let go (of).

lacrymogène [lakrimɔʒɛn] *a* : *gaz* ~, tear-gas.

lacté, e [lakte] *a* milky ; *régime* ~, milk diet.

laïc [laik] *a* = LAÏQUE.

laid, e [lɛ, d] *a* ugly ; plain.

laideur *f* ugliness (personnes).

laine [lɛn] *f* wool ; *de* ~, woollen ; ~ *de verre*, glass-wool.

laineux, euse *a* woolly.

laïque [laik] *a* lay • *n* layman, -woman.

laisse [lɛs] *f* lead ; *en* ~, on a lead.

laisser *v* (1) leave (abandonner) ‖ let, allow (permettre) ‖ ~ *tomber*, let fall ; FIG. fail (personne) ‖ *se* ~ *aller*, let o.s. go.

laisser-aller *m inv* carelessness, slovenliness.

lait [lɛ] *m* milk ; ~ *caillé*, curd, junket ; ~ *condensé*, condensed milk ; ~ *écrémé*, skimmilk ; ~ *en poudre*, milkpowder.

laiterie [-tri] *f* dairy.

laiteux, euse *a* milky.

laitue *f* lettuce.

lambeau [lɑ̃bo] *m* shred ; *en* ~*x*, in tatters/rags.

lame 1 [lam] *f* wave.

lame 2 *f* [couteau, etc.] blade ; ~ *de rasoir*, razor-blade.

lampadaire [lɑ̃padɛr] *m* street lamp.

lampe *f* lamp ; ~ *à alcool*, spirit-lamp ; ~ *(de poche) électrique*, torch ; ~ *à rayons UV*, sun-lamp ; ~ *témoin*, pilotlamp ; ~ *tempête* hurricanelamp ‖ RAD. valve, US tube.

lance [lɑ̃s] *f* : ~ *d'arrosage*, nozzle.

lance-pierres *m inv* [jouet] catapult.

lancer *v* (6) throw ‖ toss (en l'air) ; hurl, fling (violemment) ‖ TECHN. launch (fusée, navire) ‖ SP. pitch (balle) ; throw (disque) ; put (poids) ; [pêche] cast ‖ COMM. promote (article, etc.) • *m* SP. throwing, putting ; [pêche] casting.

lande [lɑ̃d] *f* moor, heath.

langage [lɑ̃gaʒ] *m* language.

langouste [lɑ̃gust] *f* spiny lobster.

langue 1 [lɑ̃g] *f* tongue (organe) ; *tirer la* ~, put out one's tongue.

langue 2 *f* language ; ~ *familière*, colloquial language ; ~ *maternelle*, mother tongue ; ~ *vivante*, living language.

lanière [lanjɛr] *f* strap, thong.

lanterne [lɑ̃tɛrn] *f* lantern.

lapin [lapɛ̃] *m* rabbit ‖ FAM.
poser un ~ à qqn, stand sb up.

lapsus [lapsys] *m* slip (of the
tongue).

laque [lak] *f* lacquer.

laquelle → LEQUEL.

laquer *v* (1) lacquer.

lard [lar] *m* bacon.

large [larʒ] *a* wide, broad;
loose, full (vêtement) ● *m* :
3 mètres de ~, 3 metres wide
‖ NAUT. open sea; *au ~ de*,
off.

largement *av* broadly,
widely ‖ FIG. *nous avons ~ le
temps*, we have plenty of time.

largeur *f* width, breadth; *dans
le sens de la ~*, breadthwise.

larguer [-ge] *v* (1) AV. drop.

larme [larm] *f* tear; *en ~s*,
tearful; *fondre en ~s*, burst
into tears ‖ FIG. dash, drop (de
liquide).

las, se [lɑ, s] *a* weary.

laser [lazɛr] *m* laser.

lasser [lɑse] *v* (1) weary, tire
‖ *se ~*, grow weary (de, of).

lassitude *f* weariness.

latin, e [latɛ̃, in] *a* latin ● *m*
[langue] Latin.

latitude *f* latitude.

laurier [lɔrje] *m* laurel ‖
CULIN. bay leaves.

lavable [lavabl] *a* washable.

lavabo *m* wash-basin ‖ *Pl* toilet (w.-c.).

lavage *m* wash(ing).

lavande [-ɑ̃d] *f* lavender.

lave-glace *n* AUT. wind-
screen washer.

laver *v* (1) wash; *~ la vaisselle*, wash up, do the dishes ‖
se ~, wash, have a wash; *se ~
les mains*, wash one's hands; *se
~ la tête*, wash one's hair.

laveuse *f* washerwoman.

lave-vaisselle *m inv* dishwasher.

laxatif, ive [laksatif] *a/m*
laxative.

le 1 [lə], **la** [la] (*l'* devant
voyelle ou « h » muet), **les** [le]
art déf m/f/pl the.

le 2, la, l', les *pr m/f/pl* him,
her, it; them.

le 3, l' *pr neutre* so; it, one; *je
~ pense*, I think so.

lèche [lɛʃ] *f* : FAM. *faire de la
~*, suck up (à, to).

lécher [leʃe] *v* (5) lick.

lèche-vitrine *m inv* : FAM.
faire du ~, go window-shopping.

leçon [ləsɔ̃] *f* lesson; *donner
des ~s particulières*, give private lessons; *réciter sa ~*,
say one's lesson.

lecteur, trice [lɛktœr] *n*
reader.

lecture *f* reading.

légal, e, aux [legal, o] *a*
legal.

légalement *av* legally.

légende [leʒɑ̃d] *f* legend ‖
[carte] key.

léger, ère [-e, ɛr] *a* light
(poids); thin (vêtement) ‖ FIG.
mild (beer); weak (thé); gentle (coup, brise, pente); slight
(faute); *à la ~ère*, hastily,
inconsiderately.

légèrement *av* lightly; slightly.

légèreté *f* lightness.

légitime [-itim] *a* legitimate, lawful; *en état de ~ défense,* in self-defence.

légume [legym] *m* vegetable; *~s verts,* greens.

lendemain [lãdmɛ̃] *m : le ~,* the next day, the day after; *du jour au ~,* overnight ‖ FAM. *~ de cuite,* morning after.

lent, e [lã] *a* slow.

lentement *av* slowly.

lenteur *f* slowness.

lentille [-tij] *f* BOT., CULIN. lentil ‖ PHYS. lens; *~s cornéennes,* contact lenses.

lequel [ləkɛl], **laquelle** [lakɛl], **lesquels, lesquelles** [lekɛl] *a* which ● *pr interr* which ● *pr rel* [personnes] who; whom/whose ‖ [choses] which ‖ formes contractées avec à : *auquel, auxquels, auxquelles* p. + which ; *auquel cas,* in which case; avec de : *duquel, desquels, desquelles* *pr rel* → DONT, QUI, QUE.

les [le] → LE.

lessive [lɛsiv] *f* washing powder (produit) ‖ washing (lavage) ‖ wash(ing) [linge]; *faire la ~,* do the washing.

lettre [lɛtr] *f* letter (caractère, message); *en toutes ~s,* in full.

leur [lœr] *a poss* their ● *pr poss : le/la ~, les ~s,* theirs ‖ *Pl : les ~s,* their own (friends/fa-

mily) ● *pr pers* (to) them; *je ~ ai dit,* I told them.

levain [ləvɛ̃] *m* leaven.

levant *a* rising (soleil) ● *m* east.

levé, e *a* up (debout); *il est ~,* he is up ● *f* [lettres] collection ‖ [cartes] trick.

lever *v* (1) raise, lift ‖ pull up (vitre) ‖ raise (main) ‖ *~ les yeux,* look up ‖ CULIN. [pâte] rise ‖ *se ~,* stand/get up, rise; get out (du lit); *se ~ de table,* rise from table; [soleil] rise; [temps] clear.

levier *m* lever.

lèvre [lɛvr] *f* lip.

levure [ləvyr] *f* yeast.

lézard [lezar] *m* lizard.

liaison [liɛzɔ̃] *f* (love) affair; *avoir une ~ avec,* carry on with.

liant, e [ljã] *a* sociable; *peu ~,* standoffish.

Liban [libã] *m* Lebanon.

libanais, e *a/n* Lebanese.

libéral, e, aux [-eral, o] *a* liberal.

libérer *v* (1) free, liberate ‖ *se ~ de,* free/disengage o.s. from.

liberté [-ɛrte] *f* liberty, freedom.

libraire [librɛr] *n* bookseller.

librairie *f* book-shop.

libre *a* free; *~ de,* free from ‖ spare (temps); off duty (pas de service) ‖ vacant (chambre, siège) ‖ [taxi] "for hire"; *pas ~,* engaged ‖ clear (route) ‖ private (école).

librement *av* freely.

libre penseur, euse *n* free-thinker.

libre-service *m* self-service store ; cafeteria (restaurant).

licence [lisɑ̃s] *f* [université] degree.

licencié, e *a/n* graduate ; ~ *ès lettres*, bachelor of Arts.

licenciement [-imɑ̃] *m* lay-off, redundancy.

licencier *v* (1) dismiss.

liège [ljɛʒ] *m* cork ; *à bout de* ~, cork-tipped.

lien [ljɛ̃] *m* bond, tie.

lier [lje] *v* (1) bind, tie (up).

lierre [ljɛr] *m* ivy.

lieu [ljø] *m* place, spot ‖ *au* ~ *de*, instead of ‖ *avoir* ~, occur, take place ; *s'il y a* ~, if necessary ‖ *tenir* ~ *de*, serve as.

lièvre [ljɛvr] *m* hare.

liftier [liftje] *m* lift-boy.

ligne [liɲ] *f* line ; ~ *en pointillé*, dotted line ; *à la* ~*!*, new paragraph! ‖ [autobus] route ‖ RAIL. ~ *de chemin de fer*, railway line ; *grande* ~, main line ‖ AV. ~ *aérienne*, airline ‖ TEL. line ; ~ *interurbaine*, trunk line ‖ SP. line ; ~ *de départ*, mark ; [pêche] fishing line ‖ FIG. *garder la* ~, keep one's figure.

lime [lim] *f* file ; ~ *à ongles*, nail-file.

limer *v* (1) file.

limitation [-itasjɔ̃] *f* limitation ; ~ *des naissances*, birth control ; ~ *de vitesse*, speed limit.

limite *f* limit ‖ [pays] boundary ; *sans* ~, boundless ‖ *date/dernière* ~, dead-line.

limiter *v* (1) limit, bound (borner) ‖ restrict (restreindre) ‖ FAM. ~ *les dégâts*, cut one's losses.

limonade [-ɔnad] *f* lemonade.

limpide [lɛ̃pid] *a* limpid, clear.

linge [lɛ̃ʒ] *m* linen ; [sous-vêtements] underwear.

lingerie [-ri] *f* underwear (linge) ‖ linen-room (pièce).

lion [ljɔ̃] *m* lion.

lionceau [-so] *m* (lion-)cub.

lionne [-ɔn] *f* lioness.

liqueur [likœr] *f* liqueur.

liquide [-id] *a/m* liquid ‖ FIN. *argent* ~, ready money.

liquider *v* (1) liquidate.

lire [lir] *v* (60) read ‖ ~ *dans les lignes de la main de qqn*, read sb's hand.

lis [lis] *m* lily.

lisse [lis] *a* smooth.

lisser *v* (1) smooth.

liste [list] *f* list ; *dresser une* ~, draw up a list ; ~ *d'attente*, waiting list.

lit [li] *m* bed ; *à deux* ~s, double (-bedded) [chambre] ; ~ *de camp*, camp-bed ; ~ *d'enfant*, cot ; ~s *jumeaux*, twin beds ; ~ *d'une personne*, single bed ; ~ *pour deux personnes*, double-bed ‖ *garder le* ~, stay in bed.

literie [-tri] *f* bedding, bed-clothes.

litote [-tɔt] *f* understatement.

litre [-tr] *m* litre.
littéraire [literɛr] *a* literary.
littéral, e, aux [-al, o] *a* literal.
littérature *f* literature.
livraison [livrɛzɔ̃] *f* COMM. delivery.
livre 1 *m* book ; ~ *de classe,* school-book ; ~ *de cuisine,* cook book ; ~ *de poche,* paperback.
livre 2 *f* [poids] pound ‖ FIN. ~ *(sterling),* pound (sterling).
livrer *v* (1) COMM. deliver.
livreur *m* delivery-man.
local, e, aux [lɔkal, o] *a* local ● *m* premises.
locataire [-tɛr] *n* tenant ; [= *sous-*~] lodger.
location *f* [locataire] renting ; hiring (de voiture) ; [propriétaire] letting ‖ TH., RAIL. booking, reservation ‖ TH. *bureau de* ~, box-office.
locomotive [lɔkɔmɔtiv] *f* locomotive, engine.
locution [lɔkysjɔ̃] *f* phrase.
loge [lɔʒ] *f* [gardiens] lodge ‖ TH. box.
logement *m* housing ‖ accommodation (appartement).
loger *v* (7) live (*chez,* with) ; stay (*à l'hôtel,* at a hotel) ‖ accommodate, put up (qqn) ; [domestique] *ne pas être* ~*é,* live out ‖ *se* ~, find lodgings.
logeuse *f* landlady.
logique *a* logical ● *f* logic.
loi [lwa] *f* law ; *projet de* ~, bill ; act (votée).
loin [lwɛ̃] *av* [espace] far (*de,* from) ; *il y a* ~ *de ... à,* it's a long way from ... to ; *moins* ~, less far ; *plus* ~, farther (off), further ; *au* ~, far away, in the distance ; *de* ~, from afar ; *non* ~, near by.
loisir(s) [lwazir] *m (pl)* leisure, spare time.
Londonien, ne [lɔ̃dɔnjɛ̃] *n* Londoner.
Londres [-dr] *m* London.
long, gue [lɔ̃, g] *a* long ‖ [temps] long, lengthy ● *m* length ; *en* ~, lengthwise ; *tout du* ~, all along ; *de* ~ *en large,* to and fro ; *à la* ~*gue,* in the long run ; *tout le* ~ *du jour,* all day long ; *le* ~ *de,* along, alongside.
longer [-ʒe] *v* (7) go along ‖ [mur] border.
longitude *f* longitude.
longtemps [-tɑ̃] *av* a long time ; *avant* ~, before long ; *depuis* ~, for a long time ; *il y a* ~, long ago ; *je n'en ai pas pour* ~, I shan't be long.
longue [lɔ̃g] → LONG.
longuement *av* long, for a long time.
longueur *f* length ; *en* ~, *dans le sens de la* ~, lengthwise ; *quelle est la* ~ *de ... ?,* how long is ... ? ‖ RAD. ~ *d'onde,* wave-length.
longue-vue *f* telescope, spyglass.
loque [lɔk] *f* rag.
loquet [-ɛ] *m* latch ; *fermer au* ~, latch.
lorsque [lɔrsk] *c* when.

losange [lɔzãʒ] *m* lozenge.

lot [lo] *m* share ‖ [loterie] prize; *gros* ~, first prize; FAM. jack-pot.

loterie [-ɔtri] *f* lottery, raffle.

lotion [losjɔ̃] *f* lotion.

lotissement [lɔtismã] *m* development (immeubles).

loto *m* GB bingo (jeu).

louange [lwãʒ] *f* praise.

louche 1 [luʃ] *a* shady.

louche 2 *f* ladle.

loucher *v* (1) squint.

louer 1 [lwe] *v* (1) praise.

louer 2 *v* (1) [propriétaire] hire out (bateau, télévision, voiture); let (maison); *maison à* ~, house to let; let out (chambre); [bateau, voiture] *à* ~, for hire ‖ [locataire] rent (chambre, maison); hire (bateau, télévision, voiture) ‖ RAIL., TH. book (place).

loup [lu] *m* wolf.

loupe [lup] *f* magnifying-glass.

louper *v* (1) FAM. miss (train).

lourd, e [lur, d] *a* heavy (pesant) ‖ close, sultry (temps) ‖ heavy (sommeil).

lourdement [-dəmã] *av* heavily.

louve [luv] *f* she-wolf.

louveteau [-to] *m* ZOOL. wolf-cub ‖ FIG. cub (scout).

loyal, e, aux [lwajal, o] *a* loyal, honest, fair.

loyalement *av* truly, honestly, fairly.

loyer *m* rent.

lu [ly] → LIRE.

lueur *f* gleam, glimmer; glow (incandescente).

lugubre [lygybr] *a* dismal, gloomy.

lui 1 [lɥi] (*Pl* **eux** [ø] sujet; **leur** [lœr] obj.) *pr* [sujet] he; *c'est* ~, it is he, FAM. it's him ‖ [obj.] him, her, it; to him, to her; *dites-*~, tell him; *donnez-le-*~, give it to him ‖ [possession] *c'est à* ~, it's his/its own ‖ ~-*même*, himself; itself (neutre).

lui 2 → LUIRE.

luire *v* (61) [soleil] shine ‖ gleam, glimmer (faiblement).

luisant, e [-zã] *a* shining, gleaming.

lumbago [lɔ̃bago] *m* lumbago.

lumière [lymjɛr] *f* light.

lumineux, euse [-inø] *a* bright, luminous.

lundi [lœdi] *m* Monday.

lune [lyn] *f* moon; *nouvelle/pleine* ~, new/full moon ‖ FIG. ~ *de miel*, honeymoon.

luné, e *a* : *bien/mal* ~, in a good/bad mood.

lunette *f* ASTR. telescope ‖ *Pl* glasses; ~*s de motocycliste*, goggles; ~*s de soleil*, sunglasses.

lutte [lyt] *f* struggle ‖ SP. wrestling; ~ *à la corde*, tug of war.

lutter *v* (1) struggle (résister) ‖ fight (se battre) ‖ SP. wrestle.

lutteur, euse *n* SP. wrestler.

luxe [lyks] *m* luxury; *de* ~, luxury.

Luxembourg [-ãbur] *m* Luxembourg.

luxer *v* (1) dislocate.

luxueux, euse [-ɥø] *a* luxurious.

lycée [lise] *m* FR. = GB Grammar School.

lycéen, ne [-ɛ̃, ɛn] *n* (secondary school) pupil.

lyncher [lɛ̃ʃe] *v* (1) lynch.

m

m [em] *m*.

ma [ma] → MON.

macadam [makadam] *m* macadam.

macaron [-rɔ̃] *m* macaroon.

macaroni [-ɔni] *m* macaroni.

mâcher [maʃe] *v* (1) chew.

machinalement [maʃi-nalmã] *a* mechanically.

machine *f* machine, engine; **~ à calculer/à coudre/à laver**, calculating-/sewing-/washing machine; **~ à écrire**, typewriter; **~ à sous**, fruit-machine, one-armed bandit ‖ RAIL. engine.

machinerie [-inri] *f* machinery.

mâchoire [maʃwar] *f* jaw.

maçon [masɔ̃] *m* bricklayer, mason.

maçonnerie [-ɔnri] *f* masonry.

madame [madam] (*Pl* **mesdames** [medam]) *f* madam; *Pl* ladies ‖ **~ X**, Mrs. X.

mademoiselle [-dmwazɛl] (*Pl* **mesdemoiselles** [medmwazɛl]) *f* : **~ X**, Miss X ‖ [restaurant] **~ !**, waitress !

magasin [magazɛ̃] *m* shop, US

store; **grand ~**, department store; **~ à succursales multiples**, multiple-/chain-store.

magazine [-zin] *m* magazine.

magie [maʒi] *f* magic.

magique *a* magic(al).

magnétique [maɲetik] *a* magnetic.

magnéto-cassette [maɲetɔ-] *m* cassette deck.

magnétophone [-fɔn] *m* tape-recorder.

magnétoscope [-skɔp] *m* video-tape recorder.

magnifique [-ifik] *a* magnificent, splendid; glorious (temps).

mai [mɛ] *m* May; *le premier* **~**, May Day.

maigre [mɛgr] *a* lean, thin ‖ REL. meatless (repas); **faire ~**, abstain from meat ● *m* CULIN. lean.

maigreur *f* thinness, leanness.

maigrichon, ne [-iʃɔ̃, ɔn] *a* skinny.

maille [maj] *f* [tricot] stitch; [filet] mesh; **~ filée**, ladder.

maillon *m* link.

maillot [-o] *m* : [femmes] **~ de bain**, swim-suit, bathing-suit;

∼ *de corps*, vest ‖ SP. jersey.

main [mɛ̃] *f* hand ; *la* ∼ *dans la* ∼, hand in hand ; *sous la* ∼, at hand, handy ; *serrer la* ∼ *à qqn*, shake sb's hand ‖ *donner un coup de* ∼ *à qqn*, give sb a hand ; *à la* ∼, by hand (*travail*) ; *fait à la* ∼, hand-made ‖ [cartes] *avoir la* ∼, have the lead ‖ FIG. *bien en* ∼, under control.

main-d'œuvre [-dœvr] *f* manpower, labour.

maintenant [-tnɑ̃] *av* now ; *à partir de* ∼, from now on.

maintenir *v* (101) hold (up) [soutenir] ‖ keep (discipline, ordre) ‖ *se* ∼, keep on ; [temps] remain fine ; MED. hold one's own.

maire [mɛr] *m* mayor.

mairie *f* town hall.

mais [mɛ] *c* but.

maïs [mais] *m* maize, Indian corn, US corn.

maison [mɛzɔ̃] *f* house (habitation) ; ∼ *de campagne*, cottage ; ∼ *préfabriquée*, prefab ‖ home (foyer) ; *à la* ∼, at home ; *fait à la* ∼, home-made ‖ COMM. ∼ *de commerce*, firm, business ‖ MED. ∼ *de santé*, nursing-home ‖ FAM. *aux frais de la* ∼, on the house.

maître [mɛtr] *m* master ‖ master (expert) ; ∼ *d'hôtel*, [restaurant] headwaiter ; [maison] butler ; [club] steward ‖ ∼ *nageur*, lifeguard.

maîtresse *f* mistress ‖ ∼ *de maison*, housewife.

maîtrise *f* control.

maîtriser *v* (1) control ‖ master (cheval, langue).

majeur, e [maʒœr] *a* major ; *en* ∼*e partie*, for the most part ‖ *cas de force* ∼*e*, case of absolute necessity ‖ of age (personne) ‖ MUS. major ● *m* middle finger.

majorer [-ɔre] *v* (1) increase (prix).

majorité *f* majority ; *la* ∼ *de(s)*, the greater part of the ‖ JUR. *atteindre sa* ∼, come of age.

majuscule [-yskyl] *f* capital letter.

mal [mal] *av* badly, ill ; *plus* ∼, worse ; ∼ *comprendre*, misunderstand ; *se trouver* ∼, faint ; *prendre* ∼ *qqch*, take sth amiss ‖ *tant bien que* ∼, somehow ‖ FAM. *pas* ∼, rather well ; *pas* ∼ *de*, quite a lot of ● a wrong, bad ; *être* ∼ *avec qqn*, be on bad terms with sb ‖ FAM. *pas* ∼, not bad ● *m* (Pl **maux** [mo]) evil ; *le bien et le* ∼, good and evil ‖ [douleur physique] pain, ache ; ∼ *de l'air/de mer*, air-/sea-sickness ; ∼ *de dents/de tête*, tooth/headache ; ∼ *d'estomac*, stomach-ache ; ∼ *de gorge*, sore throat ; *avoir le* ∼ *de mer*, be sea-sick. ‖ *avoir* ∼ *au cœur*, feel sick ; *avoir* ∼ *aux dents*, have toothache ; *avoir* ∼ *à la tête*, have a headache ; *faire du* ∼, hurt ‖ pain (douleur) ‖ illness (maladie) ‖ trouble (difficulté); *se donner du* ~ *à faire qqch*, take pains to do sth ‖ [souffrance morale] ~ *du pays*, homesickness; *avoir le* ~ *du pays*, be homesick.

malade *a* ill, sick; ***tomber*** ~, fall sick, be taken ill ‖ FAM. *rendre* ~, upset ● *n* sick person, invalid.

maladie *f* illness, disease; ~ *de foie*, liver complaint.

maladresse *f* awkwardness.

maladroit, e *a* awkward, clumsy.

maladroitement *av* awkwardly.

malaise *m* malaise; *avoir un* ~, feel faint.

malchance *f* ill/bad luck.

malchanceux, euse *a* unlucky.

malcommode *a* inconvenient, awkward.

maldonne *f* [cartes] misdeal.

mâle [mɑl] *a* male; he-; bull (grands animaux) ‖ manly (voix).

malentendu *m* misunderstanding.

malfaiteur [-fɛtœr] *m* lawbreaker.

malgré [-gre] *p* in spite of ‖ ~ *que*, although.

malheur [-œr] *m* bad luck, misfortune; *par* ~, as ill luck would have it; *porter* ~ *à*, bring bad luck to.

malheureusement *av* unfortunately.

malheureux, euse *a* unlucky, unfortunate (malchan-

ceux); unsuccessful (candidat) ● *n* unfortunate person, wretch.

malhonnête *a* dishonest, crooked.

malin, igne [-ɛ̃, iɲ] *a* cunning, smart, shrewd (astucieux).

malle [mal] *f* trunk.

mallette *f* small suit-case.

malodorant, e [malɔdɔrɑ̃] *a* ill-smelling.

malsain, e *a* unhealthy.

malt [malt] *m* malt.

maltraiter *v* (1) ill-treat.

malveillance [-vɛjɑ̃s] *f* malevolence.

malveillant, e *a* malevolent (personne); spiteful (remarque).

maman [mamɑ̃] *f* mummy.

Manche 1 (la) [mɑ̃ʃ] *f* the (English) Channel.

manche 2 *m* handle; ~ *à balai*, broom-stick.

manche 3 *f* [cartes] game ‖ SP. heat, round ‖ ARG. *faire la* ~, busk.

manche 4 *f* sleeve; *en* ~s *de chemise*, in one's shirt-sleeves; *sans* ~s, sleeveless.

manchette *f* cuff ‖ [journal] headline.

manchot, e [-o, ɔt] *a* one-armed.

mandarine [mɑ̃darin] *f* tangerine.

mandat [-a] *m* money-order.

manège [manɛʒ] *m* : ~ *(de chevaux de bois)*, roundabout, merry-go-round.

manger [mɑ̃ʒe] *v* (7) eat (*dans*,

off/from) [assiette]; *donner à* ∼ *à,* feed; *finir de* ∼, eat up.

maniable [manjabl] *a* easy to handle (objet); handy (outil).

maniaque [-ak] *a* fussy (exigeant); fastidious, finicky (méticuleux).

manie *f* fad; peculiarity; fad.

manier *v* (1) handle.

manière *f* manner, way; *de quelle* ∼?, how?; *à la* ∼ *de,* like; *d'une* ∼ *ou d'une autre,* somehow (or other); *de toute* ∼, anyway ‖ *Pl* manners; *bonnes/mauvaises* ∼*s,* good/bad manners.

manif [manif] *f* FAM. demo (coll.).

manifestant, e [-εstᾶ] *n* POL. demonstrator.

manifestation *f* POL. demonstration.

manifester *v* (1) show (sentiments) ‖ POL. demonstrate.

manivelle [manivεl] *f* crank.

mannequin [mankε̃] *m* model (personne) ‖ [vitrine] dummy.

manœuvre [manøvr] *f* manœuvring, manœuvre ‖ [machine] working ● *m* labourer.

manœuvrer *v* (1) work, operate (machine).

manoir *m* manor house.

manque [mᾶk] *m* lack; *par* ∼ *de,* for lack/want of.

manquer *v* (1) be missing, be lacking (faire défaut) ‖ miss (but, train); ∼ *l'école,* miss school ‖ *vous me* ∼*ez,* I miss you; *est-ce que je vous* ∼*e?,*

do you miss me? ‖ ∼ *de,* lack; be short of; *ne* ∼ *de rien,* lack nothing ‖ *il a* ∼*é (de) tomber,* he almost/nearly fell.

mansarde [mᾶsard] *f* attic, garret.

manteau [-to] *m* coat; ∼ *de fourrure,* fur coat.

manucure [manykyr] *f* manicurist (femme).

manuel, le [-ɥεl] *a* manual ● *m* handbook, manual.

maquette [makεt] *f* (scale) model.

maquillage [makijaʒ] *m* make-up; *boîte à* ∼, vanity-case.

maquiller *v* (1) make up ‖ *se* ∼, make up, do one's face.

marais [marε] *m* marsh, swamp ‖ ∼ *salant,* salt pan.

maraude [marod] *f* : [taxi] *en* ∼, cruising.

marauder *v* (1) pilfer.

marbre [marbr] *m* marble.

marchand, e [marʃᾶ, d] *n* dealer, shopkeeper, tradesman; ∼ *de journaux,* newsagent; ∼ *de légumes,* green-grocer; ∼ *de poisson,* fishmonger; ∼ *de volaille,* poulterer.

marchander *v* (1) bargain, haggle over.

marchandise *f* merchandise ‖ commodity (article, produit) ‖ *Pl* goods, wares.

marche 1 [marʃ] *f* step, stair.

marche 2 *f* walking ‖ MIL. march ‖ TECHN. running; *en ordre de* ∼, in working order;

mettre en ~, start ‖ AUT. ~
arrière, reverse (gear); *faire ~
arrière*, reverse one's car, back;
sortir en ~ arrière, back out.
marché *m* market (lieu);
aller au ~, go to market; ~
aux fleurs, flower-market; ~
noir, black market; ~ *aux
puces*, flea market ‖ *(à) bon
~*, cheap(ly); *par-dessus le
~*, into the bargain ‖ *M~
commun*, Common Market.
marchepied [-əpje] *m* step.
marcher *v* (1) walk ‖ TECHN.
[machine] work, run; *faire ~*,
operate, run, drive ‖ RAIL.
[train] run.
mardi [mardi] *m* Tuesday; ~
gras, Shrove Tuesday.
mare [mar] *f* pond (étang);
pool (flaque).
marécage [-ekaʒ] *m* swamp.
marée *f* tide; ~ *montante*, flood-/rising tide; ~
descendante, ebb-tide; *à ~
haute/basse*, at high/low tide;
grande ~, spring tide.
marelle *f* hopscotch.
margarine [-garin] *f* margarine; marge (coll.).
marge [-ʒ] *f* margin.
marginal, e, aux [-ʒinal, o]
a marginal ● *n* drop-out (hip-
pie).
marguerite [-gərit] *f* BOT.
daisy.
mari [-i] *m* husband.
mariage [-ijaʒ] *m* marriage
(union); *demander en ~*,
propose to; *demande en ~*,

proposal ‖ wedding (noce) ‖
married life (vie conjugale).
marié, e *a* married; *non ~*,
single ● *n* : *jeune ~/~e*, bri-
degroom/bride ‖ → NOUVEAU.
marier *v* (1) [maire, prêtre]
marry ‖ *se ~*, get married; *se
~ avec*, marry.
marihuana [-iwana] *f* marijuana.
marin, e [-ɛ̃, in] *a* marine
(plante); sea (brise); nautical
(mille) ● *m* sailor, seaman.
marine *f* : ~ *de guerre*, navy;
~ *marchande*, merchant navy.
marionnette [-jɔnɛt] *f* puppet.
marmelade [-məlad] *f* stewed
fruit.
Maroc [-ɔk] *m* Morocco.
marocain, e *a/n* Moroccan.
maroquinerie [-ɔkinri] *f*
fancy-leather goods.
marque [-k] *f* mark, stamp;
~ *de pas*, footprint ‖ [jeux]
tenir la ~, keep the score
‖ COMM. brand; ~ *déposée*,
trade name ‖ AUT. make ‖ SP.
score.
marquer *v* (1) mark ‖ [ther-
momètre] read ‖ SP. score
(points); ~ *un but*, score a
goal.
marraine [marɛn] *f* godmother.
marrant, e *a* FAM. (screaming-
ly) funny.
marre *av* : FAM. *en avoir ~
de*, be fed up with.
marrer (se) [səmare] *v* (1)
FAM. have a good laugh.

marron *a inv* chestnut ● *m* chestnut ; ∼ *d'Inde,* horse-chestnut.

mars [mars] *m* March.

marteau [-to] *m* hammer ‖ [porte] knocker.

martiniquais, e *a* of/from Martinique ● *n* native of Martinique.

marxisme [-ksism] *m* marxism.

masculin, e [maskylɛ̃, in] *a* masculine (genre) ; male (sexe).

masque [mask] *m* mask.

masquer *v* (1) hide ; screen (lumière).

massage [masaʒ] *m* massage.

masse *f* bulk, mass (tas) ; body (d'eau) ‖ crowd (de gens) ‖ ELECTR. earth ; *mettre à la* ∼, earth ‖ *en* ∼, in bulk.

masser *v* (1) MED. massage ; *se faire* ∼, have a massage.

masseur, euse *n* masseur, euse.

massif, ive *a* massive, bulky ‖ solid (or).

mass media [-medja] *mpl* mass media.

massue *f* club.

mastic [mastik] *m* putty.

mastiquer [-ke] *v* (1) chew.

mat [mat] *m* [échecs] *être* ∼, be check mate ; *faire échec et* ∼, checkmate.

mat, e *a* [couleur] flat ; swarthy (peau).

mât [mɑ] *m* NAUT. mast ‖ SP. ∼ *de tente,* (tent-) pole.

match [matʃ] *m* SP. match ;

∼ *nul,* drawn game, draw ; *faire* ∼ *nul,* draw (avec, with).

matelas [matla] *m* mattress ; ∼ *pneumatique,* air-bed.

matelot [-o] *m* sailor, seaman.

matériel, le [materjɛl] *a* material ● *m* : ∼ *de camping,* camping gear ‖ TECHN. outfit, equipment.

maternel, le [matɛrnɛl] *a* maternal, motherly.

maternité *f* maternity hospital.

mathématiques [matematik] *fpl* mathematics.

maths [mat] *fpl* FAM. maths.

matière [matjɛr] *f* matter ‖ ∼ *grasse,* fat ; ∼ *plastique,* plastic ; ∼*s premières,* raw materials ‖ [études] subject.

matin [matɛ̃] *m* morning ; *ce* ∼, this morning ; *de bon* ∼, early in the morning ; *demain* ∼, tomorrow morning.

matinal, e, aux [-inal, o] *a* morning (activité) ‖ *personne* ∼*e,* early riser.

matinée *f* morning ; *faire la grasse* ∼, have a lie-in.

matou [matu] *m* tomcat.

matraque [matrak] *f* [police] truncheon ‖ [malfaiteur] cosh.

matraquer *v* (1) bludgeon ; cosh.

maturité [matyrite] *f* maturity, ripeness.

maudire [modir] *v* (62) curse.

Maurice [-ris] GEOGR. Mauritius (île).

maussade [-sad] *a* sullen, glum, moody ; dull (temps).

mauvais, e [-vɛ] *a* bad ; *plus*
~, worse ‖ ~*e volonté*, ill will
‖ wrong (erroné) ; ~ *côté*,
wrong side (route) ‖ foul (temps)
‖ rough-going (route) ; rough
(mer) ‖ broken (anglais, français, etc.) ‖ nasty (odeur) ● *av :*
sentir ~, smell (bad), stink.

mauve *a/m* mauve.

maximal, e, aux [maksi-
mal, o] *a* → MAXIMUM.

maximum [-ɔm], **maximal,
e, aux** *a* maximum ● *m : au*
(grand) ~, at the (very) most.

mayonnaise [majɔnɛz] *f*
mayonnaise.

mazout [mazut] *m* fuel-oil ;
chauffé au ~, oil-fired.

me [mə] *pr* (to) me ● *pr réfl*
myself.

mec [mɛk] *m* FAM. bloke.

mécanicien, ne [mekanisjɛ̃]
n mechanic ; ~*dentiste*, dental mechanic.

mécanique *a* mechanical ‖
clockwork (jouet) ● *f*
mechanics.

mécanisme *m* mechanism ;
machinery, works.

méchant, e [meʃɑ̃] *a* malicious, spiteful, nasty.

mèche 1 [mɛʃ] *f* [lampe]
wick.

mèche 2 *f* [cheveux] lock.

mèche 3 *f* TECHN. bit.

méconnaissable [mekɔnɛ-
sabl] *a* unrecognizable.

mécontenter *v* (1) displease,
dissatisfy.

médecin [medsɛ̃] *m* doctor ;
femme ~, woman doctor ; ~

de médecine générale, general
practitioner, G.P. ; ~ *conventionné*, panel doctor.

médecine [-in] *f* medicine.

média [medja] *mpl* = MASS
MEDIA.

médiateur *m* ombudsman.

médical, e, aux [medikal, o]
a medical.

médicament *m* medicine ;
drug.

médiocre [medjɔkr] *a* medio-
cre, poor.

médire *v* (63) speak ill (*de*, of).

médisance [-dizɑ̃s] *f* scandal.

méditer [-dite] *v* (1) meditate
(*sur*, on).

Méditerranée [-ditɛrane] *f*
Mediterranean.

méditerranéen, ne [-ɛ̃, ɛn]
a Mediterranean.

médius [-ys] *m* middle finger.

méfiance [mefjɑ̃s] *f* distrust,
mistrust.

méfiant, e *a* distrustful, suspicious.

méfier (se) *v* (1) : ~ *de*,
distrust, mistrust.

mégarde *f* : *par* ~, by
mistake.

mégot [mego] *m* stub, butt.

meilleur, e [mejœr] *a* better
(*que*, than) ; *le* ~, the best.

mélancolique [melɑ̃kɔlik] *a*
melancholy.

mélange [melɑ̃ʒ] *m* mixture,
blend.

mélanger *v* (7) mix, blend (*à*,
with).

mélasse [melas] *f* treacle.

mêlée [mele] *f* [rugby] scrum, pack.

mêler *v* (1) mix, mingle, blend (together) ‖ *se* ~, mix (se mélanger) ; mingle (à, with) ; *se* ~ *à la conversation*, join in the conversation, cut in (interrompre) ‖ ~*ez-vous de vos affaires*, mind your own business.

mélodie [melɔdi] *f* melody.

mélodieux, euse *a* melodious, sweet.

melon [məlɔ̃] *m* BOT. melon.

membre [mãbr] *m* ANAT. limb ‖ FIG. [société] member.

même [mɛm] *a* [avant le n.] same ; *en* ~ *temps*, at the same time ; *du* ~ *âge que*, the same age as ‖ [après le n.] very ; *aujourd'hui* ~, this very day ‖ [après un pr.] self (*Pl* selves) ; *lui-*~ (+ v.), he himself (+ v.) ; *elles/eux-*~*s*, themselves ● *n* same ; *le/la* ~, *les* ~*s*, the same ; *cela revient au* ~, that amounts to the same thing ● *av* even ; ~ *pas*, *pas* ~, not even ; ~ *si*, even if/though ‖ *ici* ~, right here ‖ *boire à* ~ *la bouteille*, drink from the bottle ‖ *quand* ~, yet, even so ; *tout de* ~, all the same ; *de* ~ *que*, as well as.

mémoire [memwar] *f* memory (faculté) ; *avoir une bonne* ~, have a retentive memory.

menace [mənas] *f* threat.

menacer *v* (6) threaten.

ménage [menaʒ] *m* household (personnes) ‖ housekeeping (soins) ; housework (tra-vaux) ; *faire le* ~, do the housework ‖ married couple.

ménager, ère [-e, ɛr] *a* domestic ● *f* housewife.

ménagerie [-ri] *f* menagerie.

mendiant, e [mãdjã] *n* beggar.

mendier *v* (1) beg (for).

mener [məne] *v* (1) lead ‖ take (qqn) [à, to] ‖ [route] lead (à, to) ‖ FIG. lead (vie) ‖ SP. lead (par, by).

meneur *n* RAD. ~ *de jeu*, compère.

mensonge [mãsɔ̃ʒ] *m* lie ; *petit* ~, fib ; *faire un* ~, tell a lie.

mensualité [-sɥalite] *f* : *par* ~*s*, by monthly instalment.

mensuel, le *a* monthly.

mensurations [-syrasjɔ̃] *fpl* measurements.

mental, e, aux [-tal, o] *a* mental.

menteur, euse [-tœr] *n* liar.

menthe [-t] *f* mint ; ~ *poivrée*, peppermint.

mentionner [-sjɔne] *v* (1) mention.

mentir *v* (93) lie.

menton *m* chin.

menu, e [məny] *a* small, tiny (petit) ‖ ~*e monnaie*, small change ● *av* fine, small ; *hacher* ~, mince.

menu *m* [repas] menu.

menuisier [mənɥizje] *m* joiner.

mépris [mepri] *m* contempt, scorn.

méprisant, e [-zã, t] *a* contemptuous, scornful.

méprise *f* mistake, error.

mépriser [-ze] *v* (1) despise, scorn.

mer [mɛr] *f* sea ; *en ~,* (out) at sea ; *en pleine ~,* in the open sea ; *grosse ~,* heavy sea ; *~ d'huile,* glassy sea ‖ [marée] *la ~ monte/descend,* the tide is coming in/going out.

mercerie [-sri] *f* haberdasher's shop (magasin).

merci [-si] *interj* thank you ; thanks (coll.) ; *~ beaucoup,* thank you very much ; thanks a lot (coll.) ; *(non) ~,* no, thank you.

mercredi [-krədi] *m* Wednesday.

mercure [-kyr] *m* mercury.

mère [mɛr] *f* mother ‖ *~ aubergiste,* warden.

méridien [meridjɛ̃] *m* meridian.

méridional, e, aux [-ɔnal, o] *a* southern ● *n* Fr. Southerner.

mérite [merit] *m* merit.

mériter *v* (1) deserve, merit.

merle [mɛrl] *m* blackbird.

merveille [mɛrvɛj] *f* wonder, marvel ; *à ~,* wonderfully.

merveilleusement *av* wonderfully.

merveilleux, euse *a* wonderful.

mes [me] → MON.

mesdames, mesdemoiselles → MADAME, MADEMOISELLE.

mesquin, e [mɛskɛ̃, in] *a* mean.

mess [mɛs] *m* MIL. mess.

message *m* message.

messe *f* mass ; *assister à/dire la ~* attend/say mass.

messieurs → MONSIEUR.

mesure [məzyr] *f* measurement, measure ; *fait sur ~,* made to measure, bespoke ‖ MUS. bar ; [cadence] tempo ; *battre la ~,* beat time ; *jouer en ~,* keep time ‖ degree (limite) ; *dans la ~ où,* in so far as ; *dans une certaine ~,* to a certain extent ‖ moderation ; *outre ~,* beyond measure ‖ *au fur et à ~ que,* as.

mesurer *v* (1) measure ‖ *combien ~ez-vous ?,* how tall are you ?

métal [metal] *m* metal.

métallique *a* metallic.

météo [meteo] *f* FAM. weather forecast (bulletin).

météorologie [-rɔlɔʒi] *f* meteorology.

météorologique *a* meteorological ; *bulletin ~,* weather forecast.

méthode [metɔd] *f* method.

méthodique *a* methodical.

méthodiquement *av* methodically.

méticuleux, euse [metikylø] *a* meticulous.

métier *m* trade, occupation, line ; *~ manuel,* craft, handicraft ; *exercer un ~,* carry on a trade ‖ TECHN. *~ à tisser,* loom ‖ FIG. skill, technique.

métrage [metraʒ] *m* length ‖ CIN. footage ; *un court* ∼, a short (film) ; *un long* ∼, a full-length film.

mètre [mɛtr] *m* metre ; ∼ *à ruban*, tape-measure.

métrique [metrik] *a* metric.

métro *m* underground (railway) ‖ [Londres] tube ; US subway ; elevated (aérien).

mets [mɛ] *m* dish (plat).

metteur [mɛtœr] *m* : ∼ **en scène**, CIN. director, TH. producer.

mettre [-r] *v* (64) put ‖ place (placer) ; set (disposer) ; ∼ *la table*, lay the table ‖ put on (vêtements, chaussures) ‖ FIG. take (temps) ‖ *se* ∼, put o.s. ‖ *se* ∼ *au lit*, go to bed ; *se* ∼ *debout*, stand up ; *se* ∼ *à table*, sit down to table ; *se* ∼ *du rouge aux lèvres/en robe*, put on some lipstick/a dress ‖ *se* ∼ *à*, start to ; *se* ∼ *au travail*, set to work ‖ *s'y* ∼, set about it.

meuble [mœbl] *m* : *un* ∼, a piece of furniture ‖ *Pl* furniture.

meublé, e *a* furnished ; *non* ∼, unfurnished ● *m* furnished apartment(s).

meubler *v* (1) furnish.

meule 1 [møl] *f* AGR. stack ; ∼ *de foin*, hayrick.

meule 2 *f* grindstone (à aiguiser).

meunier, ère [mønje] *n* miller, miller's wife.

meurtre [mœrtr] *m* murder.

meurtrier, ère *n* murderer, -eress.

meurtrir *v* (2) bruise ‖ damage (fruit).

meurtrissure [-isyr] *f* bruise.

mi [mi] *m* MUS. E.

mi- *préf* half, mid.

mi-août *f* mid-August.

miauler [mjole] *v* (1) mew.

mi-carême *f* mid-Lent.

miche [miʃ] *f* loaf.

mi-chemin (à) *loc av* halfway.

mi-côte (à) *loc av* half-way up (the hill).

micro [mikro] *m* FAM. mike.

microbe [mikrɔb] *m* microbe, germ.

microfilm *m* microfilm.

microphone [-fɔn] *m* microphone.

microscope [-skɔp] *m* microscope.

microsillon *m* : *(disque)* ∼, long-playing record, L.P.

midi [midi] *m* midday, twelve o'clock ; noon ‖ GEOGR., FR. *le M*∼, the South.

mie [mi] *f* soft part (of bread).

miel [mjɛl] *m* honey.

mien, ne [mjɛ̃] *pr poss* : *le/la/les* ∼s, mine ● *mpl* : *les* ∼s, my own people.

miette [mjɛt] *f* [pain] crumb.

mieux [mjø] *av* better ; *au* ∼, at best ; *le* ∼, the best ; *de* ∼ *en* ∼, better and better ; *aller* ∼, get better ; *aimer* ∼ *qqch*, like sth better ; *j'aimerais* ∼ *partir*, I'd rather go ; *je ferais* ∼ *de partir*, I'd better go ●

m : *faire de son* ∼, do one's best ‖ MED. *un léger* ∼, a slight improvement.

mignon, ne [miɲ5, ɔn] *a* sweet, cute.

migraine [migrɛn] *f* headache.

mijoter [miʒɔte] *v* (1) CULIN. simmer.

mil [mil] → MILLE.

milieu 1 [miljø] *m* [centre] middle; *au (beau)* ∼ *de*, (right) in the middle of.

milieu 2 *m* [circonstances sociales] environment, surroundings, background.

militaire [militɛr] *a* military; army ● *m* soldier; serviceman.

militant, e *n* militant.

militer *v* (1) militate (*pour/contre*, for/against).

mille [mil] *a inv* thousand; *deux* ∼ *un*, two thousand and one ‖ *les M*∼ *et Une Nuits*, the Arabian Nights ● *m* [mesure] ∼ *(marin)*, mile.

milliard [-jar] *m* milliard, US billion.

millième [-jɛm] *a/n* thousandth.

million *m* million.

mime [mim] *m* mime.

mimer *v* (1) mime.

minable [minabl] *a* FAM. shabby, pitiable.

mince [mɛ̃s] *a* thin ‖ slim, slender (taille, personne).

mine 1 [min] *f* look; *avoir bonne/mauvaise* ∼, look well/poorly; **faire** ∼, pretend/offer (*de*, to).

mine 2 *f* [crayon] lead ‖

TECHN. mine; ∼ *de charbon*, coal-mine.

minerai [-rɛ] *m* ore.

minéral, e, aux [-eral, o] *a/m* mineral.

minet, te [minɛ] *n* puss, pussy.

mineur *m* TECHN. miner; [charbon] collier.

mineur, e *a* under age (personne) ‖ MUS., FIG. minor ● *n* JUR. minor (personne).

mini- [mini] *préf* mini-, midget.

minijupe *f* miniskirt.

minimal, e, aux [-mal, o] *a* minimal.

minimum [-mɔm] *a* minimum ● *m* : *au* ∼, at least.

ministère [-stɛr] *m* ministry, US department; ∼ *des Affaires étrangères*, Foreign Office, US State Department.

ministre [-str] *m* minister; *Premier* ∼, Prime Minister.

minorité [minɔrite] *f* minority.

minuit [minɥi] *m* midnight.

minuscule [-yskyl] *a* minute, tiny ● *f* small letter.

minute [-yt] *f* minute.

minuter *v* (1) time.

minuterie *f* time-switch.

mioche [mjɔʃ] *m* FAM. kid.

mi-pente (à) [amipãt] *loc av* half-way down/up.

miracle [mirakl] *m* REL. miracle.

mirage [-ʒ] *m* mirage.

mire *f* : ∼ *de réglage*, test card (télévision).

miroir *m* mirror, looking-glass.
miroiter *v* (1) glisten.
mis, e [mi] → METTRE.
mise 1 *f* : [cheveux] ~ *en plis,*
set ; *se faire faire une* ~ *en
plis,* have one's hair set ‖ TH.
~ *en scène,* staging.
mise 2 *f* [jeu] stake.
miser *v* (1) stake, bet.
misérable [-erabl] *a* miserable, wretched (malheureux) ;
squalid (quartier) • *n* wretch.
misère [-εr] *f* destitution,
want (pauvreté).
mission [misjɔ̃] *f* mission.
mite [mit] *f* (clothes) moth.
mité, e *a* moth-eaten.
mi-temps *f* : *travail à* ~,
part-time job ; *travailler à* ~,
work part-time ‖ SP. half-time.
mixage [miksaʒ] *m* CIN.
mixing.
mixeur *m* CULIN. mixer.
mixte [-t] *a* mixed ‖ mixed,
coeducational (école).
mobile 1 [mɔbil] *m* motive.
mobile 2 *a* movable ‖ loose
(feuillets).
mobilier *m* (set of) furniture.
mobiliser *v* (1) MIL. mobilize,
call up.
moche [mɔʃ] *a* FAM. ugly
(laid) ; FIG. rotten, lousy (sl.).
mode 1 [mɔd] *m* mode ; ~
d'emploi, directions for use ‖
~ *de vie,* way of life ‖ MUS.
mode ‖ GRAMM. mood.
mode 2 *f* [vêtement] fashion ;
style ; *à la* ~, fashionable, in
fashion.
modelage [-laʒ] *m* modelling.

modèle [-εl] *m* model, pattern
(forme) ‖ ARTS sitter, model ‖
TECHN. ~ *réduit,* small-scale
model ‖ FIG. model.
modeler *v* (8*b*) model.
modéré, e *a* moderate.
modérément *av* moderately.
modérer *v* (1) moderate ; ease
down (vitesse).
moderne [-εrn] *a* modern, up-
to-date.
moderniser *v* (1) modernize.
modeste [-εst] *a* modest ;
unassuming.
modifier [-ifje] *v* (1) modify,
alter.
modiste *f* milliner.
modulation [-ylasjɔ̃] *f* :
RAD. ~ *d'amplitude,* amplitude modulation, A. M. ; ~ *de
fréquence,* frequency modulation, F. M., V. H. F.
mœurs [mœr(s)] *fpl* manners ‖
de ~ *légères,* promiscuous.
moi [mwa] *pr* → JE ‖ [com-
plément] me ; *dis-*~, tell me ‖
[+ p.] *avec* ~, with me ; *c'est
à* ~, it's mine ‖ [sujet] I ; *c'est*
~, it's me (coll.) ‖ ~-*même,*
myself.
moindre [mwɛ̃dr] *a* [comp.]
less(er) ‖ [sup.] *le* ~, the least.
moine [mwan] *m* monk.
moineau [-o] *m* sparrow.
moins [mwɛ̃] *av* [comp.] less ‖
~ *de,* less/fewer than ; ~
d'argent, less money ; ~ *de
livres,* fewer books ; *les (enfants
de)* ~ *de dix ans,* children
under ten years of age ; *en* ~
d'une heure, within an hour ‖

[sup.] *le* ～, the least; *au* ～, *du* ～, at least ‖ *en* ～, less, missing ‖ *de* ～ *en* ～, less and less; *à* ～ *de*, unless, barring; *à* ～ *que*, unless ● *p* less, minus; *6* ～ *1 égale 5*, 6 minus 1 equals 5; *une heure* ～ *dix*, ten to one.

mois [mwa] *m* month.

moisi, e [-zi] *a* mouldy, musty ● *m* mould.

moisir *v* (2) mould, go mouldy.

moisissure [-zisyr] *f* mould.

moisson [-sɔ̃] *f* harvest(ing).

moissonner *v* (1) AGR. harvest, reap.

moite [-t] *a* moist; clammy (main).

moitié [-tje] *f* half; *à* ～, half; *à* ～ *chemin*, half-way; *à* ～ *prix*, at half-price ‖ FAM. ～-～, half and half; *partager* ～-～, go fifty-fifty.

mol [mɔl] → MOU.

molaire *f* molar.

mollet [mɔlɛ] *m* ANAT. calf.

moment [mɔmɑ̃] *m* moment, time; *c'est le* ～ *de*, it is time to...; ～*s perdus*, odd moments, spare time ‖ *en ce* ～, now, at the moment; *pour le* ～, for the present; *d'un* ～ *à l'autre*, any minute; *au* ～ *où*, as, the moment (that); *du* ～ *que*, since.

mon [mɔ̃], **ma** [ma], **mes** [me] *a poss m/f pl* my.

monastère [mɔnastɛr] *m* monastery.

monceau [mɔ̃so] *m* heap, pile.

monde [mɔ̃d] *m* world, earth; *le Nouveau M*～, the New World; *dans le* ～ *entier*, all over the world ‖ people (gens); *beaucoup de* ～, a lot of people; *tout le* ～, everybody, everyone.

mondial, e, aux *a* world.

monnaie [mɔnɛ] *f* money, currency; *pièce de* ～, coin ‖ change; *petite* ～, small change; *la* ～ *de mille francs*, change for a thousand francs; *faire de la* ～, make change; *rendre la* ～ *de*, give change for.

monotone [mɔnɔtɔn] *a* monotonous.

monotonie *f* monotony.

monsieur [məsjø] (*Pl* **messieurs** [mesjø]) *m* [devant un nom pr.] Mr; *Pl* Messrs ‖ [en s'adressant à un supérieur] Sir ‖ [lettre] Dear Sir; *Pl* Dear Sirs, gentlemen ‖ *cher* ～, Dear Mr X.

monstre [mɔ̃str] *m* monster; freak (of nature).

monstrueux, euse [-ɥø, z] *a* monstrous (anormal) ‖ shocking (odieux).

mont [mɔ̃] *m* mount (montagne).

montage [-taʒ] *m* TECHN. setting, fitting; *chaîne de* ～, assembly line ‖ CIN. editing.

montagnard, e [-taɲar] *n* mountaineer.

montagne *f* mountain.

montagneux, euse *a* mountainous, hilly.

montée f rise || uphill slope (côte).

monter v (1) go up, come up, rise, climb (up) || get on/into (train) || [marée] come in || ~ sur, get on, mount (bicyclette) || [prix] rise || SP. ~ à *bicyclette/cheval*, ride || TECHN. assemble, put together (machine); mount, set (diamant) || TH. stage.

monteur, euse n TECHN. fitter || CIN. film-editor.

montre [mɔ̃tr] f watch; ~-*bracelet*, wrist-watch; ~ *de plongée*, diver's watch.

montrer v (1) show, display (faire voir) || ~ *le chemin*, show the way || point at (du doigt).

monture f [lunettes] frame; [bague] setting.

monument [mɔnymɑ̃] m monument.

moquer (se) [səmɔke] v (1) : ~ *de*, laugh at, make fun of; *je m'en* ~e, I don't care.

moquerie f mockery, derision.

moquette [mɔkɛt] f fitted/wall-to-wall carpet.

moral, e, aux [mɔral, o] a moral.

morale f morals (principes); morality (bonne conduite) || [histoire] moral.

moralement av morally.

morceau [mɔrso] m bit, piece || [sucre] lump || CULIN. morsel || MUS. piece.

mordre [-dr] v (4) bite.

morne [-n] a dismal, dreary.

morose [-oz] a sullen, moody.

morpion [-pjɔ̃] m crab-louse || *jouer aux* ~s, play at noughts and crosses.

morse [-s] m Morse (code).

morsure f bite.

mort, e [mɔr, t] → MOURIR ● a dead || AUT. *au point* ~, in neutral || FIG. dead (langue); ~ *de fatigue*, dead-tired/-beat ● n dead person || *tête de* ~, death's head || [cartes] dummy || REL. *jour des Morts*, All Souls' Day.

mort f death.

mortalité [-talite] f death-rate.

mortel, le a mortal, deadly; fatal (accident, maladie).

mortier [-tje] m mortar.

morue f cod.

mosquée [mɔske] f mosque.

mot [mo] m word; ~ *à* ~, word for word || *gros* ~, rude/swear word || ~s *croisés*, crossword (puzzle) || *bon* ~, ~ *d'esprit*, joke; *jeu de* ~s, pun || note (courte lettre); *envoyez-moi un* ~, drop me a line.

motard [mɔtar] m FAM. motorcyclist || motor-cycle policeman.

motel m motel.

moteur, trice a driving; *roues* ~s, driving wheels ● m engine, motor; ~ *diesel*, diesel engine; ~ *électrique*, electric motor; ~ *à injection*, fuel injection engine.

motif *m* motive, reason ; occasion.

motivation [-ivasjɔ̃] *f* motivation.

moto [moto] *f* FAM. motorbike.

moto-cross *m* motocross, scramble.

motocyclette [-siklɛt] *f* motorcycle.

motocycliste *m* motorcyclist.

motrice [mɔtris] → MOTEUR.

mou, mol, molle [mu, mɔl] *a* soft (matière) ; slack (corde).

mouchard [muʃar] *m* FAM. [école] sneak ; bug (micro).

moucharder [-de] *v* (1) sneak on (sl.).

mouche *f* fly.

moucher *v* (1) : *se* ∼, blow one's nose.

moucheron [-rɔ̃] *m* midge.

mouchoir *m* handkerchief ; ∼ *en papier*, tissue.

moudre [mudr] *v* (65) grind (café).

moue [mu] *f* pout ; *faire la* ∼, pout.

mouette [mwɛt] *f* (sea-)gull.

mouiller [muje] *v* (1) wet ‖ water (down) (vin, lait).

moule 1 [mul] *m* TECHN. mould.

moule 2 *f* ZOOL. mussel.

mouler *v* (1) mould ‖ cast (métal).

moulin *m* mill ; ∼ *à café/à poivre*, coffee-/pepper-mill ‖ ∼ *à vent*, wind-mill.

moulu, e → MOUDRE ● *a* ground.

mourir [murir] *v* (66) die ; ∼ *de faim*, starve to death.

mousse [mus] *f* moss (plante) ‖ [bière] foam, froth ; [savon] lather.

mousser *v* (1) [bière] froth, foam ‖ [savon] lather ‖ [vin] sparkle.

mousseux *m* sparkling wine.

moustache [mustaʃ] *f* moustache ‖ Pl [chat] whiskers.

moustiquaire [-tikɛr] *f* mosquito-net.

moustique *m* mosquito ; *produit anti-*∼*s*, mosquito repellent.

moutarde [mutard] *f* mustard.

mouton *m* [animal] sheep ‖ [viande] mutton.

mouvement [muvmɑ̃] *m* movement, motion.

Mouvement de Libération de la Femme (MLF) *m* Women's Liberation Movement ; Women's Lib (coll.) ; *membre du MLF*, Women's Libber (coll.).

moyen [mwajɛ̃] *m* means, way ; *au* ∼ *de*, by means of ‖ *trouver* ∼ *de*, manage, contrive to ‖ ∼ *de transport*, (means of) transport ‖ Pl FIN. means (ressources) ; *je n'ai pas les* ∼*s d'acheter...*, I can't afford to buy... ‖ FAM. *perdre ses* ∼*s*, go to pieces.

moyen, ne [-, ɛn] *a* medium (qualité) ; middle (dimension, position) ; *classe* ∼*ne*, middle-class ; *M*~ *Âge*, Middle Ages ‖ [calcul] average ; mean ; *heure* ~*ne de Greenwich*, Greenwich Mean Time (G.M.T.) ● *f* average ; *en* ~, on an average ; *au-dessus/-dessous de la* ~, above/below average ; *faire la* ~, take an average ‖ [examens] pass-mark ‖ AUT. *faire une* ~ *de 80 km/h*, do 50 miles on average.

moyennant [-ɛnɑ̃] *p* for.

Moyen Orient *m* Middle East.

moyeu [-ø] *m* hub.

muer [mye] *v* (1) [voix] break, crack.

muet, te [-ɛ] *a* dumb (infirme) ; mute, silent (silencieux) ‖ CIN. silent ● *n* mute.

mugir [myʒir] *v* (2) [vache] moo ‖ [mer] boom, roar.

muguet [myge] *m* lily of the valley.

mule, et [myl, ɛ] mule.

multicolore [myltikɔlɔr] *a* multicoloured.

multiple [-pl] *a* manifold, multiple.

multiplication [-plikasjɔ̃] *f* multiplication.

multiplier [-plije] *v* (1) multiply ‖ *se* ~, grow in number.

multitude *f* multitude.

munir [mynir] *v* (2) provide, fit (*de*, with) ‖ *se* ~, provide/supply o.s. (*de*, with).

mur [myr] *m* wall ‖ AV. ~

du son, sound barrier ‖ REL. *M*~ *des Lamentations*, Wailing Wall.

mûr, e [myr] *a* ripe (fruit) ; *pas* ~, unripe.

mûre *f* [ronces] blackberry ; [mûrier] mulberry.

mûrier *m* mulberry-tree.

mûrir *v* (2) ripen ; *faire* ~, ripen.

murmure [myrmyr] *m* murmur, whisper.

murmurer *v* (1) whisper, murmur ‖ [ruisseau] babble.

muscle [myskl] *m* muscle.

musclé, e *a* muscular.

musée [myze] *m* museum.

muselière [-əljɛr] *f* muzzle.

muséum [-eɔm] *m* museum.

musical, e, aux [-ikal, o] *a* musical.

music-hall [-ikol] *m* variety show, music-hall.

musicien, ne [-isjɛ̃] *n* musician ● *a* musical (personne).

musique *f* music ; *mettre en* ~, set to music.

musulman, e [-ylmɑ̃, an] *a/n* Moslem.

mutilé, e [mytile] *n* disabled.

mutiler *v* (1) mutilate, maim.

mutuellement [mytɥɛlmɑ̃] *av* one another, each other.

myope [mjɔp] *a* short-sighted.

myopie *f* short-sightedness.

mystère [mistɛr] *m* mystery.

mystérieux, euse [-erjø] *a* mysterious.

n

n [ɛn] *m.*

nacre [nakr] *f* mother-of-pearl.

nacré, e *a* pearly.

nage [naʒ] *f* swimming; *traverser à la* ~, swim across ‖ [style] stroke; ~ *sur le dos*, back stroke ‖ [transpiration] *en* ~, in a sweat.

nageoire *f* fin.

nager *v* (7) swim.

nageur, euse *n* swimmer.

naïf, ïve [naif] *a* artless, naive.

nain, e [nɛ̃, ɛn] *a* dwarf(ish) • *n* dwarf.

naissance [nɛsɑ̃s] *f* birth; *donner* ~, give birth (*à*, to), be delivered (*à*, of).

naître [nɛtr] *v* (68) be born; *il est né le ...*, he was born on the ...

nappe [nap] *f* table-cloth.

napperon [-rɔ̃] *m* tablemat.

narine [narin] *f* nostril.

nasal, e, aux [nazal, o] *a* nasal.

nasillard, e [-ijar, d] *a* nasal; *ton* ~, nasal twang.

natal, e, als [natal] *a* native.

natation [-sjɔ̃] *f* swimming.

nation [nasjɔ̃] *f* nation; *N*~*s unies*, United Nations.

national, e, aux [-ɔnal, o] *a* national.

nationaliser *v* (1) nationalize.

nationalité *f* nationality.

natte [nat] *f* plait (cheveux).

natter *v* (1) plait.

naturalisation [natyralizasjɔ̃] *f* naturalization.

naturaliser *v* (1) naturalize.

nature *f* nature ‖ [caractère] disposition ‖ [sorte] kind ‖ FIN. *en* ~, in kind • *a inv* neat (boisson).

naturel, le *a* natural ‖ unaffected.

naturellement *av* naturally; ~!, of course! ‖ *tout* ~, as a matter of course.

naturiste *n* naturist.

naufrage [nofraʒ] *m* (ship-)wreck; *faire* ~, be shipwrecked.

nausée [noze] *f* nausea; *avoir la* ~, feel sick.

nautique [notik] *a* nautical.

naval, e, als [naval] *a* naval.

navet [-ɛ] *m* turnip.

navette *f* TECHN. shuttle ‖ RAIL. shuttle (service).

navigateur [navigatœr] *m* NAUT., AV. navigator.

navigation *f* sailing, navigation.

naviguer *v* (1) sail.

navire [-r] *m* ship.

navré, e [navre] *a* sorry (*de*, for).

ne [nə] (**n'** devant voyelle ou «h» muet) *av* [négation] not ‖ ~ ... *plus*, not ... any longer (temps), not ... any more (quan-

tité), not ... again (répétition) ‖
〜 ... **que**, only.
né, e [ne] → NAÎTRE ● a born.
néanmoins [-ɑ̃mwɛ̃] av
nevertheless.
néant [-ɑ̃] m [inventaire] nil.
nébuliseur [-bylizœr] m
MED. nasal spray.
nécessaire [-sesɛr] a necessary (à, to) ; chose 〜, requisite
● m : le 〜, the necessaries.
néerlandais, e [-ɛrlɑ̃dɛ]
a/n/m Dutch.
négatif, ive [-gatif] a negative ● m PHOT. negative ‖
GRAMM. negative.
négation f negation.
négligé, e [-gliʒe] a untidy,
slovenly (vêtement).
négligeable a negligible.
négligence f negligence.
négligent, e a negligent,
careless ‖ heedless (étourdi).
négliger v (7) neglect ‖ omit,
overlook (omettre).
nègre, négresse [nɛgr,
negrɛs] n PÉJ. Negro/Ne-
gress ; nigger.
neige [nɛʒ] f snow ; 〜 fondue,
sleet (tombant), slush (à terre).
neiger v imp (7) snow.
neigeux, euse a snowy.
néon [neɔ̃] m neon (lighting).
nerf [nɛr] m nerve ‖ FAM. taper
sur les 〜s de qqn, get on sb's
nerves.
nerveux, euse [-vø] a MED.
nervous (système, maladie) ‖
FIG. jumpy, nervy (coll.).
net, te [nɛt] a clean, spotless
(propre) ; fair (copie) ; clear,

distinct (clair) ; sharp (photo) ‖
COMM., FIN. net (prix, poids)
● av : s'arrêter 〜, stop
short/dead ● m : mettre qqch
au 〜, write a fair copy of sth.
nettoie-pipe [nɛtwa-] m pipe
cleaner.
nettoyage [-jaʒ] m cleaning ;
〜 à sec, dry-cleaning.
nettoyer v (9a) clean ‖ 〜 à
sec, dry-clean.
neuf [nœf] a/m nine.
neuf, neuve [nœf, v] a new ;
flambant 〜, brand-new ● m
new ; à l'état de 〜, practically
new ‖ FAM. quoi de 〜?, any
news ?
neutre [nøtr] a neutral ● m
GRAMM. neuter.
neuvième [nœvjɛm] a/n
ninth.
neveu [nəvø] m nephew.
nez [ne] m nose ; parler du 〜,
speak through one's nose.
ni [ni] c : ni... ni..., neither...
nor... ; 〜 l'un 〜 l'autre,
neither.
niche [-ʃ] f [chien] kennel.
nicher (se) v (1) nest, nestle.
nickel [-kɛl] m nickel.
nicotine [-kɔtin] f nicotine.
nid [ni] m nest.
nièce [njɛs] f niece.
nier [nje] v (1) deny (que, that).
n'importe (qui, quel)
[nɛ̃pɔrt] → IMPORTER 2.
niveau [nivo] m level ; au 〜
de, de 〜 avec, on a level
with ; au 〜 de la mer, at sea
level ‖ FIG. standard ; 〜 de
vie, standard of living.

noble [nɔbl] a noble.

noce [nɔs] f wedding.

nocif, ive a harmful.

nocturne [nɔktyrn] a night(ly).

Noël [nɔɛl] m Christmas.

nœud [nø] m knot; ～ *coulant*, running knot; **faire/défaire un ～**, tie/untie a knot ‖ ～ *papillon*, bow-tie ‖ NAUT. knot (vitesse).

noir, e [nwar] a black (couleur) ‖ dark (nuit) ● n : [personne] **Noir(e)**, black (woman) ‖ m black ‖ f MUS. crotchet.

noircir [-sir] v (2) black(en); grow black.

noisette [nwazɛt] f hazel-nut.

noix [nwa] f (wal)nut; ～ *de coco*, coconut.

nom [nɔ̃] m name; ～ *de famille*, surname; ～ *de jeune fille*, maiden name ‖ GRAMM. noun; ～ *commun*, common noun; ～ *propre*, proper noun ‖ **au ～ de**, in the name of, on behalf of.

nomade [nɔmad] a nomad(ic) ● n nomad.

nombre [nɔ̃br] m MATH., GRAMM. number.

nombreux, euse a numerous, many.

nombril [-i] m navel.

nommer [nɔme] v (1) name (appeler) ‖ appoint (à, to) ‖ **se ～**, be called.

non [nɔ̃] av no ‖ not; *je pense que ～*, I think not ‖ ～ **plus** : *il ne l'aime pas, et moi ～ plus*, he doesn't like it, neither do I.

nord [nɔr] m north; *au ～*, in the north; *du ～*, northern, northerly; *vers le ～*, north(wards).

normal, e, aux [-mal, o] a normal ‖ regular, standard (dimensions) ● f normal.

normalement av normally.

Norvège [-vɛʒ] f Norway.

norvégien, ne a/n Norwegian.

nos [no] → NOTRE.

notaire [nɔtɛr] m notary.

notamment [-amɑ̃] av particularly.

note f note; *prendre ～ de*, make a note of; *prendre des ～s*, take notes ‖ [école] *bonne/mauvaise ～*, good/bad mark ‖ MUS. note ‖ COMM. bill.

noter v (1) note/write down.

notion [nɔsjɔ̃] f notion.

notre [nɔtr] (*Pl* **nos** [no]) a poss our ‖ **nôtre (le, la)** pr poss ours ● mpl [invités] *serez-vous des ～s ?*, will you join us ?

nouer [nue] v (1) tie, knot.

nouilles [-j] fpl noodles.

nourrir v (2) feed ‖ ～ *(au sein)*, nurse, breast-feed ‖ **se ～**, feed (de, on).

nourrissant, e a nourishing.

nourriture f food ‖ [animaux] feed.

nous [nu] pr [sujet] we ‖ [obj.] us ‖ *à ～*, ours; *chez ～*, at home; *entre ～*, between you and me ‖ ～-*mêmes*, ourselves.

nouveau, nouvel, nouvelle [nuvo, ɛl] (*Pl* **nou-**

veaux, elles) *a* new ; *de* ∼, again ‖ ∼*x mariés*, newly weds ; ∼ *né*, new born (child).

nouvelle 1 *a* → NOUVEAU.

nouvelle 2 *f* short story.

nouvelle 3 *f* : *une* ∼,′ a piece of news ; *annoncer une (mauvaise)* ∼, break the news ‖ *Pl* news ; *dernières* ∼s, latest news ; *demander des* ∼s *de qqn*, ask after sb ; *donnez-moi de vos* ∼s, let me hear from you ; *recevoir des* ∼s *de qqn*, hear from sb.

novembre [nɔvᾶbr] *m* November.

novice [-is] *a* inexperienced • *n* beginner, tyro.

noyade [nwajad] *f* drowning.

noyau [-o] *m* [fruit] stone.

noyé, e *n* drowned man, woman.

noyer *v* (9a) drown ‖ AUT. flood (carburateur) ‖ *se* ∼, [accident] drown, be drowned ; [suicide] drown o.s.

nu, e [ny] *a* naked, nude ; *tout* ∼, stark-naked ‖ bare (partie du corps) ; ∼*-pieds/-tête*, barefoot(ed)/-headed.

nuage [nɥaʒ] *m* cloud ; *sans* ∼, cloudless.

nuageux, euse *a* cloudy ; overcast (temps).

nuance [nɥᾶs] *f* [teinte] shade ‖ FIG. shade of meaning.

nucléaire [nykleɛr] *a* nuclear.

nudisme [nydism] *m* nudism.

nudiste *n* nudist, naturist.

nuire [nɥir] *v* (69) : ∼ *à*, do harm to, injure.

nuisible [-izibl] *a* harmful ; injurious (à la santé).

nuit [nɥi] *f* night ; *la* ∼, in the night ; *à la* ∼, at night ; *cette* ∼, last night (passée), tonight (à venir) ; *de* ∼, by night ; *il fait* ∼, it is dark ; *bonne* ∼*!*, good night !

nul, le [nyl] *a* [avant n.] no ‖ [après n.] nil ; *partie* ∼*le*, draw ; *faire match* ∼, draw ‖ [attribut] hopeless (sans valeur), useless (coll.) • *pr* no one.

numéro [nymero] *m* number ‖ [journal] copy, issue, number ; *dernier* ∼, current issue ; *vieux* ∼, back number ‖ [programme] item.

numéroter [-ɔte] *v* (1) number.

nuptial, e, aux [nypsjal, o] *a* wedding (cérémonie).

nuque [nyk] *f* nape (of the neck).

Nylon [nilɔ̃] *m* nylon ; *bas (de)* ∼, nylons.

o [o] *m.*

obéir [ɔbeir] *v* (2) : ~ *à,* obey (ordre, qqn).

obéissant, e *a* obedient.

obèse [ɔbɛz] *a* obese.

objecteur [ɔbʒɛktœr] *m* : ~ *de conscience,* conscientious objector.

objectif, ive *a* objective ● *m* PHOT. lens.

objet [-ɛ] *m* object, thing ‖ *Pl* : ~*s trouvés,* lost property (office) ; ~*s de valeur,* valuables ‖ GRAMM. object.

obligation [ɔbligasjɔ̃] *f* obligation ; duty ; *être dans l'*~ *de,* be obliged to.

obligatoire [-twar] *a* obligatory, compulsory.

obligé, e [-ʒe] *a* obliged, compelled ; *être* ~ *de,* have got to ; [nég.] not have to.

obligeant, e *a* obliging, kind.

obliger *v* (7) compel, oblige ; *êtes-vous* ~*é de partir maintenant?,* need you go yet? ‖ oblige (rendre service).

oblique [-k] *a* oblique ; slant(ing).

obliquement *av* obliquely.

obliquer *v* (1) oblique ‖ ~*ez à droite,* go half right.

oblitération [-terasjɔ̃] *f* postmark.

oblitérer *v* (1) post-mark.

obscène [ɔbsɛn] *a* obscene ; *mot* ~, four-letter word.

obscur, e [-kyr] *a* dark, gloomy.

obscurcir [-kyrsir] *v* (2) darken.

obscurité *f* dark(ness), gloom.

obséder [-ede] *v* (1) obsess, haunt (par, with).

observateur, trice [-ɛrvatœr] *n* observer.

observation *f* observation ‖ comment, remark.

observatoire *m* observatory.

observer *v* (1) observe, watch ‖ *faire* ~, point out, remark.

obsession [-ɛsjɔ̃] *f* obsession.

obstacle [-takl] *m* obstacle.

obstination [-tinasjɔ̃] *f* obstinacy, stubbornness.

obstiné, e *a* obstinate, stubborn.

obstiner (s') *v* (1) : ~ *à,* persist in.

obtenir [ɔbtənir] *v* (101) get, obtain, come by.

obturateur [-yratœr] *m* PHOT. shutter.

obturer *v* (1) MED. fill (dent).

obus [ɔby] *m* shell.

occasion [ɔkazjɔ̃] *f* occasion (circonstance) ; *à l'*~, on occasion ‖ chance, opportunity (chance) ; *profiter de l'*~, take this occasion (pour, to) ‖ COMM. bargain ; *d'*~, second-hand ‖ AUT. *voiture d'*~, used car.

occasionnel, le [-ɔnɛl] *a* occasional.

occasionner v (1) cause, occasion, bring about.

Occident [ɔksidã] m West, Occident.

occidental, e, aux a Western, Occidental.

occupation [ɔkypasjɔ̃] f occupation, employment (travail) ; ~ secondaire, side-line.

occupé, e a busy (à, at) ‖ [lieu] engaged ‖ TEL. engaged, US busy.

occuper v (1) occupy (lieu) ; take up (de la place) ‖ **s'~ de**, busy o.s. with ; deal with ‖ look after, take care of, mind (prendre soin de).

océan [ɔseã] m ocean.

Océanie [-ani] f Oceania.

octobre [ɔktɔbr] m October.

oculiste [ɔkylist] n oculist.

odeur [ɔdœr] f smell ; bonne/mauvaise ~, pleasant/bad smell.

odieux, euse [-jø] a odious, hateful.

odorat [-ɔra] m smell.

œil [œj] (Pl yeux [jø]) m eye ; **coup d'~**, glance ; **jeter un coup d'~**, have a look at ; jeter un coup d'~ furtif à, peep at ‖ **à vue d'~**, visibly ‖ FAM. je n'ai pas fermé l'~ de la nuit, I didn't sleep a wink all night ; ~ poché, black eye ‖ Pl : aux yeux bleus, blue-eyed.

œillère [-ɛr] f MED. eye-bath.

œuf [œf] (Pl œufs [ø]) m egg ; ~s brouillés, scrambled eggs ; ~ à la coque, boiled egg ; ~ dur, hard-boiled egg ; ~s à la neige, floating islands ; ~ sur le plat, fried egg.

œuvre [œvr] f work ; ~ d'art, work of art.

offenser [ɔfãse] v (1) offend, hurt (the feelings of).

offert, e [ɔfɛr, t] → OFFRIR.

office 1 [ɔfis] m office, duty (emploi) ‖ REL. service.

office 2 f (butler's) pantry.

officiel, le [-jɛl] a official.

officiellement av officially.

officier m officer.

officieusement [-jøzmã] av off the record, unofficially.

officieux, euse a unofficial.

offre [ɔfr] f offer ‖ **l'~ et la demande**, supply and demand.

offrir v (72) offer ; ~ qqch à qqn, present sb with sth.

oh ! [o] excl oh! ; ~ là là !, oh dear!

oie [wa] f goose.

oignon [ɔɲɔ̃] m onion.

oiseau [wazo] m bird.

oisif, ive [-if] a idle.

oisiveté f idleness.

olive [ɔliv] f olive.

olivier m olive(-tree).

ombrage [ɔ̃braʒ] m shade.

ombragé, e a shadowy.

ombrager v (7) shade.

ombrageux, euse a quick to take offence.

ombre f shade (lieu ombragé) ; à l'~, in the shade ‖ shadow (silhouette).

ombrelle f sunshade, parasol.

omelette [ɔmlɛt] f omelet(te).

omettre [ɔmɛtr] *v* (64) omit, leave out (mot).

omnibus [ɔmnibys] *m* RAIL. slow train.

on [ɔ̃] *pr indéf* one, we, you; they ‖ ∼ *me dit*, I am told.

oncle [ɔ̃kl] *m* uncle.

onde [ɔ̃d] *f* RAD. wave; ∼*s courtes*, short waves; *longueur d'*∼, wave-length; *sur les* ∼*s*, on the air.

ondée *f* (sudden) shower.

ondulation [-ylasjɔ̃] *f* wave (cheveux); ∼ *permanente*, permanent wave.

onduler *v* (1) undulate ‖ wave (cheveux).

ongle [ɔ̃gl] *m* (finger-)nail.

onze [ɔz] *a/m* eleven.

onzième [-jɛm] *a/n* eleventh.

opaque [ɔpak] *a* opaque.

opérateur, trice [ɔperatœr] *n* : CIN. ∼ *(de prise de vues)*, cameraman.

opération *f* operation ‖ MATH., MED. operation; *subir une* ∼, undergo an operation.

opérer, *v* (5) MED. operate (*qqn de*, on sb for); *se faire* ∼ *de*, be operated on for.

opérette *f* musical comedy.

opinion [ɔpiɲɔ̃] *f* opinion, view ‖ *avoir une bonne/haute* ∼ *de qqn*, think highly of sb ‖ ∼ *(publique)*, public opinion.

opium [ɔpjɔm] *m* opium.

opportun, e [ɔpɔrtœ̃, yn] *a* opportune, timely.

opportuniste *n* opportunist.

opposé, e [ɔpoze] *a* opposed, averse, counter (à, to) ‖ opposite (à, to) [en face de] ‖ reverse (côté) ● *m* opposite, contrary; *à l'*∼ *de*, contrary to.

opposer *v* (1) oppose ‖ contrast (faire contraster) ‖ offer (résistance) ‖ SP. match (*contre*, against) ‖ *s'*∼ *à*, be opposed to.

opposition *f* opposition.

opticien, ne [ɔptisjɛ̃] *n* optician.

optimiste [-mist] *a* optimistic ● *n* optimist.

or 1 [ɔr] *c* now.

or 2 *m* gold.

orage *m* (thunder-)storm.

orageux, euse *a* stormy.

oral, e, aux *a* oral ● *m* oral examination, viva voce.

oralement *av* orally.

orange [-ɑ̃ʒ] *a/m* orange ● *f* orange (fruit).

orangé, e *a* orange-coloured.

orangeade [-ad] *f* orangeade.

oranger *m* orange-tree.

orateur, trice [-atœr] *n* orator, speaker.

orchestre [-kɛstr] *m* orchestra ‖ [jazz] band ‖ TH. *(fauteuils d')* ∼, stalls, pit.

ordinaire [-dinɛr] *a* ordinary (habituel) ‖ common (-place) [courant]; *peu* ∼, out of the common ● *m* : *d'*∼, usually; *comme à l'*∼, as usual ‖ AUT., FAM. two-star (petrol).

ordinateur [-dinatœr] *m* computer; *mettre sur* ∼, computerize.

ordonnance [-dɔnɑ̃s] *f* MED. prescription.

ordonner *v* (1) order, command ‖ arrange, put in order ‖ MED. prescribe.

ordre 1 [-dr] *m* [disposition harmonieuse] order ; *en* ∼, tidy ; *sans* ∼, messy (chose), untidy (personne) ; *mettre en* ∼, set in order, tidy up ; straighten (up) [chambre] ‖ [suite] order ; *par* ∼ *alphabétique,* in alphabetical order ‖ [rang] class, rank ; *de premier/second* ∼, first/second rate ‖ TECHN. *en* ∼ *de marche,* in working order.

ordre 2 *m* [commandement] order, command ; *donner un* ∼, give an order.

ordures [-dyr] *fpl* garbage, refuse.

oreille [-ɛj] *f* ear.

oreiller *m* pillow.

oreillons *mpl* mumps.

organe [-gan] *m* MED., JUR. organ.

organisateur, trice [-ganizatœr] *n* organizer ‖ ∼ *de voyages,* tour operator.

organisation *f* [action] organization, planning ‖ [service] agency.

organiser *v* (1) organize, arrange, form, fix ‖ *s'*∼, get organized.

organiste *n* organist.

orge [-ʒ] *f* barley.

orgue [-g] *m* (*f* au pl) organ.

orgueil [-gœj] *m* pride.

orgueilleux, euse *a* proud.

orient [-jɑ̃] *m* east ; *Extrême/Moyen O*∼, Far/Middle East.

oriental, e, aux *a* Eastern.

orientation *f* orientation ; *sens de l'*∼, sense of direction ‖ [maison] aspect ‖ FIG. ∼ *professionnelle,* vocational guidance.

orienté, e *a* : ∼ *à l'est,* facing east.

orienter *v* (1) orientate.

original, e, aux [-iʒinal, o] *a* original • *n* eccentric (personne) ‖ *m* original (ouvrage).

originalité *f* originality.

origine *f* origin ‖ *d'*∼ *française,* of French descent.

ornement [-nəmɑ̃] *m* ornament.

orner [-ne] *v* (1) adorn, decorate (*de,* with).

orphelin, e [ɔrfəlɛ̃, in] *a/n* orphan.

orphelinat [-ina] *m* orphanage.

orteil [-tɛj] *m* toe.

orthographe [-tɔgraf] *f* spelling ; *faute d'*∼, misspelling.

orthographier *v* (1) spell ; *mal* ∼, misspell.

ortie [-ti] *f* nettle.

os [ɔs] (*Pl* **os** [o]) *m* bone.

osé, e [oze] *a* daring, bold.

oser *v* (1) dare ; *il n'ose pas venir,* he dare not come, he does not dare (to) come.

otage [ɔtaʒ] *m* hostage ; *prendre en* ∼, take hostage.

ôter [ote] *v* (1) take off, remove.

ou [u] *c* or ; ∼ *bien,* or else ; *ou..., ou...,* either..., or.

où *av interr* where? ; ～ *donc* ... ?, wherever... ? ; *jusqu'*～ ?, how far? ● *pr rel* [lieu] where ; *la maison* ～ *il habite*, the house he lives in ; [temps] when, in/on which, that ● *loc av* : *d'*～, where... from ; hence (conséquence) ; *partout* ～, wherever.

ouate [wat] *f* cotton-wool.

ouater *v* (1) quilt.

oubli [ubli] *m* oblivion ‖ oversight, negligence.

oublier *v* (1) forget (*de*, to) ‖ neglect (omettre) ; *n'*～*ez pas de*, remember to ‖ leave behind (qqch quelque part).

ouest [wɛst] *m* west ; *à l'*～, in the west ; *de l'*～, western ; *vers l'*～, westward(s).

oui [wi] *av* yes ; *mais* ～*!*, yes indeed! ‖ *je crois que* ～, I think so.

ouïe *f* hearing ; *avoir l'*～ *fine*, be sharp of hearing.

ouragan [uragɑ̃] *m* hurricane.

ourlet [urlɛ] *m* hem.

ours [urs] *m* bear ; ～ *en peluche*, Teddy bear.

ourse *f* she-bear ‖ ASTR. *la Grande/Petite O*～, the Great/ Little Bear.

oursin *m* sea-urchin.

ourson *m* bear's cub.

outil [uti] *m* tool.

outre 1 [utr] *p* as well as, besides ● *av* beyond ; *en* ～, besides, moreover.

outre 2 [-ə] *préf* beyond.

outre-mer *av* overseas ● *m* ultramarine (couleur).

outrepasser *v* (1) exceed (droits).

outsider [utsidɛr] *m* outsider.

ouvert, e [uvɛr, t] *a* open ; *grand* ～, wide open ‖ *le gaz est* ～, the gas is on ‖ SP. open (saison).

ouverture *f* opening ‖ COMM. *heures d'*～, business hours ‖ SP. ～ *de la chasse*, opening day of the shooting season ‖ PHOT. aperture ‖ CIN. ～ *en fondu*, fade in.

ouvrable [uvrabl] *a* : *jour* ～, working day.

ouvrage *m* work.

ouvre-boîtes [-əbwat] *m inv* tin opener.

ouvreuse *f* usherette.

ouvrier, ère [-ije] *n* worker/workman, female worker.

ouvrir *v* (72) open ‖ *aller* ～, answer the door ‖ prize open ‖ unfold (journal) ‖ ～ *le gaz*, turn on the gas ‖ zip open (combinaison) ‖ ELECTR., RAD. switch on ‖ COMM. open (boutique).

ovale [ɔval] *a/m* oval.

ovni [ɔvni] *m* UFO.

oxyde [ɔksid] *m* oxide ; ～ *de carbone*, carbon monoxide.

oxygène [-ʒɛn] *m* oxygen.

p

p [pe] *m.*

pacifiste [pasifist] *n* pacifist.

pagaie [pagɛ] *f* paddle.

pagaille, pagaye [-aj] *f*
FAM. muddle, mess ‖ [beau-
coup] *en* ∼, galore.

pagayer [-ɛje] *v* (9 *b*) paddle.

page [paʒ] *f* page; *à la* ∼,
up-to-date.

pagne [paɲ] *m* loincloth.

paie [pɛ] *f* → PAYE.

paiement, payement *m*
payment; ∼ *différé*, deferred
payment.

paillasson [pajasɔ̃] *m* door-
mat.

paille [paj] *f* straw; *tirer à la
courte* ∼, draw straws.

pain [pɛ̃] *m* bread; *un* ∼,
a loaf (of bread); ∼ *azyme*,
unleavened bread; ∼ *bis*,
brown bread; ∼ *d'épice*, gingerbread; ∼ *grillé*, toast; ∼
de mie, sandwich loaf; *petit*
∼, French roll ‖ FIG. *gagner
son* ∼, earn one's bread.

pair, e [pɛr] *a* even (nombre) •
m equal ‖ *au* ∼, au pair.

paire *f* pair (gants, etc.).

paisible [pɛzibl] *a* peaceful,
quiet.

paix [pɛ] *f* peace.

palais [palɛ] *m* palace.

pâle [pɑl] *a* pale.

Palestine [palɛstin] *f* Palestine.

palestinien, ne *a/n* Palestinian.

palier [palje] *m* [escalier]
landing.

pâlir [pɑlir] *v* (2) grow pale;
lose colour ‖ [couleur] fade.

palissade [palisad] *f* paling,
fence.

palme [palm] *f* palm ‖ [nata-
tion] flipper.

palmier *m* palm (tree).

palourde [palurd] *f* clam.

palpitant, e [palpitɑ̃] *a*
thrilling.

palpiter *v* (1) [cœur] throb,
palpitate.

pamplemousse [pɑ̃pləmus]
m grapefruit.

pancarte [pɑ̃kart] *f* notice,
placard.

panier [panje] *m* basket; ∼ *à
salade*, salad-washer.

panique [-ik] *f* panic; *pris de*
∼, panic-stricken.

panne [pan] *f* break-down,
failure; ∼ *de courant*, power
failure ‖ AUT. ∼ *de
moteur*, engine-failure; *avoir
une/tomber en* ∼, break
down; *avoir une* ∼ *d'essence*,
run dry, run out of petrol; *en*
∼, broken-down.

panneau [-o] *m* panel; ∼
d'affichage, notice board; ∼*x
de signalisation*, traffic signs.

panorama [panɔrama] *m*
panorama.

panoramique *a* panoramic ●
m CIN. pan(ning) shot; *faire
un ~*, pan (round).

pansement [pɑ̃smɑ̃] *m* dressing; bandage; *faire un ~*,
dress a wound, bandage; *~
adhésif*, (sticking) plaster.

panser *v* (1) MED. dress.

pantalon [-talɔ̃] *m* (pair of)
trousers; slacks, US pants; *~
de velours*, corduroys.

pantoufle [-tufl] *f* slipper.

papa [papa] *m* FAM. dad(dy).

pape *m* pope.

papeterie [paptri] *f* COMM.
stationery (fournitures); stationer's (shop) [boutique].

papier *m* paper; *~ d'aluminium*, tinfoil; *~-calque/car-
bone / d'emballage / hygiénique*,
tracing/carbon/wrapping/toi-
let-paper; *~ à lettres*, writing-
paper; *~ peint*, wall-paper;
~ de soie, tissue paper; *~ de
verre*, sand-paper ‖ *Pl* papers
(documents); *vieux ~s*, litter.

papillon [-ijɔ̃] *m* butterfly; *~
de nuit*, moth.

papoter [-ɔte] *v* (1) chatter.

paquebot [pakbo] *m* steamship, liner.

pâquerette [pɑkrɛt] *f* daisy.

Pâques [pɑk] *m* Easter
(day).

paquet [pakɛ] *m* parcel; *faire
un ~*, make up a parcel ‖
[cigarettes] packet, US pack ‖
[cartes] pack ‖ [linge] bundle.

par [par] *p* [moyen] by ‖ [lieu]
through; *~ la fenêtre*, out
of/through the window; *~*

Douvres, via Dover ‖ [distribu-
tif] per; *~ an*, per year; *deux
fois ~ jour*, twice a day ‖
[atmosphère] in, on; *~ cette
chaleur*, in this heat ● *loc :
~-derrière*, (from) behind;
~-dessus, over; *~-dessus
tout*, above all; *~-devant*, in
front, before.

parachute [-aʃyt] *m* parachute; *sauter en ~*, parachute.

parachuter *v* (1) drop.

parachutiste *n* parachutist,
paratrooper.

paraffine [-afin] *f* paraffin-
wax; *huile de ~*, liquid
paraffin.

paragraphe [-agraf] *m* paragraph.

paraître 1 [-ɛtr] *v* (74) [se
montrer] appear, come out ‖
[livre] be published; *vient de
~*, just out.

paraître 2 *v* (74) (sembler) seem, appear, look ‖
[impers.] *il ~t/~trait que*, it
seems/would seem that; *~t-il*,
apparently.

parallèle [-alɛl] *a* parallel ●
m GEOGR. parallel ‖ *f* parallel
(line).

paralyser [-alize] *v* (1) paralyse.

paralysie *f* paralysis.

parapluie *m* umbrella.

parasite [-azit] *m* MED. parasite ‖ RAD. atmospherics.

parasol *m* parasol; [table]
sunshade; [plage] beach-umbrella.

parasoleil *m* PHOT. hood.

paratonnerre *m* lightning-rod.

paravent *m* folding screen.

parc [-k] *m* park ‖ [château] grounds ‖ ∼ (à bébé), playpen ‖ AUT. ∼ de stationnement, car park.

parce que [-skə] *c* because.

parc(o)mètre [-k(ɔ)mɛtr] *m* parking meter.

parcourir *v* (32) go over; walk (rues); travel, cover (distance) ‖ skim through (livre).

parcours [-kur] *m* distance covered ‖ journey (trajet).

par-derrière / dessus / devant → PAR.

pardessus *m* overcoat, top-coat.

pardon *m* forgiveness; *je vous demande* ∼!, I beg your pardon!; ∼!, (I am) sorry!

pardonner *v* (1) forgive, pardon; ∼ qqch à qqn, forgive sb for sth.

pare-brise *m inv* AUT. windscreen.

pare-chocs *m inv* AUT. bumper.

pareil, le [-ɛj] *a* like, alike; similar (à, to) ‖ [tel] such (a).

pareillement *av* likewise.

parent, e [-ã] *a* related ● *mpl* parents, father and mother ‖ *nsg* relative, relation.

parenthèse [-ãtɛz] *f* round brackets.

paresse *f* laziness, idleness.

paresseux, euse *a* lazy ● *n* lazy person.

parfait, e *a* perfect ● *m* GRAMM. perfect.

parfaitement *av* perfectly.

parfois *av* sometimes, occasionally.

parfum [-fœ̃] *m* perfume, fragance ‖ [fleur] scent ‖ [glace] flavour.

parfumer [-fyme] *v* (1) perfume, scent.

parfumerie [-fymri] *f* perfume shop.

pari [-i] *m* bet; gamble.

parier *v* (1) bet (avec, with); lay (une somme) [sur, on].

parieur, euse *n* better.

parisien, ne [-izjɛ̃] *a/n* Parisian.

parking [-kiŋ] *m* AUT. car park; [route] lay-by.

parlement [-ləmã] *m* parliament.

parler [-le] *v* (1) speak, talk (à, to; de, of/about); tell (de, of/about); sans ∼ de, to say nothing of, let alone ‖ FAM. tu ∼s!, you bet!, you're telling me! ‖ **se** ∼, speak to each other.

parmi [-mi] *p* among.

paroi [-wa] *f* side, wall.

paroisse [-was] *f* parish.

parole [-ɔl] *f* speech (faculté); sans ∼s, speechless ‖ adresser la ∼, speak (à, to) ‖ word (promesse); **donner/tenir sa** ∼, give/keep one's word; **manquer à sa** ∼, break one's word ‖ Pl [chanson] lyrics.

parquer [-ke] *v* (1) park (voiture).

parquet [-kɛ] *m* floor.

parrain [parɛ̃] *m* godfather ‖ [club] sponsor.

parrainer [-ɛne] *v* (1) sponsor.

parsemer *v* (5) strew, sprinkle (*de*, with).

part [par] *f* share (portion) ‖ part (participation) ; *prendre* ∼ *à*, take part in ‖ *faire* ∼ *de qqch à qqn*, announce sth to sb ‖ *pour ma* ∼, as for me ‖ *de la* ∼ *de*, from ; TEL. *de la* ∼ *de qui ?*, who's speaking ? ; *dites-lui de ma* ∼ *que ...*, tell him from me that ... ‖ *à* ∼, aside ; *à* ∼ *(cela)*, except for (that) ; ‖ *autre* ∼, elsewhere, somewhere else ; *nulle* ∼, nowhere ; *quelque* ∼, somewhere, anywhere ; *d'une* ∼ *...*, *d'autre* ∼, on the one hand ..., on the other hand.

partage [-taʒ] *m* sharing, division ; *faire le* ∼ *de qqch*, divide sth up, share sth out (*entre*, between).

partager *v* (7) share out ; ∼ *qqch*, divide sth (up) (*entre*, among) ; ∼ *avec qqn*, go shares with sb ; ∼ *les frais*, go Dutch ; ∼ *de moitié*, go halves/fifty-fifty.

partenaire [-tənɛr] *n* partner.

parti [-ti] *m* : [choix] *prendre* ∼, come to a decision, make up one's mind ; *prendre* ∼ *pour qqn*, take sb's part ‖ ∼ *pris*, prejudice ‖ [profit] *tirer* ∼ *de qqch*, turn sth to account ‖ [mariage] *un beau* ∼, a good match ‖ POL. party.

partial, e, aux [-sjal, o] *a* partial, biased.

participant, e *n* SP. entrant.

participation [-tisipasjɔ̃] *f* participation.

participe *m* GRAMM. participle.

participer *v* (1) participate ‖ take part (*à*, in).

particulier, ère [-tikylje] *a* particular, peculiar, special ; *en* ∼, particularly.

particulièrement *av* particularly.

partie 1 [-ti] *f* part ; *en* ∼, in part, partly ; *la plus grande* ∼ *de*, the greater part of, most of ‖ *faire* ∼ *de*, be part of, belong to, be a member of (club).

partie 2 *f* game ; *faire une* ∼ *de cartes*, have a game of cards ‖ SP. game ; *faire une* ∼ *de tennis*, play a game of tennis.

partiel, le [-sjɛl] *a* partial.

partiellement *av* in part, partly.

partir [-tir] *v* (93) go away, set forth, start ; leave (*pour*, for) ‖ [hotel] check out ‖ [train] leave ‖ [avion] take off ‖ [bouton] come off ‖ [taches] come/wash out ; *faire* ∼, remove (tache) ‖ NAUT. sail (*de*, from) ‖ *à* ∼ *de*, from.

partisan, e [-tizã, an] *a* : *être* ∼ *de*, be in favour of, be for ● *n* follower, supporter.

partout *av* everywhere ; all over ; ∼ *où*, wherever.

paru [pary] → PARAÎTRE.

parvenir *v* (101) : [atteindre]
∼ *à*, reach ‖ [réussir] ∼ *à*,
succeed in, manage to.
pas 1 [pa] *av* not ; ∼ *du tout*,
not at all.
pas 2 *m* step (mouvement) ;
faire un ∼, take a step ; *faire
un faux* ∼, stumble ; *faire les
cent* ∼, walk up and down ;
revenir sur ses ∼, retrace
one's steps ‖ footstep (bruit,
empreinte) ‖ [vitesse] pace ;
aller au ∼, go at a walking
pace ; AUT. crawl along ‖ *avancer à grands* ∼, stride along ‖
[lieu] ∼ *de la porte*, door-
step ‖ GÉOGR. *le* ∼ *de Calais*,
the Straits of Dover ‖ FIG.
mauvais ∼, fix.
passable [-sabl] *a* middling,
fair ‖ [examen] pass.
passage *m* way, passage ;
crossing (traverse) ; ∼ *clouté*,
pedestrian/zebra crossing ; ∼
interdit, no entry ; ∼ *souterrain*, subway ‖ [livre] passage ‖ RAIL. ∼ *à niveau*,
level crossing.
passager, ère [-saʒe, ɛr] *a*
passing ‖ busy (rue) ● *n* passenger ; ∼ *clandestin*, stowaway.
passant, e *a* (busy (rue) ‖ *en*
∼, by the way (à propos) ; *en*
∼ *par*, via, by way of ● *n*
passer-by.
passe [pɑs] *f* SP. pass.
passé, e *a* past, bygone ● *m*
past ‖ GRAMM. past tense.
passe-partout *m inv* master-
key, passkey.

passe-passe *m inv* : *tour de*
∼, conjuring trick ; *faire des
tours de* ∼, conjure.
passeport *m* passport.
passer *v* (1) pass, go by/past
‖ ∼ *avant son tour*, jump the
queue ‖ ∼ *chez qqn*, call at
sb's place ; ∼ *voir qqn*, call
on sb, look sb up ; drop in on
sb ; *le facteur est-il* ∼*é ?*,
has the postman been ? ‖ ∼
par, go through ‖ *faire* ∼, pass
(on) [faire circuler] ‖ go through
(filtrer) ; [coffee] percolate ‖
[couleur] fade ‖ [temps] pass,
go by ; *faire* ∼ *le temps*, while
away the time ‖ omit (omettre) ;
∼ *à côté*, miss the mark ‖
[cartes] pass ‖ ∼ *à la douane*,
go through the customs ‖ [train]
run ‖ cross (frontière) ‖ go over
(pont) ‖ pass, hand (on), reach
down [qqch] ‖ spend (vacances) ; ∼ *la nuit*, stay overnight
‖ sweep (main) [*sur*, over] ; ∼
le balai dans, sweep ; ∼ *l'aspirateur dans*, hoover (coll.) ‖ ∼
un examen, take/sit (for) an
exam ‖ SP. pass (ballon) [*à*, to]
‖ CULIN. pass through a sieve
‖ CIN. [film] be on/showing ;
put on, show (film) ‖ FIG. ∼
pour, be taken for ‖ *se* ∼,
happen, take place (arriver) ;
que se ∼*-t-il ?*, what's going
on ?, what's the matter ? ‖ *se*
∼ *de*, go/do without.

passe-temps *m inv* pastime ;
∼ *favori*, hobby.

passe-thé *m inv* tea-strainer.

passif, ive [pasif] *a* passive •
m GRAMM. passive.

passion *f* passion.

passionnant, e [-ɔnɑ̃] *a*
exciting, thrilling.

passionné, e *a* : ~ *de,* keen
on (coll.).

passionnément *av* passion-
ately.

passoire *f* [thé] strainer ;
[légumes] colander.

pasteur [pastœr] *m* parson.

pastille [-tij] *f* lozenge, drop.

pat [pat] *a/m* stalemate(d).

patauger [-oʒe] *v* (7) paddle,
splash about.

pâte [pɑt] *f* [pain] dough ;
[pâtisserie] pastry ‖ *Pl* : ~*s*
(alimentaires), pasta.

pâté *m* [encre] blot ‖ [maisons]
block ‖ CULIN. pie.

patère [patɛr] *f* (hat-)peg.

paternel, le [patɛrnɛl] *a*
paternal, fatherly.

patiemment [pasjamɑ̃] *av*
patiently.

patience *f* patience ; *prendre*
~, be patient ‖ [cartes]
patience.

patient, e *a* patient • *n* MED.
patient.

patienter *v* (1) wait patiently.

patin [patɛ̃] *m* skate ; ~ *à*
roulettes, roller-skate.

patinage [-inaʒ] *m* skating.

patiner *v* (1) skate ‖ TECHN.
skid.

patineur, euse *n* skater.

patinoire *f* skating-rink.

pâtisserie [pɑtisri] *f* pastry

(gâteaux) ; pastry-shop (boutique).

pâtissier, ère *n* pastry-cook.

patraque [patrak] *a* FAM.
off-colour, poorly (coll.).

patrie [patri] *f* homeland,
native land, mother country.

patriote [-ɔt] *a* patriotic • *n*
patriot.

patriotique *a* patriotic.

patriotisme *m* patriotism.

patron [patrɔ̃] *m* pattern
(modèle).

patron, ne [-, ɔn] *n*
employer ; boss (coll.) ; [bistrot]
publican.

patronage [-ɔnaʒ] *m* patronage.

patronner *v* (1) patronize.

patte [pat] *f* leg ; [chat, chien]
paw ; [oiseau] foot ‖ FAM. *à*
quatre ~*s,* on all fours.

paume [pom] *f* palm.

paumé, e *a* FAM. lost.

paupière [popjɛr] *f* eyelid.

pause [poz] *f* break.

pauvre [povr] *a* poor • *n* poor
person ; *les* ~*s,* the poor.

pauvrement *av* poorly.

pauvreté [-ate] *f* poverty.

pavé [pave] *m* paving-stone.

paver *v* (1) pave.

pavillon [-ijɔ̃] *m* suburban
house ‖ NAUT. flag.

paye, paie [pɛj, pɛ] *f* pay.

payer *v* (9b) pay (qqn) [*de,*
for] ; pay for (qqch) ; ~ *à boire*
(à qqn), stand (sb) a drink ;
~ *en espèces/par chèque,* pay
in cash/by cheque ; *faire* ~,
charge (prix) ‖ *se* ~, buy o.s.

(s'offrir) ; FAM. se ~ la tête de
qqn, pull sb's leg, make a fool
of sb.

payeur, euse n payer.

pays [pei] m country ; ~
natal, native land.

paysage [-zaʒ] m landscape,
scenery.

paysan, ne [-zã, an] n countryman, -woman.

Pays-Bas mpl Netherlands.

péage [peaʒ] m toll ; barrière
de ~, toll-gate.

peau [po] f [animal, personne]
skin ‖ [orange] rind ‖ [cheval,
vache] hide ‖ ~ de chamois,
shammy leather.

Peau-Rouge n Red Indian ;
femme ~, squaw.

pêche 1 [pɛʃ] f BOT. peach.

pêche 2 f fishing ; aller à la
~, go fishing ‖ ~ à la ligne,
angling, fishing.

péché [peʃe] m sin.

pécher v (5) sin.

pêcher 1 [pɛʃe] m BOT.
peach-tree.

pêcher 2 v (1) fish for ; ~ à
la ligne, go angling.

pêcheur, euse n fisherman,
-woman.

pédale [pedal] f pedal.

pédaler v (1) pedal.

pédalo m pedal-boat.

pédicure [-ikyr] n chiropodist.

peigne [pɛɲ] m comb ; se donner un coup de ~, run a comb
through one's hair.

peigner v (1) : ~ qqn, comb

sb's hair ‖ **se** ~, comb one's
hair.

peignoir m dressing-gown ; ~
de bain, bath-robe.

peindre [pɛ̃dr] v (59) paint ;
~ qqch en bleu, paint sth
blue ; ~ à l'huile, paint in
oils.

peine 1 [pɛn] f [douleur
morale] sorrow, grief ; **faire de
la** ~ **à qqn**, hurt sb's feelings,
grieve sb ‖ **sous** ~ **de**, under
penalty of.

peine 2 f [effort] pain,
trouble ; se donner la ~ de,
take trouble to, bother to ‖
valoir la ~, be worth while.

peine (à) loc av scarcely,
hardly.

peiner v (1) hurt, grieve.

peintre [pɛ̃tr] m painter.

peinture f paint ; attention à
la ~!, wet paint! ‖ ARTS painting ; ~ à l'huile, oil-painting.

péjoratif, ive [peʒɔratif] a
derogatory, pejorative.

pêle-mêle [pɛlmɛl] loc av
pell-mell.

peler [pəle] v (8 b) peel.

pèlerin [pɛlrɛ̃] m pilgrim.

pèlerinage [-inaʒ] m : aller
en ~, go on a pilgrimage.

pelle [pɛl] f [grande] shovel ;
[petite] scoop ; dustpan (à
poussière).

pellicule [-ikyl] f PHOT. film
‖ Pl [tête] dandruff.

pelotage [plɔtaʒ] m FAM.
petting.

peloter v (1) FAM. pet.

pelouse [p(ə)luz] *f* lawn, green.

pelure [p(ə)lyr] *f* [fruit] peel ; [oignon] skin.

pénaliser [penalize] *v* (1) SP. penalize.

pénalité *f* JUR., SP. penalty.

pencher [pᾶʃe] *v* (1) incline, lean, tilt ‖ *se* ∼, bend, lean over ; *se* ∼ *au-dehors,* lean out.

pendant [-dᾶ] *p* during ‖ for ; ∼ *un an,* for one year ‖ ∼ *que,* while.

penderie [-dri] *f* wardrobe.

pendre [-dr] *v* (4) hang (criminel, rideau) ‖ hang (down) [être suspendu] ‖ *se* ∼, hang o.s.

pendule [-dyl] *f* clock.

pénétrer [penetre] *v* (5) penetrate ; enter (*dans,* into) ‖ [liquide] soak, seep ; *faire* ∼ *en frottant,* rub in.

pénible [-ibl] *a* hard, tiresome (travail) ; unpleasant (désagréable).

péniche [-iʃ] *f* barge.

pénicilline [-isilin] *f* penicillin.

pensée [pᾶse] *f* thought.

penser *v* (1) think (*à,* of/about) ; *qu'en* ∼*ez-vous ?,* what do you think of it ? ; *à quoi* ∼*es-tu ?,* a penny for your thoughts.

penseur *m* thinker.

pensif, ive *a* pensive, thoughtful.

pension *f* board and lodging ; *être en* ∼ *chez,* board with ; ∼ *de famille,* boarding-house, guest-house ‖ [école] boarding-school ‖ JUR. pension (allocation) ; ∼ *alimentaire,* alimony.

pensionnaire [-ɔnɛr] *n* lodger, paying guest ‖ [école] boarder.

pensionnat [-ɔna] *m* boarding-school.

pente [pᾶt] *f* slope ; *en* ∼, sloping.

Pentecôte *f* Whitsun(tide).

pépin [pepɛ̃] *m* [fruit] pip.

perçant, e [pɛrsᾶ] *a* shrill (cri).

percepteur [-sɛptœr] *m* tax-collector.

percer [-se] *v* (6) pierce ‖ drill, bore (trou).

perceuse *f* drill ; ∼ *électrique,* power-drill.

percevoir 1 [-səvwar] *v* (3) perceive, detect (ressentir).

percevoir 2 *v* (3) collect (faire payer).

percussion [-kysjɔ̃] *f* percussion.

percuter *v* (1) crash into.

perdant, e [-dᾶ] *n* loser.

perdre [-dr] *v* (4) lose (qqch) ‖ [arbre] shed (feuilles) ‖ ∼ *son temps,* waste one's time ; ∼ *du temps,* lose time ‖ *se* ∼, get lost, lose one's way.

perdu, e *a* lost ‖ COMM. non-returnable (emballage).

père [pɛr] *m* father ‖ ∼ *aubergiste,* warden ‖ *P*∼ *Noël,* Father Christmas.

perfection [-fɛksjɔ̃] *f* perfection ‖ *à la* ∼, to perfection.

perfectionner *v* (1) improve,

perfect ‖ **se ∼**, improve one's knowledge (*en*, of).

performance [-fɔrmãs] *f* SP. performance.

périmé, e [perime] *a* no longer valid, expired (billet) ; out of date (méthode).

période [perjɔd] *f* period ; spell (de froid, etc.).

périodique *a* periodic(al) • *m* periodical.

périphérique [periferik] *m* AUT. ring-road, by-pass.

perle [pɛrl] *f* pearl ; **∼** *de culture*, cultured pearl.

permanent, e [-manã] *a* permanent • *f* [chevelure] perm.

permettre *v* (64) [autoriser] permit, allow (*de*, to) ; *il ne vous est pas permis de*, you may not ‖ [rendre possible] enable ‖ **se ∼**, allow o.s. ; indulge in (fantaisie) ; [achat] *je ne peux pas me le ∼*, I can't afford it.

permis, e → PERMETTRE • *a* allowed (autorisé) • *m* permit ‖ **∼** *de chasse*, shooting-licence ‖ AUT. **∼** *de conduire*, driving-licence ; *passer son ∼*, take one's driving-test ; *retirer le ∼ de conduire à*, disqualify.

permissif, ive [-misif] *a* permissive.

permission *f* permission ; *avec votre ∼*, with your leave ‖ MIL. leave ‖ **en ∼**, on leave.

perpendiculaire [-pãdikylɛr] *a/f* perpendicular.

perpétuel, le [-petɥɛl] *a* everlasting, perpetual.

perplexe [-plɛks] *a* perplexed.

perroquet [pɛrɔkɛ] *m* parrot.

perruche [-yʃ] *f* budgerigar.

perruque [-yk] *f* wig.

persévérer [pɛrsevere] *v* (5) persevere.

persil [-si] *m* parsley.

persistant, e *a* : *arbre à feuilles ∼es*, evergreen.

personnage [pɛrsɔnaʒ] *m* personage ‖ TH. character.

personnalité [-alite] *f* personality.

personne 1 *f* person ; *combien de ∼s ?*, how many people ?

personne 2 *pr* [phrase interr., négative] anybody, anyone ‖ [aucun] nobody, no one, none.

personnel, le *a* personal, individual ‖ private (maison, voiture) • *m* staff.

personnellement *av* personally.

perspective [-spɛktiv] *f* perspective ‖ FIG. outlook.

persuader [-sɥade] *v* (1) persuade, convince (*de*, of).

perte [-t] *f* loss ; **∼** *de temps*, waste of time.

peser [pəze] *v* (5) weigh (qqch ; un certain poids).

pessimiste [pesimist] *a* pessimistic • *n* pessimist.

pétard [petar] *m* cracker.

pétillant, e [petijã] *a* fizzy (eau) ; sparkling (vin).

pétiller *v* (1) [feu] crackle ‖ [vin] sparkle, fizz(le).

petit, e [pəti, t] *a* small, little ‖ short (personne) ‖ low (quantité) ‖ young ; *quand j'étais ∼*,

when I was a boy ● *av :* ~ *à*
~, little by little ● *n* child ‖
ZOOL. young ; *faire des* ~s,
have little kittens (chats)/pup-
pies (chiens) ; cub (lion).

petite-fille *f* granddaughter.

petit-fils *m* grandson.

pétrir [petrir] *v* (2) knead.

pétrole [-ɔl] *m* oil (brut) ‖
lampant, paraffin (oil), US
kerosene.

pétrolier *m* NAUT. tanker.

peu [pø] *av :* ~ *de,* [quan-
tité, valeur] little ; [nombre]
few ‖ ~ *à* ~, little by little ;
avant/sous ~, before long ;
depuis ~, lately, of late ; *un*
~, a little, a bit (cher, fatigué)
● *m :* *un* ~ *de,* a little (of),
some.

peuple [pœpl] *m* people,
nation.

peuplier *m* poplar.

peur [pœr] *f* fear ; *avoir* ~
de, be afraid of ; *faire* ~ *à,*
frighten, scare ; *de* ~ *de,* for
fear of ; *de* ~ *que,* for fear
that, lest.

peureux, euse *a* fearful,
timid.

peut-être [pøtɛtr] *av* perhaps,
maybe, possibly ; ~ *viendra-t-
il,* he may come.

phare [far] *m* NAUT. lighthouse ‖ AUT. headlight.

pharmacie [-masi] *f* pharmacy ‖ chemist's shop.

pharmacien, ne *n* (dispens-
ing) chemist.

philatélie [filateli] *f* philately.

philatéliste *n* stamp collector, philatelist.

philosophe [-ɔzɔf] *n* philo-
sopher.

philosophie *f* philosophy.

phonétique [fɔnetik] *f* pho-
netics.

phoque [fɔk] *m* seal.

photo [fɔto] *f* FAM. photo ;
prendre une ~, take a photograph.

photocopie *f* photocopy.

photocopier *v* (1) photocopy
‖ *machine à* ~, (photo)copier.

photogénique [-ʒenik] *a :* *il
est* ~, he always comes out
well (in pictures).

photographe [-graf] *m* photographer.

photographie *f* photography
‖ photograph, picture (épreuve).

photographier *v* (1) photograph ; *se faire* ~, sit for a
photo.

photopile *f* solar battery.

phrase [frɑz] *f* sentence.

physicien, ne [fizisjɛ̃] *n*
physicist.

physique 1 [-k] *a* physical ●
f physics.

physique 2 *a* physical (culture) ● *m* [personne] physique.

pianiste [pjanist] *n* pianist.

piano *m* piano ; ~ *droit,*
upright piano ; ~ *à queue,*
grand piano ; *jouer du* ~, play
the piano.

pick-up [pikœp] *m inv* pick-
up ‖ record-player (électrophone).

pièce 1 [pjɛs] *f* piece ; bit

(morceau) ‖ [raccommodage] patch ‖ TECHN. part; **∼s détachées,** spare parts ‖ FIN. **∼ de monnaie,** coin.

pièce 2 *f* room (salle).

pièce 3 *f* TH. play.

pied [pje] *m* foot; *donner un coup de* ∼, kick; *aller à* ∼, walk, go on foot ‖ *avoir* ∼, be within one's depth; *ne pas avoir* ∼, be out of one's depth; *perdre* ∼, get out of one's depth ‖ NAUT. *avoir le* ∼ **marin,** be a good sailor ‖ FIG. [arbre, mur] foot; [table, etc.] leg.

piège [pjεʒ] *m* trap (trappe).

piéger [pjeʒe] *v* (7) trap.

pierre [pjεr] *f* stone; ∼ *à aiguiser,* whetstone; **∼ à briquet,** flint; **∼ ponce,** pumice; **∼ précieuse,** gem.

piété [pjete] *f* piety.

piéton *m* pedestrian.

pieu [pjø] *m* post, stake.

pieuvre [-vr] *f* octopus.

pieux, euse *a* pious.

pigeon [piʒɔ̃] *m* pigeon; **∼ voyageur,** homing pigeon, carrier ‖ ∼ *artificiel,* clay pigeon ‖ FAM. mug (dupe).

pigeonnier [-ɔnje] *m* dovecot(e).

pile 1 [pil] *f* [pièce] reverse; **∼ ou face,** heads or tails; *jouer (qqch) à* ∼ *ou face,* toss up (for sth).

pile 2 *f* : ∼ *(électrique),* battery; ∼ *atomique,* atomic pile.

piller *v* (1) loot.

pilote [pilɔt] *m* AV., NAUT.

pilot; *co*∼, second pilot; ∼ *d'essai,* test pilot.

piloter *v* (1) NAUT., AV. pilot ‖ AUT. drive.

pilule [-yl] *f* MED. pill; *prendre la* ∼, be on/take the pill; ∼ *du lendemain,* morning after pill.

piment [pimɑ̃] *m* : ∼ *rouge,* red pepper.

pin [pɛ̃] *m* pine.

pince [pɛ̃s] *f* pliers; ∼ *à épiler,* tweezers; ∼ *à ongles,* nail-clippers; ∼ *à linge,* clothes-peg; ∼ *à sucre,* sugar tongs.

pinceau [-o] *m* brush.

pincée *f* [sel, etc.] pinch.

pincer *v* (6) pinch; purse (lèvres).

pincettes *fpl* tongs.

pinède [pinεd] *f* pine-wood.

pingouin [pɛ̃gwɛ̃] *m* penguin.

Ping-Pong [piŋpɔ̃ŋ] *m* table-tennis, ping-pong.

pinte [pɛ̃t] *f* pint.

piolet [pjɔlε] *m* ice-axe.

pion [pjɔ̃] *m* [échecs] pawn ‖ [dames] (draughts)man.

pipe [pip] *f* pipe.

piquant, e [pikɑ̃] *a* prickly (plante) ‖ sharp, pungent (goût).

pique *m* [cartes] spade.

pique-nique [-nik] *m* picnic.

pique-niquer *v* (1) (go for a) picnic.

piquer *v* (1) prick ‖ [guêpe] sting; [moustique, puce] bite ‖ [barbe] prick ‖ MED., FAM. give an injection; ∼ *(un chien),* put (a dog) to sleep ‖ *se* ∼,

give o.s. a shot (coll.) ‖ FIG.
pinch (voler).

piquet [-ε] *m* post, stake;
[tente] peg ‖ ∼*s de grève*,
strike pickets.

piqûre *f* [épingle] prick;
[guêpe] sting ‖ MED. injection;
shot (coll.).

pirate [pirat] *m* pirate; ∼ *de
l'air*, air pirate, hijacker.

pire *a* [comp.] worse ‖ [sup.]
worst ● *m* : le ∼, the worst;
au ∼, at the (very) worst.

pis [pi] *a/av* worse; ∼ *encore*,
worse still; *de mal en* ∼, from
bad to worse ● *m* : *le* ∼, the
worst.

pis-aller [-zale] *m* makeshift.

piscine [pisin] *f* swimming-
pool.

pisser [pise] *v* (1) VULG. pee
(sl.).

piste [pist] *f* [trace] trail ‖
[sentier] track ‖ [cirque] ring ‖
SP. (race-)track; ∼ *cendrée*,
cinder-/dirt-track; ∼ *cyclable*,
cycle-path ‖ CIN. ∼ *sonore*,
sound-track.

pistolet [-ɔlε] *m* pistol, gun.

piston *m* piston.

pitié [pitje] *f* pity; *par* ∼, for
pity's sake; *sans* ∼, merci-
less; *avoir* ∼ *de*, pity, feel
pity for.

pittoresque [pitɔrεsk] *a* pic-
turesque.

pivot [pivɔ] *m* pivot.

pivoter [pivɔte] *v* (1) pivot,
swing.

placage [plakaʒ] *m* [rugby]
tackle.

placard [-r] *m* cupboard.

place [plas] *f* place (position);
mettre en ∼, place, set ‖ *à la* ∼
de, instead of ‖ room (espace);
faire de la ∼ *à/pour*, make
room for ‖ [ville] square ‖ [école]
rank ‖ RAIL., TH. seat; ∼
assise/debout, sitting/standing
room.

placé, e *a* : SP. *jouer un
cheval* ∼, back a horse for a
place.

placer *v* (5) place, put, set;
stand (debout); lay (couché).

plafond *m* ceiling.

plage [plaʒ] *f* beach.

plaie [plε] *f* wound.

plaindre [plɛ̃dr] *v* (59) feel
sorry for ‖ *se* ∼, complain (*à*,
to; *de*, about).

plaine [plεn] *f* plain.

plainte [plɛ̃t] *f* : JUR. *porter*
∼ *contre*, lodge a complaint
against.

plaire [plεr] *v* (75) please; *s'il
vous* ∼*ît*, (if you) please ‖ *se*
∼ *à*, take pleasure in, enjoy.

plaisant, e [-zɑ̃] *a* pleasant,
pleasing (agréable).

plaisanter [-zɑ̃te] *v* (1) joke.

plaisanterie [-zɑ̃tri] *f* joke.

plaisir [-zir] *m* pleasure,
delight; *faire* ∼ *à*, please;
prendre ∼ *à*, enjoy, take
delight in.

plan 1 [plɑ̃] *m* plan ‖ [ville]
map.

plan 2 *m* : *premier* ∼, foreground ‖ PHOT., CIN. *gros* ∼,
close-up.

planche [-ʃ] *f* board; ∼ *à*

repasser, ironing-board ‖ ∼ *à dessin,* drawing-board ‖ SP. *faire la* ∼, float ; ∼ *à roulettes,* skateboard ; ∼ *de surf,* surfboard ; ∼ *à voile,* sailboard ; *faire de la* ∼ *à voile,* go windsurfing.

plancher *m* floor.

planer [plane] *v* (1) glide, soar ‖ AV. sail ‖ ARG. [drogue] trip out.

planète [-ɛt] *f* planet.

planeur *m* glider.

planning [-iŋ] *m :* ∼ *familial,* family planning.

planquer *v* (1) FAM. hide ‖ *se* ∼, hide o.s., lie low.

plante 1 [plɑ̃t] *f* plant ; ∼ *grasse,* thick leaf plant ; ∼ *grimpante,* creeper.

plante 2 *f :* ∼ *du pied,* sole.

planter *v* (1) plant.

plaque [plak] *f* [métal] plate ‖ AUT. ∼ *d'immatriculation,* number plate ‖ CULIN. ∼ *chauffante,* hot-plate.

plaquer 1 *v* (1) plate (métal).

plaquer 2 *v* (1) SP. tackle ‖ MUS. strike (accord) ‖ FAM. jilt (personne).

plastique [plastik] *a/m* plastic.

plat, e [pla, t] *a* flat ‖ even, level (terrain) ‖ *à* ∼, flat ; *tomber à* ∼ *ventre,* fall flat on one's face ‖ flat (pneu) ; discharged (accu).

plat *m* [vaisselle] dish ‖ CULIN. course (service) ; ∼ *de résistance,* main course ; dish (mets).

plateau [-to] *m* tray ‖ [balance] scale ‖ [tournedisque] turntable ‖ CIN. set.

plate-forme *f* platform.

platine [-tin] *f* [magnétophone] (tape) deck.

plâtre [plɑtr] *m* plaster.

plein, e [plɛ̃, ɛn] *a* full (*de,* of) ; *un verre* ∼, a full glass ‖ [non creux] solid ‖ crammed (bondé) ‖ ASTR. ∼*e lune,* full moon ‖ ZOOL. pregnant (femelle) ‖ RAIL. ∼ *tarif,* full fare ● *av :* ∼ *de,* lots of, plenty of ● *m :* AUT. *faire le* ∼ *(d'essence),* fill up (with petrol) ; *(faites) le* ∼*!,* fill her up ! ● *loc :* **à temps** ∼, fulltime ‖ **en** ∼, right (*sur,* on) ; **battre son** ∼, be in full swing.

pleurer [plœre] *v* (1) weep ; cry (très fort) ; ∼ *de joie,* weep for joy.

pleurs [-r] *mpl :* *en* ∼, in tears.

pleuvoir [-vwar] *v impers* (76) rain ; *il pleut,* it's raining.

pli [pli] *m* fold, pleat ‖ [pantalon] crease ; *faire le* ∼ *du pantalon,* crease the trousers ‖ *faux* ∼, wrinkle ‖ [coiffure] *mettre en* ∼*s,* set ‖ [cartes] *faire un* ∼, make a trick.

pliant, e [-jɑ̃] *a* folding (chaise).

plier *v* (1) fold (up) ‖ bend (bras, genou).

plisser [-se] *v* (1) pleat (jupe) ‖ crease (chiffonner) ‖ wrinkle (front) ‖ *se* ∼, [tissu] crease.

plomb [plɔ̃] *m* lead (métal) ; *de*
$\sim$, leaden ‖ ELECTR. fuse.
plombage [-baʒ] *m* [dent]
filling.
plomber *v* (1) fill (dent).
plomberie *f* plumbing.
plombier *m* plumber.
plongée [plɔ̃ʒe] *f* NAUT., SP.
diving, dive ; *faire une* $\sim$,
dive ; $\sim$ *sous-marine*, skin-
diving ; *appareil de* $\sim$ *sous-
marine*, aqualung.
plongeoir *m* diving-board.
plongeon *m* SP. dive ; *faire
un* $\sim$, dive.
plonger *v* (7) dive ; plunge.
plongeur, euse *n* SP. diver ‖
[vaisselle] dishwasher.
plu 1 [ply] → PLEUVOIR.
plu 2 → PLAIRE.
pluie [plɥi] *f* rain ; $\sim$ *fine*,
drizzle.
plume [plym] *f* [oiseau]
feather ‖ [écriture] pen.
plumer *v* (1) pluck (oiseau).
plumier *m* pencil-box.
plupart (la) [laplypar] *loc av :*
la $\sim$ *des gens*, most people ;
pour la $\sim$, for the most part.
pluriel, le [plyrjɛl] *a* plural •
m plural ; *au* $\sim$, in the plural.
plus [ply devant consonne et
dans les loc. nég. ; plyz devant
voyelle ou « h » muet ; plys en
fin de phrase et en comptant]
av [nég.] *ne* ... $\sim$, no more,
no longer ; *non* $\sim$, not either,
nor, neither ‖ [quantitatif]
more (que, than) ; *beaucoup* $\sim$,
far/much more ; $\sim$ *ou moins*,
more or less ‖ *le* $\sim$: *le* $\sim$

grand, the greater (de deux) ;
the greatest (de plusieurs) •
loc : $\sim$ *de*, more than, over ;
de $\sim$, more ; *un jour de* $\sim$, one
day more ‖ *de* $\sim$ [plys], moreover, furthermore (en outre) ‖
d'autant $\sim$ *que*, (all) the more
as ‖ *de* $\sim$ *en* $\sim$, more and
more ; *en* $\sim$, extra, more ; *en*
$\sim$ *de*, on top of ; *tout au* $\sim$,
at (the very) most.
plusieurs [plyzjœr] *a* several.
plus-que-parfait [plyskə-
parfɛ] *m* pluperfect.
plutôt [plyto] *av* rather (*que*,
than) ; quite ; instead (of).
pluvieux, euse [plyvjǿ] *a*
rainy, wet.
pneu [pnǿ] *m* AUT. tyre.
pneumatique [-matik] *a*
pneumatic • *m* = PNEU.
poche [pɔʃ] *f* pocket ; $\sim$ *intérieure*, breast pocket ; $\sim$ *revolver*, hip-pocket.
pocher *v* (1) CULIN. poach.
pochette *f* fancy handkerchief ‖ [allumettes] book.
poêle 1 [pwal] *m* [chauffage]
stove.
poêle 2 *f :* CULIN. $\sim$ (*à frire*),
frying-pan.
poème [pɔɛm] *m* poem.
poésie [-ezi] *f* poetry ; *une* $\sim$,
a piece of poetry.
poète [-ɛt] *m* poet.
poétique [-etik] *a* poetic(al).
poids [pwa] *m* weight ; *pren-
dre/perdre du* $\sim$, put on/lose
weight ‖ SP. $\sim$ *et haltères*,
weight-lifting ; *lancer le* $\sim$,
put the weight ‖ SP. $\sim$

coq, bantamweight ; ∼ *lourd,* heavy-weight ‖ AUT. ∼ *lourd,* (heavy) lorry.

poignée [pwaɲe] *f* handful (quantité) ‖ ∼ *de main,* handshake ‖ [porte] handle.

poignet [-ɛ] *m* wrist ‖ [chemise] cuff.

poil [pwal] *m* hair ‖ FAM. *à* ∼, starkers (sl.).

poilu, e *a* hairy, shaggy.

poinçonner [pwɛ̃sɔne] *v* (1) punch.

poing [pwɛ̃] *m* fist ; *coup de* ∼, punch.

point 1 [pwɛ̃] *m* dot (sur un « i ») ‖ [ponctuation] (full) stop ; ∼ *d'interrogation/d'exclamation,* question/exclamation mark ; ∼-*virgule,* semicolon ; *deux* ∼*s,* colon.

point 2 *m* [lieu] point, place ; ∼ *de vue,* viewpoint ; ∼ *de départ,* starting-point ‖ *être sur le* ∼ *de faire,* be about/near to do ; *j'étais sur le* ∼ *de partir,* I was just leaving ‖ AUT. ∼ *mort,* neutral (gear) ; *mettre au* ∼ *mort,* disengage (the clutch) ‖ AV., NAUT. position ‖ FIG. ∼ *faible,* weak point ‖ FIG. ∼ *de vue,* point of view.

point 3 *m* [école] mark ‖ SP., [cartes] point ; *marquer des* ∼*s,* score points.

point 4 *m* [couture] stitch ; *faire un* ∼, sew up ‖ [douleur] ∼ *de côté,* stitch.

point 5 *loc :* *à* ∼, just right ; CULIN. done to a turn ‖ PHOT.

mettre au ∼, bring into focus.

pointe [-t] *f* [aiguille, etc.] point ‖ *sur la* ∼ *des pieds,* on tiptoe ‖ [maximum] *heure de* ∼, peak hour ‖ [disque] ∼ *de lecture,* stylus.

pointer *v* (1) check off (liste).

pointillé [-ije] *m* dotted line.

pointu, e *a* pointed, sharp.

pointure *f* size.

poire [pwar] *f* pear ‖ FAM. mug (tête, dupe) [sl.].

poireau [-ro] *m* leek.

pois [pwa] *m* pea ; *petits* ∼, (garden) peas.

poison [-zɔ̃] *m* poison ‖ FIG. nuisance ; pest (personne) [coll.].

poisseux, euse [-sø] *a* sticky.

poisson [-sɔ̃] *m* fish ; ∼ *d'eau douce,* fresh-water fish ; ∼ *de mer,* salt-water fish ; ∼ *rouge,* goldfish.

poitrine [-trin] *f* chest, breast ‖ [femme] bosom, bust.

poivre [-vr] *m* pepper.

poivrière *f* pepperpot.

poivron *m* green/sweet pepper.

poker [pɔkɛr] *m* [cartes] poker ; [dés] ∼ *d'as,* poker dice.

polaire [pɔlɛr] *a* polar.

polar [-ar] *m* FAM. whodunit (sl.).

pôle [pol] *m* pole.

poli, e [pɔli] *a* polite, civil.

police 1 [-s] *f :* ∼ *d'assurance,* policy.

police 2 *f* police.

Polichinelle [-ʃinɛl] *m* Punch.

poliment *av* politely.

polir *v* (2) polish.

politesse [-tɛs] *f* politeness, good manners.

politique [-tik] *a* political; *homme* ~, politician ● *f* politics.

polluer [pɔlɥe] *v* (1) pollute; foul.

pollution [-usjɔ̃] *f* pollution.

polycopier [pɔlikɔpje] *v* (1) duplicate; *machine à* ~, duplicator.

Polynésie [-nezi] *f* Polynesia.

pommade [pɔmad] *f* salve (cicatrisante).

pomme *f* apple; ~ *à couteau*, eater ‖ ~ *de pin*, (pine) cone.

pomme de terre *f* potato.

pommier *m* apple-tree.

pompe [pɔ̃p] *f* pump ‖ ~ *à incendie*, fire-engine.

pomper *v* (1) pump.

pompier *m* fireman.

pompiste *n* forecourt attendant.

ponce [pɔ̃s] *f* : *pierre* ~, pumice (stone).

ponctuation [pɔ̃ktɥasjɔ̃] *f* punctuation.

ponctuel, le *a* punctual.

pondre [pɔ̃dr] *v* (4) lay eggs.

poney [pɔne] *m* pony.

pont [pɔ̃] *m* bridge; ~ *suspendu*, suspension bridge ‖ AV. ~ *aérien*, air-lift ‖ NAUT. deck. ‖ AUT. ~ *arrière*, rear axle.

populaire [pɔpylɛr] *a* popular; working class (quartier).

population *f* population.

porc [pɔr] *m* CULIN. pork.

porcelaine [-sǝlɛn] *f* porcelain, china.

porche [-ʃ] *m* porch.

pornographie [-nɔgrafi] *f* pornography.

port 1 [pɔr] *m* harbour (bassin); port (ville).

port 2 *m* [poste] postage ‖ [transport] carriage.

portail [-taj] *m* gate(way).

portant, e *a* : *bien/mal* ~, in good/bad health.

portatif, ive *a* portable.

porte 1 *f* door ‖ [jardin] gate ‖ doorway, gateway (passage); ~ *d'entrée*, front/street door; ~-*fenêtre*, French window; ~ *de service*, back door ‖ *être à la* ~, be locked out ‖ FAM. *mettre à la* ~, turn out.

porte 2 → PORTER ● *préf.*

porte-avions *m inv* aircraft carrier.

porte-bagages *m inv* [bicyclette] carrier ‖ RAIL. rack.

portée *f* reach ‖ *à* ~, within reach; *à* ~ *de la main*, near at hand; *à* ~ *de voix*, within earshot ‖ *hors de* ~, out of reach; *hors de* ~ *de la voix*, out of earshot ‖ [fusil] range.

portefeuille [pɔrtǝ-] *m* wallet.

porte-jarretelles *m inv* suspender-belt.

porte-manteau *m* coat rack; clothes-hanger (cintre).

porte-monnaie *m inv* purse.

porter *v* (1) carry, bear (transporter) ‖ wear, have on (vêtement) ‖ COMM. deliver (livrer) ‖ *se ~*, [vêtements] be worn ‖ *bien/mal se ~*, be in good/bad health.

porte-serviette *m* towel-rack.

porteur *m* RAIL. porter, US red cap ‖ [chèque] bearer.

portillon [-tijɔ̃] *m* RAIL. gate, barrier.

portion [pɔrsjɔ̃] *f* portion, share ‖ CULIN. helping.

porto [-to] *m* port (vin).

portrait *m* portrait.

pose [poz] *f* PHOT. time-exposure.

posemètre *m* exposure meter.

poser *v* (1) lay/put (down) ‖ TECHN. install, set ‖ ARTS pose ; sit.

poseur, euse *n* show-off.

positif, ive [-itif] *a* positive.

position *f* position.

posséder [pɔsede] *v* (5) possess, own, have got.

possesseur [-ɛsœr] *m* owner, possessor.

possibilité [-ibilite] *f* possibility, chance.

possible *a* possible ; *dès que ~*, as soon as possible.

postal, e, aux [pɔstal] *a* postal.

poste 1 [pɔst] *f* post ; *par la ~*, by post, US mail ; *mettre à la ~*, post, US mail ; *~ aérienne*, airmail ; *~ restante*, "poste restante", US general delivery.

poste 2 *m* [lieu] station ; *~ d'essence*, petrol station ; *~ de police*, police-station ; *~ de secours*, first-aid station.

poste 3 *m* [emploi] post, appointment.

poste 4 *m* RAD. station (émetteur) ; set (récepteur) ‖ TEL. extension.

poster *v* (1) post, US mail.

post-scriptum [-skriptɔm] *m* postscript.

pot [po] *m* pot ; [eau, lait] jug ; [confiture] jar ; *~ de chambre*, chamber(-pot) ; *~ de fleurs*, flower-pot ‖ [jeux] jackpot ‖ AUT. *~ d'échappement*, silencer ‖ FAM. *manger à la fortune du ~*, take pot luck ; *avoir du ~*, be lucky.

potable [pɔtabl] *a* drinkable.

potage *m* broth, soup.

potasser [-se] *v* (1) FAM. swot (up).

poteau [poto] *m* post, pole ; *~ indicateur*, signpost ‖ SP. *~ d'arrivée*, winning-post.

potelé, e [pɔtle] *a* plump.

poterie [-ri] *f* pottery (travail) ; earthenware (objet).

potier *m* potter.

potins [-ɛ̃] *mpl* gossip.

pou [pu] (*Pl* **poux**) *m* louse (*Pl* lice).

poubelle [-bɛl] *f* (dust)bin.

pouce [-s] *m* thumb (doigt) ; big toe (orteil) ‖ [mesure] inch ‖ FAM. *manger sur le ~*, have a quick snack.

poudre [-dr] *f* powder ‖

CULIN. en ~, dried, dehydrated (lait); powdered (chocolat).

poudrier *m* compact.

poule [-l] *f* hen.

poulet [-lɛ] *m* chicken.

poulpe [-lp] *m* octopus.

pouls [pu] *m* pulse.

poumon [-mɔ̃] *m* lung.

poupée [-pe] *f* doll; *jouer à la ~*, play (with one's) dolls.

pour [pur] *p* [+ (pro)nom] for || [+ v.] (in order) to; ~ *que*, (in order) that, so that; for.

pourboire *m* tip; *donner un ~*, tip.

pourcentage [-sɑ̃taʒ] *m* percentage.

pourquoi *av* why; ~ *pas?*, why not?

pourri, e [puri] *a* rotten, bad.

pourrir *v* (2) rot, decay.

pourriture *f* rot, decay.

poursuivre [pursчivr] *v* (98) pursue, chase after || continue; carry on (with) [études]; ~ *son chemin*, walk on.

pourtant *av* yet, however, nevertheless.

pourvoir *v* (78) furnish, supply (*de*, with); provide (*de*, with) || ~ *à*, provide for.

pourvu [-vy] *c* : ~ *que*, provided (that), so long as.

pousser 1 [puse] *v* (1) push; shove (brutalement); *ne ~ez pas!*, stop pushing! || wheel (chariot) || ~ *un cri*, utter a cry; ~ *un soupir*, heave a sigh || **se** ~, push forward; ~*ez-vous!*, move over!

pousser 2 *v* (1) [plantes]

grow; [bourgeon] shoot || *faire* ~, grow; *laisser* ~, grow (barbe).

poussière *f* dust.

poussiéreux, euse [-jerø] *a* dusty.

poutre [putr] *f* beam.

pouvoir 1 [puvwar] *v* (79) [force, pouvoir] be able, can; ~*ez-vous soulever cette caisse?*, can you lift this box?; [cond.] *je pourrais le faire si*, I could do it if; [passé] *j'ai pu le faire*, I was able to do it, *je n'ai pas pu le faire*, I couldn't do it; [habitude] *je pouvais le faire*, I could do it || **ne pas** ~ **faire**, be unable to do; *vous n'y ~ez rien*, you can't help it || [éventualité] *cela peut être vrai*, that may be true || [permission] may, can.

pouvoir 2 *m* power.

prairie [prɛri] *f* meadow.

praticien, ne [pratisjɛ̃] *n* MED. practitioner.

pratiquant, e [-kɑ̃] *n* churchgoer.

pratique *a* convenient, useful (commode); handy (outil) || [non théorique, réaliste] practical ● *f* practice; *mettre en ~*, put into practice.

pratiquement *av* practically.

pratiquer *v* (1) practise (art, métier) || go in for (sport) || REL. go to church.

pré [pre] *m* meadow, field.

précaution [-kosjɔ̃] *f* precaution (mesure); *par ~*, to be on the safe side || care (soin).

précédent, e [-sedã] *a* previous, preceding, former.

précéder *v* (5) precede ; go in front of.

prêcher [prɛʃe] *v* (1) preach.

précieux, euse [presjø] *a* precious (objet) ‖ FIG. valuable.

précipité, e [-sipite] *a* precipitate ; hurried (départ) ; hasty (décision).

précipiter *v* (1) precipitate, hurl (jeter) ‖ *se ~,* rush (*sur,* at).

précis, e [-si] *a* accurate ‖ precise (moment) ; *à 2 heures ~es,* at two o'clock sharp.

préciser *v* (1) specify, state precisely.

précision *f* accuracy, precision ; *avec ~,* accurately.

précoce [-kɔs] *a* early.

prédécesseur [-desesœr] *m* predecessor.

prédiction *f* prediction.

prédire *v* (63) predict, foretell.

préféré, e [-fere] *n* favourite.

préférence *f* preference ; *de ~e,* preferably ; *de ~ à,* rather than ‖ *Pl* likes.

préférer *v* (5) prefer (*à,* to) ; *~ qqch,* like sth better ‖ *je ~erais,* I'd rather/sooner.

préfixe *m* prefix.

préjugé *m* prejudice ; *avoir un ~ contre/pour,* be biased against/towards.

prélasser (se) [səprelɑse] *v* (1) loll, lounge (*dans,* in).

premier, ère [prəmje] *a* [série] first ; *les trois ~s livres,* the first three books ‖ [temps] early ● *m* first ‖ *f* [lycée] sixth form (classe) ‖ TH. first night ‖ RAIL. first class.

premièrement *av* first(ly).

prendre [prãdr] *v* (80) take (qqch) ‖ take, have (nourriture) ‖ have (bain) ‖ take (train, avion) ‖ take (direction) ‖ catch (malfaiteur, animal) ‖ take in (locataires) ; pick up (voyageurs) ; *~ qqn dans sa voiture,* give sb a lift ‖ gain (poids) ‖ [ciment, crème] set ‖ [feu] start ‖ [vaccin] take ‖ *~ l'air,* go out for a breath of air ‖ COMM. charge (faire payer) ‖ PHOT. take ‖ AUT. get (essence) ; *prenez à droite,* bear right ; *~ un virage,* take a corner ‖ FIG. *~ (qqn) pour,* mistake (sb) for ‖ *~ du temps,* take time ‖ *se ~ le pied,* catch one's foot ‖ *s'y ~,* go/set about it.

prenne [prɛn] → PRENDRE.

prénom [prenɔ̃] *m* Christian name.

préoccuper *v* (1) worry.

préparation [-parasjɔ̃] *f* preparation.

préparatoire [-twar] *a* preparatory.

préparer *v* (1) prepare, make up, get ready ‖ [école] coach, train (élèves) ; study for (examen) ‖ CULIN. prepare, US fix (repas) ‖ *se ~,* prepare (*à,* to) ; make ready (*à,* for).

préposé, e [-poze] *n* postman, -woman.

préposition *f* preposition.

près [prɛ] *av* near (by), close (by); *tout* ~, hard by ‖ *à peu* ~, about ‖ *de* ~, closely (attentivement); [voir] close to ‖ ~ *de*, near, close to; about to (sur le point de).

presbyte [prɛsbit] *a* longsighted.

prescrire *v* (44) prescribe.

présence [prezɑ̃s] *f* presence ‖ [école, etc.] attendance ‖ FIG. ~ *d'esprit*, presence of mind.

présent, e *a* present ● *m* present ‖ GRAMM. present ‖ *à* ~, at present, now; *jusqu'à* ~, until now, so far.

présentateur, trice [-tatœr] *n* RAD. compère; ~ *de disques*, disc jockey.

présentation *f* presentation ‖ introduction ‖ ~ *de collection*, fashion display.

présenter *v* (1) present ‖ introduce (qqn) ‖ *se* ~, present o.s. (*devant*, before); introduce ò.s.; *se* ~ *à un emploi*, apply for a job; *se* ~ *à un examen*, go in for an exam; AV. *se* ~ *à l'enregistrement*, check in.

préservatif [prezɛrvatif] *m* sheath (contraceptive).

préserver *v* (1) preserve, protect (*de*, from).

président, e [prezidɑ̃] *n* [comité] chairman, -woman ‖ POL. president.

presque [prɛsk] *av* almost, nearly; ~ *pas*, scarcely; ~ *jamais*, scarcely ever.

presqu'île *f* peninsula.

presse *f* [journaux] press.

pressé, e [prɛse] *a* : *être* ~, be in a hurry (*de*, to); be pressed for time ‖ urgent (travail).

presse-citron *m inv* lemon-squeezer.

presse-papiers *m inv* paper-weight.

presse-purée *m inv* potato-masher.

presser 1 *v* (1) [hâter] hurry ‖ [travail] be urgent; *rien ne* ~*e*, there's no hurry ‖ *se* ~, hurry (up), hasten; *sans se* ~, at leisure.

presser 2 *v* (1) press (serrer) ‖ squeeze (fruit) ‖ push (bouton).

presse-raquette *m* racket-press.

pression *f* pressure ‖ COMM. *bière à la* ~, beer on draught ‖ AUT. pressure; *vérifier la* ~ *des pneus*, check the air/pressure.

pressuriser [-yrize] *v* (1) pressurize.

prestidigitateur, trice [prɛstidiʒitatœr] *n* conjurer.

prestidigitation *f* conjuring; *faire des tours de* ~, conjure.

prêt, e [prɛ, t] *a* ready ‖ handy (sous la main); *se tenir* ~, stand by.

prêt *m* loan (argent).

prêt-à-porter *a* ready-to-wear.

prétendre [pretɑ̃dr] *v* (4) claim; assert, contend (*que*, that).

prétendu, e [-dy] *a* would-be (personne); so-called (chose).

prétentieux, euse [-sjø] *a* pretentious, conceited.

prêter [prɛte] *v* (1) lend ‖ FIG. ~ *attention,* pay attention ; ~ *serment,* take an oath.

prétexte [pretɛkst] *m* pretext, pretence ; *sous* ~ *de,* under the pretext of.

prêtre [prɛtr] *m* priest ; ~ *ouvrier,* priest-worker.

preuve [prœv] *f* proof, evidence ‖ MATH. *faire la* ~ *par neuf,* cast out the nines.

prévenant, e [prevnɑ̃] *a* considerate, attentive.

prévenir 1 *v* (101) anticipate (devancer).

prévenir 2 *v* (101) warn (avertir) ; *sans* ~, without warning ‖ prevent (accident).

prévisible [-izibl] *a* foreseeable.

prévision [-izjɔ̃] *f* anticipation, foresight, expectation ; *en* ~ *de,* in anticipation of ‖ ~*s météorologiques,* weather forecast.

prévoir *v* (82) foresee, anticipate (anticiper) ‖ forecast (temps).

prévoyant, e [-wajɑ̃] *a* provident.

prévu, e *a* : *comme* ~, as expected/anticipated ; ~ *pour lundi,* scheduled for Monday ‖ RAIL., AV. due (attendu).

prier 1 [prije] *v* (1) beg (de, to).

prier 2 *v* (1) REL. pray.

prière *f* REL. prayer ; *faire une* ~, say a prayer.

primaire [primɛr] *a* primary (école).

primeurs [-œr] *fpl* early fruit and vegetables.

primitif, ive [-itif] *a/n* primitive.

prince [prɛ̃s] *m* prince.

princesse *f* princess.

principal, e, aux [-ipal, o] *a* chief, main.

principauté [-ipote] *f* principality.

printemps [prɛ̃tɑ̃] *m* spring ; *au* ~, in (the) spring.

priorité [priɔrite] *f* priority (sur, over) ‖ AUT. right of way.

pris, e [pri] *a* [personne] engaged (pas libre) ● → PRENDRE.

prise *f* hold, grasp ‖ AUT. *en* ~, in top gear ‖ CIN. ~ *de vues,* take ‖ ELECTR. socket, (power) point ; ~ *multiple,* multiple plug.

prison [prizɔ̃] *f* prison, jail.

prisonnier, ère [-ɔnje] *n* prisoner.

privé, e [prive] *a* private (vie).

priver *v* (1) deprive (de, of) ‖ *se* ~ *de,* deny o. s. sth.

prix [pri] *m* price, cost ‖ [autobus, taxi] ~ *de la place/course,* fare ‖ *à bas* ~, low-priced, cheap(ly) ; ~ *fixe,* fixed price ; *à* ~ *réduit,* cut-price ‖ [récompense] prize.

probable [prɔbabl] *a* probable, likely.

probablement [-bləmɑ̃] *av* probably.

problème [-blɛm] *m* problem

‖ FAM. *pas de* ∼*!*, no problem!; no sweat! (sl.).

procédé [-sede] *m* process.

procès-verbal [prɔsɛ-] *m* AUT. (policeman's) report; ticket (coll.).

prochain, e [prɔʃɛ̃, ɛn] *a* next.

prochainement *av* shortly, soon.

proche *a* near.

procurer [prɔkyre] *v* (1) procure, get (*à*, for) ‖ *se* ∼, get, come by.

producteur, trice [-dyktœr] *a* producing ● *n* CIN. producer.

production [-dyksjɔ̃] *f* production; output, yield (rendement).

produire [-dɥir] *v* (85) produce ‖ TECHN. turn out ‖ CIN. produce (film) ‖ *se* ∼, happen, come about, take place, occur.

produit [-dɥi] *m* product (manufacturé); ∼ *chimique*, chemical; ∼ *de remplacement*, substitute ‖ produce (agricole) ‖ *Pl :* ∼*s de beauté*, cosmetics; ∼*s congelés*, frozen food.

professeur [-fɛsœr] *m* teacher, master; [université] professor.

profession *f* occupation; trade (manuelle); ∼ *libérale*, profession.

professionnel, le [-fɛsjɔnɛl] *a/n* professional ‖ vocational (enseignement) ● *n* SP. professional; pro (coll.).

profil [-fil] *m* profile; *de* ∼, in profile.

profilé, e *a* AUT., AV. streamlined.

profit [-fi] *m* profit; *au* ∼ *de*, in favour of; *mettre à* ∼, turn to account; *tirer* ∼ *de*, profit by/from.

profiter [-fite] *v* (1) : ∼ *à*, benefit ‖ ∼ *de*, take advantage of.

profond, e [-fɔ̃, d] *a* deep ‖ sound (sommeil) ‖ *peu* ∼, shallow.

profondément [-fɔ̃demɑ̃] *av* deeply; *dormir* ∼, be fast asleep.

profondeur *f* depth; *un mètre de* ∼, three feet deep ‖ PHOT. ∼ *de champ*, depth of field.

profusion [-fyzjɔ̃] *f :* *à* ∼, in plenty, galore.

programme [-gram] *m* program(me) ‖ ∼ *scolaire*, curriculum, syllabus ‖ ∼ *électoral*, platform.

progrès [prɔgrɛ] *m* progress, improvement; *faire des* ∼, make progress, improve.

progresser [-ɛse] *v* (1) progress, improve ‖ come along.

progressif, ive [-ɛsif] *a* progressive.

projecteur [prɔʒɛktœr] *m* [diapositive, film] projector ‖ TH. spotlight.

projectile [-il] *m* missile.

projet [-ʒɛ] *m* project, plan.

projeter 1 [-ʒte] *v* (8a) plan, intend (*de*, to).

projeter 2 *v* (8a) throw (jeter)

‖ cast (ombre) ‖ project (diapositive, film).

prolétaire [-letɛr] *a/n* proletarian.

prolongateur [-lɔ̃gatœr] *m* ELECTR. extension cord.

prolongation [-lɔ̃gasjɔ̃] *f* [validité] extension ‖ [football] extra time; *jouer les ~s*, play extra time.

prolonger [-lɔ̃ʒe] *v* (7) prolong (séjour) ‖ extend (billet, rue).

promenade [-mnad] *f* [action] walk, stroll (à pied); drive, ride (en auto); ride (à cheval/bicyclette); *faire une ~*, go for a walk/drive/ride.

promener *v* (1) take out for a walk ‖ *se ~*, walk (about), take a walk; stroll (flâner); wander, ramble (au hasard).

promeneur, euse *n* walker, stroller.

promesse [-mɛs] *f* promise; *faire une ~*, make a promise.

promettre *v* (4) promise (qqch).

promoteur [-mɔtœr] *m* [construction] (property) developer.

promouvoir [-muvwar] *v* (83) promote; *être promu*, be promoted.

prompt, e [prɔ̃, t] *a* prompt; quick (esprit); ready (réponse).

pronom [prɔnɔ̃] *m* pronoun.

prononcer [-ɔ̃se] *v* (6) pronounce ‖ *mal ~*, mispronounce.

prononciation [-ɔ̃sjasjɔ̃] *f* pronunciation.

proportion [prɔpɔrsjɔ̃] *f* proportion; *en ~ de*, proportionally to ‖ *Pl* dimensions.

proportionnellement [-ɔnɛlmɑ̃] *av* proportionally.

propos [prɔpo] *m* talk ‖ *à ~!*, by the way!; *à ~ de*, about.

proposer [-ze] *v* (1) propose ‖ *se ~*, offer (ses services); mean, intend (*de*, to) [envisager].

proposition *f* proposal, proposition; suggestion, bid ‖ GRAMM. clause.

propre 1 [prɔpr] *a* own (à soi) ‖ GRAMM. proper (nom).

propre 2 *a* clean, tidy, neat (pas sale) ● *m* : *recopier au ~*, make a fair copy of.

proprement *av* cleanly, neatly.

propreté [-əte] *f* cleanliness, cleanness.

propriétaire [-ietɛr] *n* owner ‖ [location] landlord, -lady.

propriété *f* ownership, property (droit) ‖ property (maison, etc.).

prose [proz] *f* prose.

prospère [prɔspɛr] *a* prosperous, flourishing.

prospérer [-ere] *v* (5) flourish, do well, thrive.

prostituée [prɔstitɥe] *f* prostitute.

protecteur, trice [prɔtɛktœr] *a* protective.

protection *f* protection.

protéger [-eʒe] *v* (5, 7) protect, guard (*contre*, against); shield

(contre, against ; *de*, from) ‖ **se
∼ de**, protect o. s. from.
protestant, e [prɔtɛstã] *n*
Protestant.
protester *v* (1) protest (*contre*,
against).
prothèse [prɔtɛz] *f* : ∼ *(dentaire)*, denture, (dental) plate ;
(appareil de) ∼ *auditive*, hearing aid.
prouver [pruve] *v* (1) prove.
provenir [prɔvnir] *v* (101) proceed, result, come (*de*, from).
proverbe *m* proverb.
province [-ṽɛs] *f* province.
proviseur [-vizœr] *m* headmaster.
provision [-vizjɔ̃] *f* store,
stock, supply ‖ *Pl* supplies,
provisions, food (vivres) ‖ FIN.
sans ∼, bad (chèque).
provisoire *a* provisional.
provisoirement *av* provisio-
nally, temporarily.
provoquer [-vɔke] *v* (1) provoke (défier) ‖ occasion, cause,
bring about (causer).
proximité [-ksimite] *f* : *à* ∼
de, near, close to.
prudent, e [prydã] *a* prudent,
cautious, careful.
prune [pryn] *f* plum.
pruneau [-o] *m* prune.
prunier *m* plum-tree.
psychanalyse [psikanaliz] *f*
psychoanalysis.
psychanalyser *v* (1) psy-
choanalyse.
psychanalyste *n* (psy-
cho)analyst.

psychiatre [-jatr] *n* psychia-
trist.
psychologie [-ɔlɔʒi] *f* psychology.
psychologique *a* psychological.
psychologue [-g] *n* psycho-
logist.
pu [py] → POUVOIR.
puanteur [pɥɑ̃tœr] *f* stench.
public, ique [pyblik] *a*
public ● *m* public ‖ audience
(spectateurs).
publicité *f* publicity, adver-
tising ; *faire de la* ∼, advertise ‖ RAD., TV, commercial
(annonce).
publier [-ije] *v* (1) publish,
bring out (livre).
publiquement *av* publicly.
puce [pys] *f* flea.
pudeur [pydœr] *f* modesty.
pudique *a* modest.
puer [pɥe] *v* (1) stink ; reek of
(alcool).
puis [pɥi] *av* then, next ‖ FAM.
et ∼ *après ?*, so what ?
puiser [-ze] *v* (1) draw (eau) ‖
dip (*dans*, out of).
puisque [-sk] *c* since, as,
seeing that.
puissance [-sɑ̃s] *f* power.
puissant, e *a* powerful.
puits [pɥi] *m* well.
pull-over [pulɔvœr] *m* sweater, pull-over, jumper.
pulvériser [pulverize] *v* (1)
spray (vaporiser).
punaise 1 [pynɛz] *f* ZOOL.
(bed)bug.

punaise 2 *f* [dessin] drawing-pin.

punir *v* (2) punish (*qqn de*, sb for).

punition *f* punishment.

pupille 1 [pypil] *n* JUR. ward.

pupille 2 *f* ANAT. pupil.

pupitre [-tr] *m* [école] (writing-)desk ‖ MUS. music-stand.

pur, e [pyr] *a* [sans mélange]
pure ; neat (whisky) ‖ FIG. pure, sheer.

purée *f* : ∼ *de pommes de terre*, mashed potatoes.

purement *av* purely.

purge [-ʒ] *f* purge.

purger *v* (7) purge.

puritain, e [-itɛ̃, ɛn] *a/n* puritan.

P.V. *m* AUT., FAM. ticket (coll.).

pyjama [piʒama] *m* pyjamas.

q [ky] *m*.

quadriller [kadrije] *v* (1) square ; *papier* ∼*é*, squared paper.

quai [kɛ] *m* [fleuve] embankment ‖ NAUT. wharf ‖ RAIL. platform.

qualificatif, ive [kalifikatif] *a* qualifying.

qualifier *v* (1) qualify (*pour*, to/for).

qualité [-te] *f* quality (valeur) ‖ good quality ; *de première* ∼, first-rate ; *de mauvaise* ∼, poor quality.

quand [kɑ̃] *av interr* when ; *depuis* ∼ *êtes-vous ici?*, how long have you been here ? • *c* when ‖ as (comme) ‖ ∼ *même*, all the same, even so.

quant à [kɑ̃ta] *loc p* as for/to.

quantité [-ite] *f* quantity, amount ; (*une*) ∼ *de*, plenty of, a great deal of.

quarante [karɑ̃t] *a/m* forty ‖ SP. [tennis] ∼ *A*, deuce.

quarantième *a/n* fortieth.

quart [kar] *m* fourth (partie) ‖ *un* ∼ *d'heure*, a quarter of an hour ; *6 heures moins le* ∼, a quarter to 6 ; *6 heures et* ∼, a quarter past 6 ‖ [mesure] quarter (d'une livre) ‖ SP. ∼ *de finale*, quarter final.

quartier [-tje] *m* district ‖ neighbourhood, area, quarter ‖ ASTR. quarter.

quatorze [katɔrz] *a/m* fourteen.

quatorzième [-jɛm] *a/n* fourteenth.

quatre [katr] *a/m* four ‖ MUS. *morceau à* ∼ *mains*, piano duet ‖ FAM. *se mettre en* ∼, go out of one's way (*pour qqn/faire*, for sb/to do).

quatre-saisons *f inv* : *marchand(e) des* ∼, coster(monger).

quatre-vingt-dix *a/m* ninety.

quatre-vingts *a/m* eighty.

quatrième [-ijɛm] *a/n* fourth.

quatrièmement *av* fourthly.

que [kə] *pr rel* [obj.] whom, that (personnes) ‖ which, that (chose) ‖ *ce* ∼, what, that which; *tout ce* ∼, whatever ● *pr interr* what (quoi); ∼ *dit-il?*, what does he say?; *qu'est-ce* ∼ *c'est?*, what is it? ● *av* : ∼ *c'est beau!*, how beautiful it is! ‖ *ne* ... ∼, only, but ● *c* that [souvent omis]; *il a dit qu'il viendrait*, he said he would come ‖ [comparaison] than; *plus grand* ∼, greater than.

quel, le [kɛl] *a interr/excl* what, how ‖ which (= lequel) ● *a rel :* ∼*(le) que soit*, [chose] whatever, whichever; [personne] whoever.

quelconque [-kɔ̃k] *a ind* any, whatever (n'importe lequel) ‖ some; *pour une raison* ∼, for some reason (or other).

quelque [-k] *a ind* [sing.] some, any ‖ [plur.] a few.

quelquechose *pr ind* something.

quelquefois *av* sometimes.

quelquepart *loc av* somewhere.

quelques-uns, quelques-unes [-kəzœ̃, zyn] *pr ind pl* some, a few.

quelqu'un, une [-kœ̃, yn] *pr ind* someone, somebody; ∼ *d'autre*, somebody else

‖ [interrogation, négation] anyone, anybody.

qu'en-dira-t-on [kɑ̃diratɔ̃] *m inv* gossip; *se moquer du* ∼, not to care about what people say.

querelle [kərɛl] *f* quarrel.

question [kɛstjɔ̃] *f* question; *poser une* ∼ *à qqn*, ask sb a question ‖ point, matter; *à côté de la* ∼, beside the mark ‖ *il est* ∼ *de*, there is talk of ‖ [examen] paper ‖ FAM. *pas* ∼*!*, no way! (sl.).

questionner *v* (1) question.

quête [kɛt] *f :* REL. *faire la* ∼, take up the collection.

quêter *v* (1) collect.

queue [kø] *f* [animal] tail ‖ [casserole] handle; [feuille, fleur] stalk, stem; [fruit] stalk ‖ [billard] cue ‖ [file d'attente] queue; *faire la* ∼, queue up ‖ AUT. *faire une* ∼*-de-poisson*, cut in (*à qqn*, on sb); *il m'a fait une* ∼*-de-poisson*, he cut me up.

qui [ki] *pr rel* [sujet] who, that (personnes); which, that (choses) ‖ [obj.] (to) who(m), that (personnes); *de* ∼, whose ● *pr interr* [sujet] who?; ∼ *est-ce* ∼ *?*, who? ‖ [obj.] who(m)?; ∼ *est-ce?*, whose is it?; *à* ∼ *est ce chapeau?*, whose hat is this?

quiconque [-kɔ̃k] *pr ind* whoever, anyone.

quille [-j] *f* skittle.

quincaillerie [kɛ̃kɑjri] *f* hardware ‖ ironmonger's/hardware shop.

quincaillier, ère *n* ironmonger, hardware dealer.

quinte [kɛ̃t] *f* : MED. ∼ de *toux*, fit of coughing.

quinze [-z] *a/m* fifteen; *dans* ∼ *jours*, in a fortnight's time; *demain en* ∼, tomorrow fortnight.

quinzième [-zjɛm] *a/n* fifteenth.

quittance [kitɑ̃s] *f* receipt.

quitte *a* : *être* ∼ *avec qqn*, [dette] be quits with sb ‖ ∼ *ou double*, double or quits.

quitter *v* (1) leave, quit ‖ take/throw off (vêtements) ‖ TEL. *ne* ∼*ez pas!*, hold on!

‖ *se* ∼, part, part company (with).

quoi [kwa] *pr rel/interr* what ‖ *à* ∼ : *à* ∼ *cela sert-il?*, what is that for? ‖ *de* ∼ : *de* ∼ *manger*, something to eat; *il a de* ∼ *vivre*, he has enough to live on; *il n'a pas de* ∼ *s'acheter...*, he can't afford to buy...; *il n'y a pas de* ∼*!*, don't mention it!, you are welcome! ‖ ∼ *que*, whatever; ∼ *qu'il arrive*, whatever happens; ∼ *qu'il en soit*, however that may be, be that as it may ● *pr excl* : ∼*!*, what!

quoique [-k] *c* (al)though.

quotidien, ne [kɔtidjɛ̃] *a* daily; everyday ● *m* daily (journal).

r

r [ɛr] *m*.

r(a)- [r(a)] *préf* → RE.

rabais [rabɛ] *m* COMM. discount, reduction.

rabattre *v* (20) lower, pull down ‖ turn down (coll.) ‖ COMM. reduce, take off.

rabbin [rabɛ̃] *m* rabbi.

raccommoder *v* (1) mend (vêtement); darn (chaussette).

raccompagner *v* (1) : ∼ *qqn chez lui*, see sb home.

raccorder *v* (1) connect, link up, join.

raccourci [-kursi] *m* :

(prendre un) ∼, (take a) short cut.

raccourcir *v* (2) shorten ‖ cut down (vêtement) ‖ curtail (séjour) ‖ [jours] grow shorter, draw/close in ‖ [vêtement] shrink (au lavage).

raccrocher *v* (1) TEL. ring off.

race [ras] *f* race ‖ ZOOL. breed.

racheter *v* (8b) buy back ‖ FIN. redeem (dette).

racine [rasin] *f* root ‖ MATH. ∼ *carrée/cubique*, square/cubic root.

racisme *m* racialism.

raciste *n* racialist, racist.

racler [rɑkle] *v* (1) scrape ‖ rake (ratisser).

racoler [rakɔle] *v* (1) [prostituée] accost.

raconter *v* (1) tell, relate.

radar [radar] *m* radar.

radeau [-o] *m* raft.

radiateur [-jatœr] *m* radiator ; fire, heater (électrique, à gaz) ‖ AUT. radiator.

radiesthésie [-jɛstezi] *f* dowsing ; *faire de la* ∼, dowse.

radiesthésiste *n* dowser.

radin *a* FAM. tight-fisted, stingy, mean.

radio [radjo] *f* radio ; *à la* ∼, on the radio ; *poste de* ∼, radio-set ‖ MED., FAM. *passer à la* ∼, have an X-ray.

radiodiffuser *v* (1) broadcast.

radiodiffusion *f* broadcast(ing).

radiographie [-grafi] *f* radiography.

radiographier *v* (1) X-ray ; *se faire* ∼, have an X-ray.

radio-réveil *m* clock-radio.

radis [radi] *m* radish.

radoucir [-dusir] *v* (2) : [temps] *se* ∼, become milder.

rafale [-fal] *f* [vent] gust, blast.

raffiner [-fine] *v* (1) refine (pétrole, sucre).

raffoler *v* (1) : ∼ *de*, be fond of, love.

rafraîchir *v* (2) cool (boisson) ‖ refresh (qqn) ‖ trim, give just a trim (cheveux) ‖ FIG. refresh (mémoire) ; brush up

(*son anglais*, one's English) ‖ *se* ∼, get cool(er) ‖ refresh o.s. (en buvant).

rafraîchissant, e *a* cooling ; refreshing.

rafraîchissement *m* cooling (action) ‖ *Pl* cool drinks, refreshments.

ragaillardir [-gajardir] *v* (2) buck up ; pep up (coll.).

rage [raʒ] *f* MED. rabies ‖ FIG. rage.

ragoût *m* stew.

raide [rɛd] *a* stiff (membres) ‖ tight (corde) ‖ steep (escalier, pente).

raidir *v* (2) stiffen ‖ tighten (corde).

raie [rɛ] *f* line ‖ streak, stripe (zébrure) ‖ [cheveux] parting ; *se faire une* ∼, part one's hair.

rail [raj] *m* RAIL. rail.

rainure [rɛnyr] *f* groove.

raisin [rɛzɛ̃] *m* : *du* ∼, grapes ; *un grain de* ∼, a grape ; *grappe de* ∼*s*, bunch of grapes ; ∼ *sec*, raisin ; ∼*s de Corinthe*, currants.

raison 1 *f* reason (faculté) ‖ discretion ; *âge de* ∼, years of discretion.

raison 2 *f* reason, cause (motif) ; *sans* ∼, without reason ; ∼ *de plus, à plus forte* ∼, all the more reason ‖ *vous avez* ∼, you are right.

raisonnable [-ɔnabl] *a* reasonable, sensible ‖ moderate (prix).

raisonnement *m* reasoning.

raisonner *v* (1) reason.

rajeunir [raʒœnir] *v* (2) grow young again, look younger ‖ rejuvenate (qqn).

rajouter *v* (1) add (*de*, more of).

ralenti [ralɑ̃ti] *m* CIN. slow motion ‖ AUT. tick-over, idling; *tourner au* ∼, idle, tick over.

ralentir *v* (2) slow (down); slacken speed.

râler [rɑle] *v* (1) FAM. grouse.

rallonge *f* [table] extra leaf.

rallonger *v* (7) lengthen, make longer (vêtement) ‖ [jours] draw out.

rallye [rali] *m* AUT. rally.

ramasser *v* (1) pick up, collect, gather (rassembler).

rame [ram] *f* NAUT. oar; *aller à la* ∼, row.

rameau [-o] *m* bough.

Rameaux *mpl* : REL. *dimanche des* ∼, Palm Sunday.

ramener *v* (5) bring/take/carry back; ∼ *qqn chez lui en voiture*, drive sb home.

ramer *v* (1) row.

rameur *m* oarsman, rower.

ramoner [-ɔne] *v* (1) sweep.

ramoneur *m* (chimney-) sweep.

rampe [rɑ̃p] *f* [escalier] handrail, banister.

ramper *v* (1) crawl, creep.

rance [rɑ̃s] *a* rancid, off (beurre).

rancune [rɑ̃kyn] *f* ill will, grudge; *sans* ∼, no hard feelings.

rancunier, ère *a* spiteful, vindictive.

randonnée [rɑ̃dɔne] *f* hike (à pied); drive (en voiture); ride (à bicyclette).

rang [rɑ̃] *m* row, line (ligne) ‖ FIG. rank, station; ∼ *social*, position.

rangé, e [-ʒe] *a* tidy, neat (bureau) ‖ quiet (vie).

rangée *f* row, line.

ranger *v* (7) put away (qqch); tidy up (chambre) ‖ rank (classer) ‖ *se* ∼, AUT. park, pull over.

ranimer *v* (1) bring round (personne évanouie); bring back to life (noyé).

rapatrier *v* (1) repatriate.

râpe [rɑp] *f* CULIN. grater.

râper *v* (1) CULIN. grate.

rapide [rapid] *a* rapid, quick, fast, swift ‖ speedy (guérison) ● *m* RAIL. express.

rapidement *av* rapidly, swiftly, quickly, fast.

rapidité *f* swiftness, quickness, speed.

rapiécer [-pjese] *v* (6) patch (up).

rappel *m* recall(ing), calling back ‖ TH. curtain call ‖ MED. (*injection de*) ∼, booster.

rappeler *v* (8a) call back ‖ bring back, call to mind (évoquer); ∼ *qqch à qqn*, remind sb of sth; ∼*ez-moi de le faire*, remind me to do it; ∼*ez-moi au bon souvenir de*, remember me to ‖ TEL. ring back, call again ‖ *se* ∼, remember.

rapport 1 [rapɔr] *m* report (compte rendu).

rapport 2 *m* relation(ship), connection (*avec*, with); *par* ∼ *à*, in comparison with ‖ *Pl* : ∼*s sexuels*, sexual intercourse.

rapporter 1 [-te] *v* (1) bring/take back (qqch).

rapporter 2 *v* (1) FIN., COMM. bring (in) ‖ AGR. yield.

rapporteur *m* MATH. protractor.

rapprocher *v* (1) bring, draw nearer (*de*, to) ‖ *se* ∼, draw closer; approach, come near.

rapt [rapt] *m* kidnapping.

raquette [-kɛt] *f* [tennis] racket; [Ping Pong] bat.

rare [-r] *a* rare (peu commun) ‖ scarce (peu abondant); thin (cheveux, barbe).

rarement *av* rarely, seldom.

ras, e [rɑ, z] *a* close-cropped (cheveux) ● *av* close; *plein à* ∼ *bord*, full to the brim; *à/au* ∼ *de*, on a level with, flush with.

rasé, e *a* : ∼ *de près*, smooth shaven.

raser *v* (1) shave ‖ FAM. bore (ennuyer) ‖ *se* ∼, shave, have a shave; [rasoir électrique] dry-shave.

raseur, euse *n* FAM. bore.

rasoir *m* razor; ∼ *électrique*, electric razor, shaver.

rassembler *v* (1) gather together, collect ‖ *se* ∼, gather.

rassis, e *a* stale (pain).

rassurer *v* (1) reassure; ∼ *qqn*, put sb's mind at ease ‖ *se* ∼, set one's mind at ease.

rat [ra] *m* rat.

raté, e [-te] *a* miscarried (affaire) ● *m(pl)* AUT. backfire, misfiring; *avoir des* ∼*s*, misfire.

râteau [rɑto] *m* rake.

rater [rate] *v* (1) miss (train, etc.) ‖ FAM. fail (examen); lose (occasion).

ration *f* ration.

rationner *v* (1) ration.

rattraper *v* (1) : [rejoindre] ∼ *qqn*, catch sb up, catch up with sb, overtake sb; ∼ *le temps perdu*, make up for lost time.

rauque [rok] *a* hoarse.

ravi, e [ravi] *a* delighted.

ravin *m* ravine, gully.

ravir *v* (2) FIG. delight.

raviser (se) [səravize] *v* (1) change one's mind, think better of it.

ravissant, e *a* ravishing, delightful, lovely.

ravitaillement [-tɑjmɑ̃] *m* supplying (action); supply (denrées); *aller au* ∼, go and get food.

ravitailler *v* (1) supply with provisions ‖ *se* ∼, take in fresh supplies (*en*, of).

rayer [rɛje] *v* (9 b) scratch (abîmer) ‖ line, rule (papier) ‖ cross out (mot).

rayon 1 *m* [lumière] ray, beam; ∼ *de soleil*, sunbeam ‖ [roue] spoke ‖ PHYS. ray ‖ MATH. radius.

rayon 2 *m* [bibliothèque]

(book-)shelf ‖ COMM. department.

rayure f stripe, streak (raies) ‖
scratch (trace).

re-, ré- [rə, re] préf [répétition]
re-, ...again ‖ [retour (à l'état
initial)] ... back.

ré [re] m MUS. D.

réaction f reaction ‖ à ∼, jet-
propelled.

réagir v (2) react (contre,
against ; sur, on).

réalisateur, trice [-alizatœr]
n RAD., CIN. director.

réalisation f realization,
achievement ‖ CIN., RAD. production.

réaliser v (1) carry out, fulfil,
achieve ; work out (plan) ; realize (rêves) ‖ CIN. produce ‖
FAM. realize (se rendre compte)
‖ se ∼, [projets] come off ;
[espoirs] materialize ; [rêves]
come true.

réaliste a realistic • n realist.

réalité f reality.

rébarbatif, ive [-barbatif] a
forbidding.

rebondir v (2) : (faire) ∼,
bounce.

rebrousser [-bruse] v (1) :
FIG. ∼ chemin, turn back,
retrace one's steps.

rébus [-bys] m rebus.

rebut [-by] m scrap ; de ∼,
waste ; **mettre au** ∼, scrap ;
tombé au ∼, dead (lettre).

recaler v (1) [examen] FAM.
fail ; être ∼é, fail.

récemment [-samã] av
recently, lately.

récent, e a recent, late (événement) ; fresh (nouvelles).

récépissé [-sepise] m receipt,
voucher.

récepteur, trice [-sɛptœr]
a : RAD. poste ∼, receiver •
m TEL. receiver.

réception f [lettre] receipt ‖
reception, party ‖ [hôtel] reception desk.

réceptionniste [-sjɔnist] n
desk clerk, receptionist.

récession [-sesjɔ̃] f recession.

recette [-sɛt] f CULIN. recipe.

receveur, euse [-səvœr] n :
∼ des postes, postmaster ‖ conductor (d'autobus).

recevoir v (3) receive, get
‖ receive, welcome, entertain
(invités) ‖ take in (pensionnai-
res) ‖ pass (candidat) ‖ take in
(journal) ‖ → REÇU.

rechange (de) loc a duplicate ; spare (de secours) ; linge
de ∼, change of clothes.

recharge f [stylo] refill.

recharger v (1) recharge
(accu) ; reload (camera, fusil).

réchaud m : ∼ à alcool, spirit-stove.

réchauffer v (1) warm up
(again) ‖ se ∼, get warm.

recherche [-ʃɛrʃ] f search ; à
la ∼ de, in search of ‖ research
(scientifique).

rechercher v (1) search
after/for (chose/personne éga-
rée).

récipient [-sipjã] m container.

réciproque [-siprɔk] *a* reci-
procal.

réciproquement *av* conversely.

récit [resi] *m* account, story.

récital [-tal] *m* MUS. recital.

récitation *f* recitation.

réciter *v* (1) recite (poésie) ;
say (leçon) ; *faire* ∼, hear.

réclamation [-klamasjɔ̃] *f*
complaint, claim ; **faire une**
∼, put in a claim.

réclamer *v* (1) claim (*à*,
from) ; demand (exiger) ; claim
back (demander le retour) ‖
[chose] require, need (soins,
etc.).

récolte [-kɔlt] *f* AGR. har-
vest(ing), gathering ; crop (produits).

récolter *v* (1) AGR. harvest,
reap, gather in.

recommandation [-kɔmɑ̃-
dasjɔ̃] *f* recommendation.

recommandé, e *a* : *lettre*
∼*e*, registered letter.

recommander *v* (1) recommend (qqch, qqn) ‖ register (lettre) ‖ *se* ∼ *de qqn*, give sb's
name as a reference.

récompense [-kɔ̃pɑ̃s] *f*
reward.

récompenser *v* (1) reward.

réconcilier *v* (1) reconcile ‖
se ∼, become friends again ;
make (it) up (*avec*, with).

reconduire *v* (85) : ∼ *qqn*
chez lui, see/take/drive sb
home ‖ show/usher out (visiteur).

réconfort *m* comfort.

réconfortant, e [-tɑ̃] *a* comforting (paroles) ; refreshing
(breuvage).

réconforter *v* (1) comfort
(consoler) ; refresh (redonner
des forces).

reconnaissance *f* gratitude
‖ FIN. *signer une* ∼ (*de dette*),
write out an I.O.U.

reconnaissant, e *a* grateful,
thankful (*envers*, to ; *de*, for).

reconnaître *v* (74) recognize,
know (qqn) ‖ own, concede
(admettre) ‖ *se* ∼, recognize
each other.

recopier *v* (1) copy out ; make
a fair copy of.

record [-kɔr] *m* record ; *détenir un* ∼, hold a record.

recoudre *v* (31) sew on again
(bouton) ; sew up again
(manche).

recourir *v* (32) : ∼ *à*, resort to.

recouvrer [-kuvre] *v* (1) recover (santé).

récréation *f* [école] playtime,
break.

rectangle [rɛktɑ̃gl] *m* rectangle.

reçu, e [-sy] → RECEVOIR • *a*
successful (candidat) ; *être* ∼
à un examen, pass an exam
• *m* COMM. receipt.

recueil [-kœj] *m* collection.

recueillir *v* (35) collect.

reculer *v* (1) move/step/stand
back ; *faire* ∼, move back.

reculons (à) [-ɔ̃] *loc av*
backwards ; *sortir à* ∼, back
out.

récupération [-kyperasjɔ̃] *f* [ferraille] salvage.

récupérer *v* (1) get back, recover, retrieve (objet perdu) ‖ salvage (ferraille) ‖ MED. recover, recuperate (forces).

récurer [-kyre] *v* (1) scour, scrub.

recyclage *m* retraining; refresher course.

recycler (se) *v* (1) retrain.

rédacteur, trice [-daktœr] *n* writer ‖ [journal] editor.

rédaction *f* writing (action) ‖ wording (manière) ‖ [journalisme] editorial staff ; *(salle de)* ∼, news-room ‖ [école] composition, essay.

redire *v* (40) say again ‖ *trouver à* ∼, find fault with.

redoubler *v* (1) [école] repeat.

redouter *v* (1) dread, fear.

redresser *v* (1) straighten (out), unbend ‖ AUT. straighten up ‖ *se* ∼, straighten up ; stand upright, sit up.

réduction [-dyksjɔ̃] *f* reduction ‖ [salaire] cut ‖ COMM. discount.

réduire [-dɥir] *v* (85) reduce (*en*, to) ‖ diminish, decrease ‖ COMM. ∼ *les prix*, cut prices.

réduit, e [-dɥi, t] *a* : *magasin à prix* ∼*s*, cut price store.

réel, le [reɛl] *a* real (besoin) ‖ actual (fait).

réellement *av* really, actually.

refaire *v* (50) do/make again, remake ‖ do up (rénover).

réfectoire [-fɛktwar] *m* refectory ‖ [école] dining-hall.

référence [-ferɑ̃s] *f* reference.

refiler *v* (1) FAM. ∼ *une fausse pièce*, palm off (*à*, onto) [coll.].

réfléchi, e [-fleʃi] *a* thoughtful ‖ GRAMM. reflexive.

réfléchir 1 *v* (2) reflect (*à*, upon) ; consider ; think (*à*, about) ; ∼*ssez-y !*, think it over !

réfléchir 2 *v* (2) PHYS. reflect, throw back.

reflet [-flɛ] *m* reflection.

refléter [-flete] *v* (5) reflect, send/throw back.

réflex [-flɛks] *a/m* : *(appareil)* ∼, reflex camera.

réflexe *a/m* reflex.

réflexion 1 [-sjɔ̃] *f* thought, consideration ; *à la* ∼, ∼ *faite*, on second thoughts ‖ remark.

réflexion 2 *f* PHYS. reflection.

reflux *m* ebb (marée).

réforme *f* reform.

réformer *v* (1) reform.

refoulé, e *a* inhibited (personne).

refoulement [-fulmɑ̃] *m* FIG. repression.

refouler *v* (1) TECHN. force back ‖ FIG. repress, inhibit.

refrain [-frɛ̃] *m* MUS. refrain.

réfrigérateur [-friʒeratœr] *m* refrigerator, US ice-box.

refroidir *v* (2) chill, cool ‖ *se* ∼, get cold, grow colder ‖ MED. catch a chill ‖ FIG. cool down.

refroidissement *m* cooling ‖

AUT. à ~ *par air*, air-cooled ‖
MED. chill.

refuge [-fyʒ] *m* refuge, shelter
‖ [piétons] (traffic) island.

réfugié, e [-fyʒje] *n* refugee.

réfugier (se) *v* (1) take refuge
(*chez*, with).

refus [-fy] *m* refusal.

refusé, e [-fyze] *a* unsuccessful (candidat).

refuser *v* (1) refuse (de faire) ;
decline (invitation) ; turn down
(offre) ; deny (*qqch à qqn*, sb
sth) ‖ *se* ~, deny o. s. (qqch).

regagner *v* (1) get/win back ‖
~ *son domicile*, go back home.

régal [-gal] *m* CULIN. dainty
dish ‖ FIG. treat.

régaler *v* (1) : *se* ~, treat o.s.
(*de*, to), regale o.s.

regard [-gar] *m* look ; stare
(fixe) ; gaze (long) ; glance
(rapide) ; *jeter un ~ sur*,
glance at.

regarder *v* (1) look at ; ~ *par
la fenêtre*, look out of the window ‖ stare (fixement) ; gaze
(longuement) ; watch (observer)
‖ TV ~ *la télévision*, look in
‖ FIG. consider, look upon (considérer) [*comme*, as] ‖ concern ;
ça ne vous ~e pas, that's no
business of yours.

régime 1 [-ʒim] *m* MED.
diet ; *se mettre au* ~, go on a
diet ; *suivre un ~ pour maigrir*,
slim ‖ FAM. *être au ~ sec*, be
on the (water) waggon (sl.).

régime 2 *m* [bananes] bunch.

régiment *m* regiment.

région [-ʒjɔ̃] *f* region, district,
area.

régional, e, aux [-ʒjɔnal, o]
a regional.

réglage [-glaʒ] *m* adjustment
‖ RAD., AUT. tuning.

règle [rɛgl] *f* ruler ; ~ *à calcul*, slide-rule ‖ FIG. rule ; *en*
~, in order (passeport).

règlement *m* regulation.

régler 1 [regle] *v* (5) rule
(papier).

régler 2 *v* (5) [montre] set
(mettre à l'heure) ‖ TECHN.
regulate, adjust ‖ AUT. tune
(moteur) ; time (allumage) ‖
PHOT. focus ‖ COMM., FIN.
settle (dette) ; ~ *la note*, pay
the bill.

règles [rɛgl] *fpl* MED.
period(s) ; *avoir ses* ~, have
one's period(s).

régner [-ɲe] *v* (5) reign, rule
(*sur*, over).

regret [-grɛ] *m* regret.

regretter [-te] *v* (1) regret ; ~
de, be sorry for.

régulier, ère *a* regular ;
steady (pouls, progrès) ; even
(mouvement) ‖ AV. scheduled
(vol).

régulièrement *av* regularly,
steadily, evenly.

rein [rɛ̃] *m* kidney ‖ *Pl* small
of the back.

reine [rɛn] *f* queen.

rejeter *v* (8a) throw back.

rejoindre *v* (59) join, meet ‖
se ~, meet.

réjouir *v* (2) gladden, delight ‖
se ~, rejoice, be delighted.

réjouissances *fpl* merry-making, festivities.

relâche *f* : sans ～, without respite ‖ TH. "no performance (today)".

relâcher *v* (1) loosen, slacken (desserrer).

relation [-lasjɔn] *f* [rapport] relation(ship), connection (*entre*, between) ; *rester en ～ avec qqn*, keep in touch with sb ‖ [personne] acquaintance, contact, *(Pl)* connections ; ～*s d'affaires*, business relations ‖ *Pl* : ～*s publiques*, public relations ; ～*s sexuelles*, sexual intercourse.

relativement [-lativmã] *av* relatively.

relaxer (se) [sərəlakse] *v* (1) relax.

relève [-lɛv] *f* relief ‖ MIL. ～ *de la garde*, changing of the guards.

relevé, e [rəlve] *a* CULIN. spicy (plat) ; pungent (sauce).

relevé *m* [compteur] reading ‖ [école] ～ *des notes*, transcript ‖ [compte] statement.

relever *v* (5) raise, lift ; pick up (qqch) ; put up (cheveux) ; roll up (manches) ; turn up (pantalon, col) ‖ read (compteur) ‖ MIL. change (garde) ‖ CULIN. season (sauce) ‖ MED. ～ *de maladie*, recover from illness ‖ *se ～*, get up again, get back to one's feet.

relié, e [-lje] *a* bound (livre).

relier *v* (1) bind (livre) ‖ connect, link (up), join (together) [réunir].

relieur *m* book-binder.

religieux, euse [-liʒjø] *a* religious ● *f* nun.

religion *f* religion.

reliure *f* bookbinding.

reluire *v* (61) shine ; *faire ～*, polish up, shine (chaussures).

remarquable [-markabl] *a* remarkable.

remarque *f* remark.

remarquer *v* (1) notice, observe ; *faire ～*, remark (*que*, that) ; point out (qqch).

remblai [rãblɛ] *m* embankment.

rembourrer *v* (1) pad, stuff.

remboursement [-bursəmã] *m* reimbursement, repayment, refund.

rembourser *v* (1) pay back.

remède [rəmɛd] *m* remedy, cure.

remerciements [-mɛrsimã] *mpl* thanks.

remercier *v* (1) thank (*qqn de qqch*, sb for sth).

remettre *v* (64) put back (replacer) ‖ give (back) [rendre] ‖ hand in/over, deliver (lettre) ; ～ *sa démission*, hand in one's resignation ‖ ～ *en état*, overhaul ; ～ *à neuf*, renovate, do up like new ‖ postpone, put off (différer) ‖ MED. reset (membre) ; ～ *en forme*, pull round ‖ TECHN. ～ *en marche*, restart ‖ FIG. remember ; place (qqn) [reconnaître] ‖ *se ～* : *se ～ en route*, start off again ; [temps] *se ～ au beau*, settle ; MED. *se ～*, get better, recover.

remise 1 *f* COMM. discount; *faire une* ~ *de 5 % sur,* give 5 % discount on.

remise 2 *f* shed (hangar).

remonte-pente *m inv* SP. chair-lift, ski-lift.

remonter *v* (1) go/come up again/back ‖ [baromètre] rise (again) ‖ TECHN. wind up (montre) ‖ FIG. ~ *le moral,* cheer up, buck up (coll.).

remords [-mɔr] *m* remorse; *avoir des* ~, feel remorse.

remorque [-mɔrk] *f* AUT. trailer; *prendre en* ~, tow.

remorquer *v* (1) tow; haul.

remous [-mu] *m* eddy.

remplaçant, e [-plasâ] *n* substitute, replacement ‖ SP. reserve.

remplacement *m* replacement.

remplacer *v* (6) replace (*par,* by).

remplir *v* (2) fill (*de,* with); ~ *un verre,* fill up a glass ‖ refill (à nouveau) ‖ fill in/up, complete (formulaire).

remporter *v* (1) take back ‖ SP. win, carry off (prix, victoire).

remuer [-mɥe] *v* (1) move, stir (membre, liquide); [chien] ~ *la queue,* wag its tail ‖ [enfant] fidget.

rémunération [-mynerasjɔ̃] *f* remuneration, payment.

rémunérer *v* (5) remunerate, pay for.

renard [-nar] *m* fox.

rencontre [rɑ̃kɔ̃tr] *f* meeting;

aller à la ~ *de qqn,* go to meet sb ‖ encounter (imprévue).

rencontrer *v* (1) meet ‖ ~ *par hasard,* meet with, run into, come across, chance upon, bump into ‖ AUT. run into ‖ *se* ~, [personnes] meet; [routes] join; [véhicules] collide.

rendez-vous [-devu] *m* appointment; *sur* ~, by appointment; *fixer/prendre (un)* ~ *avec qqn,* make an appointment with sb.

rendre [-dr] *v* (4) give back ‖ return (invitation); ~ *visite à qqn,* call on/visit sb, pay sb a visit ‖ render (service) ‖ be sick (vomir) ‖ MED. ~ *qqn malade,* make sb sick ‖ *se* ~, give in, yield (céder); *se* ~ *à,* go to; *se* ~ *utile,* make o.s. useful.

renfermé *m* : *sentir le* ~, smell stuffy.

renforcer *v* (1) reinforce.

renfrogné, e [-frɔɲe] *a* sullen.

renifler [rənifle] *v* (1) sniff.

renommée [-nɔme] *f* fame.

renoncer [-nɔ̃se] *v* (6) : ~ *à,* renounce, give up.

renouer *v* (1) tie again ‖ resume (conversation) ‖ ~ *avec qqn,* renew friendship with sb.

renouveler [-nuvle] *v* (8a) renew ‖ change (pansement) ‖ repeat (ordonnance).

renseignement [rɑ̃sɛɲmɑ̃] *m* : *un* ~, a piece of information ‖ *Pl* information, particulars.

renseigner *v* (1) inform, tell

(*sur,* about) ‖ **se** ～, inquire (*sur,* into), ask (*sur,* about).

rentrée [-tre] *f* : ～ (*des classes*), reopening of schools ‖ [artiste] come back.

rentrer *v* (1) come/go back, return ; ～ *chez soi,* go home ‖ FIN. ～ *dans ses frais,* break even ‖ FAM. ～ *dans,* crash into.

renverse (à la) [-rᾱvɛrs] *loc av* : *tomber* ～, fall on ơne's back.

renverser *v* (1) upset, overturn ‖ knock down, run down (piéton) ‖ tilt over (table) ‖ spill (liquide) ‖ **se** ～, overturn, upset ‖ [personne] lean back.

renvoi [-vwa] *m* dismissal, discharge ‖ [école] expulsion ‖ [digestion] belch ‖ SP. return.

renvoyer [-vwaje] *v* (9*a*) dismiss, discharge (employé) ; send back (lettre) ‖ [école] expel ‖ SP. throw back (balle).

repaire *m* den.

répandre [-pᾱdr] *v* (4) pour out, spill (liquide) ; shed (lumière) ‖ **se** ～, [liquide] spill ; [épidémie, nouvelle] spread (*sur,* over).

répandu, e *a* common, prevalent.

réparation [-parasjɔ̄] *f* repair(ing) ; **en** ～, under repair.

réparer *v* (1) repair, US fix ‖ mend (chaussures).

repas [rəpα] *m* meal ; *faire un* ～, take a meal ; ～ *à prix fixe,*

table d'hôte meal ; ～ *froid,* cold snack.

repasser 1 *v* (1) iron (linge) ; press (vêtements) ‖ sharpen (lame).

repasser 2 *v* (1) call again, come back ‖ [école] ～ *un examen,* resit for an exam.

repasser 3 *v* (1) go over (leçon).

repère *m* mark ; *point de* ～, landmark.

repérer [-pere] *v* (5) spot.

répéter [-pete] *v* (5) repeat, say again ‖ TH. rehearse.

répétition *f* repetition ‖ *Pl* [école] coaching ‖ TH. rehearsal ; ～ **générale,** dress rehearsal.

réplique [-plik] TH. cue.

répondeur [-pɔ̄dœr] *m* : TEL. ～ (*automatique*), answering machine.

répondre *v* (4) answer, reply (qqch) ‖ ～ *à qqn/une question,* answer sb/a question ‖ ～ *à une lettre,* write back ‖ ～ *au téléphone,* answer the telephone ‖ [impertinence] answer back ‖ ～ **de** (*qqch/qqn*), answer for (sth/sb) ; ～ *de* (*qqn*), vouch for.

réponse [-pɔ̄s] *f* answer, reply ; ～ *payée,* reply paid ; *en* ～ *à,* in answer to.

reportage *m* [journalisme] report(ing), series of articles ; *faire le* ～ *de,* cover ‖ RAD. coverage, commentary.

reporter 1 *v* (1) take/carry back ‖ postpone (différer) ‖ **se** ～, refer (*à,* to).

reporter 2 [-pɔrtɛr] *m* reporter ‖ RAD. commentator.

repos [-po] *m* rest ; *au* ∼, at rest ‖ break (pause).

reposant, e [-pozã] *a* restful (lieu) ; refreshing (sommeil).

reposer *v* (1) rest, lie (être étendu) ‖ lay/place again (à nouveau) ‖ rest (appuyer) ‖ *se* ∼, rest, have/take a rest (se délasser).

repousser *v* (1) push back (tiroir).

reprendre 1 *v* (80) take back/again ; ∼ *haleine*, gather breath ‖ MED. ∼ *connaissance*, come round ‖ FIG. resume (travail).

reprendre 2 *v* (80) [critiquer] find fault with ‖ *se* ∼, correct o.s.

représentant, e *n* COMM. representative, agent.

représentation *f* TH. performance.

représenter *v* (1) represent, stand for (symboliser) ‖ COMM. represent ‖ TH. perform (pièce) ‖ PHOT. show.

réprimander [-primãde] *v* (1) reprimand, scold.

reprise *f* [activité] resumption ‖ [appartement] key money ‖ TH. revival ‖ MUS. repeat ‖ SP. [boxe] round ‖ AUT. pick-up ‖ *à plusieurs* ∼s, repeatedly.

reproche *m* reproach ; *sans* ∼, blameless ; *faire des* ∼s *à qqn pour*, reproach sb with.

reprocher *v* (1) : ∼ *qqch à qqn*, blame sb for sth ; ∼ *à qqn d'avoir fait qqch*, reproach sb for doing sth ‖ *se* ∼, blame o.s. for.

reproduction *f* reproduction.

reproduire *v* (85) reproduce ; ∼ *en double*, duplicate ‖ *se* ∼, ZOOL. reproduce, breed.

républicain, e [-pyblikɛ̃, ɛn] *a/n* republican.

république *f* republic.

répugnance [-pyɲãs] *f* loathing (*pour*, for) ; repugnance (*pour*, of).

répugnant, e repugnant, loathsome.

répugner *v* (1) : ∼ *à* : [personne] ∼ *à faire*, be loath/reluctant to do ‖ [chose] disgust.

réputation [-pytasjɔ̃] *f* reputation, repute.

réputé, e *a* renowned.

requin [rəkɛ̃] *m* shark.

réseau [rezo] *m* network, system.

réservation [-zɛrvasjɔ̃] *f* booking, reservation.

réserve *f* reserve ; *de* ∼, spare ‖ *mettre en* ∼, put by, store (up).

réserver *v* (1) reserve, set aside, put by ‖ reserve, book (place).

réservoir *m* (water-)tank.

résidentiel, le [-zidãsjɛl] *a* residential.

résider *v* (1) dwell.

résigner (se) [səreziɲe] *v* (1) resign o.s. (à, to).

résistance [-zistãs] *f* resistance.

résistant, e *a* tough (personne) ‖ hard-wearing (vêtement) ‖ resistant (à la chaleur, etc.).

résister v (1) : ~ **à,** hold out against, resist, withstand.

résolu, e [-zɔly] a resolute (personne) ; determined (à, to) ; bent (à, on).

résolument av resolutely.

résolution f resolution (décision) ‖ determination (fermeté).

résonner [-zɔne] v (1) resound, reverberate.

résoudre [-zudr] v (87) solve, work out (problème) ‖ resolve, decide on (décider) ‖ **se ~,** resolve, determine, make up one's mind (à faire, to do).

respect [rɛspɛ] m respect ; par ~ pour, out of respect for.

respectable [-ktabl] a respectable.

respecter v (1) respect.

respectivement av respectively.

respectueux, euse [-ɥø] a respectful ; dutiful (enfant).

respirateur [-piratœr] m [natation] snorkel.

respiration f respiration, breathing.

respirer v (1) breathe.

resplendissant, e [-plɑ̃disɑ̃] a radiant, resplendent.

responsabilité [-pɔ̃sabilite] f responsibility, liability ‖ charge, care ; avoir la ~ de, be in charge of.

responsable a responsible, answerable (de, for ; envers, to).

resquiller [-kije] v (1) [invitation] gate-crash ; [autobus] jump the queue.

resquilleur, euse n gatecrasher, queue-jumper.

ressemblance [rəsɑ̃blɑ̃s] f resemblance, likeness (avec, to).

ressemblant, e a lifelike.

ressembler v (1) : ~ **à,** resemble, look like ; [parenté] take after.

ressemeler [rəsəmle] v (8 a) resole.

ressentiment [rəsɑ̃timɑ̃] m resentment (contre, against).

ressentir [rəsɑ̃tir] v (93) feel, experience.

ressort [rəsɔr] m TECHN. spring.

ressortir [-tir] v (2) [couleur] stand out ; [clou] stick out.

ressortissant, e [-tisɑ̃] n national.

ressource [rəsurs] f resource ; plein de ~, resourceful.

restaurant [rɛstɔrɑ̃] m restaurant, café.

restaurer (se) v (1) refresh o.s., take some refreshment.

restauroute m pull-in/-up.

reste m rest, remainder, remnant ; de ~, (left) over ‖ Pl [repas] leavings, scraps, leftovers.

rester 1 v (1) remain, be left (over) ; have left ; il ne me ~e que £2, I have only £2 left.

rester 2 v (1) remain, stay (dans un lieu) ‖ FAM. live (habiter).

restituer [-titɥe] *v* (1) give back, return.

restreindre [-trɛ̃dr] *v* (59) restrict, limit ‖ *se* ∼, cut down expenses.

résultat [rezylta] *m* result, outcome.

résumé [-zyme] *m* summary ; *en* ∼, to sum up ; ∼ *des chapitres précédents*, the story so far.

résumer *v* (1) sum up.

rétablir [-tablir] *v* (2) restore ‖ MED. restore (santé) ‖ MED. *se* ∼, recover, come along.

rétablissement *m* restoration ‖ MED. recovery.

retard [rətar] *m* delay ; *être en* ∼, be late ; *dix minutes de* ∼, ten minutes late ‖ AV., RAIL. *en* ∼, late, overdue ‖ AUT. ∼ *à l'allumage*, retarded ignition.

retardataire [-datɛr] *n* latecomer.

retardement [-dəmɑ̃] *m* : PHOT. *obturateur à* ∼, time-release.

retarder *v* (1) delay, put off (qqch) ‖ delay, hold up (qqn) ‖ put back (montre) ; *ma montre* ∼*e de cinq minutes*, my watch is five minutes slow.

retenir *v* (101) keep, detain (qqn) ‖ ∼ *son souffle*, catch one's breath ‖ book, reserve (place, chambre) ‖ remember (se souvenir) ‖ MATH. carry ‖ *se* ∼, refrain (*de*, from).

retentir [-tɑ̃tir] *v* (2) [sonnette] ring ; [trompette] sound.

retenue *f* [école] detention ; *garder en* ∼, keep in ‖ FIN. deduction ‖ MATH. carrying over.

retirer *v* (1) withdraw, take back ‖ FIN. draw (argent) ‖ RAIL. take out, US check out (bagages) ‖ *se* ∼, withdraw ; retire (des affaires).

retomber *v* (1) fall again ‖ fall back.

retouche *f* [vêtement] (minor) alteration.

retoucher *v* (1) alter (vêtement) ‖ PHOT. touch up.

retour *m* return ; *être de* ∼, be (back) home ; ∼ *au pays*, home-coming ; *par* ∼ *du courrier*, by return of post ‖ SP. *match* ∼, return match ‖ RAIL. *voyage de* ∼, home journey ‖ CIN. ∼ *en arrière*, flashback.

retourner [-ne] *v* (1) go/come back, return ; go again ‖ return, send back (qqch) ‖ turn (vêtement) ; turn inside out (gant) ; turn over/upside down (caisse) ‖ *se* ∼, turn about ; look back/round ; AUT. turn over (capoter).

retraite *f* retirement ; *prendre sa* ∼, retire ; *en* ∼, retired ‖ pension.

retraité, e *a* pensioned off ● *n* pensioner.

rétrécir [retresir] *v* (2) take in (vêtement) ‖ *se* ∼, [étoffe] shrink.

rétrécissement *m* shrinkage.

rétrograder [-trograde] *v* (1) AUT. change down.

retrousser [rətruse] *v* (1) : ∼ *ses manches*, roll up one's sleeves.

retrouver *v* (1) find again ‖ retrieve (objet perdu) ‖ meet again, join (qqn) ‖ *se* ∼, meet.

rétroviseur [retro-] *m* AUT. driving-mirror.

réunion *f* reunion, meeting.

réunir *v* (2) join (together); bring/put together ‖ *se* ∼, meet, get together.

réussi, e [-ysi] *a* successful.

réussir *v* (2) [chose] be a success, work out well, come off ‖ [personne] succeed, be successful, do well ‖ ∼ *à* : ∼ *à faire*, succeed in doing, manage to do ‖ ∼ *à un examen*, get through an exam(ination), pass.

réussite *f* success ‖ [cartes] *faire une* ∼, do a patience.

revanche [rəvɑ̃ʃ] *f* revenge ‖ [jeux] SP. revenge.

rêve [rɛv] *m* dream; *faire un* ∼, have a dream.

réveil [revɛj] *m* awakening, waking (up); *au* ∼, on waking up; *dès son* ∼, as soon as he wakes up.

réveillé, e [-eje] *a* awake.

réveille-matin [-ɛj-] *m inv* alarm-clock.

réveiller *v* (1) wake up ; ∼*ez-moi à 6 h*, call me at six ‖ *se* ∼, wake up, awake.

réveillon *m* midnight supper on Christmas/New Year's Eve.

réveillonner *v* (1) see the New Year in.

révélateur [-velatœr] *m* PHOT. developer.

révéler *v* (5) reveal, disclose; show ‖ *se* ∼, reveal o.s.; prove, turn out (to be).

revenant [rəvnɑ̃] *m* ghost.

revendication [-vɑ̃dikasjɔ̃] *f* claim, demand.

revendiquer [-ke] *v* (1) claim, demand (droit).

revendre *v* (4) resell.

revenir *v* (101) come/get back, return ; ∼ *sur ses pas*, retrace one's step ‖ ∼ *périodiquement*, come round ‖ CULIN. *faire* ∼, brown ‖ ∼ *à*, [coûter] amount to, come down to; ∼ *au même*, amount to the same thing ; MED. ∼ *à soi*, come round.

revenu [-vny] *m* income.

rêver [rɛve] *v* (1) dream (*à*, of ; *de*, about).

rêverie [-ri] *f* day-dream(ing).

revers [rəvɛr] *m* reverse (side) ‖ [veste] lapel ‖ [pantalon] turn-up, US cuff ‖ [main] back ‖ [tennis] back-hand.

rêveur, euse [rɛvœr] *a* dreamy ● *n* dreamer.

réviser *v* (1) go through again ‖ [école] revise ‖ overhaul (moteur) ‖ AUT. service.

révision *f* revision ‖ AUT. (regular) service, servicing.

revoir *v* (106) see again; meet again (qqn) ‖ review, revise (réviser) ● *m/interj* : *au* ∼ *!*, good bye !, so long !

révolte [-vɔlt] *f* revolt.
révolter (se) *v* (1) revolt.
révolution [revɔlysjɔ̃] *f* POL.,
ASTR. revolution.
révolutionnaire [-ɔnɛr] *a/n*
revolutionary.
revolver [-vɔlvɛr] *m* revolver ;
gun.
revue *f* review (inspection) ;
passer en ∼, review ‖ magazine (illustrée).
rez-de-chaussée [redʃose]
m inv ground-floor, US first
floor.
rhum [rɔm] *m* rum.
rhumatisme [rymatism] *m*
rheumatism.
rhume [rym] *m* : ∼ *(de cerveau)*, cold (in the head) ; ∼
des foins, hay-fever ; ∼ *de poitrine*, cold on the chest.
ricaner [rikane] *v* (1) sneer.
riche [-ʃ] *a* rich, wealthy.
richesse *f* wealth.
ricochet [-kɔʃe] *m* : *faire des*
∼*s sur l'eau*, play ducks and
drakes.
ride [rid] *f* [visage] wrinkle,
line.
ridé, e *a* wrinkled.
rideau [-o] *m* curtain.
rider *v* (1) wrinkle.
ridicule [-ikyl] *a* ridiculous,
ludicrous.
rien [rjɛ̃] *pr ind* [interr.]
anything (quelque chose) ‖
[nég.] nothing ; ∼ *d'autre*,
nothing else ‖ ∼ *que*, nothing
but, merely ; ∼ *du tout*,
nothing at all ; *pour* ∼, for
nothing ; *ça ne fait* ∼*!*, never

mind, that doesn't matter ‖
[réponse] *de* ∼*!*, you're welcome !
rigoler [rigɔle] *v* (1) FAM.
laugh.
rigolo *a* FAM. funny.
rigoureux, euse [rigurø] *a*
rigorous ; severe (hiver).
rigueur [-gœr] *f* rigour ; seve-
rity, harshness ‖ *à la* ∼, if
necessary.
rime [rim] *f* rhyme.
rimer *v* (1) rhyme.
rincer [rɛ̃se] *v* (6) rinse.
ring [riŋ] *m* [boxe] ring.
riposter *v* (1) retort.
rire [rir] *v* (89) laugh (*de*, at) ;
éclater de ∼, burst out
laughing ; ∼ *aux éclats/à gorge
déployée*, roar with laughter ‖
pour ∼, for fun ● *m* laugh,
laughter ; *avoir le fou* ∼, go
into fits of laughter.
risque [risk] *m* risk, hazard ;
courir un ∼, run a risk ; *à vos*
∼*s et périls*, at your own risk ;
sans ∼, safe(ly) ‖ *au* ∼ *de*, at
the risk of.
risqué, e *a* hazardous, risky.
risquer *v* (1) risk, hazard.
ristourne [-turn] *f* FIN. discount, rebate.
rivage [rivaʒ] *m* shore.
rivaliser *v* (1) : ∼ *avec*, compete with.
rive *f* [rivière] (river)side, bank
‖ [lac] shore.
rivet [-ɛ] *m* rivet.
rivière *f* river.
riz [ri] *m* rice ; ∼ *au lait*, rice-
pudding.

robe [rɔb] *f* dress, frock; gown (habillée); ∼ *du soir*, evening-gown/-dress ‖ ∼ *de chambre*, dressing-gown ‖ CULIN. *pommes de terre en* ∼ *des champs*, potatoes in their jackets.

robinet [-inɛ] *m* tap, US faucet.

robot [-o] *m* robot.

robuste [-yst] *a* sturdy, robust.

roc [rɔk] *m* rock.

rocailleux, euse [-ajø] *a* rocky (route).

roche [-ʃ] *f* rock.

rocher *m* rock; boulder (rond).

rocheux, euse *a* rocky.

roder *v* (1) AUT. run in (moteur).

rôder [rode] *v* (1) prowl (about).

rognon [rɔɲɔ̃] *m* kidney.

roi [rwa] *m* king.

rôle [rol] *m* part, rôle; *jouer le* ∼ *de*, act the part of ‖ *à tour de* ∼, in turns.

roman [rɔmɑ̃] *m* novel; ∼-*feuilleton*, serial; ∼ *policier*, detective story.

romancier, ère [-ɑ̃sje] *n* novelist.

romanesque [-anɛsk] *a* romantic; fantastic.

romantique [-tik] *a* romantic.

rompre [rɔ̃pr] *v* (90) : *(se)* ∼, break ‖ FIG. break (avec qqn, with sb).

ronce [rɔ̃s] *f* bramble.

rond, e [rɔ̃, d] *a* a round; *en chiffres* ∼*s*, in round figures ‖ FAM. tight (ivre) ● *m*

ring, round ‖ ∼ *de serviette*, napkin ring ‖ *en* ∼, in a circle.

ronde *f* [police] beat ‖ MUS. semi-breve.

rond-point *m* round-about.

ronfler [-fle] *v* (1) snore.

ronger [-ʒe] *v* (7) gnaw (at) ‖ [acide] eat into ‖ *se* ∼ *les ongles*, bite one's nails.

ronron *m* purr.

ronronner *v* (1) purr.

roque [rɔk] *m* [échecs] castling.

roquer *v* (1) castle.

rosbif [rɔsbif] *m* : *un* ∼, a joint of (boned and rolled) beef.

rose [roz] *f* rose ● *a* pink.

roseau [-o] *m* reed.

rosée *f* dew; *couvert de* ∼, dewy.

rosier *m* rose-tree.

rossignol [-iɲɔl] *m* nightingale.

rot [ro] *m* belch.

roter [rɔte] *v* (1) belch.

rôti [roti] *m* roast, joint.

rôtie *f* : *une* ∼, a piece of toast.

rôtir *v* (2) : *(faire)* ∼, roast (viande); toast (pain).

roucouler [rukule] *v* (1) coo.

roue [ru] *f* wheel ‖ [bicyclette] ∼ *libre*, free-wheel ‖ AUT. ∼ *de secours*, spare wheel.

rouge [ruʒ] *a* red ● *m* red ‖ ∼ *à lèvres*, lipstick; *(se) mettre du* ∼ *à lèvres*, put on lipstick.

rougeole [-ɔl] *f* measles.

rougeoyant, e [-wajɑ̃] *a* glowing.

rougir *v* (2) redden ‖ turn red ‖ [personne] blush.

rouille [-j] *f* rust.

rouillé, e *a* rusty.

rouiller *v* (1) rust ‖ **se ~**, get rusty.

rouleau [-lo] *m* roller ‖ **~ à** *pâtisserie*, rolling-pin.

rouler *v* (1) [bille] roll ‖ [voiture] run ‖ wheel (chariot) ‖ FAM. *se faire* ~, be had.

roulis [-li] *m* NAUT. roll(ing).

roulotte [-lɔt] *f* caravan.

roupiller [-pije] *v* (1) FAM. snooze.

roupillon *m* snooze ; *piquer un* ~, have forty winks.

rouspéter [-spete] *v* (1) FAM. grouch.

rousse [-s] → ROUX.

route [-t] *f* road ; ~ *nationale*, main road ; ~ *à quatre voies*, dual carriage-way ‖ **en ~ pour**, on the way to ; **se mettre en ~**, set out.

routier, ère *a* road (carte) ● *m* [conducteur] (long distance) lorry driver, US truckman ‖ FAM. [restaurant] transport café, pull-up.

routine [-tin] *f* routine.

roux, rousse [ru, s] *a* reddish brown ; red (cheveux) ; redheaded (personne).

royal, e, aux [rwajal, o] *a* royal, kingly.

royaume [-om] *m* kingdom.

ruban [rybɑ̃] *m* ribbon ‖ ~ *adhésif*, Sellotape.

rubis [-bi] *m* ruby.

ruche [-ʃ] *f* (bee)hive.

rude [-d] *a* rough ; coarse (toile) ‖ hard (métier, climat).

rue [ry] *f* street.

ruelle [rɥɛl] *f* alley.

ruer [rɥe] *v* (1) kick ‖ **se ~**, rush, dash (*sur*, at).

rugby [rygbi] *m* rugby ; rugger (coll.).

rugir [-ʒir] *v* (2) [lion] roar.

rugueux, euse [-gø] *a* rough.

ruine [rɥin] *f* ruin ; *tomber en* ~, fall into ruin(s).

ruiner *v* (1) **(se)** ~, ruin (o. s.).

ruisseau [-so] *m* brook, stream ‖ gutter (caniveau).

rumeur [rymœr] *f* rumour (nouvelle).

ruse [-z] *f* ruse, cunning.

rusé, e *a* cunning.

russe [-s] *a/n/m* Russian.

Russie *f* Russia.

Rustine [-stin] *f* puncture-patch.

rythme [ritm] *m* rhythm.

rythmé, rythmique *a* rhythmical.

s

s [εs] *m*.

sa [sa] *a poss* → SON.

sabbat [saba] *m* Sabbath.

sable [sɑbl] *m* sand; *de* ∼, sandy.

sablier *m* sand-glass.

sablonneux, euse [-ɔnø] *a* sandy.

sabre [sɑbr] *m* sword.

sac [sak] *m* bag; sack (grand); ∼ *de couchage*, sleeping-bag; ∼ *à dos*, rucksack; ∼ *à main*, hand-bag, US purse; ∼ *en papier*, paper bag; ∼ *à provisions*, shopping bag; ∼ *de toilette*, sponge bag.

saccade *f* jerk.

saccadé, e *a* jerky.

saccharine [-arin] *f* saccharin.

sacoche [-ɔʃ] *f* bag; [bicyclette] saddle-bag.

sacré, e [-re] *a* REL. sacred, holy ‖ FAM. damned.

sacrifice [-rifis] *m* sacrifice.

sage [saʒ] *a* wise ‖ good, quiet (enfant); *sois* ∼*!*, be good!

sage-femme *f* midwife.

sagesse *f* wisdom.

saignant, e [sɛɲɑ̃] *a* CULIN. underdone.

saigner *v* (1) bleed.

sain, e [sɛ̃, ɛn] *a* healthy ‖ ∼ *et sauf*, safe and sound, safely.

saindoux [-du] *m* lard.

saint, e [sɛ̃, t] *a* holy ‖ [devant nom] Saint; *S*∼ *Esprit*, Holy Ghost/Spirit; *S*∼*e Vierge*, Blessed Virgin • *n* saint.

saisir [sɛzir] *v* (2) seize; grasp, catch hold of ‖ FIG. catch, get (mot, sens).

saison *f* season; *de* ∼, in season; *hors de* ∼, out of season ‖ ∼ *de la chasse*, shooting season.

salade [salad] *f* CULIN. salad ‖ lettuce (verte).

saladier *m* salad-bowl.

salaire *m* [hebdomadaire] wages; [mensuel] salary.

salaud [-o] *m* VULG. swine.

sale *a* dirty ‖ FIG. nasty (tour); foul (temps).

salé, e *a* salt (beurre, eau) ‖ [conserve] salted.

saler *v* (1) CULIN. salt, put salt in.

saleté *f* dirt, filth.

salière *f* salt-cellar.

salir *v* (2) soil, dirty, make dirty ‖ *se* ∼, dirty o.s., get dirty; [vêtement] soil.

salive *f* saliva.

salle [sal] *f* room; ∼ *de bains*, bath-room; ∼ *de classe*, class-room; ∼ *à manger*, dining-room; ∼ *de séjour*, living-room ‖ COMM. ∼ *des ventes*, sale-room ‖ RAIL. ∼ *d'attente*, waiting-room.

salon *m* lounge, sitting-room ‖

[hôtel] lounge ‖ ~ *de coiffure*, hairdresser's salon ; ~ *de thé*, tearoom ‖ AUT. ~ *de l'auto*, motor-show.

salopette [-ɔpɛt] *f* overalls, dungarees.

saluer [-ɥe] *v* (1) greet ‖ MIL. salute.

salut [-y] *m* greeting ‖ [signe de tête] bow ‖ MIL. salute • *interj* [bonjour] hi!, hello! ; [au revoir] see you!, cheerio!

salutation [-ytasjɔ̃] *f* salutation, greeting ‖ Pl : [correspondance] *veuillez agréer mes sincères* ~s, yours truly.

samedi [samdi] *m* Saturday.

sandale [sɑ̃dal] *f* sandal.

sandwich [-witʃ] *m* sandwich.

sang [sɑ̃] *m* blood.

sang-froid *m* composure ; *de* ~, in cold blood ; *garder/perdre son* ~, keep/lose one's temper.

sangle [sɑ̃gl] *f* strap.

sanglot [-o] *m* sob.

sangloter [-ɔte] *v* (1) sob.

sanguin, e [sɑ̃gɛ̃, in] *a* blood ‖ MED. *groupe* ~, blood group • *f* blood-orange.

sanitaire [sanitɛr] *a/m* sanitary ‖ *(installation)* ~, plumbing.

sans [sɑ̃(z)] *p* without ‖ -less.

sans-abri *n* *inv* homeless person.

sans-atout *m* no-trumps.

santé [sɑ̃te] *f* health ; **en bonne/mauvaise** ~, in good/bad health ‖ *à votre* ~!, your health!, cheers!

saoul [su] *a* = SOÛL.

sapin [sapɛ̃] *m* fir(-tree).

sarbacane [sarbakan] *f* [jouet] pea-shooter.

sardine [sardin] *f* sardine.

satané, e [satane] *a* FAM. damned (sl.).

satellite [-elit] *m* satellite.

satin [-ɛ̃] *m* satin.

satisfaction [-isfaksjɔ̃] *f* satisfaction.

satisfaire *v* (50) satisfy ; meet (demande) ‖ cater for (goûts).

satisfaisant, e [-isfəzɑ̃] *a* satisfying, satisfactory.

satisfait, e *a* satisfied ; ~ *de*, happy/pleased with.

sauce [sos] *f* CULIN. sauce ; gravy (jus de viande).

saucière *f* sauce-/gravy-boat.

saucisse [-is] *f* sausage.

saucisson *m* sausage.

sauf [sof] *p* save, except (for) ; *tous* ~ *lui*, all but him.

sauf, sauve [-, ov] *a* unhurt, safe.

saule [sol] *m* willow ; ~ *pleureur*, weeping willow.

saumon [-mɔ̃] *m* salmon.

sauna [-na] *m* sauna.

saupoudrer *v* (1) sprinkle.

saut [so] *m* leap, jump ‖ SP. ~ *en hauteur*, high jump ; ~ *en longueur*, long jump ; ~ *à la perche*, pole-vault ; ~ *à skis*, ski jump.

saut-de-mouton *m* [route] fly-over.

saute-mouton [sot-] *m* leap-frog.

sauter *v* (1) jump, leap (*sur*,

at) ‖ go off/up (exploser) ‖ SP.
~ à la corde, skip ‖ ELECTR.
faire ~ les plombs, fuse the
lights, blow the fuses ‖ FIG.
skip (omettre) ; miss (mot).

sauterelle [-rɛl] f grass-
hopper.

sautiller [-ije] v (1) hop.

sauvage [sovaʒ] a wild • n
savage.

sauvagement av savagely.

sauve → SAUF.

sauver v (1) save (de, from) ‖
se ~, run away ; CULIN. [lait]
boil over.

sauvetage [-taʒ] m rescue.

savant, e [savɑ̃] a learned ;
chien ~, performing dog • m
scientist.

saveur f flavour.

savoir v (92) know ; ~ par
cœur, know by heart ; autant
que je sache, as far as I
know ; je crois ~ que, I understand that ‖ know how, be able
(faire qqch, to do sth) ; ~ez-
vous nager ?, can you swim ? ‖
faire ~ à qqn, let sb know ‖ on
ne sait jamais !, you never can
tell ! ‖ à ~, namely (c'est-à-
dire) • m knowledge, learning.

savoir-faire m inv know-how.

savoir-vivre m inv (good)
manners.

savon m soap ; ~ à barbe,
shaving-soap.

savonner [-ɔne] v (1) soap,
wash with soap.

savonnette f cake of soap.

savonneux, euse [-ɔnø] a
soapy.

savourer [-ure] v (1) taste
slowly ; relish.

savoureux, euse a tasty.

saxophone [saksɔfɔn] m
saxophone.

scandale [skɑ̃dal] m scandal,
outrage.

scandaleux, euse a shocking, scandalous.

scandaliser v (1) shock,
scandalize.

scaphandre [skafɑ̃dr] m
diving suit ‖ SP. ~ auto-
nome, aqualung.

scaphandrier m diver.

scarlatine [skarlatin] f :
(fièvre) ~, scarlet fever.

sceau [so] m seal.

sceller [sɛle] v (1) seal.

scénario [senarjo] m scenario,
screenplay.

scénariste n scenarist,
script-writer.

scène [sɛn] f TH. stage ; scene
(décor, lieu, partie) ; mettre
en ~, stage ; mise en ~, staging ‖ CIN. mettre en ~,
direct ; metteur en ~, director ; mise en ~, direction ‖
FIG. faire une ~, make a
scene.

scepticisme [sɛptisism] m
scepticism.

sceptique a sceptical.

scie [si] f saw.

science [sjɑ̃s] f science, learning ‖ Pl science(s).

science-fiction f science
fiction.

scientifique [-tifik] *a* scientific ● *n* scientist.

scier [sje] *v* (1) saw (off).

scintiller [sɛ̃tije] *v* (1) sparkle, glitter ‖ [étoile] twinkle.

sciure [sjyr] *f* : ∼ *(de bois)*, sawdust.

scolaire [skɔlɛr] *a* school.

scooter [skuter] *m* (motor) scooter.

score [skɔr] *m* score.

scout [skut] *m* (boy-)scout.

scripte [skript], **script-girl** [-gœrl] *f* CIN. continuity-girl.

scrupule [skrypyl] *m* scruple ‖ *sans* ∼, unscrupulous.

scrupuleux, euse *a* scrupulous ; *peu* ∼, unscrupulous.

scruter [-te] *v* (1) scrutinize ‖ peer *(qqch, at/into sth)*.

sculpter [skylte] *v* (1) carve (bois) ; sculpture (pierre).

sculpteur *m* sculptor.

sculpture *f* sculpture.

se [sə] *pr* [réfléchi] himself, herself, itself, oneself ; themselves ‖ [réciproque] each other, one another.

séance [seɑ̃s] *f* session ‖ CIN. performance.

seau [so] *m* pail, bucket.

sec, sèche [sɛk, ʃ] *a* dry ‖ *à pied* ∼, dry-shod ‖ FIG. neat, straight (whisky) ‖ sharp (bruit) ● *m* : *tenir au* ∼, keep in a dry place.

sécateur [sekatœr] *m* pruning-scissors.

sécher [seʃe] *v* (5) dry (up) ‖ blot (avec buvard) ; air (linge) ‖ *faire* ∼, dry ‖ [école] ARG. be

stumped (ne pas pouvoir répondre) ; cut (cours).

sécheresse [-rɛs] *f* dryness ‖ drought (période).

séchoir *m* drier (appareil).

second, e [səgɔ̃, d] *a* second ● *n* second ‖ *m* SP. [courses] runner-up.

secondaire [-dɛr] *a* secondary.

seconde *f* [mesure] second ‖ RAIL. second class.

secouer [səkwe] *v* (1) shake ‖ shake off (poussière) ‖ [vagues] toss (navire) ; [cahot] jolt.

secourir *v* (32) help, assist, rescue.

secours *m* help, assistance ; *aller au* ∼ *de qqn*, go to sb's rescue ; *porter* ∼ *à*, bring help to ‖ *au* ∼*!*, help! ‖ *de* ∼, stand-by, spare, emergency.

secousse [səkus] *f* shake ‖ [voiture] jolt.

secret, ète [səkrɛ, t] *a* secret ; *ultra-*∼, top secret ● *m* secret ; *en* ∼, secretly.

secrétaire [-etɛr] *n* secretary ; ∼ *de mairie*, town clerk ‖ [meuble] writing desk.

secrétariat [-etarja] *m* [bureau] secretary's office.

secrètement [-ɛtmɑ̃] *av* secretly.

section [sɛksjɔ̃] *f* section ‖ [autobus] fare-stage.

sécurité [sekyrite] *f* security, safety ; *en* ∼, safe ‖ TECHN. *dispositif de* ∼, safety device ‖ JUR. ∼ *sociale*, social security, GB (National) Health service ‖ FAM. *pour plus de* ~, to be on the safe side.

séduction [-dyksjɔ̃] *f* seduction ; glamour.

séduire [-dɥir] *v* (85) seduce.

séduisant, e [-dɥizɑ̃] *a* seductive, attractive, tempting.

ségrégation [-gregasjɔ̃] *f* segregation.

seigle [sɛgl] *m* rye.

seigneur [sɛɲœr] *m* lord ‖ REL. *Notre-S*~, Our Lord.

sein [sɛ̃] *m* breast, bosom ; *nourrir au* ~, breast-feed.

seize [sɛz] *a/m* sixteen.

séjour [seʒur] *m* stay, visit.

séjourner [-ne] *v* (1) stay.

sel [sɛl] *m* salt ; ~ *fin*, table salt ; *gros* ~, kitchen salt ‖ ~s *de bain*, bath salts.

sélection [selɛksjɔ̃] *f* selection.

sélectionner *v* (1) select.

selle [sɛl] *f* [cheval, etc.] saddle ‖ [bicyclette] seat.

selon [səlɔ̃] *p* according to ; ~ *que*, according as.

semaine [s(ə)mɛn] *f* week ; *en* ~, on week-days ; *jour de* ~, week-day ‖ REL. ~ *sainte*, Holy Week.

semblable [sɑ̃blabl] *a* similar ; ~ *à*, like ● *m* like ; fellow-man.

semblant *m* : *faire* ~, pretend ; *faire* ~ *de ne pas voir*, ignore.

sembler *v* (1) seem, appear, look.

semelle [səmɛl] *f* sole.

semer *v* (5) sow.

semestre [-ɛstr] *m* half-year.

sens 1 [sɑ̃s] *m* sense ; *les cinq* ~, the five senses.

sens 2 *m* sense, feeling (connaissance intuitive) ; ~ *de l'orientation*, sense of direction ‖ sense, understanding (jugement) ; *bon* ~, ~ *commun*, (common) sense ‖ meaning (signification) ; *dans un certain* ~, in a sense ; ~ *figuré/propre*, figurative/literal sense.

sens 3 *m* direction, way ; ~ *interdit*, no entry ; *(rue à)* ~ *unique*, one-way (street) ; *en* ~ *inverse*, in the opposite direction ; *dans le* ~ *inverse des aiguilles d'une montre*, anti-/counter-clockwise ‖ [sɑ̃] ~ *dessus dessous*, upside-down, wrong side up ; ~ *devant derrière*, back to front.

sensation *f* sensation (perception) ‖ feeling (impression) ; *donner la* ~ *de*, feel like.

sensationnel, le [-asjɔnɛl] *a* sensational (nouvelles).

sensé, e *a* sensible.

sensibilité [-ibilite] *f* sensitiveness (physique) ; sensibility (émotivité).

sensible *a* tender, sore (douloureux) ; *être* ~ *au froid*, feel the cold ‖ sensitive (émotif) ‖ FIG. perceptible, noticeable.

sensuel, le [-ɥɛl] *a* sensual.

sentier [sɑ̃tje] *m* (foot)path.

sentiment [sɑ̃timɑ̃] *m* feeling

(sensibilité) ‖ FIG. *avoir le* ∼ *de/que,* be aware of/that.

sentimental, e, aux [-tal, o] *a* sentimental.

sentir *v* (93) feel (contact) ‖ smell (fleur) ; ∼ *l'alcool,* smell of brandy ; ∼ *bon/mauvais,* smell nice/bad ‖ *se* ∼, feel.

séparation [separasjɔ̃] *f* separation, parting (action).

séparé, e *a* separate.

séparément *av* separately, apart.

séparer *v* (1) separate, sever ‖ part, divide (diviser) ‖ *se* ∼, [personnes] separate, part (*de,* from).

sept [sɛt] *a/m* seven.

septembre [sɛptɑ̃br] *m* September.

septième [sɛtjɛm] *a/n* seventh.

série [seri] *f* series, set ‖ COMM. *de* ∼, standard ‖ MED. *une* ∼ *de piqûres,* a course of injections ‖ TECHN. *production en* ∼, mass production ‖ FIG. run.

sérieusement [-jøzmɑ̃] *av* seriously.

sérieux, euse *a* serious, earnest ‖ reliable (digne de confiance) ● *m* seriousness ; *garder son* ∼, keep one's countenance.

sérigraphie [-igrafi] *f* silk screen process.

seringue [sərɛ̃g] *f* syringe.

serment [sɛrmɑ̃] *m* oath ; *faire* ∼ *de,* swear to ; *prêter* ∼, take an oath.

serpent [-pɑ̃] *m* snake.

serpentin [-pɑ̃tɛ̃] *m* streamer.

serpillière [-pijɛr] *f* floor-cloth.

serrer [sɛre] *v* (1) squeeze, press ; clasp (main) ; clench (dents) ; tighten (ceinture) ; hold tight (dans sa main) ‖ [chaussures] pinch ; [pantalon] be too tight ‖ AUT. ∼ *sa droite,* keep right ‖ *se* ∼, sit closer (together) ; bunch up (se blottir).

serrure *f* lock.

serrurier *m* locksmith.

sertir [sɛrtir] *v* (2) TECHN. set (diamant).

serveur, euse [-vœr] *n* waiter, waitress.

serviable [-vjabl] *a* obliging, co-operative.

service 1 [-vis] *m* service (aide) ; *rendre* ∼, oblige ; [objet] come in handy ; *rendre un* ∼ *à qqn,* do sb a good turn ‖ [restaurant] service (charge) [pourboire] ; [wagon-restaurant] sitting (série de repas) ‖ [tennis] service, serve ‖ [couverts] set ‖ COMM. ∼ *après vente,* after sales service ‖ REL. service.

service 2 *m* [administration] department, bureau ‖ duty ; *de* ∼, on duty ‖ MIL. *faire son* ∼ *militaire,* do one's military service ‖ AUT., RAIL. *faire le* ∼, run (*entre,* between).

serviette [-vjɛt] *f* : ∼ *(de table),* napkin, serviette ; ∼ *de toilette,* towel ‖ brief-case (sac).

servir *v* (95) serve ‖ serve (un plat) ; ~ *qqch à qqn*, help sb to sth ; wait on (qqn) ; ~ *à table*, wait at table ‖ [tennis] serve ‖ ~ **à**, be useful/used for ; *à quoi cela sert-il ?*, what is it used for ? ; *ça ne sert à rien d'essayer*, it's no use trying ; *cela peut* ~, it may come in handy ‖ ~ **de**, serve as ‖ **se** ~, help o. s. (*de*, to) [à table] ‖ use (utiliser).

serviteur [-itœr] *m* (man)servant.

ses [se] *a poss* → SON.

seuil [sœj] *m* threshold.

seul, e [sœl] *a* (isolé) alone, by o. s. ; *vivre* ~, live alone ; *un(e) homme (femme)* ~(*e*), a man on his (a woman on her) own, a single man (woman) ‖ [unique] single, only ; *un* ~ *homme*, a single man, only one man ; *lui* ~, only he, he alone ● *n* : *un(e)* ~(*e*), a single one.

seulement *av/c* only.

sévère [severr] *a* strict, severe (personne) ; harsh (punition).

sévèrement *av* strictly, severely.

sevrer [səvre] *v* (5) wean.

sexe [sɛks] *m* sex.

sexisme *m* sexism.

sexuel, le [-ɥɛl] *a* sexual.

shampooing [ʃãpwɛ̃] *m* shampoo ; *se faire un* ~, have a shampoo.

shooter [ʃute] *v* (1) shoot.

short [ʃɔrt] *m* shorts.

si 1 [si] *c* [condition] if ; **comme** ~, as if/though ; ~

j'étais à votre place, if I were you ; ~ *on allait au cinéma ?*, what about going to the pictures ? ‖ [question indirecte] whether ; *je me demande s'il viendra*, I wonder whether he will come ‖ ~ **bien que**, so that.

si 2 *av* [intensif] so (+ a.) ; so much (+ p. p.) ; *un homme* ~ *gentil*, so kind a man, such a kind man ‖ [affirmatif] yes ; *mais* ~*!*, yes, of course !

si 3 *m* MUS. B.

side-car [sidkar] *m* side-car.

siècle [sjɛkl] *m* century.

siège [sjɛʒ] *m* seat.

sien, ne [sjɛ̃, ɛn] *a poss* his, hers, its, one's ● *pr poss* : *le* ~, *la* ~*ne*, *les* ~*s*, *les* ~*nes*, his, hers, its own, one's own ● *mpl* : *les* ~*s*, one's (own) people.

sieste [sjɛst] *f* : *faire la* ~, take a nap.

siffler [sifle] *v* (1) whistle ‖ TH. hiss.

sifflet [-ɛ] *m* whistle ; *donner un coup de* ~, blow a whistle ‖ TH. hiss.

signal, aux [siɲal] *m* signal ; *faire des* ~*aux*, signal ‖ RAIL. ~ *d'alarme*, communication cord.

signaler *v* (1) point out, indicate (montrer).

signalisation *f* signalling.

signature *f* signature.

signe *m* sign, gesture ; *faire* ~ *à*, beckon to, make a sign to ; *faire* ~ *de la main*, motion, wave ‖ GRAMM. ~ *de ponctua-*

tion, punctuation mark ‖ REL.
faire le ~ de la croix, make the
sign of the cross.

signer *v* (1) sign ‖ *se ~*, REL.
cross o. s.

signification [-ifikasjɔ̃] *f*
meaning (sens).

signifier *v* (1) signify, mean.

silence [silɑ̃s] *m* silence, stillness ‖ *~!*, be quiet!; *garder le
~*, keep silent ‖ MUS. rest.

silencieusement [-jøzmɑ̃]
av silently, noiselessly,
quietly.

silencieux, euse *a* silent
(personne); still, quiet (lieu);
noiseless (machine).

silex [silɛks] *m* flint.

silhouette [silwɛt] *f* silhouette, outline.

similaire [similɛr] *a* similar.

simili *m* imitation; *~ cuir*,
imitation leather.

simple [sɛ̃pl] *a* simple (non
compliqué); plain (sans recherche) ‖ unaffected (sans prétention) ‖ RAIL. *billet ~*, single
(ticket) ● *m* [tennis] single.

simplement *av* simply ‖
merely; *purement et ~*,
(purely and) simply.

simplifier [-ifje] *v* (1) simplify.

simultané, e [simyltane] *a*
simultaneous.

sincère [sɛ̃sɛr] *a* sincere (personne); true (amitié); genuine
(sentiments).

sincèrement *av* sincerely,
truly.

singe [sɛ̃ʒ] *m* monkey; *(grand)
~*, ape.

singulier, ère [sɛ̃gylje] *a/m*
GRAMM. singular.

sinistre [sinistr] *a* sinister ‖
dismal, grim (lugubre) ● *m*
disaster ‖ JUR. damage.

sinistré, e *a* homeless (personne); devastated (région) ● *n*
victim.

sinon *c* if not ‖ or else,
otherwise (sans quoi); except
(sauf).

sirène [sirɛn] *f* TECHN. siren,
hooter.

sirop [-o] *m* syrup.

sitôt [sito] *av : ~ que*, as soon
as.

situation [-ɥasjɔ̃] *f* [lieu]
location, situation ‖ [emploi]
employment, position, job ‖
FAM. *dans une ~ intéressante*,
in the family way.

situer *v* (1) situate, locate.

six [si devant consonne; siz
devant voyelle ou « h » muet;
sis en fin de phrase] *a/m* six.

ski [ski] *m* ski; *~ nautique*,
waterskiing; *faire du ~*, ski.

skieur, euse [skjœr] *n* skier.

slip [slip] *m* [homme] briefs
(pl); [femme] panties *(pl)*; *~
de bain*, bathing-trunks *(pl)*.

slogan [slɔgɑ̃] *m* slogan.

smoking [smɔkiŋ] *m* dinner-
jacket, US tuxedo.

snob [snɔb] *a* snobbish ● *n*
snob.

snobisme *m* snobbery.

sobre [sɔbr] *a* abstemious.

sociable [sɔsjabl] *a* sociable;

être très ∾, be a good mixer (coll.).

social, e, aux *a* social.

socialisme *m* socialism.

socialiste *a/n* socialist.

société [-ete] *f* society ‖ COMM. company, firm.

socquette [sɔkɛt] *f* [R] anklesock.

sœur [sœr] *f* sister ‖ REL. sister, nun.

sofa [sɔfa] *m* sofa.

soi [swa] *pr* : ∾ *(-même)*, oneself ; *chacun pour* ∾, everyone for himself ; *cela va de* ∾, it stands to reason ‖ *chez* ∾, at home.

soi-disant [-dizã] *a inv* would-be.

soie *f* silk.

soif [-f] *f* thirst ; *avoir* ∾, be thirsty.

soigné, e [-ɲe] *a* tidy (personne).

soigner *v* (1) look after, care for (qqn) ; nurse (plantes) ‖ MED. nurse, treat, tend (malade) ; doctor (rhume).

soigneusement [-ɲøzmã] *av* carefully.

soigneux, euse *a* careful, painstaking.

soin [swɛ̃] *m* care ; *prendre* ∾ *de*, take care of, tend (qqn) ; *sans* ∾, careless, untidy ‖ *Pl* care, attention ; *aux bons* ∾*s de*, care of, c/o ; ∾*s de beauté*, beauty treatment ‖ *Pl* MED. attendance, nursing ; ∾*s d'urgence*, first aid.

soir [swar] *m* evening ; *ce* ∾,

tonight ; *le* ∾, in the evening ; *à 10 heures du* ∾, at 10 p. m. ; *demain* ∾, tomorrow evening ; *la veille au* ∾, the night before ; *hier (au)* ∾, last night, yesterday evening.

soirée *f* evening ‖ evening party.

soit [swa(t)] *c* : *soit* ..., *soit* ..., either..., or ; ∾ *que* ..., ∾ *que*, whether ..., or ● [swat] *av* : ∾ *!*, (very) well !

soixante [-sãt] *a/m* sixty.

soixante-dix *a/m* seventy.

sol 1 [sɔl] *m̃* ground, earth ‖ AGR. soil.

sol 2 *m* MUS. G.

solaire *a* solar.

soldat [-da] *m* soldier.

solde *m* balance (différence) ‖ *Pl* COMM. (clearance) sale.

solder *v* (1) COMM. sell off.

sole *f* ZOOL. sole.

soleil [-ɛj] *m* sun (astre) ‖ sunshine, sunlight (lumière) ; *au* ∾, in the sun ; *il fait (du)* ∾, it's sunny.

solennel, le [-anɛl] *a* solemn.

solide [-id] *a* solid, strong ; sturdy (personne) ‖ durable (vêtement) ‖ fast (couleur).

solitaire [-itɛr] *a/n* solitary (personne).

solitude *f* loneliness, solitude.

soluble [-ubl] *a* soluble ; instant (café).

solution *f* solution, answer ‖ ∾ *de rechange*, alternative.

sombre [sɔ̃br] *a* dark ‖ dusky, overcast (ciel) ‖ FIG. gloomy.

sombrer *v* (1) [bateau] sink, go down/under, founder.

sommaire [sɔmɛr] *a* summary ● *m* summary.

sommairement *av* briefly.

somme 1 [sɔm] *f* sum (total) ‖ sum, amount (quantité d'argent) ‖ **en ~, ~ toute,** on the whole.

somme 2 *m* nap, doze ; *faire un ~,* take a nap.

sommeil [-ɛj] *m* sleep ; *sans ~,* sleepless ; **avoir ~,** feel sleepy ; *avoir le ~ profond/léger,* be a heavy/light sleeper.

sommet [-ɛ] *m* summit, top.

sommier *m* mattress.

somnambule [-nãbyl] *n* sleep-walker.

somnifère [-nifɛr] *m* sleeping-pill.

somnolent, e [-nɔlã] *a* drowsy, sleepy.

somnoler *v* (1) doze.

somptueux, euse [sɔ̃ptɥø] *a* sumptuous, costly, gorgeous.

son, sa, ses [sɔ̃, sa, se] *a poss m/f/pl* his, her, its, one's.

son 1 *m* sound (bruit).

son 2 *m* [céréales] bran.

sondage [-daʒ] *m* : Fig. **~ d'opinion,** (opinion) poll.

sonner *v* (1) ring ‖ [cloche, pendule] strike ‖ [réveille-matin] go off ‖ ring (cloche).

sonnerie [sɔnri] *f* ring(ing) ‖ Tel. bell.

sonnette *f* bell ; *coup de ~,* ring.

sonore [sɔnɔr] *a* sonorous ;

ringing ‖ Cin. *film ~,* sound-film.

sonoriser *v* (1) Cin. add the sound track.

Sonotone [-ɔtɔn] *m* deaf-/hearing-aid.

sorbet [sɔrbɛ] *m* water ice.

sorcier, ère [-sje, ɛr] *n* sorcerer, witch.

sordide [-did] *a* squalid (quartier).

sort [sɔr] *m* lot (condition) ; fate, destiny (destinée) ; fortune, chance (hasard) ; *tirer qqch au ~,* draw lots for sth.

sorte [-t] *f* sort, kind (espèce) ; *une ~ de,* a kind/sort of ‖ *de (telle) ~ que,* so that.

sortie *f* going/coming out (action) ; **jour de ~,** day out ‖ way out, exit, outlet (issue) ; **~ de secours,** emergency exit ‖ Cin. [film] release.

sortir *v* (93) go/come out.

sot, te [so, ɔt] *a* silly, foolish.

sottise *f* foolishness, (stupidité) ‖ foolish thing (parole).

sou [su] *m* penny ; *sans le ~,* penniless.

souci [-si] *m* care, worry ; *se faire du ~,* worry (*à propos de,* about) ; *sans ~,* carefree.

soucier *v* (1) : **se ~ de,** worry/care about.

soucieux, euse *a* worried.

soucoupe *f* saucer ‖ **~ volante,** flying saucer.

soudain, e [-dɛ̃, ɛn] *a* sudden.

soudainement *av* suddenly.

souder *v* (1) solder ; [autogène] weld.

soudure *f* solder (métal); ∼ *autogène*, welding.

souffle [-fl] *m* breath, breathing; *à bout de* ∼, out of breath.

souffler *v* (1) [vent] blow ‖ [personne] take breath (reprendre haleine) ‖ blow out (bougie) ‖ TH. prompt.

soufflet [-ε] *m* [feu] bellows.

souffleur *m* TH. prompter.

souffrance [-frᾶs] *f* suffering, pain.

souffrant, e *a* suffering, unwell, poorly.

souffrir *v* (72) suffer; ∼ *de*, suffer from (chaleur, etc.) ‖ [nég.] *il ne peut* ∼..., he can't stand...

souhait [swε] *m* wish.

souhaiter [-te] *v* (1) wish for (qqch); ∼ *bon voyage à qqn*, wish sb a pleasant journey.

soûl, e [su, l] *a* drunk.

soulager [sulaʒe] *v* (7) relieve, ease (personne, douleur) ‖ *se* ∼, relieve o.s. (satisfaire un besoin naturel).

soulever [-lve] *v* (5) raise, lift up (fardeau) ‖ AUT. jack (up) ‖ *se* ∼, raise o.s., rise.

soulier *m* shoe.

souligner [-liɲe] *v* (1) underline ‖ FIG. emphasize.

soumettre *v* (64) subdue (maîtriser) ‖ submit (présenter) ‖ *se* ∼, submit (à, to).

soupape *f* valve.

soupçon [-psɔ̃] *m* suspicion.

soupçonner *v* (1) suspect.

soupe [-p] *f* soup.

souper *m* supper; dinner.

soupir *m* sigh; *pousser un* ∼, heave a sigh ‖ MUS. crotchet-rest.

soupirer *v* (1) sigh ‖ ∼ *après*, yearn for.

souple [-pl] *a* supple, pliable.

source [-rs] *f* spring; *prendre sa* ∼, [rivière] take its rise ‖ FIG. source.

sourcil [-rsi] *m* eyebrow.

sourd, e [-r, d] *a* deaf ‖ dull (bruit).

sourdine [-in] *f* MUS. mute.

sourd(e)-muet(te) *a* deaf-and-dumb • *n* deaf-mute.

souriant, e [surjᾶ] *a* smiling.

sourire *m* smile • *v* (89) smile.

souris [-ri] *f* mouse.

sous [su(z)] *p* [espace] under, beneath, underneath; ∼ *la pluie*, in the rain ‖ [temps] under; ∼ *peu*, before long.

sous- *préf* under-, sub-.

sous-alimentation *f* malnutrition.

sous-développé, e *a* underdeveloped (pays).

sous-entendre *v* (4) imply ‖ GRAMM. understand.

sous-entendu, e *a* GRAMM. understood • *m* innuendo.

sous-exposé, e *a* PHOT. underexposed.

sous-lieutenant *m* second lieutenant.

sous-locataire *n* lodger.

sous-louer *v* (1) sublet (chambre).

sous-marin, e *a* underwater • *m* submarine.

sous-officier *m* non-commissioned officer.

sous-sol *m* basement.

sous-titre *m* subtitle.

soustraction [sustraksjɔ̃] *f* subtraction.

soustraire *v* (11) subtract.

sous-vêtements *mpl* underwear.

soutenir [-tnir] *v* (101) support ‖ FIG. support, maintain (opinion, théorie) ; keep up (conversation).

souterrain, e [-terɛ̃, ɛn] *a* underground ● *m* underground passage, subway.

soutien *m* support.

soutien-gorge *m* bra.

souvenir [-vnir] *m* memory, recollection ; *en ∼ de*, in memory of ‖ memento, keepsake (objet) ● *v* (101) : *se ∼ de*, remember, recall.

souvent *av* often ; *le plus ∼*, more often than not.

soyeux, euse [swajø] *a* silky, silken.

sparadrap [sparadra] *m* sticking-plaster.

spatial, e, aux [-sjal, o] *a* space.

speaker, ine [spikœr, krin] *n* announcer, woman announcer.

spécial, e, aux [spesjal, o] *a* special.

spécialement *av* (e)specially.

spécialiste *n* specialist.

spécialité *f* specialty (activité, produit) ‖ MED. *∼ pharmaceutique*, patent medicine.

spécimen [-simɛn] *m* specimen.

spectacle [spɛktakl] *m* spectacle, sight ‖ TH. show ; show-business, entertainment.

spectateur, trice *n* spectator ; onlooker (curieux) ‖ TH. *les ∼s*, the audience.

spéléologie [speleɔlɔʒi] *f* pot-holing.

spéléologue [-ɔg] *n* potholer.

sphère [sfɛr] *f* sphere.

spirale [spiral] *f* spiral.

spiritisme [spiritism] *m* spiritualism.

spirituel, le [-ɥɛl] *a* [vivacité] witty.

splendide [splɑ̃did] *a* splendid ; gorgeous (temps).

spontané, e [spɔ̃tane] *a* spontaneous.

spontanément *av* spontaneously.

sport [spɔr] *m* sport, games *(pl)* ; *∼s d'hiver*, winter sports ; *∼s nautiques*, water sports ; *faire du ∼*, go in for sport, do sport.

sportif, ive [-tif] *a* sporting ● *n* sportsman, -woman.

sprint [sprint] *m* sprint.

square [skwar] *m* public garden.

squelette [skəlɛt] *m* skeleton.

stable [stabl] *a* stable, steady.

stade [-d] *m* SP. stadium.

stage [-ʒ] *m* training period.

stagiaire [-ʒjɛr] *n* trainee.

stagnant, e [-gnɑ̃] *a* stagnant.

stagner v (1) [eau] stagnate.
stand [stãd] m stand, stall ‖ ∼ de tir, shooting-gallery.
standard [-ar] a inv standard • m : ∼ téléphonique, switchboard.
standardiste [-dist] n TEL. operator.
standing [-iŋ] m status ‖ de grand ∼, luxury.
starter [startɛr] m SP. starter ‖ AUT. choke.
station [stasjɔ̃] f resort (lieu) ; ∼ balnéaire, seaside resort ; ∼ de sports d'hiver, winter sports resort ; ∼ thermale, watering-place, spa ‖ AUT. ∼ de taxis, taxi rank ; ∼-service, service station ‖ RAIL., [métro] station ‖ RAD. ∼ de radio, broadcasting station.
stationnement [-ɔnmã] m AUT. waiting ; ∼ interdit, no parking/waiting.
stationner v (1) AUT. park.
statue [-ty] f statue.
stencil [stɛ̃sil] m stencil.
sténo [steno] f FAM. shorthand.
sténodactylo f shorthand typist.
sténographie [-grafi] f stenography, shorthand.
sténographier v (1) take (down) in shorthand.
stéréophonie f stereophony.
stéréophonique [-reɔfɔnik] a stereophonic.
stérile [steril] a AGR. barren.
stérilet [-ɛ] m MED. loop, coil.

stériliser v (1) sterilize.
stimulant, e [stimylã] a stimulating • m FIG. incentive.
stimuler v (1) stimulate.
stock [stɔk] m stock.
stocker v (1) stock.
stop [-p] m stop ‖ [panneau] stop sign ; [auto] brake light ‖ abrév. = **auto-∼**; **faire du** ∼, hitch-hike, thumb a lift.
stoppage m invisible mending.
stopper v (1) stop (véhicule) ‖ come to a stop (s'arrêter).
store [-r] m (window-)blind.
strapontin [strapɔ̃tɛ̃] m foldaway seat.
strict, e [strikt] a strict ‖ precise (sens).
strictement [-əmã] av strictly.
studieux, euse [stydjø] a studious.
studio m bed-sitting-room ; bed-sitter (coll.) ‖ CIN., RAD. studio.
stupéfait, e [stypefɛ, t] a amazed.
stupéfiant, e a amazing, stunning • m drug.
stupéfier [-je] v (1) amaze, stun.
stupide [-pid] a stupid.
style [stil] m style.
stylo [-o] m fountain-pen ; ∼ à bille, ball-point, biro [R].
su [sy] → SAVOIR.
subir [sybir] v (2) suffer (critique, perte) ; undergo (opération, test).

subit, e [-i, t] *a* sudden, unexpected.

subitement *av* suddenly.

subjonctif [-ɔ̃ktif] *m* subjunctive.

subordonné, e *a* GRAMM. dependent (proposition).

substance [sypstɑ̃s] *f* substance, matter.

subtil, e [syptil] *a* subtle.

succéder [syksede] *v* (1) : ∼ *à*, succeed ‖ *se* ∼, follow one another.

succès [-ɛ] *m* success ; *avec* ∼, successfully ; *sans* ∼, unsuccessful(ly) ‖ MUS., TH. hit.

succursale [sykyrsal] *f* branch.

sucer [suse] *v* (6) suck.

sucre [sykr] *m* sugar ; ∼ *de canne*, cane-sugar ; ∼ *en morceaux*, lump sugar ; ∼ *en poudre*, caster sugar ; ∼ *roux*, demerara.

sucré, e *a* sweet, sweetened.

sucrer *v* (1) sweeten, sugar.

sucrier *m* sugar-basin.

sud [syd] *m* south ; *au* ∼, in the south ; *du* ∼, southern, southerly ; *vers le* ∼, south(wards).

suer [sue] *v* (1) sweat.

sueur *f* sweat ; *en* ∼, in a sweat.

suffire [syfir] *v* (97) be enough ‖ FAM. ça ∼*t*, that'll do.

suffisamment [-izamɑ̃] *av* sufficiently, enough.

suffisant, e *a* sufficient, enough.

suffixe *m* suffix.

suggérer [sygʒere] *v* (5) suggest.

suggestion [-estjɔ̃] *f* suggestion.

suicide [suisid] *m* suicide.

suicider (se) *v* (1) commit suicide.

suie [sui] *f* soot.

suinter [suɛ̃te] *v* (1) ooze.

Suisse [-s] *f* Switzerland.

suisse, esse *a/n* Swiss.

suite [-t] *f* continuation, sequel (*de*, to) [continuation] ; *la* ∼ *au prochain numéro*, to be continued ‖ series, run (série) ‖ consequence, result (résultat) ● *loc* : *de* ∼, in succession ; *et ainsi de* ∼, and so forth ; *par* ∼ *de*, owing to, as a result of ; *tout de* ∼, at once, right now, straight away.

suivant, e [-vɑ̃] *a* following, next (ordre) ● *n* follower ; *au* ∼*!*, next ! ● *p* according to.

suivre [-vr] *v* (98) follow, come after (succéder à) ‖ follow, go along (chemin) ; *prière de faire* ∼, please forward ‖ COMM. repeat (article) ‖ FIG. follow, observe ; ∼ *le conseil de qqn*, follow sb's advice ; ∼ *un cours*, attend a class ‖ *à* ∼, to be continued.

sujet, te [syʒɛ, t] *a* : ∼ *à*, liable/prone to ● *m* subject, matter ; ∼ *de conversation*, topic ‖ *au* ∼ *de*, concerning ‖ GRAMM. subject.

super [sypɛr] *m* AUT. four-star (petrol) ● *a* : FAM. ∼*!*, super !

superbe [-b] *a* superb.

supérieur, e [syperjœr] *a* superior ‖ upper (étage, lèvre) ‖ higher (offre, température) ‖ advanced (études) ● *n* superior.

superlatif, ive [syperlatif] *a/m* superlative.

supermarché *m* supermarket.

supersonique *a* supersonic.

superstitieux, euse [-stisjø] *a* superstitious.

suppléant, e [sypleã] *a* acting ; supply (professeur) ● *n* substitute, deputy ; supply teacher.

supplément [-emã] *m* supplement, extra ; **en ~**, additional, extra ‖ RAIL. excess fare.

supplémentaire [-emãtɛr] *a* supplementary, additional, extra ; **heures ~s**, overtime ; *faire des heures ~s*, work overtime ‖ RAIL. relief (train).

supplier [-ije] *v* (1) entreat, beseech.

support [sypɔr] *m* stand, stay, prop, rest.

supporter 1 [-te] *v* (1) support ‖ bear, sustain (poids) ‖ stand, suffer, put up with (tolérer) ‖ [négativement] *il ne peut pas les ~*, he can't bear/stand them.

supporter 2 [-tɛr] *m* supporter, fan.

supposer [sypoze] *v* (1) suppose, assume.

supposition *f* supposition ‖ FAM. *une ~ que*, supposing.

supprimer [syprime] *v* (1) remove (enlever) ‖ do away (faire disparaître) ‖ delete (mot) ‖ cut out (tabac, etc.).

sur [syr] *p* [lieu] on (à la surface de) ; [avec mouvement] on to ‖ **~ soi** : *je n'ai pas d'argent ~ moi*, I have no money about me ‖ over (sur toute la surface) ‖ [sujet] on, about ‖ [proportion] *un ~ cinq*, one in five ; *9 fois ~ 10*, 9 times out of 10 ; *un jour ~ deux*, every other day ; *3 mètres ~ 5*, 3 metres by 5 ● *préf* over-, super-, out-.

sur, e *a* sour (aigre).

sûr, e [syr] *a* sure, certain ; *soyez-en ~*, depend upon it ; **~ de soi**, self-confident ‖ safe (sans danger) ‖ reliable (renseignement) ; trustworthy (personne) ● *loc* : **bien ~**, of course ; *bien ~ que non !*, certainly not! ; FAM. **pour ~**, sure enough.

suralimenter *v* (1) overfeed.

surcharge *f* overload(ing) ‖ [timbre] surcharge.

surcontrer *v* (1) [cartes] redouble.

sûrement *av* certainly.

surestimer *v* (1) overrate, overestimate.

sûreté *f* safety (sécurité) ; *en ~*, safe.

surexposer *v* (1) PHOT. overexpose.

surf [sʌrf] *m* : *faire du ~*, go surfing, surfride.

surface [syrfas] *f* surface.

surgelé, e *a* deep-frozen • *mpl* frozen food.

surhomme *m* superman.

sur-le-champ *loc av* straight away, at once.

surlendemain *m* next day but one.

surmenage [-mǝnaʒ] *m* overwork.

surmener *v* (1) : *(se)* ∼, overwork (o.s.).

surmonter *v* (1) top, surmount (être au-dessus de) ‖ FIG. overcome, surmount (difficulté).

surmultipliée *f* AUT. overdrive.

surnaturel, le *a* supernatural.

surnom *m* nickname.

surnommer *v* (1) nickname.

surpasser *v* (1) surpass.

surplomb (en) *loc av* overhanging.

surprendre *v* (80) amaze, surprise ‖ catch (prendre au dépourvu).

surprise *f* surprise.

sursauter *v* (1) start ; jump ; *faire* ∼ *qqn*, startle, give sb a jump.

surtaxe *f* [lettre] surcharge.

surtout *av* especially, mainly.

surveillant, e [-vejã] *n* [examens] invigilator.

surveiller *v* (1) supervise ‖ [s'occuper de] watch over (qqn) ; mind (bébé) ‖ [examen] invigilate.

survêtement *m* track suit.

survivant, e *n* survivor.

survivre *v* (105) survive ‖ ∼ *à*, outlive, outlast (qqn).

sus [sy(s)] *av* : *en* ∼ *de*, in addition to.

susceptible [sysɛptibl] *a* susceptible (*de*, of) ‖ touchy (ombrageux).

suspect, e [-pɛ(kt), kt] *a* suspicious, suspect ; ∼ *de*, suspected of.

suspecter [-kte] *v* (1) suspect (*de*, of).

suspendre *v* (4) hang (up).

suspension [-pãsjɔ̃] *f* AUT. suspension.

svelte [svɛlt] *a* slim, slender.

syllabe [sillab] *f* syllable.

symbole [sɛ̃bɔl] *m* symbol.

symbolique *a* symbolic.

symétrie [simetri] *f* symmetry.

symétrique *a* symmetrical.

sympathie [sɛ̃pati] *f* liking, fellow-feeling.

sympathique *a* likable, nice (personne).

sympathiser *v* (1) get on well together.

symphonie [sɛ̃fɔni] *f* symphony.

synagogue [sinagɔg] *f* synagogue.

syndicaliste [sɛ̃dikalist] *n* (trade-)unionist.

syndicat [-ka] *m* (trade-)union ‖ ∼ *d'initiative*, tourist office.

syndiquer (se) *v* (1) join a trade union.

synonyme [sinɔnim] *a* synonymous (*de*, with) ● *m* synonym.

syntaxe [sɛ̃taks] *f* syntax.

synthèse [sɛ̃tɛz] *f* synthesis.

synthétique [-etik] *a* synthetic.

syphilis [sifilis] *f* syphilis.

syphilitique [-itik] *a* syphilitic.

système [sistem] *m* system ‖ device (mécanisme).

t

t [te] *m*.

ta [ta] *a poss* → TON.

tabac [taba] *m* tobacco; *marchand de* ∼, tobacconist.

table 1 [tabl] *f* table; ∼ *roulante*, trolley ‖ *mettre la* ∼, lay/set the table; *à* ∼*!*, dinner is served!

table 2 *f* : ∼ *des matières*, table of contents ‖ MATH. table.

tableau [-o] *m* board; ∼ *noir*, backboard ‖ AUT. ∼ *de bord*, dash-board ‖ ARTS painting, picture.

tablette *f* shelf (rayon) ‖ [chocolat] bar.

tablier *m* apron; [enfant] pinafore.

tabouret [taburɛ] *m* stool.

tache [taʃ] *f* spot; [boue, graisse] stain; [encre] blot ‖ ∼ *de rousseur*, freckle.

tâche [taʃ] *f* task, job.

tacher [taʃe] *v* (1) stain ‖ *se* ∼, soil one's clothes; [tissu] stain.

tâcher [taʃe] *v* (1) try (*de*, to).

tact [takt] *m* tact; *plein de* ∼, tactful; *sans* ∼, tactless.

taie [tɛ] *f* : ∼ *d'oreiller*, pillow-case/-slip.

taille [taj] *f* [vêtement] size; *quelle est votre* ∼*?*, what size do you take? ‖ [hauteur] height; *quelle est votre* ∼*?*, how tall are you? ‖ [ceinture] waist.

taille-crayon *m inv* pencil-sharpener.

tailler *v* (1) cut ‖ prune (arbre); trim, clip (barbe, haie); cut (cheveux); sharpen (crayon).

tailleur *m* tailor (personne) ‖ [costume] suit.

taire (se) [sətɛr] *v* (75) keep silent; *taisez-vous!*, shut up, be quiet.

talent [talɑ̃] *m* talent.

talon 1 *m* FIN. stub, counterfoil.

talon 2 *m* ANAT. heel.

talus [-y] *m* bank.

tambour [tɑ̃bur] *m* MUS. drum.

Tamise [tamiz] *f* Thames.

tamponner [tɑ̃pɔne] *v* (1) dab (avec un coton) ‖ stamp (document) ‖ RAIL. crash into.

tandis [tɑ̃di] *c* : ∼ *que*, while

(pendant que) ‖ whereas (au lieu que).

tanguer [-ge] v (1) pitch.

tant [tɑ̃] av : ~ **de,** so much/many ‖ ~ **mieux!,** so much the better!; ~ **pis!,** so much the worse!, never mind!, too bad! ‖ ~ **que,** as/so long as ‖ en ~ que, as.

tante [-t] f aunt ‖ ARG. pansy (homosexuel).

tantôt 1 [-to] av FAM. this afternoon.

tantôt 2 av : tantôt ..., tantôt ..., now..., now; sometimes ..., sometimes.

tape [tap] f slap; pat (sur la joue).

taper v (1) beat; knock (sur, on) ‖ ~ **à la machine,** type ‖ FAM. ~ sur les nerfs de qqn, get on sb's nerves.

tapis [-i] m carpet, rug; ~ **de sol,** ground-sheet.

tapis-brosse m door-mat.

tapisserie [-isri] f tapestry (murale) ‖ FAM. faire ~, be a wall-flower.

tapissier, ère n upholsterer.

taquin, ine [takɛ̃, in] a teasing.

taquiner v (1) tease.

taquinerie [-ri] f teasing.

tard [tar] av late; il se fait ~, it is getting late; plus ~, later (on); tôt ou ~, sooner or later; au plus ~, at the latest.

tarder [-de] v (1) : ~ à, be long in; il ne ~ra pas (à venir), he won't be long; sans ~, without delay.

tarif m tariff, price-list (catalogue) ‖ [abonnement, salaire, etc.] rates.

tarte [-t] f tart, flan.

tartine [-tin] f : ~ (de beurre), slice of bread (and butter).

tartiner v (1) spread.

tas [tɑ] m heap, pile; mettre en ~, pile up ‖ FAM. un ~ de, lots of.

tasse [-s] f cup; (grande) ~, mug; ~ à thé, tea-cup; ~ de thé, cup of tea.

tasser v (1) compress, squeeze, cram ‖ **se** ~, crowd together, bunch up.

tâter [-te] v (1) feel.

tâtonner v (1) feel one's way, grope.

tâtons (à) loc av : avancer ~, grope one's way along; chercher ~, feel for.

tatouage [tatwaʒ] m tattoo(ing).

tatouer v (1) tattoo.

taudis [todi] m hovel ‖ Pl slums.

taupe [top] f mole.

taupinière [-injɛr] f mole-hill.

taureau [toro] m bull.

taux [to] m rate.

taxe [taks] f tax ‖ ~ à la valeur ajoutée (TVA), value added tax (VAT).

taxer v (1) fix the price of ‖ FIN. put a tax on.

taxi m taxi, cab.

te [tə] pr → TU ‖ you ● pr réfléchi yourself.

té [te] m T-square.

technicien, ne [tɛknisjɛ̃] *n* technician.

technique *a* technical ● *f* technique.

teindre [tɛ̃dr] *v* (59) dye (vêtement) ‖ **se** ~ *(les cheveux)*, dye one's hair.

teint [tɛ̃] *m* complexion (du visage) ‖ [couleur] dye, colour; *bon/grand* ~, fast colour.

teinte [-t] *f* colour, hue.

teinter *v* (1) tint.

teinture *f* dye ‖ MED. ~ *d'iode*, tincture of iodine.

teinturerie [-tyrri] *f* (dry-)cleaner's (shop).

teinturier, ère *n* cleaner.

tel, le [tɛl] *a* [ressemblance] such, like; *un* ~ *homme*, such a man; *un* ~ *courage*, such courage; ~ *que : un homme* ~ *que lui*, a man like him; ~ *quel*, such as it is ‖ [énumération] ~ *que*, such as, like ● *pr : Un(e)* ~*(le)*, So-and-So.

télé [tele] *f* FAM. TV; *à la* ~, on the telly ● *préf* tele-.

télécabine *f* cable-car.

télécommande *f* remote control.

télécommunications *fpl* telecommunications.

télédistribution *f* cable TV.

télégramme *m* telegram.

télégraphe [-graf] *m* telegraph.

télégraphie *f* telegraphy.

télégraphier *v* (1) wire, cable, telegraph.

téléguider *v* (1) radio-control.

télémètre *m* range-finder.

téléobjectif *m* telephoto lens.

télépathie [-pati] *f* telepathy.

téléphérique [-ferik] *m* cable-way, ropeway.

téléphone [-fɔn] *m* telephone; phone (coll.); *avoir le* ~, be on the phone; *coup de* ~, telephone call; *donner un coup de* ~ *à qqn*, give sb a ring; ~ *intérieur*, intercom.

téléphoner *v* (1) telephone; phone (coll.) ~ *à*, ring/call up.

téléphoniste *n* (telephone) operator.

télescope [telɛskɔp] *m* telescope.

téléspectateur, trice [tele-] *n* (tele)viewer.

télétype *m* teleprinter.

téléviser *v* (1) televise, telecast.

télévision *f* television; T V (coll.).

telle [tɛl] → TEL.

tellement *av* [degré] so, to such a degree; all that ‖ [quantité] so much.

témoignage [temwaɲaʒ] *m* evidence ‖ token (cadeau, souvenir).

témoigner *v* (1) give evidence ‖ FIG. show (gratitude); express (sentiment).

témoin [-wɛ̃] *m* witness; *être* ~ *de*, witness.

tempe [tɑ̃p] *f* MED. temple.

tempérament 1 [-eramɑ̃] *m* temperament, constitution.

tempérament 2 *m : acheter à* ~, buy on the hire-purchase system.

température *f* temperature ‖ MED. *faire de la* ~, have a temperature.

tempête [-ɛt] *f* storm, gale; ~ *de neige*, blizzard.

temple [-l] *m* temple.

temporaire [-ɔrɛr] *a* temporary; provisional (pouvoir) ‖ *faire du travail* ~, temp.

temporairement *av* temporarily.

temps 1 [tɑ̃] *m* [durée] time; *nous avons tout le* ~, we've got plenty of time; *il y a quelque* ~, some time ago; *en un rien de* ~, in no time; *prendre du* ~, take time; *prenez votre* ~, don't hurry; *depuis combien de* ~ *êtes-vous ici?*, how long have you been here? ‖ [durée limitée] *pendant ce* ~, meantime, meanwhile ‖ GRAMM. tense ‖ TECHN. *moteur à deux* ~, two-stroke engine ● *loc* : *à* ~, in time; *en même* ~, at the same time, at once; *de* ~ *à autre, de* ~ *en* ~, from time to time; *à* ~ *partiel*, part-time.

temps 2 *m* [météo] weather; *beau/mauvais* ~, nice/bad weather; *quel* ~ *fait-il?*, what's the weather like?.

tenaille(s) [tənɑj] *f (pl)* pincers.

tenant, e *a* attached (col) ● *n* SP. [record] holder.

tendance [tɑ̃dɑ̃s] *f* tendency, trend.

tendeur *m* [tente] guy(-rope).

tendre 1 [-r] *v* (4) stretch, tighten (corde); bend (arc); set (piège) ‖ [porter en avant] hold out (main) ‖ ~ *à*, tend to.

tendre 2 *a* soft (pierre); delicate (peau); tender (viande) ‖ FIG. tender (cœur); loving (regard); fond (ami).

tendrement [-əmɑ̃] *av* tenderly, fondly, lovingly.

tendresse *f* tenderness, fondness.

tendu, e → TENDRE 1 ● *a* tight (corde).

tenir [tənir] *v* (101) hold ‖ keep (maintenir) ‖ stand (rester debout) ‖ hold (résister); ~ *bon*, hold one's own ‖ keep (maison) ‖ ~ *de la place*, take up room ‖ [être contenu] hold ‖ COMM. keep (article, hôtel) ‖ AUT. hold (route); ~ *sa droite*, keep (to the) right ‖ FIG. keep (promesse); consider (*qqn pour*, sb as) ‖ FAM. *je ne tiens plus debout*, I'm ready to drop ‖ ~ *à*, value, care about; ~ *à faire*, be anxious to do ‖ ~ *de*, take after (ressembler) ‖ *tenez!, tiens!*, look here!, here you are! (prenez) ‖ *se* ~ : ~ *debout*, stand; ~ *à l'écart*, keep away; ~ *tranquille*, keep quiet ‖ behave (bien/mal, well/badly); *tiens-toi bien!*, behave yourself! ‖ *se* ~ *à*, hold on to (se cramponner).

tennis [tɛnis] *m* tennis; ~ *couvert*, indoor tennis; ~ *de table*, table-tennis; *jouer au/faire du* ~, play tennis.

tennisman [-man] *m* tennis-player.

tension [tãsjɔ̃] *f* [corde] tension ‖ MED. ∼ *artérielle*, blood-pressure ‖ ELECTR. voltage ; *sous* ∼, live (ligne).

tentant, e [tãtã] *a* tempting, inviting.

tentation *f* temptation.

tentative *f* attempt, endeavour ; bid.

tente *f* tent ; *dresser la* ∼, pitch the tent.

tenter 1 *v* (1) [essayer] attempt, try (*de, to*).

tenter 2 *v* (1) [attirer] tempt.

tenu, e [təny] *a* : *bien* ∼, well kept ; tidy, neat (chambre) ● → TENIR.

tenue *f* dress (habillement) ; ∼ *de soirée*, evening dress ‖ FIG. (good) behaviour.

terme 1 [tɛrm] *m* time limit ; *mettre un* ∼ *à*, put an end to ‖ rent (loyer).

terme 2 *m* term (mot) ‖ Pl : *être en bons/mauvais* ∼s *avec*, be on good/bad terms with.

terminaison [-inɛzɔ̃] *f* GRAMM. ending.

terminal, e, aux *a* terminal ● *m* [ordinateur] terminal.

terminé, e *a* at an end, complete.

terminer *v* (1) end, finish, complete ‖ *se* ∼, end, come to an end.

terminus [-ys] *m* terminus, terminal.

terne [tɛrn] *a* dull (couleur) ‖ FIG. dull, lifeless.

terrain [tɛrɛ̃] *m* [propriété] piece of land ; ∼ *à bâtir*, building site ; ∼ *vague*, waste ground ‖ SP. ground, field ; ∼ *de camping*, camp site ; ∼ *de golf*, golf-course.

terrasse [-as] *f* terrace.

terre *f* earth (planète) ‖ land (continent) ‖ ground (sol) ; *par* ∼, on the ground/floor ‖ earth (matière) ; *de/en* ∼, earthen ‖ NAUT. *descendre à* ∼, land, go ashore ‖ ELECTR. earth ; *mettre à la* ∼, earth.

terreau [-o] *m* mould.

terreur *f* terror.

terrible *a* terrible, dreadful.

terrier *m* hole, burrow.

terrifiant, e [-ifjã] *a* terrifying, frightening.

terrifier *v* (1) terrify, frighten.

territoire [-itwar] *m* territory.

terroriser [-ɔrize] *v* (1) terrorize.

terrorisme *m* terrorism.

terroriste *n* terrorist.

tes [te] *a poss* → TON.

test [tɛst] *m* test ; *faire passer un* ∼ *à qqn*, give sb a test ; *passer un* ∼, take a test.

testament [-amã] *m* will.

tête [tɛt] *f* head ; *la* ∼ *la première*, headfirst ‖ FIG. head ; *à* ∼ *reposée*, at one's leisure ; *prendre la* ∼, take the lead.

tête-à-queue *m inv* : *faire un* ∼, skid right round.

tête-de-mort *f* death's head.

téter [tete] *v* (5) suck ; *donner à* ∼, suckle.

tétine [-in] *f* [biberon] teat.

têtu, e [tɛty] *a* stubborn, mulish.

texte [tɛkst] *m* text.

textile [-il] *a/m* textile.

thé [te] *m* tea (boisson, repas) ‖ tea-party (réunion).

théâtre [-ɑtr] *m* theatre; stage (scène); *pièce de* ∼, play.

théière *f* tea-pot.

thème [tɛm] *m* theme ‖ prose (traduction).

théorie [teɔri] *f* theory; *en* ∼, in theory.

théorique *a* theoretical, on paper.

théoriquement *av* theoretically.

thermal, e, aux [tɛrmal, o] *a* : *cure* ∼*e*, water-cure; *station* ∼*e*, spa.

thermomètre [-ɔmɛtr] *m* thermometer.

Thermos [-ɔs] *m/f* : *(bouteille)* ∼, thermos(-flask), vacuum-flask.

thon [tɔ̃] *m* tunny (fish).

thym [tɛ̃] *m* thyme.

tibia [tibja] *m* shinbone.

tic [tik] *m* tic.

ticket [-ɛ] *m* ticket; ∼ *de quai*, platform ticket ‖ ARG. *avoir le* ∼ *avec qqn*, make a hit with sb.

tic-tac [-tak] *m inv* tick(ing).

tiède [tjɛd] *a* tepid, lukewarm (liquide); mild (air).

tiédir [tjedir] *v* (2) become tepid; *faire* ∼, warm up.

tien, ne [tjɛ̃, ɛn] *pr poss* : *le* ∼, *la* ∼*ne*, *les* ∼*s*, *les* ∼*nes*, yours.

tiens! *interj* → TENIR.

tiers [tjɛr] *m* third.

Tiers Monde *m* Third World.

tige [tiʒ] *f* BOT. stem, stalk.

tigre [tigr] *m* tiger.

tigresse *f* tigress.

timbre 1 [tɛ̃br] *m* : ∼ *(-poste)*, (postage) stamp; ∼ *neuf/oblitéré*, new/used stamp ‖ postmark (oblitération).

timbre 2 *m* [bicyclette] bell.

timbrer *v* (1) stamp (affranchir) ‖ postmark (oblitérer).

timide [timid] *a* shy.

timidité *f* shyness, timidity.

tinter [tɛ̃te] *v* (1) [cloche, oreilles] ring; [clochette] jingle; [verre] clink.

tir [tir] *m* shooting ‖ shooting-gallery (baraque foraine); ∼ *à l'arc*, archery.

tirage *m* pull(ing), drawing ‖ [cheminée] draught ‖ TECHN. print(ing) ‖ PHOT. print ‖ FIG. ∼ *au sort*, drawing of lots.

tire-bouchon *m* cork-screw.

tirelire [-lir] *f* money-box.

tirer *v* (1) pull ‖ [cheminée] draw ‖ draw (ligne, rideau, vin) ‖ [avec arme à feu] fire (coup de feu); shoot (*sur*, at) ‖ ∼ *sur*, pull at; puff at (cigarette) ‖ TECHN. print (imprimer); run off (polycopier) ‖ PHOT. print (négatif) ‖ FIN. draw (argent); ∼ *un chèque de £10 sur la Banque X*, make out a cheque for £10 on the X Bank; ∼ *à découvert*, overdraw ‖ FIG. ∼ *les cartes à qqn*, read sb's cards; ∼ *le meil-*

leur parti de qqch, make the best/most of sth ‖ **se ~,** extricate o.s. *(de,* from) ; **se ~ d'affaire,** get out of a difficulty ; **s'en ~,** manage, pull through ; get off.

tiret [-ε] *m* dash.

tireur *m* [chèque] drawer.

tireuse *f :* **~ de cartes,** fortune-teller.

tiroir *m* drawer.

tisane [tizan] *f* infusion.

tisonnier [-ɔnje] *m* poker.

tissage [tisaʒ] *m* weaving.

tisser *v* (1) weave.

tisserand [-rɑ̃] *m* weaver.

tissu *m* material ; fabric, cloth.

titre 1 [titr] *m* title ; [journal] headline.

titre 2 *m* title (dignité) ‖ *Pl* qualifications.

tituber [titybe] *v* (1) stagger.

titulaire [-lεr] *n* [passeport] bearer.

toast [tost] *m :* CULIN. *un ~,* a piece of toast ‖ *Pl* toast ‖ FIG. *porter un ~ à qqn,* drink (a toast) to sb.

toboggan [tɔbɔgɑ̃] *m* [jeu] slide.

toi [twa] *pr pers →* TU ‖ you ; *c'est ~,* it's you ; *à ~,* yours ‖ **~-même,** yourself.

toile [-l] *f* cloth ; linen (fine) ; canvas (grossière) ; **~ à laver,** floor-cloth ‖ **~ d'araignée,** cobweb.

toilette *f* wash(ing), dressing (action) ; **faire sa ~,** wash ‖ *Pl* lavatory, toilet (W.-C.) ; [dames] powder-room.

toit [twa] *m* roof ‖ AUT. **~ ouvrant,** slide-roof.

tôle [tol] *f* sheet-iron ; **~ ondulée,** corrugated iron.

tolérer [tɔlere] *v* (1) tolerate ; put up with (qqn).

tomate [tɔmat] *f* tomato.

tombe [tɔ̃b] *f* tomb, grave.

tombée *f : à la ~ de la nuit,* at nightfall.

tomber *v* (1) fall (down) ‖ **~ de fatigue,** be ready to drop ‖ **~ de,** fall from ; **~ de cheval,** fall off a horse ‖ [bouton] come off (se détacher) ‖ [nuit] close in ; *la nuit ~e,* it's getting dark ‖ [température, vent] drop ‖ [date] fall ‖ [invitation, etc.] **~** *le même jour que,* clash with ‖ MED. **~ malade,** fall ill ‖ **~ sur,** bump/run into ‖ *laisser ~,* let fall, drop ‖ *faire ~,* knock down ; trip up (faire un croc-en-jambe).

tombola [-ɔla] *f* raffle.

ton, ta, tes [tɔ̃, ta, te] *a poss m/f/pl* your.

ton *m* tone ; shade.

tonalité [tɔnalite] *f* tone ‖ TEL. **~** *(d'appel),* dialling tone.

tondeuse [tɔ̃døz] *f* [cheveux] clipper(s) ‖ **~** *(à gazon),* lawn-mower.

tondre [-dr] *v* (4) crop (cheveux) ; mow (pelouse).

tonne [tɔn] *f* ton.

tonneau [-o] *m* cask, barrel.

tonner *v* (1) thunder.

tonnerre [-ɛr] *m* thunder ; *coup de* ∼, clap of thunder.

toqué, e [tɔke] *a* FAM. crazy.

torche [tɔrʃ] *f* torch ‖ ELECTR. *(lampe)* ∼, torch.

torchon *m* dish-cloth (à vaisselle).

tordre [-dr] *v* (4) wring, twist ‖ FIG. *se* ∼ *de rire*, split one's sides with laughter.

torréfier [tɔrefje] *v* (1) roast.

torrent *m* torrent.

tort [tɔr] *m* fault, error ; *avoir* ∼, be wrong ; *être dans son* ∼, be in the wrong ; *donner* ∼ *à qqn*, put the blame on, blame sb ; *à* ∼, unduly ‖ [dommage] wrong, damage ; *faire (du)* ∼ *à*, do sb harm, reflect upon.

torticolis [-tikɔli] *m* stiff neck ; *avoir le* ∼, have a crick in the neck.

tortiller [-tije] *v* (1) : *se* ∼, [vers] wriggle.

tortue *f* tortoise ; ∼ *de mer*, turtle.

tortueux, euse [-tɥø] *a* winding, twisting (rue).

torture *f* torture.

torturer *v* (1) torture.

tôt [to] *av* early (de bonne heure) ; soon (bientôt) ; *le plus* ∼ *possible*, as soon as possible ; ∼ *ou tard*, sooner or later.

total, e, aux [tɔtal, o] *a* total, whole ● *m* total ; sum total ; *au* ∼, on the whole.

totalement *av* totally, utterly, entirely.

totalité *f* : *la* ∼ *de*, the whole of.

touche [tuʃ] *f* [clavier] key ‖ SP. *(ligne de)* ∼, touch-line ; [pêche] bite ‖ FAM. *faire une* ∼, click, make a hit (*avec*, with).

toucher *v* (1) touch, feel (tâter) ‖ hit (atteindre) ‖ reach, contact (qqn) [communiquer avec] ‖ FIN. cash (chèque) ; draw (argent) ‖ FIG. touch, affect (émouvoir) ‖ ∼ *à*, touch (qqch) ; be nearing (approcher de) ‖ *se* ∼, touch ; [maisons] adjoin ● *m* (sense of) touch.

touffu, e *a* thick (bois) ; leafy (arbre) ; bushy (barbe, sourcil).

toujours [-ʒur] *av* always ; *pour* ∼, for ever ‖ still (encore).

toupet [-pɛ] *m* FAM. cheek ; *quel* ∼*!*, what a nerve !

toupie [-pi] *f* top.

tour 1 [tur] *f* tower ‖ [échecs] castle, rook ‖ AV. ∼ *de contrôle*, control tower.

tour 2 *m* : *faire le* ∼ *de*, go round ‖ outing, walk (à pied) ; *aller faire un* ∼, go for a stroll/ride ‖ turn (de clef) ‖ ∼ *de taille*, waist measurement ‖ [disque] *33* ∼*s* (*m sing*), L.P. ; *45* ∼*s* (*m sing*), E.P.. single.

tour 3 *m* : ∼ *(d'adresse)*, trick ; ∼ *de cartes*, card trick ; *jouer un* ∼ *à qqn*, play a trick on sb ; *un sale* ∼, a mean trick.

tour 4 *m* turn ; *c'est à votre* ∼, it's your turn ‖ [échecs] move.

tourbe [-b] *f* peat.

tourbillon [-bijɔ̃] *m* [eau] eddy.

tourbillonner *v* (1) whirl round.

tourisme *m* touring, tourism.

touriste *n* tourist, sightseer.

touristique *a* tourist; scenic (route).

tourmenter [-mɑ̃te] *v* (1): **se ∼**, worry.

tournage [-naʒ] *m* CIN. shooting.

tournant *m* AUT. corner, bend; *prendre un ∼*, take a corner.

tourné, e *a* off (lait).

tourne-disque [-nədisk] *m* record-player.

tournée *f* round ‖ FAM. *payer une ∼*, stand a round (of drinks); *faire la ∼ des bistrots*, go on a pub crawl.

tourner *v* (1) turn; *∼ le dos*, turn one's back; *∼ la tête*, look round; turn over (pages) ‖ *∼ à gauche*, turn to the left; [circulation] *∼ à la flèche*, filter ‖ [lait] sour, turn sour ‖ [vent] shift ‖ [moteur] *∼ au ralenti*, tick over ‖ CIN. shoot (film) ‖ FIG. [chose] *∼ mal*, come to grief; *la tête me ∼e*, I feel giddy/dizzy ‖ **se ∼**, turn (*vers*, to).

tournesol [-nəsɔl] *m* BOT. sunflower.

tournevis [-nəvis] *m* screwdriver.

tourte [-t] *f* pie.

tourterelle [-tərɛl] *f* turtle-dove.

tous [tu(s)] → TOUT.

Toussaint [tusɛ̃] *f* All Saints' Day.

tousser *v* (1) cough.

tout, e [tu, -t] (*Pl* **tous** [tu(s)], **toutes** [tut]) *a* all, whole; the whole of; everything; *∼e l'Angleterre*, all England; *∼e la journée*, the whole day, all day (long) ‖ any (n'importe lequel); *à ∼e heure*, at any hour ‖ every (chaque); *∼ le monde*, everybody ‖ *Pl* all, every; *de ∼s côtés*, on all sides; *∼s les hommes*, all men; *∼s les jours*, everyday; *nous ∼s*, all of us; *∼s les deux jours*, every other day; *∼s les trois jours*, every third day/three days; *∼s les deux*, both ● *pr* all, everything, anything; *c'est ∼*, that's all; *après ∼*, after all; *∼ ce qui/que*, all that ‖ *Pl* all, everybody, everyone; *vous ∼s*, all of you; *∼ ensemble*, all together ● *av* [complètement] quite, completely, altogether ‖ *∼ seul*, all alone; *∼ près*, hard by; *∼ contre le mur*, right against the wall ‖ *∼ de suite*, right/straight away, at once ‖ *∼ à coup*, suddenly ‖ *∼ à fait*, quite, altogether ‖ *∼ à l'heure*, presently (futur), just now (passé); *∼ au plus*, at most ● *m* : *le ∼*, the whole, everything ● *loc av* : **pas du ∼**, not at all, not a bit; *rien du ∼*, nothing at all ‖ **en ∼**, altogether.

toutefois *av* yet, however.
toux [tu] *f* cough.
toxicomane [tɔksikɔman] *n* drug-addict.
toxique *a/m* toxic.
trac [trak] *m* nerves; *avoir le* ∼, feel nervous ‖ TH. stage fright.
tracas [-ka] *m* bother, worry.
tracasser [-se] *v* (1) : *se* ∼, worry, bother.
trace [-s] *f* [pneu] track; [gibier] scent, trail; *être sur la* ∼ *de qqn*, be on sb's track/trail ‖ [brûlure] mark, scar; *laisser une* ∼, leave a mark (*sur*, on).
tracer *v* (6) draw (dessiner).
tracteur [-ktœr] *m* tractor.
traction *f* : AUT. ∼ *avant*, front wheel drive.
tradition [tradisjɔ̃] *f* tradition.
traditionnel, le [-ɔnɛl] *a* traditional.
traducteur, trice [-dyktœr] *n* translator.
traduction *f* translation.
traduire [-dɥir] *v* (85) translate, turn (*en*, into).
trafic [-fik] *m* AUT., RAIL. traffic ‖ COMM. traffic.
trafiquant, e [-kɑ̃] *n* PÉJ. trafficker.
trafiquer [-ke] *v* (1) traffic (*de*, in).
tragédie [-ʒedi] *f* tragedy.
tragique *a* tragic.
trahir [trair] *v* (2) betray (qqn) ‖ give away (secret).
train 1 [trɛ̃] *m* RAIL. train; ∼ *couchettes*, sleeper; ∼

autos (couchettes), car-sleeper (train); ∼ *direct*, non-stop train; ∼ *de marchandises*, goods train; ∼ *omnibus*, slow train; ∼ *de voyageurs*, passenger train.
train 2 *m* [allure] pace; *à fond de* ∼, at full speed ‖ *en* ∼ *de*, in the act/process of; *être en* ∼ *de lire*, be reading.
traîneau [trɛno] *m* sledge, sleigh.
traîner *v* (1) pull, drag; haul (fardeau); trail (remorque) ‖ ∼ *les pieds*, shuffle ‖ [personne] lag (behind) ‖ [objets] lie about.
traire [trɛr] *v* (11) milk.
trait [trɛ] *m* line (pour souligner) ‖ ∼ *d'union*, hyphen ‖ [dessin] stroke ‖ *Pl* FIG. features (visage).
traite [-t] *f* FIN. draft.
traitement 1 *m* salary; *toucher un* ∼, draw a salary.
traitement 2 *m* treatment ‖ PHOT. processing ‖ MÉD. treatment; *un* ∼, a course of medicine; *suivre un* ∼, take a cure.
traiter *v* (1) : ∼ *(qqn)*, treat, deal with; *bien/mal* ∼ *qqn*, treat sb well/badly ‖ MÉD. treat (maladie, malade) ‖ ∼ *de*, treat of, deal with (qqch).
traiteur *m* caterer.
trajet [traʒɛ] *m* journey; [auto] drive; *pendant le* ∼, on the way ‖ [autobus] ride, run.
tramway [tramwɛ] *m* tram (-car), US streetcar.
tranchant, e [trɑ̃ʃɑ̃] *a* sharp ● *m* (cutting) edge.

tranche *f* slice ; [viande] cut ; [bacon] rasher.

trancher *v* (1) cut (off) ; chop (off) ‖ FIG. settle (difficulté).

tranquille [trãkil] *a* quiet, peaceful ; *laissez-moi* ~, leave me alone.

tranquillement *av* quietly.

tranquillisant [-izã] *m* MED. tranquillizer.

tranquilliser *v* (1) reassure, set sb's mind at rest (qqn).

trans- [trãs/z] *préf* trans-.

transat [-at] *m* FAM. deck-chair.

transatlantique *a* transat-lantic ● *m* liner.

transférer [-fere] *v* (5) transfer.

transformateur *m* ELECTR. transformer.

transformation *f* transform-ation ‖ *Pl* [maison, vêtement] alteration.

transformer *v* (1) alter, transform ; convert, turn (*en*, into) ‖ *se* ~, transform o.s. ; be converted, turn (*en*, into).

transi, e *a* : ~ (*de froid*), chilled (to the bone).

transistor [-istɔr] *m* transis-tor ‖ RAD., FAM. transistor (radio).

transitif, ive [-itif, v] *a* tran-sitive.

transition *f* transition.

translucide *a* translucent.

transmetteur [-mɛtœr] *m* RAD. transmitter.

transmettre *v* (64) forward (lettre) ; transmit (maladie,

message) ; convey (ordre) ‖ TEL. transmit ‖ RAD. broadcast.

transmission *f* forwarding, conveying ‖ RAD., AUT. trans-mission.

transparent, e [-parã] *a* transparent ; see-through (coll.).

transpiration [-pirasjɔ̃] *f* perspiration ; *en* ~, in a sweat.

transpirer *v* (1) perspire, sweat.

transplanter *v* (1) transplant.

transport *m* transport(ation), conveyance ‖ *moyen de* ~, (means of) transport.

transporter *v* (1) transport, convey, carry (qqch) ‖ ~ *d'ur-gence*, rush (qqn).

transporteur *m* carrier (entreprise).

trapu, e [trapy] *a* squat.

travail, aux [-vaj, o] *m* work, labour ; *au* ~, at work ; *de* ~, working (habits) ‖ occupation, job ; *sans* ~, out of work ‖ [école] ~ *à la maison*, home-work ; *Pl* : ~*aux pratiques*, practical exercises ‖ *Pl* : *petits* ~*aux*, odd jobs.

travailler *v* (1) work ; *bien/ mal* ~, make a good/bad job of it ; *aller* ~, go to work.

travailleur, euse *a* hard-working ● *n* worker.

travailliste *a* labour ; *parti* ~, Labour Party.

travelling [-vliŋ] *m* CIN. tracking shot.

travers [travɛr] *loc av* : *au* ~,

through ; **de** ~ : *avaler de* ~, swallow the wrong way ; **en** ~, across, crosswise ● *loc p :* **à** ~, through ; **au** ~ **de**, through.

traversée [-se] *f* NAUT. crossing.

traverser *v* (1) cross, go across ‖ go through (ville) ‖ *faire* ~ *qqn*, get sb across.

traversin *m* bolster.

trébucher [trebyʃe] *v* (1) stumble ; *faire* ~ *qqn*, trip sb up.

trèfle [trɛfl] *m* BOT. clover ‖ [Irlande] shamrock ‖ [cartes] club(s).

treize [trɛz] *a/m* thirteen.

treizième [-jɛm] *a/n* thirteenth.

tréma [trema] *m* dieresis.

tremblement [trãbləmã] *m* trembling, shaking ‖ ~ **de terre**, earthquake.

trembler *v* (1) tremble ‖ shake (violemment) ; ~ **de froid**, shiver with cold.

trempé, e [-pe] *a :* ~ *jusqu'aux os*, soaked to the skin.

tremper *v* (1) drench, soak ; *faire* ~, soak (linge) ‖ dip (plonger).

trempette *f :* FAM. *faire* ~, have a dip.

tremplin [-plɛ̃] *m* springboard.

trente [trãt] *a/m* thirty.

trépied [trepje] *m* tripod.

très [trɛ] *av* very, most [+ a.] ‖ very much, greatly, highly [+ p.p.] ‖ ~ *bien !*, very well !

trésor [trezɔr] *m* treasure.

trésorier, ère *n* treasurer.

tresse [trɛs] *f* [cheveux] plait.

tresser *v* (1) plait.

tréteau [treto] *m* trestle.

tri [tri], **triage** [-jaʒ] *m* sorting (out).

triangle [-jãgl] *m* triangle.

tribunal, aux [-bynal, o] *m* court.

tribune *f* SP. grandstand.

tricher [-ʃe] *v* (1) cheat.

tricheur, euse *n* cheat.

tricoter [-kɔte] *v* (1) knit.

trier [-je] *v* (1) sort (out).

trimaran [-marã] *m* trimaran.

trimer [-me] *v* (1) FAM. slave away.

trimestre [-mɛstr] *m* quarter ‖ [école] term.

trimestriel, le [-ijɛl] *a* quarterly ‖ [école] terminal.

trinquer [trɛ̃ke] *v* (1) clink glasses.

trio [trijo] *m* trio.

triomphal, e, aux [-jɔ̃fal, o] *a* triumphal.

triomphe *m* triumph.

triompher *v* (1) triumph ; ~ *de*, overcome.

tripes [-p] *fpl* tripe.

triphasé, e [-fɑze] *a* ELECTR. three-phase.

triste [-st] *a* sad, gloomy.

tristement *av* sadly.

tristesse *f* sadness.

troc [trɔk] *m* barter, swap.

trognon [trɔɲɔ̃] *m* [pomme] core.

trois [trwa] *a/m* three ; *le* ~ *mai*, the third of May.

troisième [-zjɛm] *a/n* third ‖ *gens du* ~ *âge*, senior citizens.

trolleybus [trɔlɛbys] *m* trolley-bus.

trombone [trɔ̃bɔn] *m* Mus. trombone ‖ Fig. paper-clip (agrafe).

trompe [trɔ̃p] *f* [éléphant] trunk.

tromper *v* (1) deceive ; ~ *qqn*, play sb false ‖ betray, be unfaithful to ; cheat on (coll.) [sa femme] ‖ *se* ~, be mistaken, make a mistake ; *se* ~ *de chemin/train*, take the wrong way/train.

trompette *f* trumpet.

trompettiste *n* trumpeter.

trompeur, euse *a* misleading, deceitful.

tronc [trɔ̃] *m* ANAT., BOT. trunk.

tronçonneuse [-sɔnøz] *f* chain-saw.

trop [tro] *av* too, over- [+ a.] ‖ too [+ av.] ; ~ *peu*, too little/few ; ~ *loin*, too far ‖ too much [+ p.p.] ; ~ *admiré*, too much admired ‖ too much [+ v.] ; ~ *parler*, *parler* ~, talk too much ‖ ~ *de* [+ n.], too much/many ; ~ *d'eau*, too much water ; ~ *de voitures*, too many cars ● *loc* : *de* ~, too much/many ; *un de* ~, one too many.

tropical, e, aux [trɔpikal, o] *a* tropical.

tropique [-ik] *m* tropic.

trop-plein *m* overflow.

troquer [trɔke] *v* (1) barter ; swap (coll.).

trot [tro] *m* trot.

trotter [-te] *v* (1) trot.

trotteuse *f* second hand (aiguille).

trottinette [-inɛt] *f* scooter.

trottoir *m* pavement, US sidewalk ‖ FAM. [prostituée] *faire le* ~, walk the streets.

trou [tru] *m* hole ; *faire un* ~, cut/wear a hole ‖ Av. ~ *d'air*, air-pocket ‖ TECHN. ~ *de la serrure*, keyhole ‖ FIG. hole (village) ; ~ *de mémoire*, lapse of memory ; [emploi du temps] gap.

trouble [-bl] *a* cloudy (liquide) ; dim (vue) ● *m* confusion ‖ *Pl* POL. disturbances, troubles ; riots (émeutes).

troublé, e *a* upset, embarrassed, put out.

troubler *v* (1) cloud (up) [liquide] ‖ embarrass, upset, fluster (qqn) ‖ *se* ~, [liquide] become cloudy ; [vue] grow dim ; [personne] become flustered.

troué, e *a* in holes (chaussettes).

trouer *v* (1) make holes/a hole in ; wear holes in (vêtement).

troupe [-p] *f* troop.

troupeau [-po] *m* [moutons] flock ; [vaches] herd.

trousse [-s] *f* case ; pencil-case (d'écolier) ; ~ *de toilette*, dressing-case.

trousseau [-so] *m* : ~ *de clefs*, bunch of keys.

trouver [-ve] *v* (1) find ; ~ *par hasard,* come upon ‖ **se ~,** [personne] find o.s. (dans une situation) ; [chose] be found ; feel (se sentir) ; *se ~ mal,* faint ● *impers :* **il se ~e que,** it happens that.

truc [tryk] *m* trick, knack (tour de main).

trucage *m* CIN. (special) effects.

truffe [tryf] *f* BOT. truffle.

truite [trɥit] *f* trout.

truquage [trykaʒ] = TRUCAGE.

tu [ty] *pr* [sujet] ; **te** [tə], **toi** [twa] *pr* [obj.] you.

tube [-b] *m* [verre] tube ; [métal] pipe ‖ ELECTR. ~ *au néon,* (fluorescent) strip light ‖ FAM. hit (song), top of the pops.

tuer [tɥe] *v* (1) kill ‖ [chasseur] shoot ‖ **se ~,** [accident] be killed ‖ [suicide] kill o.s.

tue-tête (à) [atytɛt] *loc av* at the top of one's voice.

tuile [tɥil] *f* tile.

tulipe [tylip] *f* tulip.

tumulte [tymylt] *m* uproar.

Tunisie [tynizi] *f* Tunisia.

tunisien, ne *a/n* Tunisian.

tunnel [tynɛl] *m* tunnel.

turbine [tyrbin] *f* turbine.

turboréacteur [-boreaktœr] *m* turbo-jet.

turbulent, e [-bylɑ̃] *a* boisterous (enfant).

turf [-f] *m* SP. turf.

turfiste *n* race-goer.

tuteur, trice [tytœr] *n* JUR. guardian.

tuyau [tɥijo] *m* pipe ‖ [pipe] stem ‖ ~ *d'arrosage,* hose (-pipe) ; ~ *d'écoulement,* drain-pipe (gouttière) ‖ FAM. [courses] tip.

type [tip] *m* type ‖ FAM. fellow, chap, US guy ; *un chic ~,* a good sort.

typhon [tifɔ̃] *m* typhoon.

typique [tipik] *a* typical.

u

u [y] *m.*

ultraviolet [yltra-] *a* ultraviolet.

un, une [œ̃, yn] *art indéf* a (devant consonne, h aspiré), an (devant voyelle) ; ~ *certain M. X.,* one Mr. X ● *a numéral/ordinal* one ● *pr indéf* one ; ~ *à ~,* one by one, singly ; *encore ~,* another ; ~ *de vos amis,* a friend of yours ; *l'~ ou l'autre,* either ; *l'~ et l'autre,* both ; *l'~ après l'autre,* one after the other ; *l'~ l'autre, les ~s les autres,* one another, each other.

unanime [ynanim] *a* unanimous.

unanimement *av* unanimously.

uni, e [yni] *a* united ‖ plain (couleur) ‖ level, even (plat).

uniforme *a/m* uniform.

union [ynjɔ̃] *f* union ‖ marriage ‖ association (société).

unique [ynik] *a* only (enfant) ‖ unique (exceptionnel).

uniquement *av* only, solely.

unir *v* (2) unite ‖ combine (forces) ‖ [priest] marry, unite ‖ **s'~**, unite, join forces (*avec*, with) ; marry (se marier).

unisexe *a* unisex.

unité *f* unity ‖ MATH. unit.

univers [-vɛr] *m* universe.

universel, le [-sɛl] *a* universal.

université [-site] *f* university.

uranium [yranjɔm] *m* uranium.

urbanisme [yrbanism] *m* town planning.

urgence [yrʒɑ̃s] *f* urgency ; *d'~*, urgently ; *cas d'~*, case of emergency.

urgent, e *a* urgent ‖ pressing (affaire).

uriner [yrine] *v* (1) pass water.

urticaire [yrtikɛr] *f* MED. hives.

usage [yzaʒ] *m* use ; *à l'~*, with use ; *d'un ~ courant*, in common use ‖ *hors d'~*, worn out, useless ‖ [vêtement] *faire de l'~*, wear well ‖ usage, custom (coutume) ‖ [langue] usage.

usagé, e *a* worn ‖ used, second-hand (d'occasion).

usager *m* user.

usé, e *a* worn out.

user *v* (1) wear away ‖ wear (out) [habits] ‖ *~ de*, make use of ‖ *s'~*, [vêtement] wear out.

usine [-in] *f* factory, works, plant.

usité, e [-ite] *a* in common/current use.

ustensile [ystɑ̃sil] *m* : *~ de cuisine*, utensil.

usuel, le [yzɥɛl] *a* usual, in common use ; everyday (mot).

usure *f* wear (and tear).

ut [yt] *m* MUS. C.

utile [-il] *a* useful, handy ; *être ~ à qqch*, serve (one's purpose), be of use for sth ; *se rendre ~*, make o.s. useful.

utilisation *f* use.

utiliser *v* (1) use.

utilité *f* usefulness ; *d'aucune ~*, of no use.

V

v [ve] *m*.

va [va] → ALLER ● *interj* : *ça ~!*, all right! ‖ *vas-y!*, come on!

vacances [vakɑ̃s] *fpl* holidays, US vacation ; *partir en ~*, go away on holiday ; *prendre un mois de ~*, take a month's holiday ‖ [école] **grandes ~**, summer holidays.

vacancier, ère *n* holiday-maker.

vacarme [-karm] *m* uproar, racket.

vaccin [-ksɛ̃] *m* vaccine.

vaccination [-ksinasjɔ̃] *f* vaccination.

vacciner *v* (1) vaccinate; *se faire* ~, get vaccinated (*contre*, against).

vache [-ʃ] *f* cow. •

vague 1 [-g] *f* wave; surf (déferlante) ‖ FIG. ~ *de chaleur*, heat-wave; ~ *de froid*, cold spell.

vague 2 *a* vague, hazy (imprécis).

vaguement *av* vaguely.

vain, e [vɛ̃, ɛn] *a* vain (espoir); *en* ~, in vain.

vaincre [-kr] *v* (102) defeat; overcome (peur); surmount (obstacle).

vaincu, e [-ky] *a* defeated; *s'avouer* ~, admit defeat.

vainement *av* vainly, in vain.

vainqueur [-kœr] *a* victorious • *m* SP. winner.

vaisseau [vɛso] *m* NAUT. ship ‖ ASTR. ~ *spatial*, spaceship.

vaisselle *f* dishes (à laver); washing-up (action); *laver/ faire la* ~, wash up.

valable [valabl] *a* valid (ticket, excuse).

valet [-ɛ] *m* [cartes] jack, knave.

valeur *f* value, worth; *de* ~, valuable; *sans* ~, worthless.

valide [-id] *a* fit (en bonne santé) ‖ valid (billet).

valise *f* (suit-)case; *faire sa* ~, pack (up).

vallée [vale] *f* valley.

valoir *v* (103) be worth (un prix); *combien cela vaut-il ?*, how much is it worth? ‖ *cela en vaut-il la peine ?*, is it worth while? ; *ce livre vaut-il la peine d'être lu ?*, is this book worth reading? ; *ça ne vaut rien*, it's no good • *impers : il vaut mieux*, it is better to; *il vaut/vaudrait mieux que nous restions*, we had better stay ‖ *se* ~, be as good/bad as the other.

valse [-s] *f* waltz.

vanité [vanite] *f* vanity, conceit.

vaniteux, euse *a* vain, conceited.

vanter [vɑ̃te] *v* (1) praise ‖ *se* ~, boast, brag (*de*, of/about).

vapeur [vapœr] *f* steam.

vaporisateur [-pɔrizatœr] *m* atomizer.

vaporiser *v* (1) spray.

varappe [-rap] *f* rock-climbing.

variable [-rjabl] *a* variable ‖ changeable, unsettled (temps).

varié, e *a* varied.

varier *v* (1) vary.

variété *f* variety ‖ *Pl* TH. variety show.

vase 1 [vɑz] *m* vase (à fleurs).

vase 2 *f* slime (boue).

vaseline [vazlin] *f* vaseline.

vaste [vast] *a* vast, large.

vautrer (se) [səvotre] *v* (1) sprawl ; loll (dans un fauteuil).

va-vite (à la) *loc av* hurriedly.

veau [vo] *m* ZOOL. calf ‖ CULIN. veal.

vécu, e [veky] → VIVRE.

vedette 1 [vədɛt] *f* : CIN. ∼ *de cinéma*, (film) star.

vedette 2 *f* NAUT. patrol-boat.

végétal, e, aux [veʒetal, o] *a* vegetable ● *m* plant.

végétarien, ne [-arjɛ̃, ɛn] *a/n* vegetarian.

végétation *f* vegetation.

véhicule [veikyl] *m* vehicle.

veille [vɛj] *f* eve, day before (jour précédent) ; *la* ∼ *au soir*, the evening before ; *la* ∼ *de Noël*, Christmas Eve.

veiller *v* (1) be awake ; sit/stay up (volontairement) ; *faire* ∼ *qqn*, keep sb up ‖ ∼ *à*, see to ; ∼ *à ce que*, take care that ‖ ∼ *sur*, watch over, look after, mind.

veilleur *m* watchman.

veilleuse *f* night-light (lampe) ; pilot-light (flamme).

veine 1 *f* FAM. good luck ; *coup de* ∼, stroke of luck ; *avoir de la* ∼, be lucky ; *pas de* ∼!, hard luck/lines !

veine 2 *f* ANAT. vein.

vélo [velo] *m* FAM. (push-) bike.

vélomoteur *m* moped.

velours [vəlur] *m* velvet ; ∼ *côtelé*, corduroy.

vendange [vãdãʒ] *f* grape-harvest.

vendanger *v* (7) gather (the) grapes.

vendeur, euse *n* shop-assistant ; salesman, -woman, -girl.

vendre [-dr] *v* (4) sell (*qqch à qqn*, sb sth) ; *à* ∼, for sale, to be sold ; ∼ *au détail*, retail ‖ *se* ∼, [marchandises] sell, be sold.

vendredi [-drədi] *m* Friday ; ∼ *saint*, Good Friday.

vénéneux, euse [venenø] *a* poisonous.

vengeance [vãʒãs] *f* vengeance, revenge.

venger *v* (7) avenge (qqn, affront) ‖ *se* ∼, avenge o.s., be revenged (*sur*, on).

venimeux, euse [vənimø] *a* venomous (serpent).

venin *m* venom.

venir *v* (101) come ‖ ∼*ez me voir*, come and see me ; ∼*ez avec moi*, come along with me ‖ ∼ *à l'esprit*, cross one's mind ; occur to (+ pr.) ‖ *faire* ∼, send for (qqn), call in (médecin) ‖ *en* ∼ *à* : *où voulez-vous en* ∼?, what are you getting at ? ‖ ∼ *de*, come from ; [passé récent] have just.

vent [vã] *m* wind ; *il fait du* ∼, it is windy ; *le* ∼ *se lève*, the wind is rising ‖ FIG. *dans le* ∼, in ; with it (sl.) ; trendy (robe) [coll.].

vente [-t] *f* sale ; *en* ∼, on sale ; ∼ *aux enchères*, auction-sale.

ventilateur [-tilatœr] *m* (electric) fan.

ventre [-tr] *m* stomach; belly (coll.).

ver [vɛr] *m* worm; ~ *luisant*, glow-worm ‖ *mangé aux* ~*s*, worm-eaten ‖ MED. ~ *solitaire*, tapeworm.

verbal, e, aux [-bal, o] *a* verbal.

verbe *m* GRAMM. verb.

verdâtre [-dɑtr] *a* greenish.

verdir *v* (2) turn green.

verdure *f* greenery (plantes).

véreux, euse [verø] *a* wormy (fruit).

verger [vɛrʒe] *m* orchard.

verglacé, e [-glase] *a* icy, frozen.

verglas [-glɑ] *m* black frost.

vérification [verifikasjɔ̃] *f* verification, check(ing).

vérifier *v* (1) verify; check (upon) ‖ AUT. ~ *la pression*, check the air/pressure.

véritable [-tabl] *a* true (ami); real, genuine (authentique).

vérité *f* truth; *dire la* ~, tell the truth.

verni, e [vɛrni] *a : souliers* ~*s*, patent-leather shoes.

vernir *v* (2) varnish (ongles, tableau).

vernis [-i] *m* varnish; ~ *à ongles*, nail-varnish.

vernissage [-saʒ] *m* ARTS. preview.

verre [vɛr] *m* glass (matière); ~ *dépoli*, frosted glass ‖ glass (à boire); *offrir un* ~ *à qqn*, stand sb a drink; *prendre un* ~, have a drink ‖ Pl : *porter*

des ~*s*, wear glasses; ~*s de contact*, contact lenses.

verrou [-u] *m* bolt.

verrouiller [-uje] *v* (1) bolt.

verrue [-y] *f* wart.

vers 1 [vɛr] *m* [poésie] line ‖ *Pl* verse; *en* ~, in verse.

vers 2 *p* [direction] toward(s), to ‖ [temps] towards, about; ~ *deux heures*, about two.

verse (à) [avɛrs] *loc av* in torrents; *il pleut à* ~, it's pouring.

versé, e *a* versed (*dans*, in).

versement [-əmɑ̃] *m* FIN. payment.

verser 1 *v* (1) FIN. pay.

verser 2 *v* (1) pour (out) [liquide]; shed (larmes).

version *f* [traduction] translation ‖ CIN. version.

verso [-o] *m* back; *voir au* ~, see overleaf.

vert, e [vɛr, t] *a* green ‖ unripe, green (fruit) ‖ FAM. *donner le feu* ~ *à qqn*, give sb the green light ● *m* green.

vertical, e, aux [-tikal, o] *a* vertical.

vertige [-tiʒ] *m* vertigo; dizziness; *avoir le* ~, feel giddy; *donner le* ~, make giddy.

vertu [-ty] *f* virtue.

veste [vɛst] *f* jacket; ~ *de sport*, sports-jacket.

vestiaire [-jɛr] *m* : SP. *individuel*, locker (armoire) ‖ TH. cloak-room; *mettre au* ~, leave in the cloakroom, US check.

vestibule [-ibyl] *m* hall.

veston *m* jacket.

vêtement [vɛtmã] *m* garment ‖ *Pl* clothes, clothing ; ∼*s de travail*, working clothes.

vétérinaire [veterinɛr] *n* vet.

vêtu, e [vɛty] *a* dressed.

veuf, veuve [vœf, œv] *a* widowed • *n* widower, widow.

vexer [vɛkse] *v* (1) offend, hurt ‖ *se* ∼, take offence, be hurt.

via [vja] *p* via.

viaduc [-dyk] *m* viaduct.

viande [vjãd] *f* meat.

vibraphone [vibrafɔn] *m* vibes (coll.).

vicaire [vikɛr] *m* curate.

vice [vis] *m* vice.

vice versa [-s(e)vɛrsa] *loc av* vice versa.

victime [viktim] *f* victim ‖ [accident] casualty.

victoire *f* victory ; *remporter la* ∼, win a victory.

victorieux, euse [-ɔrjø] *a* victorious.

vide [vid] *a* empty ‖ vacant (maison) • *m* TECHN. vacuum • *loc* : *à* ∼, empty.

vidéo [-eo] *a/f* video.

vide-ordures *m inv* refuse chute.

vider *v* (1) empty ; drain (récipient, verre) ; knock out (pipe) ‖ *se* ∼, empty.

vie [vi] *f* life ; *en* ∼, alive, living ; *à* ∼, *pour la* ∼, for life ‖ living (moyens d'existence) ; *gagner sa* ∼, earn one's living ; *genre de* ∼, way of life ; *niveau de* ∼, standard of living.

vieil [vjɛj] *a* → VIEUX.

vieillard [-ar] *m* old man.

vieille → VIEUX.

vieillesse *f* old age.

vieillir *v* (2) grow/get old.

vierge [vjɛrʒ] *a/f* virgin ‖ REL. *la (Sainte) V*∼, the (Blessed) Virgin.

Viêt-nam [vjɛtman] *m* Viet-Nam.

viet-namien, ne *a/n* Viet-Namese.

vieux, vieil, vieille [vjø, vjɛj] *a* old ; *se faire* ∼, grow old ; ∼*le fille*, old maid, spinster ; ∼ *jeu*, old-fashioned • *n* old person, old man/woman ; *les* ∼, old people ‖ FAM. *mon* ∼, old chap.

vif 1, vive [vif] *a* alive (vivant) • *m* : *à* ∼, raw (blessure).

vif 2, vive *a* lively (alerte) ‖ keen (désir, esprit) ‖ deep (intérêt) ‖ sharp, acute (douleur) ‖ bright, vivid (couleurs) ‖ biting (air) ‖ *à* ∼*e allure*, at a brisk pace, briskly.

vigne [viɲ] *f* vine.

vigneron, ne [-rɔ̃, ɔn] *n* vine-grower.

vignette *f* AUT. car-licence.

vignoble [-ɔbl] *m* vineyard.

vigoureux, euse [vigurø] *a* vigorous ; sturdy, robust.

vil, e [vil] *a* vile (action) ; mean (personne) ‖ COMM. cheap (marchandises).

vilain, e [-ɛ̃, ɛn] *a* ugly (laid) ‖ naughty, bad (enfant) ‖ nasty (temps).

villa [vila] *f* villa ; cottage.
village *m* village.
ville *f* town ; *(grande)* ∼, city ; *en* ∼, in town, US down-town.
vin [vɛ̃] *m* wine ; ∼ *blanc/mousseux/rosé/rouge,* white/sparkling/rosé/red wine.
vinaigre [vinɛgr] *m* vinegar.
vinaigrette *f* French dressing.
vingt [vɛ̃, t devant voyelle] *a/m* twenty.
vingtaine [-tɛn] *f* : *une* ∼, about twenty, twenty or so ; *une* ∼ *de,* a score of.
vingtième [-tjɛm] *a/n* twentieth.
viol [vjɔl] *m* rape.
violemment [-amɑ̃] *av* violently.
violence *f* violence ; *acte de* ∼, outrage.
violent, e *a* violent.
violer *v* (1) rape (femme).
violet, te [vjɔlɛ, t] *a/m* purple, violet ● *f* BOT. violet.
violon *m* violin ; *jouer du* ∼, play the violin ; *[orchestre] premier* ∼, leader ‖ FIG. ∼ *d'Ingres,* hobby.
violoncelle [-ɔ̃sɛl] *m* cello.
violoncelliste *n* cellist.
violoniste [-ɔnist] *n* violinist.
vipère [vipɛr] *f* adder.
virage [viraʒ] *m* bend, curve ; ∼ *en épingle à cheveux,* hairpin bend ‖ AUT. *prendre un* ∼, (take a) corner.
virée *f* FAM. trip, run.
virement *m* FIN. transfer.

virer *v* (1) [véhicule] turn ‖ FIN. transfer.
virgule [-gyl] *f* GRAMM. comma ‖ MATH. (decimal) point.
virtuellement [-tɥɛlmɑ̃] *av* virtually.
virus [-ys] *m* virus.
vis [vis] *f* screw.
visa [viza] *m* [timbre] stamp ‖ [passeport] visa.
visage *m* face.
viser 1 *v* (1) [tireur] aim, take sight ‖ FIG. ∼ *à,* aim at.
viser 2 *v* (1) visa (passeport) ‖ RAIL. stamp (billet).
viseur *m* PHOT. view-finder.
visible *a* visible.
visière *f* peak.
vision *f* vision, (eye-)sight (faculté) ‖ sight (fait de voir).
visionneuse [-jɔnøz] *f* viewer.
visite [-it] *f* visit, call (*chez,* at) ; *rendre* ∼ *à qqn,* pay a visit to/call on sb ‖ [tourisme] ∼ *des curiosités,* sightseeing ‖ [douane] inspection ‖ MED. ∼ *médicale,* medical (coll.).
visiter *v* (1) visit ‖ have a look round (lieu) ; see over (maison) ; *faire* ∼ *une maison à qqn,* show sb over/round a house ; ∼ *les curiosités,* see the sights, go sightseeing ‖ JUR. [douane] inspect.
visiteur, euse *n* caller, visitor ‖ sightseer (touriste).
vison *m* mink ; *manteau de* ∼, mink coat.

visser [vise] *v* (1) screw on (écrou).

visuel, le [vizɥɛl] *a* visual.

vital, e, aux [vital, o] *a* vital.

vitalité *f* vitality.

vitamine [-min] *f* vitamin.

vite *av* fast, quickly, swiftly; *faites ∼!*, hurry up!, look sharp!

vitesse *f* speed; *à toute ∼*, at full speed ‖ AUT. gear; *boîte de ∼s*, gear-box; *première ∼*, low gear; *changer de ∼*, change gears.

vitrail, aux [-raj, o] *m* stained-glass window.

vitre *f* (window-)pane; *∼ de sécurité*, splinter-proof glass.

vitrier [-ije] *m* glazier.

vitrine [-in] *f* [boutique] (shop) window.

vivant, e [vivã] *a* living, alive ‖ FIG. lively.

vivats [-a] *mpl* cheers.

vive 1 → VIF.

vive 2 *excl* : *∼ la reine!*, long live the Queen!, hurrah for the Queen!

vivement *av* quickly, sharply ‖ FIG. deeply.

vivifiant, e [-ifjã] *a* bracing, invigorating (climat).

vivre [-r] *v* (105) live; *∼ à Paris*, live in Paris; *∼ au jour le jour*, live from hand to mouth ‖ *faire ∼*, keep, maintain, support (famille) ● *mpl* provisions.

vlan [vlã] *excl* wham!, bang!

vocabulaire [vɔkabylɛr] *m* vocabulary.

vocal, e, aux [-l, o] *a* vocal.

vocation *f* vocation, calling.

vœu, x [vø] *m* vow, pledge (promesse) ‖ wish (souhait); *faire un ∼*, make a wish; *meilleurs ∼x*, best wishes.

vogue [vɔg] *f* vogue, fashion; *en ∼*, in vogue, popular; *c'est la grande ∼*, it's all the rage.

voici [vwasi] *p* here is/are; *le ∼*, here he is ‖ [temps] *∼ dix ans que je ne l'ai vu*, I haven't seen him for ten years.

voie *f* way; *route à quatre ∼s*, four-lane highway; *à ∼ unique*, single-lane ‖ RAIL. *∼ (ferrée)*, (railway) track.

voilà [-la] *p* there is/are; *le ∼ qui vient!*, there he comes ‖ [temps] → VOICI.

voile 1 *f* NAUT. sail; *mettre à la ∼*, set sail ‖ SP. sailing; *faire de la ∼*, go sailing.

voile 2 *m* veil ‖ PHOT. fog.

voilé 1, e *a* buckled (roue); warped (planche).

voilé 2, e *a* hazy (temps); dim (regard) ‖ PHOT. fogged.

voiler *v* (1) veil (visage) ‖ dim (lumière) ‖ PHOT. fog ‖ *se ∼*, [ciel] cloud over.

voilier *m* sailing-boat.

voir [-r] *v* (106) see (percevoir) ‖ watch (observer) ‖ witness (être témoin de) ‖ examine (examiner) ‖ *aller ∼ qqn*, go and see/visit sb; *passer ∼ qqn*, come round and see sb; *venez me ∼*, come and see me ‖ *∼ venir*, wait and see ‖ *faire ∼*, show ‖ *laisser ∼*, reveal, show ‖ FIG. see, imagine (concevoir);

façon de ∼, outlook ‖ *n'avoir rien à* ∼ *avec*, have nothing to do with ‖ FAM. [enfants] *en faire* ∼ *à qqn*, play sb up ‖ *se* ∼, [réciproque] see each other ; [passif] show.

voisin, e [-zɛ̃, in] *a* neighbouring, next door ● *n* neighbour.

voisinage *m* neighbourhood ; *de bon* ∼, neighbourly.

voiture *f* carriage ; ∼ *à bras/cheval*, cart ; ∼ *d'enfant*, pram ‖ AUT. (motor-)car ; ∼ *de sport*, sports-car ; *aller en* ∼ *à*, drive to ‖ RAIL. carriage, coach ; ∼*-lit*, sleeping-car.

voix [vwa] *f* voice ; *à* ∼ *basse/haute*, in a low/loud voice ; *de vive* ∼, viva voce, by word of mouth ‖ CIN. ∼ *hors-champ/off*, voice over ‖ JUR. vote ; *mettre aux* ∼, put to the vote ‖ GRAMM. voice.

vol 1 [vɔl] *m* [oiseau], AV. flight ; ∼ *sans escale*, nonstop flight ‖ SP. ∼ *libre*, hanggliding ; ∼ *à voile*, gliding ● *loc :* *à* ∼ *d'oiseau*, as the crow flies ‖ → VUE.

vol 2 *m* theft, robbery.

volaille [-aj] *f* poultry (collectif) ; *une* ∼, a fowl.

volant *m* [badminton] shuttlecock ‖ AUT. steering wheel.

volcan [-kɑ̃] *m* volcano.

volée *f* [coups] volley ‖ [tennis] volley ; *de* ∼, on the volley.

voler 1 *v* (1) [oiseau], AV. fly ‖ *faire* ∼, fly (cerf-volant).

voler 2 *v* (1) steal (qqch) ; rob (qqn) ; ∼ *qqch à qqn*, steal sth from sb, rob sb of sth ‖ FAM. cheat (rouler).

volet [-ɛ] *m* shutter.

voleur, euse *n* thief ; robber (avec agression) ; burglar (cambrioleur) ; *au* ∼*!*, stop thief !

volière *f* aviary.

volontaire [-ɔ̃tɛr] *a* voluntary ‖ strongminded (caractère) ● *n* volunteer ; *être* ∼, volunteer.

volontairement *av* voluntarily ; wilfully, purposely (exprès).

volonté *f* will(-power) ; *bonne* ∼, good will ● *loc av :* *à* ∼, at will.

volontiers [-ɔ̃tje] *av* gladly, with pleasure.

volt [-t] *m* volt.

voltage *m* voltage.

voltmètre *m* voltmeter.

volume [-ym] *m* volume (livre, quantité).

volupté [-ypte] *f* sensual delight.

voluptueux, euse [-yptɥø] *a* voluptuous.

vomir [vɔmir] *v* (2) vomit, be sick, bring up ; *avoir envie de* ∼, feel sick.

vote [vɔt] *m* vote.

voter *v* (1) vote ; ∼ *à main levée*, vote by a show of hand.

votre [vɔtr], **vos** [vo] *a poss* your.

vôtre [votr] *pr poss :* *le/la* ∼, *les* ∼*s*, yours ‖ FAM. *à la* ∼*!*, cheers !

vouloir [vulwar] *v* (107) want ; *je veux le faire*, I want to do it ; *je veux qu'il le fasse,* I want him to do it ‖ [désirer] *je veux vous dire un mot,* I wish to say a word to you ; *je voudrais être riche,* I wish I were rich ; *la voiture n'a pas ~u partir,* the car wouldn't start ‖ intend, mean (avoir l'intention de) ; *sans le ~,* unwittingly ; **~ dire,** mean (to say) ‖ try (essayer) ‖ like (aimer) ; **comme vous voudrez,** as you like ‖ **~ du bien/mal à qqn,** wish sb well/ill ‖ **en ~ à qqn,** bear sb a grudge.

vous [vu] *pr* [sujet et obj.] you ; [obj. indir.] **à ~,** to you ; [possession] *à ~,* yours ‖ **~-même(s),** yourself (-selves).

voyage [vwajaʒ] *m* journey ; trip (court) ; *partir en ~,* go on a journey ; **faire un ~,** make a journey ; **~ organisé,** package tour ; **~ de noces,** honeymoon ‖ *~ par mer,* voyage ‖ *Pl* travelling ; travel(s) [à l'étranger].

voyager *v* (7) travel, journey ‖ RAIL. *~ en 1ʳᵉ (classe),* travel first class.

voyageur, euse *n* traveller ‖ [bateau, car, train] passenger ‖ COMM. *~ de commerce,* commercial traveller.

voyelle *f* vowel.

voyeur, euse *n* peeping Tom.

voyou [-u] *m* hooligan.

vrai, e [vrɛ] *a* true ‖ real, genuine (authentique) ● *m :* le *~* the truth ● *loc v :* **à ~ dire,** **à dire ~,** as a matter of fact, to tell the truth.

vraiment *av* really, truly.

vue [vy] *f* (eye)sight (sens) ; *avoir mauvaise ~,* have poor sight ‖ sight (observation) ; **connaître qqn de ~,** know sb by sight ; **à première ~,** at first sight ‖ view, prospect, vista (perspective) ; *avoir ~ sur,* overlook ; *~ à vol d'oiseau,* bird's eye view ‖ FAM. *à ~ de nez,* at a rough estimate ● *loc :* **en ~ de,** in order to, with a view to.

vulgaire [vylgɛr] *a* vulgar (grossier).

vulgariser [-arize] *v* (1) popularize (rendre accessible).

W

w [dubləve] *m.*

wagon [vagɔ̃] *m* RAIL. carriage, coach ; *~-lit,* sleeping-car ; *~ de marchandises,* goods truck ; *~ panoramique,* observation-car ; *~-restaurant,* dining-car.

wallon, ne [walɔ̃, ɔn] *a/n* Walloon.

water-closet(s) [watɛrklɔ-

zɛt] (FAM. **waters, w.-c.**) *m*
(pl) toilet, lavatory ; loo (coll.).
watt [wat] *m* watt.

western [wɛstɛrn] *m* CIN.
western.

X-y-z

x [iks] *m :* MED., PHYS.
rayon X, X-ray.
xénophobe [ksenɔfɔb] *n*
xenophobe.
xénophobie *f* xenophobia.
Xérès [k(s)erɛs] *m* sherry.

y 1 [igrɛk] *m*.
y 2 [i] *av : j'~ suis allé*, I went
there ; *il ~ a* → AVOIR ● *pr*
it ; *pensez-~*, think of it.
yacht [jɔt] *m* yacht.
yachting [-iŋ] *m* yachting,
sailing.
yachtman [-man] *m* yachtsman.
yaourt [jaurt] *m* yog(h)urt.
yeux [jø] → ŒIL.
yoga [jɔga] *m* yoga.
yogi [-i] *m* yogi.

z [zɛd] *m*.
Zaire [zair] *m* Zaire ; *habitant
du ~*, Zairean.
zèbre [zɛbr] *m* zebra.

zèle [zɛl] *m* zeal.
zélé, e [zele] *a* zealous.
zéro [zero] *m* zero, nought ;
10 degrés au-dessous de ~,
10 degrees of frost/below zero ;
~ heure, zero hour ‖ TEL. O ‖
SP. [football] nil ; [tennis] love
‖ FIG. *partir de ~*, start from
scratch.
zeste [zɛst] *m* [citron] peel.
zézayer [zezɛje] *v* (9 *b*) lisp.
zigzag [zigzag] *m* zigzag.
zigzaguer [-ge] *v* (1) zigzag
(along).
zinc [zɛ̃g] *m* zinc ‖ FAM.
counter.
zodiaque [zɔdjak] *m* zodiac.
zone [zon] *f* zone ‖ *~ bleue*,
[Londres] zone.
zoo [zo(o)] *m* zoo.
zoologie [-lɔȝi] *f* zoology.
zoom [zum] *m* PHOT., CIN.
zoom lens ; *faire un ~ avant/
arrière*, zoom in/out.
zut ! [zyt] *excl* FAM. dash it !

Other French conjugations
(see p. VIII for the 4 classes of regular verbs)

Abbreviations for tenses:

$$\left.\begin{array}{l} 1 = \text{present} \\ 2 = \text{imperfect} \\ 3 = \text{past tense} \\ 4 = \text{future} \end{array}\right\} \text{indicative}$$

$$\left.\begin{array}{l} 5 = \text{present} \\ 6 = \text{imperfect} \end{array}\right\} \text{subjunctive}$$

7 = conditional
8 = imperative
pr. p. = present participle
p. p. = past participle

5. Verbs, having a mute **e** or closed **é** in the last syllable but one of the present infinitive, change the mute *e* or closed *é* to open *è* before a mute syllable (except in 4 and 7) : *espérer, j'espère, il espérera, il espérerait.*

6. Verbs in **cer** take *ç* before endings in *a, o* : *perçais, perçons.*

7. Verbs in **ger** add *e* before endings in *a, o* : *mangeais, mangeons.*

8. a) Verbs in **eler, eter** double the *l* or *t* before a mute *e* : *j'appelle ; je jette.*

b) The following verbs do not follow this rule and only take *è* : *acheter, congeler, déceler, dégeler, geler, haleter, modeler, peler, racheter.*

9. a) Verbs in **yer** change *y* into *i* before a mute *e*. They require a *y* and an *i* in the first two persons pl. of 2 and 5 : *ployer, je ploie, vous ployiez.*

b) Verbs in **ayer** may keep the *y* or change it to an *i* before a mute *e* : *payer, je paie, je paye.*

10. Absoudre. 1 : *absous, absous, absout, absolvons.* 2 : *absolvais, absolvions.* 4 : *absoudrai, absoudrons.* 7 : *absoudrais, absoudrions.* 8 : *absous, absolvons, absolvez.* 5 : *absolve, absolvions.* pr. p. : *absolvant.* p. p. : *absous, absoute.* No 3, no 6.

11. Abstraire. 1 : *abstrais, abstrayons.* 2 : *abstrayais, abstrayions.* 4 : *abstrairai, abstrairons.* 7 : *abstrairais, abstrairions.* 8 : *abstrais, abstrayons, abstrayez.* 5 : *abstraie, abstrayions.* pr. p. : *abstrayant.* p. p. : *abstrait.* No 3, no 6.

13. Acquérir. 1 : *acquiers, acquérons.* 2 : *acquérais, acquérions.* 3 : *acquis, acquîmes.* 4 : *acquerrai.* 5 : *acquière, acquérions.* pr. p. : *acquérant.* p. p. : *acquis.*

15. Aller. 1 : *vais, vas, va, vont.* 2 : *allais, allait, allions, alliez, allaient.* 4 : *irai, iras, ira, irons, irez, iront.* 7 : *irais, irions.* 8 : *va, (vas-y), allons, allez.* 5 : *aille, ailles, aille, allions, alliez, aillent.* 6 : *allasse, allasses, allât, allassions, allassiez, allassent.* pr. p. : *allant.* p. p. : *allé.*

18. Asseoir. 1 : *assieds, asseyons, asseyent.* 2 : *asseyais, asseyions.* 3 : *assis, assîmes.* 4 : *assiérai, assiérons.* 7 : *assiérais, assiérions.* 8 : *assieds, asseyons.* 5 : *asseye, asseyions.* pr. p. : *asseyant.* p. p. : *assis.* In fig., 1 : *assois, assoyons.* 4 : *assoirai, assoirons.* 8 : *assois.* 5 : *assoie, assoyions.*

19. Avoir. 1 : *ai, as, a, avons, avez, ont.* 2 : *avais, avions, avaient.* 3 : *eus,* *eûmes.* 4 : *aurai, aurons.* 7 : *aurais, aurions.* 8 : *aie, ayons, ayez.* 5 : *aie, ayons.* 6 : *eusse, eussions.* pr. p. : *ayant.* p. p. : *eu.*

20. Battre. 1 : *bats, battons.* 2 : *battais, battions.* 3 : *battis, battîmes.* 4 : *battrai, battrons.* 7 : *battrais, battrions.* 8 : *bats, battons, battez.* 5 : *batte, battions.* 6 : *battisse, battît.* pr. p. : *battant.* p. p. : *battu.*

21. Boire. 1 : *bois, buvons, boivent.* 2 : *buvais, buvions.* 3 : *bus, but, bûmes.* 4 : *boirai, boirons.* 7 : *boirais, boirions.* 8 : *bois, buvons, buvez.* 5 : *boive, buvions.* 6 : *busse, bût.* pr. p. : *buvant.* p. p. : *bu.*

22. Bouillir. 1 : *bous, bous, bout, bouillons, bouillez, bouillent.* 2 : *bouillais, bouillions.* 3 : *bouillis, bouillîmes.* 4 : *bouillirai, bouillirons.* 7 : *bouillirais, bouillirions.* 5 : *bouille, bouillions.* 6 : *bouillisse.* pr. p. : *bouillant.* p. p. : *bouilli.*

23. Braire. Only used in the third pers. 1 : *brait, braient.* 4 : *braira, brairont.*

29. Conclure. 1 : *conclus, conclus, conclut, concluons, concluez, concluent.* 2 : *concluais, concluions.* 3 : *conclus, conclûmes.* 4 : *conclurai.* 7 : *conclurais.* 8 : *conclus, concluons, concluez.* 5 : *conclue, concluions.* 6 : *conclusse, conclût.* pr. p. : *concluant.* p. p. : *conclu.*

30. Confire. 1 : *confis, confisons.* 2 : *confisais.* 3 : *confis.* 4 : *confirai, confirons.* 7 : *confirais, confirions.* 8 : *confis, confisons, confisez.* 5 : *confise, confisions.* pr. p. : *confisant.* p. p. : *confit.*

31. Coudre. 1 : *couds, cousons.* 2 : *cousais, cousions.* 4 : *coudrai, coudrons.* 8 : *couds, cousons, cousez.* 5 : *couse, cousions.* pr. p. : *cousant.* p. p. : *cousu.*

32. Courir. 1 : *cours, courons.* 2 : *courais, courions.* 3 : *courus, courûmes.* 4 : *courrai, courrons.* 7 : *courrais, courrions.* 8 : *cours, courons, courez.* 5 : *coure, courions.* 6 : *courusse, courût.* pr. p. : *courant.* p. p. : *couru.*

33. Croire. 1 : *crois, croyons.* 2 : *croyais, croyions.* 3 : *crus, crûmes.* 4 : *croirai, croirons.* 7 : *croirais, croirions.* 8 : *crois, croyez.* 5 : *croie, croyions.* 6 : *crusse, crût, crussions.* pr. p. : *croyant.* p. p. : *cru.*

34. Croître. 1 : *crois, crois, croît, croissons, croissez, croissent.* 2 : *croissais, croissions.* 3 : *crûs, crûmes.* 4 : *croîtrai, croîtrons.* 7 : *croîtrais, croîtrions.* 5 : *croisse, croissions.* 6 : *crûsse, crût, crussions.* pr. p. : *croissant.* p. p. : *crû, crue.*

35. Cueillir. 1 : *cueille, cueillons.* 2 : *cueillais, cueillions.* 3 : *cueillis, cueillîmes.* 4 : *cueillerai, cueillerons.* 7 : *cueillerais, cueillerions.* 8 : *cueille, cueillons, cueillez.* 5 : *cueille, cueillions.* 6 : *cueillisse, cueillît.* pr. p. : *cueillant.* p. p. : *cueilli.*

39. Devoir. 1 : *dois, devons, doivent.* 2 : *devais, devions.* 3 : *dus, dûmes.* 4 : *devrai.* 7 : *devrais, devrions.* 5 : *doive, devions.* 6 : *dusse, dût, dussions.* pr. p. : *devant.* p. p. : *dû, due, dus.*

40. Dire. 1 : *dis, dis, dit, disons, dites, disent.* 2 : *disais, disions.* 3 : *dis, dîmes.* 4 : *dirai, dirons.* 7 : *dirais, dirions.* 8 : *dis, disons, dites.* 5 : *dise, disions.* 6 : *disse, dît.* pr. p. : *disant.* p. p. : *dit.*

41. Dormir. 1 : *dors, dormons.* 2 : *dormais, dormions.* 3 : *dormis, dormîmes.* 4 : *dormirai, dormirons.* 7 : *dormirais, dormirions.* 8 : *dors, dormons, dormez.* 5 : *dorme, dormions.* 6 : *dormisse, dormît.* pr. p. : *dormant.* p. p. : *dormi.*

43. Eclore. Only used in the third person. 1 : *éclôt, éclosent.* 4 : *éclora, écloront.* 7 : *éclorait, écloraient.* 5 : *éclose, éclosent.* p. p. : *éclos.*

44. Ecrire. 1 : *écris, écrivons.* 2 : *écrivais, écrivions.* 3 : *écrivis, écrivîmes.* 4 : *écrirai, écrirons.* 7 : *écrirais, écririons.* 8 : *écris, écrivons, écrivez.* 5 : *écrive, écrivions.* 6 : *écrivisse, écrivît.* pr. p. : *écrivant.* p. p. : *écrit.*

46. Envoyer. 1 : *envoie, envoyons.* 2 : *envoyais, envoyions.* 4 : *enverrai, enverrons.* 7 : *enverrais, enverrions.* 8 : *envoie, envoyons, envoyez.* 5 : *envoie, envoyions.* pr. p. : *envoyant.* p. p. : *envoyé.*

48. Etre. 1 : *suis, es, est, sommes, êtes, sont.* 2 : *étais, étions.* 3 : *fus, fûmes.* 4 : *serai, serons.* 7 : *serais, serions.* 8 : *sois, soyons, soyez.* 5 : *sois, soyons.* 6 : *fusse, fût, fussions.* pr. p. : *étant.* p. p. : *été. Eté* is invariable.

49. Faillir. Only used in the following tenses. 3 : *faillis, faillîmes.* 4 : *faudrai* (or) *faillirai.* 7 : *faudrais* (or) *faillirais.* pr. p. : *faillant.* p. p. : *failli.*

50. Faire. 1 : *fais, faisons, faites, font.* 2 : *faisais, faisions.* 3 : *fis, fîmes.* 4 : *ferai.* 7 : *ferais, ferions.* 8 : *fais, faisons, faites.* 5 : *fasse, fassions.* 6 : *fisse, fît, fissions.* pr. p. : *faisant.* p. p. : *fait.*

51. Falloir. Only used in third person. 1 : *faut.* 2 : *fallait.* 3 : *fallut.* 4 : *faudra.* 7 : *faudrait.* 5 : *faille.* 6 : *fallût.* P. p. : *fallu.*

53. Fleurir. 1 : *fleuris, fleurissons.* 2 : *fleurissais, fleurissions.* 3 : *fleuris, fleurîmes.* 4 : *fleurirai.* 7 : *fleurirait, fleuriraient.* 5 : *fleurisse, fleurissions.* 6 : *fleurisse, fleurît.* pr. p. : *fleurissant.* p. p. : *fleuri.* In the figurative meaning, note the 2 : *florissais,* and pr. p. : *florissant.*

55. Frire. Only used in the following tenses. 1 : *fris, fris, frit.* 4 : *frirai, frirons.* The verb *faire* is used with *frire* to supply the persons and tenses that are wanting : as *nous faisons frire.*

56. Fuir. 1 : *fuis, fuyons.* 2 : *fuyais, fuyions.* 3 : *fuis, fuîmes.* 4 : *fuirai.* 7 : *fuirais, fuirions.* 8 : *fuis, fuyons, fuyez.* 5 : *fuie, fuyions.* pr. p. : *fuyant.* p. p. : *fui.*

58. Haïr. 1 : *hais, haïssons.* 2 : *haïssais, haïssions.* 3 : *haïs, haïmes.* 4 : *haïrai, haïrons.* 7 : *haïrais, haïrions.* 5 : *haïsse, haïssions.* pr. p. : *haïssant.* p. p. : *haï.*

59. Joindre. 1 : *joins, joignons.* 2 : *joignais, joignions.* 3 : *joignis.* 4 : *joindrai.* 7 : *joindrais, joindrions.* 5 : *joigne, joignions.* pr. p. : *joignant.* p. p. : *joint.*

60. Lire. 1 : *lis, lisons.* 2 : *lisais, lisions.* 3 : *lus, lûmes.* 4 : *lirai, lirons.* 7 : *lirais, lirions.* 8 : *lis, lisons, lisez.* 5 : *lise, lisions.* 6 : *lusse, lût, lussions.* pr. p. : *lisant.* p. p. : *lu.*

61. Luire. 1 : *lui, luisons.* 2 : *luisais, luisions.* 4 : *luirai, luirons.* 7 : *luirais, luirions.* 5 : *luise, luisions.* pr. p. : *luisant.* p. p. : *lui.* No 3, no 6. The p. p. *lui* has no feminine.

62. Maudire. 1 : *maudis, maudit, maudissons, maudissez, maudissent.* 2 : *maudissais, maudissions.* 3 : *maudis, maudîmes.* 4 : *maudirai, maudirons.* 7 : *maudirais, maudirions.* 5 : *maudisse, maudissions.* 8 : *maudis, maudissons, maudissez.* pr. p. : *maudissant.* p. p. : *maudit.*

63. Médire is conjugated like *dire,* except 1 and 8 : *médisez.*

64. Mettre. 1 : *mets, mettons.* 2 : *mettais, mettions.* 3 : *mis, mîmes.* 4 : *mettrai.* 7 : *mettrais, mettrions.* 8 : *mets, mettons, mettez.* 5 : *mette, mettions.* 6 : *misse, mît, missions.* pr. p. : *mettant.* p. p. : *mis.*

65. Moudre. 1 : *mouds, moulons, moulez, moulent.* 2 : *moulais, moulions.* 3 : *moulus, moulûmes.* 4 : *moudrai, moudrons.* 7 : *moudrais, moudrions.* 8 :

mouds, moulons, moulez. 5 : *moule, moulions.* 6 : *moulusse, moulût.* pr. p. : *moulant.* p. p. : *moulu.*

66. Mourir. 1 : *meurs, meurs, meurt, mourons, mourez, meurent.* 2 : *mourais, mourions.* 3 : *mourus, mourûmes.* 4 : *mourrai, mourrons.* 7 : *mourrais, mourrions.* 8 : *meurs, mourons, mourez.* 5 : *meure, mourions.* 6 : *mourusse, mourût.* pr. p. : *mourant.* p. p. : *mort.*

67. Mouvoir. 1 : *meus, meus, meut, mouvons, mouvez, meuvent.* 2 : *mouvais, mouvions.* 3 : *mus, mûmes.* 4 : *mouvrai, mouvrons.* 7 : *mouvrais, mouvrions.* 8 : *meus, mouvons, mouvez.* 5 : *meuve, mouvions.* 6 : *musse, mût.* pr. p. : *mouvant.* p. p. : *mû* (f. *mue*).

68. Naître. 1 : *nais, nais, naît, naissons, naissez, naissent.* 2 : *naissais, naissions.* 3 : *naquis, naquîmes.* 4 : *naîtrai, naîtrons.* 7 : *naîtrais, naîtrions.* 8 : *nais, naissons, naissez.* 5 : *naisse, naissions.* 6 : *naquisse, naquît.* pr. p. : *naissant.* p. p. : *né.* The auxiliary is *être.*

69. Nuire is conjugated like *luire.* Note the 3 : *nuisis, nuisîmes.* 6 : *nuisisse, nuisît, nuisissions.*

72. Ouvrir. 1 : *ouvre, ouvrons.* 2 : *ouvrais, ouvrions.* 3 : *ouvris, ouvrîmes.* 4 : *ouvrirai.* 7 : *ouvrirais, ouvririons.* 8 : *ouvre, ouvrons, ouvrez.* 5 : *ouvre, ouvrions.* 6 : *ouvrisse, ouvrît.* pr. p. : *ouvrant.* p. p. : *ouvert.*

74. Paraître. 1 : *parais, paraissons.* 2 : *paraissais, paraissions.* 3 : *parus, parûmes.* 4 : *paraîtrai, paraîtrons.* 7 : *paraîtrais, paraîtrions.* 8 : *parais, paraissons, paraissez.* 5 : *paraisse, paraissions.* 6 : *parusse, parût, parussions.* pr. p. : *paraissant.* p. p. : *paru.*

75. Plaire. 1 : *plais, plaisons.* 2 : *plaisais, plaisions.* 3 : *plus, plûmes.* 4 : *plairai.* 7 : *plairais, plairions.* 8 : *plais, plaisons, plaisez.* 5 : *plaise, plaisions.* 6 : *plusse, plût, plussions.* pr. p. : *plaisant.* p. p. : *plu.*

76. Pleuvoir. Only used in the third person sg. 1 : *pleut.* 2 : *pleuvait.* 3 : *plut.* 4 : *pleuvra.* 7 : *pleuvrait.* 5 : *pleuve.* pr. p. : *pleuvant.* p. p. : *plu.*

78. Pourvoir. 1 : *pourvois, pourvoyons.* 2 : *pourvoyais, pourvoyions.* 3 : *pourvus, pourvûmes.* 4 : *pourvoirai.* 7 : *pourvoirais, pourvoirions.* 8 : *pourvois, pourvoyons, pourvoyez.* 5 : *pourvoie, pourvoyions.* 6 : *pourvusse, pourvût, pourvussions.* pr. p. : *pourvoyant.* p. p. : *pourvu.*

79. Pouvoir. 1 : *peux* (or) *puis, peux, peut, pouvons, pouvez, peuvent.* 2 : *pouvais, pouvions.* 3 : *pus, pûmes.* 4 : *pourrai, pourrons.* 7 : *pourrais, pourrions.* 5 : *puisse, puissions.* 6 : *pusse, pût, pussions.* pr. p. : *pouvant.* p. p. : *pu.* No 8.

80. Prendre. 1 : *prends, prenons.* 2 : *prenais, prenions.* 3 : *pris, prîmes.* 4 : *prendrai, prendrons.* 7 : *prendrais, prendrions.* 8 : *prends, prenons, prenez.* 5 : *prenne, prenions.* 6 : *prisse, prît, prissions.* pr. p. : *prenant.* p. p. : *pris.*

82. Prévoir is conjugated like *voir,* except in 4 : *prévoirai, prévoirons,* and 7 : *prévoirais, prévoirions.*

83. Promouvoir is conjugated like *mouvoir,* but used especially in infinitive, compound tenses, p. p. *promu* and occasionally in 3 : *promut, promurent.*

85. Réduire. 1 : *réduis, réduisons.* 2 : *réduisais, réduisions.* 3 : *réduisis, réduisîmes.* 4 : *réduirai, réduirons.* 7 : *réduirais, réduirions.* 8 : *réduis, réduisons, réduisez.* 5 : *réduise, réduisions.* 6 : *réduisisse, réduisît.* pr. p. : *réduisant.* p. p. : *réduit.*

86. Repaître is conjugated like *paître*, but has 3 : *repus, repûmes*. 6 : *repusse, repût*, p. p. : *repu*.

87. Résoudre. 1 : *résous, résolvons*. 2 : *résolvais, résolvions*. 3 : *résolus, résolûmes*. 4 : *résoudrai, résoudrons*. 7 : *résoudrais, résoudrions*. 8 : *résous, résolvons, résolvez*. 5 : *résolve, résolvions*. 6 : *résolusse, résolût, résolussions*. pr. p. : *résolvant*. p. p. : *résolu*.

89. Rire. 1 : *ris, rions*. 2 : *riais, riions*. 3 : *ris, rîmes*. 4 : *rirai, rirons*. 7 : *rirais, ririons*. 8 : *ris, rions, riez*. 5 : *rie, riions*. 6 : *risse, rît, rissions*. pr. p. : *riant*. p. p. : *ri*.

90. Rompre : fourth conjugation, p. VIII.

92. Savoir. 1 : *sais, savons*. 2 : *savais, savions*. 3 : *sus, sûmes*. 4 : *saurai, saurons*. 7 : *saurais, saurions*. 8 : *sache, sachons, sachez*. 5 : *sache, sachions*. 6 : *susse, sût, sussions*. pr. p. : *sachant*. p. p. : *su*.

93. Sentir. 1 : *sens, sentons*. 2 : *sentais, sentions*. 3 : *sentis, sentîmes*. 4 : *sentirai, sentirons*. 7 : *sentirais, sentirions*. 8 : *sens, sentons, sentez*. 5 : *sente, sentions*. 6 : *sentisse, sentît*. pr. p. : *sentant*. p. p. : *senti*.

95. Servir. 1 : *sers, servons*. 2 : *servais, servions*. 3 : *servis, servîmes*. 4 : *servirai, servirons*. 7 : *servirais, servirions*. 8 : *sers, servons, servez*. 5 : *serve, servions*. 6 : *servisse, servît*. pr. p. : *servant*. p. p. : *servi*.

97. Suffire. 1 : *suffis, suffisons*. 2 : *suffisais, suffisions*. 3 : *suffis, suffîmes*. 4 : *suffirai, suffirons*. 7 : *suffirais, suffirions*. 8 : *suffis, suffisons, suffisez*. 5 : *suffise, suffisions*. 6 : *suffisse, suffît*. pr. p. : *suffisant*. p. p. : *suffi*.

98. Suivre. 1 : *suis, suivons*. 2 : *suivais, suivions*. 3 : *suivis, suivîmes*. 4 : *suivrai, suivrons*. 7 : *suivrais, suivrions*. 8 : *suis, suivons, suivez*. 5 : *suive, suivions*. 6 : *suivisse, suivît*. pr. p. : *suivant*. p. p. : *suivi*.

101. Tenir. 1 : *tiens, tenons*. 2 : *tenais, tenions*. 3 : *tins, tînmes*. 4 : *tiendrai, tiendrons*. 7 : *tiendrais, tiendrions*. 8 : *tiens, tenons, tenez*. 5 : *tienne, tenions*. 6 : *tinsse, tînt, tinssions*. pr. p. : *tenant*. p. p. : *tenu*.

102. Vaincre. 1 : *vaincs, vaincs, vainc, vainquons, vainquez, vainquent*. 2 : *vainquais, vainquions*. 3 : *vainquis, vainquîmes*. 4 : *vaincrai, vaincrons*. 7 : *vaincrais, vaincrions*. 8 : *vaincs, vainquons, vainquez*. 5 : *vainque, vainquions*. 6 : *vainquisse, vainquît*. pr. p. : *vainquant*. p. p. : *vaincu*.

103. Valoir. 1 : *vaux, vaux, vaut, valons, valez, valent*. 2 : *valais, valions*. 3 : *valus, valûmes*. 4 : *vaudrai, vaudrons*. 7 : *vaudrais, vaudrions*. 8 : *vaux, valons, valez*. 5 : *vaille, valions*. 6 : *valusse, valût, valussions*. pr. p. : *valant*. p. p. : *valu*.

104. Vêtir. 1 : *vêts, vêts, vêt, vêtons, vêtez, vêtent*. 2 : *vêtais, vêtions*. 3 : *vêtis, vêtîmes*. 4 : *vêtirai, vêtirons*. 7 : *vêtirais, vêtirions*. 8 : *vêts, vêtons, vêtez*. 5 : *vête, vêtions*. 6 : *vêtisse, vêtît*. pr. p. : *vêtant*. p. p. : *vêtu*.

105. Vivre. 1 : *vis, vis, vit, vivons, vivez, vivent*. 2 : *vivais, vivions*. 3 : *vécus, vécûmes*. 4 : *vivrai, vivrons*. 7 : *vivrais, vivrions*. 8 : *vis, vivons, vivez*. 5 : *vive, vivions*. 6 : *vécusse, vécût*. pr. p. : *vivant*. p. p. : *vécu*.

106. Voir. 1 : *vois, vois, voit, voyons, voyez, voient*. 2 : *voyais, voyions*. 3 : *vis, vîmes*. 4 : *verrai, verrons*. 7 : *verrais, verrions*. 8 : *vois, voyons, voyez*. 5 : *voie, voyions*. 6 : *visse, vît*. pr. p. : *voyant*. p. p. : *vu*.

107. Vouloir. 1 : *veux, voulons, veulent*. 2 : *voulais, voulions*. 3 : *voulus, voulûmes*. 4 : *voudrai, voudrons*. 7 : *voudrais, voudrions*. 8 : *veux, voulons, voulez* (or) *veuille, veuillons, veuillez*. 5 : *veuille, voulions*. 6 : *voulusse, voulût*. pr. p. : *voulant*. p. p. : *voulu*.

LAROUSSE DE POCHE

ENGLISH
FRENCH

by Jean Mergault
Agrégé de l'Université
Maître-assistant
à l'Université de Paris VII

completely
new version

Librairie Larousse

Abréviations/Abbreviations

abbr.	abbreviation	*neg,* neg.	negative
a	adjective	obj.	object
art	article	*onom*	onomatopœia
aux	auxiliary	o.s.	oneself
av	adverb	*p,* p.	préposition
coll.	colloquial	p.	past
	(familier, fam.)	pej.	pejorative
comp.	comparative	*pers*	personal
cond.	conditional	*pl,* pl.	plural
c	conjunction	*poss*	possessive
def	definite	p. p.	past participle
dem	demonstrative	pr. p.	present ,,
dim.	diminutive	pr. t.	present tense
dir.	direct	*pref*	prefix
emph, emph.	emphatic	pr	pronoun
excl	exclamation/ive	pret.	preterite
f	feminine	p. t.	past tense
fig, fig.	figurative(ly)	[R]	registered
imp.	imperative		trademark
impers, impers.	impersonal		(marque déposée)
indef	indefinite	*reflex*	reflexive
indir.	indirect	*rel,* rel.	relative
infin.	infinitive	*s b*	somebody
interj.	interjection	*Sg, sing,* sing.	singular
interr.	interrogative	sl.	slang
inv	invariable	*sth*	something
lit, lit.	literally	subj.	subject
liter.	literary	*suff*	suffix
m	masculine	sup.	superlative
mod	modal	TV	television
n	noun (masculine	*usu*	usually
	or feminine)	*v,* v.	verb

Transcription phonétique

æ	cat	ə	*a*gain	j	yes
ɑ:	far	ə:	bird	g	get
e	pen	ai	ice	w	war
i	sit	au	down	ʃ	show
i:	tea	ei	say	ʒ	pleasure
ɔ	box	ɛə	pair	ŋ	bring
ɔ:	call	iə	dear	θ	thin
u	book	ɔi	boy	ð	that
u:	blue	əu	no	tʃ	chip
ʌ	duck	uə	poor	dʒ	jam

● Les autres symboles ont la même valeur que dans l'écriture orthographique (le *h* dit aspiré étant soufflé). ● En anglais britannique, la lettre *r* ne se prononce que devant voyelle. La prononciation américaine fait entendre un r « rétroflexe ».

Prononciation des terminaisons anglaises courantes

-able	[-əbl]	-ess	[-is]	-like	[-laik]
-al	[-əl]	-est	[-əst]	-ly	[-li]
-an	[-ən]	-ful	[-f(u)l][1]	-man	[-mən]
-ance	[-əns]	-hood	[-hud]	-ment	[-mnt][2]
-ant	[-ənt]	-ian	[-iən]	-ness	[-nis]
-ary	[-əri]	-ible	[-ibl][2]	-our	[-ə]
-atic	[-'ætik]	-ic	[-ik][3]	-ous	[-əs]
-ation	[-'eiʃn]	-ing	[-iŋ][4]	-ship	[-ʃip]
-cy	[-si]	-ish	[-iʃ]	-some	[-səm]
-e	muet	-ism	[-izm][2]	-ster	[-stə]
-en	[-ən]	-ist	[-ist]	-tal	[-tl][2]
-ence	[-əns]	-ity	[-iti]	-tion	[-ʃn]
-ency	[-ənsi]	-ive	[-iv]	-ty	[-ti]
-ent	[-ənt]	-ize	[-aiz]	-ward(s)	[-wəd(z)]
-er	[-ə]	-less	[-lis]	-y	[-i][4]

1. Ou, le plus souvent, [-fl] ([l] syllabique). — 2. [l], [m], [n] syllabiques. — 3. Accent sur la pénultième. — 4. Précédé ou non d'une consonne redoublée.

Rubriques/Labels

AGR.	agriculture	LIT.	littéraire/literary
ANAT.	anatomie/anatomy	MATH.	mathématiques/-tics
ARCH.	architecture	MED.	médecine/medicine
ARG.	argot/slang	MIL.	militaire/military
ARTS	arts/arts	MUS.	musique/music
ASTR.	astronautique/-tics	NAUT.	nautique/-tical, navy
	astronomie/-my	OPT.	optique/-tics
AUT.	automobile/car	PEJ.	péjoratif/pejorative
AV.	aviation	PHOT.	photographie/-phy
BOT.	botanique/botany	PHYS.	physique/physics
CH.	chimie/chemistry	POL.	politique/politics
CIN.	cinéma/cinema	RAD.	radio
COLL.	colloquial/familier	RAIL.	chemin de fer/railway
COMM.	commerce/trade	REL.	religion
CULIN.	art culinaire/cooking	SL.	argot/slang
ELECTR.	électricité/-city	SP.	sports (games)
	électronique/-nics	TECHN.	technique/-ology
FAM.	familier/colloquial	TEL.	télécommunications
FIG.	figuré/figuratively	TH.	théâtre/theatre
FIN.	finances/finance	TV	télévision
FR.	France	US	usage américain/
GB	Gde-Bretagne/Britain		chiefly American
GEOGR.	géographie/geography	VULG.	vulgaire/vulgar
GRAMM.	grammaire/grammar	ZOOL.	zoologie/zoology
JUR.	jurisprudence, etc.		

Verbes irréguliers anglais

[R = forme régulière].

arise	arose	arisen	eat	ate	eaten
awake	awoke, R	R, awoken	fall	fell	fallen
be	was	been	feed	fed	fed
bear	bore	borne	feel	felt	felt
beat	beat	beaten	fight	fought	fought
become	became	become	find	found	found
begin	began	begun	flee	fled	fled
behold	beheld	beheld	fling	flung	flung
bend	bent	bent	fly	flew	flown
bet	bet, R	bet, R	forbid	forbade	forbidden
bid	bid	bidden	forecast	forecast, R	forecast, R
bind	bound	bound	forget	forgot	forgotten
bite	bit	bitten	forgive	forgave	forgiven
bleed	bled	bled	freeze	froze	frozen
bless	R, blest	R, blest	get	got	got
blow	blew	blown			US gotten
break	broke	broken	gild	gilded	R, gilt
breed	bred	bred	gird	R, girt	R, girt
bring	brought	brought	give	gave	given
broadcast	broadcast	broadcast	go	went	gone
build	built	built	grind	ground	ground
burn	burnt, R	burnt, R	grow	grew	grown
burst	burst	burst	hang	hung, R	hung, R
buy	bought	bought	have	had	had
cast	cast	cast	hear	heard	heard
catch	caught	caught	hide	hid	hidden, hid
choose	chose	chosen	hit	hit	hit
cling	clung	clung	hold	held	held
come	came	come	hurt	hurt	hurt
cost	cost	cost	keep	kept	kept
creep	crept	crept	kneel	knelt	knelt
cut	cut	cut	knit	R, knit	R, knit
deal	dealt	dealt	know	knew	known
dig	dug	dug	lay	laid	laid
do	did	done	lead	led	led
draw	drew	drawn	lean	leant, R	leant, R
dream	dreamt, R	dreamt, R	leap	leapt, R	leapt, R
drink	drank	drunk	learn	learnt, R	learnt, R
drive	drove	driven	leave	left	left
dwell	dwelt, R	dwelt, R	lend	lent	lent

let	*let*	*let*	*spell*	*spelt, R*	*spelt, R*
lie	*lay*	*lain*	*spend*	*spent*	*spent*
light	*lit, R*	*lit, R*	*spill*	*spilt, R*	*spilt, R*
lose	*lost*	*lost*	*spin*	*spun, span*	*spun*
make	*made*	*made*	*spit*	*spat, spit*	*spat, spit*
mean	*meant*	*meant*	*split*	*split*	*split*
meet	*met*	*met*	*spoil*	*spoilt, R*	*spoilt, R*
mistake	*mistook*	*mistaken*	*spread*	*spread*	*spread*
mow	*mowed*	*mown, R*	*spring*	*sprang*	*sprung*
pay	*paid*	*paid*	*stand*	*stood*	*stood*
put	*put*	*put*	*steal*	*stole*	*stolen*
quit	*R, quit*	*R, quit*	*stick*	*stuck*	*stuck*
read	*read*	*read*	*sting*	*stung*	*stung*
rid	*rid, R*	*rid, R*	*stink*	*stank, stunk*	*stunk*
ride	*rode*	*ridden*	*strew*	*strewed*	*strewn, R*
ring	*rang*	*rung*	*stride*	*strode*	*stridden*
rise	*rose*	*risen*	*strike*	*struck*	*struck, (stricken)*
run	*ran*	*run*			
saw	*sawed*	*sawn, R*	*strive*	*strove*	*striven*
say	*said*	*said*	*swear*	*swore*	*sworn*
see	*saw*	*seen*	*sweep*	*swept*	*swept*
seek	*sought*	*sought*	*swell*	*swelled*	*swollen, R*
sell	*sold*	*sold*	*swim*	*swam*	*swum*
send	*sent*	*sent*	*swing*	*swung*	*swung*
set	*set*	*set*	*take*	*took*	*taken*
sew	*sewed*	*sewn, R*	*teach*	*taught*	*taught*
shake	*shook*	*shaken*	*tear*	*tore*	*torn*
shed	*shed*	*shed*	*tell*	*told*	*told*
shine	*shone, R*	*shone, R*	*think*	*thought*	*thought*
shoot	*shot*	*shot*	*thrive*	*throve, R*	*thriven, R*
show	*showed*	*shown*	*throw*	*threw*	*thrown*
shrink	*shrank, shrunk*	*shrunk, (shrunken)*	*tread*	*trod*	*trodden*
			understand	*understood*	*understood*
shut	*shut*	*shut*	*undo*	*undid*	*undone*
sing	*sang*	*sung*	*upset*	*upset*	*upset*
sink	*sank*	*sunk*	*wake*	*woke, R*	*woken, R*
sit	*sat*	*sat*	*wear*	*wore*	*worn*
sleep	*slept*	*slept*	*weave*	*wove*	*woven*
slide	*slid*	*slid*	*weep*	*wept*	*wept*
slit	*slit*	*slit*	*win*	*won*	*won*
smell	*smelt, R*	*smelt, R*	*wind*	*wound*	*wound*
sow	*sowed*	*sown, R*	*withdraw*	*withdrew*	*withdrawn*
speak	*spoke*	*spoken*	*wring*	*wrung*	*wrung*
speed	*sped, R*	*sped, R*	*write*	*wrote*	*written*

a

a [ei] *n* Mus. la *m* ‖ *A-1*, de première qualité ‖ *A-bomb*, bombe *f* atomique.

a [ei, ə], **an** [æn, ən] *indef art* un, une ; ~ *Mr. Smith*, un certain M. Smith ● *p : twice ~ day*, deux fois par jour ; *50 p an hour*, 50 pence l'heure.

aback [ə'bæk] *av :* **be taken ~**, être pris au dépourvu.

abbreviate [ə'briːvieit] *v* abréger.

a␣bbrevi'ation *n* abréviation *f*.

abeyance [ə'beiəns] *n :* **in ~**, en suspens/souffrance.

ability [ə'biliti] *n* aptitude *f* ; *to the best of my ~*, de mon mieux.

ablaze [ə'bleiz] *a/av* en feu ; *set ~*, embraser.

able ['eibl] *a* capable ; **be ~**, pouvoir.

aboard [ə'bɔːd] *av* à bord ; *all ~!*, en voiture !

abort [ə'bɔːt] *v* (faire) avorter.

abortion *n* avortement *m* ; *have an ~*, avorter.

abound [ə'baund] *v* abonder.

about [ə'baut] *p* ici et là ; *walk ~ the town*, se promener dans la ville ‖ près de ; *~ here*, par ici ; *I haven't any money ~ me*, je n'ai pas d'argent sur moi ‖ au sujet de ; *what is it ~?*, de quoi s'agit-il ? ‖ [suggestion] *how/what ~ going to the pictures ?*, si on allait au cinéma ? ; [inquiry] *what ~ you ?*, et vous ? ‖ [busy] *what are you ~?*, que faites-vous ? ‖ *~ to do*, sur le point de faire ‖ → GO, SET ● *av* çà et là ; dans le voisinage ‖ environ ; *~ 4 o'clock*, vers 4 heures ‖ US = AROUND ‖ → BRING, COME ● *a :* [active] *is he ~ yet ?*, est-il levé ? ; → UP.

above [ə'bʌv] *p* au-dessus de ‖ *~ all*, surtout ‖ au-delà de ; en amont de (river) ● *av* au-dessus.

abreast [ə'brest] *av* de front ‖ *keep ~ of*, se tenir au courant de.

abroad [ə'brɔːd] *av* à l'étranger ‖ de tous côtés.

abrupt [ə'brʌpt] *a* abrupt, escarpé (steep) ‖ brusque (sudden).

absent ['æbsnt] *a* absent *(from,* de) ● [æb'sent] *v :* ~ *o. s.*, s'absenter *(from,* de).

absent-minded [-'maindid] *a* distrait.

absent-mindedness *n* distraction *f*.

absolute ['æbsəluːt] *a* absolu, total.

absolutely *av* absolument.

absorb [əb'sɔːb] *v* absorber ‖ amortir (bump).

abstain [əbs'tein] *v* s'abstenir *(from,* de).

abstemious [æb'sti:miəs] *a* sobre, abstinent.

abstract ['æbstrækt] *a* abstrait • *n* abrégé, résumé *m* • [-'-] *v* extraire ‖ voler ‖ ~ed, distrait.

absurd [əb'sə:d] *a* absurde.

abuse [ə'bju:s] *n* abus *m* ‖ insultes, injures *fpl* • [ə'bju:z] *v* abuser de (misuse); insulter.

accelerate [ək'seləreit] *v* accélérer.

ac,cele'ration *n* accélération *f*.

ac'celerator *n* accélérateur *m*.

accent ['æksnt] *n* accent *m*.

accept [ək'sept] *v* accepter.

access ['ækses] *n* accès *m*, admission *f*.

accessory [ək'sesəri] *n* accessoire *m*.

accident ['æksidnt] *n* accident *m*; *meet with an* ~, avoir un accident ‖ hasard *m*; *by* ~, accidentellement.

accommodate [ə'kɔmədeit] *v* loger.

accommodating *a* obligeant.

a,ccommo'dation *n* logement *m*, place *f*.

accomplice [ə'kɔmplis] *n* complice *n*.

accomplish [ə'kɔmpliʃ] *v* accomplir • *a* : ~ed [-t] doué.

accomplishment *n* réalisation *f*.

according [ə'kɔ:diŋ] *av* : ~ *as*, selon que ; ~ *to*, selon.

accordingly *av* en conséquence.

accost [ə'kɔst] *v* accoster ‖ [prostitute] racoler (fam.).

account [ə'kaunt] *v* estimer, considérer ‖ ~ *for*, rendre compte de ; expliquer • *n* récit *m* ‖ motif *m* ; *on* ~ *of*, à cause de ; *on no* ~, en aucun cas ‖ *take into* ~, tenir compte de ‖ profit *m* ‖ importance *f* ‖ FIN. compte *m*.

accountant *n* comptable *n*.

accuracy ['ækjurəsi] *n* précision, exactitude *f*.

accurate [-it] *a* précis, exact.

accustom [ə'kʌstəm] *v* habituer (*to*, à); *get* ~ed *to doing*, s'habituer à faire.

ace [eis] *n* as *m*.

ache [eik] *n* douleur *f*; courbature *f*; mal *m* • *v* faire mal.

achieve [e'tʃi:v] *v* réaliser ‖ atteindre.

achievement *n* réalisation *f* ‖ exploit *m*.

acid ['æsid] *a/n* acide (*m*) ‖ SL. LSD *m* (drug).

acknowledge [ək'nɔlidʒ] *v* reconnaître, avouer ‖ accuser réception de.

acknowledgement *n* : ~ *of receipt*, accusé *m* de réception.

acorn ['eikɔ:n] *n* gland *m*.

acquaint [ə'kweint] *v* faire savoir ‖ ~ *o.s.*, se mettre au courant ‖ [persons] *be* ~ed, se connaître.

acquaintance *n* connaissance *f*; *make sb's* ~, faire la connaissance de qqn ‖ relation *f*.

acquire [ə'kwaiə] v acquérir.

across [ə'krɔs] p à travers ; de l'autre côté (on the other side) ; en travers de (crosswise) ● av : [wide] 3 feet ∼, 1 mètre de large ‖ run ∼, traverser en courant.

act [ækt] n acte m, action f ; in the ∼, sur le fait ‖ JUR. loi f ‖ TH. acte m ● v agir (on, sur) ‖ faire fonction (as, de) ‖ TH. jouer (part).

acting a suppléant.

action n action f ‖ geste m (gesture).

actual ['æktjuəl] a réel.

actually av en réalité.

acute [ə'kjuːt] a aigu ‖ FIG. pénétrant, vif.

acutely av intensément.

ad [æd] n COLL. annonce f.

adapter [ə'dæptə] n ELECTR. prise f multiple.

add [æd] v ajouter (to, à) ‖ additionner.

adder ['ædə] n vipère f.

addict [ə'dikt] v : be ∼ed to, s'adonner à ● ['ædikt] n drogué n.

addiction [ə'dikʃn] n intoxication f.

addition [ə'diʃn] n addition f ‖ augmentation f (increase).

additional a supplémentaire.

address [ə'dres] n adresse f ● v mettre l'adresse sur ‖ adresser la parole (to, à).

addressee [,ædre'siː] n destinataire n.

adept ['ædept] a expert (in, en), habile (in, à).

adequate ['ædikwit] a suffisant (to, à).

adhesive [əd'hiːsiv] a adhésif, gommé ‖ MED. ∼ plaster/tape, sparadrap m.

adjust [ə'dʒʌst] v adapter ‖ régler, mettre au point.

adjustable a réglable.

admission [əd'miʃn] n admission f.

admit [əd'mit] v admettre ; laisser entrer ‖ contenir (have room for) ‖ concéder ; ∼ to, avouer.

admittance n entrée f, accès m ; no ∼, défense d'entrer.

adopt [ə'dɔpt] v adopter.

adoptive a adoptif.

adorn [ə'dɔːn] v orner, parer (with, de).

ads [ædz] npl : small ∼, petites annonces.

adult ['ædʌlt] a/n adulte (n).

adulterate [ə'dʌltəreit] v adultérer ; dénaturer.

a͵dulte'ration n altération f.

advance [əd'vɑːns] n avance, progression f ; in ∼, en avance ● v avancer, progresser ‖ [prices] augmenter.

advanced [-t] a avancé (ideas) ‖ supérieur (studies).

advancement n avancement, progrès m.

advantage [əd'vɑːntidʒ] n avantage m ; take ∼ of, profiter de ‖ [tennis] avantage m.

adventurous [əd'ventʃrəs] a aventureux, dangereux.

adverse ['ædvəːs] a adverse, hostile ; contraire (wind).

advertise [ˈædvətaiz] v faire de la publicité pour ‖ insérer une annonce.

advertisement [ədˈvəːtismənt] n publicité f; annonce, réclame f.

advertiser [ˈædvətaizə] n annonceur m.

advice [ədˈvais] n avis m, conseils mpl; a piece of ∼, un conseil; take medical ∼, consulter un médecin.

advisable [-zəbl] a judicieux, opportun, recommandable.

advise [-z] v conseiller; ∼ sb against sth, déconseiller qqch à qqn ‖ informer, aviser.

advisory [ədˈvaizəri] a consultatif.

aerial [ˈɛəriəl] a aérien ● n antenne f.

aerobatics [ˌɛərəˈbætiks] n acrobaties aériennes.

aeroplane [ˈɛərəplein] n avion m.

aerosol [ˈ-sɔl] n aérosol m.

afar [əˈfɑː] av loin; from ∼, de loin.

affair [əˈfɛə] n affaire f ‖ liaison f (sexual).

affect 1 [əˈfekt] v affecter, influer sur ‖ toucher, émouvoir (move the feelings).

affect 2 v affecter, feindre.

affectation [ˌæfekˈteiʃn] n affectation f, maniérisme m (pose).

affection [əˈfekʃn] n affection, tendresse f.

afflict [əˈflikt] v affliger (with, de).

affluence [ˈæfluəns] n opulence f.

affluent a opulent ● n affluent m (river).

afford [əˈfɔːd] v avoir les moyens/le temps de ‖ FIG. fournir.

affront [əˈfrʌnt] v insulter (slight).

afraid [əˈfreid] a effrayé (of, de) ‖ I am ∼ that, je crains que.

Africa [ˈæfrikə] n Afrique f.

African a/n africain (n).

after [ˈɑːftə(r)] p après (later than); the day ∼ tomorrow, après-demain ‖ derrière (behind) ‖ ∼ all, malgré tout ‖ d'après (according to) ● c après que ● av : the day ∼, le lendemain.

after-effect n répercussion f ‖ MED. séquelles fpl.

aftermath [-mæθ] n séquelles fpl.

afternoon [ˈ-nuːn] n après-midi m/f; good ∼!, bonjour!

after-sales service n service m après-vente.

afterthought n réflexion f après coup.

afterwards av après, ensuite.

again [əˈge(i)n] av de nouveau, encore ‖ autant.

against [əˈge(i)nst] p contre, sur ‖ en cas de (anticipation).

age [eidʒ] n âge m; under ∼, mineur; of ∼, majeur; come of ∼, atteindre sa majorité.

agency [ˈeidʒnsi] n entremise f ‖ COMM. succursale f.

agent ['eidʒnt] *n* agent *m ;* impresario *m* ‖ Comm. représentant *m*.

aggravating ['ægrəveitiŋ] *a* exaspérant.

aghast [ə'gɑːst] *a* [fear] épouvanté ‖ [surprise] sidéré.

agitation [ˌædʒi'teiʃn] *n* agitation, émotion *f* ‖ débat *m* ‖ Pol. campagne *f*.

ago [ə'gəu] *a :* **two years ~,** il y a deux ans ; *a little while* **~,** tout à l'heure ● *av :* **long ~,** il y a longtemps ; *not long* **~,** depuis peu ; *how long ~ is it since ?,* combien de temps y a-t-il que ?

agonizing ['ægənaiziŋ] *a* atroce.

agony *n* angoisse, détresse *f*.

agree [ə'griː] *v* consentir (*to,* à) ‖ être d'accord (*with,* avec) ‖ s'entendre (*about,* sur) ‖ convenir (*that,* que) ‖ **~ with,** [climate] convenir à ; [food] réussir (à).

agreeable [ə'griəbl] *a* agréable ‖ d'accord (*to,* pour).

agreement [ə'griːmənt] *n* entente *f*, accord *m*.

agricultural [ˌægri'kʌltʃərl] *a* agricole.

ague ['eigjuː] *n* fièvre paludéenne.

ahead [ə'hed] *av* [place] en avant ; *straight* **~,** tout droit ‖ [time] en avance ; *look* **~,** prévoir.

aid [eid] *v* aider (*to,* à) ; secourir ; **~ one another,** s'entraider ● *n* aide *f*, secours *m*.

ailing ['eiliŋ] *a* souffrant, malade.

aim [eim] *v* pointer (weapon) [*at,* sur] ; **~ at,** viser ‖ Fig. viser ; tendre (*at,* à) ● *n* visée *f* ‖ Fig. but *m*.

aimlessly *av* sans but, à l'aventure.

ain't [eint] Vulg. = *am/is/ are not*.

air [ɛə] *n* air *m* ‖ Rad. **on the ~,** radiodiffusé ‖ Mus. air *m* (tune) ‖ Fig. air, aspect *m* ● *v* aérer (room) ‖ sécher (linen) ‖ Fig. afficher (one's opinion).

air-bed *n* matelas *m* pneumatique.

airborne *a* aéroporté.

air-conditioned *a* climatisé.

air-cooled *a* Aut. à refroidissement par air.

aircraft *n* appareil, avion *m ;* **~ carrier,** porte-avions *m*.

air force *n* armée *f* de l'air.

air-hostess *n* hôtesse *f* de l'air.

air-lift *n* pont aérien.

airline *n* ligne aérienne.

airmail *n* poste aérienne ; *by* **~,** par avion.

air-man [-mən] *n* aviateur *m*.

air pirate *n* pirate *m* de l'air.

airplane *n* US avion *m*.

airport *n* aéroport *m*.

air-sickness *n* mal *m* de l'air.

air terminal *n* aérogare *f*.

air traffic controller *n* contrôleur aérien ; aiguilleur *m* du ciel (fam.).

airway *n* route aérienne.

airy ['ɛəri] *a* aéré ; ventilé.

aisle [ail] *n* RAIL. Av. couloir central, TH. allée *f*.

akin [ə'kin] *a* apparenté (*to*, à).

alarm [ə'lɑ:m] *n* alarme, alerte *f* • *v* alarmer, effrayer.

alarm-clock *n* réveille-matin *m*.

ale [eil] *n* bière *f*.

alert [ə'lə:t] *a* éveillé, vigilant ; *on the* ~, sur le qui-vive • *n* alerte *f*.

Algeria [æl'dʒiriə] *n* Algérie *f*.

Algerian *a/n* algérien *(n)*.

Algiers [-iəz] *n* Alger.

alien ['eiljən] *a/n* étranger *(n)* (*from*, à) ; contraire (*to*, à).

alight 1 [ə'lait] *v* descendre (from horse, bus) ‖ Av. amerrir ; atterrir.

alight 2 *a/av* allumé (kindled) ; éclairé (lighted up).

alike (ə'laik) *a* semblable.

alive [ə'laiv] *a* vivant, en vie ‖ ~ *to*, conscient de.

all [ɔ:l] *a* tout, toute ; tous, toutes • *pr* tout le monde, tous ; ~ *that*, tout ce qui/que ; ~ *together*, tous ensemble ‖ *at* ~, tant soit peu, vraiment ; *not at* ~, pas du tout ‖ *for* ~, malgré • *av* tout, entièrement ‖ SP. *five* ~, cinq à cinq ‖ ~ *at once*, tout d'un coup ‖ COMM. ~ *in*, global ; JUR. tous risques (policy) ‖ SP. ~ *in* (*wrestling*), catch *m* ‖ ~ *over*, entièrement ‖ ~ *right*, [answer] ça va !, très bien ! ; (a) en bonne santé ‖ ~ *the same*, malgré tout ‖ ~ *that*, tellement, si.

alley ['æli] *n* ruelle *f* ; *blind* ~, impasse *f*.

allow [ə'lau] *v* permettre ‖ admettre, accepter ‖ ~ *for*, tenir compte de.

allowance *n* permission *f* ‖ allocation, indemnité *f* ‖ tolérance *f* ‖ *make* ~ *for*, tenir compte de.

alloy ['æloi] *n* alliage *m*.

allude [ə'l(j)u:d] *v* faire allusion (*to*, à).

allure [ə'ljuə] *v* séduire.

allusion [ə'lu:ʒn] *n* allusion *f*.

ally [ə'lai] *n* allié *n* • *v* (s') allier à.

almond ['ɑ:mənd] *n* amande *f*.

almost ['ɔ:lməust] *av* presque.

alms [ɑ:mz] *n* aumône *f*.

alone [ə'ləun] *a* seul.

along [ə'lɔŋ] *av* en avant.

aloof [ə'lu:f] *av* à l'écart.

aloud [ə'laud] *av* à haute voix, (tout) haut.

alphabet ['ælfəbit] *n* alphabet *m*.

alphabetical [,ælfə'betikl] *a* alphabétique.

already [ɔ:l'redi] *av* déjà.

also ['ɔ:lsəu] *av* aussi.

altar ['ɔ:ltə] *n* [church] autel *m* ; ~ *boy*, enfant *m* de chœur.

alter ['ɔ:ltə] *v* modifier ; retoucher (garment).

,alte'ration *n* modification *f* ; retouche *f* (*to*, à).

alternate ['ɔ:ltəneit] *v* alterner.

alternately [ɔ:l'tə:nitli] *av* alternativement.

alternating [ˈɔːltəneitiŋ] *a* ELECTR. alternatif.

alternative [-nətiv] *a* alternatif ● *n* choix *m*, solution *f* de rechange.

although [ɔːlˈðəu] *c* quoique.

altimeter [ˈæltimiːtə] *n* altimètre *m*.

altitude [-tjuːd] *n* altitude *f*.

altogether [ˌɔːltəˈgəðə] *av* complètement.

aluminium [ˌæljuˈminjəm] *n* aluminium *m*.

always [ˈɔːlweiz] *av* toujours.

am [æm] → BE*.

amateur [ˈæmətəː] *n* amateur *n*.

amaze [əˈmeiz] *v* stupéfier.

amazing *a* stupéfiant.

ambassador [æmˈbæsədɔ] *m* ambassadeur *m*.

ambassadress [-dris] *f* ambassadrice *f*.

amber [ˈæmbə] *n* : AUT. ∼ *light*, feu *m* orange.

ambition [æmˈbiʃn] *n* ambition *f*.

ambitious [-əs] *a* ambitieux.

ambulance [ˈæmbjuləns] *n* ambulance *f*.

ambush [ˈæmbuʃ] *n* embuscade *f*.

ameliorate [əˈmiːljəreit] *v* (s') améliorer.

amenity [əˈmiːniti] *n* agrément *m* ‖ *Pl* commodités *fpl*.

America [əˈmerikə] *n* Amérique *f*.

American *a/n* américain (*n*).

amiss [əˈmis] *av* : *take (sth)* ∼, mal prendre (qqch).

ammeter [ˈæmitə] *n* ampèremètre *m*.

ammunition [ˌæmjuˈniʃn] *n* munitions *fpl*.

among(st) [əˈmʌŋ(kst)] *p* parmi.

amount [əˈmaunt] *n* montant, total *m* ● *v* s'élever, revenir (*to*, à).

ample [ˈæmpl] *a* suffisant; ample.

amplifier [-ifaiə] *n* amplificateur *m*.

amplify [-ifai] *v* amplifier.

amputate [ˈæmpjuteit] *v* amputer.

amuse [əˈmjuːz] *v* amuser; ∼ *o. s.*, s'amuser.

amusement *n* amusement *m*.

an [æn] → A.

anaemia [əˈniːmjə] *n* anémie *f*.

anaemic [-ik] *a* anémique.

anaesthesia [ˌænisˈθiːzjə] *n* anesthésie *f*.

anaesthetic [-ˈetik] *a/n* anesthésique (*m*).

anaesthetist [æˈniːsθitist] *n* anesthésiste *n*.

anaesthetize [æˈniːsθitaiz] *v* anesthésier.

analyse [ˈænəlaiz] *v* analyser.

analysis [əˈnæləsis] *n* analyse *f*.

analyst [ˈænəlist] *n* US psychanalyste *n*.

anarchist [ˈænəkist] *a/n* anarchiste (*n*).

anarchy *n* anarchie *f*.

anatomic [ˌænəˈtɔmik] *a* anatomique.

anatomy [ə'nætəmi] *n* anatomie *f*.

ancestor ['ænsistə] *n* ancêtre *m*.

anchor ['æŋkə] *n* ancre *f*; *cast* ~, jeter l'ancre, mouiller; *weigh* ~, lever l'ancre.

anchorage [-ridʒ] *n* mouillage *m*.

anchovy ['æntʃəvi] *n* anchois *m*.

ancient ['einʃnt] *a* antique; ancien (world).

and [ænd, ənd] *c* et.

angel ['eindʒl] *n* ange *m*.

anger ['æŋgə] *n* colère *f* ● *v* mettre en colère.

angle 1 ['æŋgl] *n* angle *m* ‖ PHOT. *wide* ~, grand angle.

angle 2 *v* pêcher à la ligne.

anglican ['æŋglikən] *a/n* anglican (*n*).

angry ['æŋgri] *a* en colère; *get* ~, se fâcher.

anguish ['æŋgwiʃ] *n* angoisse *f*.

anguished [-t] *a* angoissé.

animal ['æniml] *a/n* animal (*m*).

animated [-eitid] *a* animé; ~ *cartoon*, dessin animé.

ankle ['æŋkl] *n* cheville *f*.

ankle-socks *npl* Socquettes *fpl*.

announce [ə'nauns] *v* annoncer; ~ *sth to sb*, faire part de qqch à qqn ‖ publier.

announcement *n* annonce *f*.

announcer *n* RAD. speaker *m*; *woman* ~, speakerine *f*.

annoy [ə'nɔi] *v* contrarier; vexer.

annoyance *n* contrariété *f*, désagrément *m*.

annoying *a* agaçant, contrariant.

annual ['ænjuəl] *a* annuel.

annul [ə'nʌl] *v* annuler; abroger.

anonymous [ə'nɔniməs] *a* anonyme.

anorak ['ænəræk] *n* anorak *m*.

another [ə'nʌðə] *a/pr* un(e) autre; nouveau, encore un(e).

answer ['ɑːnsə] *n* réponse *f* ● *v* répondre; ~ *sb*, répondre à qqn; ~ *a question*, répondre à une question; ~ *the door/bell*, aller ouvrir ‖ ~ *back*, répliquer.

answerable ['ɑːnsrəbl] *a* responsable.

answering machine *n* répondeur *m* téléphonique.

ant [ænt] *n* fourmi *f*.

antecedent [ˌænti'siːdnt] *a/n* antécédent (*m*).

ant-hill *n* fourmilière *f*.

antiaircraft [ˌænti'ɛəkrɑːft] *a* antiaérien.

antibiotic [-bai'ɔtik] *n* antibiotique *m*.

anticipate [æn'tisipeit] *v* devancer, prévenir (desires) ‖ prévoir (foresee) ‖ savourer à l'avance (pleasure).

antidote ['æntidəut] *n* antidote, contrepoison *m*.

anti-freeze *n* antigel *m*.

antipathetic [ˌæntipə'θetik] *a* antipathique.

antipathy [æn'tipəθi] *n* antipathie *f.*

antique [æn'tiːk] *a* ancien,
antique ● *n* objet *m* d'art
(ancien) ; ~ *dealer,* antiquaire
n.

antiseptic [,ænti'septik] *a/n*
antiseptique *(m).*

antitheft *a* : ~ *device,* antivol *m.*

anxiety [æŋ'zaiəti] *n* anxiété
f.

anxious ['æŋʃəs] *a* inquiet ‖
désireux, *(for,* de) ; *be* ~ *to,*
attendre avec impatience de.

anxiously *av* avec inquiétude ; avec impatience.

any ['eni] *a* n'importe quel,
tout ‖ [interr. or neg. senten-
ces] quelque(s) ; du, de la, des ;
not ~, aucun ● *pr* n'importe lequel ; quiconque ; en ; *I
haven't* ~, je n'en ai pas ● *av*
[interr. sentences] un peu ; *is
he* ~ *better ?,* va-t-il un peu
mieux ? ~ *more tea ?,* encore
du thé ?

'any,body *pr* n'importe qui ;
quelqu'un.

anyhow *av* n'importe comment ‖ de toute façon.

anyone *pr* → ANYBODY.

anything *pr* n'importe quoi ;
tout.

anyway *av* → ANYHOW.

anywhere *av* n'importe où ;
quelque part.

apart [ə'pɑːt] *av* à l'écart ;
séparément ; *come* ~, se détacher ‖ *take* ~, démonter ‖ ~
from, en dehors de.

apartment [ə'pɑːtmənt] *n*
pièce *f* ‖ US appartement *m* ‖
Pl appartement meublé.

ape [eip] *n* grand singe.

aperture ['æpətjuə] *n* PHOT.
ouverture *f.*

apiece [ə'piːs] *av* (la) pièce ;
chacun.

apologize [ə'pɔlədʒaiz] *v*
s'excuser *(to,* auprès de ; *for,*
de).

apology [ə'pɔlədʒi] *n* excuse *f*
(for, de).

apostle [ə'pɔsl] *n* apôtre *m.*

apostrophe [ə'pɔstrəfi] *n*
apostrophe *f.*

appalling [ə'pɔːliŋ] *a* effroyable.

apparatus [,æpə'reitəs] *n*
appareil *m.*

apparent [ə'pærnt] *a* apparent ; évident (obvious).

apparently *av* apparemment.

appeal [ə'piːl] *v* avoir recours
(to, à) ‖ FIG. séduire, attirer
● *n* appel *m* ‖ attrait *m.*

appear [ə'piə] *v* apparaître
(become visible) ; paraître
(seem).

appearance [-rns] *n* [active]
apparition *f* ‖ [passive] apparence *f.*

appease [ə'piːz] *v* apaiser,
calmer.

appendicitis [ə,pendi'saitis]
n appendicite *f.*

appetite ['æpitait] *n* appétit
m.

appetizing [-aiziŋ] *a* appétissant.

applaud [ə'plɔːd] *v* applaudir.

applause [-ɔːz] *n* applaudissements *mpl*.

apple [ˈæpl] *n* pomme *f*.

apple-fritter *n* beignet *m* aux pommes.

apple-sauce *n* compote *f* de pommes.

apple-tree *n* pommier *m*.

appliance [əˈplaiəns] *n* appareil *m*; accessoire *m*; *domestic* ∼, appareil électroménager.

applicant [ˈæplikənt] *n* postulant, candidat *n*.

,appliˈcation *n* candidature *f*; demande *f* (for a job); *make an* ∼, faire une demande.

apply [əˈplai] *v* s'adresser (to, à); ∼ *for a job*, faire une demande d'emploi.

appoint [əˈpɔint] *v* nommer (to, à) ‖ fixer (date) ‖ équiper, aménager.

appointment *n* rendez-vous *m*; *make an* ∼ *with*, fixer un rendez-vous à ‖ nomination *f*.

appraise [əˈpreiz] *v* évaluer, estimer.

appreciate [əˈpriːʃieit] *v* évaluer ‖ apprécier (esteem).

appreciation [ə,priːʃiˈeiʃn] *n* appréciation *f*.

apprehend [,æpriˈhend] *v* appréhender.

apprehension [-ʃn] *n* appréhension *f*.

apprehensive [-siv] *a* craintif; inquiet (for, pour).

apprentice [əˈprentis] *n* apprenti *n* ● *v* mettre en apprentissage (to, chez).

approach [əˈprəutʃ] *v* s'approcher de ● *n* approche *f* (action) ‖ voie *f* d'accès (to, à).

appropriate [əˈprəuprieit] *a* approprié.

approval [əˈpruːvl] *n* approbation *f*.

approve [əˈpruːv] *v* : ∼ (of), approuver.

approximate [əˈprɔksimit] *a* approximatif.

approximately *av* approximativement.

apricot [ˈeiprikɔt] *n* abricot *m*.

April [ˈeiprl] *n* avril *m*.

apron [ˈeiprn] *n* tablier *m*.

apt [æpt] *a* juste (remark) ‖ enclin (to, à) ‖ doué (at, pour).

aptitude [ˈæptitjuːd] *n* aptitude *f* (for, pour).

aqualung [ˈækwəlʌŋ] *n* scaphandre *m* autonome.

aquarium [əˈkwɛəriəm] *n* aquarium *m*.

aquatic [əˈkwætik] *a* aquatique.

aqueduct [ˈækwidʌkt] *n* aqueduc *m*.

Arab [ˈærəb] *n* Arabe *n*.

Arabian [əˈreibjən] *a* arabe.

Arabic [ˈærəbik] *a* arabe ● *n* [language] arabe *m*.

arbitrary [ˈɑːbitrəri] *a* arbitraire.

arbitrate [-eit] *v* arbitrer.

arc [ɑːk] *n* ELECTR. arc *m*.

arch [ɑːtʃ] *n* ARCH. arc, cintre *m* ● *v* arquer, voûter.

archaeology [,ɑːkiˈɔlədʒi] *n* archéologie *f*.

archbishop [ˈɑːtʃˈbiʃəp] *n* archevêque *m*.

archery [ˈɑːtʃəri] *n* tir *m* à l'arc.

architect [ˈɑːkitekt] *n* architecte *n*.

architecture [-ʃə] *n* architecture *f*.

arc-light *n* lampe *f* à arc.

are → BE*.

area [ˈɛəriə] *n* superficie *f* ‖ région *f* ; quartier *m* (district) ‖ courette *f* (yard).

aren't [ɑːnt] = *are not* or *am not* → BE*.

argue [ˈɑːgjuː] *v* discuter ‖ se disputer ‖ soutenir ‖ persuader.

argument [ˈɑːgjumənt] *n* argument *m* (reason) ‖ discussion *f* ; dispute *f*.

arid [ˈærid] *a* aride, sec.

arise* [əˈraiz] *v* (difficulties) survenir ‖ provenir, résulter (*from*, de).

aristocracy [ˌærisˈtɔkrəsi] *n* aristocratie *f*.

aristocrat [ˈæristəkræt] *n* aristocrate *n*.

‚aristoˈcratic *a* aristocratique.

arithmetic [əˈriθmetik] *n* arithmétique *f*.

arm 1 [ɑːm] *n* bras *m*.

arm 2 *n* arme *f* (weapon) ● *v* (s') armer.

arm-chair *n* fauteuil *m*.

armistice [-istis] *n* armistice *m*.

armlet [-lit] *n* brassard *m*.

armour *n* blindage *m* ‖ blindés *mpl* (units).

army [ˈɑːmi] *n* armée *f*.

arose → ARISE*.

around [əˈraund] *av* autour ; çà et là ● *p* autour de.

arouse [əˈrauz] *v* éveiller, réveiller ‖ exciter (sexually).

arrange [əˈreinʒ] *v* (s') arranger ‖ organiser ‖ MUS. adapter.

arrangement *n* arrangement, aménagement *m*, disposition *f*.

arrears [əˈriəz] *npl* arriéré *m*.

arrest [əˈrest] *v* arrêter.

arrival [əˈraivl] *n* arrivée *f*.

arrive [əˈraiv] *v* arriver.

arrogant [ˈærəgənt] *a* arrogant.

arrow [ˈærəu] *n* flèche *f*.

arson [ˈɑːsn] *n* incendie *m* volontaire.

art [ɑːt] *n* art *m* ; *fine* ∼s, Beaux-Arts. ‖ *Pl* [university] Lettres *fpl*.

artery [ˈɑːtəri] *n* artère *f*.

artful [ˈɑːtful] *a* rusé.

arthritic [ɑːˈθritik] *a* arthritique.

artichoke [ˈɑːtitʃəuk] *n* artichaut *m*.

article [ˈɑːtikl] *n* article *m*.

articulate [ɑːˈtikjuleit] *v* articuler.

artifice [ˈɑːtifis] *n* artifice, stratagème *m*.

artificial [ˌɑːtiˈfiʃl] *a* artificiel ; simili, factice.

artillery [ɑːˈtiləri] *n* artillerie *f*.

artist [ˈɑːtist] *n* artiste *n*.

arˈtistic *a* artistique.

artless *a* naturel (simple).

as [æz, əz] *av* autant, aussi ;

as ... as, aussi ... que ; ~ **much/many ... ~,** autant ... que ; ~ **soon ~,** aussitôt que • c puisque, comme, étant donné que ‖ lorsque, au moment où ; (au fur et) à mesure que ‖ comme ; *do ~ you like,* faites comme vous voulez ‖ ~ **from,** à partir de/du ‖ ~ **if/though,** comme si ; ~ **it were,** pour ainsi dire ‖ ~ **for/to,** quant à ‖ ~ **long ~,** tant que ‖ ~ **yet,** jusqu'à présent • p comme, en tant que.

ascend [ə'send] *v* gravir, monter, s'élever.

ascension [-ʃn] *n* ascension *f.*

ascent [-t] *n* montée *f* ; ascension *f.*

ascribe [əs'kraib] *v* attribuer (*to,* à).

aseptic [æ'septik] *a* aseptique.

ash [æʃ] *n* cendre *f.*

ashamed [ə'ʃeimd] *a* honteux ; *be ~,* avoir honte (*of,* de).

ashore [ə'ʃɔː] *a* à terre.

ash-tray *n* cendrier *m.*

Asia ['eiʃə] *n* Asie *f.*

Asian [-n], **Asiatic** [,eiʃi'æ-tik] *a/n* asiatique (*n*).

aside [ə'said] *av* de côté, à part.

ask [ɑːsk] *v* demander ; ~ *sb (for) sth,* ~ *sth of sb,* demander qqch à qqn ; ~ *sb to do sth,* demander à qqn de faire qqch ; ~ *sb round,* inviter qqn ; ~ *sb to dinner,* inviter qqn à dîner ‖ interroger.

asleep [ə'sliːp] *a/av* endormi ‖ *fall ~,* s'endormir.

asparagus [əs'pærəgəs] *n* asperges *fpl.*

aspect ['æspekt] *n* aspect *m* ‖ orientation *f.*

asphyxiate [æs'fiksieit] *v* asphyxier.

aspirin ['æsprin] *n* aspirine *f.*

ass [æs] *n* âne *m* ‖ ~'s *foal,* ânon *m.*

assassin [ə'sæsin] *n* assassin *m.*

assassinate [-eit] *v* assassiner.

a͵ssassi'nation *n* assassinat *m.*

assault [ə'sɔːlt] *n* assaut *m* ‖ agression *f* ; *indecent ~,* attentat *m* à la pudeur ; ~ *and battery,* voies *fpl* de fait • *v* attaquer.

assemble [ə'sembl] *v* (s')assembler, (se) rassembler ‖ TECHN. monter (parts).

assembly *n* assemblée *f* ‖ TECHN. montage *m.*

assembly-line *n* chaîne *f* de montage.

assent [ə'sent] *n* assentiment *m* • *v* consentir.

assert [ə'səːt] *v* revendiquer ‖ affirmer (declare).

assertion *n* revendication *f* ‖ assertion *f.*

assess [ə'ses] *v* estimer, évaluer.

assessment *n* évaluation *f.*

assign [ə'sain] *v* assigner (task) [*to,* à].

assignment *n* mission *f* (duty) ; tâche *f* (task).

assimilate [ə'simileit] *v* assimiler.

assist [ə'sist] *v* aider.

assistant *n* aide, auxiliaire *n* ; adjoint *n* ‖ [school] assistant *n* ‖ ~ *manager,* sousdirecteur *m*.

associate [ə'səuʃieit] *v* (s')associer ; ~ *with,* fréquenter ● *n* collègue *n* ● *a* associé.

association [ə,səusi'eiʃn] *n* association *f* ; ~ *football,* football *m*.

assorted [ə'sɔːtid] *a* assorti.

assortment *n* assortiment *m*.

assume [ə'sjuːm] *v* présumer, supposer ‖ assumer (responsabilities).

assumption [ə'sʌmʃn] *n* supposition *f*.

assurance [ə'ʃuərns] *n* assurance *f*.

assure [ə'ʃuə] *v* assurer.

asterisk ['æstərisk] *n* astérisque *m*.

asthma ['æsmə] *n* asthme *m*.

astonish [əs'tɔniʃ] *v* étonner, surprendre.

astonishing *a* étonnant.

astonishment *n* étonnement *m*.

astound [əs'taund] *v* stupéfier.

astray [əs'trei] *av* : *go* ~, s'égarer.

astride [əs'traid] *a/av* à cheval, à califourchon (sur).

astrology [əs'trɔlədʒi] *n* astrologie *f*.

astronaut [,æstrə'nɔːt] *n* astronaute *n*.

astronomer [əs'trɔnəmə] *n* astronome *n*.

astronomic(al) [,æstrə'nɔmik(l)] *a* astronomique.

astronomy [əs'trɔnəmi] *n* astronomie *f*.

astute [əs'tjuːt] *a* astucieux.

asylum [ə'sailəm] *n* asile *m*.

at [æt, ət] *p* [place] à, chez ‖ [direction] vers ‖ [time] à.

ate [et] → EAT*.

atheist ['eiθiist] *n* athée *n*.

athlete ['æθliːt] *n* athlète *n*.

athletic [æθ'letik] *a* athlétique.

athletics [-s] *n* athlétisme *m*.

Atlantic [ət'læntik] *a/n* Atlantique (*m*).

atmosphere ['ætməsfiə] *n* atmosphère *f*.

atmospheric [-'ferik] *a* atmosphérique.

atmospherics [-s] *npl* RAD. parasites *mpl*.

atom ['ætəm] *n* atome *m* ; ~ *bomb,* bombe *f* atomique.

atomic [ə'tɔmik] *a* atomique ; ~ *energy,* énergie *f* nucléaire ; ~ *pile,* pile *f* atomique.

atomizer ['ætəmaizə] *n* vaporisateur, atomiseur *m*.

attach [ə'tætʃ] *v* attacher.

attachment *n* affection *f* ‖ TECHN. accessoire *m*.

attack [ə'tæk] *n* attaque *f* ‖ MED. crise *f* (of nerves) ; accès *m* (of fever) ● *v* attaquer.

attain [ə'tein] *v* atteindre.

attempt [ə'temt] *n* essai, *m*,

tentative *f* ‖ ~ *on sb's life,* attentat *m* ● *v* tenter de.

attend [ə'tend] *v* assister à ; fréquenter (school, church) ; ~ *a class,* suivre un cours ‖ ~ *to,* faire attention à ; veiller sur, s'occuper de (sb) ‖ ~ *upon,* servir ; MED. soigner (sb).

attendance *n* présence *f* ‖ assistance *f* ‖ [hotel] service *m*.

attendant *n* domestique *n* ; employé *n*.

attention *n* attention *f* ; *pay* ~ *to,* faire attention à.

attentive *a* attentif, prévenant, empressé.

attentively *av* attentivement.

attest [ə'test] *v* attester, certifier.

attic ['ætik] *n* grenier *m*.

attitude [-tjuːd] *n* attitude *f*.

attorney [ə'təːni] *n* US avoué *m*.

attract [ə'trækt] *v* attirer.

attraction *n* attraction *f*.

attractive *a* attrayant ; séduisant (person) ‖ intéressant (prices).

attribution [ˌætri'bjuːʃn] *n* attribution *f*.

auburn ['ɔːbən] *a* châtain roux.

auction ['ɔːkʃn] *n* (vente *f* aux) enchères *fpl* ; ~ *bridge,* bridge *m* aux enchères.

auctioneer [ˌɔːkʃə'niə] *n* commissaire-priseur *m*.

audience ['ɔːdjəns] *n* assistance, audience *f*.

audio-visual [ˌɔːdiəu'vizjuəl] *a* audiovisuel.

August ['ɔːgəst] *n* août *m*.

aunt [ɑːnt] *n* tante *f*.

austere [ɔs'tiə] *a* austère.

austerity [ɔs'teriti] *n* austérité *f*, restrictions *fpl*.

Australia [ɔs'treiljə] *n* Australie *f*.

Australian *a/n* australien *(n)*.

Austria ['ɔstriə] *n* Autriche *f*.

Austrian *a/n* autrichien *(n)*.

authentic [ɔː'θentik] *a* authentique.

author ['ɔːθə] *n* auteur *m*.

authority [ɔː'θɔriti] *n* autorité *f*, pouvoir *m* (power) ‖ autorisation *f*, mandat *m* (right) ‖ *Pl* autorités *fpl*, corps constitués.

authorization [ˌɔːθərai'zeiʃn] *n* autorisation *f*.

authorize ['ɔːθəraiz] *v* autoriser, donner pouvoir.

autochanger ['ɔːtəˌtʃeinʒə] *n* changeur *m* (de disques).

autograph ['-grɑːf] *n* autographe *m*.

automatic(ally) [-'mætik(li)] *a/av* automatique(ment).

automation [-'meiʃn] *n* automa(tisa)tion *f*.

automaton [ɔː'tɔmətn] *n* automate *m*.

automobile ['ɔːtəməbiːl] *n* US automobile *f*.

autumn ['ɔːtəm] *n* automne *m*.

auxiliary [ɔːg'ziljəri] *a/n* auxiliaire *(n)*.

available [ə'veiləbl] *a* disponible, utilisable ‖ valide (ticket).

avalanche ['ævəlɑːnʃ] *n* avalanche *f*.

avarice [ˈævəris] *n* avarice, cupidité *f*.

avenge [əˈvenʒ] *v* venger (*for*, de) ; ~ *o. s.*, se venger.

average [ˈævəridʒ] *n* moyenne *f*; **on (an) ~**, en moyenne ; *take an* ~, faire la moyenne ● *a* moyen ● *v* faire la moyenne de.

aversion [əˈvəʃn] *n* aversion, répugnance *f*.

avert [əˈvəːt] *v* détourner.

aviary [ˈeivjəri] *n* volière *f*.

aviation [ˌeiviˈeiʃn] *n* aviation *f*.

avid [ˈævid] *a* avide.

avoid [əˈvɔid] *v* éviter.

await [əˈweit] *v* attendre.

awake* [əˈweik] *v* éveiller, réveiller ‖ s'éveiller, se réveiller ● *a* éveillé ; *keep* ~, empêcher de dormir ; *stay* ~, veiller.

awaken [-n] *v* = AWAKE.

award [əˈwɔːd] *n* prix *m*, récompense *f* ‖ [school] bourse *f* ● *v* décerner (prize).

aware [əˈwɛə] *a* conscient ; *be*

~ *that*, avoir le sentiment que ‖ au courant.

awash [əˈwɔʃ] *a* à fleur d'eau.

away [əˈwei] *av* loin, ~ *from*, à l'écart de ; *far* ~, au loin ‖ SP. *play* ~, jouer en déplacement ● *a* absent ‖ SP. ~ *match*, match *m* à l'extérieur.

awe [ɔː] *n* crainte, terreur *f*.

awful *a* affreux, atroce.

awfully *av* terriblement.

awkward [ˈɔːkwəd] *a* maladroit (person) ‖ peu commode (thing) ‖ délicat (situation).

awkwardly *av* maladroitement.

awkwardness *n* maladresse *f*.

awning [ˈɔːniŋ] *n* tente *f*; auvent *m*.

awoke(n) [əˈwəuk(ən)] → AWAKE*.

ax(e) [æks] (*Pl* **axes** [-iz]) *n* hache *f*.

axis [ˈæksis] (*Pl* **axes** [-iːz]) *n* axe *m*.

axle [ˈæksl] *n* axe, essieu *m*.

b [biː] *n* MUS. si *m*.

baby [ˈbeibi] *n* bébé *m*.

baby-sitter *n* garde *n* d'enfant(s).

bachelor [ˈbætʃlə] *n* célibataire *n* ‖ [university] *B*~ *of Arts/Science*, licencié ès Lettres/Sciences.

back [bæk] *n* dos *m* ‖ verso *m*

(of a sheet) ‖ dossier *m* (of a chair) ‖ derrière *m* (of a house) ; fond *m* (of a room) ● *a* (d') arrière ; ~ *street*, rue écartée ‖ échu ; ~ *number*, ancien numéro ● *av* en arrière, *be* ~, être de retour ● *v* (faire) reculer ‖ jouer (bet on) ‖ endosser (cheque) ‖ COLL. ~ *down*, se dégonfler (fam.) ‖ ~ **out**, sortir à reculons ; [car] sortir en marche arrière.

back-door *n* porte *f* de service.

back-fire *n* AUT. raté *m*.

background *n* fond, arrière-plan *m*.

backing *n* soutien *m*.

backwards *av* en arrière, à reculons.

bacon ['beikn] *n* lard *m*.

bad [bæd] *a* mauvais ; ~ **luck**, malchance ‖ faux (coin) ‖ CULIN. gâté, pourri (food) ‖ MED. gâté (tooth) ; malade (leg) ‖ FIN. sans provision (cheque) ‖ COLL. *not* ~, pas mal ● *n* mal *m* ; **from** ~ **to worse**, de mal en pis.

bade [bæd] → BID*.

badge [bædʒ] *n* insigne *m*.

badly *av* mal ; grièvement (wounded) ‖ **be** ~ **off**, être dans la gêne.

badness *n* mauvais état ‖ méchanceté *f* (wickedness).

baffle ['bæfl] *v* déconcerter.

bag [bæg] *n* sac *m* ‖ *Pl* valises *fpl*.

baggage ['bægidʒ] *n* US bagages *mpl*.

bagpipe ['bægpaip] *n* cornemuse *f*.

bagpiper *n* joueur *n* de cornemuse.

bait [beit] *n* appât *m*.

bake [beik] *v* (faire) cuire au four.

baker *n* boulanger *m* ; ~'s *shop*, boulangerie *f* ; ~'s *wife*, boulangère *f*.

bakery ['-əri] *n* boulangerie *f*.

baking-powder *n* levure *f* (chimique).

balance ['bæləns] *n* équilibre *m* ; *lose one's* ~, perdre l'équilibre ‖ FIN. solde *m* ● *v* tenir en équilibre ; compenser.

balcony ['bælkəni] *n* balcon *m*.

bald [bɔːld] *a* chauve.

baldness *n* calvitie *f*.

bale 1 [beil] *n* ballot *m*.

bale 2 *v* : ~ **out**, sauter en parachute.

balk [bɔːk] *v* gêner (hinder) ; contrarier (thwart).

ball 1 [bɔːl] *n* bal *m* (dance).

ball 2 *n* balle *f*, ballon *m* (football) ; boule *f* (billiards).

balloon [bə'luːn] *n* AV. ballon, aérostat *m* ‖ [cartoon] bulle *f*.

ballot ['bælət] *n* scrutin, vote *m* ‖ bulletin *m* de vote.

ballot-box *n* urne *f*.

ballpoint(pen) *n* stylo *m* à bille.

balm [bɑːm] *n* baume *m*.

ban [bæn] *n* interdiction *f* ● *v* interdire ; mettre à l'index.

banana [bə'nɑːnə] *n* banane *f*.

banana-tree *n* bananier *m*.

band 1 [bænd] *n* bande *f* (belt) ‖ ruban *m* (ribbon) ‖ RAD. bande *f*.

band 2 *n* bande *f* (group) ‖ orchestre *m*.

bandage ['bændidʒ] *n* bandeau *m* ‖ MED. bandage, pansement *m* ● *v* mettre un pansement ; bander (wound).

bang [bæŋ] *n* claquement *m* ‖ fracas *m* (loud noise) ● *v* frapper (violemment) ; (faire) claquer (door).

banister ['bænistə] *n* [staircase] rampe *f*.

bank 1 [bæŋk] *n* [river] rive *f* ‖ [field] talus *m* ● *v* s'amonceler ; ∼ (up), remblayer ‖ (s')entasser.

bank 2 *n* banque *f*.

banker *n* banquier *m*.

bank-holiday *n* jour férié.

bank-note *n* billet *m* de banque.

bankrupt ['bæŋkrʌpt] *a* : go ∼, faire faillite.

bankruptcy [-rəpsi] *n* faillite *f*.

bantam ['bæntəm] *n* : SP. ∼ *weight*, poids coq *m*.

baptize [bæp'taiz] *v* baptiser.

bar 1 [baː] *n* [iron] barre *f* ‖ [chocolate] tablette *f* ‖ MUS. mesure *f* ● *v* barricader (door).

bar 2 *n* bar *m* (counter, room).

bar 3 *p* = BARRING.

barbecue ['baːbikjuː] *n* gril, barbecue *m*.

barbed [baːbd] *a* : ∼ *wire*, fil *m* de fer barbelé.

barber ['baːbə] *n* coiffeur *m*.

barber-shop *n* salon *m* de coiffure.

bare [bɛə] *a* nu, dénudé (tree, landscape) ‖ nu (part of the body) ‖ vide (room).

bareheaded [-'hedid] *a* nu-tête.

barely *av* à peine.

bargain ['baːgin] *n* marché *m* ; *into the* ∼, par-dessus le marché ‖ COMM. occasion *f* ● *v* négocier (with, avec ; for sth, qqch) ; ∼ *over*, marchander.

barge [baːdʒ] *n* chaland *m*, péniche *f*.

bark 1 [baːk] *n* écorce *f*.

bark 2 *v* aboyer.

barley ['baːli] *n* orge *f*.

barmaid *n* serveuse *f*.

barman *n* barman *m*.

barn [baːn] *n* grange *f*.

barn-yard *n* basse-cour *f*.

barometer [bə'rɔmitə] *n* baromètre *m*.

barrack ['bærək] *n* baraque *f* ‖ *Pl* MIL. caserne *f*.

barren ['bærən] *a* stérile.

barrier ['bæriə] *n* barrière *f* ‖ RAIL. portillon *m*.

barring ['baːriŋ] *p* sauf, excepté.

barrister ['bæristə] *n* avocat *n*.

barrow ['bærəu] *n* : *(wheel-)*∼, brouette *f*.

barter ['baːtə] *n* troc *m* ● *v* troquer.

base [beis] *n* base *f* ● *v* baser, établir.

basement *n* sous-sol *m*.

basic *a* de base, fondamental.

basin ['beisn] *n* cuvette *f* (wash-bowl).

basis ['beisis] (*Pl* **bases** [-iːz]) *n* base *f*.

bask [baːsk] *v* : ∼ *in the sun*, se chauffer au soleil.

basket ['-it] *n* panier *m*.

basket-ball n basket-ball m.

bass [beis] a MUS grave ● n basse f ‖ grave m.

bastard ['bæstəd] n bâtard n ‖ SL., PEJ. salaud m.

bat 1 [bæt] n SP. crosse f.

bat 2 n chauve-souris f.

batch [bætʃ] n [people] groupe m; [letters] paquet m; [loaves] fournée f.

bath [bɑ:θ] n bain m; have a ∼, prendre un bain; ∼(-tub), baignoire f.

bathe [beið] n [sea, etc.] bain m ● v (se) baigner ‖ ∼ing costume, costume m de bains.

bath-robe n peignoir m de bains.

bath-room n salle f de bains.

bath-salts npl sels mpl de bain.

battery ['bætəri] n pile f électrique ‖ AUT. accumulateur m.

battle ['bætl] n bataille f, combat m.

battle-ship n cuirassé m.

bay [bei] n baie f.

be* [bi:] v être ‖ she is ten years old, elle a dix ans; I am cold, j'ai froid ‖ **there is/are...**, il y a ‖ se porter; how are you?, comment allez-vous? ‖ aller; have you been to London?, êtes-vous allé à Londres? ‖ [impers.] it is 10 miles from here, c'est à 10 miles d'ici ‖ it is cold, il fait froid ‖ **as it were**, pour ainsi dire ‖ aux [passive] I am told, on me dit ‖ ∼ **to**, devoir; when am I to come?, quand dois-je venir?; avoir l'intention de;

we are to be married in May, nous devons nous marier au mois de mai ‖ [film] ∼ **on**, passer ‖ COLL. here you are!, tenez!/tiens!

beach [bi:tʃ] n plage f.

beach-umbrella n parasol m.

beacon ['bi:kn] n fanal m.

beak [bi:k] n [bird] bec m.

beam [bi:m] n [building] poutre f ‖ [light] rayon m.

bean [bi:n] n haricot m; French ∼s, haricots verts.

bear 1 [bɛə] n ours m; ∼'s cub, ourson m.

bear* 2 v porter; supporter (sth) ‖ FIG. tolérer, souffrir, endurer; ∼ with sb, supporter qqn ‖ se diriger vers; ∼ left, prendre à gauche ‖ ∼ out, justifier.

bearable ['-rəbl] a supportable.

beard [biəd] n barbe f.

bearded [-id] a barbu.

beardless a imberbe.

bearer ['bɛərə] n porteur n ‖ titulaire n (of passport).

beast [bi:st] n bête f, quadrupède m ‖ FIG. brute f.

beat 1 [bi:t] n battement m ‖ MUS. mesure f, temps m ● a SL. éreinté; claqué (fam.).

beat* 2 v battre, frapper ‖ MUS. ∼ time, battre la mesure ‖ CULIN. battre, fouetter (cream) ‖ FIG. vaincre; surpasser; ∼ **the record**, battre le record.

beaten ['bi:tn] → BEAT* 2.

beautician [bju'tiʃn] *n* esthéticienne *f*.

beautiful ['bjuːtəfl] *a* beau, magnifique.

beautifully *av* magnifiquement.

beautify [-ifai] *v* embellir.

beauty ['bjuːti] *n* beauté *f*.

beauty-parlour *n* institut *m* de beauté.

beauty treatment *n* soins *mpl* de beauté.

became [bi'keim] → BECOME*.

because [bi'kɔz] *c* parce que; ~ *of*, à cause de.

beckon ['bekn] *v* faire signe à.

become* [bi'kʌm] *v* devenir ‖ *what has* ~ *of him?*, qu'est-il devenu? ‖ aller (suit).

becoming *a* seyant (dress) ‖ convenable (attitude).

bed [bed] *n* lit *m*; *go to* ~, (aller) se coucher; *get out of* ~, se lever.

bedclothes *npl* literie *f*.

bedroom *n* chambre *f* à coucher.

bed-sitter *n*, **bed-sitting-room** *n* studio *m*.

bed-spread *n* couvre-lit *m*.

bee [bi] *n* abeille *f*.

beef [biːf] *n* bœuf *m* (flesh).

been [biːn] → BE*.

beer [biə] *n* bière *f*; ~ *on draught*, bière à la pression.

befit [bi'fit] *v* convenir à.

before [bi'fɔː] *p* avant; *the day* ~ *yesterday*, avant-hier ‖ devant (in front of) ● *av* auparavant; *the day* ~, la veille ‖ déjà (earlier) ● *c* avant que/de.

beforehand *av* d'avance.

beg [beg] *v* demander ‖ solliciter (*of*, de); prier (*to*, de); *I* ~ *your pardon*, je vous demande pardon ‖ ~ *for*, mendier ‖ ~ *off*, se faire excuser (*for*, de).

began [bi'gæn] → BEGIN*.

beggar ['begə] *n* mendiant *n*.

begin* [bi'gin] *v* commencer; se mettre à; ~ *again*, recommencer.

beginner *n* commençant, débutant *n*.

beginning *n* commencement, début *m*.

begun [bi'gʌn] → BEGIN*.

behalf [bi'hɑːf] *n* : *on* ~ *of*, au nom de, de la part de.

behave [bi'heiv] *v* se conduire, agir ‖ se bien conduire.

behaviour [-jə] *n* comportement *m*, conduite *f*.

beheld [bi'held] → BEHOLD*.

behind [bi'haind] *p* derrière ● *av* en arrière; *from* ~, par derrière.

behold* [bi'həuld] *v* apercevoir, contempler.

being → BE* ● *n* existence *f*; être *m*.

belch [beltʃ] *v* roter ● *n* rot, renvoi *m*.

Belgian ['beldʒn] *a/n* belge (*n*).

Belgium [-əm] *n* Belgique *f*.

belie [bi'lai] *v* démentir.

belief [bi'liːf] *n* croyance *f* (*in*, en); foi *f*.

believable [-vəbl] *a* croyable.

believe v croire (*in*, à/en).

believer n croyant n.

bell [bel] n cloche f ‖ [telephone] sonnerie f ‖ [bicycle] timbre m ‖ [door] sonnette f.

bell-boy n US groom m.

belly ['beli] n ventre m.

belly-ache n mal m au ventre.

belong [bi'lɔŋ] v appartenir (*to*, à).

belongings [-iŋz] npl affaires fpl.

beloved [bi'lʌv(i)d] a/n bienaimé (n); chéri (n).

below [bi'ləu] p sous, audessous de ● av au-dessous.

belt [belt] n ceinture f.

bench [benʃ] n banc m, banquette f.

bend* [bend] v courber, plier ‖ se courber; [road] tourner ‖ ~ *down*, se baisser. ‖ FIG. *bent on*, résolu à ● n courbe f ‖ [road] tournant, virage m.

beneath [bi'ni:θ] p sous, audessous de.

benefit ['benifit] n profit, bénéfice m ‖ allocation f ● v : ~ *by/from*, tirer profit de.

benevolent [bi'nevələnt] a bienveillant.

bent 1 [bent] → BEND*.

bent 2 n penchant m, tendance f.

bequeath [bi'kwi:ð] v léguer (*to*, à).

berry ['beri] n BOT. baie f.

berth [bə:θ] n couchette f.

beset* [bi'set] v assaillir.

beside [bi'said] p à côté de ‖ hors de.

besides [-z] p en plus de, outre ● av en outre, d'ailleurs.

bespoke [bi'spəuk] a fait sur mesure.

best [best] (sup. of *good/well*) a meilleur ● av mieux; *at* ~, au mieux ● n mieux m; *do one's* ~, faire de son mieux.

best-man n garçon m d'honneur.

bet* [bet] v parier ● n pari m.

betray [bi'trei] v trahir, tromper.

better ['betə] (comp. of *good/well*) a meilleur (*than*, que) ‖ ~ *off*, plus riche ‖ *get* ~, [things] s'améliorer, [person] se remettre; *be/feel* ~, aller mieux ‖ *it is* ~ *to*, il vaut mieux... ● av mieux; ~ *and* ~, de mieux en mieux; *so much the* ~, tant mieux; *like sth* ~, préférer, aimer mieux qqch ‖ *had* ~ : *you had* ~ *stay*, vous feriez mieux de rester ● n : *get the* ~ *of*, l'emporter sur, surmonter ● v (s') améliorer (*improve*); surpasser (*outdo*).

betting ['betiŋ] n pari m.

bettor ['betə] n parieur n.

between [bi'twi:n] p entre.

beware [bi'wɛə] v prendre garde à; ~ *of the dog!*, attention au chien!

bewilder [bi'wildə] v déconcerter, désorienter.

bewildering [-riŋ] a déroutant, ahurissant.

bewilderment n confusion f.
bewitch [bi'witʃ] v ensorceler.
beyond [bi'jɔnd] av au-delà • p au-delà de.
bias ['baiəs] n biais m ‖ FIG. préjugé m (towards, pour/ against, contre).
biceps ['baiseps] n biceps m.
bicker ['bikə] v se chamailler.
bicycle ['baisikl] n bicyclette f; on a ~, à bicyclette.
bid* [bid] (p.t. and p.p. bid) v offrir, mettre une enchère (for/on, sur) ‖ [bridge] annoncer • n offre, enchère f ‖ [bridge] annonce f; higher ~, surenchère f ‖ FIG. proposition f; effort m, tentative f.
bidder n enchérisseur n.
bidding n enchères fpl.
bifocals ['bai'fəuklz] npl OPT. verres mpl à double foyer.
big [big] a grand, gros, fort (person) ‖ grow ~, grossir ‖ FIG. important.
bike [baik] n COLL. vélo m (fam.).
bill 1 [bil] n [bird] bec m.
bill 2 n affiche f ‖ ~ of fare, menu m ‖ COMM. facture, note f; [restaurant] addition f ‖ US billet m de banque ‖ FIN. foreign ~s, devises étrangères.
billiards ['biljədz] npl billard m.
billiards-table n billard m.
billion ['biljən] n GB billion m ‖ US milliard m.

bin [bin] n coffre m; (dust-)~, poubelle f.
bind* [baind] v attacher, lier; relier (book).
binder n relieur n.
binding n [book] reliure f ‖ [ski] fixation f.
bingo ['biŋgəu] n loto m.
binoculars [bi'nɔkjuləz] n jumelle(s) f(pl).
bird [bəːd] n oiseau m; ~ of prey, rapace m ‖ CULIN. volaille f.
bird's eye view n vue f à vol d'oiseau.
biro ['bairəu] n [R] stylo m à bille, pointe f Bic.
birth [bəːθ] n naissance f.
birth-control n limitation f des naissances.
birthday n anniversaire m.
birth-rate n natalité f.
biscuit ['biskit] n gâteau sec.
bishop ['biʃəp] n évêque m ‖ [chess] fou m.
bit 1 [bit] n morceau, bout m ‖ TECHN. mèche f.
bit 2 → BITE*.
bitch [bitʃ] n chienne f ‖ garce f (woman).
bite* [bait] v mordre; [flea] piquer ‖ ~ one's nails, se ronger les ongles • n morsure f; coup m de dent; piqûre f.
biting a vif (air).
bitten ['bitn] → BITE*.
bitter ['bitə] a amer (food) ‖ glacial (wind) ‖ cruel (remorse).
bitterly av amèrement.
bitterness n amertume f ‖ rigueur f.

black [blæk] a noir ‖ ~ *ice*, verglas m ‖ COMM. ~ *market*, marché noir • n noir n • v noircir (blacken) ‖ cirer (shoes).

blackberry n mûre f.

blackbird n merle m.

blackboard n tableau noir.

black-currant n cassis m.

blacken v noircir.

blacking n cirage noir.

blackleg n jaune m, briseur m de grève (strike-breaker).

blackmail v faire du chantage.

black-mailer n maître-chanteur m.

blackness n noirceur f.

blackout n blackout m ‖ panne f d'électricité ‖ trou m de mémoire.

blade [bleid] n [knife] lame f.

blame [bleim] n blâme m, reproches mpl; *put the* ~ *on*, donner tort à qqn • v blâmer; ~ *sb for sth*, reprocher qqch à qqn.

blameless a irréprochable.

bland [blænd] a doux.

blank [blæŋk] a vide; nu ‖ en blanc (cheque) • n blanc, vide m.

blanket ['blæŋkit] n couverture f; *electric* ~, couverture chauffante.

blast [blɑːst] n rafale f, coup m de vent • v faire sauter.

blaze [bleiz] n flambée, flamme f ‖ feu m (conflagration) • v flamber, flamboyer.

bleach [bliːtʃ] v blanchir (whiten) ‖ décolorer (hair); *have* one's hair ~ed, se faire faire une décoloration.

bleak [bliːk] a battu par les vents, désolé (land) ‖ glacial (cold).

bleat [bliːt] v bêler; chevroter.

bled [bled] → BLEED*.

bleed* [bliːd] v saigner; ~ *at the nose*, saigner du nez.

bleeding n saignement m.

blemish ['blemiʃ] n défaut m, tare f.

blend* [blend] v mélanger (*with*, à) • n mélange m.

bless* [bles] v bénir.

blessed [-id] or **blest** [blest] a béni; *Blessed Virgin*, Sainte Vierge ‖ bienheureux.

blessing n bénédiction f (of God) ‖ FIG. chance f.

blest → BLESS* et BLESSED.

blew [bluː] → BLOW*.

blind 1 [blaind] a aveugle; *a* ~ *man/woman*, un/une aveugle; ~ *in one eye*, borgne ‖ AV. ~ *flying*, vol m sans visibilité • v aveugler.

blind 2 n [window] store m.

blindfold v bander les yeux • av les yeux bandés.

blinding a aveuglant.

blindly av à l'aveuglette.

blindman's buff [-bʌf] n colin-maillard m.

blindness n cécité f ‖ FIG. aveuglement m.

blink [bliŋk] v cligner des yeux ‖ [light] clignoter.

blinkers npl œillères fpl ‖ AUT., US clignotant m.

bliss [blis] *n'* béatitude, félicité *f*.

blissful *a* bienheureux.

blister ['blistə] *n* ampoule *f* (on skin) ‖ cloque *f* ● *v* cloquer.

blizzard ['blizəd] *n* tempête *f* de neige.

bloated [bləutid] *a* enflé, boursouflé.

bloater *n* hareng *m* saur.

block [blɔk] *n* bloc *m* (of rock) ‖ pâté *m* de maison (street) ; ~ *of flats*, immeuble *m* ‖ *in* ~ *letters*, en caractères d'imprimerie ● *v* obstruer, barrer ‖ se bloquer.

blocked [-t] *a* TEL. encombré.

blockhead *n* imbécile, crétin *n*.

bloke [bləuk] *n* SL. mec *m* (arg.).

blood [blʌd] *n* sang *m* ‖ *in cold* ~, de sang-froid.

blood-bank *n* banque *f* du sang.

blood-group *n* groupe sanguin.

bloodless *a* exsangue.

blood-pressure *n* tension artérielle.

bloody *a* SL. sacré; foutu (vulg.) ‖ emmerdant (vulg.) [annoying].

bloom [blu:m] *n* fleur, floraison *f* ● *v* fleurir, s'épanouir.

blooming *a* fleuri ‖ FIG. florissant.

blossom ['blɔsəm] *n* fleur *f* ● *v* fleurir, s'épanouir.

blot [blɔt] *n* pâté *m* (of ink) ‖

tache *f* ● *v* tacher (stain); sécher (dry).

blotting-paper *n* buvard *m*.

blouse [blauz] *n* chemisier *m*.

blow 1 [bləu] *n* coup *m*.

blow* **2** *v* [wind] souffler ‖ ~ *one's nose*, se moucher ‖ ELECTR. [bulb] griller; [fuse] sauter; faire sauter (fuse) ‖ ~ *out*, souffler (candle); [tyre] éclater ‖ ~ *up*, exploser; faire sauter, dynamiter (bridge); gonfler (tyre); [photo] agrandir.

blown [bləun] → BLOW*.

blue [blu:] *a* bleu ‖ FIG. *feel* ~, avoir le cafard ● *n* bleu *m* ‖ *Pl* : *have the* ~*s*, broyer du noir.

bluff [blʌf] *n* bluff *m*; chiqué *m* (fam.) ● *v* bluffer.

blunder ['blʌndə] *n* gaffe *f*.

blunt [blʌnt] *a* émoussé; épointé (point) ● *v* émousser, épointer.

bluntly *av* carrément.

blur [blə:] *v* brouiller, estomper (view).

blush [blʌʃ] *v* [person] rougir ● *n* rougeur *f*.

board [bɔ:d] *n* planche *f* ‖ table, pension *f* ‖ comité, conseil *m* d'administration; ~ *of examiners*, jury *m* ‖ NAUT. bord *m*; *go on* ~, embarquer, monter à bord ● *v* monter à bord (ship); monter dans (bus) ‖ être en pension (*with*, chez).

boarder *n* [school] pensionnaire *n*.

boarding-house n pension f (de famille).

boarding-school n internat m.

boast [bəust] v se vanter ‖ être fier de posséder • n vantardise f.

boastful a vantard.

boat [bəut] n bateau m; canot m (small).

boating n SP. canotage m.

bobby ['bɔbi] n COLL. flic m (fam.).

bodily ['bɔdili] a corporel, physique • av corporellement ‖ en personne.

body ['bɔdi] n corps m ‖ [dead] cadavre m ‖ AUT. carrosserie f.

body-builder n culturiste n.

body-guard n garde m du corps.

bog [bɔg] n marais m.

bogus ['bəugəs] a faux.

boil [bɔil] n ébullition f; bring to the ~, porter à l'ébullition • v (faire) bouillir; ~ing hot, bouillant ‖ ~ over, [milk] se sauver, [water] déborder ‖ faire cuire à l'eau ; ~ed egg, œuf m à la coque.

boiler n chaudière f.

boiler-suit n bleus mpl de chauffe.

boisterous ['bɔistrəs] a bruyant, turbulent.

bold [bəuld] a audacieux, hardi ‖ impudent.

boldly av hardiment ‖ effrontément.

boldness n audace f ‖ effronterie f.

bolster ['bəulstə] n traversin m.

bolt [bəult] n boulon m (pin) ‖ [door] verrou m • v verrouiller (door).

bomb [bɔm] n bombe f • v bombarder.

bomber n AV. bombardier m.

bond [bɔnd] n lien m, attache f.

bone [bəun] n os m • v désosser (meat) ; enlever les arêtes de (fish).

bone idle a COLL. flemmard n (fam.).

bonfire ['bɔn,faiə] n feu m de joie/de jardin.

bonnet ['bɔnit] n AUT. capot m.

boo [bu:] v huer, conspuer.

book [buk] n livre m; cahier m (copybook) ‖ carnet m (of tickets, stamps) ‖ pochette f (of matches) ‖ keep ~s, tenir la comptabilité • v louer, réserver, retenir (seats) ; ~ed up, complet ‖ ~ through to, prendre un billet direct pour.

book-case n bibliothèque f.

booking n réservation f.

booking-office n guichet m (des billets).

book-keeper n comptable n.

book-keeping n comptabilité f.

bookseller n libraire n; second-hand ~, bouquiniste n.

book-shelf n rayon m.

book-shop, **book-store** n librairie f.

book-stall, **book-stand** n

bibliothèque *f* de gare, kiosque *m* à journaux.

boom [buːm] *n* COMM. prospérité *f*; forte hausse.

boon [buːn] *n* avantage *m*.

boost [buːst] *v* ELECTR. survolter.

booster *n* survolteur *m* ‖ RAD. amplificateur *m* ‖ MED. (injection *f* de) rappel *m* ‖ ASTR. ~(rocket), fusée *f* auxiliaire.

boot [buːt] *n* botte, bottine, chaussure (montante) ‖ AUT. coffre *m*.

booth [buːð] *n* baraque (foraine) ‖ (polling-)~, isoloir *m* ‖ cabine *f* (téléphonique).

boot-maker *n* bottier *m*.

booze [buːz] *n* COLL. boisson (alcoolisée).

border ['bɔːdə] *n* [lake] bord *m*; [wood] lisière *f* ‖ frontière *f* (limit) ● *v* border, longer ‖ ~ on, être limitrophe de.

bore 1 [bɔː] → BEAR*.

bore 2 *v* ennuyer ● raseur *n* (person); corvée *f* (thing).

boredom ['-dəm] *n* ennui *m*.

boring [-riŋ] *a* ennuyeux.

born [bɔːn] *pp* → BEAR* 2 ‖ **be** ~, naître.

borne → BEAR* 2.

borrow ['bɔrəu] *v* emprunter (from, à).

boss [bɔs] *n* patron *n* ● *v* régenter, mener.

botanic(al) [bə'tænik(l)] *a* botanique.

botanize ['bɔtənaiz] *v* herboriser.

botany [-i] *n* botanique *f*.

both [bəuθ] *a* les deux ● *pr* tous (les) deux, l'un et l'autre; ~ of us, nous deux ● *av* à la fois, aussi bien.

bother ['bɔðə] *n* tracas, souci *m* ● *v* importuner ‖ embêter; se tracasser; se donner la peine de.

bottle ['bɔtl] *n* bouteille *f*, flacon *m*; carafe *f* (for water); (feeding) ~, biberon *m*.

bottom ['bɔtəm] *n* fond *m* ‖ [dress, page] bas *m* ‖ derrière *m* (fam.) [buttocks].

bough [bau] *n* rameau *m*, branche *f*.

bought [bɔːt] → BUY*.

boulder ['bəuldə] *n* rocher *m*.

bounce [bauns] *n* bond, rebond *m* ● *v* [ball] rebondir ‖ faire rebondir.

bound 1 [baund] *pp* → BIND* ‖ lié; relié ‖ FIG. obligé (compelled).

bound 2 *a* : ~for, en partance pour; à destination de.

bound 3 *n* bond *m* (jump) ● *v* bondir.

bound 4 *n* (usu *pl*) limite(s) *f(pl)* ● *v* borner, limiter.

boundary [-ri] *n* limite *f*.

boundless *a* illimité, sans borne.

bout [baut] *n* accès *m* ‖ MED. attaque *f*; coughing ~, quinte *f* de toux; ~ of fever, accès *m* de fièvre.

bow 1 [bəu] *n* arc *m* (weapon) ‖ MUS. archet *m* ‖ [ribbon] nœud *m*.

bow 2 [bau] *n* salut *m* • *v* s'incliner, saluer.

bowl 1 [bəul] *n* bol *m* ‖ [pipe] fourneau *m*.

bowl 2 *n* SP. boule *f*.

bowler ['bəulə] *n* : ~(-hat), (chapeau) melon *m*.

bowling ['bəuliŋ] *n* jeu *m* de boules.

bow-tie *n* nœud *m* papillon.

box 1 [bɔks] *n* boîte *f*; coffre *m* ‖ caisse *f* ‖ malle *f* (trunk) ‖ *P.O.* ~, boîte postale ‖ TH. loge, baignoire *f*.

box 2 *n* : ~ *on the ear*, claque, gifle *f* • *v* boxer.

boxer *n* boxeur *m*.

boxing *n* boxe *f*.

box-office *n* bureau *m* de location.

boy [bɔi] *n* garçon *m* (lad) ‖ fils *m* (son) ‖ boy *m* (servant) ‖ old ~, ancien élève ; ~ *friend*, flirt *m*.

boycott ['bɔikət] *n* boycottage *m* • *v* boycotter.

boyhood *n* enfance, adolescence *f*.

bra [brɑː] *n* soutien-gorge *m*.

brace [breis] *n* attache, agrafe *f* (fastener) ‖ *Pl* bretelles *fpl*.

bracing *a* vivifiant.

bracket ['brækit] *n* console *f*, bras *m* (support) ‖ [printing] parenthèse *f*, crochet *m*.

brag [bræg] *v* se vanter (of, de).

braid [breid] *n* tresse, natte *f*.

brain [brein] *n* cerveau *m* ‖ *Pl* cervelle *f*.

brake [breik] *n* frein *m* : *put* the ~ *on*, mettre le frein • *v* freiner.

brake light *n* AUT. stop *m*.

bramble ['bræmbl] *n* ronce *f*.

bran [bræn] *n* [wheat] son *m*.

branch [brɑːnʃ] *n* branche *f* ‖ COMM. succursale *f*.

brand [brænd] *n* brandon, tison *m* (fire) ‖ COMM. marque *f* • *v* : ~*ed goods*, produits *mpl* de marque.

brand-new *a* flambant neuf.

brandy *n* alcool *m*, eau-de-vie *f*.

brass [brɑːs] *n* cuivre jaune, laiton *m*.

brave [breiv] *a* brave, courageux • *v* braver, défier.

bravery [-ri] *n* bravoure *f*, courage *m*.

brawl [brɔːl] *n* bagarre *f*.

breach [briːtʃ] *n* brèche *f* ‖ FIG. infraction *f*.

bread [bred] *n* pain *m*; brown ~, pain bis ; ~ *and butter*, tartines *fpl* de beurre.

breadth [bredθ] *n* largeur *f*.

breadthwise *av* dans le sens de la largeur.

break* [breik] *v* casser, briser ; ~ *to pieces*, mettre en pièces ‖ ~ *open*, fracturer (safe) ; forcer (door) ‖ violer, enfreindre (law) ; ~ *an appointment*, faire faux bond ‖ ~ *the news to sb*, apprendre une nouvelle à qqn ; ~ *a record*, battre un record ‖ se casser, se briser ‖ [day] poindre ‖ ~ *down*, abattre ‖ [plan] échouer ; FIG. tomber malade ;

AUT. tomber en panne ‖ ~ **even,** rentrer dans ses frais ‖ ~ **in,** entrer par effraction ; enfoncer (door) ‖ ~ *into song,* entonner une chanson ‖ ~ **out,** [fire, storm, war] éclater ; [disease] se déclarer ‖ ~ **up,** [crowd] se disperser ; [school] entrer en vacances ● n rupture f ‖ pause f, repos m ‖ [school] récréation f.

breakable a fragile.

breakage [-idʒ] n casse f.

break-down n AUT. panne f; MED. dépression nerveuse.

breakfast ['brekfəst] n petit déjeuner ● v prendre le petit déjeuner.

breaking n rupture f.

breast [brest] n poitrine f, sein m.

breast-feed* v nourrir au sein.

breast-pocket n poche intérieure.

breast-stroke n SP. brasse f.

breath [breθ] n haleine f, souffle m; *out of* ~, hors d'haleine.

breathalyzer [-əlaizə] n : *take a* ~ *test,* subir un alcootest.

breathe [briːð] v respirer ‖ ~ **in,** aspirer ; ~ **out,** expirer.

breathless a hors d'haleine ; *make* ~, essouffler.

bred [bred] → BREED*.

breeches ['britʃiz] npl culotte f.

breed* [briːd] v [animals] se reproduire ‖ élever, éduquer

(children) ‖ AGR. faire l'élevage de ● n ZOOL. race f.

breeding n AGR. élevage m ‖ FIG. éducation f.

breeze [briːz] n brise f.

brew [bruː] v brasser (ale) ‖ faire infuser (tea).

brewery ['bruəri] n brasserie f.

bribe [braib] n pot de vin m ● v corrompre.

brick [brik] n brique f.

bricklayer ['-,leə] n maçon m.

bride [braid] n (jeune) mariée.

bridegroom n jeune marié.

bridesmaid ['braidzmeid] n demoiselle f d'honneur.

bridge [bridʒ] n pont m ‖ [dentistry] bridge m ‖ [cards] bridge m; *play* ~, jouer au bridge.

bridle ['braidl] n bride f (harness).

brief [briːf] a bref, court.

briefcase n serviette f.

briefly av brièvement.

briefs [briːfs] npl slip m.

bright [brait] a brillant, lumineux ‖ clair (day) ‖ gai (colours) ‖ intelligent, brillant (mind).

brighten v faire briller ‖ ~ **(up),** raviver (colours) ‖ [sky] s'éclaircir ‖ FIG. égayer.

brightly av brillamment.

brightness n éclat m, clarté f ‖ FIG. vivacité f; intelligence f.

brim [brim] n bord m ● v : ~ **over,** déborder.

bring* [briŋ] v amener (sb) ; apporter (sth) ‖ ~ *sth to mind,* rappeler à la mémoire ‖ ~ **about**, occasionner, provoquer ‖ ~ **back**, ramener (sb), rapporter (sth) ‖ ~ **down**, abattre (sb, sth) ‖ ~ **forward**, avancer (meeting) ‖ ~ **in**, faire entrer ; rapporter (interest) ‖ ~ **on**, provoquer, causer ‖ ~ **out**, mettre en lumière ‖ MED. ~ **round**, ranimer ‖ ~ **up**, élever (animals, children).

brink [briŋk] n bord m.

brisk [brisk] a vif, alerte.

briskly av vivement.

bristle ['brisl] n [beard, brush] poil m ; [boar] soie f • v se hérisser.

Britain ['britn] n Grande-Bretagne.

British a britannique.

Brittany ['britəni] n Bretagne f.

brittle ['britl] a fragile.

broad [brɔːd] a large, vaste (wide) ‖ prononcé (accent) ‖ grossier (story).

broadcast n radiodiffusion, émission f • v* radiodiffuser ‖ ~**ing station**, poste émetteur, station f de radio.

broaden v élargir.

broadly av largement.

broil [brɔil] n grillade f • v griller.

broke [brəuk] → BREAK* • a SL. fauché (fam.).

broken ['brəukn] → BREAK* • a brisé ‖ entrecoupé (sleep, words) ‖ délabré (health) ‖ mauvais (English).

broken-down a TECHN., AUT. en panne.

broker ['brəukə] n FIN. courtier m.

bronchitis [brɔŋ'kaitis] n bronchite f.

bronze [brɔnz] n bronze m.

brooch [brəutʃ] n broche f.

brook [bruk] n ruisseau m.

broom [brum] n balai m.

broom-stick n manche m à balai.

broth [brɔθ] n bouillon, potage m.

brother ['brʌðə] n frère m.

brother-in-law [-rinlɔː] n beau-frère m.

brotherly a fraternel.

brought [brɔt] → BRING*.

brown [braun] a brun (colour) ‖ marron (leather) ‖ ~ **paper**, papier m d'emballage ‖ CULIN. bis (bread) ; ~ **sugar**, sucre roux • v brunir ‖ CULIN. faire revenir.

bruise [bruːz] n contusion f • v contusionner, meurtrir.

brush [brʌʃ] n brosse f ‖ coup m de brosse (act) ‖ ARTS pinceau m • v brosser ‖ frôler (touch) ‖ ~ **up**, rafraîchir (one's English).

brush-up n coup m de brosse.

Brussels ['brʌslz] n Bruxelles ‖ ~ **sprouts**, choux mpl de Bruxelles.

brutal ['bruːtl] a brutal.

bubble ['bʌbl] n bulle f • v bouillonner.

buck [bʌk] n [deer] mâle m ‖ US, SL. dollar m • v : ~ **up**, remonter le moral, ragaillardir.

bucket ['bʌkit] *n* seau *m*.

buckle ['bʌkl] *n* boucle *f* ● *v* boucler ‖ voiler (wheel).

buckskin ['bʌkskin] *n* peau *f* de daim.

bud [bʌd] *n* bourgeon *m* ● *v* bourgeonner.

budding *a* FIG. en herbe.

budgerigar ['bʌdʒərigɑː] *n* perruche *f*.

budget ['bʌdʒit] *n* budget *m*.

buffer ['bʌfə] *n* RAIL. tampon *m* ‖ US pare-chocs *m*.

buffet ['bufei] *n* buffet *m* (counter).

buffet-car *n* RAIL. voiture-buffet *f*.

bug [bʌg] *n* [= *bedbug*] punaise *f* ‖ US insecte *m* ; bestiole *f* (fam.) ‖ COLL. micro espion *m*.

bugle ['bjuːgl] *n* clairon *m*.

build* [bild] *v* bâtir, construire ● *n* carrure, taille *f*.

builder *n* ARCH. entrepreneur *m*.

building *n* ARCH. construction *f* (act) ‖ édifice, immeuble *m*.

built [bilt] *pp* → BUILD* ‖ bâti ; *well* ~, bien bâti.

built-in *a* incorporé.

built-up *a* : ~ *area*, agglomération (urbaine).

bulb [bʌlb] *n* ELECTR. ampoule *f*.

bulging ['bʌldʒiŋ] *a* bombé ; gonflé (pocket).

bulk [bʌlk] *n* masse *f*, volume *m* ; *in* ~, en gros, en vrac.

bulky *a* corpulent (person) ; volumineux (thing).

bull [bul] *n* taureau *m* ‖ [elephant] mâle *m*.

bulldozer ['bul,douzə] *n* bulldozer *m*.

bullet ['bulit] *n* balle *f*.

bulletin ['bulitin] *n* bulletin, communiqué *m*.

bulletin-board *n* panneau *m* d'affichage.

bullet-proof *a* pare-balles.

bully ['buli] *v* persécuter ; malmener.

bum [bʌm] *n* US, SL. clochard *n*.

bump [bʌmp] *n* coup, choc *m* ‖ bosse *f* (swelling) ‖ [road] cahot *m* ● *v* : ~ *against*, heurter ‖ ~ *along*, (car) cahoter ‖ COLL. ~ *into*, rencontrer (par hasard), tomber sur.

bumper *n* AUT. pare-chocs *m*.

bumpy *a* cahoteux ; défoncé (road).

bun [bʌn] *n* CULIN. petit pain au lait ‖ [hair] chignon *m*.

bunch [bʌnʃ] *n* [flowers] bouquet *m* ; [grapes] grappe *f* ; [keys] trousseau *m* ● *v* mettre en bouquet ‖ ~ *up*, se tasser, se serrer.

bundle ['bʌndl] *n* [clothes] paquet *m* ; [papers] liasse *f* ● *v* : ~ *in*, entasser ; fourrer.

bungalow ['bʌŋgələu] *n* bungalow *m*.

bungle ['bʌŋgl] *v* bâcler.

bunk [bʌŋk] *n* RAIL., NAUT. couchette *f*.

buoy [bɔi] *n* bouée *f*.

buoyant *a* FIG. plein d'entrain.

burden ['bə:dn] *n* MUS. refrain *m*.

bureau ['bjurəu] *n* bureau *m*; service *m* (office).

burglar ['bə:glə] *n* cambrioleur *n*.

burglary [-ri] *n* cambriolage *m*.

burgundy *n* [wine] bourgogne *m*.

burial ['beriəl] *n* enterrement *m*.

burly ['bə:li] *a* corpulent.

burn* [bə:n] *v* brûler ‖ ~ *down*, incendier.

burning *a* brûlant, enflammé • *n* CULIN. brûlé *m*.

burnt [bə:nt] → BURN*.

burrow ['bʌrəu] *n* terrier *m*.

bursar ['bə:sə] *n* économe *n* (treasurer).

burst* [bə:st] *v* [bomb] éclater, exploser ‖ [cloud, bubble] crever ‖ [abscess] percer ‖ FIG. ~ *in*, faire irruption ; ~ *into tears*, fondre en larmes ‖ ~ *out* [person] s'exclamer ; ~ *out laughing*, éclater de rire • *n* explosion *f*.

bury ['beri] *v* enterrer ; ensevelir ‖ enfouir.

bus [bʌs] *n* autobus *m*; [long distance] (auto)car *m*.

bush [buʃ] *n* buisson *m* (shrub) ; [Africa] brousse *f*.

bushy *a* broussailleux, touffu ;

business ['biznis] *n* rôle *m*; *mind your own* ~, occupez-vous de vos affaires ‖ COMM. affaires *fpl*; *set up in* ~, s'établir ; *do* ~ *with sb*, faire des affaires avec qqn ‖ ~ *hours*, heures *fpl* d'ouverture ‖ affaire, entreprise *f* (firm).

businessman *n* homme *m* d'affaires.

busk [bʌsk] *v* COLL. faire la manche (fam.).

busman ['bʌsmən] *n* conducteur *m* d'autobus.

bust 1 [bʌst] *n* buste *m*, poitrine *f*.

bust 2 *a* COLL. fichu, foutu (fam.) • *n* : *have a* ~, faire la bringue (fam.) • *v* COLL. bousiller (fam.) ; SL. ~ *up*, s'engueuler (fam.).

bus-stop *n* arrêt *m* d'autobus.

bustle ['bʌsl] *v* s'affairer.

bust-up *n* SL. engueulade (fam.).

busy ['bizi] *a* occupé ‖ actif (person) ‖ animé (street) ‖ chargé (day) ‖ TEL. occupé • *v* : ~ *o.s. with*, s'occuper à.

but [bʌt] *c/av/p* [coordinating] mais ; [subordinating] que, si ce n'est que ; sans que ‖ seulement, ne...que ‖ sauf, excepté ; *the last* ~ *one*, l'avant-dernier ‖ ~ *for*, sans ; ~ *for me*, sans moi, si je n'avais pas été là.

butane ['bju:tein] *n* butane *m*.

butcher ['butʃə] *n* boucher *m*; ~*'s (shop)*, boucherie *f*.

butler ['bʌtlə] *n* maître *m* d'hôtel ; ~*'s pantry*, office *m*.

butter ['bʌtə] *n* beurre *m* • *v* beurrer.

butter-dish *n* beurrier *m*.

butterfly n papillon m.
butterfly-stroke n brasse f papillon.
butter-scotch n caramel m.
buttock ['bʌtək] n fesse f.
button ['bʌtn] n bouton m • v (se) boutonner.
buttonhole n boutonnière f.
buxom ['bʌksəm] a potelé.
buy* [bai] v acheter ‖ ∼ **back**, racheter • n : a good ∼, une (bonne) affaire.
buyer n acheteur n.
buzz [bʌz] n bourdonnement m ‖ SL. give a ∼, donner un coup de fil (fam.) • v [insects] bourdonner ‖ TEL., COLL. appeler.
buzzer n vibreur m.

by [bai] p [agency, means] par ; ∼ *boat*, par bateau ‖ [manner] à, de, selon ; ∼ *your watch*, à votre montre ‖ ∼ *o.s.*, seul ‖ [way] par ; ∼ *Dover*, par Douvres ‖ [measure] ∼ *the pound*, à la livre ; *10 feet* ∼ *20 feet*, 10 pieds sur 20 ‖ [time] pendant ; ∼ *night*, de nuit ; avant ; pour (not later than) • av près ‖ [past] *go* ∼, passer ‖ [store] *put some money* ∼, mettre de l'argent de côté.
bye-bye ['baibai] interj COLL. au revoir !
by-law n arrêté m.
by-pass n AUT. déviation f ; périphérique m • v contourner, éviter.

C

c [si:] n MUS. do, ut m.
cab [kæb] n taxi m.
cabbage ['kæbidʒ] n chou m.
cabin ['kæbin] n cabane f (shed) ‖ NAUT. cabine f ‖ AV. carlingue f.
cabinet ['kæbinit] n meuble m à tiroirs ‖ POL. cabinet m.
cabinet-maker n ébéniste m.
cable ['keibl] n câble m (rope) ‖ TEL. câble m • v TEL. câbler.
cable-car n télébenne f.
cable-railway n funiculaire m.
cable TV n télédistribution f.
cable-way n téléphérique m.

cabman ['kæbmən] n chauffeur m de taxi.
cab-rank, cab-stand n station f de taxis.
caddy ['kædi] n boîte f à thé.
cadet [kə'det] n élève-officier m.
café ['kæfei] n restaurant m.
cafeteria [ˌkæfi'tiəriə] n cafétéria f, libre-service m.
caffeine ['kæfi:n] n caféine f.
cage [keidʒ] n cage f.
cake [keik] n gâteau m.
calculate ['kælkjuleit] v calculer.
ˌcalcuˈlation n calcul, compte m.

calculator *n* calculatrice *f*.

calendar ['kælində] *n* calendrier *m*.

calf 1 [kɑːf] (*Pl* **calves** [-vz]) *n* ZOOL. veau *m*.

calf 2 (*Pl* **calves**) *n* mollet *m*.

call [kɔːl] *v* appeler ; crier (shout) ‖ appeler, nommer (sb, sth) ‖ réveiller ‖ [cards] annoncer ‖ TEL. appeler ‖ **∼ at,** passer chez ; **∼ back,** rappeler ; **∼ in,** faire venir (doctor) ; **∼ off,** annuler ; **∼ on,** passer voir (qqn) ; **∼ over,** faire l'appel ; **∼ up,** téléphoner ; évoquer (memory), mobiliser (troops) ● *n* cri *m* ‖ appel *m* ‖ TEL. appel *m* ; *make a phone ∼ (to sb),* donner un coup de téléphone (à qqn) ‖ [cards] annonce *f* ‖ NAUT. escale *f* ‖ REL. vocation *f*.

call-box *n* cabine *f* téléphonique.

caller *n* visiteur *n* ‖ TEL. demandeur *n*.

calling *n* vocation *f*.

calm [kɑːm] *v* calmer ; **∼ down,** (se) calmer ● *a/n* calme (*m*).

calorie ['kæləri] *n* calorie *f*.

calvary ['kælvəri] *n* calvaire *m*.

calves → CALF 1 et 2.

cam [kæm] *n* came *f*.

came [keim] → COME*.

camel ['kæml] *n* chameau *m*.

camera ['kæmrə] *n* appareil (-photo) *m* ‖ (*film/movie-*)∼, camera *f*.

cameraman *n* cameraman, cadreur *m*.

camp [kæmp] *n* camp, campement *m* ● *v* : **∼** (*out*), camper.

campaign [-'pein] *n* FIG. campagne *f* ● *v* faire campagne.

camp-bed *n* lit *m* de camp.

camping *n* camping *m*.

campsite *n* terrain *m* de camping.

cam-shaft *n* arbre *m* à cames.

can 1 [kæn] *n* bidon *m* ‖ boîte *f* de conserve (tin) ● *v* mettre en conserve.

can* 2 [kæn, kən] neg. **cannot** ['kænɔt], **can't** [kɑːnt] *mod aux* : [ability] **∼** *you lift this box ?,* pouvez-vous soulever cette caisse ? ; **∼** *you swim ?,* savez-vous nager ? ‖ [permission] *you* **∼** *go now,* vous pouvez partir maintenant ‖ [possibility] *he* **∼** *be there now,* il doit y être maintenant ‖ → COULD.

Canada ['kænədə] *n* Canada *m*.

Canadian [kə'neidjən] *a/n* canadien (*n*).

canal [kə'næl] *n* canal *m*.

cancel ['kænsl] *v* annuler (order) ; décommander (invitation).

cance'llation *n* annulation *f*.

candidate ['kændidit] *n* candidat *n*.

candidature [-it∫ə] *n* candidature *f*.

candied fruit [ˈkændid-] *n* fruits confits.

candle [kændl] *n* : *(wax-)*~, bougie *f* ‖ [church] cierge *m*.

candlestick *n* bougeoir *m*.

candy [ˈkændi] *n* US bonbon *m*.

cane [kein] *n* canne *f* (walking stick).

cane-sugar *n* sucre *m* de canne.

cannot → CAN* 2.

canoe [kəˈnuː] *n* canoë *m*.

can-opener *n* ouvre-boîtes *m*.

can't → CAN* 2.

canteen [kænˈtiːn] *n* cantine *f*.

canter [ˈkæntə] *n* petit galop.

canvas [ˈkænvəs] *n* ARTS, [tent] toile *f*.

cap [kæp] *n* casquette *f* (peaked) ‖ [fountain pen] capuchon *m* ‖ AUT. bouchon *m* ‖ MED. *(Dutch)*~, diaphragme *m* (contraceptive).

capable [ˈkeipəbl] *a* capable *(of,* de) ‖ compétent.

capacity [kəˈpæsiti] *n* capacité, contenance *f*.

cape [keip] *n* [garment] cape, pèlerine *f*.

cape 2 *n* GEOGR. cap *m*.

capital [ˈkæpitl] *n* capitale *f* (city) ‖ majuscule *f* (letter) ‖ FIN. capital *m*.

capitalism [ˈkæpitəlizm] *n* capitalisme *m*.

capitalist [-ist] *a/n* capitaliste *(n).*

capsize [kæpˈsaiz] *v* (faire) chavirer.

capsule [ˈkæpsjuːl] *n* MED. capsule, gélule *f*.

captain [ˈkæptin] *n* capitaine *m*.

caption [ˈkæp∫n] *n* titre, sous-titre *m* ‖ [drawing] légende *f*.

captivate [ˈkæptiveit] *v* captiver.

car [kɑː] *n* voiture, auto *f* ‖ RAIL. wagon *m*, voiture *f*.

caravan [ˈkærəvæn] *n* AUT. caravane *f* ‖ [gipsy] roulotte *f*.

carbon [ˈkɑːbən] *n* carbone *m* ; ~ *dioxide*, acide *m* carbonique ; ~ *monoxide*, oxyde *m* de carbone ; ‖ ~*(paper)*, papier *m* carbone ; ~*(copy)*, double *m*.

carburettor [ˌkɑːbjuˈretə] *n* carburateur *m*.

card [kɑːd] *n* carte *f* ‖ *(visiting-)*~, carte *f* (de visite) ‖ *(playing-)*~, carte *f* à jouer ; **play** ~*s,* jouer aux cartes ; *have a game of* ~*s,* faire une partie de cartes.

cardboard *n* carton *m*.

cardigan [ˈkɑːdigən] *n* cardigan *m*.

care [kɛə] *n* attention *f* ‖ soin *m*, précaution *f* ‖ charge, responsabilité *f;* [letter] ~ *of* (abbr. c/o), aux bons soins de, chez ‖ *take* ~ *of,* prendre soin de, s'occuper de ; *take* ~ *that,* veiller à ce que ‖ souci *m* (anxiety) ● *v* se soucier (*about,* de) ; **I** *don't* ~, cela m'est égal ; *I couldn't* ~ *less,* je m'en fiche ‖ ~ *(for)*, aimer (like) ; avoir envie de ; s'occuper de (sb) ; soigner (invalid).

career [kə'riə] n carrière f.

careful a soigneux ‖ prudent ‖ attentif.

carefully av soigneusement ; prudemment.

careless a insouciant ‖ ~ *mistake*, faute f d'inattention ‖ négligent.

carelessly av négligemment.

carelessness n insouciance, négligence f ‖ imprudence f.

care-taker n gardien n, concierge n.

cargo ['kɑːgəu] n cargaison f ; fret m.

cargo-boat n cargo m.

caries ['kɛəriːz] n sing carie f.

carnival ['kɑːnivl] n carnaval m.

carpenter ['kɑːpintə] n charpentier m ; US menuisier m.

carpet ['kɑːpit] n tapis m ; *(fitted)* ~, moquette f.

carriage ['kæridʒ] n transport, port m ; ~ *free*, franco (de port) ; ~ *paid*, port payé ‖ voiture f (vehicle) ‖ RAIL. voiture f, wagon m.

carriage-way n chaussée f.

carrier ['kæriə] n transporteur, camionneur m ‖ [cycle] porte-bagages m.

carrier-pigeon n pigeon voyageur.

carrot ['kærət] n carotte f.

carry ['kæri] v porter ‖ porter sur soi (money, watch, etc.) ‖ transporter (load) ‖ ~ *on*,

continuer, poursuivre ; exercer (trade) ; COLL. avoir une liaison *(with*, avec) ‖ ~ *out*, exécuter (plan) ; mettre en pratique (theory).

cart [kɑːt] n charrette f ; voiture f à bras.

carton ['kɑːtən] n boîte f (en carton) ; [cigarettes] cartouche f.

cartoon [kɑː'tuːn] n dessin m humoristique ‖ CIN. *(animated)* ~, dessin animé.

cartridge ['kɑːtridʒ] n cartouche f ‖ PHOT. cartouche f, chargeur m ‖ [record player] cellule f.

carve [kɑːv] v sculpter ‖ CULIN. découper.

carving n CULIN. découpage m.

carving-knife n couteau m à découper.

case 1 [keis] n caisse f (box) ‖ écrin m (casket) ; [glasses] étui m ‖ *(suit-)*~, valise f ‖ AUT. carter m.

case 2 n cas m ; *in* ~, au cas où ; *in any* ~, en tout cas ; *in no* ~, en aucun cas ‖ problème m ‖ JUR. affaire f, procès m.

cash [kæʃ] n argent m liquide ; espèces fpl (money) ; *pay* ~ *down*, payer comptant ● v toucher, encaisser (cheque).

cash-desk n caisse f.

cashier [kæ'ʃiə] n caissier n.

cask [kɑːsk] n tonneau m.

casket [-'it] n [jewels] coffret m.

cassette ['kæset] n PHOT.

chargeur *m* ‖ [tape] cassette *f*; ～ *deck/recorder*, magnéto-phone *m* à cassettes.

cast* [kɑːst] *v* jeter, lancer ‖ projeter (shadow, etc.) ‖ ～ *anchor*, jeter l'ancre ‖ ～ *away*, rejeter ‖ ～ *off*, se défaire de ● *n* [dice] coup *m* ‖ [fishing] lancer *m* ‖ TH., CIN. distribution *f*.

castaway *n* naufragé *n*.

caster [ˈkɑːtə] *n* saupou-dreuse *f*.

caster-sugar *n* sucre *m* en poudre.

,cast-ˈiron *n* fonte *f*.

castle [ˈkɑːsl] *n* château fort ‖ [chess] tour *f* ● *v* roquer.

cast-off *a* de rebut.

castor-oil [ˈkɑːstərɔil] *n* huile *f* de ricin.

casual [ˈkæʒjuəl] *a* fortuit, accidentel ‖ à bâtons rom-pus (conversation) ‖ irrégulier (work) ‖ désinvolte, sans-gêne (manners, person) ‖ *clothes for* ～ *wear*, habits pour tout aller.

casually *av* par hasard ‖ avec désinvolture.

casualty *n* accident *m* ‖ MED. accidenté *n* ‖ *Pl* morts et blessés *npl*, victimes *fpl*.

cat [kæt] *n* chat *n*.

catalog(ue) [ˈkætələɡ] *n* catalogue *m*, liste *f*.

catamaran [ˌkætəməˈræn] *n* catamaran *m*.

catapult [ˈkætəpʌlt] *n* lance-pierre *m inv*.

catastrophe [kəˈtæstrəfi] *n* catastrophe *f*.

catch* [kætʃ] *v* attraper, sai-sir (seize) ‖ capturer (trap) ‖ sur-prendre (sb) ‖ ～ *fire*, prendre feu ‖ MED. attraper; ～ *a cold*, prendre froid, s'enrhu-mer ‖ ～ *sb up* (～ *up with sb*), rattraper qqn (overtake) ‖ [fire] prendre ‖ CULIN. attacher ‖ COLL. ～ *on*, prendre (become popular) ● *n* prise, capture *f* ‖ [door] entrebailleur *m*.

catching *a* contagieux.

catechism [ˈkætikizm] *n* catéchisme *m*.

cater [ˈkeitə] *v* fournir des repas ‖ ～ *for*, satisfaire (tastes).

caterer [-rə] *n* fournisseur *m*.

caterpillar [ˈkætə,pilə] *n* che-nille *f*.

cathedral [kəˈθiːdrl] *n* cathé-drale *f*.

catholic [ˈkæθəlik] *a/n* REL. catholique (*n*).

cat's eye [ˈkætsai] *n* [road] Cataphote *m*.

cattle [ˈkætl] *n* bétail *m*.

caught [kɔːt] → CATCH*.

cauliflower [ˈkɔliflauə] *n* chou-fleur *m*.

cause [kɔːz] *n* cause *f*, motif *m*, raison *f* ● *v* causer, provo-quer, produire.

causeway *n* chaussée *f*.

caution [ˈkɔːʃn] *n* précaution, prudence *f* (wariness) ‖ avertis-sement *m* (warning) ● *v* aver-tir, mettre en garde.

cautious [-ʃəs] *a* prudent.

cautiously *av* prudemment.

cave [keiv] *n* caverne *f*; grotte *f*.

caviar ['kæviɑ:] *n* caviar *m*.

ceiling ['si:liŋ] *n* plafond *m*.

celebrate ['selibreit] *v* célébrer, fêter.

,cele'bration *n* fête *f*.

celebrity [si'lebriti] *n* célébrité *f*.

cell [sel] *n* cellule *f*.

cellar ['-ə] *n* cave *f*, cellier *m*.

cellist ['tʃelist] *n* violoncelliste *n*.

cello [-əu] *n* violoncelle *m*.

cellophane ['seləfein] *n* [R] Cellophane *f*.

cement [si'ment] *n* ciment *m*.

cemetery ['semitri] *n* cimetière *m*.

cent [sent] *n* : *per* ∼, pour cent.

centenarian [,senti'nɛəriən] *n* centenaire *n*.

centenary [sen'ti:nəri] *a/n* centenaire (*m*).

centigrade ['sentigreid] *a* centigrade.

'centi,metre *n* centimère *m*.

central ['sentrl] *a* central ; ∼ *heating*, chauffage central.

centre ['sentə] *n* centre *m*; *off* ∼, décentré • *v* centrer ‖ PHOT. cadrer.

,centre-'forward *n* SP. avant-centre *m*.

century ['sentʃəri] *n* siècle *m*.

cereal ['siəriəl] *n* céréale *f*.

ceremony ['seriməni] *n* cérémonie *f*.

certain ['sə:tn] *a* [sure] certain, sûr ; *make* ∼, s'assurer

de ‖ [some] → EXTENT ‖ [not named] *on a* ∼ *day*, un certain jour.

certainly *av* certainement.

certainty *n* certitude *f*.

certificate [sə'tifikit] *n* certificat *m*; *birth* ∼, acte *m* de naissance.

certify ['sə:tifai] *v* certifier, déclarer ‖ COMM. garantir ‖ FIN. ∼*ied cheque*, chèque certifié.

certitude [-itju:d] *n* certitude *f*.

cesspool ['sespu:l] *n* fosse *f* d'aisance.

chafe [tʃeif] *v* frotter (body) ‖ irriter, écorcher (skin).

chain [tʃein] *n* chaîne *f* • *v* enchaîner.

chain-saw *n* tronçonneuse *f*.

chain-store *n* magasin *m* à succursales multiples.

chair [tʃɛə] *n* chaise *f*; (*arm-*)∼, fauteuil *m*.

chair-lift *n* télésiège *m*.

chalet ['ʃælei] *n* chalet *m* ‖ [camp] bungalow *m*.

chalk [tʃɔ:k] *n* craie *f* • *v* marquer à la craie.

challenge ['tʃælinʒ] *n* défi *m* • *v* défier ‖ contester (question).

challenger *n* SP. challenger *m*.

chamber ['tʃeimbə] *n* POL. chambre *f* (parliament) ‖ JUR. ∼ *of commerce*, chambre *f* de commerce.

chambermaid *n* femme *f* de chambre.

chamber-music n musique f de chambre.

champion ['tʃæmpjən] n champion n.

championship n championnat m.

chance [tʃɑːns] n hasard m; **by ~**, par hasard ‖ occasion f ‖ risque m ● a fortuit, accidentel ● v risquer ‖ arriver par hasard ‖ **~ upon**, rencontrer par hasard.

change [tʃeinʒ] n changement m ‖ linge m de rechange ‖ FIN. monnaie f; **make ~**, faire de la monnaie (smaller units); *give* **~ for**, rendre la monnaie de (difference) ● v changer de (clothes, places); **~ (clothes)**, se changer ‖ **~ one's mind**, changer d'avis ‖ RAIL. changer de train ‖ MIL. relever (the guard) ‖ AUT. **~ gear**, changer de vitesse.

çhangeable a variable (weather).

changing ['tʃeinʒiŋ] n MIL. relève f.

channel ['tʃænl] n canal m ‖ *the (English)* **~**, la Manche f; **~ Islands**, îles anglo-normandes ‖ TV chaîne f.

chap 1 [tʃæp] n gerçure, crevasse f.

chap 2 n COLL. type m; *old* **~!**, mon vieux !

chapel ['tʃæpl] n chapelle f.

chaplain ['tʃæplin] n aumônier m.

chapter ['-tə] n chapitre m.

char 1 [tʃɑː] v (se) carboniser, calciner.

char 2 n → CHARWOMAN.

character ['kæriktə] n caractère m ‖ réputation f ‖ certificat m, attestation f ‖ TH. personnage m ‖ [print] caractère m, lettre f.

‚characte'ristic a/n caractéristique (f).

charcoal ['tʃɑːkəul] n charbon m de bois.

charge [tʃɑːdʒ] n charge, responsabilité f; *put sb in* **~ of**, charger qqn de ‖ FIN. prix m; *free of* **~**, gratuit; *bank* **~s**, agios mpl ‖ JUR. accusation f ‖ ELECTR. charge f ● v charger (with, de) [entrust] ‖ [payment] demander un prix, faire payer ‖ ELECTR. charger.

charger n TECHN. chargeur m.

charity ['tʃæriti] n charité f.

charm [tʃɑːm] n charme m ● v charmer.

charming a charmant.

chart [tʃɑːt] n carte marine ‖ graphique m; diagramme m.

charter ['tʃɑːtə] n charte f ‖ AV. **~ flight**, charter m ● v AV. affréter.

chartered ['-əd] a : **~ accountant**, expert-comptable m.

charwoman ['tʃɑːwumən] n femme f de ménage.

chase [tʃeis] v chasser, poursuivre ● n chasse, poursuite f.

chassis ['ʃæsi] n châssis m.

chaste [tʃeist] a chaste, pur.

chastity ['tʃæstiti] *n* chasteté *f*.

chat [tʃæt] *n* : have a ~, faire un brin de causette ● *v* causer, bavarder ‖ COLL. ~ *up*, baratiner (girl) [arg.].

chatter *n* bavardage *m* ● *v* [persons] papoter ‖ [teeth] claquer.

cheap [tʃiːp] *a* bon marché ; à prix réduit (ticket).

cheapen *v* baisser le prix de.

cheat [tʃiːt] *v* escroquer (swindle) ; frauder (customs) ‖ [cards] tricher ‖ [sex] ~ *on*, tromper ● *n* escroc *m* (swindler) ‖ [cards] tricheur *n*.

check 1 [tʃek] *v* vérifier ‖ [chess] faire échec à ‖ US mettre (coat, etc.) au vestiaire ‖ ~ *in*, [hotel] arriver, s'inscrire à ; AV. se présenter à (l'enregistrement) ‖ ~ *out*, [hotel] partir, régler sa note ; US retirer (baggage) ‖ ~ *up on*, vérifier (sth) ; se renseigner sur (sb) ● *n* contrôle *m* ‖ [chess] échec *m* ‖ US bulletin *m* de consigne ; [restaurant] addition *f*.

check 2 *n* US → CHEQUE.

checkers ['tʃekəz] *npl* US jeu *m* de dames.

check-list *n* liste *f* de pointage.

checkmate *v/n* (faire) échec *m* et mat.

checkout *n* [self service] caisse *f*.

checkroom *n* US vestiaire *m* ; RAIL. consigne *f*.

check-up *n* contrôle *m* ‖ MED. bilan *m* de santé.

cheek [tʃiːk] *n* joue *f* ‖ FIG. toupet *m*.

cheeky *a* effronté.

cheer [tʃiə] *v* : ~ *(up)*, réconforter, encourager ; acclamer, pousser des vivats ; ~ *up*, se réjouir ; reprendre courage.

cheerful *a* gai, de bonne humeur (person).

cheerfulness *n* gaieté *f* ; entrain *m*.

cheerless *a* morne, triste.

cheers [-z] *npl* acclamations *fpl*, vivats *mpl* ‖ ~ !, à la vôtre !

cheese [tʃiːz] *n* fromage *m*.

chemical ['kemikl] *a* chimique ● *n* produit *m* chimique.

chemist *n* chimiste *n* ‖ pharmacien *n* ; ~'s *shop*, pharmacie *f*.

chemistry [-istri] *n* chimie *f*.

cheque [tʃek] *n* chèque *m* ; write a ~ for £ 50, faire un chèque de 50 livres.

cheque-book *n* carnet *m* de chèques.

cherry ['tʃeri] *n* cerise *f*.

cherry-tree *n* cerisier *m*.

chess [tʃes] *n* échecs *mpl* ; play ~, jouer aux échecs.

chess-board *n* échiquier *m*.

chess-man *n* pièce *f* ; pion *m*.

chest [tʃest] *n* poitrine *f* ‖ coffre *m* ‖ ~ *of drawers*, commode *f*.

chestnut ['tʃesnʌt] *n* marron *m* ; châtaigne *f* ● *a* châtain (hair).

chew [tʃuː] v mâcher.

chick [tʃik] n poussin m.

chicken [-in] n poulet m.

chicken-pox n varicelle f.

chicory [ˌʃikəri] n [coffee] chicorée f ‖ [salad] endive f.

chief [tʃiːf] n chef m • a principal, essentiel.

chiefly av principalement.

chilblain [ˈtʃilblein] n engelure f.

child [tʃaild] (Pl **children** [ˈtʃildrən]) n enfant n ‖ **with** ~, enceinte.

child-birth n accouchement m.

childhood n enfance f.

childish a enfantin, puéril.

childless a sans enfant.

chill [tʃil] n froid m ‖ MED. refroidissement m • v (se) refroidir.

chilly a froid; frileux (person).

chime [tʃaim] n carillon m • v carillonner; sonner.

chimney [ˈtʃimni] n cheminée f.

chimney-sweep n ramoneur m.

chin [tʃin] n menton m.

china 1 [ˈtʃainə] n porcelaine f.

China 2 n Chine f.

Chinese [ˌtʃaiˈniːz] a chinois • n Chinois n ‖ [language] chinois m.

chip [tʃip] n fragment m ‖ [poker] jeton m ‖ Pl frites fpl • v ébrécher.

chiropodist [kiˈrɔpədist] n pédicure n.

chlorinate [ˈklɔrineit] v javelliser.

chlorophyll [ˈklɔrəfil] n chlorophylle f.

chock [tʃɔk] n cale f • v caler.

chocolate [ˈtʃɔklit] n chocolat m; a ~, une crotte de chocolat.

choice [tʃɔis] n choix m • a de choix; ~est, de premier choix.

choir [ˈkwaiə] n MUS., ARCH. chœur m.

choke [tʃəuk] v étouffer; suffoquer ‖ obstruer • n AUT. starter m.

choose* [tʃuːz] v choisir; as you ~, à votre gré.

chop [tʃɔp] v couper, trancher • n CULIN. côtelette f.

choppy a agité, clapoteux (sea).

chopsticks [ˈtʃɔpstiks] npl baguettes fpl (for eating).

choral [ˈkɔːrl] a : ~ society, chorale f.

chore [tʃɔː] n besogne quotidienne ‖ corvée f.

chorus [ˈkɔːrəs] n chœur m.

chorus-girl n TH. girl f.

chose(n) [ˈtʃəuz(n)] → CHOOSE *.

Christ [kraist] n Christ m.

christen [ˈkrisn] v baptiser.

christening n baptême m.

Christian [ˈkristjən] a chrétien ‖ ~ name, prénom m.

Christmas [ˈ-məs] n Noël m.

Christmas-tree n arbre m de Noël.

chronic [ˈkrɔnik] a chronique.

chuckle [ˈtʃʌkl] v glousser, rire.

chunk [tʃʌŋk] n quignon m (of bread).

church [tʃəːtʃ] n église f.

church-goer n pratiquant n.

churchman n ecclésiastique m.

church-tower n clocher m.

churchyard n cimetière m.

cicada [siˈkɑːdə] n cigale f.

cider [ˈsaidə] n cidre m.

cigar [siˈgɑː] n cigare m.

cigarette [ˌsigəˈret] n cigarette f.

cigarette-case n étui m à cigarettes.

cigarette-holder n fume-cigarette m.

cinder [ˈsində] n cendre ; burnt to a ～, carbonisé.

cinder-track n piste cendrée.

cine-camera [ˈsiniˈkæmrə] n caméra f.

cine-film n film m.

cinema [-mə] n cinéma m (art, theatre).

cine-projector n projecteur m de cinéma.

circle [ˈsəːkl] n cercle m ● v encercler.

circuit [ˈsəːkit] n circuit m ‖ SP. parcours m.

circuit-breaker n disjoncteur m.

circular [ˈsəːkjulə] a circulaire.

circulate [-eit] v (faire) circuler.

circumference [səˈkʌmfrəns] n circonférence f.

circumstances [ˈsəːkəmstænsiz] npl moyens mpl ; in bad/easy ～, gêné/à l'aise ‖ circonstances fpl.

circus [ˈsəːkəs] n cirque m ‖ [town] rond-point m.

cistern [ˈsistən] n réservoir m ; underground ～, citerne f.

cite [sait] v citer.

citizen [ˈsitizn] n citadin n ‖ JUR. ressortissant, citoyen n.

city [ˈsiti] n (grande) ville.

civics [ˈsiviks] npl instruction f civique.

civil [ˈsivl] a civil, civique (rights) ; ～ defence, défense passive ; ～ service, fonction publique ; ～ **servant**, fonctionnaire n.

civilization [ˌsivilaiˈzeiʃn] n civilisation f.

civilize v civiliser.

clad [klæd] a vêtu.

claim [kleim] n réclamation f ; put in a ～, faire une réclamation ● v réclamer, revendiquer.

clam [klæm] n palourde f.

clamber [ˈklæmbə] v grimper ; ～ **over**, escalader.

clammy [ˈklæmi] a humide, moite.

clang [klæŋ] v retentir, résonner.

clap [klæp] n claquement m ● v applaudir.

claptrap n boniment, bobard m.

claret [ˈklærət] n [wine] bordeaux m.

clarinet [͵klæri'net] *n* clarinette *f*.

clash [klæ∫] *v* (se) heurter ‖ FIG. être en désaccord ‖ [colours] jurer ‖ [invitations] ∼ *with*, tomber le même jour que ● *n* choc, bruit *m* (métallique) ‖ FIG. conflit *m*.

clasp [klɑːsp] *n* fermoir *m*; boucle *f* ‖ étreinte *f* (with hands) ● *v* éteindre, serrer (sb's hand).

class [klɑːs] *n* classe *f* ‖ RAIL. classe *f* ‖ [school] classe *f*, cours *m* ● *v* classer.

classification [͵klæsifi'kei-∫n] *n* classification *f*.

classify ['-fai] *v* classer, classifier.

class-mate *n* camarade *n* de classe.

class-room *n* salle *f* de classe.

claw [klɔː] *n* griffe *f*.

clay [klei] *n* argile, glaise *f*.

clean [kliːn] *a* propre, net ‖ FIG. pur ● *av* complètement ● *v* nettoyer ‖ éplucher (salad) ‖ ∼ *one's shoes*, faire ses chaussures ‖ ∼ *up*, nettoyer à fond.

cleaner *n* teinturier *n*; ∼'s *(shop)*, teinturerie *f*.

cleaning *n* nettoyage *m*; dégraissage *m* ‖ ∼ *woman*, femme *f* de ménage.

cleanliness ['klenlinis] *n* propreté, netteté *f*.

cleanly 1 ['klenli] *a* propre.

cleanly 2 ['kliːnli] *av* proprement.

clean-shaven *a* sans barbe (ni moustache).

clear [kliə] *a* clair, lumineux (bright) ‖ clair (easily heard/understood) ‖ transparent, limpide ‖ libre, dégagé (way) ‖ entier; *for two* ∼ *days*, pendant deux journées entières ● *av* distinctement ‖ à l'écart de; *keep* ∼ *of*, éviter ● *v* débarrasser; ∼ *the table*, débarrasser la table ‖ dégager, déblayer (way) ‖ franchir (leap over) ‖ [sky] se dégager ‖ [weather] s'éclaircir ‖ dédouaner (goods).

clearance ['-rns] *n* dégagement *m* (clear space) ‖ [customs] dédouanement *m* ‖ COMM. ∼ *sale*, soldes *mpl*.

clearing ['-riŋ] *n* déblaiement *m* ‖ [weather] éclaircie *f* ‖ FIN. compensation *f*; ∼ *house*, chambre *f* de compensation.

clearly ['-li] *av* clairement.

clef [klef] *n* MUS. clef *f*.

clench [klen∫] *v* serrer (one's fists).

clergyman ['kləːdʒimən] *n* ecclésiastique *m* ‖ pasteur *m*.

clerk [klɑːk] *n* employé *n*, commis *m*.

clever ['klevə] *a* intelligent ‖ habile (skilful).

cleverly *av* habilement ‖ intelligemment.

cliff [klif] *n* falaise *f*.

cliffroad *n* corniche *f*.

climate ['klaimit] *n* climat *m*.

climb [klaim] *v* : ∼ *(up)*, monter, grimper (stairs); gravir (slope) ; escalader (mountain) ‖ ~ *down*, descendre de ‖ COLL. ~ *down*, se dégonfler (fam.).

climber *n* grimpeur *n* ; alpiniste *n*.

climbing *n* ascension, escalade *f* ‖ SP. alpinisme *m*.

cling* [kliŋ] *v* s'accrocher, se cramponner (*to*, à).

clinic [ˈklinik] *n* clinique *f*.

clip [klip] *n* attache *f* ‖ trombone *m* (for papers) • *v* couper (hair).

clipper *n* tondeuse *f*.

clipping *n* US coupure *f* de journal.

cloak [kləuk] *n* cape *f*.

cloakroom *n* vestiaire *m* ‖ RAIL. consigne *f*.

clock [klɔk] *n* horloge, pendule *f* • *v* chronométrer ‖ ~ *in/out*, pointer à l'arrivée/à la sortie.

clock-radio *n* radio-réveil *m*.

clock-wise *av* dans le sens des aiguilles d'une montre.

clockwork *n* mouvement *m* d'horlogerie ‖ ~ *toy*, jouet *m* mécanique.

clog [klɔg] *v* boucher, engorger, obstruer (pipe).

close 1 [kləuz] *v* fermer, clore ‖ ~*ed circuit* TV, télévision *f* en circuit fermé ‖ RAD. ~ *down*, terminer l'émission ‖ ~ *in*, [days] raccourcir.

close 2 [kləus] *a* clos, fermé (shut) ‖ renfermé (air) ‖ lourd (weather) ‖ SP. ~ *season*, chasse/pêche fermée ‖ FIG. intime (friend) • *av* étroitement

(tightly) ‖ ~ *by/to*, tout près de, à proximité de.

closely *av* étroitement, de près ; attentivement.

close-up *n* PHOT. gros plan.

cloth [klɔθ] *n* toile, étoffe *f* (fabric) ‖ torchon *m* (for cleaning).

clothe [kləuð] *v* habiller, vêtir.

clothes [kləuðz] *npl* habits, vêtements *mpl*.

clothes-peg, clothes-pin *n* pince *f* à linge.

cloud [klaud] *n* nuage *m* ‖ [mirror] buée *f* • *v* couvrir (de nuages), voiler, assombrir ‖ embuer (*with tears*, de larmes) ‖ ~ *over*, se couvrir de nuages, se voiler.

cloudy *a* nuageux, couvert ‖ FIG. trouble (water).

clove [kləuv] *n* [garlic] gousse *f*.

clover [ˈkləuvə] *n* trèfle *m*.

clover-leaf *n* AUT. échangeur (tréflé).

club 1 [klʌb] *n* trèfle *m* (card).

club 2 *n* club *m* (society) • *v* : ~ *together*, se cotiser.

clue [kluː] *n* FIG. fil conducteur ‖ [crosswords] définition *f*.

clumsy [ˈklʌmzi] *a* gauche, maladroit.

clung [klʌŋ] → CLING*.

cluster [ˈklʌstə] *n* [flowers] bouquet *m* ‖ [fruit] grappe *f*.

clutch [klʌtʃ] *n* étreinte *f* ‖ SP. prise *f* ‖ AUT. embrayage *m* ; *let in/out the* ~, embrayer/débrayer • *v* empoigner, saisir.

coach [kəutʃ] *n* RAIL. wagon *m*, voiture *f* ‖ AUT. autocar *m* ‖ SP. entraîneur *m* ‖ [school] répétiteur *n* • *v* SP. entraîner ‖ [school] donner des leçons particulières.

coal [kəul] *n* charbon *m*, houille *f* ‖ *white* ∼, houille blanche.

coal-cellar *n* cave *f* à charbon.

coalman *n* charbonnier *m*.

coal-scuttle *n* seau *m* à charbon.

coarse [kɔːs] *a* grossier, rude (rough) ‖ grossier, vulgaire (crude).

coast [kəust] *n* côte *f* • *v* [cycling] descendre en roue libre.

coat [kəut] *n* manteau *m* ‖ couche *f* (of paint) • *v* couvrir, enduire.

coat-hanger *n* cintre *m*.

coax [kəuks] *v* cajoler; amadouer.

cob [kɔb] *n* épi *m* (de maïs).

cobbler ['-lə] *n* cordonnier *m*.

cobweb ['kɔbweb] *n* toile *f* d'araignée.

cocaine [kə'kein] *n* cocaïne *f*.

cocaine-addict *n* cocaïnomane *n*.

cock [kɔk] *n* coq *m* ‖ [bird] mâle *m* ‖ TECHN. robinet *m*.

cockney ['kɔkni] *a/n* Londonien populaire; cockney *(m)*.

cockpit ['kɔkpit] *n* AV. habitacle, poste *m* de pilotage.

coco ['kəukəu] *n* : ∼(-palm), cocotier *m*.

cocoa ['kəukəu] *n* cacao *m*.

coco-nut *n* noix *f* de coco.

cod [kɔd] *n* morue *f*.

code [kəud] *n* code *m*.

cod-liver *n* : ∼ *oil*, huile *f* de foie de morue.

co-ed ['kəu'ed] *n* US, COLL. lycéenne (d'un lycée mixte).

co-educational ['kəu,-] *a* mixte (school).

coffee ['kɔfi] *n* café *m*; *black* ∼, café noir; *white* ∼, café crème.

coffee-bean *n* grain *m* de café.

coffee-mill *n* moulin *m* à café.

coffee-pot *n* cafetière *f*.

coffin ['kɔfin] *n* cercueil *m*.

coil [kɔil] *n* rouleau *m* (rope) ‖ MED. stérilet *m* • *v* (s') enrouler.

coin [kɔin] *n* pièce *f* de monnaie.

coincide [,kəin'said] *v* coïncider.

coincidence [kə'insidns] *n* coïncidence *f*.

coke [kəuk] *n* coke *m*.

col [kɔl] *n* GEOGR. col *m*.

colander ['kʌləndə] *n* passoire *f*.

cold [kəuld] *a* froid; *it is* ∼, il fait froid ‖ *get* ∼, se refroidir; *be* ∼, avoir froid • *n* froid *m* ‖ MED. ∼ *in the head/on the chest*, rhume *m* de cerveau/poitrine.

coldly *av* froidement.

collaborate [kə'læbəreit] *v* collaborer (*to*, à; *with*, avec).

collapse [kə'læps] *v* s'effondrer, s'écrouler.

collapsible *a* pliant (table).

collar ['kɔlə] *n* col *m* ‖ [dog]
collier *m*.

colleague ['kɔli:g] *n* collègue
n ; confrère *m*.

collect [kə'lekt] *v* (se) rassembler (gather) ; ramasser (books)
‖ collectionner (stamps) ‖ percevoir (taxes) ‖ aller chercher,
passer prendre (qqn) ‖ RAIL.
prendre à domicile (luggage) ;
ramasser (tickets) • *av* : US,
TEL. *call* ∼, appeler en P.C.V.

co'llection *n* collection *f*
(gathering) ‖ [mail] levée *f* ‖
REL. quête *f*.

collective *a* collectif.

collector *n* collectionneur *n* ‖
[taxes] percepteur *m* ‖ RAIL.
contrôleur *n*.

college ['kɔlidʒ] *n* collège *m*
universitaire.

collide [kə'laid] *v* se heurter,
entrer en collision (*with*, avec).

collision [-iʒn] *n* collision *f*.

colloquial [kə'ləukwiəl] *a*
familier, de la conversation.

colon ['kəulən] *n* GRAMM.
deux-points *mpl*.

colonel ['kə:nl] *n* colonel *m*.

colony ['kɔləni] *n* colonie *f*.

colour ['kʌlə] *n* couleur *f*,
teint *m* ; *lose* ∼, pâlir • *v*
colorer ; colorier (paint).

colour-blind *a* daltonien.

coloured [-d] *a* de/en couleurs.

colourless *a* incolore, terne.

colour-slide *n* diapositive *f*
(en couleurs).

colt [kəult] *n* poulain *m*.

column ['kɔləm] *n* colonne *f* ‖
[newspaper] chronique *f*.

coma ['kəumə] *n* coma *m* ; *in
a* ∼, dans le coma.

comb [kəum] *n* peigne *m* ‖
[cock] crête *f* • *v* peigner ; ∼
one's hair, se peigner.

combination [,kɔmbi'neiʃn]
n combinaison *f* ‖ association *f*.

combine [kəm'bain] *v* combiner, s'unir, s'associer (*with*, à).

come* [kʌm] *v* venir, arriver ;
∼ *and see me*, venez me voir ;
∼ *to*, parvenir à, atteindre ;
[bill] s'élever à ‖ [laces] ∼
undone, se défaire ‖ COLL. *how*
∼*s* *(that) you...* ?, comment se
fait-il que vous... ? ‖ SL. [sex]
jouir ‖ ∼ *about*, arriver, se
produire ‖ ∼ *across*, rencontrer par hasard ; traverser ‖
∼ *along*, suivre ; faire des
progrès ; [person] se rétablir ;
COLL. ∼ *along !* ∼ *on !* ‖
∼ *at*, atteindre ; attaquer ‖ ∼
away, se détacher ‖ ∼ *back*,
revenir, retourner ‖ ∼ *by*, obtenir, se procurer ‖ ∼ *down*, descendre ; ∼ *down to*, se réduire
à ‖ ∼ *from*, provenir de ‖ ∼ *in*,
entrer ; COLL. intervenir ; [tide]
monter ; [season] commencer ;
SP. [horse] arriver ‖ ∼ *off*,
[button] se détacher ; [colour]
déteindre ; tomber de (fall) ;
[events] avoir lieu ; [plans] se
réaliser, réussir ‖ ∼ *on*, progresser, avancer ; COLL. ∼ *!*,

allons ! ‖ ~ *out,* sortir ;
[workmen] faire grève ; PHOT.
he always ~s *out well,* il
est photogénique ‖ ~ *round,*
faire un détour ; [feast] revenir
périodiquement ; MED. reprendre connaissance ‖ ~ *through,*
s'en tirer ‖ MED. ~ *to* = ~
round ‖ ~ *up,* [plant] pousser, germer ‖ ~ *up against,*
se heurter à (difficulties) ‖ ~
upon, rencontrer par hasard.

come-back *n* retour *m ;* TH.
rentrée *f.*

comedian [kə'miːdjən] *n*
comédien *m.*

comedy ['kɔmidi] *n* comédie *f.*

comely ['kʌmli] *a* beau,
charmant.

comfort ['kʌmfət] *n* confort *m*
‖ consolation *f.*

comfortable ['kʌmftəbl] *a*
confortable ; commode ‖ à l'aise
(person).

comforter *n* cache-nez *m.*

comforting *a* réconfortant,
consolant.

comic ['kɔmik] *a* comique ● *n*
[comedian] comique *m* ‖ *Pl*
dessins *mpl* humoristiques.

comma ['kɔmə] *n* virgule *f.*

command [kə'maːnd] *n* ordre
m ● *v* commander ; ordonner
(order).

commemorate [kə'memə-
reit] *v* commémorer, célébrer.

comment ['kɔment] *n* com-
mentaire *m* ‖ observation *f*
(remark) ● *v* commenter, faire
des observations.

commentary [-ri] *n* commen-
taire *m* ‖ RAD. reportage *m.*

commentator [-eitə] *n* RAD.
reporter *m.*

commerce ['kɔməːs] *n* commerce *m.*

commercial [kɔ'məːʃl] *a*
commercial ; ~ *traveller,*
voyageur *m* de commerce ‖ ~
TV, télévision privée ● *n* TV
publicité *f,* spot *m.*

commission [kə'miʃn] *n*
JUR. délégation *f* de pouvoirs ‖
COMM. commission *f.*

commit [kə'mit] *v* [entrust]
confier ‖ ~ *to memory,*
apprendre par cœur ‖ commettre (crime) ; ~ *suicide,* se suicider ‖ ~ *o.s.,* s'engager ; se
compromettre (compromise).

commitment *n* engagement
m.

committee *n* comité *m,* commission *f.*

commodity [kə'mɔditi] *n*
marchandise *f,* produit *m.*

common ['kɔmən] *a* commun
‖ répandu, courant (usual) ‖
commun, ordinaire (average) ‖
vulgaire (low) ‖ ~ *sense,* bon
sens ● *n* terrain communal ‖ *Pl*
House of C~s, Maison *f* des
Communes.

commonly *av* communément,
ordinairement.

Common Market *n* Marché
commun.

commune [-juːn] *n* [hippies]
communauté *f.*

communicant [kə'mjuːni-
kənt] *n* REL. communiant *n.*

co,mmuni'cation *n* communication *f* ‖ RAIL. ~ **cord**, signal *m* d'alarme.

communion [-jən] *n* REL. communion *f*; *receive* ~, communier.

communism ['kɔmjunizm] *n* communisme *m*.

communist *a/n* communiste *(n)*.

community [kə'mju:niti] *n* communauté, collectivité *f*.

commute [kə'mju:t] *v* RAIL. voyager régulièrement (de la banlieue à la ville).

commuter *n* banliusard *m*.

compact 1 [kəm'pækt] *a* compact.

compact 2 ['kɔmpækt] *n* poudrier *m*.

companion [kəm'pænjən] *n* compagnon *m*, camarade *n* ‖ [object]-pendant *m*.

company ['kʌmpni] *n* compagnie *f*; *part* ~ *with*, se séparer de ‖ invités *mpl* (guests).

comparable ['kɔmprəbl] *a* comparable.

comparative [kəm'pærətiv] *a/n* GRAMM. comparatif *(m)*.

compare [kəm'pɛə] *v* (se) comparer (*with*, à); être comparable (*with*, à).

comparison [kəm'pærisn] *n* comparaison *f*; *in* ~ *with*, en comparaison de, par rapport à.

compartment [kəm'pɑ:tmənt] *n* RAIL. compartiment *m*.

compass ['kʌmpəs] *n* boussole *f* ‖ Pl compas *m*.

compatriot [kəm'pætriət] *n* compatriote *n*.

compel [kəm'pel] *v* contraindre, obliger.

compensate ['kɔmpenseit] *v* compenser, dédommager.

,compen'sation *n* compensation *f*; dédommagement *m*.

compère ['kɔmpɛə] *n* RAD. présentateur *n*, meneur *n* de jeu.

compete [kəm'pi:t] *v* concourir, rivaliser (*with*, avec).

competent *a* ['kɔmpitnt] compétent.

competition [,kɔmpi'tiʃn] *n* concurrence, rivalité *f* ‖ SP. compétition *f*.

competitive [kəm'petitiv] *a* : ~ *examination*, concours *m*.

competitor *n* concurrent *n* ‖ SP. compétiteur *n*.

complain [kəm'plein] *v* se plaindre (*about*, de).

complaint [-eint] *n* plainte, réclamation *f*.

complete [kəm'pli:t] *a* complet ‖ achevé (finished) ● *v* compléter ‖ terminer, achever (finish).

completely *av* complètement.

completion *n* achèvement *m*.

complexion [kɔm'plekʃn] *n* teint *m*.

complicate ['kɔmplikeit] *v* compliquer.

,compli'cation *n* complication *f*.

compliment ['kɔmplimənt] *n* compliment *m* ‖ Pl hommages *mpl* ● *v* complimenter.

comply [kəm'plai] *v* obéir (*with*, à).

component [kəm'pəunənt] *n* composant *n*.

compose [kəm'pəuz] *v* composer.

composer *n* MUS. compositeur *n*.

compote ['kɔmpəut] *n* compote *f*.

comprehensive [ˌkɔmpri'hensiv] *a* : ∼ *policy*, assurance *f* tous risques ‖ ∼ *school*, collège *m* d'enseignement général.

compress [kəm'pres] *v* comprimer • ['kɔmpres] *n* MED. compresse *f*.

compromise ['kɔmprəmaiz] *n* compromis *m*, transaction *f* • *v* transiger ‖ ∼ *o.s.*, se compromettre.

compulsory [kəm'pʌlsri] *a* obligatoire.

computation [ˌkɔmpju'teiʃn] *n* calcul *m*, estimation *f*.

compute [kəm'pjuːt] *v* calculer.

computer *n* ordinateur *m* ; ∼ *science*, informatique *f* ; ∼ *scientist*, informaticien *n*.

computerize [-əraiz] *v* mettre sur ordinateur.

comrade ['kɔmrid] *n* camarade *n*.

concave ['kɔn'keiv] *a* concave.

conceal [kən'siːl] *v* cacher, dissimuler (*sth from sb*, qqch à qqn).

concede [kən'siːd] *v* admettre (acknowledge)‖concéder (grant).

conceited [kɔn'siːtid] *a* vaniteux, suffisant.

conceive [kən'siːv] *v* concevoir.

concentrate ['kɔnsentreit] *v* (se) concentrer.

‚concen'tration *n* concentration *f*.

concern [kən'səːn] *n* rapport *m* ‖ relation *f* ‖ affaire *f* ; responsabilité *f* ‖ souci *m*, inquiétude *f* ‖ COMM. affaire, entreprise *f* • *v* concerner ; *as* ∼*s*, en ce qui concerne ; *as far as I am* ∼*ed*, en ce qui me concerne.

concerning *p* au sujet de, à propos de.

concert ['kɔnsət] *n* concert *m*.

concert-hall *n* salle *f* de concert.

concession [kən'seʃn] *n* concession *f*.

conciliate [kən'silieit] *v* concilier.

con‚cili'ation *n* conciliation *f*.

conclude [kən'kluːd] *v* conclure (affairs) ; conclure, aboutir à (agreement).

conclusion [-ʒn] *n* conclusion, fin *f*.

concrete ['kɔŋkriːt] *a* concret • *n* béton *m*.

condemn [kən'dem] *v* condamner (*to*, à).

condemnation [ˌkɔndem'neiʃn] *n* condamnation *f*, blâme *m*.

condense [kən'dens] *v* (se)

condenser, concentrer ; ~ ed milk, lait condensé.

condition [kən'diʃn] n condition f; **on ~ that**, à condition que ‖ état m (state) ‖ rang m (position) ‖ SP. forme f; **out of ~**, en mauvaise forme ● v conditionner, déterminer ‖ SP. mettre en forme.

conditional n conditionnel m.

condole [kən'dəul] v offrir ses condoléances (with, à).

conduct ['kɔndʌkt] n conduite f (behaviour) ● [kən'dʌkt] v conduire (lead) ‖ diriger (orchestra).

conductor n chef m d'orchestre ‖ [bus] receveur m.

conduit ['kɔndit] n conduit m, canalisation f.

cone [kəun] n cône m ‖ BOT. pomme f de pin.

confection [kən'fekʃn] n sucrerie f.

confectioner n confiseur n.

confectionery [-əri] n confiserie f; pâtisserie f.

confederation [kən,fedə'reiʃn] n confédération f.

conference ['kɔnfrəns] n conférence f; entretien m (talk).

confess [kən'fes] v confesser, avouer ‖ REL. se confesser.

confidant [,kɔnfi'dænt] n confident n.

confidence ['kɔnfidns] n confidence f (secret) ‖ confiance f (trust).

confident a confiant, assuré.

confidential [,kɔnfi'denʃl] a confidentiel.

confine [kən'fain] v enfermer ; limiter ‖ MED. **be ~d**, être en couches.

confinement n détention f ‖ MED. couches fpl.

confirm [,kən'fə:m] v confirmer.

confirmation [,kɔnfə'meiʃn] n confirmation f.

confiscate ['kɔnfiskeit] v confisquer; saisir.

conform [kən'fɔ:m] v (se) conformer (to, à), (s') adapter (to, à).

confound [kən'faund] v confondre (with, avec).

confuse [kən'fju:z] v embrouiller, mêler (mingle) ‖ déconcerter, embarrasser (puzzle) ‖ confondre (with, avec).

confused [-d] a confus; **get ~**, se troubler.

confusing a déroutant, troublant.

confusion [-ʒn] n confusion f, désordre m.

congeal [kən'dʒi:l] v congeler ‖ [oil] (se) figer.

congested [kən'dʒestid] a encombré (street).

congestion [-ʃn] n MED. congestion f ‖ [street] encombrement m.

congratulate [kən'grætjuleit] v féliciter.

con gratu'lations [-z] npl félicitations fpl.

conjugate ['kɔnʒugeit] v conjuguer.

,conju'gation *n* conjugaison *f.*

conjunction [kən'dʒʌŋ/n] *n* conjonction *f.*

conjure ['kʌnʒə] *v* faire apparaître ; **∼ away/up,** faire disparaître/apparaître.

conjurer [-rə] *n* prestidigitateur, illusionniste *n.*

conjuring *n* prestidigitation *f ;* **∼ trick,** tour *m* de prestidigitation.

connect [kə'nekt] *v* réunir, relier (*to,* à) ‖ TECHN. raccorder ‖ ELECTR. brancher, connecter ‖ TEL. mettre en communication avec ‖ RAIL. assurer la correspondance (*with,* avec) ; desservir.

connected [-id] *a* apparenté (*with,* à).

co'nnection *n* liaison *f* ‖ [family] parenté *f ;* relation *f* (connaissance) ; parent *m* (relative) ‖ TECHN. raccord *m* ‖ TEL. communication *f* ‖ RAIL. correspondance *f* ‖ AV. liaison *f.*

conquer ['kɔŋkə] *v* vaincre (enemy) ; conquérir (territory).

conquest [-kwest] *n* conquête *f.*

conscience ['kɔn/ns] *n* conscience (morale) ; **for ∼ sake,** par acquit de conscience.

conscientious [,kɔn/i'en-/əs] *a* consciencieux ; **∼ objector,** objecteur *m* de conscience.

conscientiousness *n* conscience *f.*

conscious ['kɔn/əs] *a* conscient ; *become* **∼,** prendre conscience (*of,* de).

consciousness *n* sentiment *m* (awareness) ‖ MED. connaissance *f ; lose/regain* **∼,** perdre/reprendre connaissance ‖ PHIL. conscience *f.*

consent [kən'sent] *v* consentir • *n* consentement, accord *m.*

consequence ['kɔnsikwəns] *n* conséquence *f* ‖ importance *f.*

consequently *av* par conséquent.

conservatory [kən'sə:vətri] *n* serre *f* (greenhouse) ‖ MUS. conservatoire *m.*

consider [kən'sidə] *v* considérer, examiner (think about) ‖ considérer, tenir pour (regard) ‖ prendre en considération.

considerable [-drəbl] *a* considérable, important.

considerate [-drit] *a* prévenant, attentif.

con,side'ration *n* considération *f ;* **take sth into ∼,** tenir compte de qqch ‖ rétribution *f* (payment).

considering [-riŋ] *p* étant donné.

consign [kən'sain] *v* expédier (send).

consignment *n* COMM. envoi *m,* expédition *f.*

consist [kən'sist] *v* : **∼ of,** consister en, être composé de ‖ **∼ in,** consister à/en.

consolation [,kɔnsə'lei/n] *n* consolation *f ;* **∼ prize,** prix *m* de consolation.

console [kən'səul] *v* consoler.

consonant ['kɔnsənənt] n consonne f.

conspicuous [kən'spikjuəs] a en évidence, visible.

conspicuously av visiblement.

constable ['kʌnstəbl] n agent m de police.

constancy ['kɔnstənsi] n [firmness] constance f.

constant a constant (unchanging); continuel.

constantly av constamment.

consternation [,kɔnstə'neiʃn] n consternation f.

constipation [,kɔnsti'peiʃn] n constipation f.

constitute ['kɔnstitjuːt] v constituer; composer (make up).

,consti'tution n constitution, composition f.

constrain [kən'strein] v contraindre.

constraint [-t] n contrainte f (compulsion) ‖ gêne f (uneasiness).

consul ['kɔnsl] n consul m.

consulate ['kɔnsjulit] n consulat m.

consult [kən'sʌlt] v consulter.

consulting a : MED. ~ room, cabinet m (de consultation).

consume [kən'sjuːm] v consommer (food) ‖ consumer (burn up).

consumer n consommateur n ; ~ goods, biens mpl de consommation.

consumption [kən'sʌmʃn] n consommation f.

contact ['kɔntækt] n contact m (touch); ~ **lenses**, lentilles cornéennes ‖ ELECTR. **make/break** ~, établir/couper le contact ‖ [person] relation f ● [kən'tækt] v entrer en rapport avec.

contagious [kən'teidʒəs] a contagieux.

contain [kən'tein] v contenir, renfermer.

container n récipient m ‖ TECHN. conteneur m.

contemporary [kən'temprəri] a/n contemporain (n) [with, de].

contempt [kən'temt] n mépris m.

contemptible a méprisable.

contemptuous [-juəs] a méprisant, dédaigneux.

contend [kən'tend] v lutter (for, pour ; with, contre) ‖ prétendre (claim).

content [kən'tent] a content, satisfait (with, de) ● v : ~ o.s. with, se contenter de.

contention [kən'tenʃn] n dispute f.

contentment [-mənt] n contentement m, satisfaction f.

contents [-s] npl contenu m.

contest ['kɔntest] n lutte f ‖ [beauty] concours m ‖ SP. épreuve, rencontre f.

continent ['kɔntinənt] n continent m.

,conti'nental a continental.

continual [kən'tinjuəl] a continuel.

continually *av* continuellement.
con‚tinu'ation *n* continuation *f* ‖ [story] suite *f*.
continue [-juː] *v* continuer (go
on with) ‖ reprendre (resume) ;
to be ∼*d*, à suivre.
continuity-girl *n* scripte *f*.
continuous [kən'tinjuəs] *a*
continu.
contraception [‚kɔntrə'sep-
ʃn] *n* contraception *f*.
contraceptive [-tiv] *a* contraceptif, anti-conceptionnel.
contract ['kɔntrækt] *n* contrat
m ; ∼ *bridge*, bridge *m* contrat ● [kən'trækt] *v* s'engager
par contrat ‖ contracter (illness,
marriage).
contradict [‚kɔntrə'dikt] *v*
contredire (sb).
‚contra'diction *n* contradiction *f*, démenti *m*.
contraption [kən'træpʃn] *n*
COLL. truc, machin *m*.
contrary ['kɔntrəri] *a* opposé
(to, à) ‖ ∼ *to*, (p) contrairement
à ● *n* contraire *m* ; *on the* ∼,
au contraire.
contrast ['kɔntrɑːst] *n* contraste *m* ● [kən'trɑːst] *v* opposer ‖ contraster (*with*, avec).
contretemps ['kɔntrətɑ̃] *n*
contretemps *m*.
contribute [kən'tribjut] *v*
cotiser (to, à) ; donner, souscrire pour (sum) [to, à] ‖ contribuer (to, à) ; apporter sa colla-
boration (to, à).
contribution [‚kɔntri'bjuːʃn]
n contribution *f*.

contributor [kən'tribjutə] *n*
[magazine] collaborateur *n*.
contrivance [kən'traivns] *n*
invention *f* ; appareil, dispositif *m* (device).
contrive [-aiv] *v* inventer ‖
trouver moyen de ‖ [house-
wife] s'en sortir (fam.).
control [kən'trəul] *n* autorité *f*
‖ maîtrise *f* (restraint) ; *under*
∼, bien en main ; *out of* ∼,
désemparé ‖ contrôle *m*, vérification *f* (check) ‖ TECHN.
[*often pl*] commandes *fpl* ‖ Av.
∼ *tower*, tour *f* de contrôle ●
v commander ‖ vérifier, contrôler (check).
conundrum [kə'nʌndrəm] *n*
devinette *f*.
conurbation [‚kɔnəː'beiʃn] *n*
conurbation *f*.
convalesce [‚kɔnvə'les] *v*
être en convalescence.
convalescence *n* convalescence *f*.
convalescent *a/n* convalescent (*n*).
convenience [kən'viːnjəns]
n convenance *f* ‖ commodité *f* ‖
objet *m* de confort ; *modern*
∼, confort *m* moderne.
convenient [-t] *a* commode,
pratique ; *be* ∼, convenir.
convention [kən'venʃn] *n*
convention *f* (contract).
conventional *a* conventionnel.
converge [kən'vəːdʒ] *v* con-
verger.
conversant [kən'vəːsnt] *a* :
∼ *with*, au courant de.

conversation [ˌkɔnvə'seiʃn] *n* conversation *f*.

converse ['kɔnvəːs] *a/n* contraire *(m)*.

conversely [kən'vəːsli] *av* réciproquement.

convert [kən'vəːt] *v* convertir ‖ transformer *(to,* en).

convertible *a* convertible ● *n* voiture *f* décapotable.

convex ['kɔn'veks] *a* convexe.

convey [kən'vei] *v* transporter (carry) ‖ exprimer (express).

convict ['kɔnvikt] *n* condamné *n* ● [kən'vikt] *v* déclarer coupable.

conviction *n* JUR. condamnation *f* ‖ FIG. conviction *f* (belief).

convince [kən'vins] *v* convaincre, persuader *(of,* de).

convincing *a* convaincant.

coo [kuː] *v* roucouler.

cook [kuk] *n* cuisinier *n* ● *v* (faire) cuire, cuisiner.

cooker *n* : *(gas)* ∼, cuisinière *f* à gaz ‖ CULIN. fruit *m* à cuire.

cookery [-əri] *n* art *m* culinaire ; ∼ *book,* livre *m* de cuisine.

cooking *n* cuisson *f ; do the* ∼, faire la cuisine.

cool [kuːl] *a* frais ; *get* ∼*er,* [weather] se rafraîchir ‖ FIG. calme (composed) ; froid (reception) ● *n* frais *m,* fraîcheur *f* ● *v* (se) rafraîchir, refroidir ‖ ∼ *down,* se calmer.

coolness *n* fraîcheur *f* ‖ [welcome] froideur *f* ; [calmness] sang-froid *m*.

cooperate [kəu'ɔpəreit] *v* coopérer ; contribuer *(to,* à).

cooperative [kəu'ɔprətiv] *a* coopératif ; serviable (person) ● *n* COMM. coopérative *f*.

coordination [-ˌɔːdi'neiʃn] *n* coordination *f*.

cop [kɔp] *n* SL. flic *m* (fam.).

cope [kəup] *v* s'en tirer, se débrouiller.

copper 1 ['kɔpə] *n* cuivre *m* (rouge).

copper 2 *n* SL. flic *m* (fam.).

copy ['kɔpi] *n* copie *f* ; reproduction *f* ‖ [newspaper] numéro *m* ● *v* copier, reproduire ; ∼ *out,* recopier.

copybook *n* cahier *m*.

copycat *n* [school] SL. copieur *n*.

cord [kɔːd] *n* corde *f* ‖ ELECTR. fil *m*.

corduroy ['kɔːdərɔi] *n* velours côtelé ‖ *Pl* pantalon *m* de velours.

core [kɔː] *n* [apple] trognon *m* ‖ ELECTR. noyau *m*.

cork [kɔːk] *n* liège *m* ‖ [bottle] bouchon *m* ● *v* : ∼ *(up),* boucher.

cork-screw *n* tire-bouchon *m*.

cork-tipped [-tipt] *a* à bout de liège.

corn 1 [kɔːn] *n* MED. cor *m*.

corn 2 *n* grain *m* (cereals) ‖ GB blé *m* (wheat) ‖ US [= *Indian* ∼] maïs *m*.

corner ['kɔːnə] *n* coin, angle

m ‖ encoignure *f* (nook) ‖ AUT. tournant *m* ; *take a* ∼, prendre un tournant • *v* AUT. prendre un virage ‖ FIG. acculer, coincer.

cornet ['kɔːnit] *n* MUS. cornet *m* à pistons ‖ [ice-cream] cornet *m*.

Cornwall ['kɔːnwl] *n* Cornouailles *f*.

coronation [ˌkɔrə'neiʃn] *n* couronnement *m*.

corpse [kɔːps] *n* cadavre, corps *m*.

correct [kə'rekt] *v* corriger (amend) • *a* correct, exact, juste (answer) ‖ juste (weight).

correction *n* correction *f*.

correctly *av* correctement.

correspond [ˌkɔris'pɔnd] *v* correspondre (*with/to*, à) ‖ [write] correspondre (*with*, avec).

correspondence *n* correspondance *f*.

correspondent *n* correspondant *n*.

corresponding *a* correspondant (*to/with*, à).

corridor ['kɔridɔː] *n* couloir *m*.

corrugate ['kɔrugeit] *v* plisser ; ∼*ed iron*, tôle ondulée.

corrupt [kə'rʌpt] *v* (se) corrompre • *a* corrompu.

corruption *n* corruption *f*.

Corsica ['kɔːsikə] *n* Corse *f*.

Corsican *a/n* Corse (*n*).

cosmetics [kɔz'metiks] *npl* produits *mpl* de beauté.

cosmonaut ['kɔzmənɔːt] *n* cosmonaute *n*.

cost [kɔst] *n* coût *m* ; ∼ *price*, prix *m* de revient ; ∼ *of living*, coût de la vie ‖ FIG. *at all* ∼*s*, à tout prix • *v** coûter.

coster(monger) ['kɔstə-(ˌmʌŋgə)] *n* marchand *n* des quatre-saisons.

costly ['kɔstli] *a* précieux.

costume ['kɔstjuːm] *n* costume *m* ‖ [lady's] costume-tailleur *m*.

cosy ['kəuzi] *a* douillet, confortable • *n* : *(tea)* ∼, couvre-théière *m*.

cot [kɔt] *n* lit *m* d'enfant.

cottage ['kɔtidʒ] *n* maisonnette *f* ‖ [thatched] chaumière *f* ‖ [summer resort] villa *f* ‖ ∼ *cheese*, fromage blanc ‖ ∼ *piano*, piano droit.

cotton ['kɔtn] *n* coton *m*.

cotton-wool *n* coton *m* hydrophile.

couch [kautʃ] *n* sofa, canapé *m*.

cough [kɔf] *n* toux *f* • *v* tousser.

cough-drop *n* pastille *f* contre la toux.

could [kud] → CAN* ‖ [cond.] *I* ∼ *do it if...*, je pourrais le faire si... ‖ [habit] *I* ∼ *do it*, je pouvais le faire ‖ [past tense, neg.] *I* ∼*n't do it*, je n'ai pas pu le faire (→ ABLE) ‖ [politeness] ∼ *you please... ?*, pourriez-vous s'il vous plaît... ?

council ['kaunsl] *n* conseil *m*.

counsel ['kaunsl] *n* conseil *m*
‖ avocat *n*.

count *n* compte *m* (reckoning)
● *v* compter, dénombrer ‖ [consider] compter ‖ [trust] ~ **on
sb**, compter sur qqn ‖ ~ **down**,
compter à rebours ‖ ~ **in**,
inclure ‖ SP. ~ **out**, déclarer K.O.

count-down *n* compte *m* à
rebours.

counter 1 ['kauntə] *n* COMM.
comptoir *m*.

counter 2 *n* jeton *m* (token) ‖
TECHN. compteur *m*.

counter 3 *av* : ~ **to**, à l'encontre de.

counter- 4 ['kauntə(r)] *pref.*
,**counter-clockwise** *av* en
sens inverse des aiguilles d'une
montre.

counterfeit [-'fit] *n* contrefaçon *f* ● *a* faux (money) ● *v*
contrefaire, imiter.

counterfoil [-'fɔil] *n* [cheque]
talon *m*.

countermand [,-'mɑːnd] *v*
décommander.

counterpart *n* contrepartie *f*.

countersign *v* contresigner.

countless *a* incalculable.

country ['kʌntri] *n* pays *m* ‖
pays natal, patrie *f* ‖ [outside
towns] campagne *f*.

countryman *n* paysan *m* ‖
compatriote *m*.

country-seat *n* château *m*.

country-side *n* campagne *f*.

countrywoman *n* paysanne *f*
‖ compatriote *f*.

county ['kaunti] *n* comté *m*.

coupé ['kupei] *n* AUT. coupé
m.

couple ['kʌpl] *n* [animals,
persons] couple *m* ‖ [things]
paire *f*; *a* ~ *of days*, deux ou
trois jours.

coupon ['kuːpɔn] *n* COMM.
bon *m* ‖ *international reply* ~,
coupon-réponse international.

courage ['kʌridʒ] *n* courage
m.

courageous [kə'reidʒəs] *a*
courageux.

courier ['kuriə] *n* [touring]
guide *n*.

course [kɔːs] *n* [time] cours
m; *in the* ~ *of*, au cours de ‖
of ~, naturellement ‖ [school]
cours *m* ‖ *in* ~ *of time*, à la
longue ‖ MED. *a* ~ *of medicine*, un traitement ‖ CULIN.
plat, service *m*.

court [kɔːt] *n* : ~ (*yard*), cour
f ‖ SP. terrain *m*; (*tennis-*)~,
court *m* ‖ JUR. tribunal *m*.

courteous ['kəːtjəs] *a*
courtois.

courtesy [-isi] *n* courtoisie *f*.

courtyard ['kɔːtjɑːd] *n* cour *f*.

cousin ['kʌzn] *n* cousin *n*;
first ~, cousin *n* germain.

cover ['kʌvə] *n* couverture *f* ‖
couvercle *m* (lid) ‖ [restaurant]
~ *charge*, couvert *m* ● *v* couvrir ‖ [travel] parcourir (distance) ‖ [journalist] faire le
reportage de, couvrir.

coverage [-ridʒ] *n* RAD.
[press] reportage *m*, couverture
f ‖ [insurance] couverture *f*.

cow [kau] *n* vache *f* ‖ [elephant] femelle *f*.

coward ['kauəd] *n* lâche *n*.

cowardice [-is] *n* lâcheté *f*.

cowshed *n* étable *f*.

coxswain ['kɔksn] *n* SP. barreur *m*.

crab [kræb] *n* ZOOL. crabe *m*.

crab-louse *n* MED. morpion *m* (fam.).

crack [kræk] *n* fêlure *f* ‖ [wall] fente, fissure *f* ‖ [skin] crevasse *f* ‖ [noise] craquement *m* ● *v* fendre ‖ (se) fêler ‖ casser (nut) ‖ [noise] craquer, claquer ‖ [skin] se gercer ‖ [voice] muer.

cracker *n* gâteau sec ‖ [firework] pétard *m*.

crackle [krækl] *v* pétiller, crépiter.

cradle ['kreidl] *n* berceau *m*.

cradlesong *n* berceuse *f*.

craft 1 [krɑːft] *n* métier *m* (trade) ‖ FIG. ruse *f*.

craft 2 *n* NAUT. embarcation *f* ‖ Av. appareil *m*.

craftsman *n* artisan *m*.

cram [kræm] *v* bourrer ‖ fourrer (*into*, dans).

cram-full *a* bondé.

cramp [kræmp] *n* crampe *f* ‖ ~(-iron), crampon *m*.

cramped [-t] *a* comprimé; *be* ~ *for room*, être à l'étroit.

crane [krein] *n* ZOOL., TECHN. grue *f*.

crank 1 [kræŋk] *n* manivelle *f*.

crank 2 *n* excentrique *n*.

cranky *a* farfelu (fam.).

craps [kræps] *npl* US jeu *m* de dés.

crash [kræʃ] *v* : AUT. ~ *into*, percuter; rentrer dans (fam.) ‖ Av. s'écraser ● *n* collision *f*, accident *m*.

crash-helmet *n* casque *m* de motocycliste.

crash-landing *n* Av. atterrissage forcé.

crate [kreit] *n* cageot *m*.

crater ['kreitə] *n* cratère *m*.

crave [kreiv] *v* désirer intensément.

crawfish *n* = CRAYFISH.

crawl [krɔːl] *v* [animal] ramper ‖ [person] se traîner ‖ [worms] grouiller ‖ [cars] avancer au pas ● *n* [traffic] marche lente ‖ SP. crawl *m*; *do the* ~, nager le crawl.

crayfish ['kreifiʃ] *n* [fresh water] écrevisse *f* ‖ [salt water] langouste *f*.

crayon ['kreiən] *n* crayon *m* de couleur.

craze [kreiz] *n* manie, toquade *f*.

crazy *a* fou; dingue (fam.) ‖ fana (*about*, de) [fam.].

creak [kriːk] *v* grincer.

cream [kriːm] *n* crème *f*; ~ *cheese*, fromage *m* à la crème ‖ crème *f* de beauté.

creamy *a* crémeux.

crease [kriːs] *n* (faux) pli ● *v* (se) froisser; plisser, faire des plis à ‖ ~ *the trousers*, faire le pli du pantalon (press).

create [kriˈeit] *v* créer.

creation *n* création *f*.

creature ['kriːtʃə] *n* créature *f* ‖ animal *m*.

credible ['kredəbl] *a* croyable (story) ; digne de foi (person).

credit ['kredit] *n* crédit *m*, foi *f* (trust) ‖ honneur *m* (good name) ; *do sb* ∼, faire honneur à qqn ‖ COMM. crédit *m ; on* ∼, à crédit ; ∼ *card*, carte *f* de crédit ● *v* ajouter foi à ‖ attribuer, prêter (quality).

credit-titles *npl* CIN. générique *m*.

credulous ['-juləs] *a* crédule.

creep* [kriːp] *v* ramper (crawl) ‖ [plant] grimper ‖ [flesh] *make sb's flesh* ∼, donner la chair de poule à qqn.

creeper *n* plante grimpante.

creole ['kriːəul] *a/n* créole (n).

crepe [kreip] *n* crêpe *m* (cloth) ‖ ∼ *bandage*, bande *f* Velpeau ; [shoe] ∼ *rubber*, crêpe *m*.

crept [krept] → CREEP*.

crescent ['kresnt] *n* [moon] croissant *m*.

cress [kres] *n* cresson *m*.

crest [krest] *n* crête *f*.

crevasse [kri'væs] *n* [glacier] crevasse *f*.

crew 1 [kruː] → CROW*.

crew 2 *n* NAUT., AV. équipage *m* ‖ SP. équipe *f*.

crew-cut *n* coupe *f* de cheveux en brosse.

crib 1 [krib] *n* US berceau *m* (cradle) ‖ REL. crèche *f*.

crib 2 *n* traduction *f* juxtalinéaire ‖ COLL. [school] copiage *m* ● *v* copier (*off sb*, sur qqn).

crick [krik] *n :* ∼ *in the neck*, torticolis *m*.

cricket 1 ['krikit] *n* SP. cricket *m*.

cricket 2 *n* ZOOL. grillon *m*.

crime [kraim] *n* crime *m*.

criminal ['kriminl] *a/n* criminel (n).

cripple ['kripl] *n* infirme n.

crisis ['kraisis] (*Pl* **crises** [-iːz]) *n* crise *f*.

crisp [krisp] *a* croustillant (pastry) ‖ crépu (hair) ‖ sec, vif (air) ‖ *Pl :* *potato* ∼*s*, (pommes) chips *fpl*.

critic ['kritik] *n* critique *n* (person).

criticize [-saiz] *v* critiquer, blâmer.

crochet ['krəuʃei] *v* faire du crochet ● *n* [crochet-hook] crochet *m*.

crockery ['krɔkəri] *n* faïence *f*.

crooked ['krukid] *a* courbé ; crochu (nose) ‖ FIG. malhonnête.

crooner ['kruːnə] *n* chanteur *m* de charme.

crop [krɔp] *n* AGR. moisson, récolte *f* ‖ *second* ∼, regain *m* ‖ coupe *f* (of hair) ● *v* tondre ras (hair) ‖ AGR. produire, donner une récolte.

cross [krɔs] *n* croix *f* ‖ [material] biais *m* ‖ ● *v* traverser (sea) ‖ [letters] se croiser ‖ ∼ *one's arms*, croiser les bras ‖ FIN. barrer (cheque) ‖ REL. ∼ *o.s.*, se signer ‖ ∼ *off/out*, biffer ● *a* fâché (*with sb*, avec qqn); de mauvaise humeur (bad-tempered).

crossbred a métis.

crosseyed [-aid] a bigle.

crossing n [road] croisement m ‖ (pedestrian) ~, passage clouté ‖ NAUT. traversée f.

crossroads n sing carrefour m.

crossword n : ~ (puzzle), mots croisés.

crotchet ['krɔtʃit] n MUS. noire f.

crotchet-rest n MUS. soupir m.

crouch [krautʃ] v [dog] s'accroupir; se tapir.

crow 1 [krəu] n corneille f.

crow* 2 v [cock] chanter.

crowd [kraud] n foule f ● v s'assembler.

crowded [-id] a bondé, encombré.

crown [kraun] n couronne f ‖ [road] milieu m ‖ [tooth] couronne f ● v couronner.

crucifix ['kru:sifiks] n REL. crucifix m.

crude [kru:d] a brut; ~ oil, pétrole brut ‖ cru, vif (light) ‖ FIG. grossier (manners).

cruel [kruəl] a cruel.

cruelty n cruauté f.

cruet ['kruit] n huilier m.

cruise [kru:z] n croisière f; go on a ~, partir en croisière ● v [ship] croiser ‖ [taxi] marauder.

cruiser n croiseur m.

crumb [krʌm] n miette f (bit); mie f (soft part of bread).

crumble ['krʌmbl] v (s') émietter ‖ [stone] s'effriter.

crumbly a friable.

crumple ['krʌmpl] v (se) froisser, (se) friper.

crunch [krʌnʃ] v croquer ‖ broyer.

crush [krʌʃ] v écraser (press); ~ (up), broyer ‖ froisser (crumple) ● n cohue, bousculade f (crowd) ‖ COLL. have a ~ on, avoir le béguin pour (fam.).

crust [krʌst] n croûte f.

crusty a croustillant (loaf).

crutch [krʌtʃ] n béquille f.

cry [krai] n cri m, give a ~, pousser un cri ● v crier (shout) ‖ s'écrier (exclaim) ‖ pleurer (weep) ‖ ~ off, se retirer, abandonner (withdraw).

crystal ['kristl] n cristal m.

cub [kʌb] n [lion] petit m.

cube [kju:b] n cube m.

cubic a cubique.

cubicle [-ikl] n box m; [swimming pool] cabine f.

cucumber ['kju:kəmbə] n concombre m.

cuddle ['kʌdl] v serrer (dans ses bras) ‖ se blottir.

cudgel ['kʌdʒəl] n gourdin m, trique f.

cue [kju:] n [billiards] queue f de billard ‖ TH. réplique f.

cuff [kʌf] n manchette f; [shirt] poignet m ‖ US revers m de pantalon.

cuff-links npl boutons mpl de manchettes.

cul-de-sac ['kuldə'sæk] n impasse f.

cult [kʌlt] *n* culte *m*.

cultivate [ˈkʌltiveit] *v* cultiver.

cultivated [-id] *a* FIG. cultivé, éduqué.

cultivator *n* [machine] motoculteur *m*.

culture [ˈkʌltʃə] *n* culture, civilisation *f*.

cultured [-əd] *a* cultivé ‖ ~ *pearl*, perle *f* de culture.

cumbersome [ˈkʌmbəsəm] *a* encombrant.

cunning [ˈkʌniŋ] *n* astuce *f* ‖ PEJ. ruse *f* ● *a* astucieux ‖ PEJ. rusé.

cup [kʌp] *n* tasse *f*; *a* ~ *of tea*, une tasse de thé ‖ SP. coupe *f*.

cupboard [ˈkʌbəd] *n* placard *m*.

cuppa [ˈkʌpə] *n* SL. tasse *f* de thé.

curate [ˈkjuərit] *n* vicaire *m*.

curd [kəːd] *n* lait caillé.

cure [kjuə] *n* remède *m* (remedy) ‖ cure *f* (treatment) ● *v* guérir.

curiosity [ˌkjuəriˈɔsəti] *n* curiosité *f*.

curious [ˈkjuəriəs] *a* curieux (eager, inquisitive); étrange (strange).

curl [kəːl] *n* [hair] boucle *f* ● *v* boucler, friser ‖ ~ *up*, se blottir.

curling-pin *n* bigoudi *m*, épingle *f* à friser.

curly *a* bouclé, frisé.

currant [ˈkʌrnt] *n* groseille *f* ‖ **black** ~, cassis *m* ‖ *Pl* raisin sec.

currency [ˈkʌrnsi] *n* monnaie, devise *f*.

current [ˈkʌrnt] *n* courant *m* ● *a* courant, commun (usual) ‖ en cours (of the present time); ~ *events*, actualité *f*; ~ *issue*, dernier numéro ‖ FIN. ~ *account*, compte courant.

currently *av* couramment ‖ actuellement.

curriculum [kəˈrikjuləm] *n* programme *m* scolaire.

curry [ˈkʌri] *n* CULIN. curry, cari *m*.

curse [kəːs] *n* malédiction *f* ‖ [swearword] juron *m* ‖ MED., COLL. the ~, les règles ‖ FIG. fléau *m* ● *v* maudire ‖ jurer (swear).

cursed [-t] *a* COLL. maudit, sacré.

curtain [ˈkəːtn] *n* rideau *m* ‖ TH. ~ *call*, rappel *m*.

curve [kəːv] *n* courbe *f* ● *v* se courber ‖ décrire une courbe.

cushion [ˈkuʃn] *n* coussin *m*.

cuss [kʌs] *n* SL. juron *m* (curse).

cussed [-id] *a* COLL. têtu.

custard [ˈkʌstəd] *n* crème anglaise.

custodian [kʌsˈtəudjən] *n* gardien *m* ‖ [museum] conservateur *m*.

custody [ˈkʌstədi] *n* garde, surveillance *f*.

custom [ˈkʌstəm] *n* coutume *f*, usage *m* ‖ *Pl* droits *mpl* de douane; *the C*~*s*, la douane; *go through (the)* ~*s*, passer la douane; ~*s officer*, douanier

customer *n* client *n*.
custom-made *a* (fait) sur mesure.
cut* [kʌt] *v* couper ; ~ *one's nails*, se couper les ongles ‖ couper (gas, etc.) ‖ [material] se couper ‖ [cards] couper ‖ Sp. couper (ball) ‖ Comm. ~ *prices*, vendre à prix réduit ‖ Fig. réduire (wages) ; sécher (school) ‖ ~ *one's losses*, limiter les dégâts ; ~ *short*, écourter ‖ ~ *back*, revenir en arrière ‖ ~ *down*, abattre (tree), raccourcir (dress) ‖ ~ *in*, se mêler à la conversation ; Aut. faire une queue de poisson (on *sb*, à qqn) ‖ ~ *off*, trancher ; Tel. couper ‖ ~ *out*, découper ; Coll. supprimer (smoking) ; Aut. déboîter (brusquement) ‖ Coll., Aut. ~ *up*, faire une queue de poisson • *n* coupe, coupure *f* (cutting) ‖ *short* ~, raccourci *m* ‖ [clothes] coupe *f* ‖ Electr. *power* ~, coupure *f* de courant ‖ Culin. tranche *f* Fin. réduction *f*.

cut-back *n* Cin. flashback *m*.
cute [kjuːt] *a* mignon, gentil.
cutlet ['kʌtlit] *n* [mutton, veal] côtelette *f* ‖ [veal] escalope *f*.
cut-price *a* à prix réduit (shop).
cutter ['kʌtə] *n* coupeur *n* (person) ‖ Cin. *(film)* ~, monteur *n*.
cutting *n* coupe *f* (action) ‖ [newspaper] coupure *f* ‖ Rail. tranchée *f* ‖ Cin. montage *m* • *a* coupant ‖ Fig. cinglant.
cybernetics [ˌsaibə'netiks] *n* cybernétique *f*.
cycle ['saikl] *n* bicyclette *f* • *v* aller à bicyclette.
cycle-path *n* piste *f* cyclable.
cycling *n* cyclisme *m*.
cyclist *n* cycliste *n*.
cyclone [-əun] *n* cyclone *m*.
cyclotron ['saiklətrɔn] *n* cyclotron *m*.
cylinder ['silində] *n* cylindre *m*.
cymbal ['simbl] *n* cymbale *f*.
cypress ['saipris] *n* cyprès *m*.

d

d [diː] *n* Mus. ré *m*.
dab [dæb] *v* tapoter ; tamponner.
dad(dy) ['dæd(i)] *n* Coll. papa *m*.
daffodil ['dæfədil] *n* [white] narcisse *m* ; [yellow] jonquille *f*.

daft [dɑːft] *a* Coll. cinglé.
daily ['deili] *a* quotidien • *av* tous les jours • *n* quotidien *m* (newspaper) ‖ Coll. ~ *help*, femme *f* de ménage.
dainty ['deinti] *a* délicat.
dairy ['dɛəri] *n* laiterie *f* ; crémerie *f* (shop).

daisy ['deizi] *n* marguerite, pâquerette *f*.

dam [dæm] *n* barrage *m*; digue *f*.

damage ['dæmidʒ] *n* dommage *m*, dégâts *mpl* ‖ *Pl* : *claim* ~*s*, réclamer des dommages et intérêts • *v* endommager, abîmer.

damn [dæm] *v* maudire.

damned [-d] *a* SL. satané, sacré (fam.).

damp [dæmp] *a* humide; moite • *n* humidité *f* • *v* humecter.

dance [dɑːns] *v* danser • *n* danse *f*; bal *m* (party).

dance-hall *n* dancing *m*.

dancer *n* danseur *n*.

dandruff ['dændrəf] *n* pellicules *fpl* (in hair).

Dane [dein] *n* Danois *n*.

danger ['deindʒə] *n* danger *m*.

dangerous [-rəs] *a* dangereux.

Danish *a* danois • *n* [language] danois *m*.

dank [dæŋk] *a* humide.

dare [dɛə] *v* défier ‖ braver, affronter • *aux* : *he* ~ *not come,* il n'ose/n'osa(it) pas venir ‖ *I* ~ *say,* je crois bien que.

daring ['-riŋ] *a* audacieux, hardi.

dark [dɑːk] *a* sombre, obscur; *grow* ~, s'assombrir ‖ foncé (colour) ‖ bronzé (complexion) ‖ brun (hair) • *n* obscurité *f*; *before* ~, avant la nuit; *after* ~, à la nuit tombée.

darken *v* obscurcir; (s') assombrir ‖ [skin] bronzer, brunir ‖ [colour] foncer.

darkness *n* obscurité *f*.

darling ['dɑːliŋ] *a/n* chéri, bien-aimé *(n)*.

dart 1 [dɑːt] *v* s'élancer (*at*, sur).

dart 2 *n* fléchette *f*.

dash [dæʃ] *n* ruée *f*; *make a* ~, s'élancer ‖ CULIN. [liquid] goutte *f*; [salt] pointe *f*; [vinegar] filet *m* ‖ SP. sprint *m* • *v* lancer (violemment); ~ *to pieces,* fracasser ‖ se ruer.

dash-board *n* AUT. tableau *m* de bord.

data ['deitə] *npl* données *fpl*, information *f*; ~ *processing,* informatique *f*.

date 1 [deit] *n* date *f*; *up to* ~, moderne, à jour; *out of* ~, périmé, démodé ‖ US, COLL. rendez-vous *m* (appointment); *make a* ~ *with,* donner rendez-vous à; flirt *m* (person) • *v* dater ‖ US donner rendez-vous à; fréquenter (sb).

date 2 *n* BOT. datte *f*.

daub [dɔːb] *v* enduire; barbouiller (smear).

daughter ['dɔːtə] *n* fille *f*.

daughter-in-law [-rinlɔː] *n* belle-fille, bru *f*.

dawn [dɔːn] *n* aube, aurore *f* • *v* poindre, se lever.

day [dei] *n* jour *m*; *the* ~ *before,* la veille; *the next* ~, le lendemain; *the* ~ *after tomorrow,* après-demain; *the* ~ *before yesterday,* avant-hier;

this ～ *week/fortnight*, d'aujourd'hui en huit/en quinze ‖
journée *f* (day-time) ; *all* ～
(long), toute la journée ‖ ～ *off*,
jour *m* de congé ‖ jour *m*
(daylight) ; *by* ～, au jour.

day-boarder *n* demi-pensionnaire *n*.

day-boy *n* externe *m* (pupil).

daybreak *n* point *m* du jour,
aube *f*.

daydream *n* rêverie *f*.

day-girl *n* externe *f* (pupil).

daylight *n* (lumière *f* du) jour
m ; *it is* ～, il fait jour.

day-nursery *n* crèche, garde-
rie *f*.

day-school *n* externat *m*.

dazed [deizd] *a* stupéfié,
hébété.

dazzle ['dæzl] *v* éblouir.

dazzling *a* éblouissant.

D-day *n* jour J *m*.

dead [ded] *a* mort ; *the* ～, les
morts ● *av* absolument ; ～
drunk, ivre mort.

deaden *v* amortir ; atténuer.

dead'end *n* cul-de-sac *m*,
impasse *f*.

deadline *n* dernière limite.

deadly *a* mortel ● *av* mor-
tellement.

dead-tired *a* éreinté.

deaf [def] *a* sourd.

deaf-aid *n* appareil *m* de
prothèse auditive.

deaf-and-dumb *a* sourd-
muet.

deafen *v* assourdir.

deaf-mute *n* sourd-muet *n*.

deafness *n* surdité *f*.

deal 1 [di:l] *n* quantité *f; a
great* ～ *of*, beaucoup de.

deal* 2 *v* : ～ *(out)*, distribuer ;
～ *a blow*, donner un coup ‖ ～
in, faire le commerce de ‖ ～
with, se fournir chez (tradesman) ; traiter (person) ; résoudre
(difficulty) ; s'occuper de (task)
● *n* distribution *f* ‖ [cards]
donne *f* ‖ COMM. affaire, transaction *f* ‖ FIG. *a great* ～ *of*,
une quantité de.

dealer *n* négociant, marchand
n ‖ [cards] donneur *n*.

dealing *n* distribution *f* ‖ *Pl*
relations *fpl*.

dealt [delt] → DEAL* 2.

dear [diə] *a* cher (person,
price).

dearly *av* tendrement.

death [deθ] *n* mort *f* ‖ ～*'s
head*, tête *f* de mort.

debatable [di'beitəbl] *a* discutable, contestable.

debate [di'beit] *n* débat *m*,
discussion *f* ● *v* discuter, délibérer (*with*, avec ; *on*, de ;
about, sur).

debit ['debit] *n* FIN. débit *m* ‖
～ *balance*, solde débiteur ● *v*
débiter, porter au débit de.

debt [det] *n* dette *f; in* ～,
endetté.

decade ['dekeid] *n* décennie *f*.

decaffeinated [,di:'kæfi:nei-
tid] *a* décaféiné.

decant [di'kænt] *v* transvaser.

decay [di'kei] *v* pourrir ‖
[fruit] se gâter ‖ [tooth] se
carier ‖ [building] tomber en
ruine ● *n* pourriture *f* ‖ [tooth]

carie *f* ‖ [building] délabrement *m* ‖ FIG. déclin *m*.

deceit [di'si:t] *n* tromperie, supercherie *f*.

deceitful *a* faux (person) ‖ trompeur, mensonger (words).

deceive [-v] *v* tromper, duper.

December [di'sembə] *n* décembre *m*.

decency ['di:snsi] *n* décence, pudeur *f* (modesty).

decent [-t] *a* convenable (suitable) ‖ décent (modest) ‖ COLL. bon ; brave, chic (fam.).

decently *av* décemment ‖ convenablement.

deception [di'sepʃn] *n* tromperie, supercherie *f*.

decibel ['desibel] *n* décibel *m*.

decide [di'said] *v* (se) décider ; ～ *against sb*, donner tort à qqn.

decimal ['desiml] *a* décimal.

decipher [di'saifə] *v* déchiffrer.

decision [di'siȝn] *n* décision *f* (deciding) ‖ résolution *f* (quality).

decisive [di'saisiv] *a* décisif (action) ‖ catégorique (answer).

deck 1 [dek] *n* NAUT. pont *m* ‖ [bus] *upper* ～, impériale *f* ‖ US jeu *m* de cartes.

deck 2 ELECTR. platine *f* de magnétophone.

deck-chair *n* chaise longue ; transat *m* (fam.).

declare [di'klɛə] *v* déclarer ; *have you anything to* ～?, avez-vous qqch à déclarer ?

decline [di'klain] *v* décliner,

refuser ‖ [health] décliner ● *n* déclin *m*.

declutch ['di:'klʌtʃ] *v* débrayer.

decorate ['dekəreit] *v* décorer.

deco'ration *n* décoration *f*.

decorative *a* décoratif.

decrease [di:'kri:s] *v* diminuer ● ['--] *n* diminution *f*.

dedicate ['dedikeit] *v* consacrer ‖ dédier (book).

dedi'cation *n* [book] dédicace *f*.

deduct [di'dʌkt] *v* déduire (*from*, de).

deduction *n* déduction *f*.

deed [di:d] *n* action *f* ‖ exploit *m* (brave act) ‖ JUR. acte notarié.

deep [di:p] *a* profond ; *3 feet* ～, un mètre de profondeur ; *how* ～ *is...* ?, quelle est la profondeur de... ? ‖ foncé (colour) ‖ grave (voice, sound) ‖ ～ *in*, plongé dans (thought) ● *av* profondément.

deepen [-n] *v* approfondir ‖ [colour] foncer.

deep-freeze *n* congélateur *m*.

deep-frozen *a* CULIN. surgelé, congelé.

deeply *av* profondément.

deer [diə] *n* cerf *m*.

defeat [di'fi:t] *n* défaite *f* ● *v* vaincre.

defect [di'fekt] *n* défaut *m*, imperfection *f*.

defective *a* défectueux.

defend [di'fend] *v* défendre,

protéger (*against*, contre) ‖ soutenir, défendre (support).

defense [di'fens] *n* défense *f*.

defer [di'fə:] *v* différer, remettre.

defiant [di'faiənt] *a* provocant.

deficiency [di'fi∫nsi] *n* insuffisance *f*, défaut *m* (*of*, de).

deficient [-nt] *a* insuffisant.

deficit ['defisit] *n* déficit *m*.

define [di'fain] *v* définir.

definite ['definit] *a* précis.

definitely *av* nettement.

,defi'nition *n* définition *f*.

deflate [di'fleit] *v* dégonfler.

deflect [di'flekt] *v* (faire) dévier.

deform [di'fɔ:m] *v* déformer ‖ enlaidir.

deformed [-d] *a* difforme.

defraud [di'frɔ:d] *v* frauder.

defrost ['di:'frɔst] *v* dégivrer ‖ décongeler (food).

defroster *n* dégivreur *m*.

deft [deft] *a* adroit, habile.

defuse ['di'fju:z] *v* désamorcer (bomb).

defy [di'fai] *v* défier.

degradable [di'greidəbl] *a* dégradable.

degree [di'gri:] *n* degré *m* ‖ diplôme, grade *m* universitaire.

dehydrate [di:'haidreit] *v* déshydrater.

deign [dein] *v* daigner.

delay [di'lei] *n* retard *m*; *without* ∼, sans délai ● *v* différer, retarder.

delegate ['deligeit] *v* déléguer ● ['deligit] *n* délégué *n*.

,dele'gation *n* délégation *f*.

delete [di'li:t] *v* barrer, biffer.

deliberate 1 [di'libereit] *v* délibérer (*on*, sur).

deliberate 2 [di'librit] *a* délibéré, voulu (intentional) ‖ circonspect, réfléchi (cautious) ‖ lent (slow).

deliberately *av* exprès (voluntarily) ‖ posément (slowly).

de,libe'ration *n* réflexion *f* ‖ débat *m* (debate) ‖ lenteur *f* (slowness).

delicate ['delikit] *a* délicat, fin ‖ MED. fragile, délicat (health).

delicately *av* délicatement.

delicatessen [,delikə'tesn] *n* plats cuisinés (food).

delicious [di'li∫əs] *a* délicieux.

delight [di'lait] *n* délice, plaisir *m* ● *v* charmer, ravir ‖ prendre plaisir à, se délecter.

delightful *a* charmant, ravissant.

delinquency [di'liŋkwənsi] *n* délinquance *f*.

delinquent *a/n* délinquant (*n*).

deliver [di'livə] *v* distribuer (mail) ‖ COMM. livrer (goods); *we* ∼ livraison *f* à domicile ‖ MED. accoucher ‖ FIG. prononcer (speech); délivrer, libérer (free).

delivery [-ri] *n* [letters] distribution *f* ‖ COMM. livraison *f* ‖

MED. accouchement *m* ‖ FIG. [speaker] élocution, diction *f*.

delivery-man *n* livreur *m*.

delude [di'lu:d] *v* tromper, duper.

delusion [-ʒn] *n* illusion *f*.

demand [di'ma:nd] *v* exiger, réclamer ● *n* exigence, revendication *f* ‖ COMM. demande *f*.

demanding *a* exigeant.

demerara [‚demə'rɛərə] *n* sucre roux.

demijohn ['demidʒɔn] *n* bonbonne *f*.

demist [di:'mist] *v* désembuer.

demister *n* AUT. désembueur *m*.

demo ['deməu] *n* COLL. manif *f* (fam.).

democracy [di'mɔkrəsi] *n* démocratie *f*.

democrat ['deməkræt] *n* démocrate *n*.

‚demo'cratic *a* démocratique.

demolish [di'mɔliʃ] *v* démolir, détruire.

demolition [‚demə'liʃn] *n* démolition *f*.

demonstrate ['demənstreit] *v* démontrer ‖ POL. manifester.

‚demons'tration *n* démonstration *f* ‖ POL. manifestation *f*.

demonstrator *n* POL. manifestant *n*.

den [den] *n* [animal] antre *m*, tanière *f* ‖ [thieves] repaire *m*.

denial [di'naiəl] *n* dénégation *f*, démenti *m* (negation).

denicotinize [di:'nikətinaiz] *v* dénicotiniser.

denim ['denim] *n* coutil, jean *m*.

Denmark ['denmɑ:k] *n* Danemark *m*.

denominational [di‚nɔmi'neiʃnəl] *a* confessionnel ; ∼ *school*, école religieuse.

denounce [di'nauns] *v* dénoncer.

dense [dens] *a* dense, épais.

density *n* densité *f*.

dent [dent] *v* bosseler, cabosser ● *n* bosse *f*.

dental ['dentl] *a* MED. dentaire ; ∼ *mechanic/surgeon*, mécanicien/chirurgien *m* dentiste.

dentist *n* dentiste *n*.

denture ['-ʃə] *n* prothèse *f* (dentaire).

denunciation [di‚nʌnsi'eiʃn] *n* dénonciation *f*.

deny [di'nai] *v* nier ‖ refuser ; ∼ *sb sth*, refuser qqch à qqn ; ∼ *o.s. sth*, se priver de qqch.

deodorant [di:'əudərnt] *n* désodorisant *m*.

deodorize *v* désodoriser.

department [di'pɑ:tmənt] *n* [administration] service *m* ‖ [Government] ministère *m* ‖ [university] section *f*; institut *m* ‖ COMM. rayon *m* ; ∼ *store*, grand magasin.

departure [-ʃə] *n* départ *m*.

depend [di'pend] *v* : ∼ *(on, upon)*, dépendre (rely) ; *that* ∼s, *it all* ∼s, cela dépend ‖ compter sur (trust).

dependence, dependency n dépendance *f*.

dependent a dépendant, à la charge (*on*, de) ‖ GRAMM. subordonné (clause).

depilatory [di'pilətri] a dépilatoire.

deplete [di'pli:t] v épuiser.

deplorable [di'plɔ:rəbl] a déplorable, lamentable.

deplore [di'plɔ:] v déplorer, se lamenter sur.

deport [di'pɔ:t] v expulser ‖ ∼ **o.s.**, se conduire.

deposit [di'pɔzit] n FIN. acompte *m*, arrhes *fpl* ● v déposer ‖ FIN. mettre en dépôt.

depositor n déposant *n*.

depot ['di:pəu] n US, RAIL. gare *f*.

depreciate [di'pri:ʃieit] v (se) déprécier.

de‚preci'ation n dépréciation *f*.

depress [di'pres] v FIN. faire baisser (prices) ‖ FIG. déprimer.

depression [-ʃn] n [weather] dépression ‖ FIN. crise, dépression *f* ‖ FIG. découragement *m*, dépression *f*.

deprive [di'praiv] v priver (*of*, de).

depth [depθ] n profondeur *f*; *in ∼*, de profondeur; *at a ∼ of 30 feet*, par 10 mètres de fond; *get out of one's ∼*, perdre pied ‖ PHOT. *∼ of field*, profondeur *f* de champ.

deputy ['depjuti] n suppléant, adjoint *n*.

deputy-mayor n adjoint *n* au maire.

derail [di'reil] v (faire) dérailler; *be ∼ed*, dérailler.

derailment [-mənt] n déraillement *m*.

derange [di'reinʒ] v MED. déranger (mentally).

derive [di'raiv] v tirer (*from*, de) ‖ provenir, dériver (*from*, de).

dermatologist [‚də:mə'tɔlədʒist] n dermatologiste *n*.

descent [di'sent] n descente *f* (action, slope) ‖ descendance *f* (lineage); *of French ∼*, d'origine française.

describe [dis'kraib] v décrire.

description [dis'kripʃn] n description *f* ‖ COLL. genre *m*, sorte *f*.

desert 1 ['dezət] n désert *m*.

desert 2 [di'zə:t] v abandonner, déserter.

deserted [-id] a désert.

deserter n MIL. déserteur *m*.

deserve [di'zə:v] v mériter.

deservedly [-idli] av à juste titre ; justement.

deserving a méritant (person) ‖ méritoire (action).

design [di'zain] n dessein *m* (purpose); intention *f* ‖ TECHN. conception *f* (scheme) ‖ [dress, etc.] modèle, style *m* ; dessin, motif *m* (pattern) ‖ ARCH. plan *m* ● v concevoir, imaginer (contrive) ‖ dessiner (plan, model).

designer n dessinateur, créa-

teur *n* ‖ TH., CIN. décora-
teur *n*.

desirable [di'zaiərəbl] *a* désirable (woman) ‖ souhaitable
(action).

desire [di'zaiə] *n* désir *m* • *v*
désirer.

desk [desk] *n* [pupil] pupitre *m*; [teacher] bureau *m* ‖
[office] bureau *m* ‖ COMM.
caisse *f*.

desolate ['desəlit] *a* ravagé
(waste) ‖ désert, désolé (barren,
unlived in) ‖ affligé (person) •
['desəleit] *v* ravager (devastate)
‖ affliger (person).

despair [dis'pɛə] *n* désespoir
m • *v* désespérer (*of*, de).

desperate ['desprit] *a* désespéré.

desperately *av* désespé-
rément ‖ éperdument (in love).

despicable ['despikəbl] *a*
méprisable.

despise [dis'paiz] *v* mépriser.

dessert [di'zə:t] *n* dessert *m*.

dessert-plate *n* assiette *f* à
dessert.

dessert-spoon *n* cuiller *f* à
dessert.

destination [,desti'neiʃn] *n*
destination *f*.

destine ['destin] *v* destiner.

destiny *n* destin *m*, destinée *f*,
sort *m*.

destitute ['destitju:t] *a* dénué
(*of*, de); sans ressources.

destroy [dis'trɔi] *v* détruire,
démolir (demolish).

detach [di'tætʃ] *v* détacher,
séparer (*from*, de).

detached [-t] *a* : ∼ *house*,
pavillon *m*.

detail ['di:teil] *n* détail *m*,
particularité *f*; **go into** ∼**s**,
entrer dans les détails.

detain [di'tein] *v* retenir,
retarder (delay).

detect [di'tekt] *v* détecter,
déceler.

detective *n* : ∼ *story*, roman
policier.

detention [di'tenʃn] *n* détention *f* ‖ [school] retenue *f*.

deter [di'tə:] *v* détourner, dissuader (*from*, de).

detergent [di'tə:dʒnt] *a/n*
détersif, détergent *(m)*.

deteriorate [di'tiəriəreit] *v*
(se) détériorer.

de,terio'ration *n* détériora-
tion *f*.

determination [di,tə:mi-
'neiʃn] *n* détermination, résolution *f* (firmness).

determine [di'tə:min] *v*
déterminer, fixer (date, etc.) ‖
décider.

determined [-d] *a* déterminé
(settled) ; résolu (resolute).

deterrent [di'ternt] *a* dissuasif • *n* → NUCLEAR.

detour ['di:tuə] *n* détour *m* ‖
[road] déviation *f*.

detoxicate [di'tɔksi,keit] *v*
désintoxiquer.

detriment ['detrimənt] *n*
détriment *m*; **to the** ∼ *of*, au
détriment de.

detrimental *a* nuisible, pré-
judiciable (*to*, à).

deuce [djuːs] *n* [cards, dice] deux *m* ‖ [tennis] égalité *f*.

devalu'ation *n* dévaluation *f*.

devalue ['diːˈvæljuː] *v* dévaluer.

devastate ['devəsteit] *v* dévaster, ravager.

devast'ation *n* dévastation *f*.

develop [diˈveləp] *v* se développer, aménager, mettre en valeur ; ~*ing country*, pays *m* en voie de développement ‖ PHOT. développer ‖ TECHN. mettre au point ‖ MED. contracter (cold) ‖ FIG. se révéler, se manifester (become apparent).

developer *n* PHOT. révélateur *m* ; *property* ~, promoteur *m*.

development *n* évolution *f*, progrès *m* ‖ PHOT. développement *m* ‖ [town-planning] aménagement *m* ; lotissement *m* ‖ FIG. événement *m*.

device [diˈvais] *n* mécanisme, appareil *m* ; procédé *m*.

devil ['devl] *n* diable, démon *m*.

devilish *a* diabolique.

devise [diˈvaiz] *v* inventer.

devote [diˈvəut] *v* : ~ *o.s.*, se consacrer à, s'adonner à.

devoted [-id] *a* dévoué.

devotee [ˌdevəˈtiː] *n* fervent, adepte *n*.

devotion [diˈvəuʃn] *n* dévouement *m* ‖ REL. dévotion *f*.

devour [diˈvauə] *v* dévorer.

dew [djuː] *n* rosée *f* ; ~*-drop*, goutte *f* de rosée.

dexterity [deksˈteriti] *n* dextérité, habileté *f*.

diabetes [ˌdaiəˈbiːtiːz] *n* diabète *m*.

diabetic [ˌdaiəˈbetik] *a/n* diabétique (*n*).

dial ['daiəl] *n* cadran *m* ● *v* TEL. composer (le numéro), faire.

dialect ['daiəlekt] *n* dialecte *m*.

dialling *n* : TEL. ~ *code*, indicatif *m* ; ~ *tone*, tonalité *f*.

diameter [daiˈæmitə] *n* diamètre *m*.

diamond ['daiəmənd] *n* [jewel] diamant *m* ‖ [cards] carreau *m*.

diaphragm ['daiəfræm] *n* diaphragme *m*.

diary ['daiəri] *n* journal *m*.

dice [dais] *npl* → DIE 1.

Dictaphone ['diktəfəun] *n* [R] Dictaphone *m*.

dictate [dikˈteit] *v* dicter.

dictation *n* dictée *f*.

dictator *n* dictateur *m*.

dictionary ['dikʃənri] *n* dictionnaire *m*.

did [did] → DO*.

die 1 [dai] (*Pl* **dice** [dais]) *n* dé *m* ; *play dice*, jouer aux dés.

die 2 *v* [person] mourir ‖ [animal] crever ‖ COLL. *be dying to*, mourir d'envie de.

diesel ['diːzl] *n* : ~ *engine*, moteur *m* Diesel ; ~ *oil*, gasoil *m*.

diet ['daiət] *n* alimentation *f* ‖ MED. régime *m* ; *go on a* ~, se mettre au régime.

dietetics [ˌdaiə'tetiks] *n* diététique *f*.

dietician [-'tiʃn] *n* diététicien *n*.

differ ['difə] *v* différer, être différent (*from*, de) [be unlike] ‖ être en désaccord (disagree).

difference ['difrəns] *n* différence *f* (*between*, entre); *that makes no ~*, cela ne fait rien; *split the ~*, couper la poire en deux.

different ['difrnt] *a* différent (*from*, de) [dissimilar] ‖ différent, divers (various).

differently *av* différemment.

difficult ['difiklt] *a* difficile.

difficulty *n* difficulté *f*; *with ~*, difficilement.

dig* [dig] *v* creuser (hole) ‖ bêcher (garden) ‖ SL. piger (fam.).

digest [dai'dʒest] *v* digérer (food) ● *n* ['--] sommaire, abrégé *m*.

digestion [di'dʒestʃn] *n* digestion *f*.

digit ['didʒit] *n* chiffre *m*.

dignified ['dignifaid] *a* solennel, grave.

dignity *n* dignité *f* ‖ rang *m*.

digs [digz] *npl* COLL. logement *m*, chambre meublée.

dike [daik] *n* fossé *m* (ditch) ‖ digue *f* (dam).

dilapidated [di'læpideitid] *a* délabré.

dilute [dai'lju:t] *v* diluer (liquid) ‖ couper (wine).

dim [dim] *a* faible (light) ‖ indistinct (outline) ‖ sombre (room) ‖ brouillé, voilé (eyes) ● *v* obscurcir (room) ‖ baisser (light) ‖ voiler (sight).

dime [daim] *n* US pièce *f* de 10 cents.

dimension [di'menʃn] *n* dimension *f*.

diminish [di'miniʃ] *v* diminuer.

diminution [ˌdimi'nju:ʃn] *n* diminution *f*.

dine [dain] *v* dîner; *~ out*, dîner en ville.

diner *n* [person] dîneur *n* ‖ US, RAIL. voiture-restaurant *f*.

dining-car ['dainiŋkɑ:] *n* voiture-restaurant *f*.

dining-hall *n* réfectoire *m*.

dining-room *n* salle *f* à manger.

dinner ['dinə] *n* dîner *m*; *have ~*, dîner.

dinner jacket *n* smoking *m*.

dint [dint] *n* : *by ~ of*, à force de.

dip [dip] *v* plonger, tremper ‖ AUT. *~ the headlights*, mettre les phares en code.

diplomat ['dipləmæt] *n* diplomate *n*.

diplo'matic *a* diplomatique.

dipstick *n* AUT. jauge *f*.

direct [di'rekt] *a* direct ● *av* directement ● *v* diriger ‖ indiquer le chemin à ‖ adresser (letter) ‖ TH. mettre en scène.

direction [-ʃn] *n* direction *f*, sens *m* (way); *sense of ~*, sens *m* de l'orientation ‖ direction *f* (management) ‖ *Pl* instructions *fpl*; *~s for use*, mode *m* d'emploi ‖ CIN, TH. mise *f* en scène.

direction-indicator *n* AUT. clignotant *m*.

directly *av* directement, tout droit ‖ aussitôt, immédiatement ● *c* COLL. dès que.

director *n* directeur *n* ‖ CIN. réalisateur *n*.

directory [-tri] *n* TEL. annuaire *m*.

dirt [də:t] *n* saleté, crasse *f* ‖ boue *f* (mud).

dirt-track *n* SP. piste cendrée.

dirty *a* sale ‖ crotté (muddy) ‖ salissant (work).

disable [dis'eibl] *v* estropier, rendre infirme.

disadvantage [‚disəd'va:ntidʒ] *n* désavantage *m*; be at a ∼, être désavantagé.

disagree [‚disə'gri:] *v* [person] être en désaccord (*with*, avec) ‖ (food, climate) ne pas convenir, être contraire (*with*, à).

disagreeable *a* désagréable.

disagreement *n* désaccord *m*.

disappear [‚disə'piə] *v* disparaître.

disappearance [-rns] *n* disparition *f*.

disappoint [‚disə'pɔint] *v* décevoir (hope, sb) ‖ contrecarrer (plans).

disappointed [-id] *a* déçu; contrarié.

disappointment *n* déception *f* ‖ contretemps *m*.

disapproval [‚disə'pru:vl] *n* désapprobation *f*.

disapprove *v* désapprouver; trouver à redire à.

disaster [di'za:stə] *n* désastre *m*, calamité *f*.

disastrous [-rəs] *a* désastreux ; funeste.

disc [disk] *n* disque *m* ‖ AUT. ∼ *brake*, frein *m* à disque ‖ RAD. ∼ *jockey*, animateur, présentateur *m*.

discard [dis'ka:d] *v* écarter ‖ [cards] se défausser de.

discern [di'sə:n] *v* discerner, distinguer.

discharge [dis'tʃa:dʒ] *v* décharger ‖ renvoyer, congédier (sb) ‖ ELECTR. décharger (battery) ‖ FIN. payer (bill); régler (debt) ‖ MED. renvoyer (guéri) [a patient from hospital] ‖ [wound] suppurer ‖ FIG. s'acquitter de, accomplir (duty) ● *n* ELECTR. décharge *f* ‖ FIG. [duty] accomplissement *m*.

disciple [di'saipl] *n* disciple *n*.

discipline ['disiplin] *n* discipline *f*.

disclose [dis'kləuz] *v* dévoiler, révéler.

disclosure [-ʒə] *n* révélation *f*.

disco ['diskəu] *n* COLL. disco *m*; discothèque *f*.

discolour [dis'kʌlə] *v* décolorer.

discomfort [dis'kʌmfət] *n* inconfort *m* ‖ malaise *m* (anxiety).

disconcert [‚diskən'sə:t] *v* déconcerter.

disconnect ['diskə'nekt] v
ELECTR. couper, débrancher.

discord ['diskɔ:d] n discorde f
‖ MUS. dissonance f.

dis'cordant a discordant ‖
MUS. dissonant.

discount ['diskaunt] n COMM.
rabais m, remise f; 10 % ∼,
10 % de remise • v COMM.
faire une remise.

discourage [dis'kʌridʒ] v
décourager ‖ dissuader, faire
renoncer à.

discouragement n découragement m.

discover [dis'kʌvə] v découvrir.

discovery [-ri] n découverte f.

discredit [dis'kredit] n discrédit m • v discréditer,
déconsidérer.

discreet [dis'kri:t] a discret.

discreetly av discrètement.

discretion [dis'kreʃn] n discrétion, réserve f (tact) ‖ discrétion f (freedom) ‖ [wisdom]
years of ∼, âge m de raison.

discriminate [dis'krimineit]
v distinguer (*between*, entre).

discriminating a judicieux.

discus ['diskəs] n SP. disque
m.

discuss [dis'kʌs] v discuter,
débattre.

discussion [-ʃn] n discussion
f, débat m.

discus-thrower n discobole
m.

disdain [dis'dein] n dédain m
• v dédaigner.

disease [di'zi:z] n maladie f.

diseased [-d] a malade.

disembark ['disim'ba:k] v
débarquer (*from*, de).

disembar'kation n débarquement m.

disengage ['disin'geidʒ] v
dégager ‖ AUT. ∼ *the clutch*,
mettre au point mort.

disentangle ['disin'tæŋgl] v
démêler, débrouiller.

disgrace [dis'greis] n honte f;
déshonneur m • v déshonorer.

disgraceful a honteux,
déshonorant.

disguise [dis'gaiz] n déguisement m • v déguiser (*as*, en).

disgust [dis'gʌst] n dégoût m.

disgusting a dégoûtant,
écœurant, répugnant.

dish [diʃ] n [container] plat m
‖ [food] mets m ‖ *Pl* vaisselle f.

dishcloth n torchon m.

dishearten [dis'ha:tn] v
décourager.

dishevelled [di'ʃevld] a
ébouriffé, échevelé.

dishonest [dis'ɔnist] a mal-
honête.

dishonour [dis'ɔnə] n déshonneur m • v déshonorer ‖ ∼*ed
cheque*, chèque impayé.

dishwasher n lave-vaisselle
m.

disinterested [dis'intristid]
a désintéressé.

dislike [dis'laik] n antipathie
f (*for*, envers); aversion f (*for*,
pour); *take a* ∼ *to sb*, prendre
qqn en grippe ‖ • v ne pas
aimer, détester.

dislocate ['disləkeit] v disloquer (bone) ; luxer, démettre (limb).

disloyal ['dis'lɔiəl] a déloyal, infidèle (*to*, à).

dismal ['dizməl] a lugubre, sinistre, sombre.

dismay [dis'mei] n effroi m, consternation f • v effrayer, consterner.

dismiss [dis'mis] v congédier, renvoyer.

dismissal n renvoi m.

disobedient [ˌdisə'biːdjənt] a désobéissant.

disobey ['disə'bei] v désobéir (à qqn).

disorder [dis'ɔːdə] n désordre m (confusion) ‖ désordres mpl (public disturbance) • v mettre en désordre ; déranger.

disorderly a en désordre (untidy) ‖ tumultueux (mob).

disorganize [dis'ɔːgənaiz] v désorganiser.

disparage [dis'pæridʒ] v discréditer, dénigrer.

disparaging a désobligeant.

dispatch [dis'pætʃ] n [letter] expédition f • v expédier (letter).

dispel [dis'pel] v dissiper.

dispensable [dis'pensəbl] a dont on peut se passer.

dispense [dis'pens] v distribuer ‖ préparer, exécuter (prescription) ; ∼*ing chemist*, pharmacien n ‖ ∼ *with*, se passer de.

dispenser n distributeur m (automatique).

disperse [dis'pəːs] v disperser.

displace [dis'pleis] v déplacer.

display [dis'plei] v étaler, exposer (spread out) • n étalage m, exposition f.

displease [dis'pliːz] v déplaire, mécontenter, contrarier.

displeasure [-pleʒə] n mécontentement m.

disposable [dis'pəuzəbl] a à jeter ; ∼ *wrapping*, emballage perdu.

disposal n [rubbish] enlèvement m ‖ [right] at one's ∼, à sa disposition.

dispose [dis'pəuz] v disposer, arranger (place) ‖ ∼ *of*, se débarrasser de.

disposition [ˌdispə'ziʃn] n [temper] caractère, naturel m ‖ [feeling] inclination f.

dispute [dis'pjuːt] n discussion f, débat m (debate) ‖ dispute f (quarreling).

disqualify [dis'kwɔlifai] v SP. disqualifier ‖ AUT. retirer le permis de conduire.

disregard ['disri'gaːd] v ne pas attacher d'importance à, négliger • n négligence f (neglect) ‖ manque m d'égards envers (lack of respect).

disreputable [dis'repjutəbl] a mal famé (place) ‖ de mauvaise réputation (person).

disrepute ['disri'pjuːt] n discrédit m.

dissatisfaction ['dis,sætis-'fækʃn] n mécontentement m.

dissatisfy ['dis'sætisfai] *v* mécontenter.

dissent [di'sent] *v* être en désaccord (*from*, avec) ; différer d'opinion ● *n* désaccord *m*, divergence *f*.

disservice ['dis'sə:vis] *n* : do *sb a* ~, rendre un mauvais service à qqn.

dissociate [di'səuʃieit] *v* dissocier.

dissolute ['disəlu:t] *a* dissolu, débauché.

dissolve [di'zɔlv] *v* (se) dissoudre ‖ faire fondre ● *n* CIN. fondu *m*.

dissuade [di'sweid] *v* dissuader.

distance ['distns] *n* distance *f* ; *in the* ~, au loin.

distant *a* éloigné, lointain ‖ FIG. distant, froid (person).

distaste ['dis'teist] *n* dégoût *m*, aversion *f* (*for*, pour).

distil [dis'til] *v* distiller.

distinct [dis'tiŋt] *a* distinct, différent (*from*, de).

distinction *n* distinction *f*.

distinctly *av* distinctement ; clairement.

distinguish [dis'tiŋgwiʃ] *v* distinguer, discerner (discern) ‖ distinguer, différencier (*from*, de).

distinguished [-t] *a* distingué.

distort [dis'tɔːt] *v* déformer.

distract [dis'trækt] *v* détourner (sb's attention).

distracted [-tid] *a* affolé, bouleversé.

distraction *n* distraction, inattention *f* ‖ distraction *f*, amusement *m* ‖ confusion *f*, affolement *m* ; *love to* ~, aimer à la folie.

distress [dis'tres] *n* douleur *f*.

distribute [dis'tribjut] *v* distribuer (allot).

distri'bution *n* distribution *f*.

dis'tributor *n* COMM. concessionnaire *n* ‖ CIN. distributeur *n* ‖ AUT. Delco, distributeur *m*.

district ['distrikt] *n* région *f* ‖ [town] quartier *m*.

distrust [dis'trʌst] *n* méfiance *f* ● *v* se méfier de.

disturb [dis'tə:b] *v* troubler (sb's peace of mind) ‖ déranger (sb working).

disturbance *n* dérangement *m* (trouble) ‖ troubles, désordres *mpl* (riot) ‖ vacarme, tapage *m* (noise).

ditch [ditʃ] *n* fossé *m*.

divan [di'væn] *n* divan *m*.

divan-bed *n* divan-lit *m*.

dive [daiv] *v* plonger ● *n* SP. plongeon *m*.

diver *n* plongeur *n* ‖ TECHN. scaphandrier *m*.

diverse [dai'və:s] *a* différent, divers.

diversion [-ʃn] *n* diversion *f* (*from*, à) ‖ [traffic] déviation *f*.

diversity [-siti] *n* diversité *f*.

divert [-t] *v* détourner, (*from*, de).

divide [di'vaid] *v* séparer (separate) ‖ diviser (*into*, en) ‖

partager ‖ ~ *sth (up) between,* partager qqch entre.

diving ['daiviŋ] n SP. plongée f.

diving-board n plongeoir m.

divingsuit n scaphandre m.

division [di'viʒn] n division f ‖ partage m (sharing).

divorce [di'vɔːs] n divorce m ● v divorcer d'avec.

dizzy ['dizi] a étourdi ; feel ~, avoir le vertige.

do* [duː] v faire ‖ accomplir ; ~ *one's best,* faire de son mieux ; ~ *business,* faire des affaires ; ~ *sport,* faire du sport ‖ parcourir, faire (distance) ‖ ~ *(sb) good/harm,* faire du bien/mal (à qqn) ‖ finir ; *have you done eating?,* avez-vous fini de manger? ‖ arranger (tidy up) ; ~ *one's hair,* se coiffer ; ~ *one's nails,* se faire les ongles ‖ nettoyer (clean) ; ~ *the bedroom,* faire la chambre ‖ [school] faire, étudier ; traduire ‖ [touring] faire, visiter (town, etc.) ‖ AUT. ~ *60 miles an hour,* faire du 100 à l'heure ‖ ~ *again,* refaire ‖ ~ *by,* traiter (qqn) ‖ ~ *over,* repeindre, refaire (room) ; ~ *over one's face,* se refaire une beauté ‖ ~ *up,* boutonner (dress) ; empaqueter (books, etc.) ; ~ *o.s. up,* [woman] se faire belle ‖ → DONE ‖ agir ; *he did right,* il a bien fait ; ~ *better,* faire mieux de ; ~ *well,* réussir ‖ convenir, faire l'affaire ‖ aller, se porter ; *he is ~ing well,* il se

porte bien ; *how ~ you ~?,* [greeting] enchanté de faire votre connaissance ‖ [suit] convenir ; *that will ~,* ça ira ‖ [be enough] *will £ 5 ~ you?* est-ce que 5 livres vous suffiront? ‖ COLL. ~ *for,* faire le ménage (tidy up) ; ~ *with,* se contenter de (be content with) ; avoir besoin ; *I could ~ with a cup of tea,* je prendrais bien une tasse de thé ‖ ~ *without,* se passer de.

dock [dɔk] n NAUT. bassin m (harbour).

docker n docker, débardeur m.

dockyard n chantier naval.

doctor ['dɔktə] n docteur m ‖ MED. médecin, docteur m ; ~ *woman,* femme f médecin, doctoresse f ● v soigner.

document ['dɔkjumənt] n document m.

‚docu'mentary a/n documentaire (m) [film].

dodge [dɔdʒ] v esquiver (blow).

dodgems [-mz] npl [funfair] autos tamponneuses.

does [dʌz, dəz] → DO*.

dog [dɔg] n chien m.

dog-days npl canicule f.

dog-house n niche f (à chien).

‚dog-'tired a fourbu.

doily ['dɔili] n napperon m.

'do-it-your'self n bricolage m.

'do-it-your'selfer n bricoleur n.

dole [dəul] *n* allocation *f* de chômage ; COLL. go on the ∼, s'inscrire au chômage.

doll [dɔl] *n* poupée *f* ; *play with* ∼s, jouer à la poupée.

dollar ['dɔlə] *n* dollar *m*.

dolly ['dɔli] *n* poupée *f* ‖ CIN. chariot *m* (for camera) ; ∼ *shot*, travelling *m* ● *v* CIN. faire un travelling.

dolphin ['dɔlfin] *n* dauphin *m*.

dome [dəum] *n* dôme *m*.

dominate ['dɔmineit] *v* dominer.

domino [-əu] *n* domino *m* (game) ; *play* ∼es, jouer aux dominos.

done [dʌn] → DO* ● *a :* CULIN. well ∼, bien cuit.

donkey ['dɔŋki] *n* âne *m*.

doom [du:m] *n* destin *m* tragique ‖ mort *f* ● *v* condamner.

door [dɔ:] *n* porte *f*.

door-bell *n* sonnette *f*.

door-keeper *n* portier *m*.

door-mat *n* paillasson *m*.

dope [dəup] *n* COLL. stupéfiant *m*, drogue *f* ‖ SL. [horse-racing] tuyau *m* (fam.) ● *v* SP. doper.

dormitory ['dɔ:mitri] *n* dortoir *m*.

dose [dəus] *n* dose *f*.

dot [dɔt] *n* point *m* ‖ COLL. on the ∼, (à l'heure) pile.

dotted line *n* pointillé *m*.

double ['dʌbl] *a* double ● *n* double *m* ‖ ∼ or quits, quitte ou double ‖ sosie *m* (person) ‖ pendant *m* (things) ‖ [bridge] contre *m* ‖ SP. double *m* ● *v*

doubler ‖ [bridge] contrer ‖ ∼ *back*, revenir sur ses pas ‖ ∼ *up*, se plier en deux.

double-barrelled *a* à deux coups (gun).

double-bass *n* contrebasse *f*.

double-bed *n* lit *m* pour deux personnes.

double-bedded *a* à deux lits (room).

double-breasted *a* croisé (coat).

double-decker *n* AV. deux-ponts *m* ‖ AUT. autobus *m* à impériale.

double-lock *v* fermer à double tour.

double-park *v* AUT. parquer en double file.

double room *n* chambre *f* pour deux personnes.

doubt [daut] *n* doute *m* ; *without* ∼, sans aucun doute ; *no* ∼, certainement ● *v* douter ; *I* ∼ *it*, j'en doute.

doubtful *a* indécis (feeling doubt) ‖ douteux, incertain (causing doubt).

doubtless *av* très probablement.

douche [du:ʃ] *n* MED. injection *f*.

dough [dəu] *n* pâte *f* ‖ SL. fric, pognon *m* (fam.).

doughnut *n* beignet *m*.

dove [dʌv] *n* colombe *f*.

dove-cote ['-kəut] *n* pigeonnier *m*.

down 1 [daun] *n* duvet *m*.

down 2 *av* vers le bas, en bas ; ∼ *below*, en bas ‖ *put* ∼, noter, inscrire ● *a* : RAIL. ~ *train*, train descendant (from London) ‖ COMM. ~ *payment*, paiement comptant ‖ MED. ~ *with flu*, au lit avec la grippe ● *interj* : ~ *with X !*, à bas X ! ‖ [to a dog] ~*!*, couché ! ● *p* au bas de ; ~ *the hill*, au pied de la colline ‖ [along] *walk* ~ *the street*, descendre la rue.

downstairs *a* du bas ● *av* en bas ; *go* ~, descendre l'escalier.

,down'stream *a/av* en aval.

downtown *av* US en ville.

downward(s) *av* vers le bas.

downy ['dauni] *a* duveteux.

dowser ['dauzə] *n* sourcier, radiesthésiste *n*.

dowsing *n* radiesthésie *f*.

doze [dəuz] *n* somme *m* ● *v* sommeiller ‖ ~ *off*, s'assoupir.

dozen ['dʌzn] *n* douzaine *f* ; *half a* ~, une demi-douzaine.

draft [drɑːft] *n* brouillon, projet *m* ‖ FIN. traite *f* (bill) ‖ US → DRAUGHT ● *v* faire le brouillon de ‖ US, MIL. appeler (sous les drapeaux), mobiliser.

draftsman = DRAUGHTSMAN.

drag [dræg] *v* traîner, tirer ‖ se traîner (lag behind) ● *n* entrave *f* ; COLL. [person] raseur *n* ; [thing] corvée *f* ; *what a* ~*!*, quelle barbe ! ‖ SL. [cigarette] bouffée *f*.

drain [drein] *v* vider entièrement (cup, etc.).

drainpipe *n* [house] tuyau *m* d'écoulement, gouttière *f*.

drake [dreik] *n* canard *m*.

drama ['drɑːmə] *n* drame *m* (play).

dramatic [drə'mætik) *a* dramatique.

drank [dræŋk] → DRINK*.

draper ['dreipə] *n* marchand *n* de nouveautés.

draught 1 [drɑːft] *n* courant *m* d'air ‖ *beer on* ~, bière *f* à la pression ‖ *at a* ~, d'un trait.

draught 2 *n* : *(game of)* ~*s*, (jeu *m* de) dames *fpl*.

draughtboard *n* damier *m*.

draughtsman ['-smən] *n* dessinateur *m* ‖ [game] pion *m*.

draw* [drɔː] *v* tirer, traîner ‖ baisser (a blind) ‖ ARTS dessiner ‖ FIN. tirer (cheque) ; retirer (money) ‖ SP. faire match nul ‖ FIG. tirer au sort ; ~ *lots for sth*, tirer qqch au sort ‖ [chimney] tirer ‖ [tea] infuser ‖ [days] ~ *in*, raccourcir ; ~ *out*, rallonger ‖ ~ *up*, [car] s'arrêter ; ~ *o.s. up*, se dresser ● *n* partie nulle, match nul.

drawback *n* inconvénient *m*.

drawee [drɔː'iː] *n* FIN. tiré *m*.

drawer ['drɔːə] *n* [furniture] tiroir *m* ‖ ARTS dessinateur *n* ‖ FIN. tireur *m*.

drawing *n* ARTS dessin *m*.

drawing-board *n* planche *f* à dessin.

drawing-pin *n* punaise *f* (à dessin).

drawing-room *n* salon *m*.

drawl [drɔːl] *v* parler d'une

voix traînante ● *n* voix traînante.

drawn [drɔ:n] → DRAW* ● *a* :
SP. ~ *game*, match nul.

dread [dred] *n* terreur, épouvante *f* ● *v* redouter, craindre.

dreadful *a* redoutable (terrible) ‖ affreux (unpleasant).

dream [dri:m] *n* rêve, songe
m ; *have a* ~, faire un rêve ●
*v** rêver (*of*, de).

dreamy *a* rêveur (person).

dress [dres] *v* (s')habiller ‖
CULIN. accommoder (food) ;
assaisonner (salad) ‖ MED. ~
a wound, faire un pansement ●
n habillement *m ;* vêtements
mpl ‖ [woman's] robe *f*.

dress-designer *n* modéliste
n.

dresser *n* [furniture] buffet
m.

dressing ['dresiŋ] *n* toilette *f*
(process) ‖ MED. pansement *m*
‖ CULIN. assaisonnement *m.*

dressing-case *n* trousse *f* de
toilette.

dressing-gown *n* robe *f* de
chambre.

dressing-room *n* cabinet *m*
de toilette.

dressmaker *n* couturière *f.*

dressmaking *n* couture *f.*

drew [dru:] → DRAW*.

dribble [dribl] *v* baver.

drift [drift] *n* NAUT., AV.
dérive *f* ● *v* aller à la dérive ‖
être poussé (by the wind) ‖
NAUT., AV. dériver.

drill 1 [dril] *n* TECHN. foret *m*,
mèche *f* (bit) ‖ MED. *(dentist's)*

~, fraise *f* (de dentiste) ● *v*
percer, forer.

drill 2 *n* MIL. exercice *m* ● *v*
faire l'exercice ‖ instruire.

drily ['draili] *av* sèchement.

drink* [driŋk] *v* boire ; ~ *out
of a glass*, boire dans un verre ;
~ *from the bottle*, boire à
même la bouteille ; ~ *to*, boire
à la santé de ● *n* boisson
f ; have a ~, prendre un
verre, boire un coup (fam.) ‖ *Pl*
rafraîchissements *mpl.*

drinker *n* buveur *n.*

drinking water *n* eau *f*
potable.

drip [drip] *n* goutte *f* ● *v* tomber goutte à goutte.

drive* [draiv] *v* pousser devant
soi (push forward) ‖ chasser
(*from*, de) ‖ enfoncer (nail) ‖
AUT. [driver] conduire ; piloter
(racing car) ; [car] rouler ; ~
to, aller en voiture à ● *n* AUT.
promenade *f* (trip) ; *go for a*
~, faire une promenade en
voiture ; trajet *m ; two hours'*
~, deux heures de voiture ̀ ;
conduite *f ; left hand* ~, conduite *f* à gauche ‖ transmission
f ; front wheel ~, traction *f*
avant ‖ SP. [tennis] coup droit
‖ FIG. dynamisme *m* (energy) ‖
POL. campagne *f.*

driven ['drivn] → DRIVE*.

driver *n* [car] chauffeur *m ;*
[bus] conducteur *n.*

driving *n* AUT. conduite *f.*

driving-licence *n* permis *m*
de conduire.

driving-school *n* auto-école *f.*

driving-test n examen m pour le permis de conduire.

drizzle ['drizl] v bruiner • n bruine f.

drop [drɔp] n goutte f ; ~ **by** ~, goutte à goutte ‖ baisse f (prices, temperature) • v tomber goutte à goutte (dribble) ‖ tomber, s'écrouler (fall) ‖ laisser tomber (*sth*, qqch) ‖ écrire (*a line*, un mot) ‖ [wind] tomber ‖ [temperature, prices] baisser ‖ AV. larguer, parachuter ‖ AUT. déposer, ~ *me at the post-office*, déposez-moi au bureau de poste ‖ ~ **behind**, se laisser distancer ‖ ~ **in**, passer voir (*on sb*, qqn) ‖ COLL. *I'm ready to* ~, je ne tiens plus debout (fam.).

dropper n compte-gouttes m.

drove [drəuv] → DRIVE*.

drown [draun] v (se) noyer ‖ submerger (flood) ‖ étouffer, couvrir (sound).

drowning n noyade f.

drowsy ['drauzi] a somnolent.

drudgery ['drʌdʒəri] n corvée f, travail fastidieux.

drug [drʌg] n médicament m ‖ drogue f, stupéfiant m (opium, etc.) ; *take* ~s, se droguer • v droguer.

drug-addict n toxicomane n.

drug-store n US pharmacie f.

drum [drʌm] n MUS. tambour m ‖ Pl batterie f • v tambouriner, battre du tambour.

drum brake n frein m à tambour.

drummer n MUS. batteur m.

drunk [drʌŋk] → DRINK* • a ivre, soûl ; *get* ~, s'enivrer.

drunkard [-əd] n ivrogne m.

drunken a ivre.

drunkenness n ivresse f ; [habitual] ivrognerie f.

dry [drai] a sec ‖ aride (country) ‖ FIG. sec, froid (answer) ; sans intérêt (lecture) • v faire sécher, dessécher ‖ essuyer (dishes) ‖ ~ **up**, se dessécher ; assécher.

dry-clean v nettoyer à sec.

drying n séchage, assèchement m.

dryness n [climate] sécheresse f ‖ [soil] aridité f.

dry-shave v se raser au rasoir électrique.

dry-shod a à pied sec.

dub [dʌb] v CIN. doubler.

dubbing n doublage m.

duck n canard m ‖ [female] cane f ; → DRAKE ‖ COLL. chou, trésor m (darling).

due [dju:] a : ~ **to**, dû à ‖ FIN. échu, dû ; *fall* ~, venir à échéance, échoir ‖ RAIL., AV. attendu ; *the train is* ~ *at 2 o'clock*, le train doit arriver à 2 heures • av : ~ *north*, en plein nord • n dû m ‖ Pl droits mpl.

duet [dju'et] n MUS. duo m ; *piano* ~, morceau m à quatre mains.

dug [dʌg] → DIG*.

dull [dʌl] a terne (colour) ‖ sourd (sound) ‖ obtus (mind) ‖ terne, ennuyeux (boring).

duly ['djuːli] *av* dûment (properly) ‖ à temps (on time).

dumb [dʌm] *a* muet.

dumbbell *n* haltère *m*.

dumbness *n* mutisme *m*.

dumb-waiter *n* table roulante.

dummy ['dʌmi] *n* objet *m* factice ‖ [bridge] mort *m* ‖ COMM. mannequin *m* ‖ TECHN. maquette *f*.

dumping-ground ['dʌmpiŋgraund] *n* décharge publique.

dune [djuːn] *n* dune *f*.

dung [dʌŋ] *n* fumier *m*.

dungarees [ˌdʌŋgə'riːz] *npl* bleus *mpl* de travail.

dunk [dʌŋk] *v* COLL. tremper (bread into coffee).

duplicate ['djuːplikit] *a* en double ● *n* double, duplicata *m* ● [-keit] *v* polycopier.

duplicator *n* machine *f* à polycopier.

duration [djuˈreiʃn] *n* durée *f*.

during ['djuəriŋ] *p* durant, pendant.

dusk [dʌsk] *n* crépuscule *m*; *at ~*, à la tombée de la nuit.

dusky *a* sombre, obscur.

dust [dʌst] *n* poussière *f* ● *v* épousseter.

dustbin *n* poubelle *f*, boîte *f* à ordures.

duster *n* chiffon *m*.

dust-jacket *n* couvre-lit *m*, liseuse *f*.

dustman *n* éboueur *m*.

dustpan *n* pelle *f* à ordures.

dusty *a* poussiéreux.

Dutch [dʌtʃ] *a* hollandais ● *n* [language] néerlandais *m*.

Dutchman *n* Hollandais *m*.

Dutchwoman *n* Hollandaise *f*.

dutiable ['djuːtjəbl] *a* soumis aux droits de douane.

dutiful [-ifl] *a* obéissant, respectueux.

duty ['djuːti] *n* devoir *m*, obligation *f*; *do one's ~*, faire son devoir ‖ fonction *f*; *on ~*, de garde (chemist); *off ~*, libre, pas de service; *do ~ for*, faire office de ‖ droit *m* de douane.

duty-free *a* hors-taxes.

dwarf [dwɔːf] *a/n* nain (*n*).

dwell* [dwɛl] *v* résider.

dye [dai] *v* teindre ● *n* teinture *f*.

dynamic [dai'næmik] *a* dynamique, énergique.

dynamism *n* dynamisme *m*.

dynamite ['dainəmait] *n* dynamite *f* ● *v* dynamiter.

dynamo [-əu] *n* dynamo *f*.

e [iː] *n* MUS. mi *m*.

each [iːtʃ] *a* chaque ● *pr* chacun; *~ other*, l'un l'autre, les uns les autres.

eager ['iːgə] *a* impatient, ardent, brûlant de (*for/to*, de) ; *be ~ for*, désirer ardemment.

eagerly *av* avec impatience, ardemment.

eagerness *n* impatience, ardeur *f*, empressement *m*.

eagle ['iːgl] *n* aigle *m*.

eaglet [-it] *n* aiglon *m*.

ear 1 [iə] *n* BOT. épi *m*.

ear 2 *n* oreille *f*.

ear-ache *n* mal *n* d'oreilles.

ear-drop *n* pendant *m* d'oreille.

earlier, earliest ['əːliə,-əst] → EARLY.

early [əːli] *av* de bonne heure, tôt, en avance ‖ *as ~ as possible*, dès que possible ‖ *earlier than*, avant... • *a* : *in ~ spring*, au début du printemps ; *be an ~ riser*, être matinal ; *in the ~ morning*, de bon matin ‖ *prochain ; at an ~ date*, prochainement ‖ *at the earliest*, au plus tôt.

earn [əːn] *v* gagner (money).

earnest 1 ['əːnist] *n* FIN. arrhes *fpl*.

earnest 2 *a* sérieux (serious).

earphone, earpiece *n* écouteur *m*.

ear-plug *n* boule *f* Quiès.

ear-ring *n* boucle *f* d'oreille.

earshot *n* : *within ~*, à portée de voix.

earth [əːθ] *n* [world] terre *f*, monde *m* ‖ [land, ground] terre *f* ‖ ELECTR. masse *f* • *v* ELECTR. mettre à la terre.

earthenware [əːθnwɛə] *n* poterie, faïence *f*.

earthquake *n* tremblement *m* de terre.

ease [iːz] *n* bien-être *m* ; tranquillité *f* ; *at ~*, à l'aise ; *ill at ~*, mal à l'aise ‖ [lack of difficulty] facilité, aisance *f* • *v* calmer, atténuer (anxiety, pain) ‖ desserrer (loosen).

easily ['iːzili] *av* aisément, facilement.

easiness *n* facilité *f*.

east [iːst] *n* est, orient *m* • *a* à/de l'est • *av* à/vers l'est (*of*, de).

Easter ['iːstə] *n* Pâques *m* ‖ *~ eggs*, œufs *mpl* de Pâques.

easterly ['iːstəli] *a/av* d'est.

eastern [-ən] *a* de l'est, oriental.

eastward [-wəd] *a/av* à/vers l'est.

easy *a* facile, aisé (not difficult) ; *make easier*, faciliter ‖ confortable (comfortable) ; *~ chair*, fauteuil *m* • *av* aisément, facilement ; COLL. *take it ~!*, ne vous en faites pas, ne vous fatiguez pas !

eat* [iːt] *v* manger ‖ *~ into*, [acid] ronger ‖ *~ up*, dévorer ; finir (de manger).

eatable *a* comestible.

eater *n* mangeur *n* ‖ [fruit] pomme *f* à couteau.

ebb [eb] *n* reflux *m* ; *the ~ and flow*, le flux et le reflux ; *~ tide*, marée descendante.

eccentric [ik'sentrik] *a/n* excentrique (*n*).

echo [ˈekəu] *n* écho *m*.

eclipse [iˈklips] *n* éclipse *f*.

ecological [ˌikəˈlɔdʒikl] *a* écologique.

ecology [iːˈkɔlədʒi] *n* écologie *f*.

economic [ˌiːkəˈnɔmik] *a* économique.

economical *a* économe (thrifty).

economize [iˈkɔnəmaiz] *v* économiser.

economy *n* économie *f* ● *a* économique.

eddy [ˈedi] *n* remous, tourbillon *m*.

edge [edʒ] *n* [blade] tranchant, fil *m*; *take the ~ off*, émousser ǁ bord *m* (border); lisière *f* (skirt) ǁ [ski] carre *f*.

edible [ˈedibl] *a* comestible.

edit [ˈedit] *v* CIN. monter (film).

editing *n* CIN. montage *m*.

edition [iˈdiʃn] *n* édition *f*.

editor [ˈeditə] *n* [newspaper] rédacteur *n* (en chef).

educate [ˈedjukeit] *v* instruire; *be well ~d*, avoir reçu une bonne instruction; *be ~d at*, faire ses études à.

edu'cation *n* éducation *f*; enseignement *m*, instruction *f*.

effect [iˈfekt] *n* effet, résultat *m*; action *f*; *have an ~*, produire un effet.

effective [-iv] *a* efficace (efficacious) ǁ saisissant, frappant (impressive).

efficiency [iˈfiʃnsi] *n* [method] efficacité *f* ǁ [machine] rendement *m* ǁ [person] compétence *f*.

efficient [-nt] *a* compétent, capable (person) ǁ efficace (machine).

effort [ˈefət] *n* effort *m*.

effortless *a* facile, aisé.

egg [eg] *n* œuf *m*.

egg-beater *n* fouet, batteur *m*.

egg-cup *n* coquetier *m*.

egg-plant *n* aubergine *f*.

egoism [ˈegəizm] *n* égoïsme *m*.

egoist *n* égoïste *n*.

eight [eit] *a/n* huit (*m*).

eighteen [-ˈtiːn] *a/n* dix-huit (*m*).

eighth [eitθ] *a/n* huitième (*n*).

eighty [-ti] *a/n* quatre-vingts (*m*).

either [ˈaiðə] *a/pr* l'un ou l'autre (one or the other) ǁ l'un et l'autre (both) ● *c* : *~ ... or ...*, ou bien ... ou bien ..., soit .... soit ... ● *av* : *not ~*, non plus.

elastic [iˈlæstik] *a* élastique ; *~ band*, élastique *m*.

elbow [ˈelbəu] *n* coude *m*; *lean one's ~s*, s'accouder (on, à, sur) ● *v* : *~ one's way*, se frayer un chemin à coups de coude.

elder [ˈeldə] *a/n* aîné (*n*) [of 2].

elderly *a* âgé, d'un certain âge.

eldest [-ist] *a/n* aîné (*n*) [of 3 or more].

election [iˈlekʃn] *n* élection *f*.

elector [-tə] *n* électeur *n*.

electric [i'lektrik] a électrique ; ~ *blanket,* couverture chauffante.

electrical a électrique ; ~ *engineer,* ingénieur électricien.

electrically av électriquement, à l'électricité.

electrician [ilek'triʃn] n électricien n.

electricity [-siti] n électricité f.

electrify [i'lektrifai] v RAIL. électrifier.

electrocute [i'lektrəkjuːt] v électrocuter.

electronic [ilek'trɔnik] a électronique ; ~ *flash,* flash m électronique.

elegant ['eligənt] a élégant.

element ['elimənt] n élément m.

elementary [ˌeli'mentri] a élémentaire.

elephant ['elifənt] n éléphant m.

elevated ['eliveitid] a élevé • n US, RAIL. métro aérien.

elevator n US ascenseur m.

eleven [i'levn] a/n onze (m).

elevenses [-siz] npl COLL. collation f d'onze heures.

eliminate [i'limineit] v éliminer.

e limi'nation n élimination f.

eloquent ['eləkwənt] a éloquent.

else [els] av autre ; *somebody* ~, qqn d'autre ‖ *somewhere* ~, autre part, ailleurs.

'else'where av ailleurs.

elude [i'luːd] v éluder, éviter (question).

embankment [im'bæŋkmənt] n [road] remblai m ‖ [river] digue f, quai m.

embark [im'baːk] v (s') embarquer.

ˌembar'kation n embarquement m.

embarrass [im'bærəs] v embarrasser, troubler.

embassy ['embəsi] n ambassade f.

embed [im'bed] v encastrer.

embellish [im'beliʃ] v embellir.

embers ['embəz] npl braise f.

embrace [im'breis] v embrasser, étreindre (hug) ‖ FIG. embrasser (career).

embroider [im'brɔidə] v broder.

embroidery [-ri] n broderie f.

emerald ['emərəld] n émeraude f.

emerge [i'məːdʒ] v émerger.

emergency [i'məːdʒnsi] n situation f critique ; *in an* ~, en cas m d'urgence ‖ ~ *exit,* sortie f de secours.

emigrant ['emigrnt] n émigrant n.

emigrate [-eit] v émigrer.

ˌemi'gration n émigration f.

emotion [i'məuʃn] n émotion f.

emotional a émotif ; impressionnable.

emphasis ['emfəsis] n GRAMM. accent m (stress) ‖

Fɪɢ. mise *f* en relief ; insistance *f*.

emphasize [-saiz] *v* mettre l'accent sur, insister sur, souligner.

emphatic [im'fætik] *a* énergique, formel.

emphatically [-tikli] *av* énergiquement, catégoriquement.

employ [im'plɔi] *v* employer (person).

employee [,emplɔi'iː] *n* employé *n*.

employer *n* patron *n*.

employment *n* emploi *m*, situation *f*; ∼ **agency**, bureau *m* de placement.

empty ['emti] *a* vide ‖ Mᴇᴅ. *on an* ∼ *stomach*, à jeun ● *npl* emballages *mpl* vides, bouteilles *fpl* vides ● *v* (se) vider (*into*, dans).

emulsion [i'mʌlʃn] *n* émulsion *f*.

enable [i'neibl] *v* : ∼ *sb to*, permettre à qqn de.

enamel [i'næml] *n* émail *m* ● *v* émailler (metal).

encamp [in'kæmp] *v* camper.

enchant [in'tʃɑːnt] *v* enchanter, charmer.

enchantment *n* enchantement *m*.

enclose [in'kləuz] *v* enclore, clôturer (shut in) ‖ inclure, joindre (in a letter).

encore [ɔŋ'kɔː] *n* Tʜ. bis *m* ● *v* bisser.

encourage [in'kʌridʒ] *v* encourager.

encouragement *n* encoura-

gement *m* (*from*, de la part de ; *to*, à).

encumber [in'kʌmbə] *v* encombrer, embarrasser (hinder).

end [end] *n* bout *m*, extrémité *f* (farthest part) ‖ fin *f*; *without* ∼, sans fin ; *bring to an* ∼, achever, terminer ; *come to an* ∼, s'achever, se terminer ‖ fin *f*, but *m* (aim) ; [time] *on* ∼, d'affilée ‖ Aᴜᴛ. *run a big* ∼, couler une bielle ● *v* finir ‖ ∼ ,(*off*), achever, terminer ; se terminer, s'achever (*in*, dans ; *by*, par) ‖ ∼ *up*, finir (*by*, par) ; aboutir (*in*, à).

endanger [in'deinʒə] *v* mettre en danger, exposer.

endless *a* sans fin, interminable.

endlessly *av* continuellement.

endorse [in'dɔːs] *v* Fɪɴ. endosser (cheque).

endurance [in'djuərəns] *n* endurance *f* (to pain) ; résistance *f* (to fatigue).

endure [in'djuə] *v* supporter (undergo) ; endurer (bear).

enduring [-riŋ] *a* durable (lasting).

enemy ['enimi] *a/n* ennemi (*n*).

energetic [,enə'dʒetik] *a* énergique ‖ dynamique.

energy ['enədʒi] *n* énergie, vigueur *f*.

enervate ['enəːveit] *v* affaiblir.

engage [in'geidʒ] *v* embaucher (employ) ‖ ∼ *sb in conver-*

sation, lier conversation avec qqn ‖ TECHN. embrayer.

engaged [-d] *a* [seat] occupé ; [taxi] pas libre ; [person] pris ; [line] occupé ‖ *get* ∼, se fiancer ; *the* ∼ *couple,* les fiancés.

engagement *n* fiançailles *fpl* ‖ rendez-vous *m* (appointment).

engagement-book *n* agenda *m*.

engaging *a* charmant.

engine ['enʒin] *n* machine *f* ‖ RAIL. locomotive *f* ‖ AUT. moteur *m*.

engineer [,enʒi'niə] *n* ingénieur *m* (technician) ‖ mécanicien *m* (workman).

engine-failure *n* panne *f* de moteur.

England ['iŋglənd] *n* Angleterre *f*.

English *a* anglais ● *n* [language] anglais *m* ‖ *Pl* Anglais *npl*.

Englishman *n* Anglais *m*.

English-speaking *a* anglophone.

Englishwoman *n* Anglaise *f*.

engraving [in'greiviŋ] *n* gravure *f*.

enigma [i'nigmə] *n* énigme *f*.

enigmatic[,enig'mætik]*a*énigmatique.

enjoy [in'dʒɔi] *v* prendre plaisir à ; ∼ *o. s.,* s'amuser ‖ apprécier, aimer.

enjoyment *n* plaisir *m*.

enlarge [in'lɑːdʒ] *v* agrandir.

enlargement *n* agrandissement *m*.

enlarger *n* agrandisseur *m*.

en'list *v* MIL. enrôler.

enormous [i'nɔːməs] *a* énorme.

enormously *av* énormémen

enough [i'nʌf] *a* assez, suffisant ; ∼ *money,* assez d'argent ; *be* ∼, suffire (*to,* pour) ● *av* assez, suffisamment ; *warm* ∼, assez chaud.

enquire → INQUIRE.

enrich [in'ritʃ] *v* enrichir.

enrol [in'rəul] *v* inscrire (members) ; se faire inscrire.

ensure [in'ʃuə] *v* assurer.

entail [in'teil] *v* occasionner.

entangle [in'tæŋgl] *v* emmêler.

enter ['entə] *v* entrer/pénétrer dans ‖ inscrire (name) ; s'inscrire à (school, club).

enterprise ['entəpraiz] *n* entreprise *f* ‖ esprit *m* d'initiative.

enterprising *a* entreprenant, hardi.

entertain [,entə'tein] *v* recevoir (guests) ‖ amuser, distraire.

entertaining *a* amusant.

entertainment *n* divertissement, amusement *m*, distraction *f* ‖ TH. spectacle *m*.

enthusiasm [in'θuziæsm] *n* enthousiasme *m*.

enthusiast [-iæst] *n* enthousiaste *n*, partisan *m*, amateur passionné.

en͵thusi'astic *a* enthousiaste.

entire [in'taiə] *a* entier, complet.

entirely *av* entièrement, complètement.

entitle [in'taitl] *v* intituler ‖ JUR. autoriser (*to*, à).

entrance ['entrəns] *n* entrée *f*; ~ *examination*, examen *m* d'entrée.

entrant *n* concurrent *n* ‖ [exam] candidat *n* ‖ SP. participant *n*.

entrust [in'trʌst] *v* confier (*to*, à); charger (*with*, de).

entry ['entri] *n* entrée *f* (entering, way in); *no* ~, entrée interdite ‖ [list] inscription *f* ‖ SP. participant *n* (person); participation *f* (list).

enumerate [i'njuːməreit] *v* énumérer.

envelop [in'veləp] *v* envelopper.

envelope ['envələup] *n* enveloppe *f*.

envious ['enviəs] *a* envieux (*of*, de).

environment [in'vairənmənt] *n* entourage, milieu *m*.

envy ['envi] *n* envie *f*; *be the* ~ *of*, faire envie à ● *v* envier, convoiter.

E.P. ['iː'piː] *n* → EXTENDED-PLAY.

epidemic [ˌepi'demik] *n* épidémie *f*.

equal ['iːkwəl] *a* égal, équivalent (*to*, à) ● *v* égaler.

equality [i'kwɔliti] *n* égalité *f*.

equator [i'kweitə] *n* équateur *m*.

equip [i'kwip] *v* équiper, doter (*with*, de).

equivalent [i'kwivələnt] *a*/*n* équivalent (*m*) [*to*, à].

erase [i'reiz] *v* effacer, gratter.

erect [i'rekt] *v* dresser (set upright).

erotic [i'rɔtik] *a* érotique.

errand ['erənd] *n* course, commission *f*; *run* ~s, faire des courses.

erratic [i'rætik] *a* irrégulier.

error ['erə] *n* erreur *f* (mistake).

escalator ['eskəleitə] *n* escalier *m* mécanique.

escape [is'keip] *v* s'évader, s'échapper (*from*, de) ‖ TECHN. [gas] fuir ‖ FIG. échapper à ● *n* fuite, évasion *f* ‖ *have a narrow* ~, l'échapper belle.

escort ['eskɔːt] *n* cavalier *m* (to a lady) ‖ [touring] hôtesse *f* ● [is'kɔːt] *v* escorter.

essay ['esei] *n* tentative *f* ‖ [school] rédaction *f*.

essential [i'senʃl] *a*/*n* essentiel (*m*).

establish [is'tæbliʃ] *v* établir, fonder.

establishment *n* établissement *m*.

estate [is'teit] *n* domaine *m*, propriété *f*; *real* ~, biens immobiliers.

estate-agent *n* agent immobilier.

estate-car *n* AUT. break *m*.

esteem [is'tiːm] *v* estimer (respect) ● *n* estime *f*.

estimate ['estimit] *n* évaluation *f*, calcul *m* (appraisal); *at a rough* ~, à vue de nez ‖

TECHN. devis *m* ● [-meit] *v* estimer, évaluer.

,esti'mation *n* estimation *f*.

estuary ['estjuəri] *n* estuaire *m*.

eternal [i'təːnl] *a* éternel.

eternity *n* éternité *f*.

Europe ['juərəp] *n* Europe *f*.

European [,juərə'piən] *a/n* européen *(n)*.

evade [i'veid] *v* échapper (pursuit) ‖ éviter (difficulty) ; éluder (question).

evaluate [i'væljueit] *v* évaluer.

evaporate [i'væpəreit] *v* faire évaporer ; s'évaporer.

e,vapo'ration *n* évaporation *f*.

evasion [i'veiʒn] *n* échappatoire *f* ‖ dérobade *f* (of, devant).

eve [iːv] *n* veille *f* ; on the ~ of, (à) la veille de.

even ['iːvn] *av* même ; ~ *if/though*, même si ; ~ *so*, quand même ‖ encore ; ~ *better*, encore mieux ● *a* plat, uni (flat) ‖ régulier (unchanging) ‖ égal (equal) ‖ pair (number).

evening ['iːvniŋ] *n* soir *m* ; *in the* ~, le soir, dans la soirée ; *the* ~ *before*, la veille au soir ; *tomorrow* ~, demain soir.

evening-dress *n* [man's] tenue *f* de soirée ; [woman's] robe *f* du soir.

evenly ['iːvnli] *av* uniformément, régulièrement.

event [i'vent] *n* événement *m* ‖ cas *m* ; *in the* ~ *of*, au cas où ‖ SP. épreuve *f*.

eventful *a* mouvementé.

eventually [-juəli] *av* finalement, en fin de compte.

ever ['evə] *av* toujours (always) ; *for* ~, pour toujours, à jamais ; ~ *since*, depuis ; *yours* ~, bien cordialement vôtre ‖ jamais (at any time) ; *hardly* ~, presque jamais ; *if you* ~ *go there*, si jamais vous y allez.

evergreen *a* à feuilles persistantes.

every ['evri] *a* chaque, chacun de, tout ; ~ *day*, tous les jours.

everybody *pr* chacun, tout le monde, tous.

everyone *pr* = EVERYBODY.

everything *pr* tout.

everywhere *av* partout, de tous côtés.

evidence ['evidns] *n* preuve certaine (proof) ‖ témoignage *m* ; *give* ~, témoigner.

evident *a* évident.

evil ['iːvl] *a* mauvais ● *n* mal *m*.

ewe [juː] *n* brebis *f*.

ex- [eks] *pref* ancien, ex.

exact [ig'zækt] *a* exact, juste (correct) ‖ précis (accurate).

exacting *a* exigeant (person) ; astreignant (work).

exactitude [-itjuːd] *n* exactitude, précision *f* (accuracy).

exactly *av* exactement.

exaggerate [ig'zædʒəreit] *v* exagérer.

exaggerated [-id] *a* exagéré.

e,xagge'ration *n* exagération *f*.

exam [ig'zæm] *n* COLL. examen.

e,xami'nation *n* examen *m* ‖ [customs] visite *f*.

examine [-in] *v* examiner, inspecter ‖ [school] interroger ‖ [customs] visiter, contrôler ‖ MED. examiner (patient).

examiner *n* examinateur *m*.

example [ig'zɑːmpl] *n* exemple *m*; **for ~**, par exemple ‖ *set an ~*, donner l'exemple.

exceed [ik'siːd] *v* dépasser (limit) ‖ excéder (quantity) ‖ outrepasser (one's rights) ‖ AUT. *~ the speed limit*, dépasser la vitesse permise.

exceedingly *av* extrêmement.

excellent ['eksələnt] *a* excellent.

except [ik'sept] *p* : **~ for**, à l'exception de ; **~ that**, sauf que.

excepting *p* à l'exception de.

exception *n* exception *f* ‖ objection *f*.

exceptional *a* exceptionnel.

excess [ik'ses] *n* excès *m* ● *a* excédentaire ; **~ fare**, supplément *m*; **~ luggage**, excédent *m* de bagages ; **~ postage**, surtaxe *f*.

excessive *a* excessif, démesuré.

excessively *av* excessivement.

exchange [iks't∫einʒ] *v* échanger (*for*, contre) ● *n* échange *m*; *in ~ for*, en échange de ‖ FIN. change *m*; **~ control**, contrôle *m* des changes ‖ TEL. central *m*.

excite [ik'sait] *v* émouvoir (move) ‖ exciter (agitate).

excited [-id] *a* énervé, agité ; *get ~*, s'énerver.

excitement *n* excitation, agitation *f*.

exciting *a* émouvant, passionnant, captivant.

exclaim [iks'kleim] *v* s'écrier, s'exclamer.

exclamation [,eksklə'mei∫n] *n* exclamation *f*; **~ mark**, point *m* d'exclamation.

exclude [iks'kluːd] *v* exclure.

exclusive [iks'kluːsiv] *a* exclusif ‖ fermé, sélect (club).

exclusively *av* exclusivement.

excruciating [iks'kruː∫ieitiŋ] *a* atroce.

excursion [iks'kəː∫n] *n* excursion *f*.

excuse [iks'kjuːs] *n* excuse *f* ● [-z] *v* excuser.

execute ['eksikjuːt] *v* exécuter.

,exe'cution *n* exécution *f*.

executive [ig'zekjutiv] *n* [business] cadre *m*.

exempt [ig'zemt] *v* exempter ● *a* : **~ from**, exempt de (tax) ; exempté de (service).

exercise ['eksəsaiz] *n* exercice *m*; **~ book**, cahier *m* ‖ *take some ~*, faire de l'exercice ● *v* exercer ; **~ o.s.**, s'exercer.

exert [ig'zəːtl] *v* : **~ o.s.**, se

dépenser, se donner du mal
(*for*, pour).

exertion *n* effort *m*.

exhaust [ig′zɔːst] *v* épuiser
(use up) ‖ épuiser, exténuer
(tire out) • *n* : ~ (*-pipe*), tuyau
m d'échappement.

exhaustion [-tʃn] *n* épui-
sement *m*.

exhibit [ig′zibit] *v* exposer.

exhibition [ˌeksi′biʃn] *n*
exposition *f*.

exile [′eksail] *n* exil *m* ‖ exilé
n (person) • *v* exiler (*from*, de).

exist [ig′zist] *v* exister.

existence *n* existence *f*.

exit [′eksit] *n* sortie *f* (way
out).

exotic [ig′zɔtik] *a* exotique.

expand [iks′pænd] *v* (se)
dilater.

expanse [-s] *n* étendue *f*.

expansive [-siv] *a* étendu,
large.

expatriate [eks′pætrieit] *v*
(s')expatrier.

expect [iks′pekt] *v* attendre
(await) ‖ compter sur (rely) ‖
penser (*that*, que) ‖ s'attendre
à ‖ COLL. supposer ‖ COLL. *be
~ing*, attendre un bébé, être
enceinte.

expectant *a* qui attend ; ~
mother, future mère.

expectation [ˌekspek′teiʃn]
n attente *f*; *in* ~ *of*, en prévision de.

expedient [iks′piːdiənt] *a*
avantageux, expédient • *n*
expédient *m*.

expel [iks′pel] *v* expulser ‖
renvoyer (from school).

expense [iks′pens] *n* dépense
f ‖ ~ *account*, frais professionnels ‖ Pl frais *mpl*; *incidental* ~*s*, faux frais ‖ FIG. *at
the* ~ *of*, aux dépens de.

expensive *a* coûteux, cher.

experience [iks′piəriəns] *n*
expérience *f* (knowledge) ‖
épreuve, aventure *f* (event) • *v*
faire l'expérience de, connaître
‖ éprouver, ressentir (feel).

experienced [-t] *a* expérimenté (*in*, en).

experiment [iks′perimənt] *n*
expérience *f* (trial) • *v* expérimenter ; faire une expérience.

experimental [eks,peri-
′mentl] *a* expérimental.

expert [′ekspəːt] *a/n* expert
(*m*), spécialiste (*n*).

explain [iks′plein] *v* expliquer
‖ ~ *away*, justifier.

explanation [ˌeksplə′neiʃn] *n*
explication *f*.

explode [iks′pləud] *v* (faire)
exploser.

exploration [ˌeksplɔː′reiʃn] *n*
exploration *f*.

explore [iks′plɔː] *v* explorer.

explorer [-rə] *n* explorateur *n*.

explosion [iks′pləuʒn] *n*
explosion *f*.

export [′ekspɔːt] *n* exportation
f • *v* [-′-] exporter.

exporter *n* exportateur *m*.

expose [iks′pəuz] *v* exposer.

exposure [-ʒə] *n* exposition *f*
‖ [house] orientation *f* ‖ PHOT.

exposition *f*; *double* ∼, surimpression *f*; cliché *m* (picture).

express 1 [iks'pres] *v* exprimer (opinion); ∼ *o.s.*, s'exprimer.

express 2 *a* exprès, formel ‖ ∼ *letter*, lettre exprès ● *n* RAIL. rapide *m*.

expression [-ʃn] *n* expression *f*.

extemporize [iks'tempəraiz] *v* improviser (speech).

extend [iks'tend] *v* (s')étendre ‖ tendre (one's hand) ‖ [space, time] (se) prolonger.

ex'tended-'play *n* [record] 45 tours *m*.

extension [-ʃn] *n* extension *f* ‖ [time] prolongation *f* ‖ ELECTR. ∼ *cord*, prolongateur *m* ‖ TEL. poste *m*.

extensive [-siv] *a* vaste, étendu (spacious) ‖ FIG. considérable.

extensively *av* largement.

extent [-t] *n* étendue *f* ‖ FIG. *to a certain* ∼, dans une certaine mesure.

exterior [eks'tiəriə] *a/n* extérieur *(m)*.

external [eks'tənl] *a* extérieur, externe (superficial) ‖ MED. *for* ∼ *use*, usage *m* externe.

extort [iks'tɔːt] *v* extorquer, soutirer *(from*, à).

extra ['ekstrə] *a* supplémentaire, en supplément; ∼ *charge*, supplément *m* ‖ SP. ∼ *time*, prolongation *f*; *play* ∼ *time*, jouer les prolongations ● *n* supplément *m* ‖ édition spéciale (newspaper) ‖ extra *m* (servant) ‖ CIN. figurant *m*; *play* ∼*s*, faire de la figuration.

extract ['ekstrækt] *n* extrait *m* (of a book) ‖ CULIN. concentré, extrait *m* ● [iks'trækt] *v* extraire *(from*, de).

extracurricular [,ekstrəkə-'rikjulə] *a* extra-scolaire (activity).

extraordinary [iks'trɔːdnri] *a* extraordinaire, remarquable.

extravagant [ik'strævəgənt] *a* dépensier, prodigue (wasteful) ‖ exorbitant, prohibitif (price) ‖ extravagant (conduct).

extreme [iks'triːm] *a* extrême.

extremely *av* extrêmement.

eye [ai] *n* œil *m*; *catch sb's* ∼, attirer l'attention de qqn ‖ [needle] chas *m*.

eye-bath *n* œillère *f*.

eyebrow *n* sourcil *m*.

eyedrops *npl* gouttes *fpl* pour les yeux, collyre *m*.

eyelash *n* cil *m*.

eyelet [-lit] *n* œillet *m*.

eyelid *n* paupière *f*.

eyesight *n* vue *f*.

eye-wash *n* collyre *m*.

f [ef] *n* Mus. fa *m*.

fable ['feibl] *n* fable *f*.

fabric ['fæbrik] *n* tissu *m*, étoffe *f* (cloth).

face [feis] *n* figure *f*, visage *m*; *wash one's* ∼, se laver le visage ‖ grimace *f*; *make* ∼*s*, faire des grimaces ● *v* affronter, faire face à ‖ [house] donner sur, être exposé à.

face flannel *n* gant *m* de toilette.

face-powder *n* poudre *f* de riz.

facilitate [fə'siliteit] *v* faciliter.

facilities [-iz] *npl* Techn. installations *fpl*, équipement *m*.

fact [fækt] *n* fait *m* ‖ réalité *f*; *in* ∼, en fait.

factory ['fæktri] *n* usine, fabrique *f*.

fad [fæd] *n* manie *f*.

fade [feid] *v* [colour] passer, pâlir ‖ [plant] se faner, se flétrir ‖ Cin. ∼ *in/out*, apparaître/disparaître en fondu.

fade-in *n* Cin. ouverture *f* en fondu.

fade-out *n* Cin. fermeture *f* en fondu.

fag [fæg] *n* corvée *f* (drudgery) ‖ Coll. sèche *f* (cigarette) [arg.]; ∼ *end*, mégot *m*.

fail [feil] *v* baisser, décliner, s'affaiblir (weaken) ‖ [candidate] échouer; [examiner] ajourner; recaler (fam.) ‖ laisser tomber (let down) ‖ négliger; *don't* ∼ *to*, ne manquez pas de ● *n* : *without* ∼, sans faute.

failing *n* défaut *m*, imperfection *f* ● *p* à défaut de.

failure ['-jə] *n* échec *m* ‖ raté *m* (person) ‖ Techn. panne *f*.

faint [feint] *a* faible (weak) ‖ défaillant (person); *feel* ∼, avoir un malaise ● *v* s'évanouir, se trouver mal ● *n* évanouissement *m*.

fainting fit *n* évanouissement *m*.

faintly *av* faiblement.

fair 1 [fɛə] *n* foire *f*.

fair 2 *a* moyen, passable (average) ‖ juste, honnête ‖ régulier; ∼ *play*, franc jeu ‖ propre, net; ∼ *copy*, copie *f* au net; *make a* ∼ *copy of*, recopier au propre ‖ clair (complexion) ‖ blond (hair) ‖ [weather] clair; *set* ∼, beau fixe ● *av* loyalement.

fairly *av* honnêtement (justly) ‖ moyennement, assez (rather).

faith [feiθ] *n* foi, confiance *f* ‖ Rel. foi, religion *f*.

faithful *a* fidèle.

faithfully *av* fidèlement, loyalement.

fake [feik] *v* truquer; falsifier ● *a/n* faux *(m)*.

fall* [fɔ:l] v tomber (*from*, de) ‖ [temperature, barometer] baisser ‖ [wind] s'apaiser, se calmer ‖ ~ *asleep*, s'endormir ; ~ *ill*, tomber malade ; ~ *in love*, tomber amoureux ; ~ *silent*, se taire ‖ ~ **behind**, se laisser distancer ‖ ~ **for**, COLL. tomber amoureux de ‖ ~ **out**, arriver (happen) ; se brouiller (*with*, avec) ‖ ~ **through**, [scheme] échouer ‖ ~ **to**, se mettre à • n chute *f* ; *have a* ~, faire une chute ‖ [temperature] baisse *f* ‖ US automne *m*.

fallen ['fɔ:lən] → FALL*.

fall-out n retombées radioactives.

false [fɔ:ls] a faux.

falter ['fɔ:ltə] v chanceler (stumble) ‖ hésiter ‖ balbutier (stammer).

fame [feim] n renommée *f*.

famed [-d] a fameux, réputé.

familiar [fə'miljə] a familier (well-known) ‖ *be* ~ *with*, bien connaître ‖ familier (informal, intimate).

fa‚mili'arity n familiarité *f*.

fa'miliarize v familiariser (*with*, avec).

family ['fæmili] n famille *f* ; ~ *name*, nom m de famille ‖ ~ *allowance*, allocation familiale ‖ MED. ~ *planning*, planning familial ‖ COLL. *in the* ~ *way*, dans une situation intéressante.

famine ['fæmin] n famine *f*.

famous ['feiməs] a célèbre, renommé.

fan 1 [fæn] n éventail m ‖ (*electric*) ~, ventilateur m (électrique) • v éventer ‖ attiser (fire).

fan 2 n fervent, passionné n ‖ admirateur m ; SP. supporter m.

fanciful ['fænsifl] a imaginatif ‖ capricieux (whimsical) ‖ imaginaire (unreal).

fancy n imagination, fantaisie *f* ‖ caprice m (whim) ‖ goût m (liking) ; *take a* ~ *to*, s'éprendre de • a de fantaisie • v (s')imaginer (imagine) ; croire, penser (think).

fancy-dress n déguisement m ; ~ *ball*, bal costumé.

fang [fæŋ] n [dog] croc m.

fantastic [fæn'tæstik] a fantastique, bizarre ‖ invraisemblable (idea) ‖ COLL. formidable, génial (fam.).

fantasy ['fæntəsi] n imagination *f* ‖ [sexual] fantasme m.

far [fɑ:] av loin (*from*, de) ; *as* ~ *as*, jusque ; *how* ~?, à quelle distance ? ; *how* ~ *did you go?*, jusqu'où êtes-vous allé ? ; ~ *away/off*, (a) lointain, éloigné ; (av) au loin ‖ *by* ~, de loin, de beaucoup ‖ *so* ~, jusqu'ici ; *the story so* ~, résumé m des chapitres précédents ‖ FIG. *as* ~ *as*, autant que ; *as* ~ *as I can*, dans la mesure de mes possibilités ‖ beaucoup ; ~ *better*, beaucoup mieux.

fare [fɛə] n [bus, etc.] prix m (du transport) ; *half-*~, demi-

tarif *m* ‖ [taxi] client *m* ‖ [bus]
~ *stage*, section *f*.

farm [fɑːm] *n* ferme *f* ● *v*
cultiver, exploiter.

farmer *n* fermier, cultivateur
m.

farmer's wife *n* fermière *f*.

farm-house *n* ferme *f* (house).

farming *n* culture, exploita-
tion *f*.

farm-yard *n* cour *f* de ferme,
basse-cour *f*.

farther ['fɑːðə] (comp. of *far*)
a plus éloigné ● *av* plus loin.

farthest [-ist] (sup. of *far*) *a* le
plus éloigné ● *av/n* le plus
loin.

fascinate ['fæsineit] *v* fasciner ‖ FIG. séduire.

fascinating *a* fascinant ; captivant.

fashion ['fæʃn] *n* mode *f*; *in*
~, à la mode ; *out of* ~,
démodé ; *go out of* ~, se démoder.

fashionable *a* à la mode,
élégant.

fashion designer *n* (grand)
couturier.

fast 1 [fɑːst] *a* rapide ; *my
watch is five minutes* ~, ma
montre avance de cinq minutes ‖ solide (firm) ; bon teint
(colour) ● *av* vite, rapidement ‖ ~ *asleep*, profondément
endormi.

fast 2 *n* jeûne *m* ; ~ *day*, jour
m maigre ● *v* jeûner.

fasten ['fɑːsn] *v* attacher,
fixer.

fastener *n* attache, agrafe *f*.

fastidious [fæs'tidiəs] *a* difficile, exigeant (hard to
please).

fat [fæt] *a* gros ; *grow* ~,
engraisser ● *n* graisse *f*; [meat]
gras *m* ‖ *Pl* matières grasses.

fatal ['feitl] *a* mortel (mortal) ‖
fatal (dangerous).

fatality [fə'tæliti] *n* mort acci-
dentelle (death) ‖ fatalité *f*
(destiny).

fate [feit] *n* destin, sort *m* ‖
mort *f* (death).

fated [-id] *a* condamné, des-
tiné à.

father ['fɑːðə] *n* père *m* ‖ REL.
F~ *Peter*, l'abbé *m* Pierre ‖
F~ *Christmas*, le Père Noël.

father-in-law *n* beau-père *m*.

fatherland *n* patrie *f*.

fatherly *a* paternel.

fatigue [fə'tiːg] *n* fatigue *f*.

fatten ['fætn] *v* engraisser.

faucet ['fɔːsit] *n* US robinet
m.

fault [fɔːlt] *n* défaut *m*;
imperfection *f* ‖ faute *f*; *find*
~ *with*, critiquer.

faultless *a* sans défaut, irréprochable.

faulty *a* défectueux.

favour ['feivə] *n* faveur *f* ;
service (help) ; *do sb a* (*great*)
~, rendre un (grand) service à
qqn ‖ bénéfice *m*; *in* ~ *of*, au
profit de ; *in your* ~, à votre
avantage ● *v* favoriser.

favourable ['feivrəbl] *a* favorable.

favourite [-it] *a/n* favori,
préféré (*n*).

fawn [fɔːn] v : [dog] ∼ on its master, faire fête à son maître.

fear [fiə] n peur, crainte f; for ∼ of/that, de peur de/que.

fearful a effrayant, affreux (causing fear) ‖ craintif, peureux (timorous).

fearless a intrépide, sans peur.

feast [fiːst] n fête f.

feat [fiːt] n exploit m, prouesse f.

feather ['feðə] n plume f.

feather-weight n SP. poids m plume.

feature ['fiːtʃə] n [face] trait m ‖ Pl physionomie f ‖ CIN. grand film ‖ FIG. caractéristique f.

February ['februəri] n février m.

fed [fed] → FEED* • a : be ∼ up with, en avoir marre de.

fee [fiː] n honoraires mpl ‖ [exam] droits mpl; tuition ∼, frais mpl de scolarité.

feeble ['fiːbl] a faible, débile.

feed* [fiːd] v nourrir (persons); donner à manger à (animals) ‖ ∼ up, suralimenter (give extra food) • n [animals] nourriture f.

feeding bottle n biberon m.

feel* [fiːl] v [objective] toucher, tâter, palper; ∼ one's way, aller à tâtons; ∼ for, chercher à tâtons ‖ éprouver, ressentir (experience); ∼ the cold, être frileux ‖ [subjective] se sentir; ∼ tired, se sentir fatigué; ∼ cold, avoir froid; ∼ much better, se sentir beaucoup mieux ‖ ∼ as if, avoir l'impression de ‖ ∼ like, [person] avoir envie de (drinking, boire); [thing] donner la sensation de, faire l'effet de.

feeling n [physical] sensation f ‖ [mental] sentiment m, impression f ‖ Pl sentiments mpl, sensibilité, susceptibilité f; hurt sb's ∼s, froisser qqn ‖ ill ∼, ressentiment m; no hard ∼s!, sans rancune!

feet [fiːt] npl → FOOT.

fell [fel] → FALL*.

fellow ['feləu] n individu m; type m (fam.) ‖ camarade n.

fellow-country(wo)man n compatriote n.

fellow-feeling n sympathie f.

fellow-traveller n compagnon m de voyage ‖ POL. communisant n.

felt 1 [felt] → FEEL*.

felt 2 n feutre m.

felt-tip pen n crayon-feutre m.

female ['fiːmeil] a (du sexe) féminin; [animal] femelle.

fence 1 [fens] n clôture f (enclosure) ‖ palissade f (paling).

fence 2 v faire de l'escrime.

fencing n escrime f.

fend [fend] v : ∼ for o.s., se débrouiller seul.

fender n garde-feu m inv (fire-screen) ‖ AUT. US garde-boue m inv.

ferry ['feri] n : ∼(-boat), bac, ferry m • v : ∼ over,

faire passer (car, voiture) par ferry/avion.

fertile [ˈfəːtail] a fertile.

fertilizer [ˈfəːtilaizə] n engrais m.

fervent [ˈfəːvnt] a fervent.

fervour n ferveur f.

fester [ˈfestə] v suppurer ; s'envenimer.

festival [ˈfestəvl] n festival m.

fetch [fetʃ] v aller chercher ‖ FIN. atteindre (price).

fetching a séduisant.

fetish [ˈfiːtiʃ] n fétiche m.

fever [ˈfiːvə] n fièvre f.

feverish a fiévreux.

few [fjuː] a peu de ‖ a ∼, quelques • pr peu, quelques-uns ‖ COLL. quite a ∼, pas mal.

fewer a moins de.

fiancé(e) [fiˈɑnsei] n fiancé n.

fib [fib] n COLL. petit mensonge.

fibre [ˈfaibə] n fibre f.

fibreboard n aggloméré m.

fibre-glass n laine f de verre.

fickle [ˈfikl] a inconstant ; instable.

fiction [ˈfikʃn] n fiction f ‖ littérature f d'imagination, romans mpl.

fiddle [ˈfidl] n COLL. violon m.

fidelity [fiˈdeliti] n fidélité (conjugale).

fidget [ˈfidʒit] v s'agiter ; gigoter (fam.) ; ∼ about, se trémousser.

fidgety a agité.

field [fiːld] n champ m ; terrain m ‖ SP. terrain m.

fierce [fiəs] a féroce ; furieux.

fifteen [ˈfifˈtiːn] a/n quinze (m).

fifth [fifθ] a/n cinquième (n).

fiftieth [ˈfiftiiθ] a cinquantième.

fifty a/n cinquante (m).

fifty-fifty a/av : go ∼, partager moitié-moitié.

fig [fig] n figue f ‖ figuier m.

fight* [fait] v se battre, combattre • n bataille f, combat m.

figurative [ˈfigjurətiv] a figuratif.

figuratively av au figuré.

figure [ˈfigə] n forme, silhouette f ‖ keep one's ∼, garder la ligne ‖ MATH. chiffre m • v : ∼ out, calculer ; comprendre.

file 1 [fail] n TECHN. lime f • v limer.

file 2 n file f.

file 3 n [papers] dossier m ‖ [device] classeur m.

fill [fil] v (r)emplir, bourrer ‖ se remplir ‖ plomber (tooth) ‖ ∼ in, remplir (form) ‖ AUT. ∼ up, faire le plein ; ∼ her up!, (faites) le plein !

fillet [ˈfilit] n [fish, meat] filet m.

filling [ˈfiliŋ] n MED. plombage m ‖ AUT. ∼ station, poste m d'essence.

film [film] n PHOT. pellicule f ‖ CIN. film m ; ∼ camera, caméra f ; ∼ library, cinémathèque f ; ∼ society, ciné-

club *m*; ∼ *star*, vedette *f* de
cinéma, star *f* • *v* filmer.

filter ['filtə] *n* filtre *m* • *v*
filtrer ‖ AUT., GB [traffic]
tourner à la flèche.

filter-tip *n* bout-filtre *m*.

filth [filθ] *n* crasse *f*.

filthy *a* sale, dégoûtant,
obscène.

fin [fin] *n* nageoire *f*.

final ['fainl] *a* final ‖ définitif
(answer) ‖ [newspaper] dernière
f (edition) • *npl* SP. finale *f*.

finalist *n* finaliste *n*.

find* [faind] *v* trouver ‖ ∼
(*again*), retrouver ‖ FIG. trouver ‖ ∼ **out**, découvrir ‖ →
FOUND 1 • *n* trouvaille *f*.

fine 1 [fain] *n* amende *f* • *v*
infliger une amende à.

fine 2 *a* beau ‖ fin (dust) ‖
mince, ténu (thread) • *av* très
bien.

fine-grained *a* PHOT. à grain
fin.

finesse [fi'nes] *n* [cards] impasse *f* • *v* faire une impasse.

finger ['fiŋgə] *n* doigt *m*;
first ∼, index *m*; *middle* ∼,
médius *m*; *ring* ∼, annulaire
m; *little* ∼, auriculaire *m*,
petit doigt.

finger-print *n* empreinte
digitale.

finish ['finiʃ] *v* finir; achever,
terminer ‖ ∼ **off/up**, finir (eat
up) • *n* fin *f* ‖ SP. arrivée *f* ‖
TECHN. finition *f*.

fir [fə:] *n* sapin *m*.

fir-cone *n* pomme *f* de pin.

fire [faiə] *n* feu *m*; **on** ∼, en

feu; **catch** ∼, prendre feu,
s'enflammer; *light a* ∼, allumer du feu; **set sth on** ∼/**set**
∼ **to sth**, mettre le feu à qqch
‖ (house-∼) incendie *m*; ∼!,
au feu! ‖ MIL. tir *m* • *v* tirer
(shoot).

fire-alarm *n* avertisseur *m*
d'incendie.

fire-arm *n* arme *f* à feu.

firecracker *n* pétard *m*.

fire-escape *n* escalier *m* de
secours.

fire-extinguisher *n* extincteur *m*.

fire-insurance *n* assurance-
incendie *f*.

fireman *n* pompier *m*.

fire-place *n* cheminée *f*, foyer
m.

firewood *n* bois *m* de
chauffage.

fireworks *npl* feu d'artifice.

firm 1 [fə:m] *n* maison *f* de
commerce, firme *f*.

firm 2 *a* ferme, solide ‖ FIG.
résolu.

firmly *av* fermement.

first [fə:st] *a* premier; ∼ *cousin*, cousin *n* germain; ∼
name, prénom *m*; *in the* ∼
place, d'abord • *av* premièrement • *n* premier *m*; *at* ∼,
d'abord.

,**first'aid** *n* soins *mpl* d'urgence ‖ secourisme *m*.

firstly *av* premièrement.

,**first-'rate** *a* de premier
ordre, excellent.

fish [fiʃ] *n* poisson *m* • *v* : ∼

for, pêcher ‖ *go* ∼*ing*, aller à
la pêche.
fishbone *n* arête *f*.
fisherman [ˈfiʃəmən] *n*
pêcheur *m*.
fishing *n* pêche *f*.
fishing-boat *n* bateau *m* de
pêche.
fishing-rod *n* canne *f* à pêche.
fishmonger [ˈfiʃˌmʌŋgə] *n*
marchand *n* de poisson.
fist [fist] *n* poing *m*.
fit 1 [fit] *a* approprié, convenable ‖ capable (*for*, de)
‖ valide ; COLL. [health] en
(pleine) forme.
fit 2 *n* MED. accès *m*, attaque
f ; ∼ *of coughing*, quinte *f* de
toux ‖ FIG. crise *f* ; *go into* ∼*s*
of laughter, avoir le fou rire.
fit 3 *v* [clothes] aller à, être à
la taille de ‖ ajuster, adapter ;
∼*ted carpet*, moquette *f* ‖
TECHN. ∼ (*out*), équiper, garnir, munir (*with*, de).
fitting *a* approprié, ajusté (garment) ● *n* ajustage *m* ; essayage
m (of clothes) ‖ *Pl* équipement
m, installations *fpl*.
five [faiv] *a/n* cinq (*m*).
fix [fiks] *v* fixer ‖ US, COLL.
réparer (repair) ; préparer
(meal) ‖ PHOT. fixer (film) ‖ ∼
(*up*), arranger (put in order) ;
organiser ; installer (provide
for) ‖ fixer, décider (date) ;
choisir (*on sth*, qqch) ● *n*
embarras *m* ; mauvais pas ‖ SL.
[drug-user] piqûre *f*.
fixture [ˈfikstʃə] *n* accessoire
incorporé ; installation *f*.

fizz(le) [fiz(l)] *n* pétillement *m*
● *v* pétiller.
flabbergasted [ˈflæbəgɑːs-
tid] *a* COLL. sidéré (fam.).
flag [flæg] *n* drapeau *m* ‖
NAUT. pavillon *m* ‖ ∼(*stone*),
dalle *f*.
flair [flɛə] *n* aptitude *f; have a*
∼ *for languages*, avoir le don
des langues.
flake [fleik] *n* flocon *m* ‖
[soap] paillette *f*.
flame [fleim] *n* flamme *f* ● *v*
flamber.
flan [flæn] *n* tarte *f*.
Flanders [ˈflɑːndəz] *n*
Flandre(s) *f(pl)*.
flank [flæŋk] *n* flanc *m*.
flannel [ˈflænl] *n* flanelle *f* ‖
(*face*) ∼, gant *m* de toilette.
flash [flæʃ] *n* éclat *m* ‖ ∼ *of
lightning*, éclair *m* ‖ (*news-*)
∼, flash *m* ● *v* étinceler.
flashbulb *n* ampoule *f* de
flash.
flasher *n* AUT. clignotant *m*.
flash-light *n* lampe *f* électrique ‖ PHOT. flash *m*.
flask [flɑːsk] *n* flacon *m* ‖
(*Thermos*) ∼, Thermos *m/f*.
flat 1 [flæt] *n* appartement *m*.
flat 2 *a* plat (land) ‖ *fall* ∼ *on
one's face*, tomber à plat ventre
‖ éventé (beer) ‖ à plat (tyre) ‖
mat (colour) ‖ [battery] à plat ‖
MUS. bémol (note) ‖ FIG. catégorique (refusal) ● *av* : MUS.
sing ∼, chanter faux ‖ COLL.
∼ *out*, à fond de train ● *n*
AUT. crevaison *f* ‖ MUS. bémol
m.

flatten [-n] *v* (s')aplatir.
flatter ['flætə] *v* flatter.
flattering [-riŋ] *a* flatteur.
flattery [-ri] *n* flatterie *f*.
flaunt [flɔ:nt] *v* faire étalage de.
flautist ['flɔ:tist] *n* flûtiste *n*.
flavour ['fleivə] *n* saveur *f*, arôme *m* ‖ [ice-cream] parfum *m*.
flavouring [-riŋ] *n* assaisonnement *m* ; parfum *m*.
flea [fli:] *n* puce *f* ‖ ~ *market*, marché *m* aux puces.
fled [fled] → FLEE*.
flee* [fli:] *v* fuir ; s'enfuir de.
fleet [-t] *n* NAUT., AV. flotte *f*.
Fleming ['flemiŋ] *n* Flamand *n*.
Flemish [-iʃ] *a* flamand • *n* [language] flamand *m*.
flesh [fleʃ] *n* chair *f* ; ~ *colour*, couleur chair.
fleshy *a* charnu.
flew [flu:] → FLY*.
flex 1 [fleks] *n* ELECTR. fil *m* souple.
flex 2 *v* fléchir, plier.
flexible [fleksibl] *a* flexible ‖ FIG. souple.
flies [flaiz] *npl* braguette *f*.
flight 1 [flait] *n* vol *m* ‖ AV. vol *m* ; *first* ~, baptême *m* de l'air.
flight 2 *n* fuite *f*.
fling* [fliŋ] *v* lancer, jeter ; ~ *the door open*, ouvrir brusquement la porte.
flint [flint] *n* silex *m* ; pierre *f* à briquet.

flippers ['flipəz] *npl* [swimming] palmes *fpl*.
flirt [flɜ:t] *v* flirter.
flir'tation *n* flirt *m*.
float [fləut] *v* flotter ‖ SP. faire la planche • *n* [fishing] flotteur *m*.
floating *a* flottant.
flock [flɔk] *n* troupeau *m*.
flog [flɔg] *v* fouetter.
flood [flʌd] *v* [river] inonder ‖ AUT. noyer (carburettor) • *n* inondation *f* ; *in* ~, en crue ‖ ~ *tide*, flux *m*.
floodlight *v* illuminer.
floor [flɔ:] *n* plancher *m* ; parquet *m* ‖ étage *m* ; *first* ~, GB premier étage, US [= *ground-*~] rez-de-chaussée *m* • *v* [boxing] envoyer au tapis.
floorcloth *n* serpillière *f*.
florist [flɔrist] *n* fleuriste *n*.
flour ['flauə] *n* farine *f*.
flourish ['flʌriʃ] *v* être florissant, prospérer (thrive) ‖ brandir (stick).
flow [fləu] *n* [river] courant *m* ‖ [tide] flux *m* • *v* [stream] couler ‖ [river] ~ *into*, se jeter dans ‖ [blood] circuler ‖ [tide] monter ‖ ~ *out*, s'écouler.
flower ['flauə] *n* fleur *f* ; *in* ~, en fleur ; *wild* ~, fleur des champs • *v* fleurir.
flower-market *n* marché *m* aux fleurs.
flower-pot *n* pot *m* à fleurs.
flower-shop *n* boutique *f* de fleuriste.
flown [fləun] → FLY*.
flu [flu:] *n* COLL. grippe *f*.

fluent ['fluənt] *a* coulant (style); *speak* ∼ *English*, parler couramment l'anglais.

fluently *av* couramment.

fluid ['fluid] *a/n* fluide, liquide *(m)*.

fluke [fluːk] *n* coup *m* de veine.

flung [flʌŋ] → FLING*.

fluorescent [fluə'resnt] *a* fluorescent.

flush 1 [flʌʃ] *a* : ∼ *with*, au ras de.

flush 2 *v* nettoyer à grande eau ; ∼ *the W.-C.*, tirer la chasse d'eau.

fluster ['flʌstə] *r* troubler.

flute [fluːt] *n* flûte *f*.

fly 1 [flai] *n* mouche *f*.

fly* 2 *v* voler ‖ fuir, s'enfuir (flee) ‖ piloter (plane); transporter en avion ; faire voler (kite) ‖ AV. [passenger] prendre l'avion ; ∼ *to London*, aller à Londres en avion ‖ ∼ *over*, survoler • *n* [tent] auvent *m* ‖ → FLIES.

flying [flaiŋ] *a* volant ‖ ∼ *saucer*, soucoupe volante • *n* vol *m* ; aviation *f* ; ∼ *club*, aéroclub *m*.

flying-boat *n* hydravion *m*.

fly-weight *n* SP. poids *m* mouche.

foal [fəul] *n* poulain *m*.

foam [fəum] *n* écume *f* • *v* écumer ‖ [beer] mousser.

foam-rubber *n* caoutchouc *m* mousse.

foamy *a* écumeux ; mousseux (beer).

focal ['fəukl] *a* focal.

focus [-əs] *n* PHOT. foyer *m* ; *in* ∼, au point ; *out of* ∼, flou ; *bring into* ∼, mettre au point.

fog [fɔg] *n* brouillard *m* ‖ PHOT. voile *m* • *v* (s')embuer ‖ PHOT. (se) voiler.

foggy *a* brumeux.

fog-light *n* AUT. phare *m* antibrouillard.

foil [fɔil] *n* SP. fleuret *m*.

fold [fəuld] *n* pli *m* • *v* plier ; ∼ *in half*, plier en deux ‖ ∼ *up*, replier.

folding *a* pliant (chair) ‖ ∼ *screen*, paravent *m*.

foliage ['fəuliidʒ] *n* feuillage *m*.

folk [fəuk] *n* gens *mpl*.

folklore [-lɔː] *n* folklore *m*.

follow ['fɔləu] *v* suivre (go/come after) ‖ suivre, comprendre (understand) ‖ ∼ *suit*, [cards] fournir (*in spades*, à pique) ; FIG. faire de même.

fond [fɔnd] *a* : *be* ∼ *of*, aimer ; raffoler de.

fondle [-l] *r* caresser, choyer.

fondly *ar* tendrement.

fondness *n* tendresse, affection *f*.

food [fuːd] *n* nourriture *f*, aliments *mpl* ; *take* ∼, s'alimenter.

food-poisoning *n* intoxication *f* alimentaire.

fool [fuːl] *n* sot, imbécile *n* ; *play the* ∼, faire l'idiot ‖ *make a* ∼ *of sb*, se payer la tête de qqn • *v* duper, avoir (fam.) ‖ faire l'idiot.

foolish *a* bête.

foolishness *n* sottise, bêtise *f.*

fool-proof *a* indétraquable (machine).

foot [fut] (*Pl* **feet** [fiːt]) *n* [person] pied *m ; on* ∼, à pied ‖ [animal] patte *f* ‖ [things] pied *m* ‖ [page] bas *m* ‖ [measure] pied *m* • *v* : COLL. ∼ *it,* y aller à pied (walk) ; ∼ *the bill,* supporter la dépense ; casquer (fam.).

footage *n* CIN. métrage *m.*

football *n* [game] football *m ;* ∼ *ground,* terrain *m* de football ; *play* ∼, jouer au football ‖ [ball] ballon *m.*

footing *n : lose one's* ∼, perdre pied/l'équilibre.

foot-pump *n* gonfleur *m.*

footstep *n* pas *m.*

footwear *n* COMM. chaussures *fpl.*

for [fɔː] *p* [destination, intention, purpose] pour ; *what* ∼ *?,* pourquoi ? ‖ [instead of] pour ; *do it* ∼ *me,* faites-le pour moi ‖ [in favour of] ∼ *or against ?,* pour ou contre ? ‖ [because of] *cry* ∼ *joy,* pleurer de joie ‖ [in spite of] ∼ *all his wealth,* malgré toute sa fortune ; ∼ *all that,* malgré tout ‖ [worth, price] *a cheque* ∼ *£5,* un chèque de 5 livres ; *I paid 50 p* ∼ *the book,* j'ai payé ce livre 50 pence ‖ [distance] *we walked* ∼ *3 miles,* nous avons fait 5 km (à pied) ‖ [time] pour,

pendant ; ∼ *a few days,* pour quelques jours ; depuis, il y a ; *I have been here* ∼ *two weeks,* je suis ici depuis deux semaines ‖ pour... que ; *it is* ∼ *you to decide,* c'est à vous de décider ‖ *as* ∼ *me,* pour ma part • *c* car.

forbade [fə'beid/-bæd] → FORBID*.

forbid* [fə'bid] *v* défendre, interdire.

forbidding *a* rebutant, rébarbatif.

force [fɔːs] *n* force *f* • *v* forcer, contraindre ‖ ∼ *(open),* forcer (door) ‖ ∼ *back,* refouler.

forced [-t] *a* forcé ; ∼ *landing,* atterrissage forcé.

ford [fɔːd] *n* gué *m* • *v* passer à gué.

fore [fɔː] *a* antérieur, de devant • *av* à l'avant.

forearm ['fɔːrɑːm] *n* avant-bras *m.*

forecast* ['-kɑːst] *v* prévoir • *n* prévision *f.*

forecourt *n* [railway station] avant-cour *f* ‖ [service station] ∼ *attendant,* pompiste *m.*

forefinger *n* index *m.*

foreground *n : in the* ∼, au premier plan.

forehead ['fɔrid] *n* front *m.*

foreign ['fɔrin] *a* étranger.

foreigner *n* étranger *n.*

foreman ['fɔːmən] *n* contremaître *m.*

fore'see *v* prévoir.

fore'seeable *a* prévisible.

foresight n prévision f; prévoyance f.

forest ['fɔrist] n forêt f.

foretell* [fɔː'tel] v prédire.

forethought n prévoyance f.

forever [fə'revə] av (pour) toujours, à jamais.

forewarn [fɔː'wɔːn] v prévenir, avertir.

forfeit ['fɔːfit] n pénalité f ‖ [games] gage m.

forgave [-'geiv] → FORGIVE*.

forge [fɔːdʒ] n TECHN. forge f ● v TECHN. forger ‖ JUR. falsifier, contrefaire.

forger n JUR. faussaire m.

forgery [-ri] n [document] falsification f ‖ [money] contrefaçon f.

forget* [fə'get] v oublier (to, de) ‖ ∼ it!, n'y pensez plus !

forgive* [fə'giv] v pardonner (sth, qqch ; sb, à qqn).

forgiveness n pardon m.

forgot(ten) [fə'gɔt(n)] → FORGET*.

fork [fɔːk] n [for food] fourchette f ‖ [tool] fourche f ‖ [roads] bifurcation f ● v [road] bifurquer.

form [fɔːm] n forme f (shape) ‖ [school] banc (bench) ; classe f (class) ‖ formule f, formulaire m ‖ [etiquette] formalité f, convenance f; **for ∼'s sake**, pour la forme ‖ SP. forme, condition f; **be in/out of ∼**, être/ne pas être en forme ● v former, façonner (shape).

formal a compassé (stiff) ‖ de cérémonie.

formality [fɔː'mæliti] n formalité f; comply with a ∼, remplir une formalité.

former ['fɔːmə] a antérieur, précédent (earlier) ● pr : the ∼, le premier ; the ∼... the latter, celui-là... celui-ci.

formerly av autrefois, jadis, anciennement.

forthcoming [,fɔːθ'kʌmiŋ] a prochain, à venir.

fortieth ['fɔːtiiθ] a quarantième.

fortnight ['fɔːtnait] n quinzaine f (de jours) ; a ∼ today, d'aujourd'hui en quinze.

fortunate ['fɔːtʃnit] a heureux (lucky).

fortunately av heureusement, par bonheur.

fortune ['fɔːtʃn] n fortune, chance f (luck); tell sb's ∼, dire la bonne aventure à qqn, tirer les cartes ‖ fortune, richesse f; **make a ∼**, faire fortune.

forty ['fɔːti] a/n quarante (m).

forward ['fɔːwəd] a en avant ‖ COMM. carriage ∼, (en) port dû ● ∼**(s)** [-z] av en avant ● n SP. avant m ● v expédier ; please ∼, prière de faire suivre.

fought [fɔːt] → FIGHT*.

foul [faul] a nauséabond, infect (odour) ‖ répugnant, immonde (sight) ‖ vicié (air) ‖ ∼ weather, sale temps ‖ ordurier (language) ‖ SP. bas (blow) ; ∼ play, jeu déloyal ● n SP. faute f, coup bas ● v souiller, polluer (make

dirty) ‖ (s')emmêler (rope) ‖ SP.
violer la règle.

found 1 [faund] → FIND* ‖ *not
to be ~*, introuvable.

found 2 *v* fonder, créer.

foun'dation *n* fondation *f* ‖
[cosmetics] fond *m* de teint.

foundation-garment *n*
gaine *f*.

fountain ['fauntin] *n* fontaine ; *~ of water*, jet m d'eau.

fountain-pen *n* stylo *m*.

four [fɔ:] *a/n* quatre *(m)* ; *on
all ~s*, à quatre pattes ‖ *~
letter word*, mot *m* obscène.

fourteen [-'ti:n] *a/n* quatorze
(m).

fourth [-θ] *a* quatrième • *n*
quatrième *n* ‖ quart *m*.

fowl [faul] *n* volaille *f* (poultry).

fox [fɔks] *n* renard *m*.

fraction ['frækʃn] *n* fraction *f*.

fragile ['frædʒail] *a* fragile.

frail [freil] *a* frêle (body) ; délicat, fragile (health).

frame [freim] *n* structure,
charpente *f* ‖ [bicycle, picture]
cadre *m* ‖ [spectacles] monture
f • *v* former, façonner (shape)
‖ encadrer (picture).

franc [fræŋk] *n* franc *m*.

France [frɑ:ns] *n* France *f*.

frank [fræŋk] *a* franc.

frankly *av* franchement.

frantic ['fræntik] *a* frénétique.

fraud [frɔ:d] *n* fraude, supercherie *f*.

freak [fri:k] *n* lubie *f*, caprice
m ‖ monstre *m* (animal, person)
‖ COLL. excentrique *n* (person)

‖ SL. fana *n* (fam.) • *v* : *~
out*, [drug-addict] se défoncer
(arg.).

freakish *a* anormal.

freckle ['frekl] *n* tache *f* de
rousseur.

free [fri:] *a* libre ‖ *~ from*,
exempt de ‖ gratuit (costing
nothing) ‖ SP. *~ kick*, coup
franc • *v* (p.t. and p.p. *freed*
[fri:d]) libérer (prisoner) ; détacher (animal).

freedom ['-dəm] *n* liberté *f*.

freely *av* librement ; franchement (frankly) ‖ largement
(generously).

free-thinker *n* libre-penseur
m.

free-wheel *n* roue *f* libre.

freeze* [fri:z] *v* geler, glacer ‖
CULIN. congeler.

freezer *n* congélateur *m*.

French [frenʃ] *a* français ; *~
beans*, haricots *mpl* (verts) ‖
CULIN. *~ dressing*, vinaigrette
f ‖ *~ fried*/US *fries*, (pommes
de terre) frites *fpl* ‖ COLL.
take ~ leave, filer à l'anglaise • *n* ‖ [language] français *m* ‖ Pl. Français *npl*.

Frenchman *n* Français *m*.

Frenchwoman *n* Française *f*.

frequency ['fri:kwənsi] *n* fréquence *f* ‖ RAD. *~ modulation*,
modulation *f* de fréquence.

frequent *a* fréquent.

frequently *av* fréquemment.

fresh [freʃ] *a* frais (new) ‖ *~
paint*, peinture fraîche ‖
CULIN. frais (butter, fish, etc.)

‖ **~ water,** eau douce ‖ COLL. trop familier, entreprenant.

freshly *av* fraîchement, récemment.

freshness *n* fraîcheur *f.*

fret [fret] *v* se tracasser.

Friday ['fraidi] *n* vendredi *m.*

fridge [fridʒ] *n* COLL. Frigidaire *m*; frigo *m* (fam.).

fried [fraid] → FRY*.

friend [frend] *n* ami *m*; **make ~s with,** se lier avec (qqn).

friendly *a* amical.

friendship *n* amitié *f.*

fright [frait] *n* frayeur *f.*

frighten *v* effrayer, faire peur à.

fritter ['fritə] *n* beignet *m.*

frock [frɔk] *n* robe *f.*

frog [frɔg] *n* grenouille *f.*

frogman [-mən] *n* homme-grenouille *m.*

from [frɔm] *p* [place] de; *come* **~,** venir de; ‖ [sender] expéditeur (on letter) ‖ *tell him* **~** *me that,* dites-lui de ma part que ‖ [time] depuis; *(as)* **~** *the first of* May, à partir du 1er mai ‖ [prices] à partir de, depuis ‖ MATH. *2* **~** *5 is 3,* 5 moins 2 égale 3.

front [frʌnt] *n* devant *m*; *in* **~** *of,* en face de; *(sea-)*~, bord *m* de mer ● *a* antérieur; de devant ‖ AUT. **~** *wheel drive,* traction *f* avant ● *v* donner sur; *hotel* **~***ing the sea,* hôtel face à la mer.

frontier [-jə] *n* frontière *f.*

frost [frɔst] *n* gelée *f*; *black* **~,** verglas *m*; *hoar* **~,** gelée blanche; *ten degrees of* **~,** 10 degrés au-dessous de zéro ● *v* geler (freeze).

frosted *a* dépoli (glass).

froth [frɔθ] *n* mousse *f* (on beer, soap).

frown [fraun] *v* froncer les sourcils.

froze(n) ['frəuz(n)] → FREEZE* ‖ **~***n food,* aliments congelés, surgelés.

fruit [fruːt] *n* fruit *m.*

fruit-cake *n* cake *m.*

fruit juice *n* jus *m* de fruit.

fruit-machine *n* machine *f* à sous.

fruit-tree *n* arbre fruitier.

fry* *v* (faire) frire.

frying-pan *n* poêle *f* à frire.

fuel [fjuəl] *n* combustible *m* ‖ AUT. carburant *m.*

fuel-oil *n* mazout *m.*

fulfil [ful'fil] *v* accomplir, réaliser (task) ‖ remplir (obligation).

fulfilment *n* accomplissement *m.*

full [ful] *a* plein, rempli; **~** *of,* plein de ‖ **~** *up!,* complet! ‖ ASTR. **~** *moon,* pleine lune ‖ AV., RAIL. **~** *fare,* plein tarif ● *n* plein *m*; *in* **~,** en toutes lettres.

full-grown *a* adulte.

full-time *a* à temps plein.

fully *av* pleinement, entièrement.

fun [fʌn] *n* amusement *m*; *have* **~,** s'amuser; *for/in* **~,** pour rire; *make* **~** *of sb,* se moquer de qqn ‖ **~** *fair,* fête foraine.

fundamental [,fʌndə'mentl] *a* fondamental.

funicular [fju'nikjulə] *a/n* funiculaire *(m)*.

funk [fʌŋk] *n* COLL. frousse *f* (fear).

funnel ['fʌnl] *n* entonnoir *m* ‖ [ship] cheminée *f*.

funny ['fʌni] *a* drôle, comique, amusant (amusing); bizarre (peculiar).

fur [fə:] *n* fourrure *f*, pelage *m* ‖ ~ *coat*, manteau de fourrure.

furious ['fjuəriəs] *a* furieux, violent.

fur-lined *a* fourré.

furnish ['fə:niʃ] *v* meubler (room).

furnishings [-iŋz] *npl* équipement *m* (fixtures).

furniture [-tʃə] *n* ameu-blement *m*, meubles *mpl*; *a piece of* ~, un meuble.

furrier ['fʌriə] *n* fourreur *m*.

further ['fə:ðə] *a* [additional] supplémentaire, nouveau ● *av* davantage ‖ → FARTHER.

,further'more *av* de plus; en outre.

furthest → FARTHEST.

fury ['fjuəri] *n* furie, rage *f*.

fuse [fju:z] *v* ELECTR. faire sauter (*the lights*, les plombs) ● *n* ELECTR. fusible, plomb *m*.

fuss [fʌs] *n* embarras *m*, histoires *fpl*; *make a* ~, faire des embarras ● *v* s'agiter (be restless); s'en faire (worry); troubler (sb).

fussy *a* tâtillon.

future ['fju:tʃə] *n* avenir *m*; *in* ~, à l'avenir ‖ GRAMM. futur *m* ● *a* futur, à venir.

g

g [dʒi:] *n* MUS. sol *m*.

gadget ['gædʒit] *n* COLL. truc, machin, bidule, gadget *m*.

gain [gein] *n* gain, profit *m* ● *v* acquérir (experience) ‖ prendre (weight) ‖ [clock] avancer.

gainsay [gein'sei] *v* contredire.

gait [geit] *n* allure, démarche *f*.

gale [geil] *n* coup de vent *m*, tempête *f*.

gallant [gə'lænt] *a* galant (attentive to women).

gallery ['gæləri] *n* ARTS galerie *f*, musée *m*.

gallicism ['gælisizm] *n* gallicisme *m*.

gallon ['gælən] *n* gallon *m*.

gallop ['gæləp] *n* galop *m* ● *v* faire galoper.

galore [gə'lɔ:] *a* en quantité, à profusion; à gogo (fam.).

gamble ['gæmbl] *v* jouer pour de l'argent ‖ ~ *away*, perdre au jeu ● *n* FIG. entreprise risquée; pari *m*.

gambler *n* joueur *n*.

game 1 [geim] *n* jeu *m* ‖ *play a good* ~, bien jouer ; *have/ play a* ~ *of*, faire une partie de ‖ ~ *of chance*, jeu *m* de hasard ‖ SP. match *m* ; *a* ~ *of tennis*, une partie de tennis.

game 2 *n* gibier *m*.

game 3 *a* COLL. estropié ; *have a* ~ *leg*, être boiteux.

game-bag *n* gibecière *f*.

gang [gæŋ] *n* bande *f* ‖ [criminals] gang *m* ‖ [workers] équipe *f*.

gangster [-stə] *n* bandit.

gangway *n* couloir *m*.

gaol [dʒeil] → JAIL.

gap [gæp] *n* trou *m*, brèche *f* ‖ FIG. lacune *f*.

garage [ˈgærɑːʒ] *n* garage *m*.

garage-man *n* garagiste *m*.

garbage [ˈgɑːbidʒ] *n* ordures *fpl*.

garden [ˈgɑːdn] *n* jardin *m*.

gardener *n* jardinier *n*.

gardening *n* jardinage *m*.

gargle [ˈgɑːgl] *v* (se) gargariser ● *n* gargarisme *m*.

garlic [ˈgɑːlik] *n* ail *m*.

garment [ˈgɑːmənt] *n* vêtement *m*.

garret [ˈgærət] *n* mansarde *f*.

garter [ˈgɑːtə] *n* jarretière *f*.

gas [gæs] *n* gaz *m* ‖ US, COLL. → GASOLENE.

gas-cooker *n* réchaud *m* à gaz.

gas-fire *n* radiateur *m* à gaz.

gas-lighter *n* allume-gaz *m*.

gas-meter *n* compteur *m* à gaz.

gas-oil *n* gas-oil *m*.

gasolene [ˈgæsəliːn] *n* US essence *f*.

gasp [gɑːsp] *v* haleter ; ~ *for breath*, suffoquer.

gas-range *n* fourneau *m* à gaz.

gate [geit] *n* [garden] portail *m*, barrière, grille *f* ‖ [level-crossing] barrière *f* ‖ AV. [airport] porte *f*.

gate-crash *v* resquiller.

gate-crasher *n* resquilleur *n*.

gather [ˈgæðə] *v* (se) rassembler ; réunir ‖ ~ *speed*, prendre de la vitesse ‖ FIG. comprendre, déduire.

gathering [-riŋ] *n* assemblée, réunion *f*.

gauge [geidʒ] *n* TECHN. jauge *f*, calibre *m* ; gabarit *m* ● *v* jauger, mesurer.

gauze [gɔːz] *n* gaze *f*.

gave [geiv] → GIVE*.

gay [gei] *a* gai ‖ COLL. homo (fam.).

gaze [geiz] *v* regarder ‖ contempler ● *n* regard *m* (fixe).

gear [giə] *n* équipement, matériel *m* ‖ appareil, mécanisme *m* ‖ engrenage *m* ‖ AUT. vitesse *f* ; *low/second/top* ~, première / deuxième / quatrième ; *change* ~*s*, changer de vitesse.

gear-box *n* boîte *f* de vitesses.

gear-lever *n* levier *m* des vitesses.

geese [giːs] → GOOSE.

gem [dʒem] *n* pierre précieuse.

gender [ˈdʒendə] *n* GRAMM. genre *m*.

general [ˈdʒenrəl] *a* général.

generally *av* généralement, en général.

generation [ˌdʒenəˈreiʃn] *n* génération *f*.

'generator *n* ELECTR. génératrice *f*.

generosity [ˌdʒenəˈrɔsiti] *n* générosité *f*.

'generous *a* généreux.

genius [ˈdʒiːnjəs] *n* génie *m* (person) ‖ génie, talent *m* (ability).

genteel [dʒenˈtiːl] *a* distingué.

gentle [ˈdʒentl] *a* doux (person, voice) ‖ léger (tap, breeze, slope).

gentleman [ˈdʒentlmən] (*Pl* **gentlemen** [-mən]) *n* homme distingué/bien élevé ‖ monsieur *m*; *Pl* messieurs.

gentleness *n* douceur *f*.

gently *av* doucement.

genuine [ˈdʒenjuin] *a* authentique, véritable ‖ FIG. sincère.

geography [dʒiˈɔgrəfi] *n* géographie *f*.

geology [dʒiˈɔlədʒi] *n* géologie *f*.

geometry [dʒiˈɔmitri] *n* géométrie *f*.

germ [dʒəːm] *n* germe *m* ‖ MED. microbe *m*.

German *a* allemand • *n* Allemand *n* ‖ [language] allemand *m*.

Germany *n* Allemagne *f*.

gesture [ˈdʒestʃə] *n* geste *m*.

get* [get] *v* obtenir, se procurer (obtain) ‖ recevoir (receive) ‖ attraper (catch) ‖ (*go and*) ∼, aller chercher (fetch) ‖ arriver (arrive) ‖ [become] ∼ *dressed*, s'habiller; ∼ *ready*, se préparer ‖ [causative] ∼ *sth done*, faire faire qqch; ∼ *the car to start*, faire partir la voiture; ∼ *the car ready*, préparer la voiture ‖ COLL. comprendre (understand) ‖ ∼ *along*, partir; (bien) s'entendre (*with, avec*) ‖ ∼ *back*, revenir, retourner; retrouver, récupérer ‖ ∼ *in*, (r)entrer; [train, etc.] arriver ‖ ∼ *off*, descendre de (bus, etc.) ‖ ∼ *on*, monter dans (bus, etc.); monter sur (bicycle); continuer (*with*); s'entendre ‖ ∼ *out (of)*, sortir; se lever (bed); descendre de (train, etc.) ‖ ∼ *through*, réussir (exam); TEL. obtenir la communication ‖ ∼ *up*, se lever.

geyser [ˈgiːzə] *n* chauffe-eau *m* (à gaz).

gherkin [ˈgəːkin] *n* cornichon *m*.

ghost [gəust] *n* fantôme, revenant *m*.

giant [ˈdʒaiənt] *a/n* géant (*n*).

gibberish [ˈdʒibriʃ] *n* jargon *m*.

giddy [ˈgidi] *a* étourdi; *feel* ∼, avoir le vertige; *make* ∼, donner le vertige.

gift [gift] *n* don *m*; *give sth as a* ∼, faire cadeau de qqch ‖ FIG. talent, don *m* (*for*, pour).

gifted [-id] *a* doué.

gigantic [dʒaiˈgæntik] *a* gigantesque.

giggle ['gigl] *v* ricaner (bêtement).

gild* [gild] *v* dorer.

gilt [-t] → GILD* • *n* dorure *f*.

gimmick ['gimik] *n* COLL. truc, gadget *m*.

ginger ['dʒinʒə] *n* gingembre *m*.

gingerbread *n* pain *m* d'épice.

gipsy ['dʒipsi] *n* gitan *n*.

girdle ['gə:dl] *n* gaine *f*.

girl [gə:l] *n* (jeune) fille *f*.

girlfriend *n* (petite) amie.

giro ['dʒairəu] *n* : GB *National G~*, Comptes Chèques Postaux.

give* [giv] *v* donner ; *~ sb sth*, *~ sth to sb*, donner qqch à qqn ‖ *~ way*, céder ‖ *~ away*, distribuer ; dénoncer (reveal) ‖ *~ back*, rendre ‖ *~ in*, se rendre, céder (yield) ; remettre (hand in) ‖ *~ out*, distribuer ; divulguer (make public) ‖ *~ up*, abandonner, céder (resign).

glad [glæd] *a* content, heureux.

gladden *v* réjouir.

glamour ['glæmə] *n* [girl] séduction *f*.

glamourous *a* superbe.

glance [glɑ:ns] *n* coup *m* d'œil ; *at first ~*, à première vue • *v* jeter un coup d'œil (*at*, sur) ; *~ through a book*, feuilleter un livre.

glare [glɛə] *n* éclat éblouissant ‖ regard furieux • *v* briller (d'un éclat éblouissant) ‖ jeter un regard furieux (*at*, à).

glaring *a* éblouissant ‖ FIG. qui saute aux yeux, grossier.

glass [glɑ:s] *n* [substance, vessel] verre *m* ‖ *(looking-)~*, glace *f*, miroir *m* ‖ *(weather-)~*, baromètre *m* ‖ *(hour-)~*, sablier *m* ‖ *Pl* lunettes *fpl* (spectacles).

glazier ['gleizjə] *n* vitrier *m*.

gleam [gli:m] *n* lueur *f* • *v* luire ; briller.

glee [gli:] *n* allégresse *f* ; joie *f*.

glide [glaid] *v* glisser ‖ AV. planer ; faire du vol à voile.

glider *n* AV. planeur *m*.

gliding *n* vol *m* à voile.

glimmer ['glimə] *v* luire faiblement ‖ [water] miroiter • *n* lueur *f*, miroitement *m*.

glimpse [glims] *n* aperçu *m*, coup *m* d'œil ; *catch a ~ of*, entrevoir.

glisten ['glisn] *v* miroiter.

glitter ['glitə] *v* scintiller.

glittering [-riŋ] *a* étincelant.

globe [gləub] *n* globe *m*.

gloom [glu:m] *n* obscurité *f*.

gloomy *a* sombre, mélancolique.

glorious ['glɔriəs] *a* glorieux ‖ resplendissant (sky, day), magnifique (weather).

glory *n* gloire *f* (fame) ‖ splendeur *f* (beauty).

gloss [glɔs] *n* lustre, brillant *m* • *v* lustrer.

glossy *a* lustré, luisant ‖ PHOT. glacé.

glove [glʌv] *n* gant *m*.

glow [gləu] *n* rougeoiement *m* ;

lueur *f* ● *v* rougeoyer, être
incandescent.

glowing *a* rougeoyant, incandescent.

glow-worm *n* ver luisant.

glue [glu:] *n* colle *f* ● *v* coller.

glycerin(e) [ˌglisəˈriːn] *n* glycérine *f*.

gnat [næt] *n* moustique *m*.

gnaw [nɔ:] *v* ronger.

go* [gəu] *v* aller (*to*, à) ‖ partir,
s'en aller ‖ ∼ *and see*, aller
voir ; ∼ *by train*, aller en train
‖ [become] ∼ *red*, rougir ‖
[machine] marcher ‖ *let* ∼,
lâcher prise ; *let o.s.* ∼, se
laisser aller ‖ [fuse] sauter ‖
GRAMM. [near future] *be* ∼*ing*
to, aller (*do*, faire) ‖ COLL. ∼
to bed with, coucher avec (fam.)
‖ ∼ *about*, circuler ; ∼ *about*
it, s'y prendre ‖ ∼ *across*,
traverser ‖ ∼ *back*, retourner ‖
∼ *by*, [time] passer ‖ ∼ *down*,
descendre ; [sun] se coucher ‖ ∼
in, entrer ; ∼ *in for*, se présenter à (exam) ; pratiquer, faire
(sport) ‖ ∼ *off*, [alarm] se
déclencher ; [person] s'endormir ; [train] ∼ *off the rails*,
dérailler ‖ ∼ *on*, continuer ‖
∼ *out*, sortir ; [fire] s'éteindre ; [tide] descendre ‖ ∼ *over*,
vérifier (account) ; repasser
(lesson) ‖ ∼ *round*, faire le
tour ; faire un détour ; FIG. ∼
round to see sb, passer voir qqn
‖ ∼ *under*, [ship] couler ‖ ∼
up, monter ‖ ∼ *with*, accompagner ‖ ∼ *without*, se passer
de ● *n* allant, dynamisme *m* ‖

coup, essai *m* ; **have a** ∼ **at**
sth, essayer de faire qqch ; *at*
one ∼, d'un seul coup.

goal [gəul] *n* but *m* (aim) ‖ SP.
but *m* ; *score a* ∼, marquer un
but.

goal-keeper *n* gardien *m* de
but.

goat [gəut] *n* chèvre *f* (she-
goat) ‖ ∼*'s milk cheese*, fromage *m* de chèvre.

goatee [ˈgəutiː] *n* bouc *m*.

God [gɔd] *n* Dieu *m*.

goddaughter *n* filleule *f*.

godfather *n* parrain *m*.

godmother *n* marraine *f*.

godson *n* filleul *m*.

goggle [ˈgɔgl] *v* rouler de gros
yeux.

goggles [-z] *npl* lunettes *fpl*
de motocycliste ; lunettes de
plongée.

gokart [ˈkaːt] *n* kart *m*.

gold [gəuld] *n* or *m*.

golden *a* doré.

goldfish *n* poisson *m* rouge.

golf [gɔlf] *n* golf *m*.

golf course *n* terrain *m* de
golf.

golfer *n* joueur *n* de golf.

golflinks *npl* = GOLF COURSE.

gone [gɔn] → GO*.

good [gud] *a* bon ‖ gentil, sage
(child) ‖ *make* ∼, réussir ;
réparer (damages) ; indemniser
(qqn) ● *n* bien *m* ; *do* ∼, faire
le bien ‖ avantage *m* ; *what's*
the ∼?, à quoi bon ? ; *it's no*
∼, cela ne sert à rien ; *for* ∼,
pour de bon ‖ [greetings] ∼
afternoon/morning!, bonjour ! ;

~ *bye!*, au revoir!; ~ *evening!*, bonsoir!; ~ *night!*, bonne nuit!

,good-'looking *a* beau (boy); jolie (girl).

,good-'natured *a* d'un bon naturel, gentil.

goodness *n* bonté *f*; *for* ~' *sake!*, pour l'amour de Dieu!

goods [-z] *npl* marchandises *fpl* ‖ ~ *train*, train *m* de marchandises.

goose [guːs] (*Pl* **geese** [giːs]) *n* oie *f*.

gooseberry ['guzbri] *n* groseille *f* à maquereau.

gorgeous ['gɔːdʒəs] *a* magnifique, splendide.

go-slow ['gəu'sləu] *n* grève perlée.

gospel ['gɔspəl] *n* évangile *m*.

gossip ['gɔsip] *n* bavardage *m*; commérage *m*; potins *mpl* ● *v* bavarder.

got(ten) ['gɔt(n)] → GET*.

govern ['gʌvn] *v* gouverner.

government *n* gouvernement *m*.

gown [gaun] *n* robe *f*.

grab [græb] *v* empoigner; saisir.

grace [greis] *n* grâce *f* ‖ REL. bénédicité *m*.

graceful *a* gracieux; élégant.

grade [greid] *n* degré *m* ‖ qualité *f* ‖ US [school] classe *f*.

grade crossing *n* US passage *m* à niveau.

gradual ['grædjuəl] *a* graduel, progressif.

gradually *av* graduellement.

graduate [-eit] *v* graduer (mark) ‖ US [school] obtenir son diplôme; décerner un diplôme.

grain [grein] *n* grain *m*.

grammar ['græmə] *n* grammaire *f*.

grammar-school *n* lycée *m*.

grammatical [grə'mætikl] *a* grammatical.

grand 1 [grænd] *a* magnifique.

grand- 2 ['græn-] *pref*.

granddaughter *n* petite-fille *f*.

grandfather *n* grand-père *m*.

grandma [-maː] *n* mémé, grand-maman *f*.

grandmother *n* grand-mère *f*.

grandpa [-paː] *n* pépé, grand-papa *m*.

grandparents *npl* grands-parents *mpl*.

,grand'piano *n* piano *m* à queue.

grandson *n* petit-fils *m*.

granny ['græni] *n* grand-maman *f*.

grant [grɑːnt] *v* accorder, concéder, octroyer; *take sth for* ~*ed*, admettre par principe ● *n* subvention *f* (money) ‖ [school] bourse *f*.

grape [greip] *n* grain *m* de raisin ‖ *Pl* raisin *m*.

grapefruit *n* pamplemousse *m*.

grasp [grɑːsp] *v* saisir, empoigner ● *n* étreinte, prise *f*.

grass [grɑːs] *n* herbe *f*.

grass-snake *n* couleuvre *f*.

grate 1 [greit] *n* grille *f*; foyer *m*.

grate 2 *v* grincer ‖ râper (cheese).

grateful ['greitfl] *a* reconnaissant.

gratis ['greitis] *av* gratis.

gratitude ['grætitjuːd] *n* gratitude *f*.

grave 1 [greiv] *a* grave, sérieux.

grave 2 *n* tombe *f*.

grave-yard *n* cimetière *m*.

gravy *n* jus *m*, sauce *f*.

gravy-boat *n* saucière *f*.

gray US → GREY.

graze [greiz] *v* écorcher ● *n* écorchure *f*.

grease [griːs] *n* graisse *f*.

greasy *a* graisseux.

great [greit] *a* grand ‖ COLL. sensationnel, génial (fam.).

greatly *av* grandement.

Grecian ['griːʃn] *a* ARTS. grec.

Greece [griːs] *n* Grèce *f*.

greedy ['griːdi] *a* avide, gourmand (for food).

Greek *a* grec ● *n* Grec *n* ‖ [language] grec *m*.

green [griːn] *a* vert ; *turn* ~, verdir ● *n* vert *m* ‖ pelouse *f* ‖ *Pl* CULIN. légumes *mpl*.

green-grocer *n* marchand de légumes, fruitier *n*.

greenish *a* verdâtre.

greet [griːt] *v* saluer, accueillir.

greeting *n* salutation *f* ‖ *Pl* compliments *mpl* ; ~*s card*, carte *f* de vœux.

grew [gruː] → GROW*.

grey [grei] *a/n* gris *(m)* ; *go* ~, grisonner.

grid [grid] *n* AUT. galerie *f* porte-bagages.

'grid,iron *n* gril *m*.

grief [griːf] *n* chagrin *m*, douleur *f* ‖ *come to* ~, avoir des ennuis ; finir mal.

grieve [griːv] *v* s'affliger, avoir du chagrin.

grievously *av* douloureusement, grièvement.

grill [gril] *n* gril *m* (gridiron) ● *v* (faire) griller.

grille [gril] *n* AUT. calandre *f*.

grim [grim] *a* farouche, lugubre, sinistre.

grin [grin] *n* large sourire *m* (smile) ‖ grimace *f*, rictus *m* (in pain) ● *v* grimacer un sourire.

grind* [graind] *v* broyer (crush) ; moudre (into flour) ‖ meuler, aiguiser (knife) ; ~ *one's teeth*, grincer des dents.

grindstone ['graindstəun] *n* meule *f* à aiguiser.

grip [grip] *n* étreinte, prise *f*.

groan [grəun] *v* gémir ● *n* gémissement *m*.

grocer ['grəusə] *n* épicier *n* ; *at the* ~*'s*, chez l'épicier.

grog [grɔg] *n* grog *m*.

groom [grum] *n* valet *m* d'écurie ‖ (jeune) marié ● *v* panser (horse).

groove [gruːv] *n* rainure *f* ‖ [record] sillon *m*.

grope [grəup] *v* tâtonner ; ~ *for*, chercher à tâtons.

grouch [grautʃ] *v* COLL. rouspéter, râler (fam.).

ground 1 [graund] → GRIND*.

ground 2 n sol m, terre f (soil);
fall on the ~, tomber par terre ‖
SP. terrain m ‖ ELECTR. terre
f ‖ Pl parc m; FIG. motif m.

ground-floor n rez-de-
chaussée m.

ground-sheet n tapis m de
sol.

group [gru:p] n groupe m ● v
(se) grouper.

grouse [graus] v COLL. râler
(fam.).

grow* [grəu] v croître, pousser ‖ [seeds] germer ‖ [per-
son] grandir ‖ cultiver (crops);
laisser pousser (beard) ‖ FIG.
augmenter (increase); devenir;
~ *old*, vieillir ‖ ~ *in*, [nail]
s'incarner ‖ ~ *out of*, devenir
trop grand pour (one's clothes)
‖ ~ *up*, devenir adulte.

growl [graul] v grogner,
gronder.

grown [grəun] → GROW*.

grown-up [,-'-] a/n adulte (n).

growth [grəuθ] n croissance f
‖ FIG. augmentation f, accroissement m.

grudge [grʌdʒ] v donner à
contrecœur ● n rancune f; *bear
sb a* ~, en vouloir à qqn.

grudgingly av à contrecœur.

grumble ['grʌmbl] v [animal]
grogner; [person] grommeler ●
n grognement m.

guarantee [,gærn'ti:] n
garantie f ‖ caution f (security)
● v garantir, cautionner.

guard [gɑ:d] n garde f; protection f (safeguard) ‖ *mount*
~, monter la garde ● v garder,
protéger (*against*, contre).

guardian [-jən] n gardien n ‖
JUR. tuteur n.

guess [ges] v deviner ● n
supposition f; *at a* ~, au jugé.

guest [gest] n invité, hôte n;
paying ~, pensionnaire n ‖
[hotel] client n.

guesthouse n pension f de
famille.

guestroom n chambre f
d'amis.

guide [gaid] n guide m (book,
person) ● v guider, conduire.

guile [gail] n ruse f.

guilt [gilt] n culpabilité f.

guiltless a innocent.

guilty a coupable.

guitar [gi'tɑ:] n guitare f.

gulf [gʌlf] n golfe m.

gull [gʌl] n mouette f.

gullible ['gʌləbl] a crédule,
naïf.

gulp [gʌlp] v : ~ *down*,
engloutir ● n bouchée f (food);
gorgée f (drink); *at one* ~,
d'un trait.

gum [gʌm] n gencive f.

gun [gʌn] n : (hand-)~, pistolet, revolver m ‖ [rifle] fusil m
‖ MIL. canon m.

gush [gʌʃ] v : ~ (*out*), jaillir,
gicler.

gust [gʌst] n coup m de vent,
rafale f.

gutter ['gʌtə] n [road] ruisseau, caniveau m ‖ [roof] gouttière f.

guy 1 [gai] n : ~(*-rope*), tendeur m.

guy 2 *n* US, COLL. type, gars *m* ; mec *m* (fam.).

gymnasium [′dʒimneizjəm] *n* gymnase *m*.

gymnastics [-′næstiks] *n* gymnastique *f*.

gynaecologist [ˌgaini′kɔlə-dʒist] *n* gynécologue *n*.

h

h [eitʃ] *n* : H-*bomb*, bombe *f* H.

habit [′hæbit] *n* habitude *f* ; *get into/out of the* ∼ *of*, prendre/perdre l'habitude de.

had [hæd] → HAVE* ‖ COLL. *be* ∼, se faire avoir ‖ *I* ∼ *rather...*, j'aimerais mieux...

haddock [′hædək] *n* aiglefin *m*.

haggle [′hægl] *v* marchander.

hail *n* grêle *f* ● *v* grêler.

hailstone *n* grêlon *m*.

hair *n* sing cheveux *mpl* ; chevelure *f* ; *do one's* ∼, se coiffer ; *comb one's* ∼, se peigner ‖ *Pl* poil *m*.

hairbrush *n* brosse *f* à cheveux.

hair-curler *n* bigoudi *m*.

haircut *n* coupe *f* de cheveux ; *have a* ∼, se faire couper les cheveux.

hair-do *n* coiffure *f*.

hairdresser *n* coiffeur *n* pour dames.

hair-dryer *n* : (*electric*) ∼, séchoir *m* (électrique).

hair-dye *n* teinture *f* (pour cheveux).

hair-oil *n* brillantine *f*.

hairpin *n* épingle *f* à cheveux.

hair-set *n* mise *f* en plis.

hair-spray *n* bombe *f* de laque.

hair-style *n* coiffure *f*.

hairy *a* poilu ‖ chevelu.

Haiti [′heiti] *n* Haïti.

Haitian [-ʃjən] *a/n* haïtien.

half [hɑːf] *a/av* ; (*Pl* **halves** [-vz]) *n* moitié *f*/demi/à moitié ‖ *cut in* ∼, couper en deux ; *two and a* ∼, deux et demi ‖ ∼ *a dozen*, une demi-douzaine ; ∼ *an hour*, une demi-heure ‖ ∼ *past two*, deux heures et demie ; ∼ *and* ∼, moitié-moitié ‖ SP. mi-temps *f* ‖ → HALVES.

half-back *n* SP. demi *m*.

half-board *n* demi-pension *f*.

half-fare *av/n* (à) demi-tarif (*m*).

half-left *av* : *bear* ∼, obliquer à gauche.

half-size *n* demi-taille/pointure *f*.

half-time *n* SP. mi-temps *f*.

half-way *a* à moitié chemin ; ∼ *down/up*, à mi-pente.

hall [hɔːl] *n* [hotel] hall *m* ; [house] vestibule *m*, entrée *f* ‖ château *m* (mansion).

hall-mark *n* poinçon *m* (de garantie).

hallo! [hə'ləu] *interj* salut !
bonjour ! ‖ TEL. allô !

halt [hɔːlt] *n* halte, pause *f*;
come to a ~, s'arrêter.

halves [haːvz] *npl* : *go* ~,
partager de moitié ‖ → HALF.

ham [hæm] *n* jambon *m*; ~
sandwich, sandwich *m* au
jambon.

hammer ['-ə] *n* marteau *m*.

hammock ['-ək] *n* hamac *m*.

hamper *v* gêner.

hand [hænd] *n* main *f*; ~ *in*
~, la main dans la main ; *put
up one's* ~, lever la main ‖
[cards] jeu *m*; *a good* ~, un
beau jeu ‖ ouvrier *m* ‖ [clock]
aiguille *f* ‖ FIG. côté *m*; →
LEFT, RIGHT ‖ FIG. aide *f*;
give sb a ~, donner un coup
de main à qqn ; *at* ~, sous la
main ● *v* passer, donner ; ~
in, remettre ; ~ *out*, distribuer ; ~ *round*, faire circuler.

hand-bag *n* sac *m* à main.

handball *n* handball *m*.

handbill *n* prospectus *m*.

handbook *n* manuel *m*.

hand-brake *n* AUT. frein *m* à
main.

handful *n* poignée *f*.

handicap ['hændikæp] *n* handicap *m* ● *v* handicaper.

handkerchief ['hæŋkətʃif] *n*
mouchoir *m*; foulard *m* (round
the neck).

handle ['hændl] *n* poignée *f* ‖
[basket] anse *f* ‖ AUT. manivelle *f* ● *v* manipuler, manier.

handle-bar *n* guidon *m*.

hand-made ['hæn'meid] *a*
fait à la main.

handrail *n* [stairs] *f* rampe *f*.

handshake *n* poignée *f* de
main.

handsome ['hænsəm] *a* beau,
bel ‖ FIG. considérable,
généreux.

'hand,writing *n* écriture *f*.

handy ['hændi] *a* adroit,
habile (person) ; pratique (tool)
‖ prêt, sous la main (close at
hand) ‖ utile ; *it may come in*
~, cela peut toujours servir.

handyman *n* bricoleur *m*.

hang 1 [hæŋ] *v* pendre (criminal) ; ~ *o. s.*, se pendre.

hang* 2 suspendre, accrocher ‖
(hair) pendre ‖ ~ *on*, se cramponner ; attendre ; TEL. ~ *on !*,
ne quittez pas ! ‖ ~ *out*, étendre (the washing) ‖ ~ *up*, suspendre, accrocher ; TEL. raccrocher.

hang-gliding *n* SP. vol *m*
libre ; aile volante.

hangover *n* SL. gueule *f* de
bois (fam.).

happen ['hæpn] *v* arriver, se
passer, se produire (occur) ;
what has ~*ed to him ?*, que lui
est-il arrivé ? ‖ *I* ~*ed to be
away*, il se trouvait que j'étais
absent ; *how does it* ~ *that*,
comment se fait-il que.

happily ['hæpili] *av* heureusement (luckily).

happiness *n* bonheur *m*.

happy *a* heureux ; ~ *new
year !*, bonne (et heureuse)
année ! ‖ satisfait (*with*, de).

,happy-go-'lucky *a* insouciant.

harbour ['hɑːbə] *n* port *m*.

hard ['hɑːd] *a* dur (firm, solid) ‖ FIG. difficile (task) ; ∼ *lines*/*luck !*, pas de chance ! ● *av* ferme (firmly) ‖ fort, ferme, dur (freezing, raining) ‖ ∼ *by*, tout contre, tout près.

hard-boiled *a* : ∼ *eggs*, œufs durs.

hardly *av* à peine, ne ... guère.

hard-up *a* fauché (fam.).

hardware *n* quincaillerie *f* ; ∼ *dealer*, quincaillier *n*.

,hard-'wearing *a* résistant, solide (clothes).

hard-working *a* travailleur.

hardy *a* vigoureux, robuste (person) ‖ vivace (plant).

hare [hɛə] *n* lièvre *m*.

haricot ['hærikəu] *n* : ∼ *(-bean)*, haricot blanc.

harm [hɑːm] *n* mal, tort, préjudice *m* ; *do sb* ∼, faire du tort à qqn.

harmful *a* malfaisant ; nuisible (person) ‖ nocif (thing).

harmless *a* inoffensif (animal) ‖ sans méchanceté (person) ‖ innocent (pastime).

harmonious [hɑːˈməunjəs] *a* harmonieux.

harmony ['hɑːmni] *n* harmonie *f*.

harp [hɑːp] *n* harpe *f*.

harpoon [hɑːˈpuːn] *n* harpon *m* ● *v* harponner.

harsh [hɑːʃ] *a* discordant (sound), criard (voice) ‖ âpre (taste) ‖ rugueux (touch) ‖ dur (light).

harvest ['hɑːvist] *n* moisson, récolte *f* (crop) ● *v* moissonner.

hash [hæʃ] *n* hachis *m*.

haste [heist] *n* hâte *f* ; *in* ∼, à la/en hâte ; *make* ∼, se hâter.

hasten ['heisn] *v* (se) hâter, (se) presser.

hastily ['heistili] *av* précipitamment, à la hâte.

hasty *a* hâtif, rapide ‖ précipité (departure).

hat [hæt] *n* chapeau *m* ; *put on*/*take off one's* ∼, mettre/enlever son chapeau.

hatch [hætʃ] *v* éclore.

hatchback *n* AUT. hayon *m*.

hate [heit] *n* haine *f* ● *v* haïr ‖ COLL. détester, avoir horreur de.

hatred ['heitrid] *n* haine *f*.

haul [hɔːl] *v* tirer, remorquer.

haunch [hɔːnʃ] *n* hanche *f* ‖ *Pl* [animal] derrière *m*.

haunt [hɔːnt] *v* hanter ‖ [memory] obséder.

haunting *a* obsédant.

have* [hæv] *v* avoir, posséder ; *she has (got) blue eyes*, elle a les yeux bleus ‖ [∼ + (a) + noun] prendre ; ∼ *lunch*, déjeuner ; ∼ *a swim*, se baigner ‖ ∼ *in*, faire entrer ; ∼ *on*, porter sur soi ‖ ∼ *sex*, faire l'amour ‖ *just* : *I* ∼ *just seen him*, je viens de le voir ‖ [causative] ∼ *sth done*, faire faire qqch ; ∼ *one's hair cut*, se faire couper les cheveux ‖ [obligation] ∼

(got) to : ～ *you (got) to do it ?,* êtes-vous obligé de le faire ? ; *do we ～ to go now ?,* sommes-nous obligés de partir maintenant ? ‖ → BETTER, RATHER, SOONER.

hawker ['hɔːkə] *n* démarcheur *n.*

hay [hei] *n* foin *m.*

hay-fever *n* rhume *m* des foins.

hayrick, haystack [-rik, -stæk] *n* meule *f* de foin.

hazard ['hæzəd] *n* risque *m* ‖ danger *m* ‖ AUT. ～ *warning lights,* feux *mpl* de détresse • *v* risquer (risk) ‖ hasarder (venture).

hazardous *a* risqué, incertain, hasardeux.

haze [heiz] *n* brume (légère).

hazelnut ['-lnʌt] *n* noisette *f.*

hazy ['heizi] *a* brumeux.

he [hiː] *pr* il *m* ; lui *m* ; *she is older than ～ (is),* elle est plus âgée que lui.

head [hed] *n* tête *f* ‖ bout *m* (of table, lake) ‖ haut *m* (of a page) ‖ face *f* (of coin) ; *toss ～s or tails,* jouer à pile ou face ‖ FIG. tête *f* ; chef, directeur *m* • *v* : ～ *for,* se diriger vers.

headache ['hedeik] *n* mal *m* de tête, migraine *f.*

headfirst *a/av* la tête la première.

headlight *n* AUT. phare *m.*

headline *n* [newspaper] manchette *f,* titre *m* ‖ *Pl* RAD. résumé *m* des nouvelles.

headlong → HEADFIRST.

head'master *n* [school] directeur *m.*

headmistress [-'mistris] *n* directrice *f.*

headphone *n* RAD. écouteur *m.*

headrest *n* appuie-tête *m inv.*

headwaiter *n* maître *m* d'hôtel.

heal [hiːl] *v* guérir (patient) ‖ [wound] se cicatriser.

healer *n* guérisseur *n.*

health [helθ] *n* santé *f* ‖ GB *H～ Service,* Sécurité sociale ‖ COMM. ～ *food(s),* produits *mpl* diététiques.

healthy *a* bien portant ‖ salubre (air) ; sain (climate).

heap [hiːp] *n* tas, amas *m* • *v* : ～ *up,* entasser, amasser.

hear* [hiə] *v* entendre ‖ assister à (lectures, mass) ‖ faire réciter (lessons) ‖ entendre dire ; apprendre (news) ; ～ *from sb,* recevoir des nouvelles de qqn ‖ ～ *about/of,* entendre parler de.

hearing [-riŋ] *n* ouïe *f* ; *within ～,* à portée de voix ; *hard of ～,* dur d'oreille.

hearing-aid *n* MED. prothèse auditive, Sonotone *m.*

heart [hɑːt] *n* cœur *m* ; ～ *attack,* crise *f* cardiaque ‖ [cards] cœur *m* ‖ FIG. *by ～,* par cœur.

heartburn *n* brûlure *f* d'estomac.

hearth [hɑːθ] *n* âtre, foyer *m.*

heartily ['hɑːtili] *av* cordialement, de bon cœur.

heartless *a* sans cœur.

heart transplant *n* greffe *f* du cœur, transplantation *f* cardiaque.

hearty *a* cordial, sincère ‖ copieux (meal).

heat [hiːt] *n* chaleur *f; ~ wave,* vague *f* de chaleur ● *v* chauffer ; *~ up,* réchauffer.

heater *n* appareil *m* de chauffage.

heath [hiːθ] *n* lande *f*.

heating *n* chauffage *m*.

heaven ['hevn] *n* ciel, paradis *m*.

heavenly *a* céleste, divin.

heavily ['-ili] *av* lourdement.

heavy *a* lourd.

heavy-weight *n* SP. poids lourd.

Hebrew ['hiːbruː] *a* hébreu, hébraïque ● *n* [language] hébreu *m*.

hedge [hedʒ] *n* haie *f*.

heel [hiːl] *n* talon *m*.

hefty ['hefti] *a* COLL. costaud.

he-goat *n* bouc *m*.

height [hait] *n* hauteur *f* ‖ taille *f; what ~ are you ?,* combien mesurez-vous ? ; *six feet in ~,* six pieds de haut.

heir [ɛə] *n* héritier *m*.

heiress [-ris] *n* héritière *f*.

heist [haist] *n* SL. cambriolage ; casse *m* (arg.).

held [held] → HOLD* 2.

helicopter ['helikɔptə] *n* hélicoptère *m*.

heliport *n* héliport *m*.

hell [hel] *n* enfer *m* ‖ *a ~ of a noise,* un bruit infernal.

hello! ['he'ləu] → HALLO !

helmet ['helmit] *n* casque *m*.

help [help] *n* aide, assistance *f*, secours *m* ‖ aide *n* (person) ‖ US domestique *n* ● *v* aider ; *~ sb (to) do sth,* aider qqn à faire qqch ‖ *~ **sb across**,* aider qqn à traverser ‖ servir (at table) ; *~ sb to sth,* servir qqch à qqn ; *~ yourself!,* servez-vous! ‖ *can't ~ : I can't ~ laughing,* je ne peux m'empêcher de rire ; *it can't be ~ed,* on n'y peut rien ● *interj : ~!,* au secours !

helpful *a* serviable (person) ; utile (thing).

helping *n* portion *f* (food).

helpless *a* désemparé, impuissant.

hem [hem] *n* ourlet *m* ● *v* border, ourler.

hen [hen] *n* poule *f* ‖ [bird] femelle *f*.

hence [hens] *av* d'où, par conséquent (therefore).

her [həː] *pers pr* [dir. obj.] la ; *its' ~,* c'est elle ‖ [indir. obj.] lui ; [after p. and *than*] elle ● *poss a* son, sa, ses (feminine possessor).

herb [həːb] *n* MED. herbe médicinale ‖ CULIN. *sweet ~s,* fines herbes.

herd [həːd] *n* troupeau *m*.

here [hiə] *av* ici ; *around ~,* par ici ; *~ and there,* çà et là ‖ voici ; *~ is Mr. S.,* voici M.S. ; *~ he is,* le voici ; *~ you are!,* tenez! ; *~'s to you!,*

à la vôtre! ‖ ∼ *lies*, ci-gît •
interj [roll call] présent!

'here'with *av* ci-joint.

herring ['heriŋ] *n* hareng *m*.

hers [həːz] *poss pr* le sien, la
sienne; les siens, les siennes.

herself [həː'self] *reflex/emph
pr* se/elle-même.

hesitant [hezitənt] *a* hésitant.

hesitate ['heziteit] *v* hésiter.

hesi'tation *n* hésitation *f*.

hi! [hai] *interj* salut!

hiccough, hiccup ['hikʌp] *n*
hoquet *m*; *have the* ∼*s*, avoir
le hoquet • *v* hoqueter.

hid(den) [hid(n)] → HIDE*.

hide* [haid] *v* (se) cacher.

hide-and-seek *n* : *play* ∼,
jouer à cache-cache.

hiding 1 *n* : *go into* ∼, se
cacher.

hiding 2 *n* COLL. correction,
volée *f* (fam.).

hiding place *n* cachette *f*.

hi-fi ['hai'fai] *a* RAD. [= *high
fidelity*] (de) haute fidélité.

high [hai] *a* haut, grand; *how
∼ is...?*, quelle est la hauteur
de...?; *6 feet* ∼, 2 mètres de
haut ‖ FIG. [price, tempera-
ture] élevé; [time] *it is ∼
time*, il est grand temps • *av*
haut.

highbrow [-brau] *n* PEJ.
intellectuel *n*.

‚high fi'delity *a* RAD. de
haute fidélité.

high-heeled *a* à talons hauts
(shoes).

high-jack → HIJACK.

highly *av* extrêmement, très,
largement; *think ∼ of sb*,
avoir une haute opinion de qqn.

highnecked [-'nekt] *a* à col
montant (dress).

high-octane *a* à indice d'oc-
tane élevé.

highroad *n* route nationale.

high-school *n* US lycée *m*.

high-tea *n* goûter-dîner *m*.

highway *n* route nationale;
H∼ Code, code *m* de la route.

hijack ['haidʒæk] *v* [pirate]
détourner (un avion).

hijacker *n* pirate *m* de l'air.

hijacking *n* détournement *m*
(d'avion).

hike [haik] *v* faire une randonnée (à pied).

hill [hil] *n* colline *f*, coteau *m*
‖ [road] côte *f*.

hilly *a* montagneux (country);
accidenté (ground).

him [him] *pers pr* [dir. obj.] le,
l'; *it's* ∼, c'est lui ‖ [indir.
obj.; after p. and *than*] lui.

himself [-'-] *reflex/emph pr*,
se/lui-même.

hinder ['hində] *v* gêner, empêcher, retarder.

hinge [hinʒ] *n* [door] gond *m*;
[lid] charnière *f* • *v* pivoter
(*on*, sur).

hint [hint] *n* allusion, insinuation *f*; *take a* ∼, comprendre
à demi-mot; *give a* ∼, insinuer ‖ *Pl* FIG. conseils *mpl*.

hip 1 [hip] *a* SL. dans le vent
(fam.).

hip 2 *n* hanche *f*.

hip-pocket *n* poche *f* revolver.

hire ['haiə] *v* louer (boat, car) ; engager (person) ‖ ～ *out*, louer, donner en location ● *n* location *f ; for* ～, à louer.

hire-purchase *n* location-vente *f ; buy on* ～, acheter à crédit.

his [hiz] *poss a* son *m*, sa *f*, ses *pl* (masculine possessor) ● *poss pr* le sien, la sienne ; les siens, les siennes.

hiss [his] *v* siffler, huer.

historic(al) [his'tɔrik(l)] *a* historique.

history ['histri] *n* histoire *f*.

hit* [hit] *v* frapper ; ～ *one's head*, se cogner la tête ‖ heurter, se cogner (*against*, à) ‖ atteindre (reach) ; ～ *the mark*, atteindre le but ● *n* coup *m* ‖ FIG. succès *m*.

hit-and-run [,hitən'rʌn] *a :* ～ *driver*, chauffard *m*.

hitch [hitʃ] *n* contretemps *m ; without a* ～, sans accroc.

hitch-hike *v* faire de l'auto-stop/du stop (fam.).

hitch-hiker *n* auto-stoppeur *n*.

hive [haiv] *n* ruche *f*.

hives [-z] *n* MED. urticaire *f*.

hoard [hɔːd] *n* trésor *m* (money) ● *v :* ～ (*up*), amasser.

hoarfrost ['hɔːfrɔst] *n* gelée blanche.

hoarse [hɔːs] *a* enroué (person) ‖ rauque (voice).

hoax [həuks] *n* canular *m*, blague *f*.

hobby ['hɔbi] *n* passe-temps favori, distraction *f*.

hobnailed ['hɔbneild] *a* ferré (shoes).

hockey ['hɔki] *n* hockey *m*.

hockey-stick *n* crosse *f* de hockey.

hoist [hɔist] *v* hisser.

hold 1 [həuld] *n* prise *f ; catch* ～ *of*, saisir ; *lose* (*one's*) ～, lâcher prise.

hold* 2 *v* tenir ‖ retenir (one's breath) ‖ contenir (contain) ‖ ～ *one's own*, tenir bon ‖ SP. détenir (record) ‖ FIG. durer ‖ ～ *back*, contenir (tears) ‖ TEL. ～ *on!*, ne quittez pas ! ‖ ～ *on to*, se tenir à. ‖ ～ *up*, retenir, retarder ; bloquer (traffic).

hold-all *n* fourre-tout *m*.

holder *n* [passport] titulaire *n* ‖ [card, record] détenteur *n*.

hold-up *n* agression *f* à main armée ‖ [traffic] embouteillage *m ;* bouchon *m* (fam.).

hole [həul] *n* trou *m ; dig a* ～, creuser un trou ; *wear* (*one's socks*) *into* ～*s*, trouer (ses chaussettes).

holiday ['hɔlidi] *n* (jour *m* de) congé *m* ‖ (often *pl*) vacances *fpl ; go away on* ～, partir en vacances ; *take a month's* ～, prendre un mois de vacances ; ～ *camp*, colonie *f* de vacances (for children).

holiday-makers *npl* estivants, vacanciers *mpl*.

Holland [-ənd] *n* Hollande *f*.

hollow ['hɔləu] *a* creux.

holly ['hɔli] *n* houx *m*.

holy ['həuli] *a* saint ‖ béni (bread, water).

home [həum] *n* foyer, chez-soi, domicile *m* (house); *at* ~, chez soi, à la maison; *away from* ~, absent; *make yourself at* ~, faites comme chez vous ‖ maison *f* de santé, clinique *f* ‖ pays natal, patrie *f* ● *a* familial, domestique ‖ ~ *address*, adresse personnelle ‖ ~ *match*, match *m* à domicile ● *av* : *go* ~, rentrer chez soi; *be* ~, être de retour; *see sb* ~, accompagner qqn jusque chez lui ‖ *send* ~, rapatrier ‖ TECHN. à fond.

homeless *a* sans abri; sinistré.

homely *a* simple, sans façons.

home-made *a* fait à la maison.

homesick *a* nostalgique; *be* ~, avoir le mal du pays.

homework *n sing* devoirs *mpl* du soir; *do one's* ~, faire ses devoirs.

homonym ['hɔmənim] *n* homonyme *m*.

homosexual ['həumə'seks-jual] *a/n* homosexuel (*n*).

honest ['ɔnist] *a* honnête, intègre.

honestly *av* honnêtement.

honesty *n* honnêteté *f*.

honey ['hʌni] *n* miel *m*.

honeymoon *n* lune *f* de miel; ~ *trip*, voyage *m* de noces ● *v* passer sa lune de miel.

honour ['ɔnə] *n* honneur *m*.

honourable ['ɔnrəbl] *a* honorable, respectable.

hood [hud] *n* capuchon *m* ‖ AUT. capote *f*; US capot *m* (bonnet) ‖ PHOT. parasoleil *m*.

hook [huk] *n* crochet *m* ‖ agrafe *f* (on dress) ‖ [fishing] hameçon *m* ● *v* accrocher; agrafer (dress) ‖ ferrer (fish).

hooligan ['huːligən] *n* voyou *m*.

hoot [huːt] *v* AUT. klaxonner.

hooter *n* AUT. avertisseur *m*.

hoover ['huːvə] *n* [R] aspirateur *m* ● *v* COLL. passer l'aspirateur dans.

hop [hɔp] *v* sauter à cloche-pied; [bird] sautiller.

hop(s) *n(pl)* houblon *m*.

hope [həup] *n* espoir *m*, espérance *f* ● *v* espérer; *I* ~ *so*, je l'espère; *I* ~ *not*, j'espère que non.

hopeful *a* plein d'espoir.

hopeless *a* sans espoir; désespéré ‖ COLL. nul.

hopscotch *n* marelle *f*.

horizon [hə'raizn] *n* horizon *m*; *on the* ~, à l'horizon.

horizontal [,hɔri'zɔntl] *a* horizontal.

horn [hɔːn] *n* corne *f* ‖ MUS. cor *m*.

hornet ['hɔːnit] *n* frelon *m*.

horrible ['hɔrəbl] *a* horrible; atroce.

horror *n* horreur, épouvante *f*.

horse [hɔːs] *n* cheval *m*.

horseback *n* : *on* ~, à cheval.

horseman *n* cavalier *m*.

horsepower *n* cheval-vapeur *m*.

horsewoman *n* amazone, cavalière *f*.

hose [həuz] *n* tuyau *m* (d'arrosage/d'incendie).

hospital ['hɔspitl] *n* hôpital *m*; in ~, hospitalisé.

hospitality [,hɔspi'tæliti] *n* hospitalité *f*.

host 1 [həust] *n* hôte *m* ‖ COMM. hôtelier *m*.

host 2 *n* COLL. foule *f*.

host 3 *n* REL. hostie *f*.

hostage ['hɔstidʒ] *n* otage *m*; *take sb* ~, prendre qqn en otage.

hostel ['hɔstəl] *n* maison *f* universitaire, foyer *m* d'étudiants.

hostess ['houstis] *n* hôtesse *f*.

hostile ['hɔstail] *a* ennemi (army) ‖ hostile (unfriendly).

hot [hɔt] *a* très chaud; *boiling* ~, bouillant ‖ [games] *be* ~, brûler ‖ [food] fort, épicé.

hotel [(h)ə'tel] *n* hôtel *m*; *at/in a(n)* ~, à l'hôtel.

hot-water-bottle *n* bouillotte *f*.

hour ['auə] *n* heure *f*; *hire by the* ~, louer à l'heure ‖ *out of* ~s, en dehors des heures ouvrables.

hourly *a* à chaque heure ● *av* toutes les heures.

house [haus] *n* maison *f* ‖ TH. salle *f* ‖ COLL. *on the* ~, aux frais de la maison.

house-agent *n* agent immobilier.

household *n* ménage *m*.

housekeeping *n* ménage *m*.

house-warming *n* pendaison *f* de crémaillère.

housewife *n* ménagère, maîtresse *f* de maison.

housework *n* : *do the* ~, faire le ménage.

housing ['hauziŋ] *n* logement *m*; ~ *estate*, lotissement *m*.

hover ['hɔvə] *v* [bird] planer.

hovercraft *n* aéroglisseur *m*.

how [hau] *av* [interr.] comment; ~ *are you?*, comment allez-vous?; ~ *about going for a walk?*, si on allait faire une promenade?; ~ *fast does this car go?*, quelle vitesse cette voiture peut-elle faire?; ~ *long have you been here?*, depuis combien de temps êtes-vous ici?; ~ *many books?* combien de livres?; ~ *much milk?*, combien de lait?; [money] ~ *much?*, combien (est-ce)?; ~ *often does the bus run?*, bus passe tous les combien?; ~ *old is he?*, quel âge a-t-il? ‖ [exclam.] comme, combien; ~ *beautiful it is!*, que c'est beau!

how'ever *c* cependant, toutefois ● *av* de quelque manière que; ~ *that may be*, quoi qu'il en soit; quelque/si... que; ~ *little*, si peu que ce soit.

howl [haul] *v* [animal] hurler.

hub [hʌb] *n* moyeu *m*.

huckster ['hʌkstə] *n* colporteur *m*; camelot *m*.

hue [hju:] *n* teinte, nuance *f*.

hug [hʌg] *v* embrasser, étreindre.

huge [hju:dʒ] *a* énorme, immense.

hullo! ['hʌ'ləu] *interj* → HALLO.

hum [hʌm] *v* [insect] bourdonner.

human ['hju:mən] *a* humain (being).

humane [hju'mein] *a* humain (kind).

humanity [hju:'mæniti] *n* humanité *f*.

humble ['hʌmbl] *a* humble ● *v* humilier; ~ *o.s.*, s'humilier.

humbly *av* humblement.

humid ['hju:mid] *a* humide.

hu'midity *n* humidité *f*.

humility [hju:'militi] *n* humilité *f*.

humorist ['hju:mərist] *n* humoriste *n*.

humour *n* humour *m*; drôlerie *f*; *have a sense of* ~, avoir de l'humour; *in good/bad* ~, de bonne/mauvaise humeur.

hump [hʌmp] *n* bosse *f*.

humpbacked [-bækt] *a* bossu.

hunch [hʌnʃ] *n* COLL. idée *f*, pressentiment *m*.

hunchback *n* bossu *n*.

hundred ['hʌndrəd] *a/n* cent (*m*); *about a* ~, une centaine.

hundredth [-θ] *a* centième.

hung [hʌŋ] → HANG*.

hunger ['hʌŋgə] *n* faim *f*; ~ *strike*, grève *f* de la faim.

hungry *a* affamé; *be* ~, avoir faim; *go* ~, se passer de manger.

hunt [hʌnt] *v* chasser à courre.

hunter *n* chasseur *n* (of wild animals).

hunting *n* chasse *f* (à courre).

hurdle ['hə:dl] *n* claie *f*.

hurdle-race *n* SP. course *f* de haies.

hurl [hə:l] *v* lancer (avec force).

hurrah!, hurray! [hu'ra:, -ei] *interj* hourra!, bravo! ‖ chouette!

hurricane ['hʌrikən] *n* ouragan, cyclone *m*.

hurried ['hʌrid] *a* précipité (departure); fait à la va-vite (fam.).

hurriedly *av* à la hâte.

hurry ['hʌri] *n* hâte, précipitation *f*; *be in a* ~, être pressé; *there is no* ~, rien ne presse ● *v* se hâter, se dépêcher; ~ *up!*, dépêchez-vous; *don't* ~, prenez votre temps ‖ presser, bousculer (sb).

hurt* [hə:t] *v* blesser, faire mal à; ~ *one's leg*, se blesser la jambe ‖ faire mal; *does it* ~?, cela (vous) fait-il mal?

husband ['hʌzbənd] *n* mari *m*.

hut [hʌt] *n* hutte, cabane *f*.

hydro ['haidrəu] *n* COLL. établissement thermal.

hygiene [-dʒi:n] *n* hygiène *f*.

hy'gienic *a* hygiénique.

hymn [him] *n* hymne *m*.

hyphen ['haifn] *n* trait *m* d'union.

hypnotic [hip'nɔtik] *a* hypnotique.

hypnotize ['hipnətaiz] *v* hypnotiser.

hypocrisy [hi'pɔkrəsi] *n* hypocrisie *f*.

hypocrite ['hipəkrit] *n* hypocrite *n*.

hypo'critical *a* hypocrite.

hypodermic [,haipə'dəːmik] *a* hypodermique.

hypothesis [hai'pɔθisis] *n* hypothèse *f*.

hysterics [his'teriks] *n* COLL. crise *f* de nerfs ; *go into* ∼, piquer une crise (fam.).

i

i [ai]

I *pr* je, j' ; moi.

ice [ais] *n* glace *f*.

ice-box *n* glacière *f* ; US réfrigérateur *m*.

ice-cream *n* glace *f*, crème glacée.

ice-cube *n* glaçon *m*.

ice-hockey *n* hockey *m* sur glace.

ice-pail *n* seau *m* à glace.

ice-tray *n* bac *m* à glace.

icicle ['aisikl] *n* glaçon *m*.

icy *a* glacé (water) ; glacial (air) ; verglacé (road).

idea [ai'diə] *n* idée *f*.

ideal [ai'diəl] *a/n* idéal *(m)*.

idealist *n* idéaliste *n*.

identity [ai'dentiti] *n* identité *f* ; ∼ *card*, carte *f* d'identité.

idiom ['idiəm] *n* idiome *m* (language) ; idiotisme *m* (phrase).

idio'matic *a* idiomatique.

idiot ['idiət] *n* idiot *n*.

idle ['aidl] *a* [person] inoccupé (doing no work) ; paresseux (lazy) ‖ [machine] au repos ‖ FIG. futile, vain ● *v* [person] fainéanter ‖ [machine] tourner au ralenti ‖ ∼ *one's time away*, perdre son temps.

idleness *n* oisiveté *f*, désœuvrement *m* (inaction).

idol ['aidl] *n* idole *f*.

if [if] *c* si (condition, hypothesis) ; ∼ *I were you*, si j'étais vous ; ∼ *so*, dans ce cas ; ∼ *not*, sinon.

ignition [ig'niʃn] *n* AUT. allumage *m* ; ∼ *key*, clef *f* de contact ; *advanced* ∼, avance *f* à l'allumage.

ignorance ['ignərəns] *n* ignorance *f*.

ignorant *a* ignorant ; *be* ∼ *of*, ignorer.

ignore [ig'nɔː] *v* ne pas prêter attention à ; faire semblant de ne pas reconnaître (sb) ‖ ne pas tenir compte de (sth).

ill [il] *n* mal *m* ; *speak* ∼ *of*, dire du mal de ● *a* mauvais ‖ malade, souffrant (sick) ● *av* mal ; *take sth* ∼, prendre mal qqch.

ill-bred *a* mal élevé.
illegal [i'li:gl] *a* illégal.
illegible [i'ledʒəbl] *a* illisible.
ill-luck *n* malchance *f*.
illness ['ilnis] *n* maladie *f*.
ill-smelling *a* malodorant.
illusion [i'lu:ʒn] *n* illusion *f*.
ill will *n* rancune *f*.
image ['imidʒ] *n* image *f*.
imaginary [i'mædʒinri] *a* imaginaire.
i͵magi'nation *n* imagination *f*.
imagine [-in] *v* imaginer, se figurer, concevoir.
imitate ['imiteit] *v* imiter.
͵imi'tation *n* imitation *f*; ~ *leather*, similicuir *m*.
'imitator *n* imitateur *n*.
immaterial [͵imə'tiəriəl] *a* insignifiant, peu important.
immediately [i'midiətli] *av* immédiatement, tout de suite.
immense [i'mens] *a* immense.
immigrant ['imigrənt] *n* immigrant *n*.
immigrate [-eit] *v* immigrer.
͵immi'gration *n* immigration *f*.
imminent *a* imminent.
i'mmobile *a* immobile.
immobilize *v* immobiliser.
immodest [i'mɔdist] *a* impudique (indecent).
immortal [i'mɔːtl] *a* immortel.
immune [i'mjuːn] *a* MED. immunisé (*from*, contre).
immunize ['imjunaiz] *v* immuniser.
impact ['impækt] *n* choc *m*; impact *m* ‖ FIG. effet *m*.

impair [im'pɛə] *v* endommager, détériorer ‖ diminuer, altérer.
im'partial *a* impartial.
impatience [im'peiʃəns] *n* impatience *f*.
impatient [-ʃnt] *a* impatient; *grow* ~, s'impatienter.
impel [im'pel] *v* pousser à, forcer à/de; obliger à.
impending [im'pendiŋ] *a* imminent.
imperative [im'perətiv] *a/n* impératif (*m*).
imperfect [im'pəːfikt] *a* imparfait.
imperfectly *av* imparfaitement.
impersonal [im'pəːsnl] *a* impersonnel.
impertinent [im'pəːtinənt] *a* impertinent (impudent).
implicit [im'plisit] *a* implicite.
imply [im'plai] *v* impliquer, sous-entendre (implicate) ‖ insinuer (hint).
impolite [͵impə'lait] *a* impoli.
import [im'pɔːt] *v* COMM. importer (goods) ● ['--] *n* COMM. importation *f*.
im'portance [-ns] *n* importance *f*.
im'porter *n* importateur *m*.
impose [im'pəuz] *v* imposer ‖ ~ *on*, s'imposer à (*sb*, qqn).
imposing *a* imposant.
impossible [im'pɔsəbl] *a* impossible.
impress [im'pres] *v* imprimer ‖ marquer ‖ FIG. impressionner (affect).

impression [-ʃn] *n*
empreinte *f* (mark) ‖ TECHN.
impression *f* (printing) ‖ FIG.
impression *f*; **make an ~**,
faire impression (*on*, sur); *be
under the ~ that*, avoir l'impression que.

impressive *a* impressionnant,
imposant.

imprison [im'prizn] *v* empri-
sonner.

improper [im'prɔpə] *a* inconvenant (indecent); déplacé (not
suitable) ‖ GRAMM. incorrect.

improperly *av* incorrec-
tement.

impropriety [,imprə'praiəti]
n inconvenance *f* ‖ GRAMM.
impropriété *f*.

improve [im'pru:v] *v* améliorer ‖ [health] s'améliorer ‖
TECHN. perfectionner.

improvement *n* amélioration
f ‖ TECHN. perfectionnement
m. ‖ MED. mieux *m*.

improvise ['imprəvaiz] *v*
improviser.

imprudent [im'pru:dnt] *a*
imprudent.

imprudently *av* imprudemment.

impudent ['impjudnt] *a*
impudent, effronté, insolent.

impulse ['impʌls] *n* impul-
sion, poussée *f*.

im'pulsive *a* impulsif.

impure [im'pjuə] *a* impur.

in [in] *p* [space] dans, en;
[location] en, à; ~ *London*, à
Londres; ~ *town*, en ville; ~
bed, au lit ‖ [time] en; ~ *the*

evening, le soir; ~ *summer*,
en été; ~ *an hour*, dans une
heure ‖ [state, condition] en;
[circumstances] à, au, par; ~
this heat, par cette chaleur ‖
[means] à; ~ *pencil*, au crayon
‖ ~ *all*, en tout ‖ [ratio] *one* ~
five, un sur cinq ‖ [measure]
de; *ten feet* ~ *height*, dix
pieds de haut ● *av* : *walk* ~,
entrer; *be* ~, être à la maison
(at home) ‖ [oysters] être de
saison ‖ COLL. ~ *for* : *we are*
~ *for a storm*, nous allons
avoir un orage ‖ *be well
with sb*, être bien avec qqn ●
a SL. dans le vent (fashionable).

ina'bility *n* incapacité *f*.

inaccessible [,inæk'sesəbl] *a*
inaccessible.

in'accuracy *n* inexactitude *f*.

inaccurate [-it] *a* inexact.

in'action *n* inaction *f*.

inactive [-tiv] *a* inactif.

in'activity *n* inactivité *f*.

in'adequate *a* inadéquat ‖
insuffisant.

inadvertently [,inəd'və:təntli]
av par inadvertance/mé-
garde.

inanimate [in'ænimit] *a*
inanimé.

inasmuch [inəz'mʌtʃ] *c* d'autant plus (*as*, que).

,ina'ttention *n* inattention *f*.

inattentive [-tiv] *a* inattentif.

inaudible [in'ɔ:dəbl] *a* inaudible.

inaugurate [i'nɔːgjureit] *v* inaugurer (building).

'in'born *a* inné.

in'capable *a* incapable.

incense ['insens] *n* encens *m*.

incentive [in'sentiv] *n* stimulant, encouragement *m*.

inch [inʃ] *n* pouce *m* (measure) ‖ FIG. *within an* ∼ *of*, à deux doigts de.

incidental [ˌinsi'dentl] *a* accessoire ; ∼ *expenses*, faux frais *mpl*.

incidentally *a* soit dit en passant, entre parenthèses.

incinerator [in'sinəreitə] *n* incinérateur *m*.

incite [in'sait] *v* inciter (*to*, à).

incitement *n* incitation, instigation *f*.

inclined [in'klaind] *a* enclin (*to*, à).

include [in'kluːd] *v* inclure, comprendre.

inclusive [-siv] *a* inclus, global ; ∼ *terms*, prix tout compris.

inclusively *av* inclusivement.

income ['inkəm] *n* revenu *m* ; ∼-*tax*, impôt *m* sur le revenu.

in'comparable *a* incomparable.

incompetent [in'kɔmpitnt] *a* incompétent.

incom'plete *a* incomplet, inachevé.

incomprehensible [inˌkɔmpri'hensəbl] *a* incompréhensible.

incon'ceivable *a* inconcevable.

inconsistent [ˌinkən'sistnt] *a* incompatible (at variance) ‖ en désaccord, en contradiction (*with*, avec) ; contradictoire.

incon'venience *n* inconvénient *m* ; ennui *m* (trouble) ‖ gêne *f* (hindrance) • *v* incommoder, gêner.

incon'venient *a* inopportun (time) ‖ malcommode (thing).

inco'rrect *a* inexact (wrong) ‖ incorrect (behaviour).

increase ['inkriːs] *n* augmentation *f*, accroissement *m* ‖ hausse *f* (of prices) • *v* [-'-] augmenter ; croître.

in'credible *a* incroyable.

incredulous [in'kredjuləs] *a* incrédule.

incurable [in'kjuərəbl] *a* incurable.

indebted [in'detid] *a* redevable (*to*, à ; *for*, de).

in'decency *n* indécence *f*.

in'decent *a* indécent (obscene) ‖ inconvenant (unseemly).

indeed [in'diːd] *av* en effet ; vraiment ‖ *yes* ∼*!*, mais oui !

indefatigable [ˌindi'fætigəbl] *a* infatigable.

in'definite *a* indéfini ‖ vague.

indefinitely *av* indéfiniment ‖ vaguement.

indelible [in'delibl] *a* indélébile, ineffaçable.

indemnify [in'demnifai] *v* indemniser, dédommager (*sb for sth*, qqn de qqch).

indemnity *n* indemnité *f*.

independent [ˌindi'pendənt] *a* indépendant.

India ['indjə] *n* Inde *f* ∥ ∼ **rubber**, gomme *f*.

Indian [-ən] *a/n* indien (n), hindou (n) ; (amér)indien (n) ; *Red* ∼*s*, Peaux-Rouges *mpl* ∥ ∼ **corn**, maïs *m* ∥ *in* ∼ *file*, en file indienne ∥ ∼ *ink*, encre *f* de Chine ∥ ∼ **summer**, été *m* de la Saint-Martin.

indicate ['indikeit] *v* indiquer ∥ dénoter (show).

indi'cation *n* indication *f;* indice *m*.

indicative [in'dikətiv] *n* GRAMM. indicatif *m*.

indicator ['indikeitə] *n* AUT. clignotant *m*.

in'difference *n* indifférence *f*.

in'different *a* indifférent (*to*, à).

in'differently *av* avec indifférence.

indigestible [ˌindi'dʒestəbl] *a* indigeste.

indigestion [-ʃn] *n* indigestion *f; have an attack of* ∼, avoir une indigestion.

indignant [in'dignənt] *a* indigné (*at*, de) ; *be* ∼, s'indigner (*at/with*, de/contre).

indig'nation *n* indignation *f*.

indi'rect *a* indirect.

indis'creet *a* indiscret.

indis'cretion [-eʃn] *n* indiscrétion *f*.

indispensable [ˌindis'pensəbl] *a* indispensable.

indispo'sition *n* indisposition *f* (slight illness).

indis'tinct *a* indistinct, confus, vague.

indis'tinguishable *a* indiscernable.

individual [ˌindi'vidjuəl] *n* individu *m* • *a* individuel ∥ particulier.

individually *av* individuellement, un à un ∥ isolément.

indoor ['indɔ:] *a* d'intérieur (game) ; couvert (tennis).

indoors [-z] *av* à l'intérieur, à la maison.

induce [in'dju:s] *v* persuader ∥ provoquer (bring about).

inducement *n* encouragement *m*, incitation *f*.

indulge [in'dʌldʒ] *v* gâter (child) ∥ se permettre, s'adonner (*in*, à) ∥ ∼ *o.s.*, ne rien se refuser.

indulgence *n* complaisance *f* envers soi-même ∥ indulgence *f*.

indulgent *a* indulgent ∥ accommodant.

industrial [in'dʌstriəl] *a* industriel.

industrialist *n* industriel *m*.

industry ['indəstri] *n* TECHN. industrie *f*.

inefficient [ˌini'fiʃnt] *a* inefficace ∥ [person] incapable.

in'elegant *a* inélégant.

inert [i'nə:t] *a* inerte.

inevitable [in'evitəbl] *a* inévitable.

inevitably *av* inévitablement, immanquablement.

inex'pensive *a* bon marché, peu coûteux.

inexperienced [ˌiniks'piə-riənst] *a* inexpérimenté, novice.

inexplicable [ˌiniks'plikəbl] *a* inexplicable.

infancy ['infənsi] *n* première enfance.

infant *n* bébé *m* ; petit enfant ; ~ *school*, école maternelle.

infantry ['infəntri] *n* infanterie *f*.

infantryman *n* fantassin *m*.

infatuate [in'fætjueit] *v* : *become* ~*ed with*, avoir le béguin pour (fam.).

in͵fatu'ation *n* engouement *m* ; toquade *f* ‖ [love] béguin *m*.

infect [in'fekt] *v* infecter, contaminer.

infection *n* infection *f*.

infectious [-ʃəs] *a* infectieux (disease) ; contagieux (person).

infer [in'fəː] *v* déduire, conclure.

inferior [in'fiəriə] *a/n* inférieur (*n*).

in͵feri'ority *n* infériorité *f* ; ~ *complex*, complexe *m* d'infériorité.

infinite ['infinət] *a* infini.

infinitely *av* infiniment.

infinitive [in'finitiv] *n* GRAMM. infinitif *m*.

infirm [in'fəːm] *a* infirme.

infirmary [-əri] *n* hopital *m* ‖ [school] infirmerie *f*.

infirmity *n* infirmité *f*.

inflate [in'fleit] *v* gonfler.

inflation *n* gonflement *m* ‖ FIN. inflation *f*.

in'flexible *a* inflexible.

influence ['influəns] *n*

influence *f* ● *v* influencer (sb) ; influer sur (sth).

influenza [ˌinflu'enzə] *n* grippe *f*.

inform [in'fɔːm] *v* informer.

in'formal *a* sans cérémonie, familier.

information [ˌinfə'meiʃn] *n* information(s) *f(pl)*, renseignements *mpl* ; *a piece of* ~, un renseignement ; ~ *bureau*, bureau *m* de renseignements.

ingenious [in'dʒiːnjəs] *a* ingénieux.

ingenuity [ˌindʒi'njuiti] *n* ingéniosité *f*.

ingenuous [in'dʒenjuəs] *a* ingénu, naïf.

ingenuousness *n* ingénuité, naïveté *f*.

ingot ['iŋgət] *n* lingot *m*.

ingrained ['in'greind] *a* invétéré (habit) ; enraciné (prejudice).

in'gratitude *n* ingratitude *f*.

ingredient [in'griːdjənt] *n* ingrédient *m*.

͵in'growing, ͵in'grown *a* incarné (toenail).

inhabitant [in'hæbitənt] *n* habitant *n*.

inhale [in'heil] *v* inhaler.

inherit [in'herit] *v* hériter (*from*, de).

inheritance *n* héritage *m*.

inhibited [in'hibitid] *a* refoulé.

in'human *a* inhumain.

initial [i'niʃl] *a* initial ● *npl* initiales *fpl* ● *v* parafer.

initiate [-jeit] *v* initier (*into*, à).

i͵niti'ation *n* initiation *f*.

i'nitiative [-iətiv] *n* initiative *f*.

injection [in'dʒekʃn] *n* MED. injection, piqûre *f* ‖ AUT. *fuel ~ engine*, moteur *m* à injection.

injure ['inʒə] *v* nuire à, faire tort à ‖ blesser (wound) ‖ FIG. offenser.

injury [-ri] *n* tort, dommage, préjudice *m* ‖ MED. blessure *f*.

in'justice *n* injustice *f*.

ink [iŋk] *n* encre *f*; *write in ~*, écrire à l'encre.

'in'laid → INLAY* ● *a* incrusté (*with*, de).

inland *a* intérieur.

in-laws ['inlɔ:z] *npl* beaux-parents *mpl*.

inlay* ['in'lei] *v* incruster (*with*, de) ● *n* incrustation *f*; marqueterie *f*.

inmost ['inməust] *a* le plus profond/secret.

inn [in] *n* auberge *f*.

innate ['i'neit] *a* inné.

inner ['inə] *a* intérieur ‖ FIG. intime ‖ AUT. *~ tube*, chambre *f* à air.

innocence ['inəsəns] *n* innocence *f*.

innocent *a* innocent.

innovate ['inəveit] *v* innover.

inno'vation *n* innovation *f*.

innuendo [͵inju'endəu] *n* insinuation *f*, sous-entendu *m*.

innumerable [i'nju:mrəbl] *a* innombrable.

inquire [in'kwaiə] *v* : *~ about*, s'informer de, se renseigner sur ‖ *~ after*, demander des nouvelles de ‖ *~ for*, demander à voir qqn.

inquiry [-ri] *n* demande *f* (de renseignements) ‖ JUR. enquête *f* ‖ *Pl* (bureau *m* de) Renseignements.

inquisitive [in'kwizitiv] *a* (trop) curieux.

in'sane *a* fou.

insect ['insekt] *n* insecte *m*; *~ spray*, bombe *f* d'insecticide.

in'sensible *a* MED. inconscient (unconscious) ‖ FIG. inconscient (unaware).

insensibly *av* insensiblement.

insensitive *a* insensible.

inseparable [in'seprəbl] *a* inséparable.

inside ['in'said] *av* (à l')intérieur, dedans ; *go ~*, rentrer ● *p* à l'intérieur de ● *n* intérieur *m* ‖ *~ out*, à l'envers.

insignificant [͵insig'nifikənt] *a* insignifiant.

insinuate [in'sinjueit] *v* insinuer.

in͵sinu'ation *n* insinuation *f*.

insist [in'sist] *v* insister ‖ *~ on*, tenir à.

insistence *n* insistance *f*.

insistent *a* pressant (pressing) ‖ instant (demand).

insolence ['insləns] *n* insolence *f*.

insolent *a* insolent.

insomnia [in'sɔmniə] *n* insomnie *f*.

inspect [in'spekt] *v* inspecter.
inspection *n* inspection *f*.
inspector *n* inspecteur *n* ‖ RAIL. contrôleur *m*.
inspiration [,inspə'rei∫n] *n* inspiration *f*.
install [in'stɔ:l] *v* installer, poser (set).
instalment [-mənt] *n* [story] épisode *m* ‖ COMM. versement (partiel).
instance ['instəns] *n* cas, exemple *m; for ~,* par exemple.
instant ['instənt] *n* instant *m* • *a* immédiat (at once) ‖ urgent, pressant (need) ‖ soluble (coffee).
instantaneous [-teinjəs] *a* instantané.
instantly *av* immédiatement.
instead [in'sted] *av* à la place ‖ *~ of,* au lieu de ; plutôt (que).
instinct ['instiŋt] *n* instinct *m*.
in'stinctive *a* instinctif.
instinctively *av* instinctivement.
instruction [in'strʌk∫n] *n* instruction *f* ‖ *Pl* directives *fpl*, mode *m* d'emploi.
instrument ['instrumənt] *n* instrument *m*.
insu'fficient *a* insuffisant.
insulate ['insjuleit] *v* isoler ; calorifuger (against cold).
insulin ['insjulin] *n* insuline *f*.
insult ['insʌlt] *n* insulte, injure *f* • [-'-] *v* insulter, injurier.
insurance [in'∫uərəns] *n* assurance *f; ~ policy,* police *f* d'assurance ; *take out an ~,* s'assurer ; *car ~,* assurance *f* automobile.
insure [in'∫uə] *v* s'assurer (*against,* contre) ‖ assurer (one's house).
insurer [-rə] *n* assureur *m*.
intact [in'tækt] *a* intact.
integrate ['intigreit] *v* intégrer ‖ ELECTR. *~d circuit,* circuit intégré.
intellectual [,inti'lektjuəl] *a/n* intellectuel *(n)*.
intelligence [in'telidʒəns] *n* intelligence *f*.
intelligent *a* intelligent.
intend [in'tend] *v* avoir l'intention (*to,* de) ‖ destiner (*for,* à).
intense [in'tens] *a* intense ; vif.
intensity *n* intensité *f*.
intention [-∫n] *n* intention *f*.
intentional *a* intentionnel, voulu.
intentionally *av* intentionnellement ; délibérément.
interchange ['intə't∫einʒ] *n* échange *m* ‖ US, AUT. échangeur *m* (cross-roads) • [,-'-] *v* échanger.
,inter'changeable *a* interchangeable.
intercom ['-kəm] *n* interphone *m*.
intercourse *n* relations *fpl*, rapports *mpl; sexual ~,* rapports sexuels.
interest ['intrist] *n* intérêt *m*

● *v* intéresser ; **be ~ed in,** s'intéresser à.

interesting *a* intéressant.

interfere [ˌintəˈfiə] *v* intervenir, s'interposer, s'immiscer (*in,* dans).

interior [inˈtiəriə] *a/n* intérieur *(m).*

interjection [ˌintəˈdʒekʃn] *n* interjection *f.*

intermediate [ˌ-ˈmiːdjət] *a* intermédiaire.

intermittent [ˌ-ˈmitənt] *a* intermittent.

internal *a* interne.

ˌinterˈnational *a* international.

interpret [inˈtəːprit] *v* interpréter.

inˌterpreˈtation *n* interprétation *f.*

inˈterpreter *n* interprète *n.*

interrogate [inˈterəgeit] *v* interroger.

inˌterroˈgation *n* interrogation *f.* ; **~ mark,** point *m* d'interrogation.

interrogative [ˌintəˈrɔgətiv] *a* GRAMM. interrogatif.

interrupt [ˌintəˈrʌpt] *v* interrompre.

ˌinteˈrruption *n* interruption *f.*

intersection [ˌintəˈsekʃn] *n* croisement, carrefour *m.*

interˈsex *a* unisexe.

interval [ˈintəvl] *n* intervalle *m* ‖ [weather] *bright* ~s, éclaircies *f* ‖ TH. entracte *m.*

intervene [ˌintəˈviːn] *v*

[events] survenir ‖ [person] intervenir ‖ [time] s'écouler.

ˌinterˈvention *n* intervention *f.*

interview [ˈintəvjuː] *n* entrevue *f* ‖ [media] interview *f* ● *v* avoir un entretien avec, interviewer.

intimacy [ˈintiməsi] *n* intimité *f.*

intimate [-it] *a* intime.

intimately *av* intimement.

intimidate [inˈtimideit] *v* intimider.

inˌtimiˈdation *n* intimidation *f.*

into [ˈintu] *p* [motion], en, dans ; *go* ~, entrer ‖ [change] *translate* ~ *French,* traduire en français ; *turn* ~, (se) transformer en ‖ MATH. *4* ~ *8 goes twice,* 8 divisé par 4 égale 2.

intolerance [inˈtɔlərns] *n* intolérance *f.*

intolerant *a* intolérant.

intonation [ˌintəˈneiʃn] *n* intonation *f.*

intoxicate [inˈtɔksikeit] *v* enivrer ; *get* ~ed, s'enivrer ‖ FIG. griser, enivrer.

inˌtoxiˈcation *n* ivresse, ébriété *f.*

intra-muscular [ˌintrəˈmʌskjulə] *a* intramusculaire.

intransitive [inˈtrænsitiv] *a* intransitif.

introduce [ˌintrəˈdjuːs] *v* présenter (*sb to sb,* qqn à qqn).

ˌintroˈduction *n* présentation *f* (of *sb*).

intrude [inˈtruːd] *v* s'immiscer

dans, être importun, déranger ‖
~ on, s'imposer à ; ~ on sb's
time, déranger qqn.

intruder n intrus n.

intuition [‚intju'iʃn] n intuition f.

intuitive [in'tjuitiv] a intuitif.

invade [in'veid] v envahir.

in'valid a/n invalide, infirme
(n) [disabled] ‖ malade (n)
[sick].

invariable [in'vɛəriəbl] a
invariable.

invent [in'vent] v inventer.

invention [-ʃn] n invention f.

inventor n inventeur n.

inversion [in'və:ʃn] n inter-
version f.

invert [-t] v inverser, interver-
tir ; ~ed commas, guillemets
mpl.

investigate [in'vestigeit] v
examiner, étudier ‖ enquêter
sur.

in‚vesti'gation n examen m ;
investigation f ‖ JUR. enquête f.

invigilate [in'vidʒileit] v
[school] surveiller.

invigilator n surveillant n de
salle.

invigorating [in'vigəreitiŋ] a
fortifiant.

in'visible a invisible.

invitation [‚invi'teiʃn] n invitation f.

invite [in'vait] v inviter (to, à).

inviting a engageant, tentant ;
alléchant (food).

invoice ['invɔis] n COMM. facture f.

involve [in'vɔlv] v impliquer

(imply) ; entraîner (sb) ; get
~ed, se laisser entraîner.

inward ['inwəd] a interne,
intérieur.

inwardly av intérieurement.

inwards [-z] av vers l'intérieur, en dedans.

iodin(e) ['aiədi:n] n iode f ;
tincture of ~, teinture f d'iode.

I. O. U. [‚aiəu'ju:] n [= I owe
you] reconnaissance f de dette.

Ireland ['aiələnd] n Irlande f.

Irish ['aiəriʃ] a irlandais ● npl
Irlandais npl.

Irishman n Irlandais m.

Irishwoman n Irlandaise f.

iron ['aiən] n fer m ‖ (flat) ~,
fer m à repasser ● v repasser
(linen) ‖ FIG. ~ out, aplanir
(difficulty).

ironical [ai'rɔnikl] a ironique.

iron lung ['aiən'lʌŋ] MED.
poumon m d'acier.

ironmonger n quincaillier n ;
~'s shop, quincaillerie f.

irony ['airəni] n ironie f.

irregular [i'regjulə] a irrégulier.

irrelevant [i'relivənt] a hors
de propos ; sans rapport (to,
avec).

irreparable [i'reprəbl] a irréparable.

irresponsible [‚iris'pɔnsəbl]
a irresponsable.

irritate ['iriteit] v irriter.

irritating a irritant, agaçant.

is [iz] → BE*.

Islam ['izlɑ:m] n Islam m.

Islamic [iz'læmik] a islamique.

island ['ailənd] n île f.

islander n insulaire n.

isle [ail] n île f.

islet [-it] n îlot m.

Israel ['izreil] n Israël m.

Israeli [iz'reili] a/n israélien (n).

Israelite ['izriəlait] n israélite n.

issue ['isju:] n [book] parution f ‖ [newspaper] numéro m ‖ [tickets] distribution f ‖ [passport] délivrance f ‖ FIG. question f (problem); **take ~ with**, être en désaccord avec (sb) • v publier (book); délivrer (passport).

it [it] pr [subj.] il, elle; ce, cela; ~ is easy, c'est facile ‖ [obj.] le, la, ça; I need ~, j'en ai besoin ‖ [indir. obj.] en; I am afraid of ~, j'en ai peur;

y; think of ~, pensez-y ‖ COLL. with ~, dans le vent • impers : ~ is cold, il fait froid; that's ~, c'est cela.

Italian [i'tæljən] a italien • n Italien n ‖ [language] italien m.

italic [i'tælik] n italique m.

Italy ['itəli] n Italie f.

itch [itʃ] n démangeaison f • v démanger.

item ['aitəm] n [list] point m, question f ‖ [programme] numéro m ‖ [newspaper] article m; news ~, nouvelle f ‖ COMM. article m.

its [its] poss a son, sa, ses • poss pr : ~ own, le sien, la sienne; les siens, les siennes.

itself [it'self] reflex/emph pr se/lui/elle-même, même.

ivory ['aivri] n ivoire m.

ivy ['aivi] n lierre m.

J

j [dʒei]

jab [dʒæb] v enfoncer (knife) • n COLL. piqûre f (injection).

jack [dʒæk] n [cards] valet m ‖ [bowling] cochonnet m ‖ AUT. cric m • v : AUT. ~ up, soulever (avec un cric).

jacket ['dʒækit] n veston m ‖ CULIN. potatoes in their ~s, pommes de terre fpl en robe des champs/de chambre.

jack-pot ['dʒækpɔt] n [cards] cagnotte f, pot m; [lottery] gros lot.

jail [dʒeil] n prison f.

jam 1 [dʒæm] n confiture f.

jam 2 n cohue, foule f (crowd) ‖ [traffic] embouteillage m; bouchon m (fam.) • v serrer, comprimer (crush) ‖ tasser (cram) ‖ bloquer (street) ‖ TECHN. (se) bloquer, (se) coincer ‖ RAD. brouiller.

jam-jar n pot m à confiture.

jamming n RAD. brouillage m.

January ['dʒænjuəri] n janvier m.

Japan [dʒə'pæn] n Japon m.

Japanese [,dʒæpə'niːz] a/n japonais (n).

jar 1 [dʒɑː] n [earthenware] pot m ; [glass] bocal m.

jar 2 n [sound] son discordant • v [sound] grincer ‖ MUS. détonner ‖ FIG. [colours] jurer (with, avec).

jarring [-riŋ] a discordant.

jaw [dʒɔː] n mâchoire f.

jazz [dʒæz] n jazz m • v jouer en jazz ‖ FIG., COLL. ~ up, animer.

jealous ['dʒeləs] a jaloux.

jealousy n jalousie f.

jeans [dʒiːnz] npl blue-jeans mpl.

jelly ['dʒeli] n gelée f.

jerk [dʒəːk] n saccade, secousse f • v donner une secousse ; se mouvoir par saccades.

jerky a saccadé.

jerrycan ['dʒerikæn] n jerrycan m.

jersey ['dʒəːzi] n pull-over m.

jest [dʒest] n plaisanterie f ; in ~, pour rire • v plaisanter (with, de).

jet [dʒet] n jet m (water, gas) ‖ AUT. gicleur m ; slow running ~, gicleur de ralenti ‖ AV. ~(-plane), avion m à réaction ; suffer from ~ lag, souffrir du décalage horaire.

jetty ['dʒeti] n jetée f (breakwater) ; embarcadère m (pier).

Jew [dʒuː] n Juif m.

jewel ['dʒuːəl] n bijou m ‖ [watch] rubis m.

jeweller n bijoutier, joaillier.

Jewess ['dʒuːis] n Juive f.

Jewish a juif.

jilt [dʒilt] v plaquer (sb, qqn). [fam.]

jingle ['dʒiŋgl] n tintement m (of bells) • v [bell] tinter ; [chains] cliqueter.

job [dʒɔb] n travail, emploi m ‖ out of a ~, en chômage ‖ tâche f (piece of work) ; paid by the ~, payé à la pièce ; odd ~ man, homme m à tout faire ; do odd ~s, bricoler ; make a good ~ of it, faire du bon travail ‖ SL. [dishonest] combine f ; put-up ~, coup monté.

jobless a sans emploi.

jockey ['dʒɔki] n jockey m.

jog [dʒɔg] n secousse f (jerk) ‖ [carriage] cahot m ‖ [horse] petit trot • v secouer ‖ [carriage] cahoter ; [horse] aller au petit trot ‖ SP. faire du jogging.

join [dʒɔin] v joindre (things) ‖ unir (persons) ‖ relier (connect) ‖ devenir membre, adhérer à (club) ‖ retrouver, rejoindre (meet) ‖ se joindre à (sb) ‖ ~ the army, s'engager ‖ ~ in, participer, se joindre à.

joiner n menuisier m.

joint 1 [dʒɔint] n SL. [night club] boîte f (de nuit) ‖ SL. [reefer] joint m (arg.).

joint 2 *n* articulation *f*; **out of** ~, disloqué ‖ CULIN rôti *m*.

joke [dʒəuk] *n* plaisanterie *f*; histoire *f* drôle ‖ **(practical)** ~, farce, attrape *f*; **play a** ~ **on sb**, jouer un tour, faire une farce à qqn • *v* plaisanter.

joker *n* farceur *n* ‖ [cards] joker *m*.

jolly [ˈdʒɔli] *a* joyeux; ~ **fellow**, gai luron ‖ COLL. éméché (tipsy) • *av* drôlement.

jolt [dʒəult] *v* cahoter, secouer • *n* secousse *f*, cahot *m*.

jostle [ˈdʒɔsl] *v* bousculer qqn, jouer des coudes (elbow) • *n* bousculade *f*.

jot [dʒɔt] *v* : ~ **down**, prendre (en) note.

journalism [ˈdʒəːnəlizm] *n* journalisme *m*.

journalist *n* journaliste *n*.

journey [ˈdʒəːni] *n* voyage *m*; **go on a** ~, partir en voyage; **make a** ~, faire un voyage ‖ trajet, parcours *m* (distance travelled) ‖ [taxi] course *f* • *v* voyager.

joy [dʒɔi] *n* joie *f*.

joyful *a* joyeux.

joyride *n* AUT., COLL. balade en voiture (volée).

judge [dʒʌdʒ] *n* JUR. juge *m*; arbitre *m* • *v* juger (from, d'après).

judo [ˈdʒuːdəu] *n* judo *m*.

jug [dʒʌg] *n* pot *m* ‖ [metal] broc *m*.

juggle [ˈdʒʌgl] *v* jongler, faire des tours de passe-passe; ~ **away**, escamoter.

juggler *n* jongleur *n*; prestidigitateur *n*.

juice [dʒuːs] *n* jus *m* ‖ SL., AUT. essence *f*.

July [dʒuˈlai] *n* juillet *m*.

jumble [ˈdʒʌmbl] *n* fouillis, fatras *m*.

jump [dʒʌmp] *v* sauter, bondir ‖ franchir (d'un bond) ‖ RAIL. ~ **the rails**, dérailler ‖ COLL. ~ **the queue**, resquiller, passer avant son tour • *n* saut, bond *m* ‖ SP. **high/long** ~, saut en hauteur/longueur.

jumper *n* sauteur *n* ‖ [garment] pull *m*.

jumpy *a* nerveux.

junction [ˈdʒʌŋʃn] *n* jonction *f* ‖ [roads] bifurcation *f* ‖ RAIL. embranchement *m*.

June [dʒuːn] *n* juin *m*.

jungle [ˈdʒʌŋgl] *n* jungle *f*.

junior [ˈdʒuːnjə] *a* cadet; *Smith J~*, [abbr. *Jr*] le jeune Smith.

junk [dʒʌŋk] *n* bric-à-brac *m* ‖ matériaux *mpl* de rebut; ~ **dealer**, brocanteur *n*.

junket [ˈdʒʌŋkit] *n* CULIN. lait caillé.

just [dʒʌst] *a* juste; bien fondé (fair) ‖ juste, mérité (deserved) ‖ équitable (lawful) • *av* juste, exactement; ~ **now**, à l'instant (même) ‖ [immediate past] *he's* ~ *gone*, il vient de sortir; [book] ~ **out**, vient de paraître.

justice [-is] *n* justice *f* ‖ **do** ~ **to**, faire honneur à (meal).

justify [-ifai] *v* justifier.

k

k [kei]

kayak ['kaiæk] n kayak m.

keen [ki:n] a aiguisé, affilé (sharp) ‖ FIG. vif (appetite, desire) ; ardent, enthousiaste (person) ; ~ **on,** passionné de.

keep 1 [ki:p] n donjon m.

keep* 2 v garder ‖ tenir (promise) ‖ célébrer (feast-day) ‖ entretenir, faire vivre ; ~ **house,** tenir le ménage ‖ posséder ; ~ **a shop,** tenir un commerce ‖ tenir (diary) ‖ retenir ; ~ **waiting,** faire attendre ‖ rester ; ~ **silent,** se taire ‖ continuer ; ~ **smiling,** garder le sourire ‖ [food] se conserver ‖ MED. ~ **one's room,** garder la chambre ‖ COMM. tenir (article) ‖ ~ **back,** retenir, détenir ; taire (secrets) ‖ ~ **from,** (s')empêcher de ‖ ~ **in,** garder en retenue (schoolboy) ‖ ~ **off,** tenir/rester à distance ‖ ~ **on,** continuer de ‖ ~ **out,** empêcher d'entrer ‖ ~ **to :** ~ **to the left,** garder sa gauche ‖ ~ **up,** soutenir ; empêcher de se coucher, faire veiller (sb) ; entretenir (house).

keeper n gardien n.

keeping n garde f.

keepsake [-seik] n souvenir m (object).

kennel ['kenl] n niche f.

kept [kept] → KEEP*.

kerb [kə:b] n bord m de trottoir.

kerosene ['kerəsi:n] n US pétrole (lampant).

kettle ['ketl] n bouilloire f.

key [ki:] n clef, clé f ‖ [piano, typewriter] touche f ‖ MUS. ton m ‖ FIG. clef, solution f ; [exercise] corrigé m.

keyboard n clavier m.

keyhole n trou m de serrure.

key-ring n porte-clefs m.

kick [kik] n coup m de pied ‖ [horse] ruade f ‖ COLL. plaisir m intense (thrill) ● v donner un/des coup(s) de pied ‖ [horse] ruer ‖ SP. ~ **off,** donner le coup d'envoi.

kick-off n coup m d'envoi.

kid [kid] n chevreau m ‖ COLL. gamin, gosse n (fam.) ● v COLL. faire marcher (qqn) ; no ~**ding !,** sans blague !

kiddy n COLL. gosse, mioche n (fam.).

kidnap [-næp] v enlever, kidnapper.

kidnapping n enlèvement, rapt m.

kidney ['kidni] n rein m ‖ CULIN. rognon m.

kidney-bean n haricot m rouge.

kill [kil] v tuer (persons) ; abattre (animals).

kilogram(me) [ˈkiləgræm] *n* kilo(gramme) *m.*

kilometre *n* kilomètre *m.*

kilowatt *n* kilowatt *m.*

kind 1 [kaind] *n* espèce, sorte *f*, genre *m* • COLL. ~ *of*, (*av*) dans une certaine mesure, comme (qui dirait).

kind 2 *a* bon, bienveillant, aimable ; *be so* ~ *as to*, ayez l'obligeance/l'amabilité de.

kindergarten [ˈkində‚gɑ:tn] *n* jardin *m* d'enfants.

kindle [ˈkindl] *v* allumer, (s')enflammer.

kindly [ˈkaindli] *av* avec bonté/gentillesse.

kindness *n* bonté, gentillesse *f* ; *do sb a* ~, rendre service à qqn.

king [kiŋ] *n* roi *m* ‖ [draughts] dame *f.*

kingdom [-dəm] *n* royaume *m.*

kingly *a* royal.

king-size *a* grand format.

kiosk [ˈki:ɔsk] *n* kiosque *m* ‖ TEL. cabine *f.*

kiss [kis] *n* baiser *m* • *v* donner un baiser ; (s')embrasser ‖ *give the* ~ *of life*, faire du bouche à bouche.

kit [kit] *n* équipement *m* ‖ TECHN. trousse *f* ; [do-it-yourself] kit *m.*

kitchen [ˈkitʃin] *n* cuisine *f.*

kitchen-garden *n* jardin potager.

kite [kait] *n* cerf-volant *m.*

kitten [ˈkitn] *n* chaton *m.*

kitty [ˈkiti] *n* cagnotte *f* ; COLL. *go* ~, partager les frais.

knack [næk] *n* tour *m* de main ‖ truc, chic *m* (*of*, pour).

knave [neiv] *n* [cards] valet *m.*

knead [ni:d] *v* pétrir (dough).

knee [ni:] *n* genou *m.*

kneel* [ni:l] *v* : ~ *down*, s'agenouiller, se mettre à genoux.

knelt [nelt] → KNEEL*.

knew [nju:] → KNOW*.

knife [naif] (*Pl* **knives** [-vz]) *n* couteau *m.*

knight [nait] *n* chevalier *m* ‖ [chess] cavalier *m.*

knit* [nit] *v* tricoter ‖ FIG. ~ *one's brows*, froncer les sourcils.

knitting *n* tricot *m.*

knives → KNIFE.

knob [nɔb] *n* [door, radio set] bouton *m.*

knock [nɔk] *n* coup, choc *m* • *v* cogner, heurter ; ~ *at the door*, frapper à la porte ‖ se cogner (*against*, contre) ‖ ~ *down*, renverser ; démolir (building) ; [auction] adjuger ‖ ~ *off*, faire tomber ‖ COMM. déduire (sth from the price) ‖ ~ *out*, [boxing] mettre knock-out.

knocker *n* [door] marteau *m.*

knock-up *n* : [tennis] *have a* ~, faire des balles.

knot [nɔt] *n* nœud *m* ; *tie/untie a* ~, faire/défaire un nœud. • *v* nouer, faire un nœud.

know* [nəu] *v* savoir, connaître ; *not to* ~, ignorer ; *let* sb ~, faire savoir à qqn ‖ reconnaître ‖ distinguer (*from*, de) ‖ ~ ***about***, être au courant de ‖ ~ ***better than to***, se bien garder de.

know-how n COLL. technique *f*, savoir-faire *m*.

knowledge ['nɔlidʒ] n connaissance, science *f*, savoir *m* ‖ *without my* ~, à mon insu.

known [nəun] → KNOW*.

knuckle ['nʌkl] n articulation *f* du doigt.

I [el]

label ['leibl] n étiquette *f*.

laboratory [lə'bɔrətri] n laboratoire *m*.

labour ['leibə] n travail, labeur *m* (toil) ‖ [workers] main-d'œuvre *f* ‖ POL. *L*~ *Party*, parti *m* travailliste.

labourer n manœuvre *m*.

labour-saving a qui économise du travail ; ~ ***device***, appareil ménager.

lace [leis] n : (shoe) ~, lacet *m* ‖ [ornament] dentelle *f* • v : ~ (up), lacer.

lack [læk] n manque *m* ; ***for*** ~ ***of***, à défaut de, faute de • v manquer de ; faire défaut.

lacquer ['lækə] n laque *f* • v laquer.

lad [læd] n garçon *m*.

ladder ['lædə] n échelle *f* ‖ [stocking] maille filée • v [stocking] filer.

ladder-proof a indémaillable.

ladle ['leidl] n louche *f*.

lady ['leidi] n dame *f* ; *young* ~, demoiselle *f*.

lag [læg] v rester en arrière, traîner • n retard *m*.

lager ['lɑːgə] n bière légère.

laid [leid] → LAY*.

lain [lein] → LIE*.

lake [leik] n lac *m*.

lamb [læm] n agneau *m*.

lame [leim] a boiteux.

lamp [læmp] n lampe *f*.

lamp-post n réverbère *m*.

lamp-shade n abat-jour *m*.

land [lænd] n terre *f* ‖ pays *m* (country) ; *native* ~, patrie *f* • v débarquer ‖ Av. atterrir ; amerrir (on sea).

landing n NAUT. débarquement *m* ‖ Av. atterrissage *m* ; amerrissage *m* (on water) ‖ ARCH. palier *m*.

landing-net n épuisette *f*.

landlady ['læn,leidi] n propriétaire, logeuse *f*.

landlord n propriétaire *m*.

landmark n repère *m*.

landscape n paysage *m*.

lane [lein] n [country] chemin *m* ‖ [town] ruelle *f* ‖ [road] file, voie *f*.

language ['læŋgwidʒ] n

langue *f*; langage *m*; *living* ~, langue vivante.

lanky *a* grand et maigre, efflanqué.

lap *n* giron *m* ‖ genoux *mpl*; *sit on sb's* ~, s'asseoir sur les genoux de qqn.

lapel [lə'pel] *n* revers *m*.

lapse [læps] *n* : ~ *of memory*, trou *m* de mémoire.

lard [lɑːd] *n* saindoux *m*.

large [lɑːdʒ] *a* grand (spacious) ‖ volumineux, gros (big) ‖ FIG. at ~, en général.

largely *av* en grande partie.

laser ['leizə] *n* laser *m*.

last 1 [lɑːst] *a/pr* dernier; ~ *but one*, avant-dernier; ~ *night*, hier soir; *the evening before* ~, avant-hier soir; *this day* ~ *week*, il y a aujourd'hui huit jours ‖ **at** ~, enfin • *av* en dernier; la dernière fois • *n* dernier *m*; *to the* ~, jusqu'au bout.

last 2 *v* durer.

lasting *a* durable.

lastly *av* pour finir.

latch [lætʃ] *n* loquet *m*; *off the* ~, entrebâillé; *on the* ~, non fermé à clef; ~ *key*, clef *f* de la porte d'entrée.

late [leit] *a* en retard; *the train is ten minutes* ~, le train a dix minutes de retard ‖ tard; *in the* ~ *evening*, tard dans la soirée ‖ défunt (deceased) ‖ ancien (former) • *av* tard, en retard; *sleep* ~, faire la grasse matinée.

late-comer *n* retardataire *n*.

lately *av* dernièrement, depuis peu.

later ['leitə] (comp.) *a* → LATE ‖ plus tardif • *av* : ~ **(on)**, plus tard; *sooner or* ~, tôt ou tard ‖ COLL. *see you* ~, à tout à l'heure.

latest ['leitist] (sup.) *a* → LATE ‖ ~ *news*, dernières nouvelles; **at the** ~, au plus tard.

lather ['lɑːðə] *n* mousse *f* (de savon) • *v* savonner.

latter ['lætə] *a* dernier (second); *the* ~, ce dernier, celui-ci (of two).

laugh [lɑːf] *n* rire *m* • *v* rire; ~ **at**, se moquer de.

laughter [-tə] *n* rire *m*.

launder ['lɔːndə] *v* blanchir, laver (clothes).

laundry *n* blanchisserie *f*.

lavatory ['lævətri] *n* toilettes *fpl*, W.-C. *mpl*.

lavender ['-ində] *n* lavande *f*.

lavish ['læviʃ] *a* prodigue • *v* prodiguer.

lavishly *av* généreusement.

law [lɔː] *n* loi *f*.

'law-,breaker *n* malfaiteur *n*.

lawful *a* légal, licite; légitime.

lawn [lɔːn] *n* gazon *m*, pelouse *f*.

lawn-mower *n* tondeuse *f* (à gazon).

lawyer [-jə] *n* avoué *m*; avocat *n*.

lay 1 [lei] → LIE*.

lay* 2 *v* poser à plat, étendre, coucher ‖ poser, placer (object) ‖ recouvrir (surface); ~ *the* *table,* mettre la table ‖ parier (sum) [*on,* sur] ‖ [hen] pondre ‖ ∼ *on,* installer (gas, water).

lay-by *n* parking *m* (en bord de route).

layer ['leiə] *n* couche *f.*

lazy ['leizi] *a* paresseux.

lead 1 [led] *n* plomb *m.*

lead* 2 [li:d] *v* conduire, mener ; ∼ *the way,* montrer le chemin • *n* conduite, direction *f;* exemple *m* ‖ [dog] *on a* ∼, en laisse ‖ [cards] tour *m; have the* ∼, avoir la main ‖ ELECTR. cordon *m* d'alimentation ‖ SP. avance *f; take the* ∼, prendre la tête.

leaden ['ledn] *a* de plomb.

leader ['li:də] *n* chef, guide *m* ‖ [newspaper] éditorial *m* ‖ MUS. premier violon.

leadership *n* direction, conduite *f.*

leading *a* principal, premier.

leaf [li:f] (*Pl* **leaves** [-vz]) *n* BOT. feuille *f* ‖ [book] page *f,* feuillet *m* • *v* : ∼ *through,* feuilleter (book).

leafy *a* feuillu, touffu.

leak [li:k] *n* fuite *f* • *v* fuir, couler.

lean 1 [li:n] *a* maigre • *n* CULIN. maigre *m.*

lean* 2 *v* (s')appuyer (*against/on,* contre/sur) ; ∼ *out of the window,* se pencher par la fenêtre.

leant [lent] → LEAN*.

leap* [li:p] *v* sauter, bondir • *n* saut, bond *m.*

leap-frog *n* saute-mouton *m.*

leap-year *n* année *f* bissextile.

leapt [lept] → LEAP*.

learn* [lə:n] *v* apprendre ; ∼ *French,* apprendre le français ; ∼ *(how) to do sth,* apprendre à faire qqch.

learner *n* débutant *n.*

learning *n* savoir *m,* science *f.*

learnt [lə:nt] → LEARN*.

least [li:st] *a/pr* (sup. of *little*) le moindre (in importance) ; le plus petit (in size) ; *at* ∼, au/du moins • *av* le moins.

leather ['leðə] *n* cuir *m.*

leave 1 [li:v] *n* permission, autorisation *f* ‖ congé *m* (holiday) ‖ MIL. permission *f; on* ∼, en permission.

leave* 2 [li:v] *v* laisser ; ∼ *sth with sb,* confier qqch à qqn ‖ quitter, partir ; ∼ *for London,* partir pour Londres ‖ ∼ *him alone !,* laissez-le tranquille ! ‖ ∼ *sth behind,* oublier qqch ‖ MATH. rester ‖ ∼ *about,* laisser traîner ‖ ∼ *off,* cesser ‖ ∼ *out,* omettre ‖ → LEFT 1.

Lebanese [ˌlebə'ni:z] *a/n* libanais (*n*).

Lebanon [-ən] *n* Liban *m.*

led [led] → LEAD* 2.

leek [li:k] *n* poireau *m.*

left 1 [left] → LEAVE* • *pp* : *be* ∼, rester ‖ ∼ *overs,* [food] restes *mpl.*

left 2 *a* (de) gauche ; *on your* ∼ (*hand*), à votre gauche • *av* à gauche ; *turn* ∼, prenez à gauche.

left-handed *a* gaucher.

left-luggage office n RAIL. consigne f ‖ → LOCKER.

left-wing n SP. aile f gauche ‖ POL. gauche f.

leg [leg] n [person] jambe f; [animal] patte f; [furniture] pied m ‖ CULIN. gigot m (of mutton), cuisse f (of chicken) ‖ COLL. pull sb's ~, se payer la tête de qqn. ‖ give sb a ~ up, faire la courte échelle à qqn.

legal ['liːgl] a légal ‖ juridique.

leisure ['leʒə] n loisir m; at one's ~, à tête reposée.

leisurely a/av mesuré/sans se presser.

lemon ['lemən] n citron m.

lemonade [,lemə'neid] n limonade f.

lemon-squash n citron pressé.

lemon-squeezer n pressecitron m.

lend* [lend] v prêter; ~ a hand, donner un coup de main.

lending library n bibliothèque f de prêt.

length [leŋθ] n longueur f.

lengthen v (s')allonger.

lengthways, lengthwise av en longueur.

lenient ['liniənt] a indulgent.

lens [lenz] n PHOT. lentille f, objectif m; ~ hood, parasoleil m.

lent [lent] → LEND*.

leotard ['liətɑːd] n collants mpl.

less [les] (comp. of little) a/pr moins (de); ~ money, moins d'argent • av moins; no ~, pas moins, ~ and ~, de moins en moins.

lessen ['lesn] v diminuer.

lesson ['lesn] n leçon f ‖ [period] cours m, classe f.

lest [lest] c de peur que.

let* [let] v laisser; ~ fall, laisser tomber; ~ sb know, faire savoir à qqn ‖ ~ alone, (c) sans parler de ‖ [hire out] louer; to ~, à louer ‖ GRAMM. [imp.] ~'s go!, partons! ‖ ~ down, allonger (dress); dénouer (one's hair) ‖ COLL. décevoir, faire faux bond à ‖ ~ in, laisser/faire entrer (sb) ‖ ~ on, vendre la mèche ‖ ~ out, laisser fuir (water, gas); élargir (garment); [owner] louer ‖ up, [rain] diminuer.

let-down n COLL. déception f.

letter ['letə] n [alphabet, message] lettre f.

letter-box n boîte f aux lettres.

lettuce ['letis] n laitue f ‖ salade (verte).

let-up n COLL. ralentissement m, cesse f; without (a) ~, sans arrêt.

level [levl] n niveau m; on a ~ with, au niveau de • a plat (flat) ‖ horizontal.

levelcrossing n passage m à niveau.

lever ['liːvə] n levier m.

liability [ˌlaiə'biliti] *n* responsabilité *f.*

liar ['laiə] *n* menteur *n.*

liberty ['libəti] *n* liberté *f.*

librarian [lai'brɛəriən] *n* bibliothécaire *n.*

library ['laibrəri] *n* bibliothèque *f.*

lice [lais] *npl* → LOUSE.

licence ['laisns] *n* autorisation *f;* permis *m* ‖ TV ~, taxe *f* TV.

lick [lik] *v* lécher.

lid [lid] *n* couvercle *m.*

lie 1 [lai] *n* mensonge *m* • *v* mentir.

lie* 2 *v* être couché ‖ ~ **down**, s'étendre ‖ COLL. ~ **in**, faire la grasse matinée.

lie-in *n* : COLL. have a ~, faire la grasse matinée (fam.).

lieutenant [lef'tenənt] *n* lieutenant *m; second* ~, sous-lieutenant *m.*

life [laif] (*Pl* **lives** [-vz]) *n* vie, existence *f.*

lifebelt *n* ceinture *f* de sauvetage.

life-boat *n* canot *m* de sauvetage.

life-buoy ['-bɔi] *n* bouée *f* de sauvetage.

life-guard *n* garde-plage *m;* maître nageur.

life-insurance *n* assurance vie *f.*

lifeless *a* inerte.

lifelike *a* vivant, ressemblant.

lift [lift] *n* ascenseur *m;* [for goods] monte-charge *m* ‖ AUT. *give sb a* ~, prendre qqn dans sa voiture/en stop • *v* (se) lever, soulever.

lift-boy *n* liftier *m.*

light 1 [lait] *a* léger.

light 2 *n* lumière *f* ‖ jour *m* (daylight); *against the* ~, à contre-jour ‖ feu *m*, flamme *f; have you got a* ~?, avez-vous du feu? • *a* clair; ~ **blue**, bleu clair.

light* 3 *v* : ~ (*up*), éclairer, (s')allumer; ~ *a fire*, faire du feu.

lighten 1 *v* alléger.

lighten 2 *v* éclairer, illuminer (light up).

lighter *n* briquet *m.*

lighthouse *n* NAUT. phare *m.*

lighting *n* éclairage *m.*

lightly *av* légèrement.

lightning *n* : (*flash of*) ~, éclair *m*, foudre *f.*

lightweight *a* léger ‖ SP. poids léger.

like 1 [laik] *v* aimer (bien) ‖ *as you* ~, comme vous voudrez • *npl* goûts *mpl*, préférences *fpl.*

like 2 *a* pareil, semblable ‖ *what is the weather* ~?, quel temps fait-il? • *c* comme • *p* comme; *look* ~, ressembler à • *n* semblable *m*, pareil *n.*

lik(e)able *a* sympathique.

likely *a* probable ‖ *he is* ~ *to succeed*, il a des chances de réussir • *av* probablement.

liking [-iŋ] *n* penchant *m* ‖ goût *m*, sympathie *f* (*for*, pour).

lily ['lili] *n* lis *m;* ~ *of the valley*, muguet *m.*

limb [lim] *n* membre *m.*

limit ['limit] *n* limite *f* • *v* limiter, restreindre.

limp [limp] *v* boiter.

line 1 [lain] *n* ligne *f* ‖ ride *f* (wrinkle) ‖ rangée, file *f* (row) ; US *stand in* ∼, faire la queue ‖ [poetry] vers *m* ‖ COLL. *drop me a* ∼, envoyez-moi un mot ‖ corde *f*, fil *m* ; [fishing] ligne *f* ‖ [transport] ligne *f* ‖ TEL. ligne *f* ‖ FIG. [occupation] métier *m*, spécialité, partie *f* ; COLL. *that's not in my* ∼, ce n'est pas dans mes cordes • *v* rayer, régler ‖ border (*with*, de).

line 2 *v* doubler (coat).

linen ['linin] *n* toile *f* de lin (cloth) ; linge *m* (clothes).

lining ['lainiŋ] *n* doublure *f*.

link [liŋk] *n* anneau, maillon *m* • *v* lier, joindre.

links [liŋks] *npl* terrain *m* de golf.

lion ['laiən] *n* lion *m* ; ∼ *cub*, lionceau *m*.

lioness [-is] *n* lionne *f*.

lip [lip] *n* lèvre *f*.

lipstick *n* rouge *m* à lèvres ; *put on* ∼, mettre du rouge à lèvres.

liquid ['likwid] *a/n* liquide (*m*).

liquor ['likə] *n* alcool, spiritueux *m*.

lisp [lisp] *v* zézayer.

list [list] *n* liste *f* ; *waiting* ∼, liste *f* d'attente.

listen ['lisn] *v* écouter (*to sb*, qqn) ; ∼ *in*, écouter la radio.

listener *n* auditeur *n*.

lit [lit] → LIGHT* 3.

literally ['litrəli] *av* mot à mot, à la lettre.

literature ['litritʃə] *n* littérature *f*.

litre ['li:tə] *n* litre *m*.

litter ['litə] *n* [rubbish] détritus, vieux papiers *mpl* • *v* joncher, couvrir.

little ['litl] *a* petit (small) ‖ jeune (young) ; *the* ∼ *ones*, les petits ‖ [quantity] peu de ; *a* ∼, un peu (de) • *av* peu, guère.

live 1 [liv] *v* vivre (be alive) ‖ subsister ; ∼ *on*, vivre de (diet) ‖ habiter, demeurer (reside) ; loger (*with*, chez).

live 2 [laiv] *a* vivant, en vie ‖ ELECTR. sous tension, en charge ‖ RAD. en direct (broadcast).

lively *a* vif, animé, plein d'entrain.

liver ['livə] *n* foie *m*.

living ['liviŋ] *a* vivant, en vie • *n* vie, existence *f* ; **make a** ∼, gagner sa vie.

living room *n* salle *f* de séjour.

load [ləud] *n* charge *f*, fardeau, chargement *m* • *v* charger (vehicle, camera, firearm).

loaf [ləuf] (*Pl* **loaves** [-vz]) *n* pain *m*.

loan [ləun] *n* prêt *m* (money) • *v* US prêter.

loath [ləuθ] *a* peu enclin (*to do*, à faire) ; *nothing* ∼, très volontiers.

loathsome ['ləuðsəm] a répugnant.

lobby ['lɔbi] n couloir m.

lobster ['lɔbstə] n homard m; spiny ∼, langouste f.

local ['ləukl] a local, régional • n bistrot m du coin.

locality [lə'kæliti] n localité f, endroit m; sense of ∼, sens m de l'orientation.

location [ləu'kei ʃn] n : CIN. ∼ shots, extérieurs mpl.

lock 1 [lɔk] n [hair] mèche f; boucle f (curl).

lock 2 n serrure f ‖ AUT. rayon m de braquage; this car has a good ∼, cette voiture braque bien ‖ [wrestling] clef f • v : ∼ (up), fermer à clef ‖ ∼ in, enfermer à clef; ∼ out, être à la porte.

locker n vestiaire individuel ‖ Pl left-luggage ∼s, consigne f automatique.

locksmith n serrurier m.

locomotive ['ləukə,məutiv] n locomotive f.

lodge [lɔdʒ] n [caretaker's] loge f • v habiter, se loger ‖ loger, héberger.

lodger n locataire, pensionnaire n.

lodging(s) n (pl) logement m; chambre(s) meublée(s).

loft [lɔft] n grenier m.

log [lɔg] n bûche f, rondin m.

logic ['lɔdʒik] n logique f.

logical a logique.

loin-cloth [lɔin-] n pagne m.

loins [-z] npl reins mpl.

loiter ['lɔitə] v flâner, s'attarder.

loll [lɔl] v se prélasser.

London ['lʌndən] n Londres m.

Londoner n Londonien n.

lonely ['ləunli], **lonesome** [-səm] a solitaire, seul.

long 1 [lɔŋ] v désirer ardemment (for sth, qqch); avoir grande envie (to do, de faire).

long 2 a [space] long; how ∼ is... ?, quelle est la longueur de... ? ‖ [time] long; how ∼ ... ?, combien de temps... ?; a ∼ time, longtemps; be ∼ in coming, tarder à venir • av longtemps; how ∼, combien de temps; how ∼ have you been here ?, depuis combien de temps êtes-vous ici ?; ∼ ago, il y a longtemps; as ∼ as, tant que.

long-distance a SP. de fond ‖ TEL. interurbain.

longer a plus long; make ∼, (r)allonger • av plus longtemps, encore; no ∼, (ne) plus.

long-haired ['lɔŋ'hɛəd] a aux cheveux longs.

longing ['lɔŋiŋ] n désir ardent • a impatient, avide.

long-playing a : ∼ record, disque m longue durée.

long-sighted a hypermétrope, presbyte.

loo [lu:] n COLL. waters mpl (fam.).

look [luk] n regard m; have a ∼ at, jeter un coup d'œil à

‖ FIG. air, aspect *m* • *v* [see] regarder ; ～ *out of the window*, regarder par la fenêtre ‖ ～ *after*, soigner, s'occuper de ‖ ～ *at*, regarder ‖ ～ *back*, se retourner ‖ ～ *down*, baisser les yeux ‖ ～ *for*, chercher ‖ ～ *forward to*, attendre avec impatience ‖ COLL. ～ *in*, passer voir (*sb*, qqn) ; regarder la télévision ‖ ～ *out*, [room] donner (*on*, sur) ; ～ *out!*, attention ! ‖ ～ *over*, examiner ; visiter (house) ‖ ～ *round*, se retourner ; visiter (town) ‖ ～ *up*, lever les yeux ; ～ *up a word in the dictionary*, chercher un mot dans le dictionnaire ; ～ *sb up*, passer voir qqn ‖ [seem to be] paraître, sembler ; faire l'effet de ; ～ *tired*, avoir l'air fatigué ‖ ～ *like*, ressembler à.

looker-on *n* spectateur *n*.

looking-glass *n* miroir *m*, glace *f*.

looks [-s] *npl* : (*good*) ～, beauté *f*.

loop [lu:p] *n* boucle *f* ‖ MED., COLL. stérilet *m*.

loose [lu:s] *a* détaché, défait (knot) ‖ délié (lace) ‖ desserré (screw) ‖ détendu (rope) ‖ *come/work* ～, se desserrer, se détacher ‖ *get* ～, s'échapper • *v* délier, dénouer.

loose-leaf *a* à feuillets mobiles.

loosen ['lu:sn] *v* (se) desserrer ; détendre.

loot [lu:t] *v* piller.

lord [lɔ:d] *n* seigneur *m* ‖ maître, chef *m*.

lorry ['lɔri] *n* camion *m* ; ～ *driver*, camionneur, routier *m*.

lose* [lu:z] *v* perdre ; égarer ; ～ *one's way*, perdre son chemin ‖ [watch] retarder (de).

loser *n* perdant *n* ; *bad/good* ～, mauvais/bon joueur.

loss [lɔs] *n* perte *f* ‖ FIG. *be at a* ～, être bien embarrassé.

lost [lɔst] → LOSE* • *a* : *get* ～, se perdre ; ～ *property office*, bureau *m* des objets trouvés.

lot 1 [lɔt] *n* sort *m* ; *draw* ～*s for sth*, tirer qqch au sort ‖ FIG. sort *m* (fate) ‖ COLL. *bad* ～, mauvais sujet.

lot 2 *n* : *a* ～ *of*, ～*s of*, beaucoup de, des tas de (fam.) ‖ ～*s better*, beaucoup mieux ; COLL. *thanks a* ～*!*, merci beaucoup !

lotion ['ləuʃn] *n* lotion *f*.

lottery ['lɔtəri] *n* loterie *f*.

loud [laud] *a* fort (sound) ; *in a* ～ *voice*, à haute voix • *av* fort, haut.

loudly *av* bruyamment, tout haut.

loud-speaker *n* RAD. haut-parleur *m*, enceinte *f*.

lounge [launʒ] *n* salon *m* • *v* flâner ‖ s'étaler, se vautrer ; se prélasser (*in*, dans).

louse [laus] (*Pl* **lice** [lais]) *n* pou *m*.

lousy ['lauzi] *a* pouilleux ‖ SL. moche ; sale (trick).

love [lʌv] *n* amour *m* ; *in* ～, amoureux (*with*, de) ; *fall in* ～

with, tomber amoureux de ; ∼ *at first sight,* coup *m* de foudre ; *make* ∼ *to,* faire l'amour à ; ∼*-affair,* liaison *f* ‖ tendresse, affection *f; my* ∼ *to...,* mes amitiés à... ‖ SP. [tennis] *30* ∼, 30 à zéro • *v* aimer, adorer.

lovely *a* beau, ravissant ; charmant.

lover *n* [in love with] amoureux *n* ‖ [sexual] amant *m* ‖ FIG. amateur *n* (of art, etc.).

loving *a* affectueux.

low [ləu] *a* bas ; *in a* ∼ *voice,* à voix basse ‖ *run* ∼, [provisions] baisser ‖ [quality] inférieur ‖ MUS. grave (note) ‖ AUT. ∼ *gear,* première vitesse • *av* bas.

lower *a* inférieur • *v* baisser ‖ abaisser.

low-necked [ˌləu'nekt] *a* décolleté.

low-priced *a* à bas prix.

loyal ['lɔiəl] *a* loyal.

lozenge ['lɔzinʒ] *n* losange *m* ‖ MED. pastille *f.*

LP [ˌel'piː] *n* [record] 33 tours *m* ‖ → LONG PLAYING.

lubricate ['luːbrikeit] *v* graisser.

luck [lʌk] *n* hasard *m,* chance *f; good* ∼, bonne chance ; *ill/bad* ∼, malchance *f.*

luckily *av* heureusement.

lucky *a* heureux ; *be* ∼, avoir de la chance.

ludicrous ['ludikrəs] *a* ridicule.

luggage ['lʌgidʒ] *n* bagages *mpl.*

luggage-rack *n* filet *m* aux bagages.

luggage-ticket *n* bulletin *m* de bagages.

lukewarm ['luːkwɔːm] *a* tiède.

lumbago [lʌm'beigəu] *n* lumbago *m.*

lump [lʌmp] *n* [sugar] morceau *m* ‖ MED. bosse *f* (bump).

lunar ['lunə] *a* lunaire.

lunatic ['lunətik] *a* fou, folle • *n* fou *n.*

lunch [lʌnʃ] *n* déjeuner *m* • *v* déjeuner.

lung [lʌŋ] *n* poumon *m.*

lurch [ləːtʃ] *n* AUT. embardée *f* ‖ NAUT. coup *m* de roulis • *v* faire une embardée.

luscious ['lʌʃəs] *a* succulent, délicieux.

lusty ['lʌsti] *a* fort, robuste.

Luxemburg ['lʌksəmbəːg] *n* Luxembourg *m.*

luxuriant [lʌg'zjuəriənt] *a* luxuriant.

luxurious [-iəs] *a* luxueux (splendid).

luxury ['lʌkʃri] *n* luxe *m.*

lying ['laiiŋ] *pr p* → LIE 1, LIE* 2.

lynch [linʃ] *v* lyncher.

lyrics ['liriks] *npl* [song] paroles *fpl.*

m

m [em]

macadam [mə'kædəm] *n* macadam *m*.

machine [mə'ʃiːn] *n* machine *f* • *v* fabriquer à la machine ; usiner.

machine-made *a* fait à la machine.

machinery [-ri] *n* mécanisme *m*.

mackintosh ['mækintoʃ] *n* imperméable *m*.

mad [mæd] *a* fou ; **go** ~, devenir fou ‖ FIG. passionné (*about*, de) ‖ furieux (*at*, contre).

madam ['-əm] *n* madame *f*.

made [meid] → MAKE* 1.

madness *n* folie *f*.

magazine [ˌmægə'ziːn] *n* revue *f*, magazine *m*.

maggot ['mægət] *n* asticot *m*.

magic ['mædʒik] *a* magique • *n* magie *f*.

magician [mə'dʒiʃn] *n* magicien *n*.

magnet ['mægnit] *n* aimant *m*.

magnetic [mæg'netik] *a* magnétique, aimanté.

magnify ['mægnifai] *v* grossir.

magnifying-glass *n* loupe *f*.

maid [meid] *n* : old ~, vieille fille ‖ ~(*servant*), bonne *f*.

mail [meil] *n* courrier *m* • *v* US poster.

main [mein] *a* principal ; *the* ~ *thing*, l'essentiel.

mainly *av* surtout.

maintain [men'tein] *v* maintenir ‖ entretenir (keep up) ‖ faire vivre (support) ‖ affirmer, prétendre (assert).

maintenance ['meintinəns] *n* entretien *m*.

maize [meiz] *n* maïs *m*.

major ['meidʒə] *n* MIL. commandant *m*.

majority [mə'dʒɔriti] *n* majorité *f*.

make 1* [meik] *v* fabriquer, faire ‖ ~ *the bed*, faire le lit ‖ [cards] ~ *a trick*, faire un pli ; faire, battre (shuffle) ‖ MATH. faire (amount to) ‖ COLL. parcourir (distance) ; faire (speed) ‖ FIG. ~ *the best/most of sth*, tirer le meilleur parti de qqch ‖ ~ *out*, remplir, établir, faire ; ~ *out a cheque for £15*, établir un chèque de 15 livres ‖ ~ *up*, (se) maquiller, (se) farder ; compenser (difference) ; compléter (sum) ; faire (parcel) ; préparer [medicine] ; (se) composer (*of*, de) ; se réconcilier (make friends again) ; ~ *up for*, compenser ; ~ *up for lost time*, regagner le temps perdu.

make 2 *n* TECHN. fabrication *f* ‖ COMM. marque *f* (brand).

makeshift ['meikʃift] *a* de fortune • *n* pis-aller *m*.

make-up *n* [cosmetics] maquillage *m*.

making *n* fabrication, façon *f*.

male [meil] *a* mâle (animal) ‖ masculin (person) • *n* mâle *m*.

malice ['mælis] *n* méchanceté *f*.

malicious [mə'liʃəs] *a* méchant.

malnutrition ['mælnjuː'triʃn] *n* sous-alimentation *f*.

malt [mɔːlt] *n* malt *m*.

mammy ['mæmi] *n* maman *f*.

man [mæn] (*Pl* **men** [men]) *n* homme *m* ; *old* ~, vieillard *m* ‖ humanité *f*, espèce humaine ‖ domestique *m* ‖ [chess] pièce *f* ; [draughts] pion *m*.

manage ['mænidʒ] *v* diriger, gérer (business) ‖ mener à bien (piece of work) ; s'y prendre, arriver (*to*, à), se débrouiller (*to*, pour).

management [-mənt] *n* direction, gérance *f*.

manager *n* directeur, gérant *n*.

managing *a* : ~ *director*, directeur général.

manicure ['mænikjuə(r)] *v* faire les ongles.

manicurist *n* manucure *f*.

mankind [mæn'kaind] *n* humanité *f*, genre humain.

manly *a* mâle, viril.

'man-,made *a* artificiel.

manner ['mænə] *n* manière, façon *f* ‖ air *m*, attitude *f*.

manners [-z] *npl* [behaviour] manières *fpl* ‖ [customs] mœurs *fpl*.

manor-house *n* manoir *m*.

manpower ['mænpauə] *n* main-d'œuvre *f*.

manservant ['mæn,səːvənt] *n* serviteur *m*.

mansion ['mænʃn] *n* [town] hôtel particulier ; [country] château, manoir *m*.

mantelpiece ['mæntlpiːs] *n* (manteau *m* de) cheminée *f*.

manual ['mænjuəl] *a* manuel.

many ['meni] *a/pr* beaucoup (de), de nombreux ; *how* ~ ?, combien ? ; *as* ~ *as*, autant que, jusqu'à ; *not so* ~, pas autant ; *too* ~, trop ; *be one too* ~, être de trop.

many-coloured ['-'kʌləd] *a* multicolore.

map [mæp] *n* carte *f*.

maple ['meipl] *n* érable *m*.

marble ['mɑːbl] *n* marbre *m* ‖ bille *f* (ball) ; *play* ~s, jouer aux billes.

March 1 [mɑːtʃ] *n* mars *m*.

march 2 *n* MIL., MUS. marche *f*.

mare [mɛə] *n* jument *f*.

margarine [,mɑːdʒə'riːn], COLL. **marge** [mɑːdʒ] *n* margarine *f*.

margin ['mɑːdʒin] *n* [lake] bord *m* ‖ [page] marge *f*.

marijuana [,mæri'hwɑːnə] *n* marihuana *f*.

marine [mə'riːn] *a* marin, maritime • *npl* infanterie *f* de marine.

mark [mɑːk] *n* marque *f* ‖ [school] (*often pl*) point *m*, note *f* ; *good/bad* ~, bonne/mauvaise note ‖ [punctuation] signe *m* ‖ TECHN. modèle, type *m* ‖ SP. ligne *f* de départ ; but *m* (target) ; *hit/miss the* ~, atteindre/manquer le but ‖ FIG. **beside the** ~, à côté de la question • *v* marquer ‖ [school] corriger (papers).

market [ˈmɑːkit] *n* marché *m*.

marmalade [ˈmɑːməleid] *n* confiture *f* d'oranges.

marriage [ˈmæridʒ] *n* mariage *m*.

married [ˈmærid] *a* marié ; ~ *life*, vie conjugale ; **get** ~, se marier.

marry [ˈmæri] *v* épouser ‖ [priest] unir ‖ se marier (avec).

marsh [mɑːʃ] *n* marais, marécage *m*.

marshy *a* marécageux.

marvellous [ˈmɑːvləs] *a* merveilleux, extraordinaire.

mash [mæʃ] *v* écraser ; ~*ed potatoes*, purée *f* de pommes de terre.

masher *n* presse-purée *m* inv.

mask [mɑːsk] *n* masque *m* • *v* masquer.

mason [ˈmeisn] *n* maçon *m*.

mass [mæs] *n* masse, foule *f* ‖ ~ *media*, (mass) media *mpl* ‖ ~ *production*, fabrication *f* en série.

Mass *n* REL. messe *f*.

massage [ˈmæsɑːʒ] *n* massage *m* ; *have a* ~, se faire masser • *v* masser.

mast [mɑːst] *n* mât *m*.

master [ˈmɑːstə] *n* maître *m* ‖ patron *m* (employer) ‖ [school] professeur *m* • *v* maîtriser, surmonter (difficulty).

master-key *n* passe-partout *m*.

masterpiece *n* chef-d'œuvre *m*.

mat [mæt] *n* tapis *m* ‖ *(table)* ~, dessous *m* de plat.

match 1 [mætʃ] *n* allumette *f* ; *strike a* ~, frotter une allumette ; ~*box*, boîte *f* d'allumettes.

match 2 *n* égal *n* (person) ; *be a* ~ *for sb*, être de taille à lutter avec qqn ‖ SP. match *m* • *v* égaler ‖ assortir (colours) ‖ s'harmoniser ; [colours] aller bien ensemble.

matchless *a* sans égal.

mate 1 [meit] *n* mat *m* (checkmate) • *v* faire échec et mat.

mate 2 *n* camarade *n*.

material [məˈtiəriəl] *a* matériel ‖ important (facts) • *n* matière *f* ‖ tissu *m*, étoffe *f* (fabric).

materialize *v* [plans] se réaliser, aboutir.

maternal [məˈtəːnl] *a* maternel.

maternity [-iti] *n* maternité *f* ; ~ *hospital*, maternité *f*.

mathematics [ˌmæθiˈmætiks] *n* mathématiques *fpl*.

maths [mæθs] *n* COLL. maths *fpl* (fam.).

matter [ˈmætə] *n* matière, substance *f* ‖ sujet *m*, question *f* ; *what is the* ~ *?*, de quoi s'agit-il ? ; *what is the* ~ *with* *you ?*, qu'avez-vous ? ‖ importance *f*; *no ∼ how*, n'importe comment ‖ *as a ∼ of course*, tout naturellement ; *as a ∼ of fact*, à vrai dire, en fait • *v* importer ; *it doesn't ∼*, ça ne fait rien, ça n'a pas d'importance.

mattress ['mætris] *n* matelas *m*.

Mauritius [mə'riʃəs] *n* île *f* Maurice.

maximum ['mæksiməm] *a/n* maximum *(m)*.

may* [mei] *mod aux* : [probability] *he ∼ come*, il se peut qu'il vienne, peut-être viendra-t-il ‖ [possibility] *that ∼ be true*, c'est peut-être vrai ‖ [permission] *if I ∼*, si vous le permettez.

May *n* mai *m* ; *∼ Day*, le 1ᵉʳ mai.

maybe *av* peut-être.

mayor [mɛə] *n* maire *m*.

maze [meiz] *n* labyrinthe *m*.

me [mi:] *pr* me, moi.

meal 1 [mi:l] *n* repas *m*.

meal 2 *n* farine *f*.

mean 1 [mi:n] *a* moyen ; *Greenwich M∼ Time*, heure moyenne de Greenwich.

mean 2 *a* avare, radin (fam.) ‖ *a ∼ trick*, un sale tour.

mean* **3** *v* signifier, vouloir dire (signify). ‖ se proposer, avoir l'intention (intend) ; *I didn't ∼ to (do it)*, je ne l'ai pas fait exprès.

meaning ['mi:niŋ] *n* sens *m*, signification *f* (sense).

means [mi:nz] *npl* moyen(s) *m(pl)* ; *by ∼s of*, au moyen de ‖ *∼ of transport*, moyen *m* de transport ‖ FIN. moyens ressources *fpl*.

meant [ment] → MEAN* 3.

meantime ['mi:ntaim], **'meanwhile** *n* : *(in the) ∼*, pendant ce temps.

measles ['mi:zlz] *n* rougeole *f*.

measure ['meʒə] *n* mesure, dimension *f*; *made to ∼*, fait sur mesure • *v* mesurer.

measurement *n* mesure *f* ‖ *Pl* mensurations *fpl* (of sb).

meat [mi:t] *n* viande *f*.

mechanic [mi'kænik] *n* mécanicien *m*.

mechanical *a* mécanique.

mechanically *av* mécaniquement ‖ FIG. machinalement.

mechanism ['mekənizm] *n* mécanisme *m*.

meddle ['medl] *v* : *∼ with*, se mêler de.

medical ['medikl] *a* médical • *n* COLL. visite médicale.

medicine ['medsn] *n* médecine *f* (art) ‖ médicament *m* (drug).

meditate ['mediteit] *v* méditer (on, sur).

medita'tion *n* méditation *f*.

Mediterranean [,meditə'reinjən] *a* méditerranéen • *n* Méditerranée *f* (sea).

meerschaum ['miəʃəm] *n* (pipe *f* en) écume *f* de mer.

meet* [mi:t] *v* (se) rencontrer (come upon) ‖ rejoindre, aller au-devant de ; *go to ∼ sb*, aller à la rencontre de qqn ‖ faire la connaissance de (become acquainted with) ‖ ~ *with an accident,* avoir un accident.

meeting *n* rencontre *f* ‖ assemblée, réunion *f* ‖ ~ *place,* (lieu *m* de) rendez-vous *m* ‖ POL. meeting *m.*

mellow ['meləu] *a* doux, moelleux (wine).

melodious [mi'ləudjəs] *a* mélodieux.

melody ['melədi] *n* mélodie *f.*

melon ['melən] *n* melon *m.*

melt [melt] *v* (faire) fondre, se dissoudre ‖ ~ *away,* se dissiper, fondre (snow).

member ['membə] *n* membre *m ; M~ of Parliament,* député *m.*

memento [mi'mentəu] *n* souvenir *m.*

memorize ['meməraiz] *v* apprendre par cœur.

memory *n* [faculty] mémoire *f ; from ~,* de mémoire ‖ [recollection] souvenir *m.*

men [men] *npl* → MAN.

menace ['menəs] *n* menace *f* ● *v* menacer *(with,* de).

mend [mend] *n* raccommodage *m* ● *v* raccommoder ‖ [patient] se rétablir.

mending *n* raccommodage *m ; invisible ~,* stoppage *m.*

mental ['mentl] *a* mental ‖ ~ *home,* clinique *f* psychiatrique.

mention ['menʃn] *n* mention *f* ● *v* mentionner ‖ *don't ~ it!,* (il n'y a) pas de quoi! ; *not to ~,* sans parler de.

menu ['menju:] *n* menu *m,* carte *f.*

mercenary ['mə:sinri] *n* mercenaire *n.*

merchandise ['mə:tʃəndaiz] *n* marchandise *f.*

merchant *n* négociant *n* ‖ ~ *navy,* marine marchande.

mercury ['mə:kjuri] *n* mercure *m.*

mercy ['mə:si] *n* grâce *f.*

mere *a* simple, seul.

merely *av* simplement, seulement.

meridian [mə'ridiən] *n* méridien *m.*

merit ['merit] *n* mérite *m.*

merrily ['merili] *av* gaiement.

merry ['meri] *a* gai, joyeux ‖ *make ~,* s'amuser.

merry-go-round *n* manège *m* (de chevaux de bois).

merry-making *n* réjouissances *fpl.*

mesh [meʃ] *n* [net] maille *f.*

mesmerism ['mezmərizm] *n* hypnotisme *m.*

mesmerize *v* hypnotiser.

mess [mes] *n* désordre *m ;* gâchis *m ; what a ~!,* quelle pagaille! ; *make a ~ of,* gâcher ‖ MIL. mess *m* ‖ FIG. embarras *m ; be in a ~,* être dans le pétrin ● *v* salir ‖ FIG. ~ *up,* embrouiller.

message ['mesidʒ] *n* message *m.*

messenger [-indʒə] *n* messager *n ;* commissionnaire *n.*

messy *a* en désordre (untidy) ‖ sale (dirty).

met [met] → MEET*.

metal ['metl] *n* métal *m*.

metallic [mi'tælik] *a* métallique.

meteorological [ˌmiːtjərə-'lɔdʒikl] *a* météorologique.

meteorology [ˌmiːtjə'rɔlədʒi] *n* météorologie *f*.

meter ['miːtə] *n* compteur *m* ‖ US mètre *m*.

method ['meθəd] *n* méthode *f*.

methodical [mi'θɔdikl] *a* méthodique.

methylated ['meθileitid] *a* : ～ *spirit*, alcool *m* à brûler.

metre ['miːtə] *n* mètre *m*.

metric ['metrik] *a* métrique.

metronome ['metrənəum] *n* métronome *m*.

mew [mjuː] *v* miauler.

mice *npl* → MOUSE.

microbe ['maikrəub] *n* microbe *m*.

microfilm ['maikrəfilm] *n* microfilm *m*.

microphone *n* microphone *m*.

microscope ['maikrəskəup] *n* microscope *m*.

microscopic [ˌ-'kɔpik] *a* microscopique.

mid- [mid] *pref* au/du milieu ; ～-*July*, mi-juillet.

midday ['middei] *n* midi *m*.

middle ['midl] *a* du milieu ‖ moyen (size) ‖ ～ *finger*, médius *m* ‖ M～ *Ages*, Moyen Âge ‖ GEOGR. M～ *East*, Moyen-Orient ● *n* milieu *m*.

middle-class *n* classe moyenne, bourgeoisie *f*.

midge [midʒ] *n* moucheron *m*.

midget ['midʒit] *n* nain *n* ● *a* minuscule, mini.

midnight ['midnait] *n* minuit *m*.

'mid'way *av* à mi-chemin.

midwife *n* sage-femme *f*.

miffed [mift] *a* fâché, vexé.

might [mait] → MAY* ‖ *he* ～ *come*, il se pourrait qu'il vienne ‖ [polite] ～ *I come in* ?, puis-je entrer ?

mike [maik] *n* COLL. micro *m*.

mild [maild] *a* doux (person, climate) ‖ léger (beer) ‖ [weather] *become* ～*er*, se radoucir.

mildly *av* doucement.

mildness *n* douceur *f*.

mile [mail] *n* [measure] mile *m*.

mileage ['-idʒ] *n* AUT. kilométrage *m*.

milestone *n* borne *f* milliaire/kilométrique.

militant ['militnt] *n* militant *n*.

military *a* militaire.

milk [milk] *n* lait *m* ; ～ *diet*, régime lacté ; *dried* ～, lait en poudre.

milkman *n* laitier *m*.

milk-powder *n* = *dried* MILK.

milk-tooth *n* dent *f* de lait.

milky *a* laiteux, lacté.

mill [mil] *n* moulin *m* ‖ usine, fabrique *f* ● *v* moudre.

miller *n* meunier *m*.

milliner ['milinə] *n* modiste *f*.

million ['miljən] *n* million *m*.

mince [mins] *v* hacher ; ～*d*

steak, bifteck haché ● *n* hachis *m* (de viande).

mind [maind] *n* esprit *m* ‖ raison *f*; *be out of one's* ~, avoir perdu la raison ‖ avis *m*, opinion *f*; *change one's* ~, changer d'avis; *make up one's* ~, se décider; *know one's* ~, savoir ce qu'on veut ‖ mémoire *f*; *bear in* ~, se rappeler ● *v* faire attention à ‖ se soucier de; *never* ~!, peu importe!, ça ne fait rien! ‖ veiller sur, surveiller (baby) ‖ [interr. and neg. sentences] trouver à redire; *if you don't* ~, si vous n'y voyez pas d'inconvénient.

mine 1 [main] *poss pr* le mien *m*, la mienne *f*, les miens *mpl*, les miennes *fpl*; *this is* ~, c'est à moi; *a friend of* ~, un de mes amis.

mine 2 *n* mine *f*.

miner *n* mineur *m*.

mineral ['minrəl] *a/n* minéral *(m)*.

mingle ['miŋgl] *v* (se) mêler, (se) mélanger.

miniature ['minjətʃə] *n* miniature *f*.

minim ['minim] *n* MUS. blanche *f*.

minim-rest *n* demi-pause *f*.

minimum [-əm] *a/n* minimum *(m)*.

miniskirt ['miniskə:t] *n* minijupe *f*.

minister ['ministə] *n* ministre *m* ‖ REL. pasteur *m*.

ministry [-tri] *n* ministère *m*.

mink [miŋk] *n* vison *m*; ~ *coat*, manteau *m* de vison.

minor ['mainə] *n* mineur *n* ● *a* mineur, secondaire.

minority [mai'nɔriti] *n* minorité *f* (number, age).

mint [mint] *n* menthe *f*.

minus ['mainəs] *p* moins.

minute 1 ['minit] *n* minute *f*; *(at) any* ~, d'un instant à l'autre.

minute 2 [mai'nju:t] *a* minuscule.

mirror ['mirə] *n* miroir *m*, glace *f*.

mirth [mə:θ] *n* joie, gaieté *f*.

mis- [mis] *pref.*

‚misbe'have *v* se conduire mal, se dissiper.

‚mis'carriage *n* : MED. *have a* ~, faire une fausse couche.

miscellaneous [‚misə'leinjəs] *a* divers, varié.

mischievous ['mistʃivəs] *a* espiègle (child).

‚mis'deal *n* [cards] maldonne *f*.

‚mis'deed *n* méfait, délit *m*.

miser ['maizə] *n* avare *n*.

miserable ['mizrəbl] *a* malheureux.

'mis'fire *n* AUT. raté *m* ● *v* AUT. avoir des ratés.

mis'fortune *n* malheur *m*.

‚mis'giving *n* appréhension, inquiétude *f*, pressentiment *m*.

mishap ['mishæp] *n* contretemps, accident *m*, mésaventure *f*.

mis'lay* *v* égarer, perdre.

mis'lead* *v* induire en erreur.

mis'leading *a* trompeur, déroutant.

misprint *n* faute d'impression.

,mispro'nounce *v* mal prononcer.

miss 1 [mis] (*Pl* **misses** [-iz]) *n* : *M*~ *Smith*, Mademoiselle Smith.

miss 2 *v* manquer, rater ; ~ *one's train*, manquer son train ; *she (just)* ~*ed falling*, elle a failli tomber ‖ ressentir l'absence de ; *I* ~ *you*, vous me manquez ; *do you* ~ *me ?*, est-ce que je vous manque ? ‖ ~ *out*, sauter (word).

missing *a/n* disparu (n) [person] ; manquant (n) [thing].

,mis'spell* *v* mal orthographier.

,mis'spelling *n* faute *f* d'orthographe.

mist [mist] *n* brume *f* ● *v* : ~ *(over)*, [mirror] (s')embuer.

mistake* [mis'teik] *v* se méprendre ; ~ *sb for*, prendre qqn pour ‖ *be* ~*n*, se tromper (*about*, sur) ● *n* erreur *f; by* ~, par erreur, par mégarde ‖ GRAMM. faute *f*.

mistletoe ['misltəu] *n* gui■ *m*.

mistook [mis'tuk] → MIS-TAKE*.

mistress ['-trəs] *n* maîtresse *f*.

mis'trust *n* méfiance *f* ● *v* se méfier de.

,misunder'stand* *v* mal comprendre ‖ mal interpréter.

,misunder'standing *n* malentendu *m* (mistake).

mix [miks] *v* mélanger, mêler (*with*, à) ‖ FIG. ~ *up*, confondre (*with*, avec) ‖ embrouiller ‖ [people] fréquenter (*with*).

mixed [-t] *a* mixte (school) ‖ ~ *up*, désorienté (person).

mixer *n* : *be a good* ~, être sociable, se lier facilement ‖ CULIN. mixe(u)r *m*.

mixture [-t∫ə] *n* mélange *m*, mixture *f*.

moan [məun] *n* gémissement *m*, plainte *f* ● *v* gémir.

mob [mɔb] *n* foule *f* (crowd) ‖ cohue *f* (disorderly crowd) ; populace *f* (masses).

mobile ['məubail] *a* mobile.

,mobili'zation *n* mobilisation *f*.

'mobilize *v* MIL. mobiliser.

mock [mɔk] *a* faux, simulé ● *v* se moquer (*at*, de) ‖ contrefaire ‖ ridiculiser.

mockery [-əri] *n* moquerie *f*.

mod con [,mɔd'kɔn] *n* COLL. → MODERN CONVENIENCE.

model ['mɔdl] *n* modèle *m* ‖ (small scale) modèle réduit, maquette *f* ‖ [dressmaking] mannequin *m* (person) ● *v* conformer ; modeler.

moderate ['mɔdrit] *a* modéré, sobre ‖ moyen ● *v* modérer.

moderately *av* modérément.

modern ['mɔdən] *a* moderne ‖ ~ *convenience*, confort *m* moderne.

modernize *v* moderniser.

modest ['mɔdist] *a* modeste ‖ pudique (chaste).

modify ['mɔdifai] *v* modifier.

moist [mɔist] *a* humide ‖ moite (skin).

moisten ['mɔisn] *v* humecter.

moisture ['-tʃə(r)] *n* humidité *f*.

moisturizing *a* hydratant.

mole [moul] *n* ZOOL. taupe *f*.

mole-hill *n* taupinière *f*.

moment ['məumənt] *n* moment, instant *m*.

momentary [-ri] *a* momentané.

monarchy ['mɔnəki] *n* monarchie *f*.

monastery ['mɔnəstri] *n* monastère *m*.

Monday ['mʌndi] *n* lundi *m*.

money ['mʌni] *n* argent *m* (coins, notes) ‖ FIN. monnaie *f*; **make** ~, s'enrichir; **get one's** ~**'s worth**, en avoir pour son argent.

money-box *n* tirelire *f*.

money-changer *n* changeur *m*.

money-order *n* mandat *m*.

mongrel ['mʌngrəl] *n* bâtard *n* (dog).

monk [mʌŋk] *n* REL. moine *m*.

monkey ['mʌŋki] *n* singe *m*.

monkey-wrench *n* clef anglaise.

monologue ['mɔnəlɔg] *n* monologue *m*.

monotonous [mə'nɔtnəs] *a* monotone.

monster ['mɔnstə] *n* monstre *m*.

monstrous [-rəs] *a* monstrueux, horrible.

month [mʌnθ] *n* mois *m*.

monthly *a* mensuel.

monument ['mɔnjumənt] *n* monument *m*.

mood [muːd] *n* humeur, disposition *f*; *be in a good/bad* ~, être de bonne/mauvaise humeur ‖ GRAMM. mode *m*.

moody *a* mal luné (angry) ‖ d'humeur changeante (changeable).

moon [muːn] *n* lune *f*; *new* ~, nouvelle lune; *full* ~, pleine lune.

moonlight *n* clair *m* de lune.

moor 1 [muə] *n* lande *f*.

moor 2 *v* NAUT. (s')amarrer.

mop [mɔp] *n* balai *m* à franges • *v* : ~ *up*, éponger, essuyer.

moped ['məuped] *n* vélomoteur *m*.

moral ['mɔrl] *a* moral • *n* morale, moralité *f* ‖ *Pl* mœurs *fpl*.

morally *av* moralement.

more [mɔː] (comp. of *many*, *much*) *a/av/pr* plus de, davantage ‖ en plus; ~... *than*, plus... que; ~ *and* ~, de plus en plus; ~ *or less*, plus ou moins; *once* ~, encore une fois; *not any* ~, ne... plus; *all the* ~ *as*, d'autant plus que; *I have no* ~, je n'en ai plus.

morning ['mɔːniŋ] *n* matin *m*; *in the* ~, le matin; *this* ~, ce matin; *good* ~*!*, bonjour! ‖ COLL. ~ *after*, lendemain *m* de cuite; ~ *after pill*, pilule *f* du lendemain.

Moroccan [mə'rɔkən] *a/n* marocain (*n*).

Morocco [-əu] n Maroc m.

Morse [mɔːs] n : ∼ *(code)*, (alphabet) Morse m.

mortal ['mɔːtl] a/n mortel (n).

Moslem ['mɔzləm] a/n musulman (n).

mosque [mɔsk] n mosquée f.

mosquito [məs'kiːtəu] n moustique m.

mosquito-net n moustiquaire f.

moss [mɔs] n mousse f.

mossy a mousseux.

most [məust] (sup. of *many*, *much*) a/av/pr le plus de ; *at (the)* ∼, tout au plus ; *make the* ∼ *of*, tirer le meilleur parti de ‖ le plus ‖ très ; ∼ *likely*, très probablement ‖ [nearly all] ∼ *of them*, la plupart d'entre eux.

motel [məu'tel] n motel m.

moth [mɔθ] n papillon m de nuit ‖ *(clothes)* ∼, mite f.

moth-eaten a mité.

mother ['mʌðə] n mère f ; *unmarried* ∼, mère f célibataire ‖ FIG. ∼ *country*, patrie f ; ∼ *tongue*, langue maternelle.

mother-in-law n belle-mère f.

motherly a maternel.

motion ['məuʃn] n mouvement m (act) ; *set in* ∼, mettre en marche ‖ geste m (with the hand) ‖ CIN. *slow* ∼, ralenti m ; ∼ *picture*, film m ● v faire signe de.

motionless a immobile.

motivation [,məuti'veiʃn] n mobile m, motivation f.

motive ['məutiv] n motif m ‖ mobile m.

motor ['məutə] n moteur m.

motorbike n COLL. moto (fam.).

motorboat n canot m automobile.

motorcar n automobile, voiture f.

motorcycle n motocyclette f ; ∼ *policeman*, motard m (fam.).

motorcyclist n motocycliste n.

motorist [-rist] n automobiliste n.

motor-race n course f d'autos.

motor show n salon m de l'auto.

motorway n autoroute f.

motto ['mɔtəu] n devise f.

mould 1 ['məuld] n [gardening] terreau m.

mould 2 n moisissure f.

mouldy a moisi.

mount [maunt] n mont m (mountain) ● v monter (on, sur) ‖ MIL. monter (guard) ‖ SP. monter (horse).

mountain ['mauntin] n montagne f ; ∼ *sickness*, mal m des montagnes.

mountaineer [,-'niə] n SP. alpiniste n.

mountaineering n alpinisme n.

mountainous a montagneux.

mourn [mɔːn] v pleurer.

mournful *a* affligé, mélancolique.

mourning *n* deuil *m*, affliction *f*; *in* ∼, en deuil (*for*, de).

mouse [maus] (*Pl* **mice** [mais]) *n* souris *f*.

mouse-trap *n* souricière *f*.

moustache [məs'tɑːʃ] *n* moustache *f*.

mouth [mauθ] *n* bouche *f*; [animal] gueule *f* ‖ [river] embouchure *f*.

mouthful *n* bouchée *f*; [liquid] gorgée *f*.

mouth-organ *n* harmonica *m*.

move [muːv] *v* remuer, bouger, se mouvoir ‖ se déplacer (change place) ‖ déplacer (sth) ‖ [chess] jouer ‖ FIG. agir (act); émouvoir (arouse feelings) ‖ ∼ *house*, déménager ‖ ∼ *in*, emménager ‖ ∼ *on*, avancer, circuler ‖ ∼ *out*, déménager ‖ ∼ *over!*, FAM. poussez-vous! ● *n* mouvement *m* ‖ [chess] coup *m*; *it's your* ∼, c'est à vous de jouer ‖ COLL. *get a* ∼ *on!*, grouille-toi! (arg.) ‖ FIG. action, démarche *f*.

movement ['-mənt] *n* mouvement *m*.

movie [-i] *n* US, SL. film *m* ‖ *Pl* cinéma *m*.

moving *a* en mouvement, mobile ‖ ∼ *pictures*, npl cinéma *m* ‖ FIG. émouvant.

mow* [məu] *v* faucher; tondre (lawn).

mower *n* faucheur *n*.

mown [məun] → MOW*.

Mr ['mistə] *n* Monsieur *m*.

Mrs ['misiz] *n* Madame *f*.

much [mʌtʃ] *a/av*; (*Pl* **many**) *pr* beaucoup (de); *as* ∼, autant de; *not so* ∼, pas autant de; *too* ∼, trop de; *as* ∼, autant; *not as/so* ∼ *as*, pas autant que; *twice as* ∼, deux fois plus; *not* ∼, guère; *I thought as* ∼, je m'en doutais; *as* ∼ *as*, autant que; *how* ∼?, combien?; ∼ *less/more*, beaucoup moins/plus; *not so* ∼ *as*, pas autant que; *so* ∼ *the better*, tant mieux.

mud [mʌd] *n* boue *f*.

muddle ['mʌdl] *n* désordre *m*, confusion *f* ‖ pagaille *f* (fam.) ● *v*: ∼ *through*, se débrouiller (tant bien que mal).

muddy *a* boueux, crotté.

mudguard *n* garde-boue *m*.

muffle ['mʌfl] *v* emmitoufler; ∼ *o.s. up*, s'emmitoufler ‖ assourdir (sound).

muffler *n* cache-nez *m* ‖ AUT. pot *m* d'échappement.

mug 1 [mʌg] *n* [tea] (grande) tasse; [beer] chope *f* ‖ COLL. gogo *m*, poire *f* (fam.) [simpleton] ‖ SL. gueule, poire *f* (fam.).

mug 2 *v* agresser.

mulberry ['mʌlbri] *n* mûrier *m* (bush); mûre *f* (fruit).

mule [mjuːl] *n* mulet *m*; *(she-)*∼, mule *f*.

mulish *a* têtu.

multiple ['mʌltipl] *a/n* multiple *(m)* ‖ COMM. ∼ *store*, magasin *m* à succursales multiples ‖ ELECTR. ∼ *plug*, prise *f* multiple.

,multipli'cation n multiplication f.

multiply [-ai] v multiplier.

mum [mʌm] n maman f.

mumble ['mʌmbl] v marmotter.

mummy n maman f.

mumps [mʌmps] n oreillons mpl.

murder ['mə:də] n meurtre m ● v assassiner ‖ FIG. massacrer.

murderer [-rə] n meurtrier n.

murmur ['mə:mə] n murmure m ● v murmurer.

muscle ['mʌsl] n muscle m.

muscular [-kjulə] a musculaire ‖ musclé (body).

museum [mju:'ziəm] n ARTS musée m ‖ [science] muséum m.

mushroom ['mʌʃrum] n champignon m.

music ['mju:zik] n musique f; set to ∼, mettre en musique.

musical a musical ‖ musicien (person).

musician [mju:'ziʃn] n musicien n.

mussel ['mʌsl] n moule f.

must [mʌst] mod aux : [necessity, obligation] I ∼ go, il faut que je parte ‖ [negative = prohibition] you ∼ not do that, il ne faut pas/vous ne devez pas faire cela ‖ [probability, deduction] he ∼ be ill, il doit être malade ; he ∼ have missed his train, il a dû manquer son train ● n US impératif m, chose f indispensable/à voir absolument.

mustard ['mʌstəd] n moutarde f.

musty ['mʌsti] a moisi.

mute [mju:t] a silencieux, muet ● n muet n ‖ MUS. sourdine f.

mutter ['mʌtə] v marmotter (mumble).

mutton ['mʌtn] n CULIN. mouton m.

muzzle ['mʌzl] n museau m (nose) ‖ muselière f (strap) ● v museler.

my [mai] poss pr mon m, ma f, mes m/f pl.

my'self pers pr [emphatic] moi-même ; personnellement ; by ∼, tout seul ‖ [reflexive] me.

mysterious [mis'tiəriəs] a mystérieux.

mystery ['mistri] n mystère m.

n

n [en]

nail [neil] n ongle m ; TECHN. clou m ● v clouer.

nailbrush n brosse f à ongles.

nail clippers n pince f à ongles.

nail file n lime f à ongles.

nail polish, nail varnish n vernis m à ongles.

naked ['neikid] a nu.

name [neim] n nom m ; christian/US first ∼, prénom m ;

family ~, nom de famille ; *maiden* ~, nom de jeune fille ; *what's your* ~ ?, comment vous appelez-vous ? ● *v* nommer.

name-day *n* fête *f.*

namely ['neimli] *av* à savoir, c'est-à-dire.

nap [næp] *n* (petit) somme ; *take a* ~, faire la sieste.

nape [neip] *n* : ~ *(of the neck),* nuque *f.*

napkin ['næpkin] *n* serviette *f* (de table).

napkin-ring *n* rond *m* de serviette.

nappy ['næpi] *n* COLL. couche *f* (for a baby).

narrow ['nærəu] *a* étroit ‖ *have a* ~ *escape,* l'échapper belle.

nasty ['nɑːsti] *a* désagréable ‖ mauvais (smell) ‖ sale (trick, weather) ‖ méchant (person).

nation ['neiʃn] *n* nation *f.*

national ['næʃənl] *a* national ‖ GB *N*~ *Health Service,* Sécurité sociale ● *n* ressortissant *n.*

nationalize ['næʃnəlaiz] *v* nationaliser.

native ['neitiv] *a* indigène (plant) ‖ natal (land) ; ~ *of,* originaire de ‖ maternel (tongue).

natural ['nætʃrəl] *a* naturel ● *n* MUS. bécarre *m.*

naturalize *v* naturaliser.

naturally *av* naturellement.

nature ['neitʃə] *n* nature *f.*

naturist ['neitʃrist] *n* naturiste *n.*

naughty ['nɔːti] *a* vilain (child).

nautical ['nɔːtikl] *a* nautique, marin.

naval ['neivl] *a* naval ; ~ *officer,* officier *m* de marine.

navigator ['nævigeitə] *n* NAUT., AV. navigateur *m.*

navy ['neivi] *n* marine de guerre, flotte *f* ; ~ *blue,* bleu marine.

near [niə] *av/p* près (de) ; ~ *at hand,* à portée de la main ; ~ *here,* près d'ici ; *come/go* ~, approcher de ● *a* proche (relative) ‖ AUT. GB ~ *side,* côté *m* gauche ● *v* approcher ; *be* ~*ing,* toucher.

nearby *a* proche ; tout près.

nearly *av* presque.

neat [niːt] *a* net, propre (work, writing) ‖ soigné (person) ‖ bien tenu (house) ‖ joli, bien fait (leg) ‖ pur, sec (drink).

necessary ['nesisri] *a* nécessaire ; *if* ~, s'il y a lieu.

necessity [ni'sesiti] *n* nécessité *f.*

neck [nek] *n* cou *m* ‖ [dress] encolure *f* ; *low* ~, décolleté *m* ‖ [bottle] goulot *m.*

neckerchief [-ətʃif] *n* foulard *m.*

necking *n* COLL. pelotage *m.*

necklace [-lis] *n* collier *m.*

need [niːd] *v* avoir besoin de ; nécessiter, demander ; *my hair* ~*s cutting,* mes cheveux ont besoin d'être coupés ● *mod aux :* [neg./interr.] *you* ~*n't wait,* inutile d'attendre ; ~ *he go ?,* est-il obligé d'y aller ? ● *n* besoin *m,* nécessité *f* ; *if* ~ *be,* si besoin est ‖ dénuement *m*, gêne *f* (poverty).

needful *a* nécessaire.

needle ['niːdl] *n* aiguille *f*.

needless *a* inutile.

needlessly *av* inutilement.

needy ['niːdi] *a* nécessiteux.

negation [ni'geiʃn] *n* négation *f*.

negative ['negətiv] *a* négatif ● *n* négative *f* ‖ PHOT. négatif *m*.

neglect [ni'glekt] *n* négligence *f* ● *v* négliger, oublier de.

negligence ['neglidʒəns] *n* négligence *f*.

negligent *a* négligent, oublieux.

negress ['niːgris] *n* PEJ. négresse *f*.

negro [-əu] *n* PEJ. nègre *m*.

neigh [nei] *v* hennir ● *n* hennissement *m*.

neighbour ['neibə] *n* voisin *n*.

neighbourhood *n* voisinage *m*, environs *mpl* (nearness) ‖ quartier *m* (district).

neither ['naiðə] *a/av/c* : ∼ ... *nor*, ni ... ni ‖ non plus, pas davantage ● *pr* ni l'un(e) ni l'autre.

neon ['niːən] *n* néon *m*; ∼ *sign*, enseigne lumineuse au néon.

nephew ['nevjuː] *n* neveu *m*.

nerve [nəːv] *n* nerf *m* ‖ courage *m* ‖ COLL. *get on sb's* ∼*s*, taper sur les nerfs de qqn ‖ COLL. toupet *m*.

nervous *a* nerveux ‖ inquiet, anxieux, intimidé.

nest [nest] *n* nid *m* ● *v* (se) nicher; *go* ∼*ing*, aller dénicher les oiseaux.

nestle [nesl] *v* se nicher, se blottir.

net *n* filet *m* ● *v* prendre au filet.

Netherlands ['neðələndz] *npl* Pays-Bas *mpl*.

nettle ['netl] *n* ortie *f*.

network ['netwəːk] *n* RAIL. réseau *m* ‖ RAD., TV chaîne *f*.

neuter ['njuːtə] *a/n* neutre (*m*).

neutral [-rəl] *a/n* neutre (*n*) ‖ AUT. point mort.

neutron [-rɔn] *n* neutron *m*.

never ['nevə] *av* jamais ; ∼ *more*, jamais plus.

,neverthe'less *av* néanmoins.

new [njuː] *a* nouveau (not existing before) ; *N*∼ *Year's Day*, jour *m* de l'an ‖ neuf (recently finished) ; *like* ∼, comme neuf.

new-born *a* nouveau-né.

new-laid *a* : ∼ *egg*, œuf frais pondu/du jour.

newly *av* nouvellement, récemment.

newly-weds [-wedz] *npl* jeunes mariés *mpl*.

news [-z] *n sing* nouvelles *fpl* ; *a piece of* ∼, une nouvelle ; *break the* ∼, annoncer une nouvelle ; *any* ∼?, quoi de neuf? ; *latest* ∼, dernières nouvelles.

newsagent *n* marchand *n* de journaux.

newscast *n* journal télévisé.

newspaper *n* journal *m*.

newsstand *n* kiosque *m* à journaux.

next [nekst] *a* [place] le plus proche ‖ [time] prochain ; *the ~ day*, le lendemain ; *the ~ day but one*, le surlendemain • *av* ensuite, après • *p* : *~ to*, à côté de.

next door *a/av* à côté ; *the ~ people ~*, les gens d'à côté.

nib [nib] *n* [pen] bec *m*.

nice [nais] *a* agréable ; *~ weather*, beau temps ; *a ~ dinner*, un bon dîner ; *~ and warm*, bien chaud ‖ gentil, aimable, sympathique (person).

nicely *av* agréablement ‖ gentiment, aimablement.

nickel ['nikl] *n* nickel *m* ‖ US pièce *f* de 5 cents.

nickname ['nikneim] *n* surnom *m* • *v* surnommer.

nicotine [-əti:n] *n* nicotine *f*.

niece [ni:s] *n* nièce *f*.

night [nait] *n* nuit *f* ; *at ~*, la nuit ; *by ~*, de nuit ; *in the ~*, la nuit ; *last ~*, cette nuit ; hier (au) soir ; *the ~ before*, la veille au soir ; *good ~!*, bonsoir!, bonne nuit! ; *it is ~*, il fait nuit. ‖ TH. *first ~*, première *f*.

nightclub *n* boîte *f* de nuit.

nightdress *n* chemise *f* de nuit.

nightingale ['naitiŋgeil] *n* rossignol *m*.

nightlight *n* veilleuse *f*.

nightmare [-mɛə] *n* cauchemar *m*.

nil [nil] *n* néant *m* ‖ SP. zéro *m*.

nine [nain] *a/n* neuf *(m)*.

nineteen ['-'ti:n] *a/n* dix-neuf *(m)*.

ninety *a/n* quatre-vingt-dix *(m)*.

ninth [-θ] *a/n* neuvième *(n)*.

no [nəu] *a* aucun, nul, pas de ‖ *there is ~ getting in*, il n'y a pas moyen d'entrer ‖ SP. *~ ball*, balle nulle • *av* non ‖ ne ... pas ; *~ farther than*, pas plus loin que.

noble ['nəubl] *a* noble.

nobody ['nəubədi] *pr* personne.

nod [nɔd] *n* signe *m* de tête • *v* faire un signe de tête ‖ somnoler (doze).

noise [nɔiz] *n* bruit *m* ; *make a ~*, faire du bruit.

noiseless *a* silencieux.

noiselessly *av* sans bruit.

noisily ['-ili] *av* bruyamment.

noisy ['-i] *a* bruyant.

non- [nɔn] *pref* non-.

non-commissioned *a* : *~ officer*, sous-officier *m*.

none [nʌn] *pr* aucun(e) ; personne.

non-returnable *a* COMM. perdu (packing).

nonsense ['nɔnsəns] *n* absurdités, sottises, bêtises *fpl*.

non-smoker *n* non-fumeur *m*.

non-stop *a* ininterrompu, sans arrêt ; direct (train) ; sans escale (flight) ; permanent (per-formance).

noodles ['nuːdlz] *npl* nouilles *fpl.*

noon [nuːn] *n* midi *m.*

no one *pr* → NOBODY.

nor [nɔː] *c* ni ; ni ... non plus ‖ → NEITHER.

normal ['nɔːml] *a* normal.

normally *av* normalement.

north [nɔːθ] *n* nord *m.*

northerly ['nɔːðəli] *a* nord (latitude) ; du nord (wind).

northward(s) *av* vers le nord.

Norway ['nɔːwei] *n* Norvège *f.*

Norwegian [nɔːˈwiːdʒn] *a/n* norvégien (*n*).

nose [nəuz] *n* [person] nez *m* ; [animal] museau *m* ; ***blow one's ~***, se moucher ; *speak through one's ~*, parler du nez.

nose-bleed *n* saignement *m* de nez.

nostril ['nɔstrl] *n* [person] narine *f* ; [animal] naseau *m.*

not [nɔt] *av* (ne) pas ; *~ at all*, pas du tout.

notable ['nəutəbl] *a* remar-quable.

note [nəut] *n* note *f* ‖ mot *m* (short letter) ; ***make a ~ of***, prendre note de ; ***take ~s***, prendre des notes ‖ ***(bank)~***, billet *m* (de banque) ‖ MUS. note *f* ● *v* : *~ down*, noter, inscrire.

notebook *n* carnet *m.*

'note,paper *n* papier *m* à lettres.

nothing ['nʌθiŋ] *pr* rien ; *~ but*, rien que ; *~ else*, rien

d'autre ; *~ more*, rien de plus.

notice ['nəutis] *n* avis *m*, notification *f* ‖ pancarte *f*, écriteau *m* ● *v* remarquer.

noticeable *a* perceptible.

notice-board *n* tableau *m* d'affichage.

notify ['nəutifai] *v* avertir ; aviser.

notion ['nəuʃn] *n* notion, idée *f.*

nought [nɔt] *n* zéro *m* ; *play at ~s and crosses*, jouer au morpion.

noun [naun] *n* GRAMM. nom *m.*

nourish ['nʌriʃ] *v* nourrir, ali-menter.

nourishing *a* nourrissant.

novel ['nɔvl] *n* roman *m.*

novelist *n* romancier *m.*

November [nəˈvembə] *n* novembre *m.*

now [nau] *av* maintenant, à présent, actuellement ; ***just ~***, en ce moment ; ***right ~***, tout de suite ; ***until ~***, jusqu'à pré-sent, jusqu'ici ; *~ and then*, de temps en temps ● *interj* alors ! ; *~ then !*, allons !, voyons ! ; *well ~ !*, eh bien ! ● *c* mainte-nant que ‖ *or* ● *n* moment présent ; *from ~ on*, dès à présent, désormais ; *in a week from ~*, d'aujourd'hui en huit.

nowadays ['nauədeiz] *av* de nos jours, aujourd'hui.

nowhere ['nəuwɛə] *av* nulle part.

nuclear ['njuːkliə] *a* nu-cléaire ; *~ deterrent*, force *f* de dissuasion nucléaire; ~ *power station*, centrale *f* nucléaire.

nudist ['nju:dist] *n* nudiste *n*.

nuisance ['nju:səns] *n* ennui, désagrément *m* ‖ FIG. poison, fléau *m*.

null [nʌl] *a* nul.

numb [nʌm] *a* engourdi • *v* engourdir.

number ['nʌmbə] *n* nombre *m*, **without** ~, innombrable ‖ [periodical, room], TEL. numéro *m* ‖ GRAMM. nombre *m* • *v* numéroter.

numberless *a* innombrable.

numeral ['nju:mrəl] *a* numéral • *n* chiffre *m*.

numerous [-s] *a* nombreux.

nun [nʌn] *n* religieuse, sœur *f*.

nurse [nə:s] *n* infirmière *f*; *male* ~, infirmier *m* • *v* nourrir, allaiter (baby) ‖ soigner (sick person).

nursery [-ri] *n* crèche, pouponnière *f* ‖ ~ *rhyme*, chanson *f* d'enfants.

nursery-school *n* école maternelle.

nursing ['-iŋ] *n* MED. soins *mpl*.

nursing-home *n* clinique *f*.

nut [nʌt] *n* noisette *f* (hazelnut) ‖ TECHN. écrou *m*.

nut-crackers *npl* casse-noisettes *m*.

nylon ['nailən] *n* Nylon *m* ‖ *Pl* bas *mpl* Nylon.

o [əu] *n* TEL. zéro *m*.

o' [ə] = OF.

oak [əuk] *n* chêne *m*.

oar [ɔ:] *n* rame *f*, aviron *m*.

oarsman [-zmən] *n* rameur *m*.

oat [əut] *n* (*usu pl*) avoine *f*.

oath [əuθ] *n* serment *m*; *take an* ~, prêter serment ‖ [swearword] juron *m*.

obedient [ə'bi:diənt] *a* obéissant.

obey [ə'bei] *v* obéir à (sb, orders).

object ['ɔbdʒikt] *n* objet *m*, chose *f* ‖ GRAMM. complément, objet *m* • [əb'dʒekt] *v* s'opposer (*to*, à); désapprouver, s'élever contre.

objection [-ʃn] *n* objection *f*.

objector [-tə] *n* contradicteur *n*; *conscientious* ~, objecteur *m* de conscience.

obligation [,ɔbli'geiʃn] *n* obligation *f*.

obligatory [ɔ'bligətri] *a* obligatoire.

oblige [ə'blaidʒ] *v* obliger (force) ‖ obliger, rendre service (assist).

obliging *a* obligeant, serviable.

oblique [ə'bli:k] *a* oblique.

obscene [əb'si:n] *a* obscène.

obscenity [əb'seniti] *n* obscénité *f*.

observation [,ɔbzə'veiʃn] *n* observation *f*.

observatory [əb'zə:vətri] *n* observatoire *m*.

observe [əb'zə:v] *v* observer (watch) ‖ observer, suivre (rules).

observer *n* observateur *n*.

obsess [əb'ses] *v* obséder (*with*, par).

obsession [-ʃn] *n* obsession *f*.

obstacle ['ɔbstəkl] *n* obstacle *m*.

obstinate ['ɔbstinit] *a* obstiné, entêté (stubborn).

obstruct [əb'strʌkt] *v* obstruer.

obstruction *n* obstruction *f*.

obtain [əb'tein] *v* obtenir, se procurer.

obvious ['ɔbviəs] *a* évident, manifeste, visible.

occasion [ə'keiʒn] *n* occasion, circonstance *f*; **on ~**, à l'occasion ‖ événement *m* (event) ‖ motif *m* (reason) ● *v* occasionner, provoquer.

occasional *a* occasionnel; de temps à autre.

occasionally *av* de temps à autre, parfois.

Occident ['ɔksidnt] *n* occident *m*.

occidental [,ɔksi'dentl] *a* occidental.

occupation [,ɔkju'peiʃn] *n* occupation *f* ‖ métier *m*, profession *f*.

occupy ['ɔkjupai] *v* occuper.

occur [ə'kə:] *v* arriver, avoir lieu; se produire (happen) ‖ venir à l'esprit.

occurrence [ə'kʌrəns] *n* occurrence *f*; événement, fait *m* (event).

ocean ['əuʃn] *n* océan *m*.

Oceania [,əuʃi'einjə] *n* Océanie *f*.

o'clock [ə'klɔk] *av* : *9 ~*, 9 heures (juste).

octave ['ɔktiv] *n* octave *f*.

October [ɔk'təubə] *n* octobre *m*.

octopus [-əpəs] *n* poulpe *m*.

oculist ['ɔkjulist] *n* oculiste *n*.

odd [ɔd] *a* impair (number) ‖ dépareillé (glove, etc.) ‖ environ; *thirty ~ years*, trente et quelques années ‖ occasionnel, inhabituel; *~ moments*, moments perdus; *~ jobs*, petits travaux, bricolage *m* ‖ bizarre, étrange (strange).

oddly *av* bizarrement.

odds [ɔdz] *npl* chances *fpl*; *the ~ are against us/in our favour*, les chances sont contre nous/pour nous ‖ ***~ and ends***, petits bouts *mpl*, bribes *fpl*.

of [ɔv/əv] *p* de ‖ à; *think ~*, penser à.

off [ɔf] *av* au loin (away); *two miles ~*, à deux miles de là ‖ [departure] *be ~*, partir, s'en aller ‖ [removal] *take ~*, enlever, ôter ‖ [completion] *pay ~*, rembourser ‖ ***~ and on***, de temps à autre ● *p* de (away); *the book fell ~ the table*, le livre tomba de la table; *keep*

~ *the grass*, défense de marcher sur la pelouse ‖ *loin de* ; *a house* ~ *the main road*, une maison à l'écart de la grande route ‖ NAUT. au large de ‖ ~ *the record*, confidentiel ● *a* extérieur ‖ ELECTR., TEL. coupé, interrompu ‖ CULIN. éventé (beer) ; avancé (meat) ; tourné (milk) ; rance (butter) ‖ FIG. [inactive] ~ *season*, morte-saison ‖ FIG. annulé (party).

off-colour *a* patraque.

offence [ə'fens] *n* : *give* ~, blesser, froisser ; *take* ~, se vexer, s'offenser (*at*, de) ; *no* ~ *!*, soit dit sans vous offenser ‖ JUR. délit *m*.

offend [-d] *v* blesser, froisser, choquer.

offender *n* délinquant *n*.

offensive *a* choquant ; injurieux (insulting) ● *n* MIL. offensive *f*.

offer ['ɔfə] *v* offrir (*sb sth*, qqch à qqn) ● *n* offre *f*.

office ['ɔfis] *n* bureau *m*.

officer ['ɔfisə] *n* fonctionnaire *n* ‖ MIL. officier *m* ‖ [police] ~ *!*, Monsieur l'agent !

official [ə'fiʃl] *a* officiel, administratif ● *n* fonctionnaire *n*.

officious [-əs] *a* trop empressé, zélé.

‚off'peak *a* : ~ *hours*, heures creuses.

offset ['ɔːfset] *v* compenser, contrebalancer ● *n* [printing] offset *m*.

offside *a* SP. hors jeu ‖ GB, AUT. côté droit.

often ['ɔːfn] *av* souvent ; *how* ~ *?*, combien de fois ?, tous les combien ? ; *as* ~ *as*, chaque fois que.

oh ! [əu] *excl* oh ! ; ~ *dear !*, oh là là !

oil [ɔil] *n* huile *f* ‖ (crude) ~, pétrole brut ● *v* huiler, graisser.

oil-can *n* burette *f*.

oil-colours *npl* couleurs *fpl* à l'huile.

oil-fired *a* chauffé au mazout.

oil-painting *n* ARTS peinture *f* à l'huile.

oily *a* huileux, graisseux.

O. K., okay ['əu'kei] *interj* d'accord !, très bien !, entendu ! ● *n* COLL. approbation *f* ● *v* US approuver.

old [əuld] *a* vieux, âgé ; ~ *age*, vieillesse *f* ; ~ *man*, vieillard ; ~ *woman*, femme âgée, vieille ; *grow/get* ~, vieillir ; *how* ~ *is he ?*, quel âge a-t-il ? ; *he is six years* ~, il a six ans ‖ ancien (former) ; ~ *boy*, ancien élève.

old-fashioned *a* démodé, à l'ancienne mode, vieux jeu.

olive ['ɔliv] *n* olive *f* ; ~ *oil*, huile *f* d'olive.

Olympic [ə'limpik] *a* : ~ *Games*, jeux *mpl* Olympiques.

omelet(te) ['ɔmlit] *n* omelette *f*.

omission [ə'miʃn] *n* omission *f*, oubli *m*.

omit [-t] *v* omettre (leave out) ‖ négliger de (neglect).

on [ɔn] *p* sur ‖ [direction] à, vers ; ~ *the right*, à droite ‖ [time] ~ *Sundays*, le dimanche ● *av* sur ; *help me* ~ *with my coat*, aidez-moi à mettre mon manteau ‖ CIN. *be* ~ : *what's* ~ *tonight?*, quel film passe-t-on ce soir ? ‖ [functioning, flowing] *is the gas* ~?, le gaz est-il ouvert ? ‖ [continuation] *go* ~, continuer ; *and so* ~, et ainsi de suite.

once [wʌns] *av* une fois ; ~ *a week*, tous les huit jours ; ~ *more*, encore une fois ‖ autrefois (formerly) ; ~ *upon a time*, il était une fois ‖ *at* ~, tout de suite ; en même temps (at the same time).

one 1 [wʌn] *a* un ‖ seul, unique, même ● *pr* un ; ~ *of us*, l'un de nous ; *I for* ~, pour ma part ‖ [*indef*] on ‖ [*dem*] *the* ~ *who*, celui/celle qui.

one- 2 *pref*.

,one a'nother *pr* = EACH OTHER.

one-armed *a* manchot ; COLL. ~ *bandit*, machine *f* à sous.

one-eyed *a* borgne.

one's [-z] *a* son, sa, ses ‖ ~ *own*, à soi.

one'self *reflex pr* se ; *to* ~, à/pour soi ; *by* ~, seul ‖ *emph pr* soi-même.

one-way *a* à sens unique.

onion ['ʌnjən] *n* oignon *m*.

onlooker ['ɔn,lukə] *n* spectateur, badaud *n*.

only ['əunli] *a* seul, unique ; ~ *child*, enfant unique ● *av* seulement, ne ... que ‖ ~ *last week*, pas plus tard que la semaine dernière.

onto ['ɔntu] *p* US = *on to*.

onward(s) *a/av* en avant ; *from today* ~, désormais.

ooze [u:z] *v* suinter.

opaque [ə'peik] *a* opaque.

open ['əupn] *a* ouvert ; *wide* ~, grand ouvert ‖ *on the* ~ *sea*, en pleine mer ‖ AUT. libre (road) ‖ SP. ouvert (season) ● *n* : *sleep out in the* ~, coucher à la belle étoile ● *v* (s')ouvrir.

,open-'air *a* de plein air.

,open'heart operation *n* opération *f* à cœur ouvert.

opening *n* ouverture *f*.

openly *av* ouvertement.

opera ['ɔprə] *n* opéra *m* ; *light* ~, opéra-comique *m*.

operate ['ɔpəreit] *v* actionner, manœuvrer, faire marcher (machine) ‖ MED. opérer.

,ope'ration *n* opération *f*.

'operator *n* TEL. standardiste *n*.

opinion [ə'pinjən] *n* opinion *f*, avis *m* ; *in my* ~, à mon avis ‖ ~ *poll*, sondage *m* (d'opinion).

opium ['əupjəm] *n* opium *m*.

opponent [ə'pəunənt] *n* adversaire *n*.

opportune ['ɔpətju:n] *a* opportun.

,oppor'tunity *n* occasion *f*

(favorable) ; *take an* ～, saisir une occasion.

oppose [ə'pəuz] *v* (s')opposer (*to*, à).

opposite ['ɔpəzit] *a* opposé ; *in the* ～ *direction*, en sens inverse ● *p* : ～ *to*, en face de.

,oppo'sition *n* opposition *f.*

opt [ɔpt] *v* opter (*for*, pour).

optic(al) ['ɔptik(l)] *a* optique.

optician [ɔp'tiʃn] *n* opticien *n.*

optics ['ɔptiks] *n* optique *f.*

optimism ['ɔptimizm] *n* optimisme *m.*

optimist *n* optimiste *n.*

,opti'mistic *a* optimiste.

option ['ɔpʃn] *n* choix *m,* option *f.*

optional *a* facultatif.

or [ɔ:] *c* ou, ou bien ; ～ *else*, ou bien, sinon ‖ ～ *so,* environ ‖ → EITHER, WHETHER.

oral ['ɔ:rəl] *a/n* oral *(m).*

orally *av* oralement.

orange ['ɔrinʒ] *n* orange *f* ● *a* orange, orangé.

orangeade ['-'eid] *n* orangeade *f.*

orator ['ɔrətə] *n* orateur *n.*

orchard ['ɔ:tʃəd] *n* verger *m.*

orchestra ['ɔ:kistrə] *n* orchestre *m.*

order ['ɔ:də] *n* ordre, rang *m* (rank) ; *in alphabetical* ～, par ordre alphabétique ‖ ordre *m* (arrangement) ; *set in* ～, mettre en ordre ; *out of* ～, en désordre ‖ *in* ～ *that/to,* afin que/de ‖ ordre *m,* règle *f* ; *in* ～, en règle (passport) ‖ ordre,

commandement *m; give* ～*s,* donner des ordres ; *obey* ～*s,* obéir aux ordres ‖ COMM. commande *f* ‖ TECHN. *in working* ～, en ordre de marche ; *out of* ～, en panne, déréglé ; TEL. en dérangement ● *v* arranger, mettre en ordre ‖ ordonner (give an order) ‖ COMM. commander.

orderly *a* ordonné, en ordre.

ordinary ['ɔ:dinri] *a* ordinaire, courant, habituel.

organ ['ɔ:gən] *n* organe *m* ‖ MUS. orgue *m,* orgues *fpl.*

organist *n* organiste *n.*

organization [,ɔ:gənai'zeiʃn] *n* organisation *f.*

organize *v* organiser, arranger.

organ-stop *n* jeu *m* d'orgue.

oriental [,ɔ:ri'entl] *a* oriental.

orientate [-eit] *v* orienter.

,orien'tation *n* orientation *f.*

origin ['ɔridʒin] *n* origine *f.*

original [ə'ridʒənl] *a* original (new) ● *n* original *m.*

originality [ə,ridʒi'næliti] *n* originalité *f.*

originally *av* à l'origine.

ornament ['ɔ:nəmənt] *n* ornement *m.*

orphan ['ɔ:fn] *a/n* orphelin *n.*

other ['ʌðə] *a* autre ‖ *every* ～ *day,* tous les deux jours ; *on the* ～ *hand,* d'autre part ● *pr* autre ; *some day or* ～, un jour ou l'autre.

otherwise *av* autrement.

ouch! [autʃ] *exclam* aïe !

ought [ɔ:t] *mod aux* : [duty,

obligation] *you ~ to help him,*
vous devriez l'aider ‖ [desira-
bility] *you ~ to have seen that,*
vous auriez dû voir cela.

ounce [auns] *n* once *f*.

our ['auə] *poss a* notre ; nos.

ours [-z] *poss pr* le/la nôtre ;
les nôtres.

ourselves [‚auə'selvz] *reflex/
emph pr* nous/nous-mêmes.

out [aut] *av* dehors ; *go ~,*
sortir ; sorti (person) ; *day ~,*
jour de sortie ‖ *inside ~,* à
l'envers ; sens dessus dessous ‖ à
haute voix (aloud) ‖ éteint (fire,
gas, light) ‖ achevé ; *before the
day is ~,* avant la fin de la
journée ‖ *hear ~,* entendre
jusqu'au bout ‖ [book] *just ~,*
vient de paraître ‖ SP. out ‖
FIG. [wrong] *I was not far ~,*
je ne me trompais pas de beaucoup ● *p ~ of :* hors de ; *drink
~ of a glass,* boire dans un
verre ‖ sans ; *~ of work,* sans
travail ‖ *~ of ignorance,* par
ignorance ‖ *nine times ~ of
ten,* neuf fois sur dix.

outboard *a :* ~ *motor,*
(moteur) hors-bord *m*.

outcome *n* issue *f*, aboutis-
sement, résultat *m*.

out'dated *a* démodé, dépassé.

out'distance *v* distancer.

out'door *a* extérieur, de plein
air.

out'doors *av* au-dehors, en
plein air.

outer ['-ə] *a* extérieur, externe.

outfit ['-fit] *n* équipement *m*.

outgoing *a* sortant, démis-

sionnaire ‖ RAIL., NAUT. en
partance.

out'grow* *v* devenir trop
grand pour (one's clothes).

outhouse *n* appentis *m*.

outing ['-iŋ] *n* sortie *f* ; *go for
an ~,* faire une excursion.

outlandish [-'lændiʃ] *a* exotique.

outlaw *n* hors-la-loi *m* ● *v*
mettre hors la loi, proscrire.

outline *n* contour *m*, silhouette *f* ‖ esquisse *f* ● *v : be
~d,* se profiler ‖ esquisser,
ébaucher.

outlook *n* point *m* de vue,
perspective *f* ‖ FIG. façon *f* de
voir ; idées *fpl* ; prévisions *fpl*.

outlying *a* écarté, isolé.

‚out-of-'date *a* suranné,
démodé.

‚out-of-the-'way *a* isolé,
écarté.

output *n* rendement, débit *m*,
production *f*.

outrage ['autreidʒ] *n* acte
m de violence, attentat *m* ‖
[public] scandale *m* ● *v* outra-
ger.

out'run* *v* dépasser, distancer.

outset *n : at/from the ~,* dès
le début.

out'side *av/p* dehors ; à l'extérieur (de), devant ● *n* dehors,
extérieur *m*.

out'sider *n* SP. outsider *m*.

outskirts *npl* [town] fau-
bourgs *mpl* ‖ [wood] lisière *f*.

outstanding *a* saillant, mar-
quant ‖ éminent (person).

outward ['-wəd] *a* en dehors, extérieur.

oval ['əuvl] *a/n* ovale (*m*).

oven ['ʌvn] *n* four *m*.

over ['əuvə] *p* au-dessus de (above) ‖ sur (on the surface); *spread a cloth ∼ the table*, étaler une nappe sur la table ‖ à travers, dans (across) ‖ partout (everywhere); *all ∼ the world*, dans le monde entier ‖ par-dessus (to the other side); *∼ the wall*, par-dessus le mur ‖ de l'autre côté; *∼ the street*, de l'autre côté de la rue ‖ plus de (more than); *be ∼ sixty*, avoir dépassé la soixantaine • *av* (par) dessus ‖ [across] *go ∼ to England*, aller en Angleterre; RAD. *∼ (to you)!*, à vous! ‖ [finished] *the rain is ∼*, la pluie a cessé ‖ [+ *a*] trop (too) ‖ [again] *∼ again*, encore une fois ‖ *∼ against*, en face de; *∼ here*, ici; *∼ there*, là-bas.

overall ['-rɔːl] *n* blouse *f* ‖ Pl salopette *f*, bleus *mpl*.

overcast *a* nuageux, couvert (weather).

overcoat *n* pardessus *m*.

,**over'come*** *v* vaincre, triompher de, surmonter.

,**over'do*** *v* exagérer.

,**over'done** *a* trop cuit.

overdraft *n* FIN. découvert *m*.

,**over'draw*** *v* FIN. tirer à découvert (one's account).

overdrive *n* AUT. surmultipliée *f*.

,**over'due** *a* AV., RAIL. en retard.

,**over-ex'pose** *v* PHOT. surexposer.

,**over-ex'posure** *n* surexposition *f*.

'**over'feed*** *v* suralimenter.

overflow *v* déborder • *n* trop-plein, débordement *m*.

,**over'haul** *v* TECHN. réviser • *n* TECHN. révision *f*.

,**over'hear*** *v* surprendre (conversation); entendre par hasard.

overload *v* surcharger.

,**over'look** *v* [window] donner sur, avoir vue sur ‖ négliger, laisser échapper (neglect) ‖ fermer les yeux sur (ignore).

,**over'night** *a/av* de nuit; du jour au lendemain; *stay ∼*, passer la nuit.

,**over'seas** *a/av* outre-mer.

oversight *n* oubli *m*, inattention *f*.

,**over'sleep*** *v* dormir au-delà de l'heure voulue; *he ∼slept himself*, il ne s'est pas réveillé à temps.

,**over'statement** *n* exagération *f*.

,**over'stay** *v* s'attarder.

,**over'steer** *n* AUT. survirage *m*.

,**over'take*** *v* rattraper, dépasser ‖ AUT. doubler.

,**over'taking** *n* AUT. dépassement *m*.

overtime *n* heures *fpl* supplémentaires • *av* : *work ∼*, faire des heures supplémentaires.

,**over'turn** *v* (se) renverser.

,**over'weight** *n* excédent *m* de poids.

,**over'work** *v* (se) surmener ; surcharger de travail ● *n* surmenage *m*.

owe [əu] *v* devoir (debt) ; *he* ~s *me £5*, il me doit 5 livres.

owing to *p* à cause de, en raison de, par suite de.

owl [aul] *n* hibou *m*, chouette *f*.

own [əun] *v* posséder ‖ reconnaître (acknowledge) ● *a* à soi, propre ; *my* ~ *brother*, mon propre frère.

owner *n* propriétaire *n*, possesseur *m*.

ox [ɔks] (*Pl* **oxen** [-n]) *n* bœuf *m*.

oxygen ['ɔksidʒən] *n* oxygène *m*.

oyster ['ɔistə] *n* huître *f*.

ozone ['əuzəun] *n* ozone *m*.

p [pi:] *abbrev* penny, pence.

pace [peis] *n* allure *f* (speed) ; *at a walking* ~, au pas ● *v* : ~ *up and down*, faire les cent pas.

Pacific [pə'sifik] *n* océan *m* Pacifique.

pacifist ['pæsifist] *n* pacifiste *n*.

pack [pæk] *n* paquet *m* ‖ [cards] jeu *m* ‖ [rugby] mêlée *f* ● *v* empaqueter, emballer ; faire les bagages.

package [-idʒ] *n* emballage *m* ‖ paquet, colis *m* ‖ FIG. ~ *tour*, voyage organisé.

packet [-it] *n* paquet *m*.

packing *n* empaquetage, emballage *m*.

packing-case *n* caisse *f* d'emballage.

paddle ['pædl] *n* pagaie *f* ● *v* pagayer ‖ patauger (wade).

padlock ['pædlɔk] *n* cadenas *m* ● *v* cadenasser.

page 1 [peidʒ] *n* page *f*.

page 2 *n* : ~ *(boy)*, chasseur, groom *m*.

paid [peid] → PAY*.

pail [peil] *n* seau *m*.

pain [pein] *n* douleur *f* ; *take* ~s, se donner du mal.

painful *a* douloureux, pénible.

painless *a* indolore ; ~ *childbirth*, accouchement *m* sans douleur.

painstaking ['peinz,teikiŋ] *a* soigneux, appliqué (person).

paint [peint] *n* peinture *f* ‖ *Pl* couleurs *fpl* ; *box of* ~s, boîte *f* de couleurs ● *v* peindre.

painter *n* peintre *m*.

painting *n* ARTS peinture *f*.

pair [pɛə] *n* paire *f* ; ~ *of trousers*, pantalon *m*.

pajamas [pə'dʒɑ:məz] *mpl* US pyjama *m*.

pal [pæl] *n* copain *m*.

palace ['pælis] *n* palais *m*.

pale [peil] *a* pâle, blême.

Palestine ['pælistain] *n* Palestine *f*.

Palestinian [,pæləs'tiniən] *a/n* palestinien (*n*).

palm 1 [pɑːm] *n* palme *f*; ∼(*-tree*), palmier *m*.

palm 2 *n* [hand] paume *f* • *v* escamoter; COLL. ∼ *off*, refiler (*a bad coin*, une fausse pièce) [fam.].

pamper ['pæmpə] *v* choyer, dorloter.

pamphlet ['pæmflit] *n* brochure *f*.

pan 1 [pæn] *n* : (*sauce*)∼, casserole *f*.

pan 2 *v* CIN. faire un panoramique; ∼ *shot*, panoramique *m*.

pan-cake *n* crêpe *f*.

pane [pein] *n* carreau *m*, vitre *f*.

panel ['pænl] *n* panneau *m* ‖ MED. ∼ *doctor*, médecin conventionné ‖ RAD. groupe *m* de discussion.

panic ['pænik] *n* panique *f* • *v* s'affoler.

panic-stricken *a* pris de panique.

panorama [,pænə'rɑːmə] *n* panorama *m*.

panoramic [-'ræmik] *a* panoramique.

pansy ['pænzi] *n* BOT. pensée *f* ‖ SL. tante, tapette *f* (arg.).

pant [pænt] *v* [person] haleter; [heart] palpiter.

panther ['pænθə] *n* panthère *f*.

panties ['-tiz] *npl* [women's] slip *m*.

pantry ['pæntri] *n* office *m*.

pants [pænts] *npl* [men's] caleçon, slip *m*; [women's] culotte *f*, slip *m* ‖ US pantalon *m*.

paper ['peipə] *n* papier *m* ‖ journal *m* (newspaper) ‖ [school] devoir *m*; épreuve, composition *f* ‖ Pl papiers *mpl* (documents).

paperback *n* livre *m* de poche.

paper-clip *n* agrafe *f*, trombone *m*.

paper-knife *n* coupe-papier *m*.

paper-weight *n* presse-papiers *m*.

parachute ['pærəʃuːt] *n* parachute *m*; ∼ *drop*, parachutage *m* • *v* sauter en parachute ‖ parachuter.

parachutist *n* parachutiste *n*.

paraffin ['pærəfin] *n* : ∼ (*oil*), pétrole (lampant); ∼(*-wax*), paraffine *f*; (*liquid*) ∼, huile *f* de paraffine.

paragraph ['pærəgrɑːf] *n* paragraphe *m*; *new* ∼!, à la ligne!

parallel ['pærəlel] *a* parallèle; ∼ *bars*, barres parallèles • *n* parallèle *n*.

paralyse ['pærəlaiz] *v* paralyser.

paralysis [pə'rælisis] *n* paralysie *f*.

parapet ['pærəpit] *n* parapet *m*.

parasol [,pærə'sɔl] *n* ombrelle *f*, parasol *m*.

paratrooper ['pærətru:pə] *n* MIL. parachustiste *m*.

parcel ['pɑːsl] *n* colis, paquet *m*; *make up a* ~, faire un paquet.

pardon ['pɑːdn] *n* pardon *m*; *I beg your* ~!, excusez-moi, je vous demande pardon! ● *v* pardonner.

pare [pɛə] *v* rogner, couper (nails).

parent ['pɛərənt] *n* père *m* (father); mère *f* (mother) ‖ *Pl* parents *mpl*.

parenthesis [pə'renθisis] (*Pl* **parentheses** [-θisiːz]) *n* parenthèse *f*.

parish ['pæriʃ] *n* paroisse *f*.

parishioner [pə'riʃənə] *n* paroissien *n*.

Parisian [pə'rizjən] *a/n* parisien (*n*).

park [pɑːk] *n* parc *m* ‖ AUT. *car* ~, parking *m* ● *v* AUT. garer, parquer.

parking *n* stationnement `*m*; *no* ~!, défense de stationner; ~ *disc*, disque *m* de stationnement; ~ *meter*, parcmètre *m*.

parliament ['pɑːləmənt] *n* parlement *m*.

parrot ['pærət] *n* perroquet *m*.

parsley ['pɑːsli] *n* persil *m*.

parson ['pɑːsn] *n* pasteur, curé *m* (priest).

part [pɑːt] *n* partie, part *f*;

take ~ *in*, prendre part à ‖ parti *m* (side); *take sb's* ~, prendre parti pour qqn; *on the* ~ *of*, de la part de ‖ TH. rôle *m* ‖ TECHN. pièce *f* ● *v* séparer; ~ *one's hair*, se faire une raie ‖ se séparer, se quitter ‖ ~ *with sth*, se défaire de qqch.

partial ['pɑːʃl] *a* partiel (in part) ‖ partial (biased) ‖ COLL. *be* ~ *to*, avoir un faible pour.

partially *av* partiellement, en partie.

participle ['pɑːtsipl] *n* participe *m*.

particular [pə'tikjulə] *a* particulier (special) ‖ difficile (fastidious) ● *n* détail *m*, particularité *f*; *full* ~*s*, tous les détails/renseignements.

particularly *av* particulièrement, en particulier.

parting ['-iŋ] *n* séparation *f* ‖ [hair] raie *f*.

partition [pɑː'tiʃn] *n* cloison *f* (wall).

partly ['li] *av* partiellement.

partner ['pɑːtnə] *n* partenaire *n* ‖ [dance] cavalier *n* ‖ JUR. associé *n*.

partridge ['pɑːtridʒ] *n* perdrix *f*.

'part-'time *a* à mi-temps.

party ['pɑːti] *n* groupe *m* ‖ (*political*) ~, parti *m* ‖ réunion *f*; réception *f*; (*evening*) ~, soirée *f*; *give a* ~, donner une réception ‖ *third-*~ *insurance*, assurance *f* au tiers.

pass [pɑːs] *n* permis, laissez-

passer *m* (document) ‖ GEOGR.
col *m* ‖ SP. passe *f* ● *v* passer
‖ franchir (cross over) ‖ passer,
transmettre (transmit) ‖ [exa-
miner] recevoir (candidates);
[candidate] être reçu à (exam) ‖
~ *water*, uriner ‖ AUT. dépasser; doubler (overtake) ‖ SP.
passer (a ball) ‖ [card games]
passer, renoncer.

passable *a* praticable (road);
passable (quality).

passage ['pæsidʒ] *n* passage
m ‖ NAUT. traversée *f*.

passenger ['pæsnʒə] *n* RAIL.
voyageur *n* ‖ NAUT., AV. passager *n*.

'passer-'by *n* passant *n*.

passion ['pæʃn] *n* passion *f*.

passionate ['-ənit] *a* passionné.

passive ['pæsiv] *a* passif.

passkey ['pɑːskiː] *n* passe-
partout *m inv*.

passport ['-pɔːt] *n* passeport
m.

password ['-wəːd] *n* mot *m*
de passe.

past [pɑːst] *a* passé ‖ GRAMM.
~ *tense*, passé *m* ● *n* passé *m*;
in the ~, autrefois ● *p* au-
delà de; ten ~ two, deux
heures dix ‖ plus de (more
than); he is ~ forty, il a plus
de quarante ans ● *av* : go ~,
passer devant.

pasta ['pæstə] *n* pâtes *fpl*.

paste [peist] *n* colle *f* (glue) ‖
CULIN. pâte *f* ● *v* coller.

pasteboard *n* carton *m*.

pastime ['pɑːstaim] *n* passe-
temps *m*; distraction *f*.

pastry ['peistri] *n* pâte *f*
(dough); pâtisserie *f* (cake).

pastry-cook *n* pâtissier *n*.

pastry-shop *n* pâtisserie *f*.

patch [pætʃ] *n* [material]
pièce *f* ‖ [colour] tache *f* ● *v*
rapiécer; rafistoler.

patent ['peitnt] *n* brevet *m* ‖
~ *medicine*, spécialité *f*
pharmaceutique.

patent-leather shoes *npl*
chaussures vernies.

paternal [pə'təːnl] *a* paternel.

path [pɑːθ] *n* [country] sentier,
chemin *m* ‖ [garden] allée *f*.

patience ['peiʃns] *n* patience
f; out of ~, à bout de
patience; have ~, prendre
patience.

patient ['-t] *a* patient; be ~,
prendre patience ● *n* patient,
malade *n*.

patiently *av* patiemment;
wait ~, patienter.

patriot ['peitriət] *n* patriote *n*.

patriotic [,pætri'ɔtik] *a*
patriotique.

patron ['peitrən] *n* COMM.
client *n*.

patronize ['pætrənaiz] *v*
COMM. se fournir chez.

pattern ['pætən] *n* motif *m*
‖ [dressmaking] patron *m* ‖
COMM. échantillon *m* (sample)
‖ schéma *m*.

pave [peiv] *v* paver.

pavement *n* trottoir *m* (for
pedestrians) ‖ US chaussée *f*
(roadway).

paving-stone n pavé m.

paw [pɔː] n patte f.

pawn [pɔːn] n gage m, in ~, en gage ‖ [chess] pion m • v engager, mettre au mont-de-piété.

pawnbroker n prêteur n sur gage.

pawnshop n mont-de-piété m.

pay 1 [pei] n paie/paye f; [workman's] salaire m; [civil servant's] traitement m; [servant's] gages mpl.

pay* 2 v payer (sb, sum, qqn, somme); ~ for sth, payer qqch ‖ ~ **back**, rembourser; ~ **off**, acquitter (debt); ~ **up**, solder, régler.

paying a payant, rémunérateur ‖ ~ **guest**, pensionnaire n.

payment n paiement, versement m; rémunération f.

pea [piː] n pois m; green ~s, petits pois; split ~s, pois cassés.

peace [piːs] n paix f ‖ ordre public.

peaceful a paisible, pacifique.

peach [piːtʃ] n pêche f.

peach-tree n pêcher m.

peacock [ˈpiːkɔk] n paon m.

peak [piːk] n [mountain] pic m, cime f ‖ [cap] visière f ‖ RAIL., ELECTR. ~ **hours**, heures fpl de pointe.

peanut [ˈpiːnʌt] n arachide, cacahouète f.

pear [pɛə] n poire f.

pearl [pəːl] n perle f.

pearly a nacré.

pear-tree n poirier m.

peasant [ˈpeznt] n paysan m.

pea-shooter [ˈpiːˌʃutə] n sarbacane f.

pea-souper n COLL. purée f de pois (fog).

peat [piːt] n tourbe f.

pebble [ˈpebl] n caillou m ‖ [beach] galet m.

peculiar [piˈkjuːljə] a particulier, singulier, bizarre.

pedal [ˈpedl] n pédale f • v pédaler.

pedestrian [piˈdestriən] n piéton m • a pédestre.

pedigree [ˈpedigriː] n [animal] pedigree m.

peel [piːl] n [fruit] pelure f; épluchure f; [orange] peau f; [lemon] zeste m • v peler, éplucher.

peer 1 [piə] v scruter (at, into sth, qqch).

peer 2 n pair m, égal n.

peerless a sans égal, incomparable.

peevish [ˈpiːviʃ] a irritable, grincheux.

peg [peg] n cheville f (pin) ‖ (hat-)~, patère f ‖ COLL. off the ~, prêt-à-porter m (clothes) ‖ [tent] piquet m ‖ [washing] pince f à linge.

pejorative [ˈpiːdʒrətiv] a péjoratif.

pell-mell [ˈpelˈmel] a/av/n pêle-mêle (m).

pen n plume f ‖ (fountain-)~, stylo m.

penalize ['piːnəlaiz] v SP. pénaliser.

penalty ['penlti] n pénalité f ‖ SP. pénalisation f, penalty m.

pence npl → PENNY.

pencil ['pensl] n crayon m; in ∼, au crayon.

pencil-case n trousse f d'écolier.

pencil-sharpener n taille-crayon m.

pen-friend n correspondant n.

penguin ['pengwin] n pingouin m.

penicillin [ˌpeni'silin] n pénicilline f.

peninsula [pi'ninsjulə] n péninsule, presqu'île f.

pen-knife n canif m.

penniless ['penilis] a sans le sou; indigent.

penny ['peni] (Pl **pence** [pens], **pennies** ['peniz]) n penny m ‖ COLL. spend a ∼, aller au petit coin; a ∼ for your thoughts, à quoi penses-tu ?

pension ['penʃn] n pension, retraite f • v : ∼ off, mettre à la retraite.

pensioner n pensionné, retraité n.

people ['piːpl] npl [with pl. v.] gens mpl; how many ∼ ?, combien de personnes ?; a lot of ∼, beaucoup de monde; young ∼, jeunes gens • n peuple m, nation f.

pep [pep] n SL. allant m, vitalité f • v : ∼ up, ragaillardir.

pepper ['pepə] n [spice]

poivre m ‖ [vegetable] poivron m • v poivrer.

pepper-mill n moulin m à poivre.

peppermint n menthe poivrée.

pepper-pot n poivrière f.

per [pəː] p : ∼ cent, pour cent ; ∼ year, par an.

percentage [pə'sentidʒ] n pourcentage m.

perch [pəːtʃ] v se percher, jucher • n perchoir m.

percolator ['pəːkəleitə] n cafetière f électrique ; percolateur m.

perfect ['pəːfikt] a parfait, achevé • n GRAMM. parfait m.

perform [pə'fɔːm] v accomplir (duty, task) ‖ TH. représenter (play).

performance n accomplissement m ‖ TH. représentation f ‖ CIN. séance f ‖ SP. performance f.

performing a : ∼ dog, chien savant.

perfume ['pəːfjuːm] n parfum m • [pə'fjuːm] v parfumer.

perfumery [-əri] n parfumerie f.

perhaps [pə'hæps] av peut-être.

period ['piəriəd] n période f ; bright ∼, éclaircie f ‖ époque f ; ∼ furniture, mobilier m de style ‖ [school] cours m ‖ MED. (Pl) règles fpl.

perish ['periʃ] v [person] périr, mourir.

perk 1 [pə:k] *n* [usu pl.] COLL. avantage, à-côté *m*.

perk 2 *v* : ∼ *up*, remonter, ragaillardir.

perm [pə:m] *n* [hairdressing] permanente *f*.

permanent ['pə:mənənt] *a* permanent, stable.

permanently *av* en permanence ‖ à titre définitif.

permeable ['pə:mjəbl] *a* perméable.

permissible [pə'misəbl] *a* permis.

permission [-ʃn] *n* permission *f*.

permissive *a* tolérant; ∼ *society*, société *f* permissive.

permit ['pə:mit] *n* permis, laissez-passer *m* • [-'-] *v* permettre (*to*, de).

perpendicular [,pə:pn'dikjulə] *a* perpendiculaire.

perplexed [pə'plekst] *a* perplexe, embarrassé.

perplexity *n* embarras *m*, perplexité *f*.

persevere [,pə:si'viə] *v* persévérer, persister.

person ['pə:sn] *n* personne *f*, individu *m* ‖ TEL. ∼ *to* ∼ *call*, appel *m* en préavis.

personal *a* personnel, individuel.

personality [,pə:sə'næliti] *n* personnalité *f* ‖ *Pl* remarques désobligeantes (personal remarks).

perspective [pə'spektiv] *n* perspective *f*.

perspex ['pə:speks] (R) *n* Plexiglas *m*.

perspiration [,pə:spə'reiʃn] *n* transpiration *f*.

perspire [pəs'paiə] *v* transpirer.

persuade [pə'sweid] *v* persuader.

pert [pə:t] *a* effronté.

perverse [pə'və:s] *a* obstiné (person) ‖ contrariant (circumstances).

pervert [pə:'və:t] *v* pervertir.

pessimist ['pesimist] *n* pessimiste *f*.

pessi'mistic *a* pessimiste.

pest [pest] *n* [animal] insecte *m* nuisible ‖ [person] poison *m* (fam.).

pet [pet] *n* animal familier ‖ [school] chouchou *n* (fam.) ‖ ∼ *name*, diminutif affectueux • *v* peloter (fam.).

petting *n* pelotage *m* (fam.).

petrol ['petrl] *n* essence *f*; ∼ *bomb*, cocktail *m* Molotov; ∼ *gauge*, jauge *f* d'essence; ∼ *station*, poste *m* d'essence.

petticoat ['petikəut] *n* jupon *m*.

petty ['peti] *a* petit, insignifiant ‖ FIN. ∼ *cash*, menue monnaie.

pew [pju:] *n* banc *m* d'église.

pewter ['pju:tə] *n* étain *m*.

pharmacy *n* pharmacie *f*.

phial ['faiəl] *n* MED. ampoule *f*.

philately [fi'lætəli] *n* philatélie *f*.

philosophy [fi'lɔsəfi] *n* philosophie *f*.

phlegmatic [fleg'mætik] *a* flegmatique.

phone [fəun] *n* COLL. téléphone *m*; *be on the* ∼, avoir le téléphone; ∼ *book*, annuaire *m*; ∼ *box*, cabine *f* téléphonique; ∼ *call*, coup *m* de fil • *v* téléphoner.

phoney ['fəuni] *a* SL. faux; bidon (arg.).

photo ['fəutəu] *n* COLL. photo *f*.

photocopy *n* photocopie *f* • *v* photocopier.

photo-electric *a* : ∼ *cell*, cellule *f* photo-électrique.

photograph ['fəutəgrɑːf] *n* photographie *f* (picture); *take a* ∼, prendre une photo • *v* photographier.

photographer [fə'tɔgrəfə] *n* photographe *n*.

pho'tography *n* photographie *f* (art).

phrase [freiz] *n* expression, locution *f*.

physical ['fizikl] *a* physique.

physician [fi'ziʃn] *n* médecin *m*.

physicist ['fizisist] *n* physicien *n*.

physics [-ks] *n* physique *f*.

pianist ['pjænist] *n* pianiste *n*.

piano [-əu] *n* piano *m*; *play the* ∼, jouer du piano; *upright/grand* ∼, piano droit/ à queue.

pick [pik] *n* choix *m*; *take one's* ∼, faire son choix • *v* choisir (choose); ∼ *one's nose*, se mettre les doigts dans le nez ‖ ∼ *pockets*, faire les poches ‖ ∼ *one's teeth*, se curer les dents ‖ cueillir (fruit, flowers) ‖ ∼ *up*, ramasser (lift); (passer) prendre (*sb*, qqn) ‖ RAD. capter.

picket ['pikit] *n* piquet, pieu *m* ‖ FIG. piquet *m* de grève • *v* entourer de piquets de grève (factory).

picking ['-iŋ] *n* cueillette *f*.

pickle ['pikl] *n* marinade *f* ‖ pickles *mpl* • *v* conserver dans du vinaigre.

pick-me-up ['pikmiʌp] *n* cordial, remontant *m*.

'pick,pocket *n* pickpocket *m*.

pick-up *n* [record player] pick-up *m*; AUT. reprise *f*.

picnic ['piknik] *n* piquenique *m*; *go on a* ∼, aller faire un pique-nique. • *v* piqueniquer.

picture ['piktʃə] *n* image *f* ‖ photo(graphie) *f* ‖ ARTS. tableau *m* (painting) ‖ *Pl* CIN. cinéma, film *m*; *go to the* ∼s, aller au cinéma.

picture-gallery *n* galerie *f* de tableaux; musée *m*.

pie [pai] *n* tourte *f*.

piece [piːs] *n* morceau *m* (bit); *pull to* ∼s, déchirer ‖ *take to* ∼s, démonter ‖ [unit] *a* ∼ *of furniture*, un meuble; *a* ∼ *of advice/news*, un conseil/une nouvelle ‖ COLL. *go* *to* ∼*s,* perdre ses moyens, s'effondrer (collapse).

pier [piə] *n* jetée, jetée-promenade *f* ‖ [bridge] pile *f*.

pierce ['piəs] *v* percer, transpercer.

piety ['paiəti] *n* piété *f.*

pig [pig] *n* cochon *m* ‖ SL. flic *m* (fam.).

pigeon ['pidʒin] *n* pigeon *m.*

pigeon-fancier *n* colombophile *n.*

pigeonhole *n* case *f,* casier *m.*

pig-headed [pig'hedid] *a* entêté, têtu.

piglet [-lit] *n* porcelet *m.*

pigskin *n* peau *f* de porc.

pile [pail] *n* pile *f,* tas, monceau *m* ‖ ELECTR. pile *f* • *v :* ∼ *(up),* empiler, entasser.

pilfer ['pilfə] *v* marauder.

pilgrim ['pilgrim] *n* pèlerin *m.*

pilgrimage [-idʒ] *n* pèlerinage *m; go on (a)* ∼, aller en pèlerinage.

pill [pil] *n* MED. pilule *f; be on the* ∼, prendre la pilule.

pillar-box ['piləbɔks] *n* boîte *f* aux lettres.

pillion ['piljən] *n* [motorcycle] siège arrière, tan-sad *m.*

pillow ['piləu] *n* oreiller *m;* ∼ *case,* taie *f* d'oreiller.

pilot ['pailət] *n* NAUT., AV. pilote *m* • *v* piloter, guider.

pilot-burner *n* veilleuse *f.*

pilot-jet *n* gicleur *m* de ralenti.

pilot-light *n* lampe *f* témoin; veilleuse *f.*

pimp [pimp] *n* souteneur *m;* maquereau *m* (arg.).

pimple ['pimpl] *n* MED. bouton *m.*

pin [pin] *n* épingle *f* ‖ ∼ *money,* argent *m* de poche ‖ TECHN. goupille *f* • *v* épingler (papers); fixer (on noticeboard); ∼ *up,* accrocher au mur.

pinafore ['-əfɔː] *n* tablier *m.*

pin-ball *n :* ∼ *(machine),* flipper *m.*

pincers ['pinsəz] *npl* tenailles *fpl.*

pinch [pinʃ] *n* pincement *m* ‖ pincée *f* (of salt) • *v* pincer ‖ [shoes] serrer ‖ COLL. chiper, piquer, faucher (steal) [fam.].

pine [pain] *n* BOT. pin *m;* ∼*-cone,* pomme *f* de pin.

pineapple ['painæpl] *n* ananas *m.*

ping-pong ['piŋpɔŋ] *n* COLL. Ping-Pong *m.*

pink 1 [piŋk] *a/n* rose *(m).*

pink 2 *v* AUT. [engine] cliqueter.

pint [paint] *n* pinte *f.*

pinta ['paintə] *n* COLL. = *pint of milk.*

pin-up *n :* COLL. ∼ *(girl),* pin-up *f.*

pious ['paiəs] *a* pieux.

pip 1 [pip] *n* RAD. top *m.*

pip 2 *n* BOT. pépin *m.*

pipe [paip] *n* tuyau *m,* conduite *f* (tube) ‖ pipe *f* (for smoking).

pipe-cleaner *n* cure-pipe *m.*

pirate ['paiərit] *n* pirate *m* ‖
FIG. plagiaire *n*.

pistol ['pistl] *n* pistolet *m*.

piston ['pistən] *n* piston *m*.

pit [pit] *n* fosse *f* (hole) ‖
puits *m* (coal-mine) ‖ TH. (fauteuils *mpl* d')orchestre *m*.

pitch [pitʃ] *v* NAUT. tanguer ‖
dresser (tent).

pity ['piti] *n* pitié *f*; *out of* ~,
par pitié; *have/take* ~ *on*,
prendre pitié de ‖ FIG. *what a*
~*!*, quel dommage!

pivot ['pivət] *n* pivot *m* • *v*
pivoter.

placard ['plækɑːd] *n* pancarte
f.

place [pleis] *n* endroit, lieu *m*
(spot) ‖ localité *f* (town) ‖
emploi *m* (job) ‖ COLL. maison *f*
(building); *at/to my* ~, chez
moi ‖ SP. *back a horse for a* ~,
jouer un cheval placé ‖ FIG.
take ~, avoir lieu; *out of*
~, déplacé (remarks) • *v* placer, mettre ‖ FIG. se rappeler,
remettre (sb).

plaid [plæd] *n* plaid *m*.

plain 1 [plein] *n* plaine *f*.

plain 2 *a* clair, évident ‖ simple, ordinaire ‖ franc (answer) ‖
uni (colour) ‖ bourgeois, simple
(cooking) ‖ simple; au naturel
(food) ‖ laid (not pretty).

plainly *av* clairement, franchement.

plait [plæt] *n* natte *f* (hair) • *v*
tresser, natter.

plan [plæn] *n* plan, projet *m*;
draw up a ~, dresser un plan

• *v* faire le plan de (building)
‖ FIG. projeter.

plane 1 [plein] *n* [tree]
platane *m*.

plane 2 *n* avion *m*.

planet ['plænit] *n* planète *f*.

planetarium [ˌplæniˈtɛəriəm]
n planétarium *m*.

planning ['plæniŋ] *n* planifi-
cation, organisation *f*.

plant [plɑːnt] *n* BOT. plante *f*
‖ TECHN. matériel *m*; installation *f* (apparatus); usine *f*
(factory) • *v* planter.

plaster ['plɑːstə] *n* plâtre *m* ‖
MED. *(sticking)* ~, pansement
adhésif • *v* plâtrer.

plastic ['plæstik] *a* plastique ‖
~ *surgery*, chirurgie *f* esthétique • *n* (matière *f*) pastique *m*.

plasticine [-siːn] *n* pâte *f* à
modeler.

plate [pleit] *n* assiette *f* ‖
CULIN. *hot* ~, plaque chauffante ‖ PHOT. plaque *f* ‖ ARTS
gravure *f* (engraving) ‖ AUT.
number ~, plaque *f* d'immatriculation ‖ MED. *(dental)* ~,
prothèse *f* (dentaire) • *v* plaquer (with gold).

plate-rack *n* égouttoir *m*.

platform ['plætfɔːm] *n* plate-
forme, estrade *f* ‖ RAIL. quai *m*
‖ POL. programme électoral.

play [plei] *n* amusement,
jeu *m*; *child's* ~, jeu d'enfant; ~ *on words*, jeu de
mots ‖ TH. pièce *f* ‖ SP. *out of*
~, hors jeu • *v* jouer; ~
cards, jouer aux cartes ‖ SP. ~
football, jouer au football ‖ TH.

jouer (a part) ‖ Mus. ~ *the piano,* jouer du piano ‖ Fig. ~ *a trick on,* faire une farce à ‖ Sp. ~ *away,* jouer en déplacement ‖ ~ *back,* écouter, repasser (sth recorded) ‖ Sp. ~ *off,* jouer la belle ‖ ~ *up,* [children] en faire voir à.

player *n* Sp. joueur *n* ‖ Mus. exécutant *n* ‖ Th. acteur *n*.

playfellow *n* camarade *n* de jeu.

playground *n* cour *f* de récréation.

playmate *n* = PLAYFELLOW.

play-off *n* Sp. belle, finale *f*.

plea [pli:] *n* excuse *f*, prétexte *m* ‖ appel *m*.

plead [pli:d] *v* plaider, alléguer.

pleasant ['pleznt] *a* agréable ‖ aimable, sympathique.

please 1 [pli:z] *v* plaire, faire plaisir à ; contenter ; *hard to* ~, difficile, exigeant.

please 2 *interj* : ~!, s'il vous plaît !

pleased [-d] *a* content.

pleasing *a* agréable ‖ sympathique.

pleasure ['pleʒə] *n* plaisir *m* ; *with* ~, volontiers.

pleat [pli:t] *n* pli *m* ● *v* plisser.

pledge [pledʒ] *n* gage *m* ; promesse *f*, engagement *m* ● *v* mettre en gage (pawn) ‖ promettre.

plenty ['plenti] *n* : ~ *of,* plein de, des tas de (fam.) [books] ; beaucoup de (milk).

pliers ['plaiəz] *npl* pinces *fpl*.

plimsoll ['plimsəl] *n* espadrille *f*.

pluck [plʌk] *v* plumer (bird).

plug [plʌg] *n* tampon, bouchon *m* ; bonde *f* ‖ Electr. fiche *f* ‖ Aut. *(sparking-)*~, bougie *f* ● *v* boucher ‖ ~ *in,* Electr. brancher.

plum [plʌm] *n* prune *f*.

plumb [plʌm] *n* plomb *m*.

plumber *n* plombier *m*.

plumbing *n* plomberie, tuyauterie *f* ‖ installation *f* sanitaire.

plump [plʌmp] *a* potelé, dodu, grassouillet.

plum-tree *n* prunier *m*.

plunge [plʌndʒ] *n* plongeon *m* ● *v* plonger.

pluperfect ['plu:'pə:fikt] *n* plus-que-parfait *m*.

plural ['pluərəl] *a/n* pluriel *(m)*.

plus [plʌs] *p* plus.

plutonium [plu:'təunjəm] *n* plutonium *m*.

ply [plai] *v* manier ; ~ *the oars,* faire force de rame ‖ harceler ; ~ *sb with questions,* presser qqn de questions ‖ [ship, etc.] faire le service/la navette (*between ... and,* entre ... et).

plywood ['plaiwud] *n* contreplaqué *m*.

p. m. [,pi:'em] *av* de l'après-midi.

poached [pəutʃt] *pp* : ~ *eggs,* œufs pochés.

pocket ['pɔkit] *n* poche *f* ; *breast* ~, poche intérieure.

pocket-book *n* calepin *m*.

pocket-money *n* argent *m* de poche.

poem ['pəuim] *n* poème *m*.

poet ['pəuit] *n* poète *m*.

poetic [pəu'etik] *a* poétique.

poetry ['pəuitri] *n* poésie *f*.

point [pɔint] *n* point *m* (dot); *decimal* ∼, virgule *f* ‖ [unit] point *m* ‖ [needle] pointe *f* ‖ ELECTR. *(power)* ∼, prise *f* de courant ‖ *Pl* RAIL. aiguillage *m* ‖ FIG. point, détail *m*; question *f*; *on that* ∼, à cet égard ; argument *m*; ∼ *of view*, point de vue ; caractéristique, qualité *f* ● *v* : ∼ *(at)*, indiquer ‖ ∼ *out*, montrer, indiquer (du doigt) ; FIG. faire observer.

pointed [-id] *a* pointu.

poison ['pɔizn] *n* poison *m* ● *v* empoisonner ‖ intoxiquer.

poisonous *a* vénéneux (plant) ‖ venimeux (snake).

poker 1 ['pəukə] *n* tisonnier *m*.

poker 2 *n* [cards] poker *m*.

Poland ['pəulənd] *n* Pologne *f*.

polar ['pəulə] *a* polaire.

Pole 1 *n* Polonais *n*.

pole 2 [pəul] *n* GEOGR., ELECTR. pôle *m*.

pole 3 *n* poteau *m*; *(telegraph)* ∼, poteau *m* télégraphique ‖ SP. perche *f*.

pole-star *n* étoile *f* Polaire.

pole-vault *n* SP. saut *m* à la perche.

police [pə'liːs] *n* police *f*.

policeman, **police-officer** *n* agent *m* de police.

police-station *n* commissariat *m* de police.

policy *n* police *f* d'assurance (insurance) ; *take out a* ∼, contracter une assurance.

polish 1 ['pɔliʃ] *n* poli *m* ‖ *(shoe)* ∼, cirage *m*, crème *f* à chaussures ‖ *(floor)* ∼, cire, encaustique *f* ‖ *(nail-)*∼, vernis *m* à ongles ● *v* polir, cirer (shoes, floor) ‖ vernir (nails) ‖ ∼ *up*, faire reluire.

Polish 2 ['pəuliʃ] *a* polonais.

polite [pə'lait] *a* poli.

politely *av* poliment.

politeness *n* politesse *f*.

political [pə'litikl] *a* politique.

politician [,pɔli'tiʃn] *n* homme *m* politique.

politics *n* politique *f*.

poll [pəul] *n* vote, scrutin *m*; *opinion* ∼, sondage *m* d'opinion ● *v* obtenir (votes) ‖ voter.

polling ['-iŋ] *n* élections *fpl*.

pollute [pə'luːt] *v* polluer.

pollution *n* pollution *f*.

polo neck ['pəuləunek] *a* à col roulé (sweater).

Polynesia [,pɔli'niːzjə] *n* Polynésie *f*.

Polynesian *a/n* polynésien (*n*).

pond [pɔnd] *n* étang *m*; mare *f* (smaller).

pony ['pəuni] *n* poney *m*.

poodle ['puːdl] *n* caniche *m*.

pool 1 [puːl] *n* étang *m* (pond) ‖ [artificial] bassin *m*; *(swimming)* ∼, piscine *f*.

pool 2 *n* [cards] cagnotte *f* ‖

Pl : GB *(football)* ⁓*s*, concours *m* de pronostics sur les matchs de football • *v* mettre en commun.

poor [puə] *a* pauvre ‖ FIG. médiocre.

poorly *a* patraque • *av* pauvrement, médiocrement.

pop 1 [pɔp] *a* COLL. = POPULAR • *n* MUS. pop *m/f*.

pop 2 *n* détonation *f*, bruit sec ‖ COLL. boisson gazeuse.

pope [pəup] *n* pape *m*.

poplar ['pɔplə] *n* peuplier *m*.

poppy ['pɔpi] *n* coquelicot *m*.

popular ['pɔpjulə] *a* populaire ‖ en vogue ‖ qui a du succès.

popularize *v* vulgariser.

,popu'lation *n* population *f*.

populous *a* populeux.

porcelain ['pɔːslin] *n* porcelaine *f*.

pork [pɔːk] *n* viande *f* de porc *m*.

pork-butcher *n* charcutier *m*.

pornography [pɔː'nɔgrəfi] *n* pornographie *f*.

porridge ['pɔridʒ] *n* porridge *m*.

port 1 [pɔːt] *n* port *m*.

port 2 *n* porto *m* (wine).

portable ['pɔːtəbl] *a* portatif.

porter 1 ['pɔːtə] *n* portier *m*, concierge *n* ‖ RAIL. porteur *m*.

porter 2 *n* bière brune.

portfolio [pɔːt'fəuljəu] *n* carton *m* à dessin.

portion ['pɔːʃn] *n* portion *f*.

portrait ['pɔːtrit] *n* portrait *m*.

Portugal ['pɔːtjugl] *n* Portugal *m*.

,Portu'guese [-giːz] *a* portugais • *n* Portugais *n* ‖ [language] portugais *m*.

posh [pɔʃ] *a* COLL. chic, chouette (fam.) ; élégant.

position [pə'ziʃn] *n* position *f* (posture) ‖ emplacement *m*, situation *f* (location) ‖ situation *f*; poste *m* (post).

positive ['pɔzətiv] *a* certain (convinced) ‖ catégorique (refusal) ‖ positif, authentique (fact) ‖ MATH. positif.

possess [pə'zes] *v* posséder.

possession [-ʃn] *n* possession *f*.

possessive *a* possessif.

possibility [,pɔsə'biliti] *n* possibilité *f*; éventualité *f*.

possible ['pɔsəbl] *a* possible.

possibly *av* peut-être.

post 1 [pəust] *n* poteau *m*; pieu *m* ‖ SP. *(winning-)*⁓, poteau *m* d'arrivée • *v* afficher, placarder.

post 2 *n* poste *m* (job).

post 3 *n* poste *f*, courrier *m*; *by return of* ⁓, par retour (du courrier); *has the* ⁓ *come ?*, le courrier est-il passé ? • *v* poster, mettre à la poste.

postage [-idʒ] *n* affranchissement *m*; (frais *mpl* de) port *m* ‖ ⁓ *stamp*, timbre-poste *m*.

postcard *n* carte postale.

postcode *n* code postal.

poster ['pəustə] *n* affiche *f*.

post-free *a* franco de port.

postman *n* facteur, préposé *m*.

postmark *n* cachet *m* de la poste, oblitération *f*.

postmaster *n* receveur *m* des postes.

post-office *n* bureau *m* de poste.

post-paid *a* port payé.

postpone [pəus'pəun] *v* remettre, différer, ajourner.

postscript ['pəusskript] *n* post-scriptum *m*.

pot [pɔt] *n* pot *m*, marmite *f*; terrine *f*.

potato [pə'teitəu] *n* pomme *f* de terre; *baked* ∼*es*, pommes de terre au four.

pot-hole ['pɔthəul] *n* [road] nid-de-poule *m*.

pot-holer *n* spéléologue *n*.

pot-holing *n* spéléologie *f*.

pot luck *n* : *take* ∼, manger à la fortune du pot.

potter ['pɔtə] *n* potier *m*.

pottery [-ri] *n* poterie *f*.

pouch [pautʃ] *n* : *(tobacco)* ∼, blague *f* à tabac.

poultry ['pəultri] *n* volaille *f*.

pound [paund] *n* [weight, money] livre *f*.

pour [pɔ:] *v* verser ‖ pleuvoir à verse.

pout [paut] *v* faire la moue.

poverty ['pɔvəti] *n* pauvreté *f*.

powder ['paudə] *n* poudre *f*.

powder-puff *n* houppe *f* à poudre.

powder-room *n* US toilettes *fpl* pour dames.

power ['pauə] *n* pouvoir *m*, autorité *f* ‖ puissance *f* (strength) ‖ MATH. puissance *f*

‖ TECHN. énergie *f* ‖ ELECTR. électricité *f*; ∼ *drill*, perceuse *f* électrique; ∼ *point*, prise *f* de courant; ∼ *station*, centrale *f* électrique.

powerful *a* puissant.

powerless *a* impuissant, inefficace.

practical ['præktikl] *a* pratique.

practically [-əli] *av* pratiquement.

practice ['præktis] *n* pratique *f*; *put into* ∼, mettre en pratique ‖ entraînement *m*; *be out of* ∼, être rouillé.

practise ['præktis] *v* pratiquer; s'exercer à ‖ MUS. étudier ‖ SP. s'entraîner.

practitioner [præk'tiʃnə] *n* MED. praticien *m*.

praise [preiz] *n* louange *f*, éloge *m* ● *v* louer, faire l'éloge de.

pram [præm] *n* landau *m*, voiture *f* d'enfant.

pray [prei] *v* prier.

prayer *n* prière *f*; *say a* ∼, faire une prière.

preach [pri:tʃ] *v* prêcher.

preacher *n* prédicateur *m*.

precaution [pri'kɔ:ʃn] *n* précaution *f*.

precede [pri'si:d] *v* précéder (go before).

preceding *a* précédent.

precious ['preʃəs] *a* précieux.

precipice ['presipis] *n* précipice *m*.

precise [pri'sais] *a* précis, exact.

precision [pri'siʒn] *n* précision, exactitude *f*.

precocious [pri'kəuʃəs] *a*
précoce.

predecessor ['priːdisesə] *n*
prédécesseur *m*.

predicative [pri'dikətiv] *a*
GRAMM. attribut.

predict [pri'dikt] *v* prédire.

prediction *n* prédiction *f*.

prefect ['priːfekt] *n* chef *m* de
classe.

prefer [pri'fəː] *v* préférer (*to*,
à).

preferable ['prefrəbl] *a* pré-
férable.

preferably [-əbli] *av* de préférence.

preference *n* préférence *f*.

prefix ['priːfiks] *n* préfixe *m*.

pregnant ['pregnənt] *a*
enceinte (woman); pleine (animal).

prejudice ['predʒudis] *n* préjugé *m* ● *v* : be ~ed against sb,
être prévenu contre qqn.

premises ['premisiz] *npl*
locaux *mpl*; on the ~, sur
place.

preoccupied [pri'ɔkjupaid] *a*
préoccupé, inquiet.

prep [prep] *n* COLL. devoirs
mpl du soir.

prepaid ['priː'peid] *a* payé
d'avance.

preparatory [pri'pærətri] *a*
préparatoire.

prepare [pri'pɛə] *v* (se) préparer (*to*, à).

preposition [,prepə'ziʃn] *n*
préposition *f*.

prepossessing [,priːpə'ze-
siŋ] *a* aimable, sympathique.

prescribe [pris'kraib] *v* MED.
prescrire, ordonner.

prescription [-'kripʃn] *n*
MED. ordonnance *f*.

presence ['prezns] *n* présence
f ‖ FIG. ~ of mind, présence
f d'esprit.

present 1 [-t] *a* présent ‖
actuel (existing now) ● *n* époque actuelle; for the ~, pour
le moment ‖ GRAMM. présent
m.

present 2 *n* cadeau, présent
m; give sb a ~, faire cadeau
de qqch à qqn ● [pri'zent] *v*
présenter, offrir.

presently ['prezntli] *av* tout à
l'heure; peu après.

preserve [pri'zəːv] *v* préserver (*from*, de) ‖ CULIN. mettre
en conserve ● *npl* confiture *f*.

press 1 [pres] *n* [action] pression *f* ‖ [machine] presse *f* ‖
[newspapers] presse *f*.

press 2 *v* presser ‖ ~ down on,
appuyer sur (button) ‖ repasser
(iron) ‖ FIG. be ~ed for time,
être pressé.

pressing *a* pressant, urgent.

pressure ['preʃə] *n* pression *f*.

pressure-cooker *n* autocuiseur *m*.

pressurize [-raiz] *v* AV. pressuriser.

presumably [pri'zjuːməbli]
av probablement.

presume [pri'zjuːm] *v* présumer, supposer.

presumptuous [pri'zʌm-

tjuəs] a présomptueux, prétentieux.

pretence [pri'tens] n simula-
tion f, chiqué m (fam.) ; *make
a ~ of*, faire semblant de ‖
prétention f (claim) ; *under the
~ of*, sous prétexte de.

pretend [-d] v simuler,
feindre, faire semblant de.

pretentious [-ʃəs] a prétentieux.

preterite ['pretrit] n prétérit
m.

pretext ['pri:tekst] n prétexte
m.

pretty ['priti] a joli, gentil •
av assez.

prevail [pri'veil] v l'emporter
(*over*, sur).

prevailing a dominant, prédominant.

prevent [pri:'vent] v empêcher
(*from*, de).

preview ['pri:'vju:] n CIN.
avant-première f ‖ ARTS vernissage m.

previous ['pri:vjəs] a précédent, antérieur.

previously av précédemment,
antérieurement.

prey [prei] n proie f.

price [prais] n prix m.

prick [prik] n piqûre f • v
piquer.

pride [praid] n orgueil m
(defect) ‖ fierté f (quality) • v :
~ o. s., s'enorgueillir (*on*, de).

priest [pri:st] n prêtre m ; ~
worker, prêtre ouvrier.

prime [praim] a principal ; ~

minister, Premier ministre • v
amorcer (pump).

primer n manuel m élémentaire.

primitive ['primitiv] a/n primitif *(m)*.

primitively av primitivement.

prince [prins] n prince m.

princess [-'ses] n princesse f.

principality [,prinsi'pæliti] n
principauté f.

principle ['prinsəpl] n principe m ; *on* ~, par principe.

print [print] n empreinte f
(mark) ‖ impression f ; *out of
~*, épuisé ‖ [cloth] imprimé
m ‖ PHOT. épreuve f ‖ ARTS
estampe f • v imprimer ; ~*ed
matter*, imprimés mpl ‖ PHOT.
tirer (negative) ‖ ELECTR. ~*ed
circuit*, circuit imprimé.

printer n imprimeur m.

printing n impression f ;
tirage m ; ~ *office*, imprimerie f.

prism ['prizm] n prisme m.

prison ['prizn] n prison f.

prisoner n prisonnier, détenu n.

privacy ['pri/'praivəsi] n iso-
lement m, intimité f.

private [-it] a privé (life) ‖
particulier, personnel (house,
car) ‖ intime ; *in* ~, dans l'intimité ‖ [on door] « défense d'entrer ».

privilege ['privilidʒ] n privi-
lège m.

privileged [-d] a privilégié.

prize [praiz] n prix m

(reward); *award a* ~, décerner un prix.

prize-giving *n* distribution *f* des prix.

probability [,prɔbə'biliti] *n* probabilité *f*.

probably [-əbli] *av* probablement, sans doute.

problem ['prɔbləm] *n* problème *m* ‖ COLL. *that's no* ~!, y a pas de problème! (fam.).

proceed [prə'si:d] *v* : ~ *(with)*, se mettre à, continuer.

process ['prəuses] *v* traiter (film).

processing *n* traitement *m* ‖ PHOT. développement *m*.

produce ['prɔdju:s] *n* [farming] produit • [prə'dju:s] *v* présenter, montrer ‖ faire sortir *(from,* de) ‖ produire, fabriquer ‖ TH. mettre en scène ‖ CIN. produire (film).

producer *n* producteur *n* ‖ RAD., CIN. producteur *m*.

product ['prɔdəkt] *n* [industry] produit *m*.

production [prə'dʌkʃn] *n* production *f*.

profession [prə'feʃn] *n* profession libérale.

professional [-ʃnəl] *a/n* professionnel *(n).*

professor *n* professeur *m* (d'université).

proficient [prə'fiʃnt] *a* compétent, expert *(in,* en).

profile ['prəufail] *n* profil *m*.

profit ['prɔfit] *n* profit, bénéfice, gain *m; make a* ~ *on,* faire du bénéfice sur • *v* : ~ *by/from,* tirer profit de.

profitable *a* rentable.

program(me) ['prəugræm] *n* programme *m* ‖ RAD. émission *f; recorded/live* ~, émission différée/en direct.

progress ['prəugres] *n* cours *m* (development); *in* ~, en cours ‖ *make* ~, avancer; [pupil] faire des progrès; [patient] aller mieux • *v* avancer, progresser, faire des progrès.

progressive [prə'gresiv] *a* progressif ‖ POL. progressiste.

prohibit [prə'hibit] *v* prohiber, interdire.

,prohi'bition *n* interdiction, prohibition *f*.

project ['prɔdʒekt] *n* projet *m* • [prə'dʒekt] *v* projeter (film).

projection [prə'dʒekʃn] *n* projection *f*.

projector *n* CIN. appareil *m* de projection.

proletarian [,prəuli'tɛəriən] *n* prolétaire *m*.

prominent ['prɔminənt] *a* proéminent, saillant ‖ FIG. éminent, important.

promiscuous [prə'miskjuəs] *a* confus, mêlé (mass) ‖ de mœurs légères (person).

promise ['prɔmis] *n* promesse *f* • *v* promettre *(to,* de).

promote [prə'məut] *v* promouvoir; *be* ~*d,* être promu ‖ COMM. lancer (goods).

promotion *n* avancement *m,* promotion *f*.

prompt [prɔmt] *a* prompt,

rapide ● v inciter, suggérer ‖ TH. souffler.

prompter n TH. souffleur m.

promptly av promptement.

pronoun ['prəunaun] n pronom m.

pronounce [prə'nauns] v prononcer ‖ déclarer.

pronunciation [prə,nʌnsi'eiʃn] n prononciation f.

proof [pru:f] n preuve f ‖ TECHN. épreuve f ● a : ~ against, à l'épreuve de.

prop [prɔp] n support, étai m ● v : ~ up, soutenir, étayer.

propel [prə'pel] v propulser.

propeller n hélice f.

proper ['prɔpə] a convenable (suitable) ‖ opportun; at the ~ time, en temps voulu ‖ [after the noun] proprement dit ‖ GRAMM. propre (noun).

properly av convenablement; correctement.

property ['prɔpəti] n propriété f (right) ‖ biens mpl (possessions) ‖ domaine m (estate); real ~, biens immobiliers ‖ propriété f (house); ~ **developer**, promoteur (immobilier).

proportion [prə'pɔːʃn] n proportion f; in ~ to, en proportion de; out of ~, disproportionné.

proportionally [-əli] av proportionnellement.

proposal [prə'pəuzl] n proposition f ‖ demande f en mariage.

propose [prə'pəuz] v proposer; faire une demande en mariage (to sb, à qqn).

proposition [,prɔpə'ziʃn] n proposition f.

prosaic [prə'zeiik] a prosaïque.

prose [prəuz] n prose f ‖ [school] thème m.

prospect ['prɔspekt] n perspective, vue f (vista).

prosperous ['prɔsprəs] a prospère.

prostitute ['prɔstitjuːt] n prostituée f.

protect [prə'tekt] v protéger, défendre (against, contre).

protection n protection, défense f.

protective a protecteur.

protest ['prəutest] n protestation f ● [prə'test] v protester.

Protestant ['prɔtistnt] a/n protestant (n).

proton ['prəutɔn] n proton m.

prototype ['prəutətaip] n prototype m.

protractor [prə'træktə] n rapporteur m.

proud [praud] a [quality] fier ‖ [defect] orgueilleux.

proudly av fièrement ‖ orgueilleusement.

prove [pruːv] v prouver (sth) ‖ se révéler (be found to be).

proven ['pruːvn] pp US = proved.

proverb ['prɔvəb] n proverbe m.

provide [prə'vaid] v fournir, munir, pourvoir (with, de) ‖

pourvoir, subvenir (*for*, aux besoins de).

provided [-id] *c* pourvu que, à condition que.

providence ['prɔvidns] *n* providence, prévoyance *f*.

providing *c* → PROVIDED.

province ['prɔvins] *n* province *f*.

provincial [prə'vinʃl] *a* provincial.

provision [prə'viʒn] *n* fourniture *f* (supply) ‖ *Pl* provisions *fpl* ● *v* approvisionner.

provisional [-ənl] *a* provisoire.

provoke [prə'vəuk] *v* provoquer, exciter (cause) ‖ irriter, agacer (annoy).

prowl [praul] *v* : ～ (*about*), rôder.

proximity [prɔk'simiti] *n* proximité *f* (*of*, de).

prudence ['pru:dns] *n* prudence *f*; sagesse *f*.

prudent *a* prudent; sage.

prune 1 [pru:n] *n* pruneau *m*.

prune 2 *v* élaguer.

pruning-scissors *npl* sécateur *m*.

pseudonym ['sju:dənim] *n* pseudonyme *m*.

psychological [ˌsaikə'lɔdʒikl] *a* psychologique.

psychology [sai'kɔlədʒi] *n* psychologie *f*.

PT [ˌpi:'ti:] *abbr* [= *physical training*] éducation *f* physique.

pub [pʌb] *n* GB pub *m*; go on a ～ *crawl*, faire la tournée des bistrots.

public ['pʌblik] *n* public *m* ● *a* public ‖ ～ *relations*, relations publiques ‖ ～ *school*, GB école secondaire privée.

publican *n* [pub] patron *n*.

publi'cation *n* publication, parution *f*.

publicity [pʌb'lisiti] *n* publicité *f*.

publicly *av* publiquement.

publish *v* publier, éditer.

publisher *n* éditeur *n*.

pudding ['pudiŋ] *n* pudding *m* ‖ *black* ～, boudin *m*.

puddle ['pʌdl] *n* flaque *f* d'eau.

puff [pʌf] *n* bouffée *f*, souffle *m* ● *v* souffler ; ～ *at*, tirer sur (cigarette) ‖ CULIN. faire gonfler (rice).

pull [pul] *n* traction *f*, tirage *m* (act) ‖ poignée *f* (of a drawer) ● *v* tirer ; traîner (drag) ‖ manier (oar) ‖ COLL. ～ *sb's leg*, se payer la tête de qqn ‖ ～ *down*, démolir (house) ‖ ～ *in*, [car, train] arriver, entrer ‖ ～ *off*, enlever (gloves) ‖ ～ *out*, [car] déboîter ‖ ～ *over*, [car] se ranger ‖ ～ *round*, remettre en forme, ranimer ‖ ～ *up*, [car] s'arrêter.

pulley ['puli] *n* poulie *f*.

pull-in *n* → PULL-UP.

pull-over *n* pullover *m*.

pull-up *n* routier *m* (café).

pulpit ['pulpit] *n* REL. chaire *f*.

pulse [pʌls] *n* pouls *m*.

pumice ['pʌmis] *n* : ～ (*stone*), pierre *f* ponce.

pump [pʌmp] *n* pompe *f* • *v* pomper ‖ AUT. ~ *up*, gonfler (tyre).

pun [pʌn] *n* jeu de mots, calembour *m*.

punch 1 *n* coup *m* de poing ‖ FIG. énergie *f* • *v* cogner sur.

punch 2 *n* punch *m* (drink).

Punch 3 *n* Polichinelle *m*; ~ *and Judy show*, guignol *m*.

punctual ['pʌŋtjuəl] *a* ponctuel.

punctuation [,pʌŋtju'eiʃn] *n* ponctuation *f*.

puncture ['pʌŋktʃə] *v* crever, perforer (tyre) • *n* perforation *f* ‖ AUT. crevaison *f*.

puncture-patch *n* Rustine *f*.

pungent ['pʌndʒnt] *a* âcre (smell); piquant (taste).

punish ['pʌniʃ] *v* punir, châtier.

punishment *n* punition *f*, châtiment *m*.

pupil 1 ['pju:pl] *n* [school] élève *n*.

pupil 2 *n* [eye] pupille *f*.

puppet ['pʌpit] *n* marionnette *f*.

puppy *n* chiot *m*.

purchase ['pə:tʃəs] *n* achat *m*, acquisition *f*.

pure [pjuə] *a* pur.

purely *av* purement.

purge [pə:dʒ] *n* MED. purge *f* • *v* purger.

purify ['pjuərifai] *v* purifier.

puritan [-itn] *a/n* puritain *(n)*.

purple ['pə:pl] *a/n* violet *(m)*.

purpose ['pə:pəs] *n* but *m*; intention *f*; *on* ~, exprès.

purr [pə:] *n* ronron *m* • *v* ronronner.

purse [pə:s] *n* porte-monnaie *m* ‖ US sac *m* à main.

purser *n* NAUT. commissaire *m* de bord.

pursue [pə'sju:] *v* poursuivre.

pursuit [-t] *n* poursuite *f*.

push [puʃ] *n* poussée *f* ‖ COLL. dynamisme *m* • *v* pousser; *stop* ~*ing!*, ne poussez pas!

push-bike *n* vélo *m*.

pushing *a* entreprenant, dynamique.

puss(y) [pus(i)] *n* minet *n*.

put* [put] *v* mettre; ~ *a question to sb*, poser une question à qqn ‖ SP. ~ *the shot*, lancer le poids ‖ ~ *away*, ranger; économiser ‖ ~ *back*, remettre en place; retarder (set back) ‖ ~ *by*, économiser, mettre de côté (money) ‖ ~ *down*, déposer; noter (write down); AUT. déposer (passenger) ‖ ~ *forward*, avancer (clock) ‖ NAUT. ~ *in*, faire escale (at, à) ‖ ~ *off*, remettre, retarder, repousser (postpone); dérouter, démonter (disconcert); dégoûter (disgust) ‖ ~ *on*, mettre, enfiler (clothes); avancer (clock); TH. jouer (play); CIN. passer, projeter (film) ‖ ~ *out*, éteindre (extinguish); FIG. dérouter, démonter, troubler (disconcert) ‖ ~ *through*, TEL. mettre en communication (to, avec) ‖ ~ *up*, dresser (tent); loger, coucher (sb); [person] (se) loger;

~ *up at a hotel*, descendre à l'hôtel ‖ ~ **up with,** supporter, tolérer.

putty [ˈpʌti] *n* mastic *m*.

puzzle [ˈpʌzl] *n* énigme *f* ‖

casse-tête *m* ● *v* embarrasser, intriguer ‖ ~ *out*, déchiffrer ; résoudre (problem).

pyjamas [pəˈdʒɑːməz] *npl* pyjama *m*.

q [kjuː]

q. t. [ˌkjuːˈtiː] *abbr* [= *quiet*] : COLL. *on the* ~, en douce (fam.).

quake [kweik] *v* trembler.

qualified [ˈkwɔlifaid] *a* qualifié, apte à.

qualify [-ai] *v* qualifier (*for*, pour) [entitle].

quality [-ti] *n* qualité *f*.

quantity [ˈkwɔntiti] *n* quantité *f*.

quarrel [ˈkwɔrl] *n* querelle, dispute *f* ● *v* se disputer (*with sb*, avec qqn).

quarrelsome [-səm] *a* querelleur.

quart [kwɔːt] *n* [measure] quart *m* de gallon.

quarter *n* quart *m* ; *a* ~ *of an hour*, un quart d'heure ; *a* ~ *to six*, six heures moins le quart ; *a* ~ *past six*, six heures et quart ‖ [year] trimestre *m* ‖ [town] quartier *m* ‖ [moon] quartier *m* ‖ US pièce *f* de 25 cents.

quarter-final *n* SP. quart *m* de finale.

quarterly *a* trimestriel.

quartet [-ˈtet] *n* quatuor *m*.

quaver [ˈkweivə] *n* MUS. croche *f* ; ~ *rest*, demi-soupir *m*.

quay [kiː] *n* NAUT. quai *m*.

queen [kwiːn] *n* reine *f*.

queer [kwiə] *a* bizarre, étrange ‖ louche, douteux (suspicious) ● *n* COLL. inverti *m*.

quench [kwenʃ] *v* : ~ *one's thirst*, se désaltérer.

question [ˈkwestʃn] *n* question *f* ; *ask sb a* ~, poser une question à qqn ‖ doute *m* ; *beyond* ~, hors de doute ‖ sujet *m* (matter) ; *the* ~ *is*, il s'agit de ● *v* questionner, interroger (interrogate) ‖ douter de (express doubt.)

questionable *a* discutable, contestable ; douteux.

question-mark *n* point *m* d'interrogation.

queue [kjuː] *n* queue, file *f* d'attente ; *stand in a* ~, faire la queue ; *jump the* ~, resquiller, passer avant son tour ● *v* : ~ *up*, faire la queue.

quick [kwik] *a* vif, rapide, prompt (reply) ; *be* ~ *about it !*, faites vite ! ● *av* = QUICKLY.

quicken [-n] *v* accélérer, hâter.

quickly *av* vite, rapidement.

quickness *n* rapidité *f*.

quiet ['kwaiət] *a* calme, tranquille (still) ; be ∼!, taisez-vous ! ‖ doux (animal) ● *n* calme, silence *m* ‖ COLL. **on the** ∼, en cachette.

quietly *av* tranquillement, calmement.

quilt [kwilt] *n* couvre-pieds *m* *inv* ● *v* capitonner.

quince [kwins] *n* coing *m*.

quit 1 [kwit] *a* : ∼ **of**, débarrassé de.

quit* 2 *v* cesser, s'arrêter de.

quite [kwait] *av* tout à fait, complètement (completely) ‖ assez, plutôt (moderately).

quits [kwits] *a* : *we are* ∼, nous sommes quittes.

quiz [kwiz] *n* test, questionnaire *m* ‖ RAD., TV jeu-concours *m* ● *v* questionner.

quotation [kwə'teiʃn] *n* citation *f* ‖ *enclose in* ∼ *marks*, mettre entre guillemets.

quote [kwəut] *v* citer.

r

r [ɑ:]

rabbi ['ræbai] *n* rabbin *m*.

rabbit ['ræbit] *n* lapin *n*.

rabies ['reibi:z] *n* rage *f*.

race 1 [reis] *n* race *f*.

race 2 [reis] *n* courant *m* (water) ‖ SP. course *f*; ∼ *course*, champ *m* de courses ● *v* SP. faire la course (*against*, contre) ; ∼ *against time*, courir contre la montre.

race-goer/horse *n* turfiste *n*/cheval *m* de course.

racer *n* cheval/bateau *m* de course ‖ [person] coureur *n*.

racing *n* courses *fpl* ● *a* SP. de course.

racism *n* racisme *m*.

racist *n* raciste *n*.

rack *n* étagère *f* ‖ porteman-teau *m* (hat-rack) ‖ RAIL. filet *m*, porte-bagages *m* *inv*.

racket 1 ['rækit] *n* SP. [tennis] raquette *f*.

racket 2 *n* vacarme *m* ‖ COLL. racket, chantage *m*.

radar ['reidə] *n* radar *m*.

radiator ['reidieitə] *n* radiateur *m*.

radio ['reidiəu] *n* radio *f*; *on the* ∼, à la radio.

,radioac'tivity *n* radio-activité *f*.

,radiocon'trol *v* téléguider.

radio-set *n* poste *m* de radio.

,radio'telescope *n* radiotélescope *m*.

radish ['rædiʃ] *n* radis *m*.

radius ['reidiəs] *n* rayon *m*.

raffle ['ræfl] *n* loterie, tombola *f*.

raft [rɑːft] n radeau m.

rag 1 [ræg] n chiffon m ‖ Pl
haillons mpl.

rag 2 v COLL. chahuter (play
about) ; mettre en boîte (fam.)
[tease] ; brimer (pupil).

rage [reidʒ] n rage, fureur f ‖
COLL. vogue f.

ragged ['rægid] a en haillons
(person).

raid [reid] n hold-up m (on a
bank) ‖ [police] descente, rafle
f • v [police] faire une rafle.

rail n rampe f (d'escalier) ‖
[balcony] balustrade f ‖ RAIL.
rail m.

rail-car n autorail m.

railing n grille f, garde-fou m.

railroad US, **railway** GB n
chemin m de fer.

rain [rein] n pluie f ; in the ~,
sous la pluie • v pleuvoir.

rainbow [-bəu] n arc-en-ciel
m.

raincoat n imperméable m.

rainy a pluvieux.

raise [reiz] n US augmentation, hausse f (de salaire) ‖
[cards] relance f • v lever,
relever ‖ soulever (lift up) ‖
FIN. augmenter (prices).

raisin ['reizn] n raisin sec.

rake [reik] n râteau m • v
ratisser (garden).

rally ['ræli] n ralliement m ‖
SP. rallye m.

ramble ['ræmbl] v se promener
au hasard ‖ FIG. divaguer ;
radoter • n randonnée, balade
f (fam.).

ramp [ræmp] n rampe f (slope).

ran [ræn] → RUN*.

ranch [rɑːnʃ] n US ranch m.

rancid ['rænsid] a rance ; grow
~, rancir.

random ['rændəm] n : at ~,
au hasard.

rang [ræŋ] → RING*.

range [reinʒ] n rangée f, rang
m ‖ [gun] portée f.

range-finder n télémètre m.

rank [ræŋk] n rang, ordre m •
v (se) classer.

rape [reip] n viol m • v violer.

rare 1 [rɛə] a CULIN. saignant.

rare 2 a rare.

rarely av rarement.

rash 1 [ræʃ] n MED. érup-
tion f.

rash 2 a irréfléchi, imprudent
(action) ‖ téméraire (person).

rasher ['ræʃə] n tranche f de
bacon.

raspberry ['rɑːzbri] n framboise f.

rat [ræt] n rat m ‖ ~ poison,
mort-aux-rats f.

rate [reit] n taux m ‖ classe f ;
first ~, de premier ordre ‖
FIG. at any ~, en tout cas ‖
Pl contributions fpl (taxes) • v
être classé (as, comme).

rate-payer n contribuable n.

rather ['rɑːðə] av plutôt (than,
que) ; I had/would ~ (go),
je préférerais/j'aimerais mieux
(partir) ‖ assez (fairly).

ration ['ræʃn] n ration f • v
rationner.

rattle ['rætl] n crécelle f (toy)
‖ bruit m de ferraille (noise) •

v [machinery] cliqueter ‖ [windows] vibrer.

rat-trap *n* ratière *f.*

rave [reiv] *v* délirer.

raven ['reivn] *n* corbeau *m.*

ravenous ['rævinəs] *a* féroce (appetite) ; affamé (person).

ravishing ['rævi∫iŋ] *a* ravissant.

raw [rɔ:] *a* cru (food) ‖ brut (metal) ‖ à vif (wound) ‖ ∼ **materials**, matières premières.

ray [rei] *n* rayon *m.*

rayon ['reiən] *n* rayonne *f.*

razor ['reizə] *n* rasoir *m ; electric* ∼, rasoir électrique.

razor-blade *n* lame *f* de rasoir.

re- [ri:] *pref* de nouveau, re-.

reach [ri:t∫] *n* atteinte, portée *f ; within* ∼ *of*, à portée de ; *out of* ∼, hors d'atteinte ● *v* atteindre, parvenir à ‖ ∼ **down**, passer, descendre (sth from shelf) ‖ ∼ **out**, tendre (hand).

react [ri'ækt] *v* réagir (*against*, contre ; *to*, à).

reaction [-∫n] *n* réaction *f.*

reactor [-tə] *n* réacteur *m.*

read* [ri:d] *v* lire ‖ relever (gas-meter) ‖ ∼ *sb's hand*, lire dans les lignes de la main de qqn ; ∼ *sb's cards*, tirer/faire les cartes à qqn ‖ ∼ **over**, relire.

reader *n* lecteur *n* ‖ livre *m* de lecture.

reading *n* lecture *f* ‖ [meter] relevé *m.*

ready ['redi] *a* prêt ; **get** ∼, se

préparer ‖ FIN. comptant (money).

ready-made, ready-to-wear *a* de confection, prêt à porter.

real [riəl] *a* réel, vrai.

realist *n* réaliste *n.*

realistic [-'istik] *a* réaliste.

reality [ri'æliti] *n* réalité *f.*

realize *v* se rendre compte de, comprendre ‖ réaliser (achieve).

really *av* réellement ; ∼ ?, vraiment ?

reap [ri:p] *v* moissonner.

reaper *n* [person] moissonneur *n ;* [machine] moissonneuse *f.*

reaping *n* moisson *f.*

reaping-machine *n* moissonneuse *f.*

'rea'ppear *v* réapparaître.

rear 1 [riə] *n* arrière, derrière *m* ‖ AUT. ∼ *light*, feu *m* arrière.

rear 2 *v* élever (animals, children).

reason ['ri:zn] *n* raison *f ; it stands to* ∼ *that*, il va de soi que ● *v* raisonner.

reasonable *a* raisonnable, acceptable ‖ abordable (price).

reasoning *n* raisonnement *m.*

rebus ['ri:bəs] *n* rébus *m.*

receipt [ri'si:t] *n* [letter] réception *f ; acknowledge* ∼ *of,* accuser réception de ‖ COMM. reçu *m,* quittance *f* ● *v* COMM. acquitter.

receive [ri'si:v] *v* recevoir (sb, sth) ; accueillir (welcome).

receiver *n* [letter] destinataire *n* ‖ TEL. récepteur *m ; lift the*

∼, décrocher ‖ RAD. (poste) récepteur *m*.

recent ['riːsnt] *a* récent.

recently *av* récemment.

reception [ri'sep∫n] *n* réception *f* ‖ [hôtel] ∼ *desk*, réception *f*, bureau *m*.

receptionist *n* réceptionniste *n*.

recession [ri'se∫n] *n* recul *m* ‖ [trade] récession *f*.

recipe ['resipi] *n* CULIN. recette *f*.

recital [ri'saitl] *n* MUS. récital *m*.

recitation [ˌresi'tei∫n] *n* récitation *f*.

recite [ri'sait] *v* réciter.

reckless ['reklis] *a* insouciant (heedless) ; téméraire (rash).

recklessly *av* imprudemment, témérairement.

recklessness *n* insouciance *f* (heedlessness) ‖ témérité *f* (rashness).

reckon ['rekn] *v* compter, calculer ‖ FIG. estimer, considérer (*as*, comme) ‖ COLL. supposer.

reckoning *n* calcul, compte *m*.

recline [ri'klain] *v* (se) reposer ; être étendu.

recognition [ˌrekəg'ni∫n] *n* reconnaissance *f*.

recognize ['rekəgnaiz] *v* reconnaître, identifier (sb).

recollect [ˌrekə'lekt] *v* se rappeler.

reco'llection *n* souvenir *m*.

recommend [ˌrekə'mend] *v* recommander, conseiller.

recommen'dation *n* recommandation *f*.

reconcile ['rekənsail] *v* réconcilier.

reconciliation [ˌrekənsili-'ei∫n] *n* réconciliation *f*.

recondition ['riːkən'di∫n] *v* remettre à neuf, réviser.

record ['rekɔːd] *n* enregistrement *m* (of a fact) ‖ procès-verbal *m* ; *keep a* ∼, consigner (par écrit) ‖ dossier *m* ‖ *have a good* ∼, être bien noté ‖ *Pl* archives *fpl* ‖ JUR. casier *m* judiciaire ‖ MUS. disque *m* ‖ SP. record *m* ; *hold a* ∼, détenir un record ‖ FIG. *on/off the* ∼, officiellement/officieusement ● [ri'kɔːd] *v* enregistrer.

record-dealer *n* disquaire *n*.

recorder [ri'kɔːdə] *n* MUS. flûte *f* à bec.

recording *n* enregistrement *m* ; prise *f* de son.

record library *n* discothèque *f*.

record-player *n* tourne-disque, électrophone *m*.

recourse [ri'kɔːs] *n* : *have* ∼ *to*, avoir recours à.

recover [ri'kʌvə] *v* recouvrer, récupérer ; se rétablir, se remettre (from an illness).

recovery [-ri] *n* guérison *f*, rétablissement *m*.

rectangle ['rek,tæŋgl] *n* rectangle *m*.

rectangular [rek'tæŋgulə] *a* rectangulaire.

recuperate [ri'kjuːpreit] *v* récupérer.

red [red] *n* rouge *m* ‖ FIN. *in the* ∼, en déficit • *a* rouge ; *turn* ∼, rougir ‖ roux (hair) ‖ R∼ *Cross*, Croix-Rouge *f* ‖ AUT. ∼ *light*, feu *m* rouge ; *go through the* ∼ *light*, brûler un feu rouge.

redcap *n* US, RAIL. porteur *m*.

redeem [ri'di:m] *v* racheter ‖ dégager, retirer (from pawn).

Red 'Indian *n* Peau-Rouge *n*.

reduce [ri'dju:s] *v* réduire, diminuer ‖ COLL. maigrir.

reduction [ri'dʌkʃn] *n* réduction, diminution *f*.

redundancy [ri'dʌndənsi] *n* [workers] licenciement(s) *m(pl)*.

redundant [ri'dʌndənt] *a* redondant, superflu ‖ en surnombre, mis en chômage.

reed [ri:d] *n* roseau *m* ‖ *Pl* MUS. instruments *mpl* à anche.

reefer ['ri:fə] *n* SL. cigarette *f* à la marijuana.

reek [ri:k] *n* relent *m* (bad smell) • *v* : ∼ *of*, puer, empester.

reel [ri:l] *n* bobine *f* • *v* : ∼ *in/up*, enrouler, embobiner ; ∼ *off*, dévider (spindle) ‖ tituber, chanceler (stagger).

refectory [ri'fektri] *n* réfectoire *m*.

refer [ri'fə:] *v* se référer, faire allusion (to, à).

referee [‚refə'ri:] *n* SP. arbitre *m* • *v* arbitrer.

reference ['refrəns] *n* référence *f* ‖ *Pl* références *fpl*.

refill *n* recharge *f* ‖ [fountain-pen] cartouche *f* ‖ [notebook] feuillets *mpl* de rechange • *v* remplir à nouveau ; recharger.

refine [rifain] *v* TECHN. raffiner.

reflect [ri'flekt] *v* PHYS. refléter, réfléchir ‖ FIG. réfléchir (*upon*, à) ‖ ∼ *upon*, faire tort à.

reflection *n* réflexion *f* ; reflet *m*, image *f* ‖ FIG. *on* ∼, réflexion faite.

reflector *n* réflecteur *m*.

reflex ['ri:fleks] *a/n* réflexe (*m*) ‖ PHOT. ∼ *camera*, (appareil *m*) réflex *m*.

reflexive *a* GRAMM. réfléchi.

reform [ri'fɔ:m] *n* réforme *f* • *v* réformer.

refrain 1 [ri'frein] *n* MUS. refrain *m*.

refrain 2 *v* s'abstenir, se retenir (*from*, de).

refresh [ri'freʃ] *v* revigorer, remonter, réconforter ‖ ∼ *o.s.*, se rafraîchir (with drink) ; se restaurer (with food) ‖ FIG. rafraîchir (one's memory).

refresher *n* : ∼ *course*, recyclage *m*.

refreshing *a* rafraîchissant ‖ FIG. réconfortant.

refreshment *n* repos *m* (rest) ‖ *Pl* collation *f* ; *take some* ∼*s*, se restaurer.

refreshment-room *n* RAIL. buffet *m*.

refrigerator [ri'fridʒəreitə] *n* réfrigérateur *m*.

refugee [ˌrefjuːˈdʒiː] *n* réfugié *n*.

refusal [riˈfjuːzl] *n* refus *m*.

refuse 1 [riˈfjuːz] *v* refuser.

refuse 2 [ˈrefjuːs] *n* ordures *fpl*, détritus *mpl* ; ~ *chute*, vide-ordures *m inv*.

regard [riˈgɑːd] *n* attention *f* (concern) ; respect *m* (esteem) ‖ *Pl* respects *mpl* ; amitiés *fpl*.

regiment [ˈredʒmənt] *n* régiment *m*.

region [ˈriːdʒn] *n* région *f*.

regional *a* régional.

register [ˈredʒistə] *v* enregistrer, inscrire ‖ [post] ~*ed letter*, lettre recommandée ‖ s'inscrire (at a hotel, university) ‖ RAIL. enregistrer (luggage) ‖ COMM. ~*ed trade-mark*, marque déposée ‖ TECHN. [instrument] indiquer, marquer.

‚regis'tration *n* inscription *f*.

regret [riˈgret] *n* regret *m* • *v* regretter.

regular [ˈregjulə] *a* régulier, normal, en règle (according to rule) ‖ habituel, attitré.

regularly *av* régulièrement.

rehearsal [riˈhəːsl] *n* TH. répétition *f* ; *dress* ~, répétition générale.

rehearse *v* TH. répéter.

reign [rein] *n* règne *m* • *v* régner (*over*, sur).

rejuvenate [riˈdʒuːvəneit] *v* rajeunir (sb).

related [riˈleitid] *a* apparenté.

relating *a* relatif (*to*, à).

relation *n* parent *n* (person) ; parenté *f* (between persons) ‖ rapport *m*, relation *f* (relationship).

relationship *n* relation *f*, rapport *m* (*with*, avec) ‖ [families] parenté *f*.

relative [ˈrelətiv] *a* relatif • *n* parent *n*.

relatively *av* relativement.

relax [riˈlæks] *v* se détendre.

relaxation [ˌriːlækˈseiʃn] *n* relaxation, détente *f*.

release [riˈliːs] *n* [goods] mise *f* en vente ; [book] parution *f* ‖ CIN. sortie *f* ; nouveau film ‖ PHOT. (shutter) ~, déclencheur *m* ; *cable* ~, déclencheur souple • *v* mettre en circulation, rendre public.

relentless [riˈlentlis] *a* inflexible (person) ‖ implacable (hatred).

reliable [riˈlaiəbl] *a* digne de confiance, sûr, sérieux ‖ TECHN. fiable.

relief [riˈliːf] *n* aide, assistance *f* ‖ soulagement *m* (comfort) ‖ [train] supplémentaire ‖ MIL. relève *f*.

relieve [-iːv] *v* secourir ‖ soulager.

religion [riˈlidʒn] *n* religion *f*.

religious [-əs] *a* religieux.

relish [ˈreliʃ] *n* CULIN. goût *m*, saveur *f* • *v* savourer.

reluctance [riˈlʌktəns] *n* répugnance *f*.

reluctant *a* peu disposé, répugnant (*to*, à) ; *be* ~ *to do sth*, faire qqch à contrecœur.

reluctantly *av* à contrecœur.

rely [riˈlai] *v* faire confiance

(*on sb*, à qqn) ; compter (*on*, sur).

remain [ri'mein] *v* rester (be left).

remainder [-də] *n* reste, restant *m*.

remains [-z] *npl* restes, débris *mpl* ; ruines *fpl*, vestiges *mpl*.

remark [ri'mɑːk] *n* remarque, observation *f* ● *v* faire remarquer.

remarkable *a* remarquable.

remedy ['remidi] *n* remède *m*.

remember [ri'membə] *v* se rappeler, se souvenir de ; ∼ *me to...*, rappelez-moi au bon souvenir de... ; ∼ *to...*, n'oubliez pas de...

remembrance [-rəns] *n* souvenir *m*.

remind [ri'maind] *v* faire penser à qqch ; ∼ *me to do it*, rappelez-moi de le faire ; ∼ *sb of sth/sb*, rappeler qqch/qqn à qqn.

reminder *n* mémento, aide-mémoire *m*.

remnant ['remnənt] *n* reste, résidu *m*.

remorse [ri'mɔːs] *n* remords *m* ; *feel* ∼, avoir des remords.

remorseless *a* sans remords.

remote [ri'məut] *a* éloigné, reculé (time) ‖ isolé, écarté (place) ‖ Techn. ∼ *control*, télécommande *f*.

removal [ri'muːvl] *n* enlèvement *m* ‖ [furniture] déménagement *m*.

remove [ri'muːv] *v* enlever ‖ déménager (move out).

remover *n* déménageur *m* ‖ (*nail-varnish*) ∼, dissolvant *m*.

renew [ri'njuː] *v* renouveler ; ∼ *one's subscription*, se réabonner ‖ ∼ *friendship with sb*, renouer avec qqn.

renounce [ri'nauns] *v* renoncer (à) ‖ renier (friend) ‖ abandonner (right).

renovate ['renəveit] *v* rénover, restaurer, remettre à neuf.

rent 1 [rent] *n* accroc *m*, déchirure *f*.

rent 2 *n* loyer *m* ● *v* [tenant] louer.

rent-a-car *n* location *f* (de voitures) sans chauffeur.

repair *n* réparation *f* ‖ état *m* (condition) ; *in bad* ∼, en mauvais état ; *keep in* ∼, entretenir ● *v* réparer, raccommoder.

repay [ri'pei] *v* rembourser.

repeat [ri'piːt] *v* répéter ‖ [school] redoubler ‖ Comm. suivre (article) ; renouveler (order) ● *n* répétition *f* ‖ Rad. rediffusion *f* ‖ Med. renouvellement *m* (d'ordonnance).

repeatedly [-idli] *av* à plusieurs reprises.

repellent [ri'pelənt] *a* répugnant (person) ● *n* : *mosquito* ∼, produit *m* antimoustiques.

repetition [ˌrepi'tiʃn] *n* répétition *f*.

replace [ri'pleis] *v* remplacer (*by*, par) ‖ replacer, remettre en place (put back).

replacement *n* remplacement *m* ‖ remplaçant *n*.

replenish [ri'pleni∫] *v* remplir.

reply [ri'plai] *n* réponse *f;* ~ *paid,* réponse payée ‖ ~ *coupon,* coupon-réponse *m* • *v* répondre (*to,* à).

report [ri'pɔːt] *v* rapporter; raconter ‖ [Press], RAD., TV faire un reportage ‖ se présenter (to sb, for duty, at a place) ‖ ~ *sick,* se faire porter malade • *n* rapport, compte rendu, exposé *m* ‖ [school] bulletin *m* ‖ détonation *f* (shot) ‖ [Press], RAD., TV reportage *m* ‖ FIG. réputation *f* ‖ FIG. rumeur *f.*

reporter *n* reporter *m.*

represent [,repri'zent] *v* représenter, figurer.

representative [-ətiv] *a* représentatif (typical) • *n* représentant *n.*

repress [ri'pres] *v* réprimer ‖ FIG. refouler.

repression [ri'pre∫n] *n* répression *f* ‖ FIG. refoulement *m.*

reprimand ['reprimɑːnd] *v* réprimander.

reproach [ri'prəut∫] *v* faire des reproches à; blâmer; ~ *sb with sth,* reprocher qqch à qqn; ~ *sb for doing sth,* reprocher à qqn d'avoir fait qqch • *n* reproche *m.*

repro'duce *v* (se) reproduire.

reproduction *n* reproduction, réplique *f* (copy).

republic [ri'pʌblik] *n* république *f.*

republican *a/n* républicain (*n*).

repugnant [ri'pʌgnənt] *a* répugnant.

reputation [,repju'tei∫n] *n* réputation *f.*

request [ri'kwest] *n* demande, requête *f; on* ~, sur demande ‖ [bus] ~ *stop,* arrêt facultatif • *v* demander (*sth from sb,* qqch à qqn).

require [ri'kwaiə] *v* avoir besoin de (need).

requirement *n* besoin *m.*

requisite ['rekwizit] *a* nécessaire, indispensable • *n* nécessaire *m,* chose *f* nécessaire.

rescue ['reskjuː] *n* sauvetage *m* ‖ ~ *party,* équipe *f* de sauvetage; *go to sb's* ~, aller au secours de qqn • *v* secourir, porter secours.

resemble [ri'zembl] *v* ressembler à.

resent [ri'zent] *v* s'offenser de, être sensible à.

reservation [,rezə'vei∫n] *n* réservation, location *f.*

reserve [ri'zəːv] *n* réserve *f* ‖ SP remplaçant *n* • *v* réserver (seat); retenir (room).

residential [,rezi'den∫l] *a* résidentiel.

resign [ri'zain] *v* démissionner, se démettre de (give up).

resignation [,rezig'nei∫n] *n* démission *f; hand in one's* ~, remettre sa démission ‖ résignation *f.*

resist [ri'zist] *v* résister (à).

resistance *n* résistance *f.*

resistant *a* résistant.

resit [ri'sit] *v* : ～ *for an exam*, repasser un examen.

resolute ['rezəlu:t] *a* résolu, décidé.

,reso'lution *n* résolution, fermeté *f*.

resolve [ri'zɔlv] *v* décider (decide) ‖ résoudre (problem).

resort [ri'zɔ:t] *n* lieu *m* de séjour, station *f* (place) ‖ ressource *f*, recours *m* (recourse) ● *v* : ～ *to*, fréquenter, se rendre à ‖ FIG. recourir à.

resource [ri'sɔ:s] *n* ressource *f*.

resourceful *a* plein de ressources ‖ débrouillard (fam.).

respect [ris'pekt] *n* respect *m*, estime, considération *f* (esteem) ; *out of* ～ *for*, par respect pour ‖ rapport *m* (reference) ; *in this* ～, à cet égard ; *in every* ～, à tous égards ● *v* respecter.

respectable *a* respectable ‖ important (great).

respectful *a* respectueux.

respectively *av* respectivement.

responsibility [ris,pɔnsə'biliti] *n* responsabilité *f*.

res'ponsible *a* responsable (*for*, de ; *to sb*, envers qqn).

rest 1 [rest] *n* reste, restant *m* (remainder).

rest 2 *n* repos *m* ; *at* ～, au repos ‖ MUS. silence *m* ‖ TECHN. support *m* ● *v* (se) reposer ; (s') appuyer, poser (*on*, sur).

restaurant ['restrɔ̃:ŋ] *n* restaurant *m*.

restful *a* paisible, tranquille.

restless *a* agité.

restlessness *n* agitation, nervosité *f*.

restrict [ris'trikt] *v* restreindre, limiter.

restriction *n* restriction *f*.

rest-room *n* US toilettes *fpl*.

result [ri'zʌlt] *n* résultat *m* ; *as a* ～ *of*, par suite de ● *v* résulter, provenir (*from*, de) ‖ ～ *in*, aboutir à.

retail ['ri:teil] *n* COMM. (vente *f* au) détail *m* ● *av* : *sell* ～, vendre au détail.

retailer *n* détaillant *n*.

retain [ri'tein] *v* retenir (hold back) ‖ conserver (keep).

retaliate [ri'tælieit] *v* se venger (*against*, de).

re,tali'ation *n* vengeance *f*, représailles *fpl*.

retarded [ri'tɑ:did] *a* : AUT. ～ *ignition*, retard *m* à l'allumage.

retentive [ri'tentiv] *a* fidèle (memory).

retire [ri'taiə] *v* prendre sa retraite.

retired [-d] *a* retraité, à la retraite.

retirement *n* retraite *f*.

're'touch *v* PHOT. retoucher.

retrace [ri'treis] *v* : ～ *one's step*, revenir sur ses pas.

're'train *v* (se) recycler.

re'training *n* recyclage *m*.

retrieve [ri'tri:v] *v* retrouver, recouvrer ‖ [dog] rapporter.

retriever *n* chien *m* de chasse.
return [ri'tə:n] *v* revenir (come back); retourner (go back) ‖ rapporter (bring back); rendre (give back) ‖ COMM. ~*ed empties*, consignes *fpl* (bottles, etc.) ‖ SP. relancer, renvoyer (ball) ● *n* retour *m*; *on his* ~, dès son retour ‖ *many happy* ~*s!*, bon anniversaire! ‖ *by* ~ *of post*, par retour du courrier ‖ RAIL. ~ *ticket*, (billet *m* d') aller et retour *m* ‖ SP. ~ *match*, match *m* retour.
returnable *a* consigné (bottle).
're'union *n* réunion *f*.
rev [rev] *v* : TECHN., COLL. ~ (*up*), emballer (engine).
reveal [ri'vi:l] *v* révéler.
revenge [ri'venʒ] *n* vengeance *f* ‖ [games] revanche *f* ● *v* : ~ *o.s.*, *be* ~*d*, se venger (*on*, sur).
reverse [ri'və:s] *a* contraire, opposé ‖ AUT. ~ *gear*, marche *f* arrière ● *n* [coin] revers *m* ‖ AUT. marche *f* arrière ● *v* renverser, retourner ‖ AUT. ~ *the car*, faire marche arrière.
reversible *a* réversible ‖ PHOT. inversible (film).
review [ri'vju:] *n* revue *f* ‖ compte rendu *m* ‖ revue *f* (periodical) ● *v* revoir, passer en revue.
revise [ri'vaiz] *v* réviser.
revision [ri'viʒn] *n* révision *f*.
revival [ri'vaivl] *n* reprise *f* ‖ réveil, renouveau *m*.
revive [ri'vaiv] *v* faire revivre.

revolt [ri'vəult] *n* révolte *f* ● *v* se révolter.
revolution [,revə'lu:ʃn] *n* révolution *f* ‖ AUT. ~*-counter*, compte-tours *m inv*.
revolutionary [-əri] *a/n* révolutionnaire (*n*).
revolve [ri'vɔlv] *v* pivoter.
revolver *n* revolver *m*.
reward [ri'wɔ:d] *n* récompense *f*; *as a* ~ *for*, en récompense de ● *v* récompenser.
rewarding *a* rémunérateur.
rhesus ['ri:səs] *n* : ~ *factor*, facteur *m* Rhésus.
rheumatism ['ru:mətizm] *n* rhumatisme *m*.
rhyme [raim] *n* rime *f* ● *v* (faire) rimer.
rhythm ['riðm] *n* rythme *m*.
rib [rib] *n* ANAT., CULIN. côte *f*.
ribbon ['ribən] *n* ruban *m*.
rice [rais] *n* riz *m*.
rice-pudding *n* riz *m* au lait.
rich [ritʃ] *a* riche; *grow* ~, s'enrichir.
riches [-iz] *npl* richesse *f*.
richness *n* richesse, abondance *f*.
rid* [rid] *v* débarrasser (*of*, de); *get* ~ *of*, se débarrasser de.
riddance [-ns] *n* : COLL. *good* ~*!*, bon débarras!
ridden ['ridn] → RIDE*.
riddle ['ridl] *n* énigme *f*; devinette *f*.
ride* [raid] *v* monter (horse); ~ *a bicycle*, monter à bicyclette ‖ se promener à cheval, faire du cheval ‖ voyager (in a

vehicle) ● *n* promenade *f* (à cheval, à bicyclette, en auto) ; *go for a* ~, aller se promener à cheval, etc. ‖ [bus] trajet *m*.
rider cavalier *n*.
ridiculous [ri'dikjuləs] *a* risible, ridicule.
riding *n* SP. équitation *f*.
rifle ['raifl] *n* fusil *m*, carabine *f*.
rifle-range *n* stand *m* de tir.
right [rait] *a* droit ; *on the* ~-*hand side*, à droite ‖ exact, correct ; *the* ~ *time*, l'heure exacte ; *the* ~ *word*, le mot juste ; *you are* ~, vous avez raison ‖ *put sb/sth* ~, rétablir qqn/redresser qqch ‖ MATH. droit (angle) ● *n* bien *m* ; ~ *and wrong*, le bien et le mal ‖ droit *m* ; *have a* ~ *to*, avoir le droit de ; ~ *of way*, droit *m* de passage, priorité *f* ‖ [side] droite *f* ; *on the* ~, à droite ; *turn to the* ~, tournez à droite ● *av* tout à fait ; ~ *against the wall*, tout contre le mur ; ~ *here*, ici même ; ~ *away/now*, tout de suite ; ~ *in the middle*, au beau milieu.
right-handed *a* droitier.
rim [rim] *n* bord *m* ‖ [wheel] jante *f* ; [spectacles] monture *f*.
rind [raind] *n* [fruit] pelure *f* ; [banana] peau *f*.
ring* **1** [riŋ] *v* (faire) sonner (bells) ‖ TEL. ~ *up*, appeler ; ~ *off*, raccrocher ● *n* sonnerie *f*, coup *m* de sonnette ‖ TEL. coup *m* de téléphone.
ring 2 *n* anneau *m* ‖ [finger] bague *f* ‖ SP. [boxing] ring *m* ; [circus] piste *f*.
ring-finger *n* annulaire *m*.
ring-road *n* AUT. périphérique *m*.
rink [riŋk] *n* patinoire *f*.
rinse [rins] *v* rincer ● *n* rinçage *m*.
riot ['raiət] *n* émeute *f* ‖ *Pl* troubles *mpl*.
ripe [raip] *a* mûr.
ripen *v* (faire) mûrir.
ripeness *n* maturité *f*.
rise 1 [raiz] *n* [price] hausse *f* ; [salary] augmentation *f* ‖ [river] *take its* ~, prendre sa source.
rise* **2** *v* se lever ‖ s'élever ‖ [river] prendre sa source.
risen ['rizn] → RISE*.
riser *n* : *early* ~, personne matinale.
risk [risk] *n* risque, péril *m* ; *run a* ~, courir un risque ; *at your own* ~, à vos risques et périls ● *v* risquer, hasarder.
risky *a* risqué.
river ['rivə] *n* fleuve *m*, rivière *f*.
Riviera [,rivi'ɛərə] *n* FR. Côte *f* d'Azur.
road [rəud] *n* route *f* ; *high/main* ~, route nationale.
road-hog *n* chauffard *m*.
road-holding *n* tenue *f* de route.
road-map *n* carte routière.
road-side *n* bord *m* de la route.
road-sign *n* panneau *m* de signalisation routière.

roadway n chaussée f.

roar [rɔː] n hurlement m ‖ [lion] rugissement m ● v hurler, vociférer ; ~ with laughter, rire aux éclats ‖ [lion] rugir.

roast [rəust] a rôti ; ~ beef, rosbif m ● n rôti m ● v (faire) rôtir ‖ torréfier (coffee).

roaster n rôtissoire f.

rob [rɔb] v voler, dérober (sb of sth, qqch à qqn).

robber n voleur n.

robbery [-əri] n vol m.

robot ['rəubɔt] n robot m.

robot-pilot n AV. pilote m automatique.

rock 1 [rɔk] n roc m, roche f, rocher m.

rock 2 v bercer (child) ‖ se balancer ‖ vaciller (shake).

rock-climbing n varappe f.

rocket ['rɔkit] n fusée f.

rocky a rocheux (mountains) ; rocailleux (road).

rod [rɔd] n baguette f ; tige, tringle f ‖ SP. canne f à pêche ‖ TECHN. bielle f.

rode [rəud] → RIDE*.

roll [rəul] n [paper, film] rouleau m ‖ [bread] ~, petit pain ‖ NAUT. [ship] roulis m ● v (faire) rouler ‖ se balancer (in walking) ‖ onduler ‖ NAUT. rouler ‖ ~ up, retrousser (sleeves).

roll-call n appel m.

roller ['rəulə] n rouleau m.

roller-skate n patin m à roulettes.

rolling-pin n rouleau m (à pâtisserie).

roll-neck a à col roulé.

romantic [rə'mæntik] a romantique ‖ romanesque.

roof [ruːf] n toit m ; toiture f.

rook 1 [ruk] n corneille f.

rook 2 n [chess] tour f ● v roquer.

room [rum] n pièce, salle f ‖ place f (space) ; make ~ for, faire de la place à.

room-mate n compagnon m/compagne f de chambre.

roomy a spacieux, vaste.

root [ruːt] n racine f ‖ MATH. square/cubic ~, racine carrée/cubique.

rope [rəup] n corde f ‖ NAUT. cordage m ‖ SP. cordée f ● v SP. encorder (climbers).

rope-ladder n échelle f de corde.

rose 1 [rəuz] → RISE*.

rose 2 n rose f ; ~ tree, rosier m ; ~ water, eau f de rose.

rot [rɔt] n pourriture, putréfaction f ● v pourrir, se décomposer.

rotten ['rɔtn] a pourri ‖ carié (teeth) ; gâté (fruit) ‖ COLL. sale, moche (fam.).

rouge [ruːʒ] n fard, rouge m ● v farder.

rough [rʌf] a raboteux (road) ; rugueux (surface) ‖ brutal (treatment) ‖ agité, gros (sea) ‖ FIG. ~ copy, brouillon m.

roughly av brutalement ‖ en gros (on the whole) ‖ ~ done, grossier.

round [raund] *n* rond, cercle *m* ‖ tour *m*, tournée *f* (circuit) ‖ [drinks] tournée *f* ‖ SP. reprise *f*; [boxing] round *m* ● *a* rond; ~ *trip*, voyage *m* circulaire ● *av* (tout) autour; *go* ~ *(by)*, faire le tour (de) ‖ ~ *about*, aux alentours ● *p* autour de; ~ *the corner*, au tournant de la rue.

roundabout *a* détourné ● *n* manège *m* (at a fair) ‖ [road] rond-point *m*.

round-the-clock *a* vingt-quatre heures sur vingt-quatre.

rouse [rauz] *v* (r)éveiller.

route [ruːt] *n* itinéraire *m* ‖ [bus] ligne *f*.

routine [ruːˈtiːn] *n* travail courant, routine.

row 1 [rau] *n* dispute, altercation *f*.

row 2 [rəu] *n* rang *m*, rangée *f* ‖ AUT. file *f*.

row 3 *v* ramer.

rower [ˈrəuə] *n* rameur *n*.

rowing *n* canotage *m*; ~ *boat*, bateau *m* à rames ‖ SP. aviron *m*.

royal [ˈrɔiəl] *a* royal.

rub [rʌb] *v* (se) frotter (*against*, contre; *on*, sur) ‖ ~ *down*, frictionner ‖ ~ *in*, faire pénétrer en frottant; FIG. *don't* ~ *it in!*, n'insistez pas! ‖ ~ *out*, effacer, gommer.

rubber *n* caoutchouc *m*; ~ *band*, élastique; ~ *boat*, canot *m* pneumatique; ~ *solution*, dissolution *f* ‖ gomme *f* (eraser).

rubbish [ˈrʌbiʃ] *n* détritus *mpl*, ordures *fpl* (garbage) ‖ FIG. sottises *fpl*.

rub-down *n* friction *f*.

ruby [ˈruːbi] *n* rubis *m*.

rucksack [ˈruksæk] *n* sac *m* à dos.

rude [ruːd] *a* grossier, mal élevé (person, words) ‖ rudimentaire, primitif.

rudely *av* grossièrement.

rudeness *n* grossièreté, impolitesse *f*.

rudiments [ˈruːdiments] *npl* rudiments *mpl*, ABC *m*.

ruffle [ˈrʌfl] *v* ébouriffer (hair) ‖ chiffonner (clothes).

rug [rʌg] *n* tapis *m*; *(bedside)* ~, descente *f* de lit ‖ couverture *f* de voyage.

rugby [-bi], COLL. **rugger** [-ə] *n* rugby *m*.

ruin [ruin] *n* ruine *f*; *fall into* ~*(s)*, tomber en ruine ● *v* ruiner ‖ abîmer (clothes).

rule [ruːl] *n* règle *f*; *as a* ~, en général ‖ TECHN. règle (graduée) ● *v* gouverner (country).

ruler *n* [instrument] règle *f*.

rum [rʌm] *n* rhum *m*.

rumour [ˈruːmə] *n* rumeur *f*, bruit *m*.

run 1 [rʌn] *n* course *f* ‖ excursion *f*, tour *m* ‖ [bus, etc.] trajet, parcours *m* ‖ [stocking] maille filée ‖ SP. piste *f* ‖ FIG. série *f*; *in the long* ~, à la longue.

run* 2 *v* courir ‖ [liquid] couler ‖ [colour] déteindre ‖ [stocking] filer ‖ ~ *a bath*, faire couler un bain ‖ RAIL. faire le service, passer ‖ TECHN. fonctionner, marcher ‖ FIG. ~ *a risk*, courir un risque ‖ ~ *away*, s'échapper ‖ ~ *down*, [battery] se décharger ; AUT. renverser (knock over) ‖ ~ *in*, AUT. roder ‖ ~ *into*, rencontrer par hasard ; AUT. rentrer dans ‖ ~ *out*, [supplies] s'épuiser.

rung 1 [rʌŋ] → RING*.

rung 2 *n* [ladder] échelon *m* ; [chair] barreau *m*.

runner *n* coureur *n*.

runner-up *n* SP. second *m*.

running *a* courant (water) ; coulant (knot) ‖ SP. ~ *jump*, saut *m* avec élan • *n* course *f* ‖ TECHN. marche *f*, fonctionnement *m*.

run-up *n* : SP. *take a* ~, prendre son élan.

rupture ['rʌptʃə] *n* MED. hernie *f*.

ruse [ru:z] *n* ruse *f*.

rush [rʌʃ] *n* ruée *f*, course précipitée ‖ ~ *hours*, heures *fpl* d'affluence • *v* transporter de toute urgence ‖ se précipiter, se ruer (*at*, sur).

Russian *a* russe • *n* Russe *n* ‖ [language] russe *m*.

rust [rʌst] *n* rouille *f* • *v* se rouiller.

rusty *a* [*lit. and fig.*] rouillé ; *get* ~, se rouiller.

rut [rʌt] *n* ornière *f*.

rye [rai] *n* seigle *m*.

S

s [es]

Sabbath ['sæbəθ] *n* Sabbat *m*.

saccharin ['sækərin] *n* saccharine *f*.

sacred ['seikrid] *a* sacré.

sacrifice ['sækrifais] *n* sacrifice *m* • *v* sacrifier.

sad [sæd] *a* triste ; *make sb* ~, attrister qqn.

sadden *v* attrister.

saddle ['sædl] *n* selle *f* • *v* seller.

saddle-bag *n* sacoche *f*.

sadly *av* tristement ‖ FIG. fort(ement).

sadness *n* tristesse *f*.

safe [seif] *a* sûr ; sans danger ‖ hors de danger (person) ‖ FIG. *to be on the* ~ *side*, pour plus de sécurité • *n* coffre-fort *m*.

safely *av* sain et sauf ‖ sans danger (without risk).

safety *n* sécurité, sûreté *f*.

safety-belt *n* ceinture *f* de sécurité.

safety-pin *n* épingle *f* de sûreté.

said [sed] → SAY*.

sail [seil] *n* NAUT. voile *f* • *v* faire voile ‖ partir (*from*, de) ; arriver (*in*, à).

sail-board *n* planche *f* à voile.

sailing *n* navigation *f* ‖ départ *m* ‖ SP. voile *f*.

sailing-boat *n* voilier *m*.

sailor *n* marin, matelot *m*.

sailplane *n* planeur *m*.

saint [seint] *a* saint ‖ *All S~s' Day*, la Toussaint.

sake [seik] *n* : *for the ~ of, for ...'s ~*, par égards pour, pour l'amour de.

salad ['sæləd] *n* salade *f*.

salad-bowl *n* saladier *m*.

salad-dressing *n* vinaigrette *f*.

salad oil *n* huile *f* de table.

salad washer *n* panier *m* à salade.

salary ['sæləri] *n* traitement *m*; salaire *m*.

sale [seil] *n* vente *f*; *for ~*, à vendre ‖ *Pl* soldes *mpl*.

saleroom *n* salle *f* des ventes.

salesclerk ['seilzklɑːk] *n* vendeur *m*.

salesgirl *n* vendeuse *f*.

salesman *n* représentant *m*; vendeur *m* (in shop).

saliva [sə'laivə] *n* salive *f*.

salmon ['sæmən] *n* saumon *m*.

saloon [sə'luːn] *n* : *~ (bar)*, bar *m* ‖ NAUT. salon *m* ‖ AUT. conduite intérieure.

salt [sɔːlt] *n* sel *m* ● *a* salé; *~ water*, eau salée ● *v* saler.

salt-cellar *n* salière *f*.

salt pan *n* marais salant.

salt-water fish *n* poisson *m* de mer.

salty *a* salé; saumâtre.

salvage ['sælvidʒ] *n* [saving] récupération *f*.

salve [sɑːv] *n* MED. pommade *f*.

same [seim] *a* même; *the ~ as/that*, le/la/les même(s) que ● *pr* : *the ~*, le/la/les mêmes.

sample ['sɑːmpl] *n* spécimen, échantillon *m* (fabric) ● *v* goûter.

sand [sænd] *n* sable *m*.

sandal ['sændl] *n* sandale *f*.

sand-glass *n* sablier *m*.

sand-paper *n* papier *m* de verre.

sandwich ['sænwidʒ] *n* sandwich *m* ● *v* intercaler (*between*, entre).

sandy *a* sablonneux.

sane [sein] *a* sain d'esprit.

sang [sæŋ] → SING*.

sanitary ['sænitri] *a* sanitaire; hygiénique ‖ périodique (towel).

sank [sæŋk] → SINK*.

Santa Claus [ˌsæntə'klɔːz] *n* Père Noël *m*.

sapphire ['sæfaiə] *n* saphir *m*.

sardine [sɑː'diːn] *n* sardine *f*.

sash window *n* fenêtre *f* à guillotine.

sat [sæt] → SIT*.

satchel ['sætʃl] *n* cartable *m*.

satin ['sætin] *n* satin *m*.

satisfaction [ˌsætis'fækʃn] *n* satisfaction *f*, contentement *m*.

satisfactory [-tri] *a* satisfaisant; *not to be ~*, laisser à désirer.

satisfy ['sætisfai] v satisfaire, contenter (desire) ‖ persuader.

Saturday ['sætədi] n samedi m.

sauce [sɔːs] n CULIN. sauce f.

sauce-boat n saucière f.

saucepan n casserole f.

saucer ['sɔːsə] n soucoupe f; flying ~, soucoupe volante.

sauna ['saunə] n sauna m.

saunter ['sɔːntə] v flâner.

sausage ['sɔsidʒ] n saucisse f; saucisson m (dry).

savage ['sævidʒ] a sauvage ● n sauvage n.

savagely av sauvagement.

save [seiv] v sauver (from, de) [rescue] ‖ ~ (up), épargner, économiser ; ~ on, faire des économies de ‖ garder (keep).

saving n sauvetage m (rescue) ‖ économie f ‖ Pl FIN. économies fpl, épargne f.

savings-bank n caisse f d'épargne.

savour ['seivə] n saveur f.

savoury [-ri] a savoureux, succulent.

saw 1 [sɔː] → SEE*.

saw 2 v scier ● n scie f.

sawdust n sciure f.

sawmill n scierie f.

sawn [sɔːn] → SAW* 2.

saxophone ['sæksəfəun] n saxophone m.

say* [sei] v dire ‖ ~ again, répéter ‖ ~ nothing, se taire ‖ that is to ~, c'est-à-dire ; so to ~, pour ainsi dire ‖ [school] réciter (lesson).

saying n dicton, proverbe m.

scald [skɔːld] v ébouillanter.

scale 1 [skeil] n échelle f ‖ [thermometer] graduation f ‖ MUS. gamme f ‖ FIG. échelle f; on a large ~, sur une grande échelle.

scale 2 n ZOOL. écaille f.

scale 3 n [balance] plateau m ‖ Pl (pair of) ~s, balance f ● v peser.

scan [skæn] v scruter ‖ [radar] balayer, explorer.

scandal ['skændl] n scandale m ‖ médisance f (gossip).

scandalize v scandaliser.

scar [skɑː] n cicatrice f; balafre f.

scarce [skɛəs] a rare.

scarcely av à peine, presque pas.

scare [skɛə] n peur f ● v faire peur.

scarecrow n épouvantail m.

scarf [skɑːf] (Pl **scarfs/ scarves** [-s/-vz]) n écharpe f; foulard m.

scarlet ['skɑːlit] a écarlate ‖ MED. ~ fever, scarlatine f.

scarves → SCARF.

scatter ['skætə] v disperser, éparpiller.

scatter-brain n étourdi n.

scenario [si'nɑːriəu] n scénario m.

scene [siːn] n endroit m (place); change of ~, changement m d'air ‖ TH. scène f ‖ FIG. make a ~, faire une scène.

scenery ['-əri] n paysage m ‖ TH. décors mpl.

scenic *a* touristique (road).

scent [sent] *n* parfum *m* (fragrance) ; odeur *f* (smell).

sceptical ['skeptikl] *a* sceptique.

scepticism [-isizm] *n* scepticisme *m*.

schedule ['ʃedjuːl, US 'skedjuːl] *n* programme, calendrier *m* ‖ RAIL. horaire *m*.

scheduled [-d] *a* établi, prévu ; AV. régulier (flight).

scheme [skiːm] *n* plan, projet *m* ‖ système *m* • *v* combiner.

scholar ['skɔlə] *n* [school] boursier *n* ‖ savant, érudit .

scholarship *n* bourse *f* (grant).

school [skuːl] *n* école *f* ; go to ~, aller à l'école.

schoolboy *n* élève, écolier *m*.

schoolfellow *n* camarade *n* de classe.

schoolgirl *n* élève, écolière *f*.

schoolmaster *n* [primary] instituteur *m* ; [secondary] professeur *m*.

schoolmistress *n* institutrice *f* ; professeur *m*.

science ['saiəns] *n* science *f*.

scientific [ˌsaiən'tifik] *a* scientifique.

scientist *n* savant *n*.

scissors ['sizəz] *npl* ciseaux *mpl*.

scold [skəuld] *v* gronder, réprimander.

scolding *n* gronderie, réprimande *f*.

scone [skɔn] *n* pain *m* au lait.

scoop ['skuːp] *n* pelle *f* à main ‖ COLL. [Press] nouvelle sensationnelle, scoop *m* • *v* : ~ out, écoper (water).

scooter ['skuːtə] *n* : (motor) ~, scooter *m*.

scope [skəup] *n* portée, capacité *f* ‖ possibilité *f*.

scorch [skɔːtʃ] *n* brûlure superficielle • *v* brûler, roussir.

scorching *a* torride (heat).

score 1 [skɔː] *n* [cards] marque *f* ; keep the ~, tenir la marque ‖ SP. score *m* ‖ MUS. partition *f* • *v* SP. marquer (goal) ; ~ points, marquer des points.

score 2 *n* vingt *m* ‖ Pl : ~s of, (des) quantités de.

scorn [skɔːn] *n* dédain, mépris *m* • *v* dédaigner, mépriser.

scornful *a* dédaigneux, méprisant.

Scot [skɔt] *n* Écossais *n*.

Scotch [-ʃ] *a* écossais • *n* : ~ (whisky), whisky *m*.

Scotland ['-lənd] *n* Écosse *f*.

Scots [-s] *a* écossais.

Scotsman *n* Écossais *m*.

Scotswoman *n* Écossaise *f*.

Scottish *a* écossais.

scout [skaut] *n* éclaireur, scout *m* (boy).

scramble ['skræmbl] *v* : ~ (up), escalader ; ~ for sth, se disputer qqch ‖ CULIN. ~d eggs, œufs brouillés ‖ RAD. brouiller • *n* bousculade *f* ‖ SP. mêlée *f* ; motocross *m*.

scrap [skræp] *n* petit morceau, fragment *m* ; bout *m* (of paper) ‖ ~ iron, ferraille *f* ‖ Pl débris, déchets *mpl* • *v* mettre au rebut ; envoyer à la ferraille (car).

scrape [skreip] *v* gratter, racler, frotter (*against*, contre) ‖ ∼ **through**, passer de justesse (examinatio).

scratch [skrætʃ] *n* éraflure, égratignure *f* ‖ SP. ligne *f* de départ ‖ FIG., COLL. *start from* ∼, partir de zéro • *v* rayer ‖ érafler ; égratigner (skin).

scrawl [skrɔːl] *v* griffonner.

scream [skriːm] *n* [fright] cri perçant ; [pain] hurlement *m* • *v* pousser des cris perçants ; ∼ *with laughter*, rire aux éclats.

screen [skriːn] *n* écran *m* ; *(folding)* ∼, paravent *m* ‖ moustiquaire *f* • *v* masquer ‖ CIN. projeter (film) ; porter à l'écran (book).

screenplay *n* scénario *m*.

screw [skruː] *n* vis *f* ‖ NAUT., AV. hélice *f* • *v* visser ‖ ∼ *on/off*, visser/dévisser ‖ ∼ *up*, resserrer.

screw-driver *n* tournevis *m*.

screw-ring *n* piton *m* (à vis).

scribble ['skribl] *v* griffonner, gribouiller.

script [skript] *n* écriture *f* (hand-writing) ‖ RAD., TH. texte *m* ‖ CIN. scénario *m*.

scriptwriter *n* scénariste *n*.

scrum [skrʌm] *n* [rugby] mêlée *f*.

scruple ['skruːpl] *n* scrupule *m*.

scrutinize ['skruːtinaiz] *v* scruter ; examiner.

scuffle ['skʌfl] *n* bagarre *f*.

scull [skʌl] *n* aviron *m*.

scullery ['skʌləri] *n* arrière-cuisine *f*.

sculptor ['skʌlptə] *n* sculpteur *m*.

sculpture [-tʃə] *n* sculpture *f* • *v* sculpter.

scythe [saið] *n* AGR. faux *f*.

sea [siː] *n* mer *f* ; *by the* ∼, au bord de la mer ; *in the open* ∼, en pleine mer.

sea-food *n* fruits *mpl* de mer.

seafront *n* front *m* de mer.

sea-gull *n* mouette *f*.

seal 1 [siːl] *n* phoque *m*.

seal 2 *n* sceau *m* (on document) ; cachet *m* (on envelope) • *v* sceller ; ∼ *down*, clore, cacheter (envelope).

seam [siːm] *n* couture *f*.

seaman ['siːmən] *n* matelot, marin *m*.

seamless *a* sans couture.

seamstress [-stris] *n* couturière *f*.

seaplane *n* AV. hydravion *m*.

seaport *n* port *m* de mer.

search [səːtʃ] *n* recherche *f* ‖ *in* ∼ *of*, à la recherche de, en quête de • *v* fouiller ; ∼ *after/for*, rechercher.

searching *n* fouille *f*.

seasick *a* : *be* ∼, avoir le mal de mer.

seasickness *n* mal *m* de mer.

seaside *n* bord *m* de la mer ; ∼ *resort*, station *f* balnéaire.

season ['siːzn] *n* saison,

époque *f; late* ~, arrière-saison *f; in* ~, de saison ; *out of* ~, hors de saison ● *v* CULIN. assaisonner (flavour) ; relever (sauce).

seasoning *n* CULIN. assaisonnement *m*.

season-ticket *n* carte *f* d'abonnement.

seat [si:t] *n* siège *m; keep your* ~, restez assis ‖ [bicycle] selle *f* ‖ RAIL. place *f* ● *v* faire asseoir ; ~ *o.s., be* ~*ed*, s'asseoir.

seat-belt *n* AV. ceinture *f* de sécurité.

sea-urchin ['siːʔəːtʃin] *n* oursin *m*.

seawards [-wədz] *av* vers le large.

seaweed *n* algue *f*.

second ['seknd] *a* second, deuxième ; *on the* ~ *floor*, au deuxième/US premier étage ● *n* second, deuxième *n* ‖ [time] seconde *f*.

second-hand *a* d'occasion ; ~ *bookseller*, bouquiniste *n*.

secondly *av* deuxièmement.

second-rate *a* de second ordre.

secret ['siːkrit] *a/n* secret (*m*) ‖ confidence *f*.

secretary ['sekrətri] *n* secrétaire *n*.

sect [sekt] *n* secte *f*.

section ['sekʃn] *n* section *f*; partie *f*.

secure [si'kjuə] *a* tranquille ‖ solide (dependable) ‖ en sûreté ● *v* fixer ‖ TECHN. verrouiller.

security [-riti] *n* sécurité *f*.

sedan [si'dæn] *n* US, AUT. conduite intérieure.

sedentary ['sedəntri] *a* sédentaire.

seduce [si'djuːs] *v* séduire.

seduction [si'dʌkʃn] *n* séduction *f*; charme *m*.

see* [si:] *v* voir ; ~ *again*, revoir ‖ apercevoir, observer ‖ *I* ~*!*, je vois !, ah bon ! ‖ ~ *you!*, à bientôt! ‖ accompagner ; ~ *sb home*, reconduire qqn chez lui ‖ ~ *about*, s'occuper de (attend to) ‖ ~ *off*, accompagner (*sb to the station*, qqn à la gare) ‖ ~ *over*, visiter (house).

seedy *a* FIG. râpé (shabby) ; minable (house).

seek* [si:k] *v* chercher.

seem [si:m] *v* sembler, paraître ; *it* ~*s to me that*, il me semble que ‖ *so it* ~*s*, à ce qu'il paraît ; *it would* ~ *that*, on dirait que.

seen [si:n] → SEE*.

seesaw *n* balançoire *f*.

seethe [si:ð] *v* bouillonner.

see-through *a* transparent.

segregate ['segrigeit] *v* isoler, mettre à part.

‚segre'gation *n* ségrégation *f*.

seize [si:z] *v* saisir.

seldom ['seldəm] *av* rarement.

select [si'lekt] *v* choisir (*from*, parmi) ‖ sélectionner ● *a* choisi, de choix.

selection *n* choix *m*, sélection *f*; recueil *m*.

self- [self] *pref.*

self-confidence *n* confiance *f* en soi.

self-conscious *a* gêné, intimidé.

self-control *n* sang-froid *m.*

self-defence *n* : in ~, en état de légitime défense *f.*

self-drive *a* AUT. sans chauffeur.

self-esteem *n* amour-propre *m.*

selfish *a* égoïste.

selfishness *n* égoïsme *m.*

self-service *n* libre-service *m.*

self-starter *n* AUT. démarreur *m.*

self-sticking *a* autocollant.

sell* [sel] *v* vendre ; ~ *off,* liquider ‖ [goods] se vendre.

seller *n* vendeur, marchand *n.*

semester [si'mestə] *n* semestre *m.*

semi-breve ['semibri:v] *n* MUS. ronde *f* ; ~ *rest,* pause *f.*

semi-colon *n* point-virgule *m.*

semi-detached *a* jumelle (houses).

semi-final *n* SP. demi-finale *f.*

semi-quaver *n* MUS. double croche *f* ; ~ *rest,* quart *m* de soupir.

send* [send] *v* envoyer, expédier (letter) ‖ ~ *away,* congédier (person) ; expédier (parcel) ‖ ~ *for,* envoyer chercher (*sb,* qqn) ; ~ *off,* renvoyer (person) ; expédier (parcel) ; accompagner.

sender *n* expéditeur *n.*

send-off *n* fête *f* d'adieu.

senior ['si:njə] *a/n* aîné *(n)* ‖ ~ *citizens,* gens *m/fpl* du troisième âge.

sensation [sen'sei∫n] *n* sensation, impression *f.*

sensational *a* sensationnel.

sense [sens] *n* [body] sens *m* ‖ [awareness] sentiment *m,* conscience *f* ‖ (common) ~, bon sens ‖ sens *m* (meaning) • *v* sentir intuitivement, pressentir.

senseless *a* sans connaissance.

sensibility [ˌsensi'biliti] *n* sensibilité *f.*

sensible ['sensəbl] *a* sensé, raisonnable, judicieux.

sensitive ['sensitiv] *a* sensible.

sensitiveness *n* sensibilité *f.*

sensual ['sensjuəl] *a* sensuel.

sensuality [ˌsensju'æliti] *n* sensualité *f.*

sent [sent] → SEND*.

sentence ['sentəns] *n* phrase *f* • *v* condamner.

sentimental [ˌsenti'mentl] *a* sentimental.

separately ['sepritli] *av* séparément, individuellement.

September [sep'tembə] *n* septembre *m.*

sequel ['si:kwəl] *n* suite *f* (*to,* de) ‖ conséquence *f.*

sequence ['si:kwəns] *n* succession *f,* ordre, enchaînement *m* ‖ CIN. séquence *f.*

serial ['siəriəl] *a* de série ‖ ∼ *story*, roman-feuilleton *m*.

series ['siəri:z] *n sing* série, suite *f*.

serious ['siəriəs] *a* sérieux (earnest); grave (illness).

seriously *av* sérieusement; gravement.

servant ['sə:vnt] *n* domestique *n*.

serve [sə:v] *v* servir, être au service de ‖ servir (meal) ‖ servir, rendre service (be useful); ∼ *as*, servir de; ∼ *the purpose*, faire l'affaire ‖ [tennis] servir ● *n* [tennis] service *m*.

service ['sə:vis] *n* service *m* ‖ *civil* ∼, fonction publique ‖ assistance, aide *f*; *do sb a* ∼, rendre un service à qqn ‖ utilité *f*; *of* ∼, utile (*to*, à) ‖ MIL. service *m* ‖ COMM. ∼ *charge*, service *m* ‖ AUT. révision *f*; ∼ *station*, station-service *f* ‖ SP. service *m* ‖ REL. office *m* ● *v* AUT. réviser.

servicing *n* AUT. révision *f*.

set* [set] *v* poser, placer, mettre (put) ‖ *have one's hair* ∼, se faire faire une mise en plis ‖ régler (clock) ‖ donner (task) ‖ se mettre à (begin) ‖ ∼ *fire to*, mettre le feu à ‖ [cement, cream] prendre ‖ [sun] se coucher ‖ [tide] ∼ *in/out*, monter/descendre ‖ TECHN. sertir (stone) ‖ ∼ *about*, entreprendre ‖ ∼ *back*, retarder (clock) ‖ ∼ *down*, noter; [taxi] déposer (sb) ‖ ∼ *forth*, se met-

tre en route, partir ‖ ∼ *out* = ∼ FORTH ‖ ∼ *to*, s'y mettre; ∼ *to work*, se mettre au travail ‖ COMM. ∼ *up* : ∼ *up in business*, s'établir ● *a* fixe (unchanging) ‖ prescrit; ∼ *books*, livres *mpl* au programme ‖ prêt; *all* ∼, fin prêt ‖ ∼ *phrase*, expression consacrée ● *n* série, collection *f*; [dishes] service *m*; [tools] trousse *f* ‖ [people] groupe *m*, classe *f* ‖ (hair) ∼, mise *f* en plis ‖ RAD. poste *m* ‖ SP. [tennis] set *m* ‖ MATH. ensemble *m* ‖ TH. décor *m* ‖ CIN. plateau *m*.

set-back *n* revers *m*.

settee [se'ti:] *n* canapé, divan *m*.

setting *n* [jewel] monture *f* ‖ décor *m*; cadre *m* (surroundings) ● *a* couchant (sun).

settle ['setl] *v* (s') établir, (s') installer ‖ décider, déterminer ‖ arrêter, fixer (date) ‖ mettre en ordre (one's affairs) ‖ calmer (nerves) ‖ COMM. payer, régler (account) ‖ [weather] se remettre au beau ‖ ∼ *down*, se fixer (in a town); s'assagir, se ranger; s'installer (confortablement) [in armchair]; se faire à (new job) ‖ ∼ *in*, s'installer (in new home).

settlement *n* règlement *m*.

seven ['sevn] *a/n* sept (*m*).

seventeen [-'ti:n] *a/n* dix-sept (*m*).

seventy [-ti] *a/n* soixante-dix (*m*).

several ['sevrǝl] *a/pr* plusieurs.

severe [si'viǝ] *a* sévère (person) ‖ rigoureux (climate).

severely *av* sévèrement ‖ MED. gravement (ill).

sew* [sǝu] *v* coudre ‖ ~ *on a button*, coudre un bouton.

sewer ['sjuǝ] *n* égout *m*.

sewing ['sǝuiŋ] *n* couture *f*.

sewing-machine *n* machine *f* à coudre.

sex [seks] *n* sexe *m; have* ~ *with*, faire l'amour avec.

sexism *n* sexisme *m*.

sexual [-juǝl] *a* sexuel.

sexy *a* COLL. érotique, affriolant, excitant ; *be* ~, avoir du sex-appeal.

shabby ['ʃæbi] *a* râpé, élimé (clothes) ‖ délabré (house).

shade [ʃeid] *n* ombre (portée) ; ombrage *m; in the* ~, à l'ombre ‖ *(lamp-)*~, abat-jour *m* ‖ [colour] ton *m*, nuance *f* ‖ US store *m* (blind); *Pl* COLL. lunettes *fpl* de soleil • *v* ombrager.

shadow ['ʃædǝu] *n* ombre (projetée) • *v* obscurcir ‖ [detective] filer, pister (sb).

shadowy *a* ombragé, sombre ; vague.

shady ['ʃeidi] *a* ombragé (path) ‖ COLL. louche.

shaggy ['ʃægi] *a* hirsute (beard) ‖ à longs poils (animal).

shake* [ʃeik] *v* secouer ; ~ *hands with*, serrer la main à ; ~ *one's head*, hocher la tête ‖ trembler.

shall [ʃæl] *mod aux* : [future] *I* ~ *go*, j'irai ‖ [question, 1st pers.] ~ *I do it?*, voulez-vous que je le fasse?

shallot [ʃǝ'lɔt] *n* échalote *f*.

shallow ['ʃælǝu] *a* peu profond.

sham [ʃæm] *n* feinte *f*, simulacre *m* ; supercherie *f* (action) ‖ COMM. imitation *f*, a simulé ; faux (jewellery) • *v* simuler, feindre ; ~ *ill*, faire le malade.

shame [ʃeim] *n* honte *f* ‖ *what a* ~!, quel dommage !

shameful *a* déshonorant, scandaleux.

shameless *a* éhonté, effronté.

shammy-leather ['ʃæmileθǝ] *n* peau *f* de chamois.

shampoo [ʃæm'pu:] *n* shampooing *m; have a* ~, se faire faire un shampooing.

shamrock ['ʃæmrɔk] *n* trèfle *m* (d'Irlande).

shan't [ʃɑ:nt] = *shall not*.

shanty ['ʃænti] *n* cabane, bicoque *f*.

shanty-town *n* bidonville *m*.

shape [ʃeip] *n* forme *f; put out of* ~, déformer • *v* former, façonner.

shapeless *a* informe.

shapely *a* beau, bien fait.

share *v* : ~ *(out)*, partager • *n* part, portion *f; go* ~*s with sb*, partager avec qqn.

shark [ʃɑ:k] *n* requin *m*.

sharp [ʃɑ:p] *a* tranchant (knife), aigu, pointu (needle) ‖ aigu (angle, sound) ‖ acide (taste) ‖ âcre (odour) ‖ brusque

(bend) ‖ net (outline) • n MUS.
dièse m • av : at two o'clock
~, à deux heures précises.

sharpen v aiguiser, repasser
(blade) ; tailler (pencil).

sharpener [-nə] n taille-
crayon m.

sharply av nettement,
vivement.

shatter ['ʃætə] v (se) fracasser, (se) briser.

shave [ʃeiv] v (se) raser • n :
have a ~, se raser ; get a ~,
se faire raser.

shaver n rasoir m électrique.

shaving n rasage m.

shaving-brush n blaireau m.

shaving-cream n crème f à
raser.

shaving-soap n savon m à
barbe.

shawl [ʃɔ:l] n châle m.

she [ʃi:] pr [subject] elle f • n
femelle f • pref.

sheaf [ʃi:f] (Pl **sheaves**
[-vz]) n gerbe f.

she-ass n ânesse f.

sheath [ʃi:θ] n préservatif m.

sheaves → SHEAF.

she-cat n chatte f.

shed* 1 [ʃed] v répandre ‖
[tree] perdre (leaves).

shed 2 n hangar m.

sheep [ʃi:p] n mouton m.

sheer [ʃiə] a pur, absolu ‖
ultra fin (stocking).

sheet [ʃi:t] n drap m (bed
linen) ‖ [paper] feuille f.

shelf [ʃelf] (Pl **shelves**
[-vz]) n étagère f, rayon m.

shell [ʃel] n [egg, nut, snail]
coquille f ; [tortoise] écaille
f ; [lobster] carapace f ; [peas]
cosse f ‖ MIL. obus m.

shellfish n crustacé m.

shelter ['ʃeltə] n abri, refuge
m ; under ~, à l'abri ; take
~, s'abriter (from, de) • v (s')
abriter.

shelves [ʃelvz] → SHELF.

she-monkey n guenon f.

shepherd ['ʃepəd] n berger m
‖ ~'s pie, hachis m Par-
mentier.

shepherdess n bergère f.

sherbet ['ʃə:bət] n sorbet m.

sherry ['ʃeri] n xérès m.

she-wolf n louve f.

shift [ʃift] n changement m •
v changer (de place) ; déplacer
(transfer) ‖ ~ gears, changer
de vitesse ‖ ~ for o.s., se
débrouiller.

shine* [ʃain] v [surface]
reluire ‖ [sun] briller ‖ [pret.
shined] faire (reluire) [shoes] •
n éclat, brillant m.

shingle ['ʃingl] n sing galets
mpl.

shingly a de galets (beach).

shiny ['ʃaini] a brillant,
luisant.

ship [ʃip] n navire m • v
embarquer (cargo) ‖ COMM.
expédier (by rail or sea).

shipwreck n naufrage m •
v : be ~ed, faire naufrage.

shipyard n chantier m de
construction navale.

shire ['ʃaiə] n comté m.

shirt [ʃə:t] n chemise f.

shirt-sleeves n : in one's ∼, en bras de chemise.

shiver ['ʃivə] v frissonner, trembler.

shock [ʃɔk] n choc, heurt m ‖ ELECTR. décharge f ‖ FIG. coup, saisissement m ● v choquer, scandaliser, bouleverser.

shock-absorber n AUT. amortisseur m.

shocking a choquant, scandaleux ‖ affreux (spectacle) ‖ exécrable (weather).

shoe [ʃuː] n chaussure f, soulier m ; put on one's ∼s, se chausser ; take off one's ∼s, se déchausser.

shoeblack n cireur m de chaussures.

shoehorn n corne f à chaussure, chausse-pied m.

shoemaker n cordonnier m.

shoepolish n cirage m.

shoestring n lacet m de chaussures.

shone [ʃɔn] → SHINE*.

shook [ʃuk] → SHAKE*.

shoot* [ʃuːt] v lancer, tirer (bullet) ‖ fusiller (execute) ‖ ∼ up, [flames] jaillir ‖ SP. chasser (au fusil) ‖ CIN. tourner (film) ‖ MED. [pain] élancer ‖ SP. [football] shooter.

shooting n chasse f au fusil ‖ ASTR. ∼ star, étoile filante ‖ CIN. tournage m.

shooting-gallery n stand m de tir.

shop [ʃɔp] n boutique f, magasin m ; ∼ assistant, vendeur n ‖ TECHN. atelier m de réparations ● v : go ∼ping, faire des courses.

shopkeeper n commerçant n.

shopping n achats mpl : ∼ the ∼, faire les courses ; ∼ bag/net, sac/filet m à provisions ; ∼ centre, centre commercial.

shop-window n vitrine f, étalage m.

shore [ʃɔː] n rivage m ; [sea] côte f ; [lake] bord m.

short [ʃɔːt] a [space] court ‖ [person] petit ‖ [time] bref ‖ grow ∼er, [days] raccourcir, diminuer ‖ incomplet, insuffisant ; be ∼ of, être à court de ● av brusquement ; stop ∼, s'arrêter net ‖ run ∼, s'épuiser ‖ ∼ of, à l'exception de ● n CIN., COLL. court métrage ‖ Pl short m.

shortage [-idʒ] n manque m, pénurie f.

short-circuit n court-circuit.

shortcoming n défaut m.

short cut n raccourci m.

shorten v raccourcir, écourter.

shortening [-niŋ] n CULIN. matière grasse.

shorthand n sténographie f ; take (down) in ∼, prendre en sténo.

shorthand-typist n sténodactylo f.

shortly av brièvement (briefly) ; bientôt (soon).

short-sighted a myope.

short-sightedness n myopie f.

short-story n nouvelle f.

shot 1 [ʃɔt] → SHOOT*.

shot 2 [ʃɔt] n coup m de feu ‖ projectile m; plombs mpl ‖ [person] tireur n ‖ CIN. prise f de vues; plan m ‖ MED. piqûre f; [drug-addict] give o.s. a ∼, se piquer, se shooter (arg.).

should [ʃud] mod aux → SHALL* ‖ [conditional] I ∼ go, j'irais ‖ [doubt] if he ∼ come, s'il venait ‖ [duty] you ∼ do it, vous devr(i)ez le faire.

shoulder ['ʃəuldə] n épaule f ‖ [road] accotement m.

shoulder-strap n [woman's garment] bretelle f.

shout [ʃaut] v crier, pousser des cris ‖ ∼ **down**, conspuer • n cri m.

shove [ʃʌv] v pousser (brutalement).

shovel ['ʃʌvl] n pelle f.

show* [ʃəu] v montrer, faire voir ‖ paraître (be visible) ‖ [slip] dépasser ‖ exposer ‖ indiquer (the way) ‖ projeter (film) ‖ ∼ **in**, faire entrer (sb) ‖ ∼ **off**, crâner, parader ‖ ∼ **out**, reconduire (sb) ‖ ∼ **over/round**, faire visiter • n apparence f, simulacre m; make a ∼ of, faire semblant de ‖ étalage m (display) ‖ exposition f; concours m; **on** ∼, exposé ‖ TH. spectacle m; attractions fpl (variety).

shower ['ʃauə] n averse f ‖ ∼ (-bath), douche f ‖ FIG. grêle f.

show-girl n TH. girl f.

shown [ʃəun] → SHOW*.

show-off n m'as-tu vu, poseur m; frimeur m (fam.).

show-room n salon m d'exposition.

showy a voyant (colour) ‖ tape-à-l'œil (pej.).

shrank [ʃræŋk] → SHRINK*.

shred [ʃred] n lambeau m ⇑ fragment m, miette f • v déchiqueter, mettre en lambeaux.

shrewd [ʃruːd] a astucieux.

shriek [ʃriːk] n cri perçant • v pousser un cri perçant.

shrill [ʃril] a aigu, strident.

shrimp [ʃrimp] n crevette f.

shrink* [ʃriŋk] v rétrécir.

shrinkage [-idʒ] n rétrécissement m.

Shrove [ʃrəuv] n : ∼ Tuesday, Mardi gras.

shrub [ʃrʌb] n arbuste, arbrisseau m.

shrug [ʃrʌg] v hausser (one's shoulders).

shrunk [ʃrʌŋk] → SHRINK*.

shudder ['ʃʌdə] v frissonner • n frisson, frémissement m.

shuffle ['ʃʌfl] v traîner les pieds ‖ [cards] battre.

shut* [ʃʌt] v (se) fermer (close) ‖ ∼ **in**, enfermer ‖ ∼ **up**, enfermer; SL. ∼ up!, la ferme! (fam.).

shutter n volet m ‖ PHOT. obturateur m.

shuttlecock n SP. volant m.

shuttle service n RAIL. navette f.

shy [ʃai] a timide.

shyness n timidité, réserve f.

sick [sik] a malade ; a ∼ per-

son, un malade ; *fall* ~, tomber malade ; *report* ~, se faire porter malade ‖ *be* ~, vomir ; *feel* ~, avoir mal au cœur.

sicken *v* écœurer.

sickening [-niŋ] *a* écœurant (smell) ‖ FIG. répugnant.

sickle ['sikl] *n* faucille *f.*

'sick-'leave *n* congé *m* de maladie.

sickness *n* maladie *f* ‖ nausée *f.*

side [said] *n* côté *m; right/wrong* ~, endroit/envers *m* ‖ [body] flanc *m* ‖ ~ *by* ~, côte à côte ‖ FIG. camp *m; take* ~*s,* prendre parti (with, pour).

side board *n* buffet *m.*

sidecar *n* side-car *m.*

sideslip *n* AUT. dérapage *m* ● *v* déraper.

sidestroke *n* (nage *f* à l') indienne *f.*

sidewalk *n* US trottoir *m.*

sigh [sai] *n* soupir *m* ● *v* soupirer.

sight [sait] *n* vue, vision *f; at first* ~, à première vue ; *love at first* ~, coup *m* de foudre ; *out of/within* ~, hors de/en vue ‖ *take* ~, viser ‖ spectacle *m* ‖ *Pl* [town] curiosités *fpl.*

sightseeing *n* visite *f* des curiosités (d'une ville).

sightseer *n* touriste *n.*

sign [sain] *n* signe ; *make a* ~ *to,* faire signe à ‖ REL. *make the* ~ *of the cross,* faire le signe de la croix ‖ COMM. enseigne *f* ●

v signer ‖ .~ *on,* s'engager ; embaucher (employee).

signal ['signəl] *n* signal *m.*

signature ['signitʃə] *n* signature *f* ‖ RAD. ~ *tune,* indicatif *m.*

signpost ['sainpəust] *n* poteau indicateur.

silence ['sailəns] *n* silence *m.*

silencer *n* AUT. silencieux *m.*

silent [-t] *a* silencieux, muet ; *fall* ~, se taire.

silently *av* silencieusement.

silk [silk] *n* soie *f.*

silk-screen process *n* sérigraphie *f.*

silky *a* soyeux.

silly ['sili] *a* sot, bête, idiot.

silver ['silvə] *n* argent *m* ‖ ~ *(plate),* argenterie *f.*

silver-plated *a* argenté.

silverware *n* argenterie *f.*

silvery [-ri] *a* argenté.

similar ['similə] *a* similaire, semblable.

simple ['simpl] *a* simple ‖ naturel (unaffected).

simplicity [sim'plisiti] *n* simplicité *f.*

simplification [ˌsimplifi'keiʃn] *n* simplification *f.*

simplify ['simplifai] *v* simplifier.

simply *av* simplement.

simulate ['simjuleit] *v* simuler, feindre.

simultaneous [ˌsiml'teinjəs] *a* simultané.

sin [sin] *n* péché *m* ● *v* pécher.

since [sins] *av* depuis ; *ever* ~, depuis lors ● *p* depuis ● *c*

depuis que (after) ‖ puisque
(because).

sincere [sin'siə] a sincère.

sincerely av sincèrement.

sing* [siŋ] v chanter.

singe [sinʒ] v roussir ‖ CULIN.
flamber.

singeing n [hair] brûlage m.

singer ['siŋə] n chanteur n.

single ['siŋgl] a seul, unique ‖
~ *bed*, lit m d'une personne ;
~ *room*, chambre f pour une
personne ‖ célibataire (person)
● n SP. [tennis] simple m ‖
RAIL. aller m (ticket) ‖ [record]
45 tours m ● v : ~ *out*,
choisir, distinguer.

single-breasted a droit
(coat).

single-lane a à voie unique
(road).

singular ['siŋgjulə] a/n singulier (m).

sink* **1** [siŋk] v (s')enfoncer ‖
NAUT. [ship] sombrer, couler.

sink 2 n évier m.

sip [sip] v siroter, déguster ● n
petite gorgée.

sir [sə:] n monsieur m.

sirloin ['sə:lɔin] n aloyau m.

sister ['sistə] n sœur f.

sister-in-law n belle-sœur f.

sit* [sit] v être assis (be sitting)
‖ ~ *(down)*, s'asseoir ‖ ~ *(for)*
an *exam*, passer un examen ‖
~ *for a photo*, se faire prendre
en photo ‖ ~ *back*, se renverser (in one's chair) ‖ ~ *up*, se
redresser ; ne pas se coucher,
veiller (tard).

sit-down strike n grève f sur
le tas.

site [sait] n emplacement m.

sitting ['sitiŋ] n séance, session f ‖ [dining-car] service m.

sitting-room n salon m.

situation [,sitju'eiʃn] n situation f ; emplacement m (site).

six [siks] a/n six (m).

sixteen [-'ti:n] a/n seize (m).

sixty a/n soixante (m).

size [saiz] n dimension ; grandeur f ‖ COMM. [shoe] pointure
f ; [garment] taille f ; [shirt]
encolure f ; *which* ~ *do you
take* ?, quelle taille (etc.) faites-
vous ?

skate [skeit] n patin m ● v
patiner.

skateboard n planche f à
roulettes.

skater n patineur n.

skating n patinage m.

skeleton ['skelitn] n squelette
m.

sketch [sketʃ] n esquisse f,
croquis m ● v esquisser ; faire
des croquis ; ~ *out*, ébaucher.

skewer [skjuə] n CULIN. brochette f.

ski [ski:] n ski m ● v faire du
ski, aller à skis.

skid [skid] v AUT. déraper ;
~ *right round*, faire un tête-à-
queue ● n dérapage m.

skier ['ski:ə] n skieur n.

ski-jump n saut m à skis.

skilful ['skilful] a adroit,
habile.

ski-lift n remonte-pente m.

skill [skil] n [physical] habileté, adresse *f* ‖ [mental] talent *m* ‖ FIG. métier *m*.

skilled [-d] *a* habile ‖ qualifié (worker).

skim [skim] *v* écrémer (milk) ‖ ~ *through*, parcourir (book).

skimmer *n* écumoire *f*.

skim-milk *n* lait écrémé.

skin [skin] *n* peau *f* ‖ [fruit] pelure *f*.

skin-diving *n* plongée sous-marine.

skinny *a* maigrichon

skip [skip] *v* sauter à la corde ‖ FIG. omettre; sauter (meal).

skirt [skəːt] *n* jupe *f*.

ski-stick *n* bâton *m* de ski.

skittle [skitl] *n* quille *f*.

sky [skai] *n* ciel *m*.

skylark *n* alouette *f*.

skyscraper *n* gratte-ciel *m*.

slack [slæk] *a* mou, lâche (rope) ‖ nonchalant, mou (person) ‖ étale (sea) ‖ FIG. ~ *season*, morte-saison *f* ● *npl* pantalon *m*.

slacken *v* (se) relâcher/desserrer.

slalom ['sleiləm] *n* SP. slalom *m*.

slam 1 [slæm] *v* claquer (door).

slam 2 *n* [cards] chelem *m*.

slang [slæŋ] *n* argot *m*.

slap [slæp] *n* gifle, claque *f* ● *v* : ~ *sb on the face*, gifler qqn.

slate [sleit] *n* ardoise *f*.

slave [sleiv] *n* esclave *n* ● *v* trimer (fam.).

sled [sled], **sledge** [-ʒ] *n* traîneau *m*.

sleek [sliːk] *a* lisse, luisant.

sleep* [sliːp] *v* dormir; ~ *with*, coucher avec ‖ [hotel] recevoir, loger (so many guests) ‖ ~ *off one's wine*, cuver son vin ● *n* sommeil *m* ‖ *go to* ~, s'endormir ‖ *put to* ~, faire piquer (animal).

sleeper *n* dormeur *n*; *be a heavy/light* ~, avoir le sommeil profond/léger.

sleeping *a* endormi.

sleeping-bag *n* sac *m* de couchage; duvet *m*.

sleeping-car *n* voiture-lit *f*.

sleeping-pill *n* somnifère *m*.

sleepless *a* : ~ *night*, nuit blanche.

sleeplessness *n* insomnie *f*.

sleep-walker *n* somnambule.

sleepy *a* endormi; *feel* ~, avoir sommeil.

sleet [sliːt] *n* grésil *m*.

sleeve [sliːv] *n* manche *f*.

sleeveless *a* sans manches.

sleigh [slei] *n* traîneau *m*.

slender ['slendə] *a* svelte (figure); mince (waist).

slept [slept] → SLEEP*.

slice [slais] *n* tranche *f*; ~ *of bread and butter*, tartine (beurrée) ● *v* couper en tranches.

slid [slid] → SLIDE*.

slide* [slaid] *v* glisser (over, sur) ● *n* glissade *f*, glissement *m* ‖ [playground] toboggan *m* ‖ PHOT. (colour) ~, diapositive *f* (en couleurs); diapo *f* (fam.).

sliding *a* : AUT. ~ *roof*, toit ouvrant ‖ ~ *scale*, échelle mobile.

slight [slait] *a* mince, frêle (frail) ‖ [not great] insignifiant ; léger ‖ ~*est*, moindre.

slightly *av* légèrement.

slim [slim] *a* svelte, mince • *v* suivre un régime (pour maigrir).

slime [slaim] *n* vase *f*.

sling [sliŋ] *n* MED. écharpe *f*.

slip [slip] *v* glisser, faire un faux pas ‖ se glisser ‖ glisser (sth) ‖ ~ *on/off*, enfiler/ôter (dress) • *n* combinaison *f* (underwear) ‖ ~ *of paper*, bout *m* de papier ‖ FIG. erreur *f*; faux pas ; ~ *of the tongue*, lapsus *m*.

slip-knot *n* nœud coulant.

slipper ['slipə] *n* pantoufle *f*.

slippery ['slipri] *a* glissant (road).

slip-road ['slipraud] *n* [motorway] bretelle *f* (d'accès).

slit* [slit] *v* fendre ; inciser ‖ ~ *open*, ouvrir (envelope) • *n* fente, fissure *f*.

slogan ['sləugən] *n* slogan *m*.

slop-basin ['slɔp,-] *n* poubelle *f* de table pour le thé.

slope [sləup] *n* pente *f*; *uphill* ~, montée *f*.

slops [-s] *npl* eau *f* sale.

slot [slɔt] *n* fente *f*.

slot-machine *n* distributeur *m* automatique.

slovenly ['slʌvnli] *a* négligé, débraillé.

slow [sləu] *a* lent, lourd (mind) ‖ *my watch is five minutes* ~, ma montre retarde de cinq minutes ‖ CIN. ~ *motion*,

ralenti *m* ‖ RAIL. ~ *train*, omnibus *m* • *av* lentement • *v* : ~ *down/up*, ralentir.

slowly *av* lentement.

slowness *n* lenteur *f*.

sluice [sluːs] *n* écluse *f*.

slum [slʌm] *n* taudis *m*.

slump [slʌmp] *n* COMM. crise.

slush [slʌʃ] *n* neige fondue.

sly [slai] *a* rusé, sournois.

small [smɔːl] *a* petit ; ~ *letters*, minuscules *fpl* ‖ COMM. ~ *change*, petite monnaie • *n* : *the* ~ *of the back*, les reins.

smart [smɑːt] *a* éveillé, intelligent (clever) ; malin (shrewd) ‖ chic, élégant (person, clothes) • *v* [pain, sore] faire mal.

smash [smæʃ] *v* (se) fracasser ; briser en morceaux ‖ SP. [tennis] smasher • *n* [noise] fracas, choc *m* ‖ SP. smash *m*.

smashing *a/interj* génial (!), chouette (!).

smear [smiə] *n* tache, souillure *f* • *v* souiller.

smell* [smel] *v* sentir ‖ [dog] flairer ‖ ~ *of*, avoir une odeur de ‖ [stink] sentir mauvais • *n* [odour] odeur *f* ‖ [sense] odorat *m*; [dog] flair *m*.

smelt [smelt] → SMELL*.

smile [smail] *n/v* sourire (*m*).

smiling *a* souriant.

smog [smɔg] *n* brouillard chargé de fumée, « smog » *m*.

smoke [sməuk] *n* fumée *f* ‖ COLL. cigarette *f* • *v* fumer.

smoker *n* fumeur *n* ‖ RAIL. compartiment *m* de fumeurs.

smoky *a* enfumé.

smooth [smuːð] *a* lisse ‖ calme ; ~ *sea,* mer *f* d'huile ‖ régulier (movement, ride) • *v* lisser, aplanir ‖ ~ *out,* défroisser (dress).

smoothly *av* doucement, sans heurt.

smoothness *n* douceur *f,* calme *m.*

smooth-shaven *a* rasé de près.

smuggle ['smʌgl] *v* passer en fraude.

smuggler *n* contrebandier *n.*

smuggling *n* contrebande *f.*

snack [snæk] *n* casse-croûte *m* ; *cold* ~, repas froid ; *have a quick* ~, manger sur le pouce.

snag [snæg] *n* FIG. obstacle *m,* écueil (inattendu) ; *the* ~ *is that...,* le hic c'est que...

snail [sneil] *n* escargot *m.*

snake [sneik] *n* serpent *m.*

snap [snæp] *v* happer • *n* : ~ *(shot),* photo *f,* instantané *m.*

sneak [sniːk] *v* [school] SL. cafarder • *n* cafard *n.*

sneakers [-əz] *npl* US chaussures *fpl* de tennis ; baskets *m/fpl* (fam.).

sneer [sniə] *v* ricaner ‖ ~ *at,* se moquer de • *n* ricanement *m.*

sneeze [sniːz] *v* éternuer • *n* éternuement *m.*

sniff [snif] *v* renifler.

snob [snɔb] *n* snob *n.*

snobbery [-əri], **snobbishness** [-iʃnis] *n* snobisme *m.*

snooze [snuːz] *n* COLL. roupillon *m* (fam.).

snore [snɔː] *v* ronfler • *n* ronflement *m.*

snorkel ['snɔːkl] *n* SP. tuba, respirateur *m.*

snow [snəu] *n* neige *f* • *v* neiger.

snowball *n* boule *f* de neige.

snow-bound *a* enneigé ; bloqué par la neige.

snow-drift *n* congère *f.*

snowflake *n* flocon *m* de neige.

snowman *n* bonhomme *m* de neige.

snow-plough *n* chasse-neige *m inv.*

snowy *a* neigeux.

snub [snʌb] *n* rebuffade *f* • *v* snober.

snug [snʌg] *a* douillet (bed) ; confortable (house).

so [səu] *av* ainsi, de cette manière ; ~ *be it,* ainsi soit-il ; *and* ~ *on,* et ainsi de suite ; *or* ~, environ ‖ tellement ; ~ *happy,* si heureux ‖ [comparison] *not* ~ *tall as,* pas aussi grand que ‖ [substitute] *I think* ~, je le pense ; *you speak English and* ~ *do I,* vous parlez anglais et moi aussi ‖ ~ *as to,* afin de ‖ ~ *far,* jusqu'à présent, jusqu'ici ‖ ~ *long as,* tant que ‖ ~ *that,* afin que (in order that) ; si bien que (result) • *c* donc, par conséquent.

soak [səuk] *v* (faire) tremper (dirty clothes).

So-and-so *n* COLL. Untel.

soap [səup] *n* savon *m.*

soapy *a* savonneux.

sob [sɔb] *n* sanglot *m* ● *v* sangloter.

sober [ˈsəubə] *a* à jeun, sobre (temperate) ‖ pas ivre (not drunk) ‖ sensé (judgment) ● *v* : ~ up, dégriser.

soberly *av* sobrement.

so-called [ˈsəuˈkɔːld] *a* soi-disant, prétendu.

soccer [ˈsɔkə] *n* = *association football*.

social [ˈsəuʃl] *a* social ; ~ *worker*, assistante sociale.

socialism *n* socialisme *m*.

socialist *n* socialiste *n*.

society [səˈsaiəti] *n* société *f* (community) ‖ association *f* (club) ‖ (haute) société.

sociology [ˌsəusiˈɔlədʒi] *n* sociologie *f*.

sock [sɔk] *n* chaussette *f*.

socket [ˈsɔkit] *n* ELECTR. douille, prise *f* (de courant).

soda-water *n* eau *f* de Seltz.

sofa [ˈsəufə] *n* sofa, divan *m*.

soft [sɔft] *a* mou ; moelleux (bed) ‖ (touch) doux ‖ ~ *water*, eau douce ‖ non alcoolisé (drink).

soft-boiled [-bɔild] *a* mollet (egg).

soften [ˈsɔfn] *v* adoucir, ramollir ‖ FIG. s'attendrir.

softly [ˈsɔftli] *av* doucement.

softness *n* douceur *f* ‖ FIG. mollesse *f*.

soil 1 [sɔil] *n* sol *m*, terre *f*.

soil 2 *v* salir, souiller.

solar [ˈsəulə] *a* solaire ‖ TECHN. ~ *battery*, photopile *f*.

solarium [səˈlɛəriəm] *n* solarium *m*.

sold [səuld] → SELL*.

solder [ˈsɔldə] *n* soudure *f* ● *v* souder.

soldering-iron *n* fer *m* à souder.

soldier [ˈsəuldʒə] *n* soldat *m*.

sole 1 [səul] *n* ZOOL. sole *f* ; *lemon* ~, limande *f*.

sole 2 *n* [shoe] semelle *f* ● *v* ressemeler.

solemn [ˈsɔləm] *a* solennel ; grave (look).

solicitor [səˈlisitə] *n* avoué *m*.

solid [ˈsɔlid] *a* solide ; *become* ~, se solidifier ‖ substantiel (food) ‖ massif, plein (not hollow) ‖ solide, résistant ‖ FIG. sans interruption ; *four* ~ *hours* quatre heures d'affilée.

solitude [ˈsɔlitjuːd] *n* solitude *f*.

solo [ˈsəuləu] *a/n* solo *(m)*.

soloist *n* soliste *n*.

solve [sɔlv] *v* résoudre.

some [sʌm] *a* quelque, certain ; ~ *day*, un (de ces) jour(s) ‖ du, de l', de la, des ; ~ *tea*, du thé ; ~ *people*, certains *mpl*, certaines personnes ● *pr* une partie de, un peu de ‖ quelques-uns/-unes.

somebody [ˈsʌmbədi] *pr* quelqu'un ; ~ *else*, quelqu'un d'autre.

somehow [-hau] *av* d'une façon ou d'une autre ‖ pour une raison ou pour une autre.

someone [-wʌn] *pr* quelqu'un.

something [-θiŋ] *pr* quelque chose ; ~ *else*, autre chose.

sometime [-taim] *av* [future] un jour (ou l'autre).

sometimes [-z] *av* quelquefois, parfois.

somewhat [-wɔt] *av* quelque peu, un peu, assez.

somewhere [-wɛə] *av* quelque part ; ~ *else*, ailleurs.

son [sʌn] *n* fils *m*.

song [sɔŋ] *n* chanson *f*.

sonic ['sɔnik] *a* : ~ *bang*, bang *m* supersonique.

son-in-law *n* gendre *m*.

sonny *n* COLL. fiston *m*.

soon [suːn] *av* bientôt ; ~ *after*, peu après ‖ tôt ; *as* ~ *as*, aussitôt que, dès que ; ~*er or later*, tôt ou tard ‖ *I would* ~*er* (= *I would rather*), j'aimerais mieux.

soot [sut] *n* suie *f*.

soothe [suːð] *v* apaiser ‖ MED. calmer.

soothing *a* calmant.

sore [sɔː] *a* douloureux, sensible ; *have a* ~ *throat*, avoir mal à la gorge.

sorrow ['sɔrəu] *n* chagrin *m*, peine *f*.

sorrowful *a* affligé (person) ; pénible (news).

sorry ['sɔri] *a* navré, désolé, fâché ; *(I am)* ~, (je vous demande) pardon !, excusez-moi !

sort [sɔːt] *n* sorte, espèce *f* ‖ FIG. *be out of* ~*s*, ne pas être dans son assiette ‖ COLL. ~ *of*

(av) : *I* ~ *of think that...*, j'ai comme une idée que... ● *v* classer, trier.

sought [sɔːt] → SEEK*.

soul [səul] *n* âme *f* ‖ REL. *All S*~*s' Day*, jour *m* des morts.

sound 1 [saund] *a* sain, bien portant (body) ‖ profond (sleep).

sound 2 *n* son, bruit *m* ● *v* [voice] résonner, retentir ‖ AUT. ~ *the horn*, klaxonner ‖ FIG. paraître, sembler.

sound barrier *n* mur *m* du son.

sound-effects *npl* bruitage *m*.

sound-film *n* film *m* sonore.

soundly *av* sainement ‖ [sleep] profondément.

sound-proof *v* insonoriser ● *a* insonorisé.

sound-track *n* piste *f* sonore.

soup [suːp] *n* soupe *f*, potage *m*.

soup-plate *n* assiette creuse.

sour ['sauə] *a* sur, aigre ; vert (grapes) ‖ *turn* ~, [milk] tourner, [wine] se piquer.

source [sɔːs] *n* source *f*.

south [sauθ] *n* sud *m* ‖ [France] Midi *m* ● *a* du sud ● *av* vers le sud.

southerly ['sʌðəli], **southern** [-n] *a* du sud.

southerner *n* [France] Méridional *n*.

southwards ['sauθ-] *av* vers le Sud.

souvenir ['suːvniə] *n* souvenir *m*.

Soviet ['səuviet] *a* soviétique ●
n soviet *m*.

sow* [səu] *v* semer (seed).

sown [səun] → SOW*.

spa [spɑː] *n* ville *f* d'eaux.

space [speis] *n* espace *m*.

spaceship *n* vaisseau spatial.

spade [speid] *n* AGR. bêche *f*
‖ [cards] pique *m*.

Spain [spein] *n* Espagne *f*.

span [spæn] → SPIN*.

Spaniard ['spænjəd] *n* Espagnol *n*.

Spanish ['spæniʃ] *a* espagnol
● *n* [language] espagnol *m*.

spank [spæŋk] *v* fesser, donner une fessée.

spanking *n* fessée *f*.

spanner ['spænə] *n* clé
anglaise/à molette.

spare [spɛə] *v* épargner, économiser ‖ disposer de, accorder
(time) ● *a* disponible, de trop;
libre ; ～ **time**, moments perdus
‖ de réserve ; ～ **room**, chambre
f d'ami ‖ TECHN. ～ **parts**, pièces *fpl* de rechange ; ～ **wheel**,
roue *f* de secours ● *n* pièce *f* de
rechange.

spark [spɑːk] *n* étincelle *f*.

sparking-plug *n* AUT. bougie
f d'allumage.

sparkle ['-l] *v* étinceler, scintiller.

sparkling wine *n* (vin *m*)
mousseux *m*.

sparrow ['spærəu] *n* moineau
m.

spastic ['spæstik] *n* MED.
handicapé (moteur).

spat [spæt] → SPIT* 2.

speak* [spiːk] *v* parler
(English, etc.) ‖ parler (*to*, à) ;
adresser la parole (*to*, à) ‖ TEL.
who's ～*ing ?*, qui est à l'appareil ?

speaker *n* orateur *n* (in
public) ‖ *English* ～, anglophone *n* ‖ RAD. haut-parleur *m*
‖ *Pl* enceintes *fpl*.

spear fishing *n* chasse sous-
marine.

speargun ['spiəgʌn] *n* fusil
sous-marin.

special ['speʃəl] *a* spécial ; ～
delivery letter, lettre *f* exprès ●
n RAIL. train *m* supplémentaire.

specialist *n* spécialiste *n*.

speciality [ˌspeʃiˈæliti] *n*
spécialité *f*.

specialize *v* se spécialiser.

specially *av* spécialement.

specimen ['spesimin] *n* spécimen *m*.

spectacle ['spektəkl] *n* spectacle *m* ‖ *Pl* lunettes *fpl*.

spectator [spek'teitə] *n* spectateur *n*.

sped [sped] → SPEED* 2.

speech [spiːtʃ] *n* parole *f*
(faculty) ‖ discours *m*, allocu-
tion *f* (in public).

speechless *a* muet.

speed 1 [spiːd] *n* vitesse *f*;
(at) full ～, à toute vitesse ; ～
limit, limitation *f* de vitesse.

speed* 2 *v* : AUT. *be* ～*ing*,
aller trop vite, dépasser la
vitesse permise ‖ [p. t. ～*ed*] ～
up, accélérer.

speed-boat n canot m automobile.

speedometer [spi'dɔmitə] n compteur m de vitesse.

speedy a rapide, prompt.

spell 1 [spel] n (courte) période.

spell* 2 v épeler; [writing] orthographier; ~ *badly*, faire des fautes d'orthographe.

spelling n [oral] épellation f; [writing] orthographe f; ~ *mistake*, faute f d'orthographe.

spend* [spend] v dépenser (money) ‖ passer (time) ‖ COLL. ~ *a penny*, aller au petit endroit (fam.).

spent [spent] → SPEND*.

sphere [sfiə] n sphère f.

spice [spais] n épice f, aromate m.

spicy ['-i] a épicé, relevé (food).

spider ['spaidə] n araignée f; ~('s) *web*, toile f d'araignée.

spike [spaik] n pointe f.

spill* [spil] v renverser, répandre (liquid).

spilt [spilt] → SPILL*.

spin* [spin] v filer (wool) ‖ faire tourner (wheel); ~ *a coin*, jouer à pile ou face ‖ [ball] tournoyer ● n rotation f ‖ SP. effet m (on ball).

spinach ['spinidʒ] n épinards mpl.

,spin-'dryer n essoreuse f.

spinster ['spinstə] n célibataire f ‖ vieille fille (pej.).

spiny ['spaini] a épineux ‖ ~ *lobster*, langouste f.

spiral ['spaiərəl] n spirale f.

spirit ['spirit] n esprit m (soul) ‖ humeur, disposition f (state of mind) ‖ Pl : *in high* ~*s*, joyeux; *in low* ~*s*, abattu ‖ CH., CULIN. ~*s*, alcool m ● v : ~ *away*, faire disparaître, escamoter.

spirit-lamp, spirit-stove n lampe f/réchaud m à alcool.

spiritual [-juəl] a spirituel, immatériel ● n chant religieux.

spiritualism n spiritisme m.

spit 1 [spit] n CULIN. broche f.

spit* 2 v cracher ● n crachat m.

spite [spait] n rancune; malveillance f ‖ *in* ~ *of*, en dépit de, malgré.

spiteful a rancunier; malveillant; méchant (remark).

splash [splæʃ] n éclaboussement m (act); éclaboussure f (stain) ● v éclabousser.

splendid ['splendid] a splendide, magnifique.

splice [splais] v CIN. coller (film).

splinter ['splintə] n éclat m ‖ écharde f (under nail) ‖ ~ *proof glass*, vitre f de sécurité.

split* [split] v (se) fendre ‖ ~ *skirt*, jupe fendue ‖ PHYS. désintégrer (atom) ‖ FIG. ~ *the difference*, couper la poire en deux; ~ *hairs*, couper les cheveux en quatre; ~ *one's sides with laughter*, se tordre de rire ● n fente, fissure f ‖ déchirure *f* (tear) ‖ *Pl* [dance] *do the* ~*s*, faire le grand écart.

spoil* [spɔil] *v* gâter, abîmer (food, fruit) ‖ FIG. gâter (child) ; gâcher (holidays, etc.).

spoilt [spɔilt] → SPOIL*.

spoke 1 [spəuk] *n* [wheel] rayon *m*.

spoke 2, spoken [-n] → SPEAK*.

sponge [spʌnʒ] *n* éponge *f* ; ~ *bag*, sac *m* de toilette ● *v* éponger.

sponsor [ˈspɔnsə] *n* RAD. annonceur *m*.

spontaneous [spɔnˈteinjəs] *a* spontané.

spool [spuːl] *n* bobine *f*.

spoon [spuːn] *n* cuiller, cuillère *f*.

spoonful *n* cuillerée *f*.

sport [spɔːt] *n* sport *m* ; jeu *m* de plein air ; *go in for* ~/*do* ~, faire du sport ‖ COLL. chic type *m*.

sporting *a* sportif.

sports-car [-skɑː] *n* voiture *f* de sport.

sportsman [-smən] *n* sportif *m* ; amateur *m* de sports.

spot [spɔt] *n* tache *f* (dirty mark) ‖ bouton *m* (pimple) ‖ endroit, lieu *m* (site) ; *on the* ~, sur les lieux (at the place) ; sur-le-champ (at once) ● *v* tacher ‖ repérer (recognize).

spotless *a* immaculé, net.

spotlight [ˈspɔtlait] *n* TH. projecteur, spot *m*.

spot-remover *n* détachant *m*.

spotted [ˈspɔtid] *a* tacheté, moucheté.

sprain [sprein] *n* MED. foulure, entorse *f* ● *v* : ~ *one's ankle*, se fouler la cheville.

sprang [spræŋ] → SPRING*.

sprawl [sprɔːl] *v* s'étaler, se vautrer.

spray *n* embruns *mpl* ‖ vaporisateur *m*, bombe *f* ; *nasal* ~, nébuliseur *m* ● *v* vaporiser ; pulvériser.

sprayer *n* vaporisateur *m* ‖ pulvérisateur *m*.

spread* [spred] *v* (s') étendre, étaler ‖ [bird] déployer (wings) ‖ CULIN. tartiner ‖ FIG. propager, répandre ; [news, epidemics] se propager, se répandre ● *n* CULIN. crème *f* à tartiner.

spring* [spriŋ] *v* bondir, sauter, s'élancer ‖ [liquid] jaillir ● *n* bond, saut *m* ‖ source *f* (of water) ‖ [season] printemps *m* ‖ TECHN. ressort *m*.

spring-board *n* tremplin *m*.

springy *a* élastique ; souple.

sprinkle [ˈspriŋkl] *v* asperger, arroser (with water) ‖ saupoudrer (with salt, sugar) ● *n* pincée *f* (of salt).

sprint [sprint] *n* sprint *m*.

sprout [spraut] *n* pousse *f* ; *Brussels* ~*s*, choux *mpl* de Bruxelles ● *v* germer.

sprung [sprʌŋ] → SPRING*.

spun [spʌn] → SPIN*.

spurt [spəːt] *v* : ~ (*out*), [liquid] gicler ● *n* giclée *f*, jet *m*.

spy [spai] *n* espion *n* • *v* : ~ (*upon*), espionner, épier.

spy-glass *n* longue-vue, lunette *f* d'approche.

spying *n* espionnage *m*.

squalid ['skwɔlid] *a* misérable, sordide.

squall [skwɔ:l] *n* bourrasque, rafale *f*.

squander ['skwɔndə] *v* dilapider, gaspiller.

square [skwɛə] *n* carré *m* ‖ [chessboard] case *f* ‖ [place] place *f* ‖ TECHN. équerre *f* • *a* carré; à angle droit ‖ MATH. ~ *root*, racine carrée ‖ COLL. vieux jeu • *v* quadriller; ~*d paper*, papier quadrillé ‖ MATH. élever au carré ‖ FIG. s'accorder (*with*, avec).

squash [skwɔʃ] *v* écraser, presser • *n* : *orange* ~, orangeade *f* ‖ SP. squash *n*.

squat [skwɔt] *v* : ~ (*down*), s'accroupir ‖ JUR. occuper illégalement • *a* trapu.

squatter *n* squatter *m*.

squeeze [skwi:z] *v* serrer (hand); presser (orange); étreindre (in arms) • *n* [arms] étreinte *f*; [hands] pression *f*.

squint [skwint] *n* strabisme *m* • *v* loucher ‖ ~-*eyed*, bigle, qui louche.

squirrel ['skwirl] *n* écureuil *m*.

squirt [skwə:t] *n* jet *m*, giclée *f* • *v* (faire) gicler.

stable 1 ['steibl] *a* stable.

stable 2 *n* écurie *f*.

stack [stæk] *n* AGR. meule *f*.

stadium ['steidjəm] *n* stade *m*.

staff [stɑ:f] *n* personnel *m* ‖ MIL. état-major *m*.

stag [stæg] *n* cerf *m*.

stage [steidʒ] *n* échafaudage *m* ‖ estrade *f* ‖ [journey] étape *f* ‖ [rocket] étage *m* ‖ AUT. [bus route] *fare* ~, section *f* ‖ TH. scène *f* ‖ FIG. phase, période *f*, stade *m* • *v* mettre en scène, monter ‖ FIG. organiser.

stage fright *n* trac *m*.

stagger ['stægə] *v* chanceler, tituber ‖ échelonner; étaler (holidays, etc.).

staggering [-riŋ] *a* renversant, stupéfiant; bouleversant.

staging ['steidʒiŋ] *n* TH. mise *f* en scène.

staid [steid] *a* posé, sérieux.

stain [stein] *n* tache *f* • *v* tacher, souiller ‖ [material] se tacher/salir.

stained-glass *n* : ~ *window*, vitrail *m*.

stainless *a* TECHN. inoxydable (steel).

stair [stɛə] *n* marche *f* (step) ‖ *Pl* escalier *m*.

staircase, stairway *n* escalier *m*.

stake [steik] *n* pieu, poteau *m* ‖ FIG. enjeu *m* (bet); *at* ~, en jeu • *v* FIG. jouer, miser.

stale [steil] *a* rassis (bread) ‖ éventé (beer).

stalemate ['steil'meit] *n* [chess] pat *m* ‖ FIG. impasse *f*.

stalk [stɔ:k] *n* tige *f*; queue *f*.

stall [stɔ:l] *n* COMM. [market] étal, éventaire *m*; [exhibition] stand *m* ; *(newspaper)* ~, kiosque *m* (à journaux) ‖ *Pl* TH. (fauteuils *mpl* d') d'orchestre *m* • *v* AUT. caler (engine).

stammer ['stæmə] *v* bégayer • *n* bégaiement *m*.

stammerer [-rə] *n* bègue *n*.

stamp [stæmp] *n* timbre *m* ‖ *(postage)* ~, timbre(-poste) *m* ; ~ *book*, carnet *m* de timbres ‖ COMM. estampille *f* • *v* timbrer, affranchir ; tamponner.

stamp-collector *n* philatéliste *n*.

stamp-machine *n* distributeur *m* automatique de timbres-poste.

stand* [stænd] *v* se tenir debout ‖ rester immobile (stationary) ‖ poser, placer (debout) ‖ COLL. ~ *sb a drink*, payer un verre à qqn ‖ FIG. [usu neg.] (ne pas pouvoir) supporter (sb, sth) ‖ CULIN. [tea] infuser ‖ ~ *back*, se tenir en retrait, reculer ‖ ~ *off*, se tenir à l'écart ‖ ~ *out*, se détacher, se profiler ‖ ~ *up*, se lever ; COLL. ~ *sb up*, poser un lapin à qqn (fam.) • *n* position *f* ‖ ‖ SP. tribune *f* ‖ AUT. *(cab)* ~, station *f* de taxis ‖ FIG. résistance *f*.

standard ['stændəd] *n* niveau, degré *m* (d'excellence) ‖ FIG. modèle, type *m* ; critère *m* ; point *m* de vue • *a* de série, courant, standard ; ~ *time*, heure officielle.

standardize *v* normaliser.

stand-in *n* CIN. doublure *f*.

standing *n* station *f* debout ‖

durée *f* ; *a friend of long-*~, un ami de longue date ‖ position *f*, rang *m* • *a* debout ‖ AUT. en stationnement ‖ SP. ~ *jump*, saut *m* sans élan ‖ TH. ~ *room*, place *f* debout.

standoffish *a* distant.

stank [stæŋk] → STINK*.

staple ['steipl] *n* agrafe *f* (for papers) • *v* agrafer.

stapler *n* agrafeuse *f*.

star [stɑː] *n* étoile *f*, astre *m* ‖ CIN. étoile, vedette, star *f* ‖ AUT. *four-*~/*two-*~ *(petrol)*, super *m*/(essence *f*) ordinaire (fam.) • *v* CIN. être la vedette.

starch [stɑːtʃ] *n* amidon *m* ‖ CULIN. fécule *f*.

starchy *a* CULIN. farineux ; ~ *food*, féculent *m*.

stare [stɛə] *v* : ~ *at*, regarder fixement ; dévisager • *n* regard *m* fixe.

starfish *n* étoile *f* de mer.

stark [stɑːk] *a* raide, rigide ‖ pur, absolu • *av* entièrement ; ~ *naked*, tout nu.

starkers ['stɑːkəz] *n* SL. à poil (fam.).

starry ['-ri] *a* étoilé.

start [stɑːt] *v* partir *(for*, pour) ; ~ *on a journey*, partir en voyage ‖ commencer, entreprendre (begin) ; ~ *again*, recommencer ‖ mettre en marche, lancer (machine) ‖ sursauter (jump) ‖ [fire] prendre • *n* commencement *m* ‖ départ *m*.

starter *n* AUT. démarreur *m*.

startle ['stɑːtl] *v* faire sursauter.

startling *a* saisissant, sensationnel (news).

starve [stɑːv] *v* souffrir de la faim, mourir de faim.

state [steit] *n* état *m* (condition) ‖ rang *m* (status) ‖ JUR. État *m* (nation) ● *v* déclarer.

stateless *a* apatride.

statement *n* déclaration *f;* affirmation *f* (expression) ‖ rapport *m* (report) ‖ FIN. relevé *m* (de compte).

station [ˈsteiʃn] *n* : RAD. (broadcasting) ~, poste (émetteur) ‖ RAIL. gare *f* ‖ FIG. position *f*, rang *m*.

stationer's shop *n* papeterie *f*.

stationery [ˈsteiʃənri] *n* papeterie *f* (materials).

station-master *n* chef *m* de gare.

station-wagon *n* AUT. break *m*.

statistics [stəˈtistiks] *n* statistique *f*.

statue [ˈstætjuː] *n* statue *f*.

status [ˈsteitəs] *n* position sociale ; rang, standing *m*.

stay 1 [stei] *n* support *m* ● *v* étayer.

stay 2 *n* séjour *m* ● *v* demeurer, rester ; ~ *at a hotel,* loger à l'hôtel ‖ ~ *in,* rester chez soi ; [school] être en retenue ‖ ~ *out,* rester dehors ‖ ~ *up,* veiller.

stay-at-home *a/n* casanier.

steadfast [-fəst] *a* ferme, résolu.

steadily *av* fermement ; constamment ; régulièrement.

steady [ˈ-i] *a* stable ‖ ferme (hand) ‖ régulier, continu (movement) ‖ attitré (friend).

steak [steik] *n* bifteck *m*.

steal* [stiːl] *v* voler ; dérober (sth) ‖ FIG. se glisser furtivement.

steam [stiːm] *n* vapeur *f* ‖ buée *f* (on window).

steamer, steamship *n* paquebot *m*.

steel [stiːl] *n* acier *m*.

steep [stiːp] *a* à pic ; escarpé ; raide.

steeple [ˈstiːpl] *n* clocher *m*.

steer *v* conduire (vehicle) ; gouverner (ship).

steering-wheel *n* AUT. volant *m*.

stem [stem] *n* [flower] tige *f;* [fruit] queue *f* ‖ [pipe] tuyau *m*.

stench [stenʃ] *n* puanteur *f*.

stencil [ˈstensl] *n* pochoir *m* ‖ [typewriting] stencil *m* ● *v* polycopier.

stenographer [steˈnɔgrəfə] *n* sténographe *n*.

stenography *n* sténographie *f*.

step 1 [step] *n* pas *m* ‖ marche *f* (stair) ‖ *Pl* escalier *m* ‖ FIG. mesure *f; take ~s,* prendre des dispositions ● *v* faire un pas ; marcher ; ~ *aside,* faire un écart ‖ ~ *back,* reculer.

step- 2 *pref.*

ˈstepˌbrother *n* demi-frère *m*.

stepdaughter n belle-fille.

stepfather n beau-père.

step-ladder n escabeau m.

stepmother n belle-mère.

stepsister n demi-sœur f.

stepson n beau-fils.

stereophonic [ˈsteriəˈfɔnik] a stéréophonique.

stereophony [-ˈfɔni] n stéréophonie f.

stereo set n COLL. chaîne f stéréo (fam.).

stern a sévère.

stew [stjuː] n CULIN. ragoût m; [hare] civet m ● v cuire dans son jus.

steward [stjuəd] n intendant m ‖ NAUT., AV. steward m.

stewardess n AV. hôtesse f.

stick* [stick] v enfoncer; piquer (pin) ‖ coller (stamp) ‖ CULIN. attacher ‖ ～ out, dépasser, faire saillie ‖ ～ to, s'accrocher à, ne pas démordre de ● n bâton m.

sticker n étiquette f, autocollant m.

sticking-plaster n sparadrap m.

stiff [stif] a raide (joint, leg); ～ neck, torticolis m ‖ ankylosé; get ～, s'ankyloser.

stiffen v raidir, rendre rigide.

stifle [ˈstaifl] v étouffer, suffoquer.

stifling a étouffant (heat).

still 1 [stil] av encore, toujours ● cependant, quand même (nevertheless).

still 2 a calme, immobile, tranquille; keep ～!, ne bougez pas!

stillness n calme, silence m ‖ immobilité f.

stilt [stilt] n échasse f.

stimulate [ˈstimjuleit] v stimuler.

sting 1 [stiŋ] n ZOOL. dard m (organ); piqûre f (wound).

sting* 2 v [insect] piquer.

stingy [ˈstindʒi] a COLL. radin.

stink* [stiŋk] v puer.

stinking a puant, nauséabond.

stir [stəː] v remuer ‖ FIG. exciter, troubler, émouvoir.

stirring [-riŋ] a FIG. émouvant.

stitch [stitʃ] n [sewing] point m; [knitting] maille f ‖ [pain] point m de côté ● v piquer, coudre.

stock [stɔk] n [tree] souche f ‖ CULIN. consommé m ‖ COMM. stock m, réserve f (supply); out of ～, épuisé; take ～, faire l'inventaire ‖ FIN. S～ Exchange, Bourse f des valeurs.

stocking [ˈstɔkiŋ] n bas m.

stock-taking n inventaire m.

stodgy [ˈstɔdʒi] a COLL. bourratif (fam.).

stole(n) [ˈstəul(n)] → STEAL*.

stomach [ˈstʌmək] n estomac m; on en empty ～, à jeun ‖ COLL. ventre m (belly).

stomach-ache n mal m d'estomac.

stone [stəun] n pierre f ‖ [fruit] noyau m.

stony *a* pierreux, de pierre.

stood [stud] → STAND*.

stool [stu:l] *n* tabouret *m*.

stop [stɔp] *v* (s') arrêter; ~ *thief!* au voleur! ‖ cesser (work) ‖ empêcher (*from*, de) ‖ boucher (hole) ‖ MED. plomber (tooth) ‖ PHOT. ~ *down*, diaphragmer ‖ COLL. rester (remain); loger (*at*, à) ‖ ~ *over*, s'arrêter, descendre (*at*, à) ‖ ~ *up*, boucher • *n* arrêt *m* (act); *come to a* ~, s'arrêter ‖ [bus] arrêt *m* ‖ MUS. [organ] jeu *m* ‖ GRAMM. point *m* ‖ PHOT. diaphragme *m*.

stop-over *n* halte *f* ‖ AV. escale f.

stopper *n* bouchon *m*.

stop-press (news) *n* nouvelles *fpl* de dernière heure.

stop-watch *n* chronomètre *m*.

storage [stɔ:ridʒ] *n* emmagasinage *m*.

store [stɔ:] *n* provision, réserve *f* ‖ COMM., US boutique *f*, GB grand magasin • *v* emmagasiner, entreposer ‖ mettre en réserve.

storey ['stɔ:ri] *n* étage *m*.

stork [stɔ:k] *n* cigogne *f*.

storm [stɔ:m] *n* orage *m* (thunderstorm).

storm-lantern *n* lampe-tempête *f*.

stormy *a* orageux.

story ['stɔ:ri] *n* histoire *f*, récit *m*; *short* ~, nouvelle *f*.

stout [staut] *a* corpulent, gros (fat) • *n* bière brune, stout *m*.

stove [stəuv] *n* poêle *m*.

stow [stəu] *v* ranger.

stowaway ['-əwei] *n* passager *n* clandestin.

straight [streit] *a* droit ‖ d'aplomb (picture) ‖ loyal, honnête (person) • *av* (tout) droit, directement ‖ ~ *away*, tout de suite ‖ ~ *out*, carrément.

straighten *v* (se) redresser.

strain [strein] *v* tendre (rope) ‖ tendre (one's ears) ‖ forcer (one's voice); ~ *a muscle*, se claquer un muscle ‖ CULIN. passer, filtrer (liquid) • *n* tension *f* ‖ MED. foulure, entorse *f* (sprain).

strainer *n* passoire *f*.

strait [streit] *n* détroit *m* ‖ *Pl* : *the* S~*s of Dover*, le pas de Calais.

strange [streinʒ] *a* étrange, bizarre (queer).

strangely *av* étrangement.

stranger *n* inconnu *n*.

strangle ['stræŋgl] *v* étrangler.

strap [stræp] *n* courroie, sangle *f* • *v* sangler.

straw [strɔ:] *n* paille *f*.

strawberry ['-bri] *n* fraise *f*.

stray [strei] *v* s'égarer • *a* égaré, perdu.

stream [stri:m] *n* ruisseau *m* (brook) ‖ courant *m*; *against the* ~, à contre-courant; *down/up* ~, en aval/amont.

streamer *n* serpentin *m*.

streamlined [-laind] *a* AUT., AV. aérodynamique, profilé.

street [stri:t] *n* rue *f*; ~ *door*, porte *f* d'entrée.

streetcar n US tramway m.

street-island n refuge m.

street-lamp, street-light n lampadaire m.

strength [streŋθ] n force f.

strengthen [-n] v fortifier.

stress [stres] n poussée, contrainte f ‖ insistance f (emphasis) ; **lay ~ on,** insister sur ‖ GRAMM. accent m (tonique) ‖ MED. stress m • v insister sur ‖ GRAMM. accentuer.

stretch [stretʃ] v tendre (rope) ‖ étendre (one's arm) ; **~ one's leg,** allonger la jambe ‖ **~ o. s.,** s'étirer ‖ **~ out,** s'étendre, s'allonger ; s'étirer.

stretcher n brancard m.

strew* [stru:] v semer, éparpiller.

strewn [-n] → STREW*.

stricken ['strikn] → STRIKE*.

strict [strikt] a exact, précis (meaning) ‖ sévère (person, discipline) ‖ strict (orders).

strictly av strictement, rigoureusement.

stridden ['stridn] → STRIDE*.

stride 1 [straid] n foulée, enjambée f.

stride* **2** v aller à grands pas.

strike 1 [straik] n coup m (blow) ‖ grève f ; **go on ~,** se mettre en grève.

strike* **2** v frapper, donner un coup à ‖ [bell, clock] sonner (hour) ‖ frotter (match) ‖ faire grève ‖ **~ off, ~ out,** rayer.

striker n gréviste n.

striking a frappant, saisissant.

string. [striŋ] n ficelle f (twine) ; lacet m (lace) ‖ MUS. corde f.

strip [strip] n [fabric] bande f ‖ [paper] ruban m • v (se) déshabiller.

strip cartoon n bande dessinée.

stripe [straip] n raie, rayure f ‖ tissu m à raies • v rayer, zébrer.

strip light n tube m au néon.

strive* [straiv] v s'efforcer (to, de).

striven ['strivn] → STRIVE*.

strode [strəud] → STRIDE*.

stroke 1 [strəuk] n coup m (blow) ‖ [pen] trait m ‖ MED. attaque f ‖ SP. coup m (movement) ; nage f (swimming).

stroke 2 v caresser.

stroll [strəul] v flâner • n petite promenade ; **go for a ~,** aller faire un tour.

stroller n promeneur, flâneur n.

strong [strɔŋ] a fort, vigoureux, robuste ‖ solide (thing).

strong-box n coffre-fort m.

strongly av énergiquement, fortement ‖ FIG. fermement ; **feel ~,** être ému, ressentir, s'indigner.

strong-minded [,-'maindid] a volontaire, décidé.

strove [strəuv] → STRIVE*.

struck [strʌk] → STRIKE* 2.

struggle ['strʌgl] n lutte f, combat m ; **~ for life,** lutte pour la vie ; **class ~,** lutte des classes • v lutter, combattre.

stub [stʌb] n [cigarette] mégot m ‖ [cheque] talon m ● v : ～ out, écraser (cigarette).

stubborn ['stʌbən] a têtu, entêté, obstiné.

stuck [stʌk] → STICK*.

stud [stʌd] n [shirt] bouton m.

student ['stju:dnt] n étudiant n.

studio ['stju:diəu] n [artist's] atelier m ‖ RAD. studio m.

studious ['stju:djəs] a studieux.

study ['stʌdi] n étude f ‖ bureau, cabinet m de travail (room) ● v étudier ; faire des études ; be ～ing to be a doctor, faire ses études de médecine ‖ ～ for, préparer (examination).

stuff [stʌf] n COLL. truc, machin m ; choses fpl ● v bourrer (fill) ‖ ～ up, boucher ‖ CULIN. farcir.

stuffed-up a : ～ nose, nez bouché.

stuffy a mal aéré (room) ‖ ennuyeux (book).

stumble ['stʌmbl] v trébucher.

stump [stʌmp] n [tree] souche f ‖ [cigarette] mégot m ● v marcher lourdement ‖ COLL. [school] be ～ed on, sécher sur.

stumper n COLL. colle f (question).

stun [stʌn] v abasourdir.

stung [stʌŋ] → STING*.

stunk [stʌŋk] → STINK*.

stunt [stʌnt] n tour m de force.

stunt flying n acrobaties aériennes.

stunt man n CIN. cascadeur m.

stupefy ['stju:pifai] v ahurir, stupéfier.

stupid ['stju:pid] a stupide, bête.

stupidity [stju'piditi] n stupidité, bêtise f.

sturdy ['stə:di] a robuste, vigoureux, solide.

style [stail] n style m ; manière f ‖ COMM. modèle, genre m ‖ FIG. distinction f ; chic m.

stylish a élégant, chic.

stylus [stailəs] n [record player] pointe f de lecture.

subconscious ['sʌb'kɔnʃəs] n subconscient m.

subject ['sʌbdʒikt] a : ～ to, sujet à ● n sujet m (matter) ‖ [school] matière f ‖ GRAMM. sujet m.

subjective [sʌb'dʒektiv] a subjectif.

subjunctive [səb'dʒʌŋtiv] n subjonctif m.

sublet* ['sʌb'let] v sous-louer.

submarine ['sʌbməri:n] a/n sous-marin (m).

submerge [səb'mə:dʒ] v submerger, immerger.

submit [səb'mit] v (se) soumettre (to, à).

subordinate [sə'bɔ:dnit] a GRAMM. subordonné.

subscribe [səb'skraib] v souscrire ‖ verser une cotisation (to, à) ‖ s'abonner (to, à) [newspaper].

subscriber n abonné n.

subscription [səb'skripʃn] *n* cotisation *f* ‖ abonnement *m*.

substance ['sʌbstəns] *n* substance, matière *f*.

substantial [səb'stænʃl] *a* substantiel, solide (firm) ‖ copieux (meal).

substitute ['sʌbstitjuːt] *v* substituer ● *n* remplaçant, suppléant *n* ‖ produit *m* de remplacement.

substi'tution *n* substitution *f*.

subtenant ['sʌb'tenənt] *n* sous-locataire *n*.

subtitle ['-,-] *n* sous-titre *m*.

subtle ['sʌtl] *a* subtil.

subtract [səb'trækt] *v* soustraire, retrancher (from, de).

subtraction *n* soustraction *f*.

suburb ['sʌbəːb] *n* faubourg *m* ‖ *Pl* banlieue *f*.

suburban [sə'bəːbn] *a* suburbain, de banlieue.

suburbanite [-ait] *n* COLL. banlieusard *n*.

subway ['sʌbwei] *n* passage souterrain ‖ US métro *m*.

succeed [sək'siːd] *v* succéder à ; réussir (in, à), parvenir (to, à).

success [-'ses] *n* succès *m*.

successful *a* couronné de succès (attempt) ; reçu (candidate).

successfully *av* avec succès.

such [sʌtʃ] *a* tel ; pareil ; ~ *a man*, un tel homme ‖ [so great] si, tellement ; ~ *a clever man*, un homme si habile ‖ ~ *as*, comme, tel que ‖ ~ ... *as*, tel ... que ● *av* si, tellement ; ~ *good coffee*, du si bon café.

suck [sʌk] *v* sucer ‖ [infant] téter ‖ gober (egg) ‖ ~ *in/up*, aspirer ‖ SL. ~ *up (to)*, faire de la lèche (à) [fam.].

sucker *n* SL. gogo *m* (fam.).

sucking-pig *n* cochon *m* de lait.

sudden ['sʌdn] *a* soudain, subit ; *all of a* ~, tout à coup.

suddenly *av* soudainement.

suffer ['sʌfə] *v* souffrir (from, de).

suffering [-riŋ] *n* souffrance *f*.

sufficient [sə'fiʃnt] *a* suffisant.

sufficiently *av* suffisamment.

suffix ['sʌfiks] *n* suffixe *m*.

sugar ['ʃugə] *n* sucre *m* ● *v* sucrer.

sugar-basin *n* sucrier *m*.

sugar-cane *n* canne *f* à sucre.

sugar-tongs *npl* pince *f* à sucre.

suggest [sə'dʒest] *v* suggérer, proposer.

suggestion *n* suggestion, proposition *f*.

suicide ['sjuisaid] *n* suicide *m* ; *commit* ~, se suicider.

suit [sjuːt] *n* tailleur *m* (woman's) ; costume, complet *m* (man's) ‖ [card game] couleur *f* ; *follow* ~, jouer la couleur, fournir ; FIG. faire de même ● *v* adapter, arranger ‖ convenir, aller, faire l'affaire.

suitable *a* convenable, approprié (to, à).

suit-case *n* valise *f*.

suite [swiːt] *n* appartement *m* ; [hotel] suite *f*.

sulk [sʌlk] *v* bouder.

sulky *a* boudeur, maussade.

sullen [ˈsʌlən] *a* morose, renfrogné (person).

sultana [səlˈtɑːnə] *n* CULIN. raisin *m* de Smyrne.

sum [sʌm] *n* somme *f* ‖ *Pl* [school] calcul *m* ● *v* : ~ **up**, récapituler, résumer.

summarize [ˈsʌməraiz] *v* résumer.

summary *n* sommaire, résumé *m*.

summer [ˈsʌmə] *n* été *m* ● *a* estival, d'été ; ~ *holidays*, grandes vacances.

summer-school *n* cours *mpl* de vacances.

summit [ˈsʌmit] *n* sommet *m*.

sun [sʌn] *n* soleil *m* ; *in the* ~, au soleil.

sun-bath *n* bain *m* de soleil.

sun-bathe *v* prendre un bain de soleil.

sunbeam *n* rayon *m* de soleil.

sunburn *n* [red skin] coup *m* de soleil ; [dark skin] hâle *m*.

sunburnt *a* → SUNTANNED.

sundae [ˈsʌndei] *n* US glace *f* aux fruits.

Sunday [ˈsʌndi] *n* dimanche *m* ; ~ *school*, catéchisme *m*.

sunflower *n* tournesol *m*.

sung [sʌŋ] → SING*.

sun-glasses [ˈsʌnglɑːsiz] *npl* lunettes *fpl* de soleil.

sunk [sʌŋk] → SINK* 1.

sun-lamp *n* lampe *f* à rayons ultra-violets.

sunny *a* ensoleillé.

sunrise *n* lever *m* du soleil.

sunset *n* coucher *m* du soleil.

sunshade *n* ombrelle *f* (carried) ; parasol *m*.

sunshine *n* (lumière *f* du) soleil *m*.

sunstroke *n* MED. insolation *f*.

suntan *n* bronzage *m* ● *v* bronzer, hâler.

suntanned *a* bronzé.

super [ˈsjuːpə] *a* COLL.. formidable, super, génial (fam.).

superb [sjuːˈpəːb] *a* superbe.

superior [sjuːˈpiəriə] *a/n* supérieur *(n)*.

superlative [sjuːˈpəːlətiv] *n* superlatif *m*.

'super,market *n* supermarché *m*.

,super'natural *a* surnaturel.

,super'sonic *a* supersonique.

superstition [ˌs(j)uːpəˈstiʃn] *n* superstition *f*.

superstitious [-'stiʃəs] *a* superstitieux.

supervise [-vaiz] *v* contrôler, surveiller.

supper [ˈsʌpə] *n* dîner *m*.

supple [ˈsʌpl] *a* souple, flexible.

supplement [ˈsʌplimənt] *n* supplément *m* ● *v* compléter.

supply [səˈplai] *n* approvisionnement *m*, provision *f* (reserve) ‖ ~ *and demand*, l'offre *f* et la demande ‖ suppléant *n* (person) ; *be on* ~, faire un remplacement ● v fournir, approvisionner (with, en); ~ with provisions, ravitailler.

support [sə'pɔːt] v soutenir, supporter ‖ entretenir, faire vivre (one's family) ● n appui, support m; soutien m.

supporter n partisan m ‖ SP. supporter m.

suppose [sə'pəuz] v supposer ‖ be ~ed to do, être censé faire, devoir faire; [nég.] ne pas avoir le droit de faire.

supposition [ˌsʌpə'ziʃn] n supposition f.

suppress [sə'pres] v étouffer (sob) ‖ réprimer, contenir (one's feelings).

suppression [-ʃn] n répression f ‖ refoulement m.

surcharge ['səːtʃɑːdʒ] n surcharge f (load) ‖ [letter] surtaxe f ● v surtaxer.

sure [ʃuə] a sûr, certain, assuré (person); make ~ that, s'assurer que ‖ certain (fact) ● av sûrement ‖ US pour sûr (fam.).

surely av sûrement, certainement.

surf [səːf] n vagues déferlantes.

surface ['səːfis] n surface f; superficie f.

surfboard n planche f (de surf).

surf-riding n SP. surf m.

surgeon ['səːdʒn] n chirurgien n.

surgery [-ri] n MED. chirurgie f; cabinet m (consulting-room).

surgical ['səːdʒikl] a: ~ spirit, alcool m à 90°.

surmount [səː'maunt] v surmonter, vaincre.

surname ['səːneim] n nom m de famille.

surpass [səː'pɑːs] v surpasser; l'emporter sur.

surplus ['səːpləs] n surplus, excédent m.

surprise [sə'praiz] n surprise f; take sb by ~, prendre qqn au dépourvu ● v surprendre ‖ étonner; be ~d at, s'étonner de.

surprising a surprenant, étonnant.

surround [sə'raund] v entourer.

surrounding a environnant.

surroundings npl alentours, environs mpl.

survey ['səːvei] n examen m, étude f; enquête f ‖ vue générale ● ['-'-] v embrasser du regard ‖ examiner (situation) ‖ arpenter (land).

suspect ['sʌspekt] n suspect n ● [səs'pekt] v soupçonner; suspecter (sb of, qqn de).

suspender [səs'pendə] n [stocking] jarretelle f ‖ Pl US bretelles fpl.

suspender-belt n porte-jarretelles m inv.

suspense [səs'pens] n incertitude, indécision f ‖ suspense m; keep in ~, tenir en haleine.

suspension bridge [-ʃən] *n* pont suspendu.

suspicion [səs'piʃn] *n* soupçon *m*.

suspicious [-əs] *a* soupçonneux (suspecting) ‖ suspect (suspect).

swallow 1 ['swɔləu] *n* hirondelle *f*.

swallow 2 *v* avaler.

swam [swæm] → SWIM*.

swamp ['swɔmp] *n* marécage, marais *m*.

swan [swɔn] *n* cygne *m*.

swank [swæŋk] *v* faire de l'épate ; crâner ; frimer (fam.).

swanky *a* snob, poseur (person) ‖ chic (thing).

swap [swɔp] *n* troc *m* ● *v* troquer, échanger.

swarm [swɔːm] *n* [bees] essaim *m* ● *v* [places] fourmiller, pulluler (with, de).

swarthy ['swɔːði] *a* basané, mat (skin).

sway [swei] *v* se balancer, osciller.

swear* [swɛə] *v* jurer, promettre (to, de) ‖ jurer (curse).

swear-word *n* juron *m*.

sweat [swet] *n* sueur, transpiration *f* ; in a ~, en nage ‖ COLL. no ~!, (y a) pas de problème ! ● *v* transpirer, suer.

sweater *n* pull(-over) *m*.

Swede [swiːd] *n* Suédois *n*.

Sweden [-n] *n* Suède *f*.

Swedish *a* suédois.

sweep* [swiːp] *v* balayer (with a broom), passer le balai dans ‖ ramoner (chimney) ● *n*

coup *m* de balai ‖ *(chimney-)*~, ramoneur *m*.

sweeper *n* balayeur *m*.

sweet [swiːt] *a* [taste] sucré ‖ [smell, taste] doux ; **smell** ~, sentir bon ‖ doux (water) ‖ FIG. gentil, mignon ● *n* bonbon *m* (sugar) ‖ dessert *m* (dish).

sweeten *v* sucrer.

sweetheart *n* (petite) amie.

sweetness *n* douceur *f*.

sweet-shop *n* confiserie *f*.

swell 1 [swel] *n* enflure *f* ● *a* COLL. chic.

swell* **2** *v* se gonfler ‖ MED. enfler.

swelling *n* MED. enflure *f*.

sweltering ['sweltəriŋ] *a* étouffant (heat).

swept ['swept] → SWEEP*.

swerve [swəːv] *v* AUT. faire une embardée ● *n* écart *m* ‖ AUT. embardée *f*.

swift *a* rapide, prompt.

swiftly *av* vite, rapidement.

swiftness *n* rapidité *f*.

swim* [swim] *v* nager ; ~ across, traverser à la nage ● *n* nage *f* ; have a ~, prendre un bain, se baigner.

swimmer *n* nageur *n*.

swimming *n* natation, nage *f*.

swimming-pool *n* piscine *f*.

swim-suit *n* maillot *m* de bain.

swindle ['swindl] *n* escroquerie *f* ● *v* escroquer.

swindler *n* escroc *m*.

swine [swain] *n* porc *m* ‖ SL. salaud *m* (fam.).

swing 1 [swiŋ] *n* balancement

m (movement) ‖ balançoire *f* (device) ‖ SP. swing *m* ‖ FIG. *be in full* ∼, battre son plein.

swing* 2 *v* se balancer (sway) ‖ pivoter (pivot).

Swiss [swis] *a/n* suisse (*n*).

switch [switʃ] *n* ELECTR. interrupteur *m* ● *v* ELECTR. ∼ *off*, éteindre ‖ ∼ *on*, allumer; AUT. mettre le contact.

switch-board *n* TEL. standard *m* téléphonique.

Switzerland ['switslənd] *n* Suisse *f*.

swollen ['swəulən] → SWELL* 2.

swop [swɔp] → SWAP.

sword [sɔːd] *n* épée *f*, sabre *m*.

swore, sworn [swɔː(n)] → SWEAR*.

swot [swɔt] *v* bûcher.

swum [swʌm] → SWIM*.

swung [swʌŋ] → SWING*.

syllable ['siləbl] *n* syllabe *f*.

syllabus [-əs] *n* [school] programme *m*.

symbol ['simbl] *n* symbole *m*; signe *m*.

symbolic [sim'bɔlik] *a* symbolique.

symmetrical [si'metrikl] *a* symétrique.

symmetry ['simitri] *n* symétrie *f*.

sympathetic [ˌsimpə'θetik] *a* compatissant ‖ compréhensif.

sympathy *n* compassion *f*; sympathie *f* ‖ condoléances *fpl*.

symphony ['simfəni] *n* symphonie *f*.

synagogue ['sinəgɔg] *n* synagogue *f*.

synonym ['sinənim] *n* synonyme *m*.

synonymous [si'nɔniməs] *a* synonyme (*with*, de).

syntax ['sintæks] *n* syntaxe *f*.

synthesis ['sinθisis] (*Pl* **-theses** [-θisiːz]) *n* synthèse *f*.

synthetic [-'θetik] *a* synthétique.

syphilis ['sifilis] *n* syphilis *f*.

syphilitic [ˌ-'litik] *a* syphilitique.

syringe ['sirinʒ] *n* seringue *f*.

syrup ['sirəp] *n* sirop *m*.

system ['sistim] *n* système *m* ‖ RAIL. réseau *m*.

t

t [tiː] *n* : *T-square*, té *m*.

tabby ['tæbi] *n* : ∼(*-cat*), chat *n* de gouttière.

table ['teibl] *n* table *f*; *lay the* ∼, mettre le couvert; *clear the* ∼, desservir.

table-cloth *n* nappe *f*.

table d'hôte ['tɑːbl'dəut] *n* : ∼ *meal*, repas *m* à prix fixe.

tablemat *n* set *m* de table.

tablet ['tæblit] *n* MED. comprimé *m*; pastille *f*.

table-tennis *n* tennis *m* de table, Ping-Pong *m*.

taboo [tə'buː] *n* tabou *m* • *v* proscrire.

tackle ['tækl] *n* SP. plaquage *m* • *v* saisir ‖ SP. [rugby] plaquer.

tag [tæg] *n* étiquette *f* (label) ‖ chat perché (game).

tail [teil] *n* queue *f* ‖ *Pl* [coin] pile *f*; **heads or ~s**, pile ou face.

tailgate *n* AUT. hayon *m*.

tail-light *n* AUT. feu *m* arrière.

tailor ['teilə] *n* tailleur *m*.

tailor-made *a* : **~ suit**, (costume) tailleur *m*.

take 1 [teik] *n* CIN. prise *f* de vues/son.

take* 2 *v* prendre, apporter, emporter (carry) ‖ emmener ; **~ a friend home**, reconduire un ami chez lui ‖ **~ a bath**, prendre un bain ‖ **~ food**, s'alimenter ‖ **~ notes**, prendre des notes ; **~ on tape**, enregistrer au magnétophone ‖ [school] **~ French**, faire du français ‖ **~ an examination**, passer un examen ‖ COLL. **~ it easy**, ne pas s'en faire ‖ MED. **be ~n ill**, tomber malade ‖ FIG. **~ place**, avoir lieu, se passer ; **~ time**, mettre/prendre du temps ‖ **~ after**, tenir de ‖ **~ away**, emmener, emporter ‖ **~ back**, rapporter, reprendre ‖ **~ down**, noter, inscrire ‖ **~ in**, prendre (lodgers) ; être abonné à (newspaper) ‖ **~ off**, enlever,

ôter (clothes) ; déduire, rabattre (sum) ; Av. décoller ‖ **~ out**, RAIL. retirer (luggage) ‖ **~ up**, ramasser (raise) ; CIN., PHOT. enrouler (film) ; se mettre à (hobby, business) ; embrasser (career) ; **~ up room**, tenir de la place.

take-away *a* à emporter (food).

take-off *n* AV. décollage *m*.

take-up spool *n* bobine réceptrice.

tale [teil] *n* conte *m*.

talent ['tælənt] *n* aptitude *f*, talent *m*.

talk [tɔːk] *v* parler ; **~ English**, parler anglais ‖ s'entretenir, causer de ‖ **~ back**, répondre, répliquer • *n* paroles *fpl* ‖ propos *mpl* ‖ conversation *f*; **have a ~ with sb**, s'entretenir avec qqn ‖ **give a ~ on**, faire une causerie sur ‖ **there is ~ of**, il est question de.

talkative [-ətiv] *a* bavard.

tall [tɔːl] *a* haut, élevé (building) ; grand (person) ; **how ~ is he ?**, quelle est sa taille ? ; **grow ~er**, grandir.

tame [teim] *a* apprivoisé • *v* domestiquer, apprivoiser.

tan [tæn] *n* hâle *m*; **(sun)~**, bronzage *m* • *v* bronzer, brunir.

tangerine [ˌtænʒə'riːn] *n* mandarine *f*.

tank [tæŋk] *n* réservoir *m* ‖ [fish] aquarium *m* ‖ **water ~**, citerne *f*.

tankard ['-əd] *n* chope *f*.

tanker *n* bateau-citerne, pétrolier *m*.

tap 1 [tæp] *n* robinet *m* • *v* TEL. brancher sur la table d'écoute.

tap 2 *v* tapoter.

tap-dancing *n* claquettes *fpl*.

tape [teip] *n* ruban *m* ‖ *(magnetic)* ~, bande *f* (magnétique).

tape-measure *n* mètre-ruban *m*.

tape-recorder *n* magnéto-phone *m*.

tapestry ['tæpistri] *n* tapisse-rie *f*.

tappet ['tæpit] *n* AUT. culbu-teur *m*.

tar [tɑː] *n* goudron *m* • *v* goudronner.

target ['tɑːgit] *n* cible *f* ‖ objectif *m*.

tart [tɑːt] *n* CULIN. tarte *f*.

task [tɑːsk] *n* tâche, besogne *f*.

taste [teist] *n* goût *m* • *v* sentir (perceive) ‖ goûter (test) ‖ avoir un goût (of, de) ; *it* ~*s good*, cela a bon goût.

tasteless *a* insipide.

tattoo [tə'tuː] *n* tatouage *m* • *v* tatouer.

taught [tɔːt] → TEACH*.

tax [tæks] *n* FIN. impôt *m* ; taxe *f* • *v* imposer, taxer.

tax-collector *n* percepteur *m*.

taxi ['tæksi] *n* taxi *m*.

taxi-driver *n* chauffeur *m* de taxi.

taxi-rank *n* station *f* de taxis.

taxpayer *n* contribuable *n*.

tea [tiː] *n* thé *m* (plant, drink) ; *make* ~, faire du thé ‖ infu-sion, tisane *f* ‖ goûter *m* (meal) ; *high* ~, thé-dîner *m*.

tea-break *n* pause-thé *f*.

tea-caddy *n* boîte *f* à thé.

teach* [tiːtʃ] *v* enseigner ; ~ *sb sth*, ~ *sth to sb*, ensei-gner/apprendre qqch à qqn.

teacher *n* [primary school] instituteur *n* ; [secondary school] professeur *n*.

teaching *n* enseignement *m*.

teacup *n* tasse *f* à thé.

team [tiːm] *n* attelage *m* (horses) ‖ SP. équipe *f* ; ~ *member*, équipier *n*.

tea-party *n* thé *m*.

teapot *n* théière *f*.

tear* 1 [tɛə] *v* déchirer ‖ ~ *away*, arracher ‖ ~ *down*, démolir (building) • *n* déchi-rure *f*, accroc, trou *m*.

tear 2 [tiə] *n* larme *f* ; pleurs *mpl* ; *burst into* ~*s*, fondre en larmes.

tear-gas *n* gaz *m* lacry-mogène.

tearoom *n* salon *f* de thé.

tease [tiːz] *v* taquiner.

tea-set *n* service *m* à thé.

teasing ['tiːziŋ] *a* taquin.

tea-spoon *n* petite cuillère.

tea-strainer *n* passe-thé *m*.

tea-towel *n* torchon *m* à vais-selle.

tea-trolley *n* table roulante.

technical ['teknikl] *a* tech-nique.

technician [tek'niʃn] *n* tech-nicien *n*.

technique [-'niːk] *n* technique *f*.

technological [‚teknə'lɔdʒikl] *a* technologique.

technology [tek'nɔlədʒi] *n* technologie *f*.

teddybear ['tedibɛə] *n* ours *m* en peluche.

tedious ['tiːdjəs] *a* ennuyeux.

teen-ager ['tiːneidʒə] *n* adolescent *n*.

teens [tiːnz] *npl* adolescence *f; she's still in her* ∼, elle n'a pas encore vingt ans.

teeth [tiːθ] → TOOTH.

teetotaller [tiː'təutlə] *n* abstinent, buveur *n* d'eau.

telecast ['telikɑːst] *n* émission télévisée.

telecommunications *npl* télécommunications *fpl*.

telegram [-græm] *n* télégramme *m*.

telegraph [-grɑːf] *v* télégraphier ● *n* télégraphe *m*.

telepathy [ti'lepəθi] *n* télépathie *f*.

telephone ['telifəun] *n* téléphone *m* ● *v* téléphoner.

‚tele'photo *n* : ∼ *lens*, téléobjectif *m*.

'tele‚printer *n* télétype *m*.

telescope [-skəup] *n* longuevue *f* ‖ ASTR. télescope *m*.

televise [-vaiz] *v* téléviser.

television *n* télévision *f*.

tell* [tel] *v* dire ‖ raconter (story) ‖ discerner, distinguer ; *I can't* ∼ *which is which*, je n'arrive pas à les distinguer ‖ ∼ *fortunes*, dire la bonne aven-

ture ‖ savoir, décider ; *you never can* ∼, on ne sait jamais ‖ COLL. ∼ *off*, attraper (fam.) [scold].

telly ['teli] *n* COLL. télé *f* (fam.).

temp [temp] *v* faire du travail intérimaire ● *n* dactylo *f* (etc.) intérimaire.

temper ['tempə] *n* humeur *f; be in a bad/good* ∼, être de mauvaise/bonne humeur ; *keep/lose one's* ∼, garder son sang-froid/se mettre en colère.

temperament ['temprəmənt] *n* tempérament *m*.

temperamental [‚-'məntl] *a* capricieux, instable.

temperature ['tempritʃə] *n* température *f* ‖ MED. *take sb's* ∼, prendre la température de qqn ; *have/run a* ∼, faire de la température.

temple 1 ['templ] *n* ARCH. temple *m*.

temple 2 *n* ANAT. tempe *f*.

temporary ['temprəri] *a* temporaire ; intérimaire.

tempt [temt] *v* tenter, séduire.

temptation *n* tentation *f*.

tempting *a* tentant.

ten [ten] *a/n* dix *(m)*.

tenant ['tenənt] *n* locataire *n*.

tend 1 [tend] *v* soigner.

tend 2 *v* : ∼ *to*, tendre à, avoir tendance à.

tendency ['tendənsi] *n* tendance *f (to*, à).

tender *a* tendre (meat) ‖ sensible (painful) ‖ délicat (subject).

tenderness *n* tendresse *f* (affection) ‖ [meat] tendreté *f*.

tennis ['tenis] *n* tennis *m* ; *play* ~, jouer au tennis.

tennis-court *n* court *m* de tennis.

tennis-shoes *npl* (chaussures *fpl* de) tennis *mpl*.

tense [tens] *n* GRAMM. temps *m*.

tent [tent] *n* tente *f*.

tent-peg *n* piquet *m* de tente.

tepid ['tepid] *a* tiède.

term [tə:m] *n* terme *m* (end) ‖ [school] trimestre *m* ‖ *Pl* conditions *fpl* ; [relationship] *be on bad/good* ~*s*, être en mauvais/bons termes (*with*, avec) ‖ GRAMM. terme *m* ‖ FIG. *in* ~*s of*, en fonction de ; *come to* ~*s*, arriver à un accord.

terminal ['tə:minl] *a* terminal ‖ [school] trimestriel ● *n* terminus *m* ; *air* ~, aérogare *f* ‖ [computer] terminal *m*.

termi'nation *n* fin *f* ‖ MED. ~ *of pregnancy*, interruption *f* de grossesse.

terminus [-əs] *n* terminus *m*.

terrace ['terəs] *n* ARCH. terrasse *f*.

terrible ['terəbl] *a* terrible ‖ affreux.

terrific [tə'rifik] *a* COLL. formidable (good) ; fantastique (great).

terrify ['terifai] *v* terrifier.

terror ['terə] *n* terreur *f*.

terrorism [-rizm] *n* terrorisme *m*.

terrorist [-rist] *n* terroriste *n*.

terrorize [-raiz] *v* terroriser.

test [test] *n* épreuve *f* (trial) ‖ TV : ~ *card*, mire *f* de réglage ‖ [school] test, essai *m* ‖ *give sb a* ~, faire passer un test à qqn ; *take a* ~, passer un test ‖ AV. ~ *pilot*, pilote *m* d'essai ● *v* essayer ; éprouver, expérimenter ‖ FIG. mettre à l'épreuve.

test-paper *n* [school] composition *f*.

test-tube *n* éprouvette *f*.

text [tekst] *n* texte *m* ; ~ *book*, manuel *m* scolaire.

textile ['tekstail] *a/n* textile (*m*).

Thames [temz] *n* Tamise *f*.

than [ðæn] *c* [comparison] que.

thank [θæŋk] *v* remercier (*sb for sth*, qqn de qqch) ; ~ *you*, (oui) merci ; *no*, ~ *you*, non, merci.

thanks [-s] *npl* remerciements *mpl* ‖ COLL. ~ (*a lot*)!, merci beaucoup ! ‖ ~ *to*, grâce à.

'Thanks,giving *n* : US ~ *Day*, jour *m* d'actions de grâces.

that [ðæt] (*Pl* **those** [ðəuz]) *dem a* ce, cet *m*, cette *f* ; ces *pl* ‖ ce/cet(te)...-là *m* (*f*) ; ces...-là *pl* ● *dem pr* ce, cela, ça *m* (person, thing) ‖ celui-là *m*, celle-là *f* ; ceux-là *mpl*, celles-là *fpl* ● *av* COLL. aussi, à ce point ; ~ *high*, haut comme cela • *rel pr* qui, que ‖ [time] où, que • *c* que.

thatch [θætʃ] *n* chaume *m* • *v* couvrir de chaume ; **∼ed cottage**, chaumière *f*.

thaw [θɔ:] *n* dégel *m*.

the [ðə/ði before vowel] *def art* [sing.] le *m*, la *f*, l' (before vowel or mute "*h*") ; [pl.] les *m/fpl* ‖ [= dem.] ce *m*, cette *f*, ces *m/fpl* • *av* plus, d'autant plus ; **∼ sooner, ∼ better**, le plus tôt sera le mieux.

theatre ['θiətə] *n* théâtre *m*.

theft [θeft] *n* vol *m* (robbery).

their [ðɛə] *poss a* leur(s).

theirs [ðɛəs] *poss pr* le/la leur, les leurs ; à eux/elles.

them [ðem] *pers pr* les *m/fpl* ; *call* **∼**, appelez-les ‖ leur *m/fpl* ; *speak to* **∼**, parlez-leur ‖ eux *mpl*, elles *fpl* ; *to* **∼**, à eux/elles.

theme [θi:m] *n* thème, sujet *m*.

themselves [ðəm'selvz] *pers pr* [reflexive] se ; [intensive, emphatic] eux-mêmes *mpl*, elles-mêmes *fpl*.

then [ðen] *av* alors, à cette époque (at that time) ‖ ensuite, puis (next) ‖ donc, par conséquent (in that case) • *a* de cette époque, d'alors.

there [ðɛə] *av* là, y, à cet endroit ; *I went* **∼**, j'y suis allé ‖ **∼ is/are**, il y a.

thereabouts ['ðɛərəbauts] *av* aux environs ‖ [time] environ.

therefore ['ðɛəfɔ:] *av* par conséquent, donc.

thermometer [θə'mɔmitə] *n* thermomètre *m*.

Thermos ['θə:məs] *n* : [R] **∼** *(flask)*, bouteille *f* Thermos.

these [ði:z] → THIS.

they [ðei] *pers pr* ils *mpl*, elles *fpl* ‖ [people] on ; **∼ say that**, on dit que.

thick [θik] *a* épais ‖ **∼ leaf plant**, plante grasse.

thicken *v* (s') épaissir.

thickness *n* épaisseur *f*.

thief [θi:f] (*Pl* **thieves** [-vz]) *n* voleur *n*.

thigh [θai] *n* cuisse *f*.

thimble ['θimbl] *n* dé *m* (à coudre).

thin [θin] *a* mince ; maigre (person) ; *grow* **∼**, maigrir.

thing [θiŋ] *n* chose *f* ; objet *m* ‖ *Pl* affaires (personnelles) ; ustensiles *mpl* (implements) ; *tea* **∼s**, service *m* à thé ‖ FIG. créature *f*.

think* [θiŋk] *v* penser ‖ réfléchir (*about*, à) ‖ penser, croire ; *I* **∼** *so*, je le crois ‖ penser (*about/of*, à) ‖ **∼ better of it**, se raviser ‖ **∼ over**, réfléchir.

thinness ['θinnis] *n* maigreur *f*.

third [θə:d] *a* troisième ‖ **T∼ World**, Tiers Monde *m* • *n* troisième *n* ‖ tiers *m*.

thirst [θə:st] *n* soif *f*.

thirsty *a* assoiffé ; *be* **∼**, avoir soif.

thirteen ['θə:'ti:n] *a/n* treize (*m*).

thirty ['θə:ti] *a/n* trente (*m*).

this [ðis] (*Pl* **these** [ði:z])

dem a ce *m*, cette *f*; ces *pl*; ce/cet(te)...-ci *m(f)*; ces...-ci *pl* ● *dem pr* ceci, ce; *what is* ~ ?, qu'est-ce que c'est? ‖ celui-ci *m*, celle-ci *f*; ceux-/celles-ci *m/f pl* ● *av* : COLL. ~ *far*, jusqu'ici.

thistle ['θisl] *n* chardon *m*.

thorn [θɔːn] *n* épine *f*.

thorny *a* épineux.

thorough ['θʌrə] *a* complet (search); consciencieux (worker).

thoroughfare [-fɛə] *n* artère, rue *f*.

thoroughly *av* entièrement, complètement.

those [ðəuz] → THAT.

though [ðəu] *c* quoique, bien que ● *av* pourtant.

thought [θɔːt] → THINK* ● *n* pensée *f*; réflexion *f*.

thoughtless *a* étourdi, irréfléchi.

thousand ['θauznd] *a/n* mille *(m)*.

thread [θred] *n* fil *m* ● *v* enfiler (needle).

threadbare *a* élimé, râpé.

threat [θret] *n* menace *f*.

threaten *v* menacer.

threatening *a* menaçant.

three [θriː] *a/n* trois *(m)*.

threefold [-fəuld] *a* triple.

threshold ['θreʃəuld] *n* seuil *m*.

threw [θruː] → THROW*.

thrift [θrift] *n* économie, épargne *f*.

thrifty *a* économe.

thrill [θril] *v* frémir, frissonner ● *n* frisson *m*.

thriller *n* roman *m* à sensation.

thrilling *a* palpitant.

thrive* [θraiv] *v* prospérer, réussir.

throat [θrəut] *n* gorge *f*.

through [θruː] *p* [space] au travers de, à travers; ~ *the window*, par la fenêtre ‖ [time] durant ‖ FIG. par l'intermédiaire de, grâce à ● *av* à travers, d'un bout à l'autre ‖ TEL. *you are* ~, vous avez la communication ● *a* : RAIL. ~ *carriage*, voiture directe.

throughout [θru'aut] *av* d'un bout à l'autre, entièrement ● *p* d'un bout à l'autre de.

throughway *n* autoroute *f*.

throw* [θrəu] *v* jeter, lancer (ball, etc.) ‖ ~ *about*, éparpiller ‖ ~ **away**, jeter; COLL. organiser (party) ‖ ~ **back**, renvoyer ‖ ~ **out**, rejeter; se défausser de (card).

thrower *n* SP. lanceur *n*.

thrown [θrəun] → THROW*.

thumb [θʌm] *n* pouce *m* ● *v* feuilleter (a book) ‖ COLL. ~ *a lift*, faire du stop.

thunder ['θʌndə] *n* tonnerre *m*.

thunder-clap *n* coup *m* de tonnerre.

thunder-storm *n* orage *m*.

Thursday ['θəːzdi] *n* jeudi *m*.

thus [ðʌs] *av* ainsi, de cette façon.

thyme [taim] *n* thym *m*.

tic [tik] *n* MED. tic *m*.

tick *n* [clock] tic-tac *m* ‖ [mark] coche *f* • *v* : ~ *(off)*, cocher ‖ AUT. ~ *over*, tourner au ralenti.

ticket ['tikit] *n* RAIL., TH. billet *m* ‖ AUT., COLL. P.-V. *m* (fam.) • *v* mettre des P.-V.

tickle ['tikl] *v* chatouiller • *n* chatouillement *m*.

tick-over *n* AUT. ralenti *m*.

tide [taid] *n* marée *f*; *at high/low* ~, à marée haute/basse.

tidy ['taidi] *a* propre, soigné (person); bien tenu, en ordre (room) • *v* : ~ *(up)*, ranger, mettre en ordre.

tie [tai] *n* lien, nœud *m* ‖ *(neck-)*~, cravate *f* ‖ SP. match nul • *v* lier, attacher; ~ *a knot*, faire un nœud ‖ SP. faire match nul ‖ ~ *up*, ficeler (parcel); ligoter (sb).

tiger ['taigə] *n* tigre *m*.

tight [tait] *a* serré (knot); tendu (rope) ‖ étroit (clothes) ‖ bloqué (nut) ‖ COLL. rond (fam.) [tipsy] • *av* fermement; hermétiquement • *npl* collants *mpl*.

tighten *v* tendre (rope) ‖ resserrer (screw).

tightly *av* étroitement.

tigress ['taigris] *n* tigresse *f*.

tile [tail] *n* [roof] tuile *f* ‖ [floor] carreau *m*.

till 1 [til] *p* [time] jusqu'à; ~ *now*, jusqu'ici/à présent; ~ *then*, jusqu'alors • *c* (jusqu'à ce) que ‖ *not* ~, pas avant que.

till 2 *n* tiroir-caisse *m*.

tilt [tilt] *n* pente, inclinaison *f* ‖ SP. joute *f* • *v* incliner ‖ ~ *over*, renverser.

timber ['timbə] *n* bois *m* de construction.

time [taim] *n* temps *m* ‖ période *f*, moment *m*; *have a good* ~, bien s'amuser ‖ [duration] *a long* ~, longtemps; *in no* ~, en moins de rien; *we've got plenty of* ~, nous avons tout le temps; *a short* ~, peu de temps ‖ [point in time] *what* ~ *is it?*, quelle heure est-il?; *on* ~, à l'heure; *in* ~, à temps; *before/behind* ~, en avance/en retard; *at any* ~, d'un moment à l'autre; *from* ~ *to* ~, de temps en temps; *at the same* ~, en même temps (as, que) ‖ *all the* ~, tout le temps ‖ ~ *limit*, terme *m* ‖ [occasion] fois *f*; *the first* ~, la première fois; *how many* ~s?, combien de fois? ‖ MUS. *beat* ~, battre la mesure • *v* fixer l'heure de ‖ SP. chronométrer ‖ AUT. régler (ignition).

time-exposure *n* pose *f*.

timely *a* opportun, à propos.

time-switch *n* minuterie *f*.

time-table *n* emploi *m* du temps ‖ RAIL. horaire, indicateur *m*.

time zone *n* fuseau *m* horaire.

timid ['timid] *a* craintif (easily scared) ‖ timide (shy).

ti'midity *n* timidité *f*.

timing ['taimiŋ] *n* AUT.

(réglage *m* de la) distribution ‖ SP. chronométrage *m*.

timorous ['timərəs] *a* craintif.

tin [tin] *n* étain *m; ~ (plate),* fer-blanc *m* ‖ boîte *f* de conserve (container) ● *v* mettre en boîte (pack in tins) ; *~ned food,* conserves *fpl.*

tinfoil ['tin'fɔil] *n* papier *m* d'aluminium.

tin-opener *n* ouvre-boîtes *m.*

tiny ['taini] *a* minuscule.

tip 1 [tip] *n* pourboire *m* (money) ‖ tuyau *m* (piece of advice) ● *v* donner un pourboire.

tip 2 *n* bout *m.*

tipsy ['tipsi] *a* éméché (drunk).

tiptoe ['tiptəu] *n : on ~,* sur la pointe des pieds.

tire ['taiə] *v* (se) fatiguer.

tired [-d] *a* fatigué.

tireless *a* infatigable.

tiresome [-səm] *a* agaçant, ennuyeux (boring) ; pénible (tiring).

tissue ['tiʃuː] *n ~ paper,* papier *m* de soie ‖ mouchoir *m* en papier.

title [taitl] *n* titre *m.*

to [tuː] *p* [direction] à, vers ; *he went ~ London,* il est allé à Londres ; *invite him ~ your house,* invitez-le chez vous ‖ [time] *it is five ~ ten,* il est dix heures moins cinq ; jusque ; *~ the end,* jusqu'à la fin ‖ [+ indir. obj.] à ; *give it ~ me,* donnez-le moi ; pour ‖ [substitute for the infinitive] *we didn't want to do it, but we had ~,*

nous ne voulions pas le faire, mais il le fallait.

toad [təud] *n* crapaud *m.*

toadstool *n* champignon (souvent vénéneux).

toast [təust] *n* pain grillé ; *a piece of ~,* un toast ‖ FIG. *give a ~ to sb,* porter un toast à qqn ● *v* faire griller (bread) ‖ porter un toast (*to sb,* à qqn).

toaster *n* grille-pain *m inv.*

tobacco [tə'bækəu] *n* tabac *m.*

tobacconist [-ənist] *n* marchand *n* de tabac.

today [tə'dei] *av/n* aujourd'hui (this day) ; *what is ~ ?,* quel jour sommes-nous ?

toe [təu] *n* orteil *m.*

toffee ['tɔfi] *n* caramel *m.*

together [tə'geðə] *av* ensemble.

togs [tɔgz] *npl* SL. fringues *fpl* (fam.).

toilet ['tɔilit] *n* toilettes *fpl* (w.-c.).

toilet-paper *n* papier *m* hygiénique.

token ['təukn] *n* marque *f; in ~ of,* en témoignage de ‖ cadeau, souvenir *m* (keepsake) ‖ TEL. jeton *m.*

told [təuld] → TELL*.

tolerance ['tɔlrns] *n* tolérance *f.*

tolerant *a* tolérant, patient.

tolerate [-eit] *v* tolérer.

toll [təul] *n : ~ (gate),* (barrière *f* de) péage *m.*

tomato [tə'mɑːtəu] *n* tomate *f.*

tomb [tuːm] *n* tombe *f.*

tomcat ['tɔm'kæt] *n* matou *m.*

tomorrow [tə'mɔrəu] *av/n* demain ; ~ *morning*, demain matin ; *the day after* ~, après-demain ; *see you* ~*!*, à demain !

ton [tʌn] *n* tonne *f*.

tone [təun] *n* ton *m* ; tonalité *f*.

tongs [tɔŋz] *npl* pincettes *fpl*.

tongue [tʌŋ] *n* langue *f*.

tonight [tə'nait] *av/n* ce soir ; cette nuit.

tonsilitis [‚tɔnsi'laitis] *n* angine *f*.

too [tu:] *av* trop ; ~ *far*, trop loin ; *one* ~ *many*, un de trop ‖ aussi, également.

took [tuk] → TAKE*.

tool [tu:l] *n* outil *m*.

tool-bag *n* trousse *f* à outils.

tooth [tu:θ] (*Pl* **teeth** [ti:θ]) *n* dent *f* ; *first teeth*, dents de lait ; *have a* ~ *out*, se faire arracher une dent.

toothache *n* : *have* ~, avoir mal aux dents.

toothbrush *n* brosse *f* à dents.

tooth-paste *n* dentifrice *m*.

toothpick *n* cure-dents *m*.

top 1 [tɔp] *n* toupie *f*.

top 2 *n* haut *m* ; *at the* ~ *of*, au haut de ; *on (the)* ~, sur le dessus ; *on* ~ *of*, en plus de ‖ *from* ~ *to bottom*, de fond en comble ‖ [mountain] sommet *m* ‖ [tree] cime *f* ● *a* supérieur, d'en haut, du dessus ; *at* ~ *speed*, à toute vitesse ; ~ *secret*, ultra-secret.

top-coat *n* pardessus *m*.

topic ['tɔpik] *n* sujet, thème *m*.

topical *a* d'actualité.

torch [tɔ:tʃ] *n* lampe *f* de poche.

tore, torn [tɔ:(n)] → TEAR* 1.

torrent ['tɔrənt] *n* torrent *m*.

tortoise ['tɔ:təs] *n* tortue *f*.

tortoise-shell *n* écaille *f*.

toss [tɔs] *v* lancer, jeter ; ~ *for sth*, tirer qqch à pile ou face.

total ['təutl] *a/n* total (*m*).

totalize [-əlaiz] *v* totaliser.

totally *av* totalement.

touch [tʌtʃ] *v* toucher ‖ AV. ~ *down*, atterrir ‖ PHOT. ~ *up*, retoucher ● *n* [sense] toucher *m* ‖ contact *m*, pression *f* ‖ FIG. *get in* ~ *with*, se mettre en rapport avec qqn.

touchdown *n* ASTR. atterrissage *m* ‖ SP. essai *m*.

touch-line *n* SP. ligne *f* de touche.

touchy *a* susceptible.

tough [tʌf] *a* dur (meat) ‖ tenace (person) ‖ difficile (task).

tour [tuə] *n* voyage *m* ; *conducted* ~, voyage organisé ; ~ *operator*, organisateur *m* de voyages ● *v* voyager ‖ visiter (country).

touring [-riŋ], **tourism** [-izm] *n* tourisme *m*.

tourist [-rist] *n* touriste *n*.

tousled ['tauzld] *a* échevelé.

tow [təu] *v* remorquer ‖ AUT. ~ *away*, mettre à la fourrière.

toward(s) [tə'wɔ:d(z)] *p* [direction, time] vers ‖ FIG. envers, à l'égard de.

towel ['tauəl] *n* serviette *f* de

toilette (for face); essuie-mains *m inv* (for hands).

towel-rail *n* porte-serviettes *m inv*.

tower ['tauə] *n* tour *f*.

town [taun] *n* ville *f*.

town hall *n* mairie *f*, hôtel *m* de ville.

town planning *n* urbanisme *m*.

toxic ['tɔksik] *n/a* toxique (*m*).

toy [tɔi] *n* jouet *m* ● *v* jouer.

trace *n* trace *f* ● *v* tracer ‖ calquer (on transparent paper) ‖ FIG. retrouver (locate).

tracing-paper *n* papier-calque *m*.

track [træk] *n* trace, piste *f* ‖ SP. piste *f* ‖ RAIL. voie *f* ● *v* pister, suivre à la piste ‖ CIN. faire un travelling.

tracking shot *n* CIN. travelling *m*.

track-shoes *npl* SP. baskets *m/fpl*.

track suit *n* SP. survêtement *m*.

tractor ['træktə] *n* tracteur *m*.

trade [treid] *n* métier *m* (craft) ‖ commerce *m* (business); ~ *name*, marque déposée ● *v* commercer, faire le commerce (*in*, de).

trade-union *n* syndicat *m*; *join a* ~, se syndiquer.

trade-unionist *n* syndicaliste *n*.

tradition [trə'diʃn] *n* tradition *f*.

traditional *a* traditionnel.

traffic ['træfik] *n* AUT. circulation *f*; ~ *jam*, embouteillage *m*; ~ *lights*, feux *mpl* de signalisation; ~ *sign*, panneau *m* de signalisation; ~ *warden*, contractuel *n* ‖ AV. trafic *m*.

tragedy ['trædʒidi] *n* tragédie *f*.

tragic *a* tragique.

trail [treil] *n* trace, piste *f*.

trailer *n* AUT. remorque *f*; US caravane *f* ‖ CIN. film-annonce *m*.

train 1 [trein] *n* RAIL. train *m*; *on the* ~, dans le train.

train 2 *v* instruire, exercer, former (pupils) ‖ dresser (animal) ‖ SP. (s') entraîner.

trainee [trei'niː] *n* stagiaire *n*; ~ *period*, stage *m*.

trainer *n* SP. entraîneur *m* ‖ *Pl* COLL. baskets *m/f pl* (shoes).

training *n* instruction, formation *f* ‖ [animal] dressage *m* ‖ SP. entraînement *m*.

tram [træm] *n* : ~(-*car*), tramway *m*.

trample ['træmpl] *v* piétiner.

tranquillizer ['træŋkwilaizə] *n* MED. tranquillisant *m*.

transatlantic ['trænzət'læntik] *a* transatlantique.

transfer 1 [træns'fəː] *v* transférer ‖ FIN. virer ‖ TEL. ~*red charge call*, communication *f* en PCV.

transfer 2 ['--] *n* changement, transfert *m* ‖ [picture] décalcomanie *f* ‖ RAIL. (billet *m* de) correspondance *f* ‖ FIN. virement *m*.

transform [træns'fɔ:m] *v* transformer.

transformation [,trænsfə-'meiʃn] *n* transformation *f*.

trans'former *n* ELECTR. transformateur *m*.

transistor [træn'sistə] *n* RAD. transistor *m*; ～ *(set)*, transistor *m*.

translate [træns'leit] *v* traduire *(into,* en).

translation *n* traduction *f*.

translator [-tə] *n* traducteur *n*.

transmission [trænz'miʃn] *n* RAD., TV émission *f* ‖ AUT. transmission *f*.

transmit [-'mit] *v* transmettre *(to,* à) ‖ RAD. émettre.

transmitter *n* transmetteur *m* ‖ RAD. émetteur *m*, station *f*.

transparency [træn'spɛərənsi] *n* diapositive *f*.

transparent *a* transparent.

transplant [træns'plɑ:nt] *v* BOT. transplanter ‖ MED. greffer.

transport 1 ['trænspɔ:t] *n* transport *m* ‖ ～ *café,* routier *m*.

trans'port 2 *v* transporter.

,transpor'tation *n* transport *m*.

trap [træp] *n* piège *m* ● *v* prendre au piège.

trash [træʃ] *n* COLL. camelote *f*.

travel ['trævl] *v* voyager; ～ *1st class/by train,* voyager en première classe/en chemin de fer ● *n* voyage *m*.

travel-agency, travel-bureau *n* agence *f* de voyage.

traveller [-lə] *n* voyageur *n*; ～*'s cheque,* chèque *m* de voyage.

travelling [-liŋ] *a* ambulant (person) ● *n* voyages *mpl*.

trawler ['trɔ:lə] *n* chalutier *m*.

tray [trei] *n* plateau *m*.

treacle ['tri:kl] *n* mélasse *f*.

tread* [tred] *v* marcher *(on,* sur) ‖ ～ *on,* écraser.

treasure ['treʒə] *n* trésor *m*.

treasurer [-rə] *n* trésorier *n*.

treat [tri:t] *v* traiter (sb); considérer *(sth as,* qqch comme); ～ *sb to sth,* payer qqch à qqn ● *n* plaisir *m*, joie *f*; régal *m* (food).

treatment *n* MED. traitement *m*.

tree [tri:] *n* arbre *m*.

trek [trek] *n* randonnée *f*.

tremble ['trembl] *v* trembler.

tremendous [tri'mendəs] *a* énorme, fantastique; formidable, terrible.

tremendously *av* terriblement, énormément.

trend [trend] *n* tendance *f*.

trendy *a* COLL. à la dernière mode, dernier· cri; dans le vent.

trespass ['trespəs] *v* entrer sans permission; *"no ～ing",* « propriété privée, entrée interdite ».

trespasser *n* JUR. intrus *n*.

trestle ['tresl] *n* tréteau *m*.

trial ['traiəl] *n* essai *m* ‖ SP. épreuve *f*.

triangle ['traiæŋgl] *n* triangle *m*.

tributary ['tribjutri] *n* GEOGR. affluent *m*.

trick [trik] *n* farce *f*; ***play a ~ on sb***, jouer un tour à qqn ‖ truc *m* ‖ ruse, astuce *f*; combine *f* ‖ [cards] levée *f*.

trickle ['trikl] *v* couler goutte à goutte.

tricky ['triki] *a* délicat (work, etc.) ‖ rusé, astucieux, retors (person).

trifle ['traifl] *n* bagatelle, vétille *f* ● *a ~*, *(av)* un peu.

trifling *a* insignifiant (thing).

trim [trim] *v* tailler (hedge) ‖ rafraîchir (hair) ‖ *~ with*, garnir de (coat) ● *n* ordre *m*; ***in good ~***, en bon état; *give just a ~*, rafraîchir (haircut) ‖ SP. forme *f*.

trimaran ['traiməræn] *n* trimaran *m*.

trio ['tri:əu] *n* trio *m*.

trip 1 [trip] *v* trébucher (over, sur); *~ sb up*, faire trébucher qqn.

trip 2 *n* excursion *f*; voyage *m* ‖ SL. [drugs] trip *m* (arg.) ● *v* : *~ out*, planer (arg.).

tripe [traip] *n* tripes *fpl*.

tripod ['traipɔd] *n* trépied *m*.

triumph ['traiəmf] *n* triomphe *m* ● *v* triompher.

triumphal [trai'ʌmfl] *a* triomphal.

trod(den) ['trɔd(n)] → TREAD*.

trolley ['trɔli] *n* chariot *m* ‖ [supermarket] caddie *m*.

trolley-bus *n* trolleybus *m*.

trombone [trɔm'bəun] *n* MUS. trombone *m*.

troop [tru:p] *n* troupe *f*.

tropic ['trɔpik] *n* tropique *m*.

tropical *a* tropical.

trot [trɔt] *v* trotter ● *n* trot *m*.

trouble ['trʌbl] *v* tourmenter (pain) ‖ (s') inquiéter ‖ déranger, gêner; *may I ~ you for the salt?*, puis-je vous demander le sel? ‖ *don't ~!*, ne vous donnez pas la peine, (to, de) ● *n* peine *f*, dérangement *m* (bother) ‖ difficulté *f*, ennui *m*; *what's the ~?*, qu'est-ce qui ne va pas? ‖ AUT. *engine ~*, panne *f* de moteur ‖ MED. *have heart ~*, être cardiaque ‖ POL. troubles *mpl*.

trousers ['trauzəz] *npl* pantalon *m*.

trout [traut] *n* truite *f*.

truant ['truənt] *a* : ***play ~***, faire l'école buissonnière.

truck *n* RAIL. wagon-plateforme *m* ‖ AUT., US camion *m*.

true [tru:] *a* vrai, exact ‖ sincère, fidèle (friend) ‖ authentique (genuine) ‖ FIG. ***come ~***, se réaliser.

truffle ['trʌfl] *n* BOT. truffe *f*.

truly ['tru:li] *av* vraiment ‖ sincèrement (sincerely).

trump [trʌmp] *n* [cards] atout *m*; *no-~(s)*, sans atout ● *v* [cards] couper.

trumpet ['trʌmpit] *n* trompette *f*.

truncheon ['trʌnʃn] *n* matraque *f*.

trunk [trʌŋk] n [tree] tronc m ‖ [case] malle f ‖ [body] tronc m ‖ [elephant] trompe f.

trunk-call n TEL. communication interurbaine.

trunk-line n RAIL. grande ligne.

trunks [-s] npl : (swimming-) ~, slip/maillot m de bain.

trust [trʌst] n confiance f • v avoir confiance en, se fier à ‖ confier (sb with sth, qqch à qqn).

trustworthy ['-,wə:ði] a digne de confiance.

truth [tru:θ] n vérité f.

truthful a vrai, véridique.

try [trai] n essai m, tentative f ; have a ~ at sth, essayer qqch ‖ SP. [rugby] essai m • v* essayer (to, de) ‖ ~ on, essayer (coat) ‖ ~ out, expérimenter, mettre à l'épreuve.

trying a pénible, fatigant.

tub [tʌb] n baquet m ‖ (bath)~, baignoire f.

tuba ['tju:bə] n MUS. tuba m.

tube [tju:b] n tube m ‖ AUT. inner ~, chambre f à air ‖ GB métro m ; go by ~, prendre le métro.

tuck [tʌk] v : ~ in/up, border (sb in bed).

Tuesday ['tju:zdi] n mardi m.

tug [tʌg] v tirer (at, sur) ‖ remorquer • n saccade f ; ~ of war, lutte f à la corde.

tuition [tju'iʃn] n enseignement m.

tulip ['tju:lip] n tulipe f.

tumble ['tʌmbl] v tomber ‖ renverser ; ~ (down), culbuter.

tumbler n verre m.

tune [tju:n] n MUS. air m (melody) ; **in** ~, juste ; **out of** ~, faux, désaccordé • v MUS. accorder ‖ TECHN. ~ (up), régler (motor) ‖ RAD. ~ in to a (radio) station, prendre un poste ‖ ~ **up**, MUS. s'accorder.

tuning n RAD., AUT. réglage m ‖ MUS. accord m.

tuning-fork n MUS. diapason m.

tunnel ['tʌnl] n tunnel m.

tunny ['tʌni] n thon m.

turbine ['tə:bin] n turbine f.

turbojet ['tə:bə'dʒet] n AV. turbo-réacteur m.

tureen [tə'ri:n] n soupière f.

turf [tə:f] n gazon m ‖ SP. turf m.

turkey ['tə:ki] n dinde f, dindon m.

turn [tə:n] n tour m ‖ tour m, promenade f (walk) ‖ it's your ~, c'est à votre tour ‖ [help] **do sb a good** ~, rendre un service à qqn ‖ penchant m, disposition f ‖ CULIN. done to a ~, cuit à point • v (faire) tourner ‖ se (re)tourner ‖ traduire (into, en) ; transformer (into, en) ‖ [coat] ~ inside out, retourner ‖ [milk] tourner ‖ ~ **about**, faire demi-tour ‖ ~ **back**, rebrousser chemin ‖ ~ **down**, rabattre (collar) ; baisser (gas) ; refuser (offer) ‖ ~ **in**, COLL. aller se coucher ‖ ~ **off**, éteindre (gas, etc.) ‖ ~ **on**, allumer ; [sex] exciter ‖ ~ **out**, fermer (gas) ; éteindre (light) ; Fig. exclure (sb) ; [things] se révéler ‖ ~ **over** tourner (pages) ‖ ~ **up**, arriver (come) ; relever (collar) ; retrousser (sleeves).

turning n [road] tournant m.

turnip ['tə:nip] n navet m.

turn-out n foule, assistance f ; participation f.

turn-over n Culin. chausson m.

turnpike ['tə:npaik] n US autoroute f à péage.

turntable n tourne-disque m ; plateau m.

turn-up n [trousers] revers m.

tusk [tʌsk] n défense f (d'éléphant, etc.).

tutor ['tju:tə] n précepteur, répétiteur m.

tuxedo [tʌk'si:dəu] n US smoking m.

T. V. [,ti:'vi:] n Coll. télé f (fam.).

twang [twæŋ] n : nasal ~, ton nasillard.

tweed [twi:d] n tweed m.

tweezers ['twi:zəz] npl pince f à épiler.

twelfth [twelfθ] a douzième.

Twelfth-night n la nuit des Rois.

twelve [-v] a/n douze (m).

twentieth ['twentiiθ] a vingtième.

twenty [-ti] a/n vingt (m).

twice [twais] av deux fois ‖ ~ as much/many, deux fois plus.

twilight ['twailait] n crépuscule m.

twin [twin] a/n jumeau (n) ‖ ~ beds, lits jumeaux ‖ ~ cities, villes jumelées.

twine [twain] n ficelle f.

twinkle ['twiŋkl] v scintiller, étinceler.

twist [twist] v tordre ‖ s'enrouler ‖ [road] tourner ● n [road] lacet m ‖ Sp. effet m (on ball).

twister n Coll. escroc m.

two [tu:] a/n deux (m).

twopence ['tʌpəns] npl deux pence (sum).

twopenny ['tʌpni] a de deux pence.

two-way switch n Electr. va-et-vient m inv.

type [taip] n type, genre m (kind) ‖ Techn. caractère m d'imprimerie ● v taper (à la machine).

typewriter n machine f à écrire.

typewriting n dactylographie f.

typhoon [tai'fu:n] n typhon m.

typical ['tipikl] a typique.

typing [taipiŋ] n dactylographie f, frappe f.

typist ['taipist] n dactylo f.

tyre ['taiə] n pneu m.

tyro ['taiərəu] n débutant, novice n.

u

u [juː]

UFO [ˈjufəu] *n* ovni *m*.

ugly [ˈʌgli] *a* laid.

U.K. [ˌjuːˈkei] *n* = *United Kingdom*.

ultimately [ˈʌltimitli] *av* à la fin, finalement.

ultraviolet [ˌʌltraˈvaiəlit] *a* ultraviolet.

umbrella [ʌmˈbrelə] *n* parapluie *m*.

umbrella-stand *n* porteparapluies *m inv*.

umpire [ˈʌmpaiə] *n* arbitre *m*.

UN [ˌjuːˈen] = *United Nations*.

un- [ʌn-] *pref*.

unable [ˈʌnˈeibl] *a* incapable (*to*, de).

ˈunˈaccustomed *a* inaccoutumé.

unanimous [juˈnæniməs] *a* unanime.

unanimously *av* à l'unanimité.

ˌunaˈvoidable *a* inévitable.

ˈunaˈware *a* : *be* ~ *of*, ignorer.

unawares [-z] *av* à l'improviste; *catch sb* ~, prendre qqn au dépourvu.

unˈbearable *a* insupportable, intolérable.

ˌunbeˈlievable *a* incroyable.

unˈbreakable *a* incassable.

ˈunˈbutton *v* déboutonner.

uncle [ˈʌŋkl] *n* oncle *m*.

unˈcomfortable *a* peu confortable ‖ FIG. mal à l'aise, inquiet (person).

unˈconscious *a* MED. inconscient, inanimé • *n* MED. inconscient *m*.

unˈconsciously *av* inconsciemment.

ˈunˈcork *v* déboucher (bottle).

uncouth [ʌnˈkuːθ] *a* grossier (language) ‖ gauche (awkward).

unˈcover *v* découvrir.

ˈunˈdamaged *a* indemne, intact.

under [ˈʌndə(r)] *p* sous, audessous de; ~ *age*, mineur ‖ [time] en moins de • *av* audessous, en dessous • *pref*.

ˈunderclothes, **ˈunderˌclothing** *n* sous-vêtements *mpl*; lingerie *f*.

ˈunderdeˈveloped *a* sousdéveloppé (country).

ˌunderˈdone *a* saignant (meat); pas assez cuit (food).

underexposed [-riksˈpəuzd] *a* PHOT. sous-exposé.

ˌunderˈgo *v* subir (operation); supporter, endurer (trials).

ˌunderˈgraduate *n* étudiant *n* (de licence).

ˌunderˈground *a* souterrain ‖ FIG. clandestin • *n* RAIL. métro *m*.

ˈunderline *v* souligner.

ˌunderˈneath *p* sous • *av* (en) dessous, par dessous.

ˈunderpants *n* caleçon *m*.

'underpass n passage souterrain.

'underpay v sous-payer.

'under'privileged a écono-
miquement faible.

,under'rate v sous-estimer.

'underside n dessous m.

,under'stand* v comprendre ;
make o.s. understood, se faire
comprendre ‖ s'entendre à, être
versé dans (know how to).

understandable a compré-
hensible ; intelligible.

understanding n compréhension f (act) ‖ intelligence f
(faculty) ‖ entente f.

'under'statement n litote f,
euphémisme m.

'under,study n TH. doublure
f • v TH. doubler.

,under'take* v entreprendre
(task) ‖ se charger ; promettre
(*to*, de) [promise].

,under'taking n entreprise f
(task) ‖ engagement m, promesse f (promise).

,under'water a sous-marin.

underwear n = UNDER-
CLOTHES.

underworld n bas-fonds mpl.

'unde'served a immérité.

'un'do* v défaire, dénouer
(knots) ; *come ~ne,* se défaire,
se dénouer.

'un'dress v (se) déshabiller ;
get ~ed, se déshabiller.

'un'duly av indûment, à tort.

un'easy a mal à l'aise
(anxious) ; gêné (embarrassed).

'un'eatable a immangeable.

'un'educated a ignorant,
inculte.

'unem'ployed a inoccupé, en
chômage ; *the ~,* les chômeurs.

'unem'ployment n chômage
m.

'un'equal a inégal.

'un'even a inégal ; accidenté
(ground) ‖ MATH. impair.

'unex'pected a inattendu,
imprévu.

'unex'pectedly av inopi-
nément, à l'improviste.

'un'fair a injuste, déloyal.

'un'faithful a infidèle.

unfaithfulness n infidélité f.

'un'favourable a défavorable.

'un'finished a inachevé,
incomplet.

'un'fold v déplier, déployer.

'unfore'seeable a imprévisible.

'unfore'seen a imprévu.

'unfor'gettable a inoubliable.

'unfor'givable a impardon-
nable.

un'fortunate a malheureux
(person) ; fâcheux.

unfortunately av malheureusement.

'un'friendly a inamical.

un'happy a malheureux.

un'healthy a malsain, insa-
lubre (climate) ; maladif (person).

'un'hurt a sain et sauf,
indemne.

uniform ['juːnifɔːm] a/n uniforme (m).

'unin'habited *a* inhabité, désert.

union ['juːnjən] *n* union *f* ∥ *(trade-)*~, syndicat *m*.

unionist *n* syndicaliste *n*.

unique [juːˈniːk] *a* unique.

uniquely *av* uniquement.

unisex ['juːniseks] *a* unisexe.

unit ['juːnit] *n* unité *f* ∥ TECHN. élément *m*.

unite [juːˈnait] *v* (s') unir.

united [-id] *a* uni ; *U*~ *States,* Etats-Unis *mpl ; U*~ *Nations,* Nations unies, ONU *f*.

unity ['juːniti] *n* unité *f*.

universal [ˌjuːniˈvəːsl] *a* universel.

universe *n* univers *m*.

'uni'versity *n* université *f* • *a* universitaire.

'un'just *a* injuste.

unkempt [ˈʌnˈkempt] *a* hirsute.

un'kind *a* peu aimable, désobligeant ; méchant (cruel).

'un'knowingly *av* inconsciemment, sans le savoir.

'un'known *a* inconnu (*to,* de) ; à l'insu (*to,* de) • *n* MATH. inconnue *f*.

unleavened [ʌnˈlevnd] *a* : ~ *bread,* pain *m* azyme.

unless [ənˈles] *c* à moins que.

'un'like *a* différent de.

unlikely *a* improbable, invraisemblable.

'un'load *v* décharger (ship) ; désarmer (gun).

'un'lock *v* ouvrir (door).

un'lucky *a* malheureux, malchanceux ; *be* ~, ne pas avoir de chance.

'un'married *a* célibataire ; ~ *woman,* célibataire *f*.

'un'necessary *a* inutile, superflu.

'un'pack *v* défaire (case).

'un'paid *a* impayé (bill) ; non rétribué (person, work).

'un'pick *v* découdre.

un'pleasant *a* déplaisant, désagréable, pénible.

'un'recognizable *a* méconnaissable.

'un'ripe *a* vert, pas mûr.

unruly [ʌnˈruːli] *a* dissipé.

'un'screw *v* dévisser.

'un'seen *a* inaperçu.

'un'settled *a* variable (weather) ; troublé (mind).

'un'skilled *a* inexpert ∥ non qualifié (workman).

'un'stitch *v* découdre.

un'stuck *a* : *come* ~, se décoller.

'unsuc'cessful *a* infructueux (attempt) ; refusé (candidate) ; *be* ~, échouer.

'un'suitable *a* impropre (thing) ; inopportun (time).

un'tidy *a* en désordre (room) ; négligé (dress) ; désordonné, sans soin (person).

'un'tie *v* dénouer ; délier, défaire (parcel).

until [ənˈtil] *av* → TILL.

un'timely *a* prématuré, inopportun.

un'usual *a* inhabituel.

'un'well *a* indisposé, souffrant.

'un'wind* *v* se dérouler, (se) dévider.

'un'wise *a* imprudent.

un'wittingly *av* sans le savoir.

up [ʌp] *av* vers le haut ; ~ *there*, là-haut ; ~ *north*, dans le nord ; vers un point (plus) important ; *come* ~ *to sb*, s'approcher de qqn ‖ *walk* ~ *and down*, faire les cent pas ‖ debout ; *he is* ~ *at six*, il est levé à six heures ‖ complètement ; *fill* ~ *a glass*, remplir un verre ; terminé ; *time is* ~ *!*, c'est l'heure ! ‖ [activity] *what's* ~ *?*, que se passe-t-il ? ; *what's he* ~ *to ?*, qu'est-ce qu'il fabrique ? ‖ [duty] *it's* ~ *to you*, c'est à vous (*to*, de) ‖ ~ *to*, [space] jusqu'à ; [time] ~ *to now*, jusqu'ici.

upkeep *n* entretien *m*.

upon [ə'pɔn] *p* → ON.

upper ['ʌpə] *a* supérieur.

uppermost *a* le plus haut, prédominant ● *av* en dessus.

upright *a* . droit ; vertical, debout (person) ; *hold o.s.* ~, se tenir droit ● *av* : ~(*ly*), droit, verticalement.

'up,roar *n* tumulte, vacarme *m*.

up'set* [ʌp'set] *v* renverser, culbuter ‖ FIG. bouleverser, troubler ‖ MED. déranger (stomach).

upside-down ['ʌpsaid'daun] *av* à l'envers, sens dessus dessous.

'up'stairs *av* en haut, à l'étage supérieur.

up-to-date ['ʌptə'deit] *a* moderne.

upward ['ʌpwəd] *a* ascendant.

upwards *av* vers le haut, en montant.

uranium [juə'reinjəm] *n* uranium *m*.

urge [əːdʒ] *v* pousser, exhorter (ask earnestly) ; encourager, inciter (incite) ● *n* forte envie.

urgency [-nsi] *n* urgence *f*.

urgent *a* urgent, pressé ; *be* ~, presser.

urgently *av* instamment.

us [ʌs] *pr* nous (obj. of *we*).

US(A) [,juːes('ei)] = *United States (of America)*.

usage ['juːzidʒ] *n* usage *m*.

use [juːs] *n* usage, emploi *m* ; *make* ~ *of*, user de ; *in* ~, usité ; *out of* ~, inusité ‖ utilité *f*, service *m* ; *be of* ~, être utile ; *be of no* ~, ne servir à rien ● [-z] *v* se servir de, employer, utiliser ; *what is it* ~*d for ?*, à quoi cela sert-il ? ‖ consommer (gas, power).

used [-d] *a* oblitéré (stamp) ; d'occasion (car) ‖ [-t] *be* ~ *to (doing)*, être habitué à (faire).

used to ['juːstə] *mod aux* : [past] *there* ~ *be*, il y avait (autrefois).

useful ['juːsfl] *a* utile, pratique ; *be* ~ *for*, servir à ; *make o.s.* ~, se rendre utile.

usefulness *n* utilité *f*.

useless *a* inutile ‖ nul.

uselessness *n* inutilité *f*.

user ['juːzə] *n* utilisateur *n*, usager *m*.

usher ['ʌʃə] *n* huissier *m* • *v :* ~ *in,* introduire ; ~ *out,* reconduire.

usherette [ˌʌʃə'ret] *n* TH. ouvreuse *f.*

USSR = *Union of Soviet Socialist Republics.*

usual ['juːʒuəl] *a* habituel ; *as* ~, comme d'habitude.

usually *av* d'habitude, d'ordinaire, habituellement.

utensil [juˈtensl] *n* ustensile *m.*

utmost ['ʌtməust] *a* extrême ; le plus grand • *n : at the* ~, tout au plus ; *do one's* ~, faire tout son possible.

utter 1 ['ʌtə] *v* pousser (cry) ; prononcer (words).

utter 2 *a* total, complet.

utterly *av* totalement, complètement.

U-turn *n* AUT. demi-tour *m.*

v [viː]

vacancy ['veiknsi] *n* (usu pl) [lodging] *no* ~*ies,* complet ‖ [work] embauche *f.*

vacant *a* vacant ‖ libre (room, taxi).

vacation [vəˈkeiʃn] *n* US vacances *fpl.*

vaccinate ['væksineit] *v* vacciner ; *get* ~*d,* se faire vacciner.

ˌvacciˈnation *n* vaccination *f.*

vacuum bottle ['vækjuəm-ˈbɔtl] *n* bouteille isolante.

vacuum cleaner *n* aspirateur *m.*

vague [veig] *a* vague.

vaguely *av* vaguement.

vain [vein] *a* vain, inutile ; *in* ~, en vain.

vainly *av* en vain, vainement.

valid ['vælid] *a* valable (excuse) ‖ valable, valide (ticket, passport) ; *no longer* ~, périmé.

valley ['væli] *n* vallée *f ;* vallon *m* (small).

valuable ['væljuəbl] *a* de valeur, précieux.

valuables [-z] *npl* objets *mpl* de valeur.

value ['væljuː] *n* valeur *f,* prix *m ; this article is good* ~, cet article est avantageux ; ~ *added tax,* taxe *f* à la valeur ajoutée • *v* évaluer, estimer ; ~ *highly,* estimer.

valve [vælv] *n* soupape *f.*

van 1 *n* camionnette *f.*

van 2 *n :* [tennis] ~ *in/out,* avantage dedans/dehors.

vanish ['væniʃ] *v* disparaître.

vanity [-iti] *n* vanité *f.*

vanity-case *n* boîte *f* à maquillage.

vantage ['vɑːntidʒ] *n* avantage *m* ‖ SP. [tennis] avantage *m*.

variance ['vɛəriəns] *n* : *at* ∼ *with*, en désaccord avec.

varied [-id] *a* varié, divers.

variety [və'raiəti] *n* variété *f* ‖ TH., TV variétés *fpl*.

various ['vɛəriəs] *a* divers, différent.

variously *av* diversement.

varnish ['vɑːniʃ] *v* vernir • *n* vernis *m*.

varnish-remover *n* dissolvant *m*.

vary ['vɛəri] *v* varier ‖ différer.

vase [vɑːz] *n* vase *m*.

vaseline ['væsiliːn] *n* vaseline *f*.

VAT [ˌviːei'tiː/væt] = *Value Added Tax* *n* T.V.A. *f*.

vault [vɔːlt] *n* SP. saut *m* à la perche • *v* sauter (à la perche).

veal [viːl] *n* CULIN. veau *m*.

vegetable ['vedʒtəbl] *n* légume *m*; *early* ∼*s*, primeurs *fpl* • *a* végétal; ∼ *garden*, jardin potager.

vegetarian [ˌvedʒi'tɛəriən] *a/n* végétarien *(n)*.

vehicle ['viːikl] *n* véhicule *m*.

veil [veil] *n* voile *m*; voilette *f* • *v* voiler, dissimuler.

vein [vein] *n* veine *f*.

velvet ['velvit] *n* velours *m*.

vending ['vendiŋ] *n* vente *f*; ∼ *machine*, distributeur *m* automatique.

vendor [-ɔː] *n* marchand *m* ambulant.

venom ['venəm] *n* venin *m*.

venomous *a* venimeux.

ventilate ['ventileit] *v* ventiler, aérer.

ventilation *n* ventilation, aération *f*.

verb [vəːb] *n* verbe *m*.

verbal *a* verbal.

verge [vəːdʒ] *n* [road] accotement *m*.

verify ['verifai] *v* vérifier.

verso ['vəːsəu] *n* verso *m*.

vertical ['vəːtikl] *a* vertical.

vertigo ['vəːtigəu] *n* vertige *m*.

very ['veri] *av* très; ∼ *much*, beaucoup; ∼ *well*, très bien, d'accord ‖ [+ sup.] *the* ∼ *best*, tout ce qu'il y a de mieux; *the* ∼ *first*, le tout premier • *a* même; exactement; *this day*, aujourd'hui même.

vest [vest] *n* maillot *m* de corps (*undershirt*).

vet [vet] *n* COLL. vétérinaire *m*.

veteran ['vetrən] *n* : *war* ∼, ancien combattant.

veterinary ['vetrinri] *a* : ∼ *surgeon*, vétérinaire *n*.

vex [veks] *v* contrarier, fâcher.

VHF [ˌviːeitʃ'ef] *abbr* [= *very high frequency*] modulation *f* de fréquence.

via [vaiə] *p* via, par.

viaduct [-dʌkt] *n* viaduc *m*.

vibes [vaibz] *n* *pl* COLL. vibraphone *m*.

vicar ['vikə] *n* curé *m* (Roman Catholic); pasteur *m* (Church of England).

vice 1 [vais] *n* vice *m*.

vice 2 *n* TECHN. étau *m*.

vice versa ['vaisi'və:sə] *av* vice versa.

vicious ['viʃəs] *a* méchant (cruel) ‖ FIG. ~ *circle*, cercle vicieux.

victim ['viktim] *n* victime *f* ‖ sinistré *m* (of disaster).

victorious [vik'tɔ:riəs] *a* victorieux ; vainqueur.

victoriously *av* victorieusement.

victory ['viktri] *n* victoire *f* ; *win a* ~, remporter la victoire (*over*, sur).

video ['vidiəu] *n* : ~ *cassette recorder*, magnétoscope *m* ; ~ *tape*, bande *f* de magnétoscope ‖ US télévision *f*.

Viet-Nam ['vjet'næm] *n* Viêtnam *m*.

Viet-Namese [‚vjetnə'mi:z] *a/n* vietnamien (*n*).

view [vju:] *n* vue *f* ; *in* ~, en vue ; *come into* ~, apparaître ‖ PHOT. vue *f*, panorama *m* ‖ FIG. opinion *f* ; *point of* ~, point *m* de vue.

viewer *n* TV téléspectateur *n* ‖ PHOT. visionneuse *f*.

view-finder *n* PHOT. viseur *m*.

vigorous ['vigrəs] *a* vigoureux.

vigorously *av* vigoureusement.

village ['vilidʒ] *n* village *m*.

vindictive ['vindiktiv] *a* rancunier.

vine [vain] *n* vigne *f* (grapevine).

vinegar ['vinigə] *n* vinaigre *m*.

vine-grower ['vain‚grəuə] *n* viticulteur *m*, vigneron *n*.

vine-harvest *n* vendange *f*.

vineyard ['vinjəd] *n* vignoble *m*, vigne *f*.

vintage ['vintidʒ] *n* vendange *f* (harvest) ; année *f* (year).

viola [vi'əulə] *n* MUS. alto *m*.

violence ['vaiələns] *n* violence *f*.

violent *a* violent.

violently *av* violemment.

violet ['vaiəlit] *n* BOT. violette *f*.

violin [‚vaiə'lin] *n* violon *m*.

violinist *n* violoniste *n*.

violist [vi'əulist] *n* altiste *n*.

virgin ['və:dʒin] *a/n* vierge (*f*) ‖ REL. *the (Blessed)* V~, la (Sainte) Vierge.

vir'ginity *n* virginité *f*.

virtual ['və:tjuəl] *a* virtuel.

virtually *av* en fait, virtuellement.

virtue ['və:tju:] *n* vertu *f*.

virus ['vairəs] *n* virus *m*.

visa ['vi:zə] *n* visa *m* ● *v* viser (passport).

visible ['vizəbl] *a* visible.

vision ['viʒn] *n* vision, vue *f* (sight) ‖ apparition *f* (ghost).

visit ['vizit] *n* visite *f* (call) ; *pay a* ~, rendre visite (*to*, à) ‖ séjour *m* (stay) ; *a* ~ *to Rome*, un voyage à Rome ● *v* visiter ; aller voir, rendre visite à (sb) ‖ faire un séjour (in town).

visitor *n* visiteur *n* ‖ touriste *n*.

visor ['vaizə] *n* visière *f* (peak) ‖ AUT. pare-soleil *m*.

vista ['vistə] *n* perspective *f*.

vitamin ['vitəmin] *n* vitamine *f*.

viva voce [ˌvaivə'vəusi] *a/av* oral(ement) ; de vive voix.

vivid ['vivid] *a* vif (colour, recollection).

vocabulary [və'kæbjuləri] *n* vocabulaire *m*.

vocation [və'keiʃn] *n* REL. vocation *f*.

vocational *a* professionnel ; ~ *guidance*, orientation professionnelle.

voice [vɔis] *n* voix *f*.

voice-over *n* CIN. voix *f* off/hors champ.

volcano [vɔl'keinəu] *n* volcan *m*.

volley ['vɔli] *n* volée, grêle *f* (of stones, etc.) ‖ [tennis] volée *f* ; *on the* ~, de volée.

volleyball *n* SP. volley-ball *m*.

volt [vəult] *n* volt *m*.

voltage [-idʒ] *n* voltage *m* ; *high* ~, (à) haute tension.

voltmeter *n* voltmètre *m*.

volume ['vɔljum] *n* volume *m* (book) ‖ [size] volume *m*.

voluntary ['vɔləntri] *a* volontaire.

volunteer [ˌvɔlən'tiə] *n* volontaire *n* ● *v* se proposer, offrir ses services (*to do*, pour faire).

voluptuous [və'lʌptjuəs] *a* voluptueux.

vote [vəut] *n* vote, scrutin *m* ; *put to the* ~, mettre aux voix ● *v* voter.

voter *n* votant, électeur *n*.

vouch [vautʃ] *v* garantir ; se porter garant, répondre (*for*, de).

voucher *n* bon *m* ; *luncheon* ~, ticket-repas *m* ‖ récépissé, reçu *m*.

vow [vau] *n* vœu *m*.

vowel ['vauəl] *n* voyelle *f*.

voyage [vɔiidʒ] *n* voyage *m* (par mer), traversée *f* ● *v* voyager par mer.

voyager ['vɔiədʒə] *n* passager *n*.

vulgar ['vʌlgə] *a* vulgaire, grossier (coarse).

W

w ['dʌblju]

wad [wɔd] *n* [cotton-wool] tampon *m*. '

wade [weid] *v* patauger ‖ traverser à gué.

waders [-əs] *npl* bottes *fpl* de pêche.

wag [wæg] *v* [dog] remuer (*its tail*, la queue).

wage *n* salaire *m* ; [worker] paye *f* ; [servant] gages *mpl*.

wage-earner n salarié n.

waggon ['wægən] n RAIL.
wagon m (de marchandises) ‖
COLL. be on the (water) ～, être
au régime sec.

wail [weil] v gémir ‖ W～ing
Wall, Mur m des lamen-
tations.

waist [weist] n taille, ceinture
f; ～ measurement, tour m de
taille.

waistcoat ['weiskəut] n gilet
m.

wait [weit] v attendre (till,
que); ～ for sb, attendre qqn ‖
keep sb ～ing, faire attendre
qqn ‖ ～ and see, voir venir ‖
servir (at table, à table) ‖ ～
on, servir (sb, qqn) ‖ ～ up,
veiller, ne pas se coucher ● n
attente f; a 2-hour ～, 2 heures
d'attente.

waiter n garçon m de café;
～!, garçon!

waiting n attente f; ～ list,
liste f d'attente.

waiting-room n salle f d'attente.

waitress [-tris] n serveuse f;
～!, mademoiselle!

wake* [weik] v être éveillé ‖
～ up, (se) réveiller.

Wales [weilz] n pays m de
Galles.

walk [wɔːk] n marche f (act) ‖
démarche f, allure f (manner) ‖
promenade f (stroll); go for a
～, faire une promenade; take
sb for a ～, emmener qqn en
promenade ‖ allée f (footpath)
● v marcher; aller à pied ‖

～ a dog, promener un chien ‖
～ on, poursuivre son chemin;
TH. faire de la figuration ‖ ～
out, sortir; [workers] débrayer,
se mettre en grève.

walker n marcheur n; promeneur n.

walking stick n canne f.

walk-on n TH. figurant n.

wall [wɔːl] n mur m.

wallet ['wɔlit] n portefeuille
m.

Walloon [wɔ'luːn] a/n wallon
(n).

wall-to-wall carpet n moquette f.

walnut ['wɔːlnət] n noix f
(fruit); ～ (tree), noyer m.

waltz [wɔːls] n valse f.

wander ['wɔndə] v errer, se
promener au hasard.

wandering [-riŋ] a errant
(person) ‖ nomade (tribe).

want [wɔnt] v manquer de
(lack) ‖ avoir besoin de (need);
your hair ～s cutting, vos cheveux ont besoin d'être coupés ‖
vouloir, désirer (wish) ‖ demander (ask for); you are ～ed on
the phone, on vous demande au
téléphone ● n besoin m ‖ désir
m ‖ manque m; for ～ of, par
manque de, à défaut de.

wanted [-id] a demandé ‖
recherché (by the police).

war [wɔː] n guerre f.

ward [wɔːd] n [town] quartier
m ‖ [person] pupille n.

warden ['wɔːdn] n gardien n
‖ [youth hostel] père m/mère f

aubergiste ‖ AUT. *traffic* ~, contractuel *m*.

wardrobe ['wɔːdrəub] *n* armoire, penderie *f*.

...ward(s) [-wədz] *suff* vers, en direction de.

warm [wɔːm] *a* chaud ‖ *be* ~ : *I am* ~, j'ai chaud ; *it is* ~, il fait chaud ‖ *get* ~, se réchauffer ‖ [game] *you're getting* ~!, tu brûles ! • *v* chauffer ‖ ~ *up*, réchauffer (meal) ‖ SP. s'échauffer.

warmly *av* chaudement ‖ FIG. chaleureusement.

warmth [-θ] *n* chaleur *f*.

warn [wɔːn] *v* avertir (inform) ‖ prévenir (forewarn).

warning *n* avertissement *m*.

warship *n* navire *m* de guerre.

wart [wɔːt] *n* verrue *f*.

wary ['wɛəri] *a* prudent.

was [wəz/wɔz] → BE*.

wash [wɔʃ] *n* lavage *m*, toilette *f*; *have a* ~, se laver • *v* (se) laver ‖ faire sa toilette ; ~ *one's hands*, se laver les mains ‖ [laundry] faire la lessive ‖ ~ *away*, enlever au lavage (stain) ‖ ~ *down*, arroser (meal) ‖ ~ *out*, (faire) partir au lavage ‖ ~ *up*, faire la vaisselle.

washable *a* lavable.

wash-basin *n* lavabo *m*.

washing *n* lavage *m* ‖ lessive *f*, linge *m* ; *do the* ~, faire la lessive.

washing-machine *n* machine *f* à laver.

washing-powder *n* lessive *f*.

washing-up *n* vaisselle *f*.

wasp [wɔsp] *n* guêpe *f* ; ~*s' nest*, guêpier *m*.

waste [weist] *a* inculte, en friche (land) ; ~ *ground*, terrain *m* vague ‖ de rebut (material) • *n* déchets *mpl* ‖ FIG. gaspillage, gâchis *m* ; perte *f* (of time) • *v* gaspiller (squander) ; ~ *one's time*, perdre son temps.

waste(-paper)-basket *n* corbeille *f* à papier.

watch 1 [wɔtʃ] *v* observer, regarder (look at) ‖ surveiller, faire attention à (look out) ‖ garder (tend) ‖ ~ *for*, guetter ‖ ~ *out*, prendre garde (for, à) ; ~ *out!*, attention ! ‖ ~ *over*, veiller sur, surveiller (child) • *n* guet *m* ; *keep* ~, monter la garde.

watch 2 *n* montre *f* ; *diver's* ~, montre *f* de plongée.

watch-dog *n* chien *m* de garde.

watch-maker *n* horloger *n*.

watchman *n* gardien *m* ‖ (*night*) ~, veilleur *m* de nuit.

watchword *n* mot *m* de passe.

water ['wɔːtə] *n* eau *f* ‖ NAUT. *high* ~, marée haute ; *low* ~, marée basse ‖ MED. *take the* ~*s at*, faire une cure (thermale) à • *v* arroser (plants) ‖ *that makes my mouth* ~, cela me fait venir l'eau à la bouche ‖ ~ *down*, diluer, couper d'eau (wine).

water-bottle *n* carafe *f*.

water-closet *n* cabinets, w.-c. *mpl*.

water-colour n aquarelle f.

water-cure n cure thermale.

waterfall n chute f (d'eau).

water heater n chauffe-eau m inv.

watering n arrosage m.

watering-can n arrosoir m.

watering-place n station thermale (spa).

waterproof a/n imperméable (m).

water-ski v faire du ski nautique.

water-skiing n ski m nautique.

water sports npl sports mpl nautiques.

watertight a étanche.

watt [wɔt] n watt m.

wave [weiv] n vague, lame f ‖ RAD. onde f; short ~, onde courte ‖ ondulation f (in hair) ‖ geste, signe m de la main • v faire signe de la main ‖ agiter, déployer (flag) ‖ onduler.

wave-length n RAD. longueur f d'ondes.

wax n cire f • v cirer, encaustiquer.

way [wei] n chemin m, voie f ‖ ~ **in/out**, entrée/sortie f; US ~ **down**, en bas ‖ route f, chemin m; on the ~ **to**, en route pour; lose one's ~, perdre son chemin ‖ passage m; **give** ~, céder; **be in the** ~, gêner (le passage) ‖ trajet m, distance f; it's a long ~ **to**, il y a loin jusqu'à ‖ côté m, direction f; which ~ are you going ?, de quel côté allez-vous ?; this

~, par ici; that ~, par là; lead the ~, montrer le chemin ‖ FIG. façon, manière f (manner); **have one's own** ~, faire à sa guise ‖ ~ **of life**, manière de vivre ‖ **by the** ~, à propos; **out of the** ~, exceptionnel, inhabituel; **go out of one's** ~, se mettre en quatre; **under** ~, en cours ‖ COLL. **in the family** ~, enceinte ‖ SL. no ~ !, pas question ! (fam.).

we [wiː] pr [unstressed] nous; on ‖ [stressed] nous autres.

weak [wiːk] a faible ‖ léger (tea) ‖ débile (health) ‖ grow ~, s'affaiblir.

weaken v (s') affaiblir, faiblir.

wealth [welθ] n richesse, fortune f.

wealthy a riche.

wean [wiːn] v sevrer.

weapon [wepən] n arme f.

wear 1 [wɛə] n [clothes] usage m; for everyday ~, pour tous les jours ‖ [stores] habits, vêtements mpl; men's ~, vêtements pour hommes; evening ~, tenue f de soirée ‖ ~ **and tear**, usure f.

wear* 2 v porter (dress) ‖ ~ **well**, faire de l'usage, durer ‖ user (one's clothes); ~ **a hole in**, faire un trou à, trouer ‖ ~ **away**, (s') user ‖ ~ **down** [heels] (s') user ‖ ~ **out**, [clothes] (s') user.

weary ['wiəri] a las.

weather ['weðə] n temps m; bad/fine ~, mauvais/beau

temps ; *what's the* ∼ *like ?,* quel temps fait-il ? ‖ ∼ *fore-cast,* prévisions *fpl* météorologiques.

weathercock *n* girouette *f.*

weave* [wiːv] *v* tisser (fabric) ‖ tresser (basket).

weaving *n* tissage *m.*

wedding ['wediŋ] *n* mariage *m,* noce(s) *f(pl)* • *a* nuptial ; ∼ *trip,* voyage *m* de noces.

wedding-ring *n* alliance *f.*

wedge [wedʒ] *n* coin *m.*

Wednesday ['wenzdi] *n* mercredi *m.*

weed [wiːd] *n* mauvaise herbe.

week [wiːk] *n* semaine *f; today* ∼, dans huit jours ; *tomorrow* ∼, (de) demain en huit ; *yesterday* ∼, il y a eu hier huit jours.

week-day *n* jour *m* de semaine.

week-end *n* week-end *m.*

weekly *a/n* hebdomadaire *(m)* • *av* toutes les semaines.

weep* [wiːp] *v* pleurer ; ∼ *for joy,* pleurer de joie.

weigh [wei] *v* peser.

weighing-machine *n* bascule *f.*

weight [weit] *n* poids *m; put on/lose* ∼, prendre/perdre du poids ‖ SP. *put the* ∼, lancer le poids.

weightlessness *n* apesanteur *f.*

weight-lifter *n* haltérophile *n.*

weight-lifting *n* poids et haltères *mpl.*

weighty *a* pesant, lourd.

welcome ['welkəm] *a* bienvenu ‖ *you are* ∼!, de rien!, il n'y a pas de quoi! ‖ *n* bienvenue *f* • *v* accueillir (avec plaisir) ; souhaiter la bienvenue.

well 1 [wel] *n* puits *m.*

well 2 *interj* eh bien!; tiens! alors ? • *av* bien ; *very* ∼, très bien ; ∼ *done !,* bravo! ‖ *as* ∼, aussi, également • *a : he is* ∼, il va bien ; *get* ∼ *again,* guérir ; *you look* ∼, vous avez bonne mine • *n* bien *m; wish sb* ∼, vouloir du bien à qqn.

well-bred *a* bien élevé.

well-built *a* bien bâti.

wellington ['weliŋtən] *n* botte *f* de caoutchouc.

well-known *a* bien connu.

well-off *a* aisé, riche.

well-stocked [-stɔkt] *a* bien achalandé (shop).

well-to-do *a* COLL. riche.

Welsh [welʃ] *a* gallois • *n* [language] gallois *m* ‖ *Pl* Gallois *npl.*

Welshman *n* Gallois *m.*

Welshwoman *n* Galloise *f.*

welter-weight ['weltə-] *n* SP. poids mi-moyen.

went* [went] → GO*.

wept [wept] → WEEP*.

were [wə:/wɛə] → BE*.

west [west] *n* ouest *m* ‖ occident *m* • *a* d'ouest, *W*∼ *Indian,* Antillais *n; W*∼ *Indies,* Antilles *fpl* • *av* à l'ouest, vers l'ouest.

western [-ən] *a* occidental, de l'ouest • *n* CIN. western *m.*

westward(s) *a/av* à/vers l'ouest.

wet [wet] *a* mouillé; *get* ~, se mouiller; *be* ~ *through*, être trempé jusqu'aux os ‖ pluvieux (weather); *it is* ~, il pleut ‖ ~ *paint!*, attention à la peinture! ● *v* mouiller.

whale [weil] *n* baleine *f*.

wham! [wæm] *exclam* vlan!

wharf [wɔːf] (*Pl* **wharfs/ wharves** [-s/-vz]) *n* NAUT. appontement, débarcadère *m*.

what [wɔt] *a* [interr.] quel(s) *m(pl)*, quelle(s) *f(pl)* ‖ [exclamatory] ~ *an idea!*, quelle idée! ‖ [rel.] le/la/les..., qui/que; ● *pr* [interr.] que?, quoi?, qu'est-ce qui/que?, quel(s) *m(pl)*, quelle(s) *f(pl)* ~ *is it?*, qu'est-ce que c'est?; ~ *about* ... *?*, que diriez-vous de ...?; ~ *for?*, pourquoi?; ~ ... *like?*, comment? (→ LIKE 2); ~ *if* ... *?*, et si ...?, à supposer que ...?; ~ *so* ~ *?*, et alors?, et puis après? ‖ [rel.] ce qui, ce que.

what'ever *pr* tout ce qui/que/dont ● *a* n'importe quel; quel que soit.

wheat [wiːt] *n* blé, froment *m*.

wheel [wiːl] *n* roue *f* ‖ AUT. volant *m*. ● *v* rouler (trolley).

wheel-barrow *n* brouette *f*.

wheel-chair *n* fauteuil roulant.

when [wen] *a* [interr.] quand? ‖ [rel.] le jour où, date à laquelle ● *pr* quand; *since* ~ *?*, depuis quand?; *till* ~ *?*, jusqu'à quand? ● *c* quand, lorsque.

when'ever *c* toutes les fois que.

where [wɛə] *av* [interr.] où?; ~ *does he come from?*, d'où est-il? ‖ [rel.] où ● *c* où; là où.

whereas [wɛər'æz] *c* tandis que, alors que.

wherever [ˌwɛər'evə] *av* partout où, n'importe où, où que.

whet [wet] *v* aiguiser, affûter.

whether ['weðə] *c* [indir. question] si ‖ [condition] ~ ... *or*, soit ... soit.

whetstone ['wetstəun] *n* pierre *f* à aiguiser.

which [witʃ] *pr* [interr.] lequel? ‖ [relative] qui, que, lequel, laquelle, lesquel(le)s; *of* ~, dont; ce qui, ce que ● *a* [interr.] quel?

which'ever *pr* n'importe lequel ... qui/que.

while [wail] *n* : *after a* ~, quelque temps après; *once in a* ~, de temps à autre ‖ *it's not worth (your)* ~, cela n'en vaut pas la peine ● *v* : ~ *away*, passer (time) ● *c* tandis que (during the time that) ‖ tant que (as long as).

whilst [wailst] *c* = WHILE.

whim [wim] *n* caprice *m*, fantaisie *f*.

whip [wip] *n* fouet *m* ● *v* fouetter ‖ CULIN. battre (eggs).

whirl [wəːl] *v* tourbillonner.

whiskers ['wiskəz] *npl* favoris *mpl* ‖ [cat's] moustaches *fpl*.

whisper ['wispə] *v* chuchoter ● *n* chuchotement *m*.

whistle ['wisl] *n* sifflet *m*; *blow a* ~, donner un coup de sifflet ‖ sifflement *m* ● *v* siffler.

white [wait] *a/n* blanc *(m)*.

whiten ['waitn] *v* blanchir.

whitish *a* blanchâtre.

Whitsun(tide) ['witsn(taid)] *n* Pentecôte *f*.

who [hu:] *pr* [rel.] (subject) qui ‖ [interr.] (subject) qui ?; (obj.) COLL. = WHOM.

whodunit [‚hu:'dʌnit] *n* COLL. polar *m* (fam.).

whole [həul] *a* entier, complet (entire); *the* ~ *night*, toute la nuit ‖ CULIN. entier (milk) ‖ MUS. ~ *note*, ronde *f* ● *n* tout *m*, totalité *f*; *the* ~ *of*, tout, la totalité de, l'ensemble de ‖ *as a* ~ */on the* ~, dans l'ensemble.

wholesale *n* : COMM. ~ *price*, prix *m* de gros ● *av* en gros.

wholesome ['həulsəm] *a* sain ‖ salubre (climate).

whole-wheat bread *n* pain complet.

wholly ['həuli] *av* tout à fait, entièrement.

whom [hu:m] *pr* [rel.] (object) que ‖ [interr.] qui ?, que ?

whose [hu:z] *a/pr* [rel.] (possessive) dont, de qui ‖ [interr.] à qui ?; ~ *hat is this ?*, à qui est ce chapeau ?; ~ *is it ?*, à qui est-ce ?

why [wai] *av* pourquoi ?; ~ *not ?*, pourquoi pas ? ● *interj* eh bien !, quoi !.

wicked ['wikid] *a* méchant (evil).

wicket ['wikit] *n* guichet *m*.

wide [waid] *a* large; *how* ~ *is it ?*, quelle est sa largeur ? ‖ ~ *angle lens*, grand-angle *m* ‖ vaste, étendu (plain) ‖ ample (dress) ‖ *make* ~*r*, élargir ● *av* loin; ~ *apart*, très espacé; ~ *open*, grand ouvert.

wide-awake *a* bien éveillé.

widen ['waidn] *v* (s')élargir.

widow ['widəu] *n* veuve *f*.

widower *n* veuf *m*.

width [widθ] *n* largeur *f*.

wife [waif] (*Pl* **wives** [-vz]) *n* femme, épouse *f*.

wig [wig] *n* perruque *f*.

wild [waild] *a* sauvage (animal, person, plant); ~ *strawberries*, fraises *fpl* des bois ‖ impétueux, tumultueux (torrent) ‖ furieux, déchaîné (wind) ‖ COLL. fou, dingue (fam.) [*with*, de] ‖ FIG. fait au hasard (shot, guess) ● *n* désert *m* ‖ *Pl* régions *fpl* désertiques/sauvages.

wildly *av* de façon extravagante, follement, violemment ‖ frénétiquement.

wilful [wilfl] *a* entêté (stubborn) ‖ prémédité (intentional).

will 1 [wil] *n* volonté *f*; *ill/good* ~, mauvaise/bonne volonté.

will* 2 *mod aux* [future] *he* ~ *come*, il viendra ‖ [request] ~ *you... ?*, voulez-vous... ?

willing *a* consentant ; *be* ~ *to do*, être disposé à faire.

willingly *av* volontiers.

willow ['wiləu] *n* : *(weeping)* ~, saule (pleureur).

willpower *n* volonté *f*.

wilt [wilt] *v* se faner.

win* [win] *v* gagner (money, prize) ‖ ~ **back**, regagner, reconquérir.

wind 1 [wind] *n* vent *m*.

wind* 2 [waind] *v* [road] serpenter ‖ enrouler (string) ‖ ~ **up**, remonter (spring, clock).

winding *a* sinueux (road, river).

windmill *n* moulin *m* à vent.

window ['windəu] *n* fenêtre *f* ‖ guichet *m* (wicket) ‖ AUT., RAIL. glace *f* ‖ COMM. devanture, vitrine, *f*.

window-pane *n* carreau *m*, vitre *f*.

window-shopping *n* : *go* ~, faire du lèche-vitrine.

windscreen, US **windshield** *n* AUT. pare-brise *m inv* ; ~ *washer*, lave-glace *m* ; ~ *wiper*, essuie-glace *m*.

wind-surf *n* planche *f* à voile ● *v* : *go* ~*ing*, faire de la planche à voile.

windy *a* : *it is* ~, il fait du vent.

wine [wain] *n* vin *m*.

wine-cellar *n* cave *f*.

wing [wiŋ] *n* aile *f* ‖ SP. ailier *m*.

wink [wiŋk] *n* clin *m* d'œil ‖ COLL. *have forty* ~*s*, faire un petit somme ; *I didn't sleep a* ~ *all night*, je n'ai pas fermé l'œil de la nuit ● *v* cligner des yeux.

winner *n* gagnant *n*, vainqueur *m*.

winning *a* gagnant.

winning-post *n* SP. poteau *m* d'arrivée.

winnings [-z] *npl* gains *mpl*.

winter ['wintə] *n* hiver *m* ; ~ *sports*, sports *mpl* d'hiver ; ~ *resort*, station *f* de sports d'hiver.

wipe [waip] *v* essuyer ; ~ *one's feet*, s'essuyer les pieds ‖ ~ *off*, effacer ‖ ~ *up*, nettoyer.

wire ['waiə] *n* fil métallique, fil *m* de fer ‖ ELECTR. fil *m* électrique ‖ télégramme *m* ● *v* télégraphier.

wire-cutters *npl* cisailles *fpl*.

wisdom ['wizdm] *n* sagesse *f*.

wisdom-tooth *n* dent *f* de sagesse.

wise [waiz] *a* sage, expérimenté (learned) ; *a* ~ *man*, un sage ‖ *put sb* ~ *to*, mettre qqn au courant.

wisely *av* sagement, prudemment.

wish [wiʃ] *v* désirer, vouloir ; ~ *to do sth*, vouloir faire qqch ; *I* ~ *I were rich*, je voudrais être riche ‖ souhaiter ; ~ *sb a pleasant journey*, souhaiter bon voyage à qqn ; ~ *for sth*, souhaiter qqch ● *n* désir, souhait *m* ; *best* ~*es*, meilleurs vœux ; *make a* ~, faire un vœu.

wishful *a* désireux (*of*, de) ; d'envie (look) ; *that's ~ thinking*, c'est prendre ses désirs pour des réalités.

wit [wit] *n* esprit *m*.

witch [wit∫] *n* sorcière *f*.

witchcraft *n* sorcellerie *f*.

with [wið] *p* avec ‖ [place] chez ; *he lives ~ us*, il habite chez nous ‖ [cause] *shaking ~ cold*, tremblant de froid ‖ [manner] *~ open arms*, à bras ouverts ; *coffee ~ milk*, café *m* au lait ‖ [possession] *I have no money ~ me*, je n'ai pas d'argent sur moi ‖ [in spite of] *~ all his faults*, malgré tous ses défauts ‖ MED. *~ child*, enceinte *af*.

withdraw* [wið'drɔː] *v* (se) retirer.

wither ['wiðə] *v* (se) flétrir, (se) faner.

within [wi'ðin] *av* à l'intérieur • *p* à l'intérieur de (inside) ‖ [not beyond] *~ call*, à portée de voix ; *~ reach*, à portée ; *~ an hour*, en moins d'une heure.

with-it *a* SL. dans le vent.

without [wi'ðaut] *p* sans.

withstand* [wið'stænd] *v* résister à.

witness ['witnis] *n* témoin *m* • *v* être témoin de.

witty ['witi] *a* spirituel.

wives [waivz] → WIFE.

woke(n) ['wəuk(n)] → WAKE*.

wolf [wulf] (*Pl* **wolves** [-vz]) *n* loup *m*.

wolf-cub *n* louveteau *m*.

woman ['wumən] (*Pl* **women** ['wimin]) *n* femme *f* ; *~ doctor*, femme *m* médecin.

woman-hater *n* misogyne *n*.

Women's Libber [-'libə] *n* COLL. membre *m* du M.L.F.

Women's Liberation Movement *n* Mouvement *m* de libération de la femme, M.L.F. *m*.

won [wɔn] → WIN*.

wonder ['wʌndə] *n* merveille *f*, prodige *m* ‖ étonnement *m* ; *no ~ that*, (il n'est) pas étonnant que • *v* [be filled with wonder] s'émerveiller, s'étonner ‖ [ask o.s.] se demander (*why*, pourquoi ; *if/whether*, si).

wonderful *a* merveilleux, étonnant.

wonderfully *av* merveilleusement, à merveille.

won't [wəunt] = *will not*.

wood [wud] *n* bois *m* (forest) ‖ bois *m* (material).

woodcutter *n* bûcheron *m*.

wooded [-id] *a* boisé.

wooden *a* de bois, en bois.

wool [wul] *n* laine *f*.

woollen [-n] *a* de laine • *npl* lainages *mpl*.

woolly *a* de/en laine.

word [wəːd] *n* mot, terme *m* ; *~ for ~*, mot à/pour mot ‖ parole *f* ; **by ~ of mouth**, de vive voix ‖ promesse, parole *f* ; *give/keep one's ~*, donner/tenir sa parole ; *break one's ~*, manquer à sa parole ; *you may take my ~ for it*, vous pouvez m'en croire ‖ *rude ~*, gros mot

‖ *Pl* : *have* ~*s with sb*, se disputer avec qqn ● *v* exprimer.

wore [wɔ:] → WEAR*.

work [wə:k] *n* travail *m*; *at* ~, au travail; *hard at* ~, en plein travail; *set to* ~, se mettre au travail ‖ tâche *f* (sth to be done) ‖ ouvrage *m*, œuvre *f* (product); ~ *of art*, œuvre d'art ‖ emploi *m* (job); *go to* ~, aller travailler; *out of* ~, sans travail, en chômage ‖ *Pl* mécanisme, mouvement *m* ● *v* travailler (*at*, à) ‖ agir, opérer ‖ TECHN. (faire) fonctionner ‖ FIG. produire ‖ ~ *out*, calculer; résoudre (problem).

workbook *n* cahier *m* d'exercices.

workday *n* jour *m* ouvrable.

worker *n* travailleur, ouvrier *n*.

working *n* travail *m* ‖ TECHN. manœuvre *f*; fonctionnement *m*; *in* ~ *order*, en ordre de marche ● *a* de travail (clothes) ‖ ouvrable (day).

workman *n* ouvrier *m*.

workshop *n* atelier *m*.

work-to-rule *n* grève *f* du zèle.

workwoman *n* ouvrière *f*.

world [wə:ld] *n* monde *m* ‖ monde *m*, sphère *f*; *the sporting* ~, le monde du sport ● *a* mondial ‖ SP. ~ *class*, (de) classe internationale.

worm [wə:m] *n* ver *m*.

worm-eaten *a* mangé aux vers.

wormy *a* véreux (fruit).

worn [wə:n] → WEAR*.

worn-out *a* usé (shoes) ‖ éreinté (person).

worried ['wʌrid] *a* soucieux.

worry ['wʌri] *n* souci *m*; inquiétude *f* (anxiety) ● *v* (s')inquiéter, (se) tourmenter; tracasser; *don't* ~, ne vous en faites pas.

worse [wə:s] (comp. of *bad*, *ill*) *a* pire, plus mauvais (more nasty) ‖ plus grave (more serious); *get* ~, empirer, s'aggraver; *make* ~, aggraver ● *av* pis, plus mal; *so much the* ~, tant pis ● *n* pire *m*; *be the* ~ *for drink*, être ivre.

worsen ['wə:sn] *v* empirer, s'aggraver.

worship ['wə:ʃip] *n* culte *m* ● *v* REL. adorer.

worst [wə:st] (sup. of *bad*, *ill*) *a* le pire, le plus mauvais ‖ le plus grave ● *av* le pis, le plus mal ● *n* pire *m*; *at the (very)* ~, au pire.

worth [wə:θ] *a* : *be* ~, valoir; *is this book* ~ *reading?*, ce livre vaut-il la peine d'être lu? ‖ riche; *he is* ~ *a million*, il est milliardaire ● *n* valeur *f*, prix *m*; *get one's money's* ~, en avoir pour son argent.

worthless *a* sans valeur, nul.

worthy ['wə:ði] *a* digne, respectable.

would [wud] *mod aux* → WILL; [cond.] *he* ~ *come if you asked him*, il viendrait si vous le lui demandiez ‖ [habit] *he* ~ *go for a walk every day*, il faisait une promenade tous les jours ‖ [willingness] ~ *you like to come with us?*, est-ce que vous aimeriez venir avec nous? ‖ [nég.] *the car* ~*n't start*, la voiture n'a pas voulu partir ‖ ~ ***rather*** (= *had rather*) : *I* ~ *rather go now*, j'aimerais mieux/je préférerais partir maintenant.

would-be ['wudbi:] *a* soi-disant, prétendu (so called).

wound 1 [waund] → WIND* 2.

wound 2 [wu:nd] *n* blessure, plaie *f* • *v* blesser.

wove(n) ['wəuv(n)] → WEAVE*.

wrangler ['ræŋglə] *n* US cowboy *m*.

wrap [ræp] *v* envelopper ; emballer, empaqueter (parcel) • *n* châle *m* (neckerchief) ‖ couverture *f* (rug).

wrapper *n* [newspaper] bande *f* ‖ [book] couverture *f*.

wrapping-paper *n* papier *m* d'emballage.

wreck [rek] *n* accident *m* ‖ NAUT. naufrage *m* (shipwreck) ; épave *f* (wrecked ship).

wreckage [-idʒ] *n* décombres *mpl*.

wrestle ['resl] *v* lutter • *n* lutte *f*.

wrestler *n* lutteur *n* ; catcheur *n*.

wrestling *n* lutte *f* ; catch *m*.

wretch [retʃ] *n* malheureux *n*.

wretched [-id] *a* malheureux, infortuné (unhappy) ‖

misérable (poor) ‖ mauvais ; ~ *weather*, sale temps.

wring* [riŋ] *v* tordre (twist) ‖ essorer (wet clothes).

wringer *n* essoreuse *f*.

wrinkle ['riŋkl] *n* [skin] ride *f* ‖ [dress] faux pli • *v* (se) rider ; (se) plisser ‖ [clothes] faire des faux plis.

wrist [rist] *n* poignet *m*.

wrist-watch *n* montre-bracelet *f*.

write* [rait] *v* écrire ; ~ *in ink/pencil*, écrire à l'encre/au crayon ‖ être écrivain, faire du journalisme ‖ rédiger (article) ‖ ~ ***back***, répondre (in a letter) ‖ ~ ***down***, noter ‖ ~ ***out***, écrire en toutes lettres ‖ FIN. établir (cheque).

writer *n* écrivain, auteur *m* ‖ [journalism] rédacteur *n*.

writing *n* écriture *f* (handwriting) ‖ rédaction *f* (act).

writing pad [-pæd] *n* bloc-notes *m sing*.

writing-paper *n* papier *m* à lettres.

wrong [rɔŋ] *a* mal (not right) ‖ [person] ***be*** ~, avoir tort ‖ faux, erroné (mistaken) ; *it's* ~, c'est faux ; *take the* ~ *bus*, se tromper d'autobus ; ~ ***side***, envers (of material) ‖ ~ *side out*, à l'envers ‖ *swallow the* ~ *way*, avaler de travers ‖ *go the* ~ *way*, se tromper de chemin ‖ TEL. ~ *number*, faux numéro ‖ MUS. ~ *note*, fausse note ‖ FIG. dérangé, détraqué ; *there's sth* ~ *with the car*, il y a qqch

qui ne marche pas dans la
voiture ● *av* mal ‖ **go ~**, se
tromper ‖ *you've got me* **~**,
vous m'avez mal compris ● *n*
mal *m* (evil) ‖ tort *m*, injustice
f; **do ~**, faire du tort (*to*, à) ;
be in the ~, être dans son tort

● *v* nuire à, faire du tort
(harm).
wrongly *av* mal, à tort.
wrote [rəut] → WRITE*.
wrought iron [‚rɔːtʹaiən] *n*
fer forgé.
wrung [rʌŋ] → WRING*.

x [eks] *n* : *X (film)*, (film)
interdit aux moins de 18 ans.
xenophobe [‚zenəʹfeub] *n*
xénophobe *n*.
Xmas [ʹkrisməs] *n* = CHRIST-
MAS.
X-ray [ʹeksʹrei] *n* rayons *mpl*

X ; *have an ~ (examination)*,
se faire radiographier, passer à
la radio (fam.) ‖ *~ treatment*,
radiothérapie *f* ● *v* radiographier.
xylophone [ʹzailəfəun] *n*
xylophone *m*.

y [wai]
yacht [jɔt] *n* yacht *m*.
yachtsman [-smən] *n* yachtman *m*.
yard 1 [jɑːd] *n* cour *f* ‖ chantier *m*.
yard 2 *n* yard *m* (measure).
yawn [jɔːn] *v* bâiller ● *n* bâillement *m*.
year [jəː] *n* an *m*, année *f*; *all
the ~ round*, toute l'année.
year-book *n* annuaire *m*.
yearly *a/av* annuel(lement).
yearn [jəːn] *v* : *~ for*, désirer
ardemment.

yearning *n* vif désir *m*, envie *f*.
yeast [jiːst] *n* levure *f*.
yell [jel] *v* hurler ● *n*
hurlement *m*.
yellow [ʹjeləu] *a/n* jaune (*m*) ;
turn ~, jaunir ● *v* jaunir.
yellowish *a* jaunâtre.
yes [jes] *av* oui ‖ [emph.] si.
yesterday [ʹjestədi] *av/n* hier
(*m*) ; *the day before ~*, avant-
hier ; *~ evening*, hier soir.
yet [jet] *av* maintenant ; *as ~*,
jusqu'ici ; *not ~*, pas encore
‖ [still] encore ; [+comp.] *~
richer*, encore plus riche ; *~*

again, encore une fois ● *c* cependant (however) ; néanmoins (nevertheless).

yew [juː] *n* if *m*.

yield [jiːld] *v* produire, rapporter (crop, fruit, profit) ‖ céder, abandonner (give in).

yoga ['jəugə] *n* yoga *m*.

yog(h)urt ['jəugəːt] *n* yogourt, yaourt *m*.

yogi ['jəugi] *n* yogi *m*.

yolk [jəuk] *n* jaune *m* d'œuf.

you [juː] *pr* [subj. and obj. ; sg. and pl.] vous *sg/pl* ‖ [intimate] (subj.) tu *sg* ; (obj.) te, toi ‖ [emph.] vous autres *pl* ‖ on (one).

young [jʌŋ] *a* jeune ; ∼ *people,* jeunes gens *mpl* ; ∼ *boy,* petit garçon, garçonnet *m* ; ∼ *girl,* fillette *f* ; ∼ *man,* jeune homme *m* ‖ [comp.] *my* ∼*er brother,* mon frère cadet ; *look* ∼*er,* rajeunir.

youngster [-stə] *n* adolescent *n* ; gamin *m* (fam.).

your [jɔː] *a* votre *m/f sing* ; vos *m/f pl* ‖ [intimate] ton *m sing,* ta *f sing,* tes *m/f pl.*

yours [jɔːz] *pr* le/la vôtre, les vôtres ‖ [intimate] le tien, la tienne, les tiens, les tiennes ‖ à vous ; *a friend of* ∼, un de vos amis ; ∼ *truly,* sincèrement vôtre.

yourself [jɔː'self] (*Pl* **yourselves** [-vz]) *reflex pr* vousmême(s) ‖ [intimate] toi-même ● *emph pr :* do it ∼, faites-le vous-même.

youth [juːθ] *n* jeunesse *f* ‖ [collective] les jeunes *m/fpl,* la jeunesse ‖ *Pl* ∼**s** [-ðz] jeune homme, adolescent *m* (young man).

youth-hostel *n* auberge *f* de la jeunesse.

youth-hosteller ['-'hɔstələ] *n* ajiste *n*.

Z

z [zed ; US ziː]

Zairean [zaː'iːriən] *a/n* zaïrois *(n).*

zeal [ziːl] *n* zèle *m,* ardeur *f*.

zealous ['zeləs] *a* zélé.

zebra ['ziːbrə] *n* zèbre *m*.

zebra crossing *n* passage *m* pour piétons.

zero ['ziərəu] *n* zéro *m* ; *10 degrees below* ∼, 10 degrés au-

dessous de zéro ‖ MIL. ∼ *hour,* heure H *f*.

zest [zest] *n* enthousiasme, entrain *m*.

zigzag ['zigzæg] *n* zigzag *m* ● *v* zigzaguer.

zinc [ziŋk] *n* zinc *m*.

zip [zip] *v :* ∼ *(up)/*∼ *open,* fermer/ouvrir (avec une fermeture Éclair) ● *n* ∼ *(fastener),*

fermeture *f* Éclair ‖ ∼ *bag,*
fourre-tout *m.*

zip code *n* US code postal.

zipper *n* US → ZIP.

zodiac ['zəudiæk] *n* zodiaque
m.

zone [zəun] *n* zone *f.*

zoo [zuː] *n* zoo *m.*

zoological [ˌzəuə'lɔdʒikl] *a*
zoologique.

zoology [zəu'ɔlədʒi] *n* zoologie *f.*

zoom [zuːm] *v* : PHOT. ∼ *in,*
faire un zoom (*on,* sur).

zoom lens *n* PHOT., CIN.
zoom *m.*

I. AUTOMOBILE – MOTOR-CAR

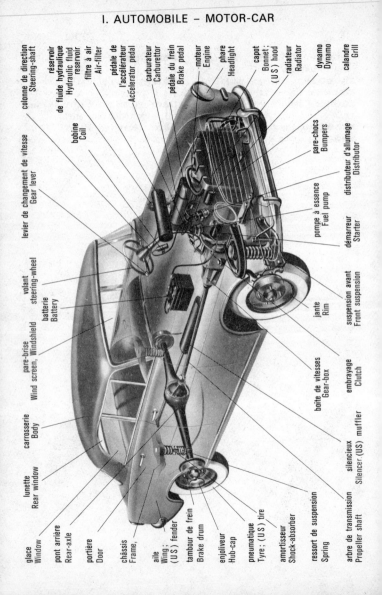

colonne de direction
Steering-shaft

réservoir
de fluide hydraulique
Hydraulic fluid
reservoir

filtre à air
Air-filter

pédale de
l'accélérateur
Accélérator pedal

carburateur
Carburettor

pédale du frein
Brake pedal

moteur
Engine

phare
Headlight

capot
Bonnet ;
(U S) hood

radiateur
Radiator

dynamo
Dynamo

calandre
Grill

bobine
Coil

levier de changement de vitesse
Gear lever

pare-chocs
Bumpers

distributeur d'allumage
Distributor

pompe à essence
Fuel pump

démarreur
Starter

volant
steering-wheel

batterie
Battery

jante
Rim

suspension avant
Front suspension

pare-brise
Wind screen, Windshield

carrosserie
Body

lunette
Rear window

glace
Window

pont arrière
Rear-axle

portière
Door

châssis
Frame,

aile
Wing ;
(U S) fender

tambour de frein
Brake drum

enjoliveur
Hub-cap

pneumatique
Tyre ; (U S) tire

amortisseur
Shock-absorber

ressort de suspension
Spring

arbre de transmission
Propeller shaft

silencieux
Silencer (US) muffler

embrayage
Clutch

boîte de vitesses
Gear-box

II. AVION – AIRCRAFT

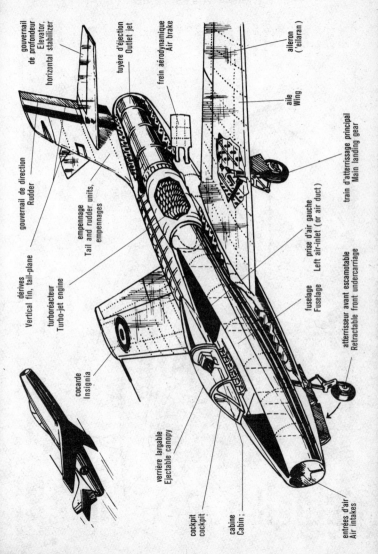

gouvernail de profondeur
Elevator,
horizontal stabilizer

tuyère d'éjection
Outlet jet

frein aérodynamique
Air brake

aileron
('eiləran)

aile
Wing

train d'atterrissage principal
Main landing gear

gouvernail de direction
Rudder

empennage
Tail and rudder units,
empennages

prise d'air gauche
Left air-inlet (or air duct)

fuselage
Fuselage

atterrisseur avant escamotable
Retractable front undercarriage

dérives
Vertical fin, tail-plane

turboréacteur
Turbo-jet engine

cocarde
Insignia

verrière largable
Ejectable canopy

cockpit
cockpit

cabine
Cabin,;

entrées d'air
Air intakes

III. BATEAU À VOILES – SAILING BOAT

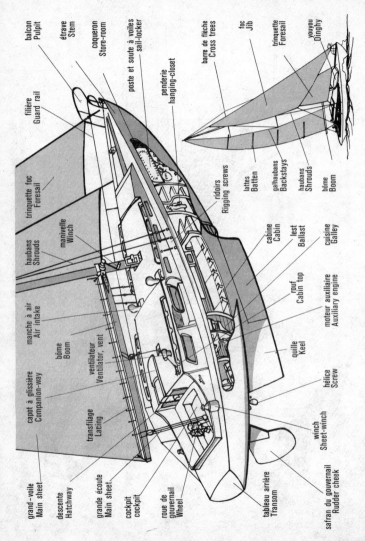

balcon
Pulpit

étrave
Stem

coqueron
Store-room

poste et soute à voiles sail-locker

penderie
hanging-closet

barre de flèche
Cross trees

foc
Jib

trinquette
Foresail

youyou
Dinghy

filière
Guard rail

trinquette foc
Foresail

haubans
Shrouds

manivelle
Winch

ridoirs
Rigging screws

lattes
Batten

galhaubans
Backstays

haubans
Shrouds

bôme
Boom

cabine
Cabin

lest
Ballast

cuisine
Galley

rouf
Cabin top

moteur auxiliaire
Auxiliary engine

quille
Keel

hélice
Screw

winch
Sheet-winch

tableau arrière
Transom

safran du gouvernail
Rudder cheek

roue de gouvernail
Wheel

cockpit
cockpit

grande écoute
Main sheet

transfilage
Lacing

ventilateur
Ventilator, vent

bôme
Boom

manche à air
Air intake

capot à glissière
Companion-way

descente
Hatchway

grand-voile
Main sheet

IV. BICYCLETTE – BICYCLE

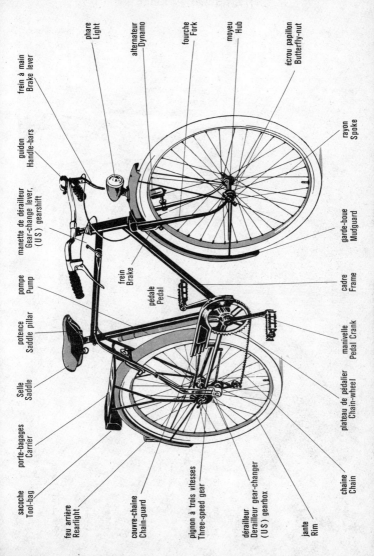

frein à main
Brake lever

phare
Light

alternateur
Dynamo

fourche
Fork

moyeu
Hub

écrou papillon
Butterfly-nut

guidon
Handle-bars

rayon
Spoke

manette de dérailleur
Gear-change lever,
(US) gearshift

garde-boue
Mudguard

pompe
Pump

frein
Brake

pédale
Pedal

cadre
Frame

potence
Saddle pillar

manivelle
Pedal Crank

Selle
Saddle

porte-bagages
Carrier

plateau de pédalier
Chain-wheel

sacoche
Tool-bag

feu arrière
Rearlight

couvre-chaine
Chain-guard

pignon à trois vitesses
Three-speed gear

dérailleur
Derailleur gear-changer
(US) gearbox

chaine
Chain

jante
Rim

V. CHEVAL – HORSE

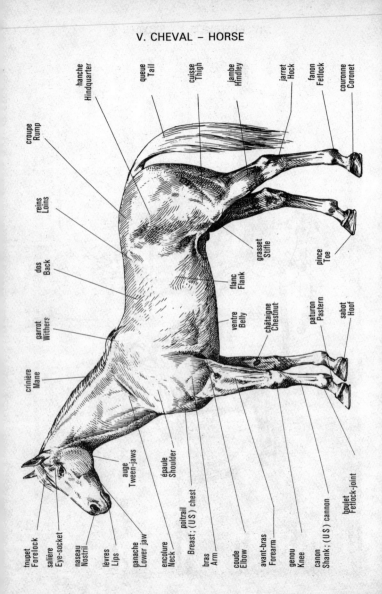

hanche
Hindquarter

queue
Tail

cuisse
Thigh

jambe
Hindleg

jarret
Hock

fanon
Fetlock

couronne
Coronet

croupe
Rump

reins
Loins

grasset
Stifle

pince
Toe

dos
Back

flanc
Flank

ventre
Belly

châtaigne
Chestnut

paturon
Pastern

sabot
Hoof

garrot
Withers

crinière
Mane

auge
Tween-jaws

épaule
Shoulder

poitrail
Breast; (US) chest

bras
Arm

coude
Elbow

avant-bras
Forearm

genou
Knee

canon
Shank; (US) cannon

boulet
Fetlock-joint

toupet
Forelock

salière
Eye-socket

naseau
Nostril

lèvres
Lips

ganache
Lower jaw

encolure
Neck

VI. OUTILLAGE 1. – TOOLS

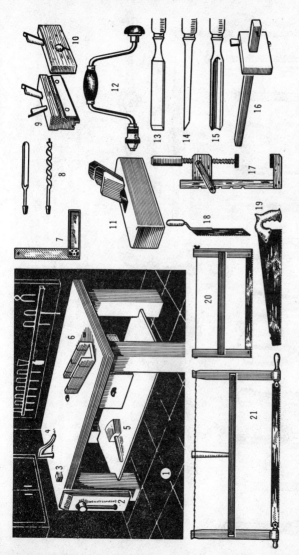

1. *Etabli*; Bench. — 2. *Presse*; Wood-vice. — 3. *Griffe*; Bench-stop. — 4. *Valet*; Clamp. — 5. *Maillet*; Mallet. — 6. *Boîte à onglet*; Mitre-box. — 7. *Equerre*; Square. — 8. *Mèche*; Bit. — 9. *Bouvet*; Tonguing-plane. — 10. *Guillaume*; Rabbet-plane. — 11. *Rabot*; Jack-plane, plane. — 12. *Vilebrequin*; Brace. — 13. *Ciseau à bois*; Chisel, wood chisel. — 14. *Bédane*; Mortise-chisel. — 15. *Gouge*; Gouge. — 16. *Trusquin*; Marking-gauge. — 17. *Serre-joint*; Clamp, cramp. — 18. *Scie à araser*; Tenon-saw, planing-saw. — 19. *Scie égoïne*; Hand-saw. — 20. *Scie à tenon*; Tenon-saw. — 21. *Scie à refendre*; Bow-saw.

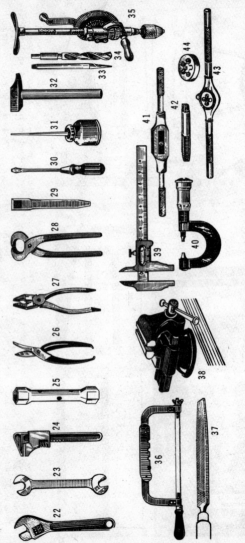

22. *Clef anglaise*; Crescent (-type) wrench. — 23. *Clef plate*; (Double-ended) spanner; (U. S.) open-end wrench. — 24. *Clef à molette*; Adjustable wrench; (U. S.) monkey wrench. — 25. *Clef à tube*; Box-spanner; (U. S.) socket wrench. — 26. *Cisailles*; Shears. — 27. *Pince universelle*; Universal pliers. — 28. *Tenailles*; Pincers. — 29. *Burin*; Cold chisel. — 30. *Tournevis*; Screwdriver. — 31. *Burette à huile*; Oil-can. — 32. *Marteau*; Hammer. — 33. *Pointeau*; Punch. — 34. *Foret*; Drill. — 35. *Chignole*; Breast-drill. — 36. *Scie à métaux*; Hack-saw. — 37. *Lime*; File. — 38. *Etau*; Engineer's vice. — 39. *Pied à coulisse*; Calipers. — 40. *Palmer*; Micrometer. — 41. *Tourne-à-gauche*; Wrench. — 42. *Taraud*; Screw-tap. — 43. *Porte-filière*; Circular die-stock. — 44. *Filière*; Circular die.

VIII. PHOTOGRAPHIE ET CINÉMA – CAMERA AND CINE-CAMERA

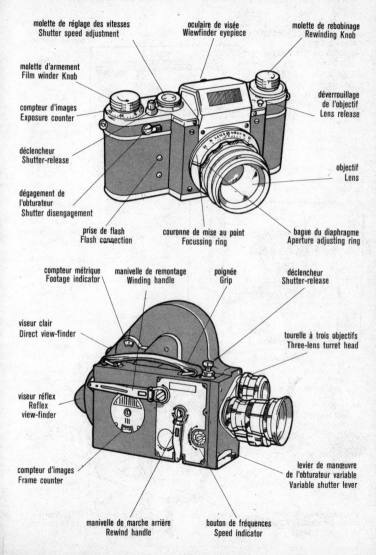

molette de réglage des vitesses
Shutter speed adjustment

oculaire de visée
Wiewfinder eyepiece

molette de rebobinage
Rewinding Knob

molette d'armement
Film winder Knob

déverrouillage
de l'objectif
Lens release

compteur d'images
Exposure counter

déclencheur
Shutter-release

objectif
Lens

dégagement de
l'obturateur
Shutter disengagement

prise de flash
Flash connection

couronne de mise au point
Focussing ring

bague du diaphragme
Aperture adjusting ring

compteur métrique
Footage indicator

manivelle de remontage
Winding handle

poignée
Grip

déclencheur
Shutter-release

viseur clair
Direct view-finder

tourelle à trois objectifs
Three-lens turret head

viseur réflex
Reflex
view-finder

compteur d'images
Frame counter

levier de manœuvre
de l'obturateur variable
Variable shutter lever

manivelle de marche arrière
Rewind handle

bouton de fréquences
Speed indicator

IX. TELEVISION ET RADIO – TELEVISION AND RADIO

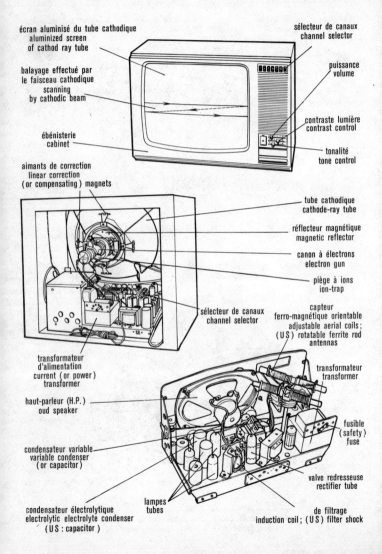

écran aluminisé du tube cathodique
aluminized screen
of cathod ray tube

balayage effectué par
le faisceau cathodique
scanning
by cathodic beam

ébénisterie
cabinet

aimants de correction
linear correction
(or compensating) magnets

sélecteur de canaux
channel selector

puissance
volume

contraste lumière
contrast control

tonalité
tone control

tube cathodique
cathode-ray tube

réflecteur magnétique
magnetic reflector

canon à électrons
electron gun

piège à ions
ion-trap

sélecteur de canaux
channel selector

capteur
ferro-magnétique orientable
adjustable aerial coils ;
(US) rotatable ferrite rod
antennas

transformateur
d'alimentation
current (or power)
transformer

transformateur
transformer

haut-parleur (H.P.)
oud speaker

fusible
(safety)
fuse

condensateur variable
variable condenser
(or capacitor)

valve redresseuse
rectifier tube

lampes
tubes

condensateur électrolytique
electrolytic electrolyte condenser
(US : capacitor)

de filtrage
induction coil ; (US) filter shock

X CRICKET — CRICKET

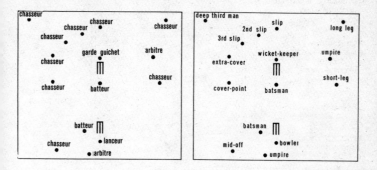

BASE-BALL — BASE-BALL

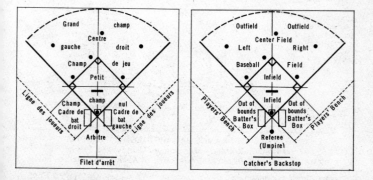

Photocomposition M.C.P. — Fleury-les-Aubrais.

IMPRIMÉ EN FRANCE PAR BRODARD ET TAUPIN
7, bd Romain-Rolland - Montrouge - Usine de La Flèche.
LIBRAIRIE GÉNÉRALE FRANÇAISE - 14, rue de l'Ancienne-Comédie - Paris.

ISBN : 2 - 253 - 00660 - 2   ✦ 30/2221/7